MINI DICTIONARY
ENGLISH-POLISH
POLISH-ENGLISH

SŁOWNIK MINI
ANGIELSKO-POLSKI
POLSKO-ANGIELSKI

Tadeusz J. Grzebieniowski
Andrzej Kaznowski

MINI
DICTIONARY
ENGLISH-POLISH
POLISH-ENGLISH

wydanie trzecie poprawione

Harald G

Tadeusz J. Grzebieniowski
Andrzej Kaznowski

SŁOWNIK MINI ANGIELSKO-POLSKI POLSKO-ANGIELSKI

wydanie trzecie poprawione

Harald G

SPIS TREŚCI
CONTENTS

Przedsiębiorstwo Wydawnicze Harald G
ul. Kolejowa 11/13, 01-217 Warszawa
tel. (0-22) 631-41-30 tel./fax (0-22) 631-40-86
www.haraldg.pl, e-mail: wydawnictwo@haraldg.pl

ISBN 83-86773-78-2

PRZEDMOWA

Słownik mini angielsko-polski polsko-angielski został opracowany na podstawie słownika *Pocket Polish Dictionary* prof. Tadeusza Grzebieniowskiego, wydawanego przez *Wiedzę Powszechną* oraz firmę *Langenscheidt*. Od chwili powstania słownik *Pocket Polish* został sprzedany w milionach egzemplarzy w kraju i na świecie.

Słownik zawiera:

– około 35 000 haseł i zwrotów,
– hasła angielskie z podziałami wyrazu i wymową,
– wyrażenia idiomatyczne,
– podstawową terminologię z zakresu informatyki, biznesu i finansów,
– listę angielskich czasowników nieregularnych,
– nazwy geograficzne (angielskie i polskie),
– przewodnik kulinarny.

Słownik jest przeznaczony dla polskich i anglojęzycznych turystów, a także dla osób rozpoczynających naukę obydwu języków.

WSKAZÓWKI DLA UŻYTKOWNIKA
GUIDE TO THE USE OF THE DICTIONARY

1. Headwords

The headwords are printed in boldfaced type in strictly alphabetical order. They are labelled by pertinent abbreviations indicating their grammatical categories to which they belong. Some other symbols denote the particular branches of learning or the special walks of life.

If the English headword is followed by several Polish equivalents it is the basic meaning or etymologically the earliest one that comes first. E.g.:

1. Hasła

Wyrazy hasłowe podano pismem półgrubym w ścisłym porządku alfabetycznym. Opatrzono je odpowiednimi skrótami sygnalizującymi ich przynależność do poszczególnych części mowy oraz do specjalnych dziedzin życia.

Jeżeli wyraz hasłowy ma kilka odpowiedników polskich, na pierwszym miejscu podano znaczenie bliższe lub pierwotne, a potem, kolejno, znaczenia dalsze lub pochodne, np.:

gath·er [ˋgæðə(r)] *vt vi* z b i e r a ć (s i ę); w n i o s k o w a ć; (*o rzece*) w z b i e r a ć; (*o wrzodzie*) n a b i e r a ć; n a r a s t a ć

Homonyms are grouped under separate entries and marked with successive numerals, e.g.:

Homonimy podano w osobnych hasłach oznaczonych kolejnymi cyframi, np.:

grave 1. [greɪv] *s* g r ó b

grave 2. [greɪv] *adj* p o w a ż n y, w a ż n y

The basic forms of the regular verbs, ending in **-ed, -ed (-d, -d)**, are omitted. As far as the irregular verbs are concerned, three successive main forms have been singled out: infinitive, past tense and past participle. The asterisk *, placed before the entry, refers to the list of irregular verbs.

Pominięto podstawowe formy gramatyczne czasowników, które tworzą się regularnie przez dodanie końcówki **-ed** lub **-d**. Nieregularne formy czasowników podano bezpośrednio po transkrypcji wyrazu hasłowego; na pierwszym miejscu podano formę czasu przeszłego, na drugim - imiesłów czasu przeszłego. Ponadto opatrzono całe hasło gwiazdką, odsyłającą do spisu czasowników z odmianą nieregularną.

2. Phonetic Transcription

The successive headwords are followed by the phonetic script, each particular English word being transcribed and placed within square brackets. The symbols used here are those of the International Phonetic Association, based on the editions of standard British dictionaries (*A Concise Pronouncing Dictionary of British and American English* by J. Windsor Lewis and *Oxford Advanced Learner's Dictionary of Current English* by A.S. Hornby).

2. Transkrypcja

Przy każdym wyrazie hasłowym podano w nawiasie kwadratowym jego transkrypcję fonetyczną. Zastosowano symbole ogólnie przyjętej transkrypcji międzynarodowej, w oparciu o wydania renomowanych słowników brytyjskich (J. Windsor Lewis *A Concise Pronouncing Dictionary of British and American English* i A.S. Hornby *Oxford Advanced Learner's Dictionary of Current English*).

Phonetic transcription — Transkrypcja fonetyczna

znak graficzny dźwięku	zbliżony polski odpowiednik	przykład użycia i wymowa
samogłoski		
i	i	eat [it]
ɪ	y	sit [sɪt]
e	ę	bed [bed]
æ	a/e	bad [bæd]
ɑ	a *(długie)*	half [hɑf]
o	o *(krótkie)*	not [not]
ɔ	o *(długie)*	law [lɔ]
ʊ	u *(krótkie)*	put [pʊt]
u	u *(długie)*	food [fud]
ʌ	a *(krótkie)*	luck [lʌk]
ɜ	e *(długie)*	first [fɜst]
ə	e *(nieakcentowane)*	ago [əˋgəʊ]
dwugłoski		
eɪ	ei *(łącznie)*	late [leɪt]
əʊ	eu *(łącznie)*	stone [stəʊn]
ɑɪ	ai *(łącznie)*	nice [nɑɪs]
ɑʊ	au *(łącznie)*	loud [lɑʊd]
ɔɪ	oi *(łącznie)*	point [pɔɪnt]
ɪə	ie *(łącznie)*	fear [fɪə(r)]
eə	e[a]	hair [heə(r)]
ʊə	u[e]	your [jʊə(r)]
niektóre spółgłoski		
tʃ	cz	chin [tʃɪn]
dʒ	dż	just [dʒʌst]
v	w	voice [vɔɪs]
θ	-	thing [θɪŋ]
ð	-	then [ðen]
ʃ	sz	sharp [ʃɑp]
ʒ	ż	vision [ˋvɪʒn]
ŋ	n *(nosowe)*	sing [sɪŋ]
w	ł	wet [wet]
(r)	r	*bryt.* wymawia się, gdy następujące słowo zaczyna się od samogłoski; *am.* wymawia się zawsze

3. Spelling

The spelling used throughout the present dictionary is that of Great Britain and most English-speaking countries except the U.S.A.

Some slight variants found both in Britain and in the U.S.A, e.g. **cosy** or **cozy**, **gipsy** or **gypsy** are as a rule, provided with the sign of equality (=).

3. Pisownia

W słowniku niniejszym zastosowano pisownię brytyjską, przyjętą powszechnie w Wielkiej Brytanii i w innych krajach mówiących po angielsku, z wyjątkiem Stanów Zjednoczonych.

Pewne oboczne formy ortograficzne, spotykane zarówno w pisowni brytyjskiej, jak i amerykańskiej, takie jak np. **cosy** albo **cozy**, **gipsy** albo **gypsy** itd., oznaczone są znakiem równości (=).

SKRÓTY
ABBREVIATIONS

adj	- przymiotnik	adjective
adv	- przysłówek	adverb
am.	- amerykański	American
anat.	- anatomia	anatomy
arch.	- architektura	architecture
astr.	- astronomia	astronomy
attr	- przydawka, przydawkowy	attribute, attributive
bank.	- bankowość	banking
biol.	- biologia	biology
bot.	- botanika	botany
bryt.	- brytyjski	British
chem.	- chemia	chemistry
comp	- stopień wyższy	comparative (degree)
conj	- spójnik	conjunction
dent.	- dentystyka	dentistry
dial.	- dialekt	dialect
dod.	- znaczenie dodatnie	positive (meaning)
dosł.	- dosłownie	literally
druk.	- drukarstwo	printing
elektr.	- elektryczność	electricity
f	- (rodzaj) żeński	feminine (gender)
filat.	- filatelistyka	philately
film	- film	film
filoz.	- filozofia	philosophy
fin.	- finansowość	finances
fiz.	- fizyka	physics
fot.	- fotografia	photography
fut	- czas przyszły	future tense
genit	- dopełniacz	genitive
geogr.	- geografia	geography
geol.	- geologia	geology

górn.	- górnictwo	mining
gram.	- gramatyka	grammar
handl.	- handlowy	commerce, trade
hist.	- historia	history
imp	- forma nieosobowa	impersonal form
inf	- bezokolicznik	infinitive
int	- wykrzyknik	interjection
interrog	- pytajnik, pytający	interrogation, interrogative
kin.	- kinematografia	cinematography
kolej.	- kolejnictwo	railways
komp.	- komputery	computers
lit.	- literatura, wyraz literacki	literature, literary use
lotn.	- lotnictwo	aviation
łac.	- wyraz łaciński	Latin word
m	- (rodzaj) męski	masculine (gender)
mal.	- malarstwo	painting
mat.	- matematyka	mathematics
med.	- medycyna	medicine
miner.	- mineralogia	mineralogy
mors.	- morski	marine (term)
mot.	- motoryzacja	motoring
muz.	- muzyka	music
n	- (rodzaj) nijaki	neuter (gender)
neg.	- forma przecząca	negative form
nieodm.	- wyraz nieodmienny	indeclinable (unconjugated) word
num	- liczebnik	numeral
p	- czas przeszły	past tense, preterite
part	- partykuła	particle
pieszcz.	- pieszczotliwy	term of endearment
pl	- liczba mnoga	plural
poet.	- wyraz poetycki	poetic use
polit.	- polityka	politics
por.	- porównaj	compare

pot.	- wyraz potoczny	colloquialism
pp	- imiesłów czasu przeszłego	past participle
ppraes	- imiesłów czasu teraźniejszego	present participle
praed	- orzecznik, orzecznikowy	predicative
praef	- przedrostek	prefix
praep	- przyimek	preposition
praes	- czas teraźniejszy	present tense
prawn.	- termin prawniczy	law term
pron	- zaimek	pronoun
przen.	- przenośnie	figuratively
reg.	- regularny	regular
rel.	- religia	religion
rów.	- również	also
s	- rzeczownik	substantive
sb, sb's	- ktoś, kogoś	somebody, somebody's
sing	- liczba pojedyncza	singular
skr.	- skrót	abbreviation
s pl	- rzeczownik w liczbie mnogiej	plural noun
sport	- sport	sports
sth	- coś	something
suf	- przyrostek	suffix
sup	- stopień najwyższy	superlative (degree)
szk.	- szkolny	school word
teatr	- teatr	theatre
techn.	- technika	technics, technology
uj.	- ujemny	pejorative
uż.	- używany	used
v	- czasownik	verb
v aux	- czasownik posiłkowy	auxiliary verb
vi	- czasownik nieprzechodni	intransitive verb

v imp	- czasownik nieosobowy	impersonal verb
vr	- czasownik zwrotny	reflexive verb
vt	- czasownik przechodni	transitive verb
wojsk.	- wojskowy	military
wulg.	- wulgarny	vulgar, obscene
wyj.	- wyjątek	exception
zam.	- zamiast	instead of
zbior.	- rzeczownik zbiorowy	collective noun
zdrob.	- wyraz zdrobniały	diminutive
znacz.	- znaczenie	meaning
zob.	- zobacz	see
zool.	- zoologia	zoology
zw.	- zwykle	usually
żart.	- żartobliwy	jocular

ZNAKI OBJAŚNIAJĄCE
EXPLANATORY SIGNS

`	The grave stress mark denotes that the following syllable bears the primary stress.	Pochylony w lewo znak akcentu (w formie transkrybowanej wyrazu hasłowego) poprzedza główną akcentowaną sylabę.
ˈ	The vertical stress mark denotes that the following syllable bears a secondary stress, weaker than the primary.	Pionowy znak akcentu wskazuje na to, że następująca po nim sylaba posiada akcent poboczny, słabszy od głównego.
·	The dot is a sign of syllable separation. Thus it shows how to divide the word.	Kropka określa zasady dzielenia wyrazów zgodnie z ortografią angielską.
*	The asterisk, placed before the verb, refers to the list of irregular verbs (p. 308).	Gwiazdka przy czasownikach nieregularnych odsyła do tabeli czasowników z odmianą nieregularną (str. 308).
[ ]	Square brackets enclose the phonetic transcription of the headword.	W nawiasach kwadratowych umieszczono transkrypcję fonetyczną wyrazów hasłowych.
( )	Round brackets enclose the explanatory information, irregular forms of the headwords, words and letters which can be omitted.	W nawiasach okrągłych umieszczono objaśnienia, nieregularne formy wyrazu hasłowego, wyrazy i litery, które mogą być opuszczone.
< >	Angular brackets enclose words and parts of the expressions which are interchangeable.	W nawiasach trójkątnych umieszczono wymienne wyrazy lub człony związków frazeologicznych.
=	The sign of equality refers the reader to the entry containing the desired equivalents.	Znak równania odsyła użytkownika do hasła, w którym znajdzie potrzebne mu odpowiedniki.

~	The tilde replaces the headword.	Tylda zastępuje w zwrotach hasło.
1., 2. ...	Numerals denote the sequence of headwords having the same spelling, but differing in etymology and meaning.	Cyfry po hasłach wskazują na odrębność znaczenia i pochodzenia wyrazów o tej samej pisowni, podanych jako osobne hasła.
;	The semicolon is used to denote distinct meanings of two or more equivalents of the headword and to separate phrases as well as particular items of grammatical information and grammatical categories.	Średnik oddziela odpowiedniki o całkowicie różnych znaczeniach, związki frazeologiczne oraz objaśnienia i kategorie gramatyczne.
,	The comma is used to separate equivalents close in meaning.	Przecinek oddziela odpowiedniki bliskie pod względem znaczeniowym.

ALFABET ANGIELSKI
THE ENGLISH ALPHABET

a [eɪ]
b [bi]
c [si]
d [di]
e [i]
f [ef]
g [dʒi]
h [eɪtʃ]
i [ɑɪ]
j [dʒeɪ]
k [keɪ]
l [el]
m [em]
n [en]
o [əʊ]
p [pi]
q [kju]
r [ɑ(r)]
s [es]
t [ti]
u [ju]
v [vi]
w [ˋdʌblju]
x [eks]
y [wɑɪ]
z [zed, *am.* zi]

ANGIELSKO-POLSKI
ENGLISH-POLISH

A

a [ə, eɪ] *przedimek <rodzajnik> nieokreślony (przed spółgłoską)*

a·ban·don [əˋbændən] *vt* opuścić, zaniechać; zrezygnować; *vr* **~ oneself to sth** oddać się, poddać się (jakiemuś uczuciu)

ab·do·men [ˋæbdəmən] *s* brzuch

ab·hor [əbˋhɔ(r)] *vt* czuć wstręt, żywić nienawiść (**sb, sth** do kogoś, do czegoś)

a·bil·i·ty [əˋbɪlətɪ] *s* zdolność; *pl* **abilities** talent, uzdolnienie; **to the best of my ~ <abilities>** jak potrafię najlepiej, w granicach moich możliwości

a·ble [ˋeɪbl] *adj* zdolny, zręczny, nadający się; **to be ~** móc, być w stanie, potrafić

ab·nor·mal [əbˋnɔml] *adj* anormalny, nieprawidłowy

a·board [əˋbɔd] *adv i praep* na statku, na pokładzie, na pokład

a·bol·ish [əˋbolɪʃ] *vt* znieść, usunąć, skasować, obalić

a·bom·i·na·ble [əˋbomɪnəbl] *adj* wstrętny, obrzydliwy

a·bor·tion [əˋbɔʃn] *s* poronienie; *przen.* nieudane dzieło

about [əˋbaʊt] *adv* dookoła, wokół, tu i tam; mniej więcej, około; **to be ~ to do sth** mieć (zamiar) coś zrobić, zabierać się do zrobienia czegoś; *praep* przy, dookoła; odnośnie do, w sprawie; **I have no money ~ me** nie mam przy sobie pieniędzy; **what ~ leaving?** a może byśmy wyszli?

a·bove [əˋbʌv] *adv* w górze, powyżej; *praep* nad, ponad; *adj attr* powyższy

a·broad [əˋbrɔd] *adv* za granicą, za granicę; na zewnątrz, szeroko i daleko; **there is a rumour ~** rozchodzi się pogłoska

ab·rupt [əˋbrʌpt] *adj* oderwany; nagły, niespodziewany; (o *wzniesieniu*) stromy; szorstki (np. ton), opryskliwy

ab·scess [ˋæbses] *s* (*pl* **~es** [ˋæbsesɪz]) wrzód

ab·sence [ˋæbsns] *s* nieobecność, brak; **~ of mind** roztargnienie

ab·sent [ˋæbsnt] *adj* nieobecny, brakujący; *vr* **~** [əbˋsent] **oneself** być nieobecnym; **~ oneself from school** być nieobecnym w szkole

ab·sent-mind·ed ['æbsntˋmaɪndɪd] *adj* roztargniony

ab·so·lute [ˋæbsəlut] *adj* absolutny, bezwarunkowy; nieograniczony; stanowczy; *s* absolut

ab·so·lute·ly [ˋæbsəlutlɪ] *adv* absolutnie, bezwzględnie;

stanowczo; *int* na pewno!, oczywiście!

ab·sorb [əb`sɔb] *vt* absorbować, wsysać, pochłaniać; **he is ~ed in tennis** pochłania go tenis

ab·stain [əb`steɪn] *vi* powstrzymywać się (**from sth** od czegoś)

ab·surd [əb`sɜd] *adj* niedorzeczny; wzbudzający śmiech

a·buse [ə`bjus] *s* nadużycie; obraza; *vt* [ə`bjuz] nadużywać; obrażać

a·byss [ə`bɪs] *s* przepaść, otchłań

a·cad·e·my [ə`kædəmɪ] *s* akademia, uczelnia

ac·cel·er·a·tor [ək`seləreɪtə(r)] *s* akcelerator, przyspieszacz

ac·cent [`æksnt] *s* akcent; sposób wymawiania; *vt* [æk`sent] akcentować, kłaść nacisk

ac·cept [ək`sept] *vt vi* przyjmować, zgadzać się; akceptować (np. weksel)

ac·cept·ance [ək`septəns] *s* (chętne) przyjęcie; zgoda (**of sth** na coś), uznanie

ac·cess [`ækses] *s* dostęp, dojście, dojazd; **easy of ~** łatwo dostępny

ac·ces·si·ble [ək`sesəbl] *adj* dostępny; przystępny

ac·ces·so·ry [ək`sesərɪ] *adj praed* dodatkowy; *pl* **accessories** akcesoria, dodatki

ac·ci·dent [`æksɪdnt] *s* wypadek; przypadek; **by ~** przypadkowo

ac·ci·den·tal ['æksɪ`dentl] *adj* przypadkowy; nieistotny

ac·cli·ma·tize [ə`klaɪmətaɪz] *vt vi* aklimatyzować (się)

ac·com·mo·date [ə`komədeɪt] *vt* dostosować; zaopatrzyć (**with sth** w coś); ulokować, zakwaterować

ac·com·mo·da·tion [ə'komə`deɪʃn] *s* dostosowanie; zaopatrzenie; wygoda; kwatera, pomieszczenie, nocleg

ac·com·pa·ni·ment [ə`kʌmpnɪmənt] *s* okoliczność towarzysząca, dodatek; *muz.* akompaniament

ac·com·pa·ny [ə`kʌmpnɪ] *vt* towarzyszyć; wtórować; *muz.* akompaniować

ac·com·plish [ə`kʌmplɪʃ] *vt* wykończyć, wykonać, spełnić

ac·cord·ance [ə`kɔdns] *s* zgodność; **in ~ with sth** zgodnie z czymś

ac·cord·ing [ə`kɔdɪŋ] *praep w zwrocie:* **~ to** według, zgodnie z

ac·cord·ing·ly [ə`kɔdɪŋlɪ] *adv* stosownie do tego; odpowiednio; zatem

ac·cor·di·on [ə`kɔdɪən] *s muz.* akordeon, harmonia (instrument)

ac·count [ə`kaʊnt] *s* rachunek, konto; obliczenie; sprawozdanie, relacja; *pl* **~s to take into ~** brać pod uwagę, uwzględniać; **to give ~ of** zrelacjonować, wyjaśnić; **on ~ of** na rachunek; ze względu na, z powodu; **on no ~** za żadną cenę, w żadnym wypadku; *vt* obliczać; *vi* zdawać sprawę (**on sth** z czegoś); wytłumaczyć (**for sth** coś); odpowiadać (**for sth** za coś); wyliczać się (**for sth** z czegoś)

ac·count·a·ble [ə`kaʊntəbl] *adj* odpowiedzialny (**to sb** przed kimś, **for sth** za coś)

ac·cu·mu·late [ə`kjumjʊleɪt] *vt* gromadzić, akumulować; *vi* gromadzić się, narastać

ac·cu·rate [`ækjərət] *adj* dokładny, ścisły

ac·cuse [ə`kjuz] *vt* oskarżać (**sb of sth** kogoś o coś)

ac·cus·tom [ə`kʌstəm] *vt* przyzwyczajać; **to become <to get> ~ed** przyzwyczajać się

ache [eɪk] *s* (ciągły) ból; *vi* boleć

a·chieve [ə`tʃiv] *vt* osiągnąć (z trudem), zdobyć

a·chieve·ment [ə`tʃivmənt] *s* osiągnięcie; zdobycz

ac·knowl·edge [ək`nolɪdʒ] *vt* uznawać; potwierdzać; wyrażać podziękowanie (**sth** za coś)

ac·knowl·edg·ment [ək`nolɪdʒmənt] *s* uznanie; potwierdzenie; podziękowanie; **in ~ of** w dowód uznania <wdzięczności>

ac·quaint [ə`kweɪnt] *vt* zaznajomić; donieść (**sb with sth** komuś o czymś); **to get <become> ~ed** zaznajomić się (**with sb, sth** z kimś, z czymś)

ac·quaint·ance [ə`kweɪntəns] *s* znajomość; znajomy (człowiek); **I made his ~, I made ~ with him** zawarłem z nim znajomość

ac·quire [ə`kwaɪə(r)] *vt* nabywać, osiągać; przyswajać sobie

ac·qui·si·tion ['ækwɪ`zɪʃn] *s* nabycie; zdobywanie; nabytek, dorobek

ac·ro·bat [`ækrəbæt] *s* akrobata

a·cross [ə`kros] *praep* przez, w poprzek, po; **to come ~ sth** natknąć się na coś, trafić na coś przypadkiem; *adv* na krzyż; wszerz, na szerokość; po drugiej stronie; na przełaj

act [ækt] *s* czyn; uczynek; czynność; akt; ustawa; *teatr* akt; **in the ~ of** w trakcie; *vi* działać, zachowywać się; występować, grać (na scenie);

vt odgrywać, grać (rolę); udawać

ac·tion [`ækʃn] *s* akcja; działanie; czyn; ruch; sprawa (sądowa)

ac·tive [`æktɪv] *adj* aktywny, czynny

ac·tiv·i·ty [æk`tɪvətɪ] *s* czynność, działalność, aktywność; *pl* **activities** zajęcie

ac·tor [`æktə(r)] *s* aktor

ac·tress [`æktrɪs] *s* aktorka

ac·tu·al [`æktʃʊəl] *adj* rzeczywisty, faktyczny,

a·cute [ə`kjut] *adj* ostry; bystry; przenikliwy

ad [æd] *s pot.* = **advertisement**

a·dapt [ə`dæpt] *vt* dostosować, adaptować; przerobić

add [æd] *vt vi* dodawać; dołączać; powiększać; wzbogacać (**to sth** coś)

ad·dict [ə`dɪkt] *vr* ~ **oneself** oddawać się (**to sth** czemuś), uprawiać (**to sth** coś); *vt* **to be ~ed to sth** uprawiać <robić> coś nałogowo; *s* [`ædɪkt] nałogowiec; **drug** ~ narkoman

ad·dic·tion [ə`dɪkʃn] *s* nałóg

ad·di·tion [ə`dɪʃn] *s* dodatek; dodawanie; **in** ~ dodatkowo, również, ponadto

ad·di·tion·al [ə`dɪʃnl] *adj* dodatkowy, dalszy

ad·dress [ə`dres] *s* adres; przemówienie; odezwa; *vt* zwracać się

ad·dres·see ['ædre`si] *s* adresat

ad·e·quate [`ædɪkwət] *adj* odpowiedni, stosowny, trafny

ad·her·ent [əd`hɪərnt] *s* zwolennik, stronnik; *adj* lgnący; przynależny

ad·he·sive [əd`hisɪv] *adj* przylegający, przyczepny; ~ **tape** przylepiec

ad·jec·tive [`ædʒɪktɪv] *s gram.* przymiotnik

ad·just [ə`dʒʌst] *vt* uporządkować, uzgodnić, dostosować

ad·min·is·ter [əd`mɪnɪstə(r)] *vt* administrować, zarządzać; sprawować; wymierzać (sprawiedliwość); podawać (lekarstwo)

ad·min·is·tra·tion [əd'mɪnɪ`streɪʃn] *s* administracja, zarząd; wymiar (sprawiedliwości); podawanie (lekarstwa); *am.* rząd

ad·mi·ral [`ædmərəl] *s* admirał

ad·mi·ra·tion ['ædmə`reɪʃn] *s* podziw; przedmiot podziwu

ad·mire [əd`maɪə(r)] *vt* podziwiać

ad·mis·si·ble [əd`mɪsəbl] *adj* dopuszczalny

ad·mis·sion [əd`mɪʃn] *adj* dopuszczanie; wstęp, dostęp;

przyznanie; ~ **free** wstęp wolny

ad·mit [əd`mɪt] *vt vi* dopuścić, przyjąć; przyznać (się); zezwolić (**of sth** na coś)

ad·mit·tance [əd`mɪtns] *s* dopuszczenie; dostęp; przyjęcie; **no** ~ wstęp wzbroniony

ad·o·les·cent ['ædə`lesnt] *s* młodzieniec, dziewczyna; *adj* młodzieńczy

a·dopt [ə`dopt] *vt* adoptować; przysposabiać; przyswajać (sobie)

a·dop·tion [ə`dopʃn] *s* adopcja

a·dore [ə`dɔ(r)] *vt* uwielbiać, czcić; *pot.* bardzo lubić

a·dorn [ə`dɔn] *vt* zdobić, upiększać; być ozdobą (**sth** czegoś)

a·dult [`ædʌlt] *adj* dorosły, dojrzały, pełnoletni; *s* dojrzały <dorosły> człowiek

ad·vance [əd`vɑns] *vt* posuwać naprzód; udoskonalać; płacić z góry; *vi* posuwać się naprzód, robić postępy; *s* postęp; udoskonalenie; awans; zaliczka, pożyczka; **in** ~ z góry; na przedzie; **to be in** ~ wyprzedzać (**of sb, sth** kogoś, coś), przekraczać

ad·van·tage [əd`vɑntɪdʒ] *s* korzyść, pożytek; przewaga; **to have an** ~ górować (**over sb** nad kimś); **to take** ~ wykorzystać (**of sth** coś)

ad·ven·ture [əd`ventʃə(r)] *s* przygoda; ryzyko

ad·verb [`ædvɜb] *s gram.* przysłówek

ad·verse [`ædvɜs] *adj* przeciwny, wrogi

ad·ver·tise [`ædvətaɪz] *vt* zawiadamiać, ogłaszać; reklamować, anonsować

ad·ver·tise·ment [əd`vɜtɪsmənt] *s* ogłoszenie, reklama

advice [əd`vaɪs] *s* rada; **a piece of** ~ rada; **to take sb's** ~ posłuchać czyjejś rady

ad·vise [əd`vaɪz] *vt* radzić (**sb** komuś)

ad·vis·er [əd`vaɪzə(r)] *s* radca, doradca

ad·vo·cate [`ædvəkət] *s* adwokat, obrońca; *vt* [`ædvəkeɪt] podtrzymywać, występować w obronie (**sth** czegoś), przemawiać (**sth** za czymś)

aer·i·al [`eərɪəl] *s* antena; *adj* powietrzny

aer·o·bics [eə`rəʊbɪks] *s* aerobik

aer·o·plane [`eərəpleɪn] *s* samolot

aes·thet·ic ['is`θetɪk] *adj* estetyczny

af·fair [ə`feə(r)] *s* sprawa, interes; miłostka; *pl* ~**s** sprawy (np. państwowe)

af·fect 1. [ə`fekt] *vt* wzruszyć; dotknąć; oddziaływać, wpływać (**sb, sth** na kogoś, na coś)

af·fect 2. [ə`fekt] *vt* udawać (**sb, sth** kogoś, coś), pozować (**sb** na kogoś)

af·fec·tion [ə`fekʃn] *s* przywiązanie, uczucie, sentyment

af·fin·i·ty [ə`fɪnɪtɪ] *s* pokrewieństwo; sympatia

af·flict [ə`flɪkt] *vt* gnębić; dotknąć (chorobą); **~ed with sth** chory na coś

af·ford [ə`fɔd] *vt* dostarczyć, użyczyć, dać; zdobyć się, pozwolić sobie (**sth** na coś); **I can ~ it** stać mnie na to

a·flame [ə`fleɪm] *adv adj praed* w płomieniach; płonący; *przen.* w podnieceniu

a·float [ə`fləʊt] *adv adj praed* na falach, na wodzie; w powietrzu; płynący; unoszący się; *przen.* w obiegu

a·fraid [ə`freɪd] *adj praed* przestraszony; **to be ~ of sth** bać się czegoś; **I'm ~ I can't do it** przykro mi, ale nie mogę tego zrobić

af·ter [`ɑftə(r)] *praep* po; za; według; o; **~ all** mimo wszystko; a jednak; *adv* potem, następnie; w tyle; z tyłu; *conj* kiedy, skoro, po tym, jak

af·ter·noon ['ɑftə`nun] *s* popołudnie; *adj attr* popołudniowy; **~ tea** podwieczorek

af·ter·thought [`ɑftəθɔt] *s* refleksja

af·ter·ward(s) [`ɑftəwəd(z)] *adv* następnie, później

a·gain [ə`gen] *adv* znowu, jeszcze raz; prócz tego, również; **~ and ~** raz po raz; **never ~** nigdy więcej

a·gainst [ə`genst] *praep* przeciw; wbrew; o; na

age [eɪdʒ] *s* wiek; epoka, czasy; **what is your ~?** ile masz lat?; **to come of ~** osiągnąć pełnoletność; **of ~** pełnoletni; **under ~** niepełnoletni

aged [`eɪdʒɪd] *adj* stary, sędziwy

a·gen·da [ə`dʒendə] *s pl* plan zajęć, terminarz; porządek dnia

a·gent [`eɪdʒənt] *s* agent, pośrednik; siła działająca, czynnik

ag·gres·sive [ə`gresɪv] *adj* napastliwy, agresywny

a·ghast [ə`gɑst] *adj praed* przerażony, oszołomiony, osłupiały

a·gi·le [`ædʒɑɪl] *adj* zwinny, ruchliwy

ag·i·tate [`ædʒɪteɪt] *vt* poruszać, niepokoić, podburzać; roztrząsać; *vi* agitować

ago [ə`gəʊ] *adv:* **long ~** dawno temu; **two years ~** dwa lata temu

a·go·ny [`ægənɪ] *s* gwałtowny ból, cierpienie; udręka; rozpaczliwa walka; agonia; **~ column** lista ofiar (ogłoszona w prasie); kolumna porad

a·gree [ə`gri] *vi* zgadzać się (**to sth** na coś); umawiać się, porozumiewać się (**on, upon sth** w sprawie czegoś)

a·gree·a·ble [ə`griəbl] *adj* przyjemny, miły; zgodny (**to sth** z czymś)

a·gree·ment [ə`grimənt] *s* zgoda, umowa, układ; **in ~ with...** zgodnie z...

ag·ri·cul·ture [`ægrɪkʌltʃə(r)] *s* rolnictwo

a·head [ə`hed] *adv* przed siebie, naprzód; na przedzie; dalej; **to be <to get> ~ of sb** wyprzedzać kogoś; **the task ~ of us** zadanie, które nas czeka; **to go ~** robić postępy, kontynuować

aid [eɪd] *s* pomoc; pomocnik; zasiłek; **teaching ~s** pomoce naukowe; **first ~** pierwsza pomoc; *vt* pomagać (**sb** komuś)

AIDS [eɪdz], **Acquired Immune Deficiency Syndrome** *s* choroba AIDS

ail·ment [`eɪlmənt] *s* niedomaganie, dolegliwość

aim [eɪm] *vi* celować; mieć na celu; dążyć (**at sth** do czegoś); *vt* mierzyć, rzucać; kierować (uwagę); *s* cel, zamiar

air 1. [eə(r)] *s* powietrze; **by ~** drogą powietrzną; **on the ~** nadany przez radio; *vt* wietrzyć; suszyć (na wietrze)

air 2. [eə(r)] *s* aria, pieśń

air 3. [eə(r)] *s* wygląd, mina; zachowanie; *zw. pl* **~s** poza

air-con·di·tion·ing ['eəkən-`dɪʃnɪŋ] *s* klimatyzacja

air·craft [`eəkrɑft] *s* samolot; *zbior.* lotnictwo

air·craft-car·ri·er [`eəkrɑft kærɪə(r)] *s* lotniskowiec

air-line [`eəlɑɪn] *s* linia lotnicza

air-mail [`eəmeɪl] *s* poczta lotnicza

air·plane [`eəpleɪn] *s am.* = **aeroplane**

air·port [`eəpɔt] *s* lotnisko

a·jar [ə`dʒɑ(r)] *adj praed (o drzwiach, bramie)* półotwarty

a·kin [ə`kɪn] *adj praed* krewny; podobny

a·larm [ə`lɑm] *s* alarm; strach, popłoch; **to take ~** ulec panice; *vt* alarmować, niepokoić

a·larm-clock [ə`lɑmklok] *s* budzik

a·las [ə`læs] *int* niestety!

al·bum [`ælbəm] *s* album

al·co·hol [`ælkəhol] *s* alkohol, napój alkoholowy

ale [eıl] *s* jasne piwo

a·lert [ə`lɜt] *adj* czujny; żwawy; *s zw. lotn.* alarm; pogotowie; **on the ~** na straży, w pogotowiu

al·ge·bra [`ældʒıbrə] *s* algebra

al·i·bi [`ælıbɑı] *s* alibi

al·ien [`eılıən] *adj* obcy; cudzoziemski; *s* cudzoziemiec

a·like [ə`lɑık] *adj praed* podobny, jednakowy; *adv* podobnie, jednakowo; zarówno

a·live [ə`lɑıv] *adj praed* żywy; żwawy; pełen życia; **to be ~ to sth** być wrażliwym na coś <świadomym czegoś>

all [ɔl] *adj i pron* wszystek, cały, całkowity, każdy, wszelki; **after ~** mimo wszystko; ostatecznie; **~ in ~** całkowicie, razem wziąwszy; **at ~** w ogóle; **for ~ that** mimo wszystko; **in ~** w całości, ogółem; **most of ~** najbardziej, przede wszystkim; **not at ~** wcale nie, nie ma za co (dziękować); **once for ~** raz na zawsze; *s* wszystko, całość; *adv* całkowicie, w pełni; **~ right** wszystko w porządku, dobrze; **~ the same** wszystko jedno; mimo wszystko; **~ the better** tym lepiej; **~ over** wszędzie, na całej przestrzeni

al·leged [ə`ledʒd] *adj* rzekomy, domniemany

al·ler·gy [`ælədʒı] *s* alergia (**to sth** na coś)

al·ley [`ælı] *s* aleja; uliczka; przejście; **blind ~** ślepy zaułek

al·lied [`ælɑıd] *adj* sprzymierzony; pokrewny, bliski

al·lot [ə`lot] *vt* przydzielić; wyznaczyć; rozdzielić

al·lot·ment [ə`lotmənt] *s* przydział; cząstka; działka

al·low [ə`lɑʊ] *vt* przyzwalać; przyznawać; przeznaczać; *vi* **~ of sth** dopuszczać do czegoś, zgadzać się na coś; **~ for sth** brać coś pod uwagę, uwzględniać

al·low·ance [ə`lɑʊəns] *s* przydział; (przyznany) fundusz, dotacja; bonifikata; kieszonkowe; tolerowanie, pozwolenie; **family ~** dodatek rodzinny

al·lu·sion [ə`luʒn] *s* aluzja, przytyk

al·ly [ə`lɑı] *vt* połączyć, sprzymierzyć; *vi* połączyć się, być sprzymierzonym; *s* [`ælɑı] sprzymierzeniec

al·mond [`ɑmənd] *s* migdał

al·most [`ɔlməʊst] *adv* prawie

a·lone [ə`ləʊn] *adj praed* sam, sam jeden; **to let sb, sth ~** pozostawić kogoś, coś w spokoju; *adv* tylko, jedynie; **let ~** zwłaszcza, a co dopiero

a·long [ə`loŋ] *praep* wzdłuż; **all ~** na całą długość, przez cały czas; **~ the street** ulicą; **~ with** razem, wspólnie, wraz z; *adv* naprzód, dalej; **come ~**! chodź tu!; **to take ~** zabrać

a·long·side [ə'loŋ`saɪd] *adv* w jednym rzędzie, obok; *praep* wzdłuż, obok

a·loud [ə`laʊd] *adv* głośno, na głos

al·pha·bet [`ælfəbət] *s* alfabet

al·read·y ['ɔl`redɪ] *adv* już; poprzednio

al·so [`ɔlsəʊ] *adv* także, również

al·tar [`ɔltə(r)] *s* ołtarz

al·ter [`ɔltə(r)] *vt vi* zmieniać (się)

al·ter·na·tive [ɔl`tɜnətɪv] *s* alternatywa; *adj* alternatywny

al·though [ɔl`ðəʊ] *conj* chociaż, mimo że

al·ti·tude [`æltɪtjud] *s* wysokość

al·to·geth·er ['ɔltə`geðə(r)] *adv* całkowicie, w pełni; ogółem

al·ways [`ɔlwəɪz] *adv* zawsze, ciągle

am *zob.* **be**

am·a·teur [`æmətə(r)] *s* amator

a·maze [ə`meɪz] *vt* zdumieć

am·bas·sa·dor [æm`bæsədə(r)] *s* ambasador; poseł (**to France** we Francji; **in Paris** w Paryżu)

am·ber [`æmbə(r)] *s* bursztyn

am·big·u·ous [æm`bɪgjʊəs] *adj* dwuznaczny, niejasny

am·bi·tious [æm`bɪʃəs] *adj* ambitny

am·bu·lance [`æmbjʊləns] *s* karetka pogotowia; szpital polowy

A·mer·i·can [ə`merɪkən] *s* Amerykanin; *adj* amerykański

a·mi·a·ble [`eɪmɪəbl] *adj* miły, uprzejmy

a·mid [ə`mɪd] , **a·midst** [ə`mɪdst] *praep* pomiędzy, pośród

a·mok [ə`mok] *adv* = **amuck**

a·mong [ə`mʌŋ], **a·mongst** [ə`mʌŋst] *praep* między, wśród

a·mount [ə`maʊnt] *vi* stanowić (sumę), wynosić; równać się (**to sth** czemuś); **the bill ~s to £ 100** rachunek wynosi 100 funtów; *s* suma, ilość; wartość, wynik

am·ple [`æmpl] *adj* obszerny, obfity; wystarczający; rozłożysty

a·muck [ə`mʌk] *adv* w szale; **to run ~** wpaść w szał

a·muse [ə`mjuz] *vt* zabawiać

a·muse·ment [ə`mjuzmənt] *s* rozrywka, zabawa; **~ park** *am.* wesołe miasteczko

an [ən, æn] *przedimek <rodzajnik> nieokreślony (przed samogłoską); zob.* **a**

an·a·lyse [`ænəlaɪz] *vt* analizować

an·a·lyze [`ænəlaɪz] *vt am.* = **analyse**

an·ar·chy [`ænəkɪ] *s* anarchia

a·nat·o·my [ə`nætəmɪ] *s* anatomia

an·ces·tor [`ænsəstə(r)] *s* przodek, antenat

an·cient [`eɪnʃnt] *adj* dawny, stary, starożytny; wiekowy

and [ænd, ənd, ən] *conj* i, a; z; **for hours ~ hours** całymi godzinami; **better ~ better** coraz lepiej

an·ec·dote [`ænɪkdəʊt] *s* anegdota

a·new [ə`nju] *adv* na nowo, powtórnie; inaczej

an·gel [`eɪndʒl] *s* anioł

an·ger [`æŋgə(r)] *s* gniew; *vt* gniewać, złościć

an·gi·na [æn`dʒaɪnə] *s* angina

an·gle 1. [`æŋgl] *s* kąt; *przen.* punkt widzenia

an·gle 2. [`æŋgl] *vi* łowić ryby na wędkę

An·gli·can [`æŋglɪkən] *adj* anglikański; *s* anglikanin

an·gry [`æŋgrɪ] *adj* zagniewany; gniewny; **to be ~ with sb <at sth>** gniewać się na kogoś <na coś>; **to get ~** rozgniewać się

an·i·mal [`ænɪml] *s* zwierzę, stworzenie; *adj* zwierzęcy; zmysłowy

an·i·mate [`ænɪmeɪt] *vt* ożywiać; pobudzać; **~d cartoon** kreskówka, film rysunkowy; *adj* [`ænɪmət] ożywiony, żywy, żwawy

an·kle [`æŋkl] *s* kostka (u nogi)

an·nex [`æneks] *s* (*także* **annexe**) aneks, dodatek; przybudówka; *vt* [ə`neks] dołączyć, anektować

an·ni·ver·sa·ry ['ænɪ`vɜsrɪ] *s* rocznica

an·nounce [ə`naʊns] *vt* zapowiadać, ogłaszać, zawiadamiać

an·nounce·ment [ə`naʊnsmənt] *s* zawiadomienie, zapowiedź, ogłoszenie

an·noy [ə`nɔɪ] *vt* dokuczać, niepokoić, drażnić

an·noyed [ə`nɔɪd] *zob.* **annoy**; *adj* zagniewany, rozdrażniony; **to be ~ with sb** gniewać się na kogoś; **to get ~ at sth** zmartwić, zirytować się czymś

an·nu·al [`ænjʊəl] *adj* roczny, coroczny; *s* rocznik

a·nom·a·ly [ə`nɔməlɪ] *s* anomalia

an·oth·er [ə`nʌðə(r)] *adj i pron* inny, drugi, jeszcze jeden; **in ~**

way inaczej; ~ **two hours** jeszcze dwie godziny

an·swer [`ɑnsə(r)] *s* odpowiedź (**to sth** na coś); rozwiązanie; *vt* odpowiadać (**sth** na coś); spełniać, zaspokajać (życzenie); służyć (celowi); *vi* być odpowiedzialnym (**for sth to sb** za coś przed kimś); odpowiadać (**to sth** na coś)

ant [ænt] *s* mrówka

a'nt [ɑnt] = **am not, are not**; *zob.* **be**

an·tag·o·nism [æn`tægənɪzm] *s* antagonizm

ant·arc·tic ['æn`tɑktɪk] *adj* antarktyczny; *s* **the Antarctic** Antarktyda

an·te·lope [`æntɪləʊp] *s* antylopa

an·ten·na [æn`tenə] *s* (*pl* **antennae** [æn`teni]) antena

an·them [`ænθəm] *s* hymn

an·ti•bi·o·tic ['æntɪbaɪ`otɪk] *s* antybiotyk

an·tique ['æn`tik] *adj* starożytny, antyczny; staroświecki; *s* sztuka starożytna; antyk

an·tiq·ui·ty [æn`tɪkwətɪ] *s* starożytność; antyk

anx·ious [`æŋkʃəs] *adj* niespokojny, pełen troski (**for, about sth** o coś); pożądający, pragnący (**for, about sth** czegoś)

an·y [`enɪ] *pron* jaki, jakiś, jakikolwiek; wszelki; każdy; którykolwiek; **not ~** żaden; *adv* nieco, trochę, jeszcze; ~ **farther** trochę dalej; **not ~ farther** ani trochę dalej; **it is not ~ good** to się na nic nie przyda

an·y·bod·y [`enɪbodɪ] *pron* ktokolwiek, ktoś; każdy

an·y·how [`enɪhaʊ] *adv* jakkolwiek, w jakikolwiek sposób; byle jak, w każdym razie; **not ... ~** w żaden sposób

an·y·one [`enɪwʌn] *pron* = **anybody**

an·y·thing [`enɪθɪŋ] *pron* cokolwiek, coś; wszystko; *z przeczeniem*: nic

an·y·way [`enɪweɪ] *adv* = **anyhow**

an·y·where [`enɪweə(r)] *adv* gdziekolwiek, gdzieś; wszędzie; *z przeczeniem*: nigdzie

a·part [ə`pɑt] *adv* oddzielnie, na boku, na bok; osobno; w odległości; ~ **from** pomijając, abstrahując, niezależnie od, oprócz; **to get ~** oddzielić; **to set ~** odłożyć; **to take ~** rozkładać, rozbierać na części

a·part·ment [ə`pɑtmənt] *s* pokój, mieszkanie; *am.* ~ **house** dom mieszkalny (czynszowy)

ap·a·thy [`æpəθı] *s* apatia, obojętność

a·pol·o·gize [ə`polədʒaız] *vi* usprawiedliwiać się (**to sb for sth** przed kimś z czegoś), przepraszać

ap·o·plex·y [`æpəpleksı] *s* apopleksja

a·pos·tle [ə`posl] *s* apostoł; wyznawca

ap·pal [ə`pɔl] *vt* trwożyć, przerażać

ap·pa·ra·tus ['æpə`reıtəs] *s* (*pl* ~ *lub* **~es** ['æpə`reıtəsız]) aparat, przyrząd, urządzenie; *(w organizmie)* narząd

ap·par·ent [ə`pærənt] *adj* widoczny, oczywisty; pozorny

ap·peal [ə`pil] *vi* apelować, wzywać, usilnie prosić (**to sb for sth** kogoś o coś); pociągać; oddziaływać (**to sb** na kogoś); *s* wezwanie; apelacja; zainteresowanie, pociąg; **popular ~** popularność; **sex ~** atrakcyjność, powab (płci); **to make an ~ for help** prosić <błagać> o pomoc

ap·pear [ə`pıə(r)] *vi* zjawiać się, pokazywać się; występować; wydawać się, zdawać się; okazywać się

ap·pear·ance [ə`pıərəns] *s* wygląd zewnętrzny; zjawienie się; wystąpienie; pozór; **at first ~** na pierwszy rzut oka

ap·pen·di·ci·tis [ə'pendə`saıtıs] *s med.* zapalenie wyrostka robaczkowego

ap·pen·dix [ə`pendıks] *s* (*pl* **~es** [ə`pendıksız] *lub* **appendices** [ə`pendısiz]) dodatek, uzupełnienie; *anat.* wyrostek robaczkowy

ap·pe·tite [`æpətaıt] *s* apetyt (**for sth** na coś)

ap·pe·tiz·er [`æpətaızə(r)] *s* zakąska, małe danie

ap·plaud [ə`plɔd] *vt* oklaskiwać; przyklasnąć; *vi* klaskać

ap·plause [ə`plɔz] *s* aplauz, oklaski; pochwała

ap·ple [`æpl] *s* jabłko; **~ of the eye** źrenica; *przen.* oczko w głowie

ap·pli·ance [ə`plaıəns] *s* zastosowanie, użycie; narzędzie, instrument; *pl* **~s** przybory

ap·pli·ca·tion ['æpli`keıʃn] *s* aplikacja; podanie; zastosowanie, użycie; uwaga; pilność; **~ form** formularz (podaniowy)

ap·ply [ə`plaı] *vt* stosować, używać; poświęcać (uwagę, trud); *vi* zwracać się (**to sb for sth** do kogoś o coś), starać się (**for sth** o coś); dać się zastosować, odnosić się

ap·point [ə`pɔɪnt] *vt* wyznaczać; mianować; umawiać

ap·point·ment [ə`pɔɪntmənt] *s* wyznaczenie; nominacja; stanowisko, posada; umowa; umówione spotkanie; **to keep an ~** przyjść na spotkanie; **to make an ~** umówić się na spotkanie

ap·pre·ci·ate [ə`priʃɪeɪt] *vt* ocenić, oszacować; uznawać, wysoko sobie cenić; dziękować, być wdzięcznym (**sth** za coś); *am.* podnieść wartość; *vi* zyskiwać na wartości

ap·pre·ci·a·tion [ə'priʃɪ`eɪʃn] *s* ocena; uznanie; wdzięczność, podziękowanie; *am.* podwyższenie <wzrost> ceny

ap·proach [ə`prəʊtʃ] *vt* zbliżać się, podchodzić (**sb, sth** do kogoś, do czegoś); zagadnąć (**sb** kogoś); *vi* zbliżać się, nadchodzić; *s* zbliżenie, podejście; dostęp

ap·pro·pri·ate [ə`prəʊprɪt] *adj* odpowiedni, stosowny; *vt* [ə`prəʊprɪeɪt] przywłaszczać sobie; przypisywać sobie

ap·prove [ə`pruv] *vt vi* aprobować, uznawać (**sth, of sth** coś)

ap·prox·i·mate [ə`proksɪmeɪt] *vi* zbliżać (się), podchodzić (**to sb, sth** do kogoś, do czegoś); *vt* zbliżać; *adj* [ə`proksɪmət] przybliżony

a·pri·cot [`eɪprɪkot] *s* morela

A·pril [`eɪprəl] *s* kwiecień

a·pron [`eɪprən] *s* fartuch; płyta **lotniska**

apt [æpt] *adj* odpowiedni; skłonny; zdolny; nadający się (**for sth** do czegoś)

Ar·ab [`ærəb] *s* Arab; *(koń)* arab

A·ra·bian [ə`reɪbɪən] *adj* arabski; *s* Arab

A·ra·bic [`ærəbɪk] *adj* arabski; *s* język arabski

ar·cade [ɑ`keɪd] *s bryt.* **shopping ~** pasaż handlowy

arch [ɑtʃ] *s arch.* łuk, sklepienie; *vt vi* nadawać <przybierać> formę łuku

ar·chae·ol·o·gy ['ɑkɪ`olədʒɪ] *s* archeologia

ar·chi·tect [`ɑkɪtekt] *s* architekt

ar·chi·tec·ture [`ɑkɪtektʃə(r)] *s* architektura

arc·tic [`ɑktɪk] *adj* arktyczny; *s* **the Arctic** Arktyka

are [ɑ(r)] *zob.* **be**

a·re·a [`eərɪə] *s* przestrzeń, powierzchnia; zakres; okolica; strefa

aren't [ɑnt] = **are not**; *zob.* **be**

Ar·gen·tin·e·an ['ɑdʒən`tɪnɪən] *adj* argentyński; *s* Argentyńczyk

ar·gue [`ɑgju] *vt* roztrząsać; uzasadniać, argumentować; wnioskować; wmawiać (**sb into sth** komuś coś); *vi* argumentować (**for sth** za czymś, **against sth** przeciw czemuś); sprzeczać się (**about, for sth** o coś)

ar·gu·ment [`ɑgjʊmənt] *s* argument, dowód; dyskusja, sprzeczka; teza

aria [`ɑrɪə] *s muz.* aria

***a·rise** [ə`rɑɪz] , **arose** [ə`rəʊz], **arisen** [ə`rɪzn] *vi* wstawać, powstawać; ukazywać się, wyłaniać się; wynikać

a·rith·me·tic [ə`rɪθmətɪk] *s* arytmetyka

arm1. [ɑm] *s* ramię; ręka; poręcz krzesła; konar; **~-in-~** ramię w ramię, pod rękę

arm 2. [ɑm] *s* (*zw. pl* **~s**) broń; **in ~s** pod bronią; *vt vi* zbroić (się)

arm·chair [`ɑmtʃeə(r)] *s* fotel

ar·my [`ɑmɪ] *s* wojsko; **the ~** armia; **join the ~** pójść do wojska

a·rose *zob.* **arise**

a·round [ə`rɑʊnd] *adv i praep* naokoło, dookoła; na wszystkie strony; *am.* tu i tam

a·rouse [ə`rɑʊz] *vt* wzbudzać, podniecać, aktywizować; budzić (ze snu)

ar·range [ə`reɪndʒ] *vt* urządzać, porządkować, układać; umawiać, ustalać; załatwiać; *vi* układać się, umawiać się

ar·range·ment [ə`reɪndʒmənt] *s* urządzenie; układ, umowa; uporządkowanie; *zw. pl* **~s** plany, przygotowania

ar·rest [ə`rest] *vt* aresztować; zatrzymywać; przykuwać (uwagę); *s* areszt, zatrzymanie; zahamowanie, wstrzymanie

ar·ri·val [ə`rɑɪvl] *s* przybycie, dojście (**at, in sth** do czegoś); przybysz; rzecz, która nadeszła

ar·rive [ə`rɑɪv] *vi* przybyć, dojść (**at, in sth** do czegoś); osiągnąć (**at sth** coś)

ar·ro·gant [`ærəgənt] *adj* arogancki

ar·row [`ærəʊ] *s* strzała, strzałka

ar·son [`ɑsn] *s* podpalenie (akt zbrodniczy)

art [ɑt] *s* sztuka; zręczność; chytrość; *pl* **~s** nauki humanistyczne

ar·te·ry [`ɑtərɪ] *s anat.* arteria

ar·thri·tis [ɑ`θrɑɪtɪs] *s* artretyzm

ar·ti·cle [`ɑtɪkl] *s* artykuł; rozdział, punkt; paragraf; przedmiot; *gram.* rodzajnik, przedimek

ar·ti·fi·cial [ˈɑtɪ`fɪʃl] *adj* sztuczny

ar·tist [`ɑtɪst] *s* artysta

ar·tis·tic [ɑ`tɪstɪk] *adj* artystyczny

as [æz, əz] *adv* jak; jako; za; *conj* ponieważ, skoro; jak; jako; kiedy, (podczas) gdy; chociaż; w miarę, jak; **as ... as** tak ... jak, równie ... jak; **as far as** aż do, o ile; **as for** co się tyczy; co do; **as if, as though** jak gdyby: **as it is** faktycznie, rzeczywiście; **as it were** że tak powiem; **as a rule** z reguły, zasadniczo; **as much <many>** aż tyle; **as soon as** skoro tylko; **as to** co się tyczy, odnośnie do; **as well** również; także; **as well as** równie dobrze, jak również; **as yet** jak dotąd; **so ... as** tak ... jak (*zw. w przeczeniu* **not so ... as** nie tak ... jak); **so as** (*przed inf*) tak, ażeby <że>

as·cend [ə`send] *vi* wznosić się, iść w górę; wspinać się; *vt* wstąpić (**the throne** na tron)

as·cent [ə`sent] *s* wznoszenie (się); wchodzenie (na górę), wspinanie się (na szczyt)

ash 1. [æʃ] *s* (*zw. pl* ~**es**) popiół

ash 2. [æʃ] *s* jesion

a·shamed [ə`ʃeɪmd] *adj praed* zawstydzony; **to be ~** wstydzić się (**of sth** czegoś, **for sth** z powodu czegoś)

a·shore [ə`ʃɔ(r)] *adv* na brzeg, na brzegu, na ląd, na lądzie; **to run <to be driven> ~** osiąść na mieliźnie

ash·tray [`æʃ treɪ] *s* popielniczka

A·si·at·ic ['eɪʃɪ`ætɪk] *adj* azjatycki; *s* Azjata

a·side [ə`saɪd] *adj* na bok, na boku; **to put ~** odkładać

ask [ɑsk] *vt* pytać, prosić, upraszać (**sb** kogoś, **sth** o coś); żądać (**sth** czegoś); **to ~ a question** zadać pytanie; *vi* prosić (**for sth** o coś), pytać (**for sb, sth** o kogoś, o coś); pytać, dowiadywać się (**about <after> sb, sth** o kogoś, o coś)

askew [ə`skju] *adv* krzywo

a·sleep [ə`slip] *adj praed i adv* śpiący, pogrążony we śnie; (*o nogach*) zdrętwiały; **to be ~** spać; **to fall ~** zasnąć

as·pect [`æspekt] *s* aspekt; wygląd; widok; zapatrywanie; wzgląd

aspi·ra·tion ['æspə`reɪʃn] *s* aspiracja, dążenie (**after, for sth** do czegoś)

as·pi·rin [`æsprɪn] *s* aspiryna

ass [æs] *s* osioł

as·sas·si·nate [ə`sæsɪneɪt] *vt* mordować (skrytobójczo)

as·sem·ble [ə`sembl] *vt* gromadzić; składać, montować; *vi* gromadzić się

as·sem·bly [ə`semblɪ] *s* zebranie, zgromadzenie; montaż

as·ser·tion [ə`sɜʃn] *s* twierdzenie (stanowcze); obrona (swoich praw)

as·sess [ə`ses] *vt* szacować, taksować

as·sess·ment [ə`sesmənt] *s* oszacowanie; opodatkowanie

as·set [`æset] *s* rzecz wartościowa, zabezpieczenie

as·sign [ə`saɪn] *vt* wyznaczać; ustalać, określać; przydzielać, przypisywać

as·sim·i·late [ə`sɪməleɪt] *vt vi* asymilować (się), upodabniać (się)

as·sist [ə`sɪst] *vt* asystować; pomagać; *vi* być obecnym

as·sist·ance [ə`sɪstəns] *s* asysta; pomoc, poparcie; obecność

as·sist·ant [ə`sɪstənt] *s* pomocnik, asystent; **~ manager** wicedyrektor; **shop ~** ekspedient; *adj* pomocniczy

as·so·ci·ate [ə`səʊʃɪeɪt] *vt* łączyć, wiązać, kojarzyć; *vi* obcować, współdziałać, łączyć się; *s* [ə`səʊʃɪət] towarzysz, współuczestnik; *adj* związany; dołączony

as·so·ci·a·tion [ə'səʊʃɪ`eɪʃn] *s* stowarzyszenie, zrzeszenie; związek; skojarzenie

as·sume [ə`sjum] *vt* przyjmować; brać na siebie; obejmować (np. urząd); przypuszczać, zakładać; udawać

as·sump·tion [ə`sʌmpʃn] *s* przyjęcie; objęcie; przypuszczenie, założenie

as·sur·ance [ə`ʃʊərns] *s* zapewnienie; pewność (siebie); *bryt.* ubezpieczenie

as·sure [ə`ʃʊə(r)] *vt* zapewniać; *bryt.* ubezpieczać; **to rest ~d** być spokojnym

asth·ma [`æsmə] *s* astma

a·ston·ish [ə`stonɪʃ] *vt* zdziwić, zdumieć

a·stray [ə`streɪ] *adj praed adv dosł. i przen.* zabłąkany; **to go ~** zabłąkać się

as·trol·o·gy [ə`strolədʒɪ] *s* astrologia

as·tron·o·my [ə`stronəmɪ] *s* astronomia

a·sy·lum [ə`saɪləm] *s* azyl; przytułek

at [æt, ət] *praep na oznaczenie miejsca:* przy, u, na, w; **at school** w szkole; **at sea** na morzu; *na oznaczenie czasu:* w, o, na; **at nine o'clock** o godzinie dziewiątej; *na oznaczenie sposobu, celu, stanu, ceny:* na, za, z, po, w; **at once** natychmiast; **at last** w końcu; nareszcie; **at least** przynajmniej

ate *zob.* **eat**

ath·lete [`æθlit] *s* zapaśnik, sportowiec

ath·let·ics [æθ`letıks] *s* sport; (lekka) atletyka

At·lan·tic [ət`læntık] *adj* atlantycki; *s* Atlantyk

at·las [`ætləs] *s* atlas

at·mos·phere [`ætməsfıə(r)] *s fiz. i przen.* atmosfera

at·om [`ætəm] *s* atom; *przen.* odrobina

a·tom·ic [ə`tomık] *adj* atomowy

a·troc·i·ty [ə`trosətı] *s* okrucieństwo; okropność

at·tach [ə`tætʃ] *vt* przywiązać, przymocować; dołączać; *vi* być przywiązanym <dołączonym>

at·tach·ment [ə`tætʃmənt] *s* przywiązanie, więź (uczuciowa); dodatek, załącznik

at·tack [ə`tæk] *vt* atakować; *s* atak

at·tain [ə`teın] *vt vi* osiągnąć, zdobyć, dojść (**sth, to sth, at sth** do czegoś)

at·tempt [ə`tempt] *vt* próbować, usiłować; *s* próba, usiłowanie

at·tend [ə`tend] *vt* towarzyszyć (**sb** komuś); uczęszczać (**school** do szkoły, **lectures** na wykłady); służyć pomocą (**sb** komuś); pielęgnować; leczyć; być obecnym (**a meeting** na zebraniu); *vi* usługiwać (**on, upon, to sb** komuś); uważać (**to sth** na coś)

at·tend·ance [ə`tendəns] *s* uwaga, baczenie; obsługa; opieka; frekwencja; towarzyszenie

at·ten·tion [ə`tenʃn] *s* uwaga; opieka; **to pay ~** zwracać uwagę (**to sth** na coś); **~!** baczność!; uwaga!

at·test [ə`test] *vt* stwierdzać, zaświadczać; zaprzysięgać; *vi* świadczyć (**to sth** o czymś)

at·tic [`ætık] *s* poddasze

at·ti·tude [`ætıtjud] *s* postawa, stanowisko, stosunek

at·tor·ney [ə`tɜnı] *s* adwokat, rzecznik, pełnomocnik; **letter <power> of ~** pełnomocnictwo

at·tract [ə`trækt] *vt* przyciągać, pociągać

at·trac·tion [ə`trækʃn] *s* atrakcja; pociąg; atrakcyjność; przyciąganie

at·tract·ive [ə`træktıv] *adj* atrakcyjny, pociągający; przyciągający

at·trib·ute [ə`trıbjut] *vt* przypisywać; *s* [`ætrıbjut] atrybut, właściwość

auc·tion [`ɔkʃn] *s* aukcja, licytacja; *vt* sprzedawać na licytacji

au·da·cious [ɔ`deɪʃəs] *adj* śmiały, zuchwały

au·di·ble [`ɔdəbl] *adj* słyszalny

au·di·ence [`ɔdɪəns] *s* publiczność, słuchacze; audiencja

Au·gust [`ɔgəst] *s* sierpień

aunt [ɑnt] *s* ciotka

aus·pi·ces [`ɔspɪsɪz] *s pl* piecza, patronat; **under the ~ of** pod auspicjami

Aus·tra·lian [ɔ`streɪlɪən] *adj* australijski; *s* Australijczyk

Aus·tri·an [`ɔstrɪən] *adj* austriacki; *s* Austriak

au·then·tic [ɔ`θentɪk] *adj* autentyczny

au·thor [`ɔθə(r)] *s* autor

au·thor·i·ty [ɔ`θorətɪ] *s* autorytet, władza; upoważnienie; wiarygodne świadectwo; źródło; *pl* **authorities** władze

au·thor·ize [`ɔθərɑɪz] *vt* autoryzować, upoważniać

au·to·mat [`ɔtəmæt] *s am.* bar samoobsługowy

au·to·mat·ic ['ɔtə`mætɪk] *adj* automatyczny, mechaniczny

au·to·mo·bile [`ɔtəməbil] *s am.* samochód

au·ton·o·my [ɔ`tonəmɪ] *s* autonomia

au·tumn [`ɔtəm] *s* jesień; *adj attr* jesienny

a·vail·a·ble [ə`veɪləbl] *adj* do wykorzystania, dostępny, osiągalny

av·a·lanche [`ævəlɑnʃ] *s dosł. i przen.* lawina

a·venge [ə`vendʒ] *vt* pomścić

av·e·nue [`ævənju] *s* aleja, szeroka ulica

av·er·age [`ævərɪdʒ] *s mat.* przeciętna; przeciętność; **on (an) ~** przeciętnie; *adj* przeciętny; *vt* wynosić przeciętnie

a·verse [ə`vɜs] *adj* przeciwny; **to be ~ to sth** czuć niechęć <odrazę> do czegoś

a·vert [ə`vɜt] *vt* odwrócić; zapobiec (**sth** czemuś)

a·vi·a·tion ['eɪvɪ`eɪʃn] *s* lotnictwo

av·id [`ævɪd] *adj* chciwy (**for, of sth** czegoś)

a·void [ə`vɔɪd] *vt* unikać

a·void·ance [ə`vɔɪdəns] *s* unikanie, uchylanie się

a·wake 1. [ə`weɪk], **awoke, awoke** [ə`wəʊk] *vt dosł. i przen.* budzić; *vi* budzić się; uświadomić sobie (**to sth** coś)

a·wake 2. [ə`weɪk] *adj praed* czuwający, obudzony; świadomy (**to sth** czegoś)

a·wak·en [ə`weɪkən] = **awake 1.**

a·ward [ə`wɔd] *vt* przyznawać, przysądzać; *s* przyznana nagroda; wyrok (w wyniku arbitrażu)

a·ware [ə`weə(r)] *adj praed* świadomy, poinformowany; **to be ~** uświadamiać sobie (**of sth** coś)

a·way [ɔ`weɪ] *adv* hen, na uboczu; poza (domem); *am.* **right ~** natychmiast; **far and ~** o wiele, znacznie; **to make <to do> ~** pozbyć się (**with sth** czegoś); **~ with it!** precz z tym!

awe [ɔ] *s* strach, trwoga; *vt* napawać trwogą

aw·ful [`ɔfl] *adj* straszny, okropny

awk·ward [`ɔkwəd] *adj* niezgrabny; niezdarny; zażenowany; niewygodny

a·woke *zob.* **awake 1.**

ax, axe [æks] *s* siekiera

az·ure [`æʒə(r)] *s* lazur; *adj* błękitny, lazurowy

B

ba·by [`beɪbɪ] *s* niemowlę

ba·by-sit·ter [`beɪbɪ sɪtə(r)] *s* osoba wynajmowana na kilka godzin do opieki nad dzieckiem

back [bæk] *s* tył, odwrotna strona; plecy; grzbiet; *sport* obrońca; **at the ~** z tyłu; *adj* tylny; zaległy; odwrotny; powrotny; *adv* w tyle, z tyłu; z powrotem; do tyłu; *vt* popierać; cofać (np. auto); (*w grze*) stawiać (**sth** na coś); **~ up** stawiać (w grze); popierać (**sb** kogoś); *vi* cofać się, iść do tyłu; **~ out** wycofać się, wykręcić się (**of sth** z czegoś)

back·bone [`bækbəʊn] *s* kręgosłup

back·ground [`bækgrαʊnd] *s* dalszy plan; tło (*także* polityczne,. społeczne); pochodzenie, przeszłość

back·ward [`bækwəd] *adj* tylny, położony w tyle; zacofany; opieszały; **~(s)** *adv* w tył, ku tyłowi, z powrotem, wstecz

ba·con [`beɪkən] *s* boczek, słonina, bekon

bad [bæd] *adj* (*comp* **worse** [wɜs] , *sup* **worst** [wɜst]) zły, w złym stanie; niezdrowy; bezwartościowy; przykry; lichy; dokuczliwy; (*o dziecku*) niegrzeczny; **a ~ need** gwałtowna potrzeba; **to be ~ at**

sth nie umieć czegoś, nie orientować się w czymś; **to go ~** zepsuć się; **~ language** język wulgarny

bade *zob.* **bid**

bad·ly [`bædlı] *adv* źle; bardzo; **to be ~ off** być biednym; **to need ~** gwałtownie potrzebować

bad·min·ton [`bædmıntən] *s* badminton

bag [bæg] *s* worek, torba (papierowa); torebka (damska); *vt* włożyć do worka, zapakować

bag·gage [`bægıdʒ] *s* bagaż

bake [beık] *vt vi* piec (się); wypalać (się)

ba·ker [`beıkə(r)] *s* piekarz; **~'s dozen** trzynaście

bal·ance [`bæləns] *s* waga; równowaga; saldo; bilans; *vt* ważyć; równoważyć; *vi* zachowywać równowagę; balansować

bal·co·ny [`bælkənı] *s* balkon

bald·ly [`bɔldlı] *adv* prosto z mostu, otwarcie

ball [bɔl] *s* piłka; kula, kulka; kłębek; **~ of the eye** gałka oczna

bal·let [`bæleı] *s* balet

bal·loon [bə`lun] *s* balon; *vi* nadymać się jak balon

bal·lot [`bælət] *s* kartka do głosowania; tajne głosowanie; *vi* tajnie głosować

ball-(point-)pen ['bɔl(pɔınt) `pen] *s* długopis

bam·boo ['bæm`bu] *s* bambus

ban [bæn] *vt* publicznie zakazać, zabronić; *s* publiczny zakaz; banicja

ba·nal [bə`nɑl] *adj* banalny

ba·na·na [bə`nɑnə] *s* banan

band 1. [bænd] *s* wstążka, taśmą; opaska; *vt* obwiązywać (wstążką, taśmą)

band 2. [bænd] *s* grupa, gromada; banda; orkiestra; *vt vi* grupować (się), zrzeszać (się)

band·age [`bændıdʒ] *s* bandaż; *vt* bandażować

ban·dit [`bændıt] *s* bandyta

bang [bæŋ] *s* głośne uderzenie; huk; *vt* huknąć; *adv* gwałtownie; z hukiem; *pot.* w sam raz, właśnie; *int* **~!** bęc!

bank 1. [bæŋk] *s* wał, nasyp; brzeg; zaspa śnieżna

bank 2. [bæŋk] *s* bank; *adj attr* bankowy; *vt* składać w banku

bank-note [`bæŋknəʊt] *s* banknot

bank·rupt [`bæŋkrʌpt] *s* bankrut; *adj* zbankrutowany

bap·tism [`bæptızm] *s* chrzest

bar [bɑ(r)] *s* belka, sztaba; zapora; zasuwa; bar; *pl* **~s**

krata; *vt* odgradzać, przeszkadzać; ryglować; wykluczać

bar·be·cue [`babıkju] *s* rożen

bar·ber [`babə(r)] *s* fryzjer

bare [beə(r)] *adj* goły, nagi; otwarty, jasny; jedyny; **to lay ~** odsłonić; *vt* obnażać, odsłaniać

bare·ly [`beəlı] *adv* ledwo, tylko

bar·gain [`bagın] *s* interes, transakcja; okazyjne kupno; **into the ~** na dodatek; **to strike a ~** ubić interes

barge [badʒ] *s* barka

bark [bak] *vi* szczekać; *s* szczekanie

bar·ley [`balı] *s* jęczmień

bar·maid [`bameıd] *s* bufetowa, barmanka

bar·man [`bamən] *s* bufetowy, barman

barn [ban] *s* stodoła

ba·rom·e·ter [bə`romıtə(r)] *s* barometr

bar·ri·er [`bærıə(r)] *s* bariera, zapora, przeszkoda

bar·ris·ter [`bærıstə(r)] *s* adwokat

bar·row [`bærəʊ] *s* taczki

bar·ter [`batə(r)] *s* handel wymienny; *vt vi* wymieniać towary

base 1. [beıs] *s* baza, podstawa; *chem.* zasada; *vt* opierać, gruntować, bazować

base 2. [beıs] *adj* podły; niski

base·ball [`beısbɔl] *s sport* baseball

base·ment [`beısmənt] *s* fundament; suterena

ba·sic [`beısık] *adj* podstawowy, zasadniczy; **~ English** uproszczony język angielski

ba·sis [`beısıs] *s* (*pl* **bases** [`beısiz]) baza, podstawa; zasada; podłoże

bas·ket [`baskıt] *s* kosz

bas·ket-ball [`baskıt bɔl] *s* koszykówka

bath [baθ] *s* (*pl* **~s**[baðz]) kąpiel (w łazience); wanna, łazienka; *pl* **~s** łaźnia

bathe [beıð] *vt vi* kąpać (się); *s* kąpiel (morska, rzeczna)

bath·room [`baθrum] *s* łazienka

bat·ter [`bætə(r)] *vi* gwałtownie stukać, walić (**at sth** w coś); *vt* druzgotać, tłuc

bat·te·ry [`bætrı] *s* bateria; akumulator; pobicie, uderzenie

bat·tle [`bætl] *s* bitwa; *vi* walczyć

bawl [bɔl] *vi vt* wykrzykiwać, wrzeszczeć; *s* wrzask

bay [beı] *s* zatoka

*** be** [bi], **am** [æm,əm] , **is** [ız], **are** [a(r)] , **was** [woz] , **were** [wɜ(r)] , **been** [bin] *v aux* być; *w połączeniu z pp tworzy stronę bierną:* **it is done** to jest zrobione; *w połączeniu z ppraes tworzy Continuous Form:* **I am reading** czytam; *w połączeniu z inf oznacza powinność:* **I am to tell you** powinienem <mam> ci powiedzieć; *w połączeniu z przysłówkiem* **there** = być, znajdować się: **there are people in the street** na ulicy są ludzie; *w połączeniu z niektórymi przymiotnikami oznacza odpowiednią czynność:* **to be late** spóźnić się; *vi* być, istnieć; pozostawać, trwać; mieć się, czuć się; kosztować; **how are you?** jak się masz?; **I am better** czuję się lepiej; **how much is this?** ile to kosztuje?; **be off** odchodzić, odjeżdżać; **be over** minąć

beach [bitʃ] *s* brzeg (płaski), plaża

bean [bin] *s (zw. pl* **~s***)* fasola; **broad ~s** bób

bear 1. [beə(r)] *s* niedźwiedź

* **bear 2.** [beə(r)] , **bore** [bɔ(r)] , **borne** [bɔn] *vt* nosić; znosić; *(zw. pp* **born** [bɔn]) rodzić; unieść, utrzymać (ciężar); przynosić, dawać (owoce, procent); **to be born** urodzić się; *vi* ciążyć; mieć znaczenie; odnosić się (**on sth** do czegoś); **~ out** potwierdzać; **~ up** podpierać; wytrzymać; **~ with** znosić cierpliwie, godzić się (z czymś); **to ~ in mind** mieć na myśli; *vr* **~ oneself** zachowywać się

bear·able [`beərəbl] *adj* znośny

beard [bɪəd] *s* broda; zarost

bear·er [`beərə(r)] *s* posiadacz (np. paszportu); okaziciel (np. czeku); nosiciel

beast [bist] *s* zwierzę, bydlę, bestia

* **beat** [bit] , **beat** [bit] , **beaten** [`bitn] *vt* bić, uderzać, stukać; tłuc; kuć; pobić (wroga, rekord); *vi (o sercu, wietrze)* walić, łomotać; *s* uderzenie; obchód

beat·en [`bitn] *zob.* **beat**

beat·ing [`bitɪŋ] *s* bicie, *pot.* lanie

beau·ti·ful [`bjutəfl] *adj* piękny

beau·ty [`bjutɪ] *s* piękność; piękno

be·came *zob.* **become**

be·cause [bɪ`koz] *conj* ponieważ; *praep* **~ of** z powodu

***be·come** [bɪ`kʌm] , **be·came** [bɪ`keɪm] , **be·come** [bɪ`kʌm] *vi* zostać (czymś), stać się; **what has ~ of him?** co się z nim stało?; *vt* wypadać, licować; być do twarzy, pasować; **it does not ~ you to do this** nie wypada ci tego robić

be·com·ing [bɪ`kʌmɪŋ] *zob.* **become**; *adj* stosowny, właściwy, twarzowy (np. strój)

bed [bed] *s* łóżko; **to make the ~** posłać łóżko; *vt* kłaść do łóżka; układać

bed·clothes [`bedkləʊðz] *s pl* pościel

bed·room [`bedrʊm] *s* sypialnia

bee [bi] *s* pszczoła

beef [bif] *s* wołowina

beef·steak [`bifsteɪk] *s* befsztyk

been *zob.* **be**

beer [bɪə(r)] *s* piwo

beet [bit] *s* burak

beet·le [`bitl] *s* chrząszcz, żuk

be·fore [bɪ`fɔ(r)] *praep* przed; **~ long** wkrótce; **~ now** już przedtem; *adv* z przodu; przedtem, dawniej; *conj* zanim

be·fore·hand [bɪ`fɔhænd] *adv* z góry, naprzód; **to be ~ with sb** wyprzedzać kogoś; **to be ~ with sth** załatwić coś przed terminem

beg [beg] *vt vi* prosić (**sth of <from> sb** kogoś o coś); żebrać; **(I) ~ your pardon** przepraszam (nie dosłyszałem)

be·gan *zob.* **begin**

beg·gar [`begə(r)] *s* żebrak

***be·gin** [bɪ`gɪn] , **began,** [bɪ`gæn], **begun** [bɪ`gʌn] *vt vi* zaczynać (się); **to ~ with** na początek, przede wszystkim

be·gin·ning [bɪ`gɪnɪŋ] *s* początek

be·gun *zob.* **begin**

be·half [bɪ`hɑf] *s* korzyść, sprawa; **in <on> sb's ~** na czyjąś korzyść, w czyjejś sprawie; **on ~ of sb** w czyimś imieniu

be·have [bɪ`heɪv] *vi* zachowywać (się), postępować (**towards sb** w stosunku do kogoś); dobrze się zachowywać; *vr* **~ oneself** dobrze się zachowywać

be·hav·iour [bɪ`heɪvɪə(r)] *s* zachowanie, postępowanie

be·hind [bɪ`hɑɪnd] *praep* za, poza; **~ time** z opóźnieniem; **~ the times** zacofany, przestarzały; *adv* z tyłu, do tyłu, wstecz; **to be ~** zalegać, być opóźnionym; **to leave ~** zostawić za sobą

beige [beɪʒ] *s* beż; *adj* beżowy

be·ing [`biɪŋ] *s* istnienie, istota

belch [beltʃ] *vt* wypluwać, gwałtownie wyrzucać; *vi* wybuchać, zionąć; czkać; *s* wybuch

Bel·gian [`beldʒən] *adj* belgijski; *s* Belg

be·lief [bɪ`lif] *s* wiara; przekonanie, zdanie (na jakiś temat)

be·lieve [bɪ`liv] *vt vi* wierzyć (**sb** komuś, **sth** czemuś, **in sth** w coś); myśleć, sądzić; **to make ~** udawać; pozorować

bell [bel] *s* dzwon, dzwonek

be·long [bɪ`lɒŋ] *vi* należeć; tyczyć się; być rodem, pochodzić (**to a place** z danej miejscowości)

be·long·ings [bɪ`lɒŋɪŋz] *s pl* rzeczy; dobytek, własność

be·lov·ed [bɪ`lʌvɪd] *adj* umiłowany, ukochany

be·low [bɪ`ləʊ] *praep* pod; *adv* niżej, poniżej

belt [belt] *s* pasek; pas (bezpieczeństwa); strefa; *vt* opasać, przymocować pasem

bench [bentʃ] *s* ława, ławka; sąd, trybunał

***bend** [bend] , **bent**, **bent** [bent] *vt vi* zginać (się), uginać (się), pochylać (się), skręcać; *s* zgięcie; zakręt (drogi)

be·neath [bɪ`niθ] *praep* pod, poniżej; *adv* niżej, w dole, na dół

ben·e·fit [`benɪfɪt] *s* dobrodziejstwo; korzyść; zasiłek (dla bezrobotnych itp.); *vt* przynosić korzyść; *vi* ciągnąć korzyść, korzystać (**by <from> sth** z czegoś)

bent 1. *zob.* **bend**

bent 2. [bent] *s* wygięcie; skłonność, zamiłowanie (**for sth** do czegoś); *adj* zgięty, wygięty; skłonny, zdecydowany (**on sth** na coś)

be·numb [bɪ`nʌm] *vt* spowodować odrętwienie; oszołomić; sparaliżować; **~ed by cold** zdrętwiały z zimna

be·side [bɪ`saɪd] *praep* obok; oprócz; w porównaniu z

be·sides [bɪ`saɪdz] *adv* oprócz tego, poza tym; *praep* oprócz, poza

best [best] *adj* (*sup od* **good**) najlepszy; *adv* (*sup od* **well**) najlepiej; *s* najlepsza rzecz; to, co najlepsze; **to make the ~ of sth** wyciągać z czegoś wszelkie możliwe korzyści; **at ~** w najlepszym razie; **to do the ~ one can** zrobić, co tylko można; **to the ~ of my power <my ability>** najlepiej jak mogę <jak potrafię>

best-sell·er ['best `selə(r)] *s* bestseller

***bet, bet, bet** [bet] *vt* zakładać się; **I ~ you a pound** zakładam się z tobą o funta; *vi* stawiać (**on, upon sth** na coś); *s* zakład; **to make <to hold> a ~** zakładać się; **you ~!** no chyba!

be·tray [bɪ`treɪ] *vt* zdradzać; oszukiwać; ujawniać

bet·ter [`betə(r)] *adj* (*comp od* **good**) lepszy; (*comp od* **well**) zdrowszy, będący w lepszym stanie; *adv* (*comp od* **well**) lepiej; **to be ~** czuć się lepiej.

być zdrowszym; **to be ~ off** być w lepszej sytuacji materialnej; **~ and ~** coraz lepiej; **all the ~** tym lepiej; **you had ~ go** lepiej byś poszedł sobie; *s* lepsza rzecz, korzyść; przewaga; **for the ~** na lepsze; *vt* poprawić, ulepszyć

be·tween [bɪ`twin] *praep* między; *adv* pośrodku, w środek

bev·er·age [`bevrɪdʒ] *s* napój

be·ware [bɪ`weə(r)] *vi* (*tylko w inf i imp*) strzec się, mieć się na baczności (**of sth** przed czymś)

be·wil·der [bɪ`wɪldə(r)] *vt* wprawić w zakłopotanie, zmieszać, zbić z tropu

be·yond [bɪ`jond] *praep* za, poza, po tamtej stronie; nad; **~ measure** nad miarę; **~ belief** nie do uwierzenia; **~ hope** bez nadziei, beznadziejny

bi·as [`baɪəs] *s* ukos; skłonność, zamiłowanie; kierunek, pochylenie; uprzedzenie; *vt* ściąć ukośnie; skłonić, nachylić; uprzedzić

Bi·ble [`baɪbl] *s* Biblia

bi·cy·cle [`baɪsəkl] *s* rower; *vi* jeździć rowerem

***bid** [bɪd] , **bade** [beɪd] , **bidden** [`bɪdn] *lub* **bid, bid** [bɪd] *vt* kazać; wzywać; proponować; życzyć; licytować; zapowiadać; *s* oferta; **to make a ~** zabiegać (**for sth** o coś)

big [bɪg] *adj* duży, gruby, obszerny; ważny

bike [baɪk] *s pot.* rower

bill [bɪl] *s* projekt ustawy; rachunek; poświadczenie, kwit; przekaz; afisz; program; *am.* banknot

bil·liards [`bɪlɪədz] *s pl* bilard

bil·lion [`bɪlɪən] *s bryt.* bilion; *am.* miliard

bin [bɪn] *s* skrzynia, paka, kosz (na śmiecie)

***bind** [baɪnd] , **bound, bound** [baʊnd] *vt* wiązać, przywiązywać; oprawiać (książki); (*zw.* **~ up**) bandażować

bi·noc·u·lars [baɪ`nokjʊləz] *s pl* lornetka

bi·ol·o·gy [baɪ`olədʒɪ] *s* biologia

bird [bɜd] *s* ptak; **~'s·eye view** widok z lotu ptaka

birth [bɜθ] *s* urodzenie, narodziny; **to give ~** urodzić, stworzyć; **by ~** z urodzenia, z pochodzenia

birth-con·trol [`bɜθ kəntrəʊl] *s* (regulacja) urodzeń

birth·day [`bɜθdeɪ] *s* narodziny, urodziny; rocznica urodzin

bis·cuit [`bɪskɪt] *s* biskwit, herbatnik

bit 1. *zob.* **bite**

bit 2. [bɪt] *s* kąsek; kawałek; odrobina; **a ~** nieco, trochę; **~ by ~** po trochu, stopniowo; **a good ~** sporo; **not a ~** ani trochę

***bite** [baɪt] , **bit** [bɪt], **bitten** [`bɪtn] *lub* **bit** *vt vi* gryźć; docinać; (*o bólu*) piec; *s* ukąszenie; kęs; *pot.* zakąska

bit·ter [`bɪtə(r)] *adj* gorzki; zawzięty; (*o mrozie*) przenikliwy

bi·zarre [bɪ`zɑ(r)] *adj* dziwaczny

black [blæk] *adj* czarny; czarnoskóry; **a ~ eye** podbite oko; *s* czerń; czarny kolor; *przen.* Murzyn; *vt* czernić

black·ber·ry [`blækbərɪ] *s bot.* jeżyna

black·board [`blækbɔd] *s* tablica (szkolna)

blad·der [`blædə(r)] *s* pęcherz

blade [bleɪd] *s* ostrze; miecz; liść, źdźbło

blame [bleɪm] *vt* ganić, łajać; *s* nagana; wina

blank [blæŋk] *adj* pusty, nie zapisany; blady; biały (wiersz); (*o twarzy*) bez wyrazu, bezmyślny; *s* puste <nie zapisane> miejsce; pustka

blank·et [`blæŋkɪt] *s* koc (wełniany), derka

blaze [bleɪz] *vi* płonąć; świecić; **~ up** buchnąć płomieniem; *s* płomień, błysk, wybuch

blaz·er [`bleɪzə(r)] *s* blezer; kurtka

bleach [blitʃ] *vt* bielić, pozbawić koloru; ufarbować (włosy); *vi* bieleć

***bleed** [blid] , **bled, bled** [bled] *vi dosł. i przen.* krwawić; *vt* puszczać krew

***blend** [blend] , **blent, blent** [blent] *vt vi* mieszać (się), łączyć (się), zlewać (się); *s* mieszanina, mieszanka

bless·ing [`blesɪŋ] *s* błogosławieństwo; dobrodziejstwo

blew *zob.* **blow**

blind [blɑɪnd] *adj* ślepy; *vt* oślepić; *s* zasłona (okienna)

blis·ter [`blɪstə(r)] *s* pęcherzyk

bliz·zard [`blɪzəd] *s* burza śnieżna

block [blok] *s* blok, kloc; duży budynek, grupa domów; przeszkoda, zapora; *druk.* **~ letters** wersaliki

blond [blond] *adj (o włosach)* jasny; *s* blondyn

blonde [blond] *s* blondynka

blood [blʌd] *s* krew; natura; pokrewieństwo; pochodzenie

blood·y [`blʌdɪ] *adj* krwawy; *wulg.* przeklęty, cholerny

bloom [blum] *vi* kwitnąć; *s* kwiecie, kwiat

bloom·er [`blumə(r)] *s pot.* gafa

blot [blot] *s* plama, skaza; *vt* plamić; **~ out** wykreślić, usunąć, zatrzeć

blouse [blɑʊz] *s* bluza, bluzka

blow 1. [bləʊ] *s* uderzenie, cios; **at a ~** za jednym uderzeniem, naraz; **to strike a ~** zadać cios

***blow 2.** [bləʊ] , **blew** [blu] , **blown** [bləʊn] *vi* dąć, wiać; *vt* nadmuchać; **~ out** zgasić; **~ up** wysadzić w powietrze

blown *zob.* **blow 2.**

blue [blu] *adj* błękitny; *pot.* przygnębiony, smutny; **once in a ~ moon** rzadko, od święta; *s* błękit

bluff [blʌf] *s* oszustwo, blaga, blef; *vt vi* blagować, blefować

blunt [blʌnt] *adj* tępy, stępiony; ciężko myślący; nieokrzesany; *vt* stępić

blush [blʌʃ] *vi* rumienić się; *s* rumieniec

board [bɔd] *s* deska; utrzymanie, wyżywienie; rada; karton; pokład; *vt* wchodzić na pokład statku, do pociągu, tramwaju itp; *vi* stołować się

board·ing-school [`bɔdɪŋ skul] *s* szkoła z internatem

boast [bəʊst] *s* samochwalstwo; *vt vi* przechwalać się; chwalić się, szczycić się (**sth, of sth, about sth** czymś)

boat [bəʊt] *s* łódź, statek; **by ~** łodzią, statkiem

bob·by [`bobɪ] *s bryt. pot.* policjant

bod·y [`bodɪ] *s* ciało; oddział, grupa ludzi; ogół, zasadnicza część; *mot.* karoseria

bog [bog] *s* bagno

boil [bɔɪl] *vi* gotować się, wrzeć, kipieć; *vt* gotować

bold [bəʊld] *adj* śmiały, zuchwały; wyraźny

bolt [bəʊlt] *s* zasuwa, rygiel; *vt* zamknąć na zasuwę, zaryglować

bomb [bom] *s* bomba; *vt* obrzucić bombami

bomb·shell [`bomʃel] *s* bomba; *przen.* rewelacja, niespodziewana wiadomość

bond [bond] *s* więź; zobowiązanie; obligacja

bone [bəʊn] *s* kość, ość

bon·net [`bonɪt] *s* czapka (damska); *mot.* maska (samochodu)

bo·nus [`bəʊnəs] *s* premia; dodatek

book [bʊk] *s* książka, księga; *vt* księgować, zapisywać, rejestrować; kupować bilet w przedsprzedaży, rezerwować miejsce (np. w pociągu, teatrze)

book·case [ˋbukkeɪs] *s* szafa na książki, biblioteka; regał

book·ing-of·fice [ˋbʊkɪŋ ofɪs] *s* kasa biletowa

book·sel·ler [ˋbʊkselə(r)] *s* księgarz

book·shelf [ˋbʊkʃelf] *s* półka na książki

book·shop [ˋbʊkʃop] *s* księgarnia

book·store [ˋbʊkstɔ(r)] *s am.* księgarnia

boost [bust] *vt* forsować przez reklamę, podnosić wartość <znaczenie>

boost·er [ˋbustə(r)] *s* propagator

boot [but] *s* but

booth [buð] *s* budka (z desek); kabina; stragan; *am.* budka telefoniczna

bor·der [ˋbɔdə(r)] *s* granica; brzeg; krawędź; *vt* ograniczać, otaczać; *vi* graniczyć, sąsiadować (**on sth** z czymś)

bore 1. [bɔ(r)] *s* otwór, wydrążenie; *vt* wiercić, drążyć

bore 2. [bɔ(r)] *s* nudziarstwo, nuda; nudziarz; *vt* nudzić

bore 3. *zob.* **bear**

born, borne *zob.* **bear 2.**

bor·row [ˋborəʊ] *vt vi* pożyczać (od kogoś), zapożyczać się

boss [bos] *s pot.* szef, kierownik; *vi vt* rządzić (się), dominować

both [bəʊθ] *pron i adj* oba, obaj, obie, oboje; **~ of them** oni obydwaj; **~ (the) books** obydwie książki; *adv conj* **~ ... and** zarówno ..., jak i ...; nie tylko ..., ale i ...

both·er [ˋboðə(r)] *vt* niepokoić, dręczyć; zanudzać; *vi* kłopotać, martwić się (**about sth** o coś), zawracać sobie głowę; *s* kłopot, udręka, zawracanie głowy

bot·tle [ˋbotl] *s* butelka; *vt* butelkować

bot·tom [ˋbotəm] *s* dno; spód; podstawa; siedzenie; **~ up** do góry dnem; **at (the) ~** w gruncie rzeczy

bought *zob.* **buy**

bound 1. [baʊnd] *adj* przeznaczony (do), odjeżdżający, udający się (do); *(o statku)* płynący (do)

bound 2. *zob.* **bind**

bound·a·ry [ˋbaʊndrɪ] *s* granica

bou·tique [buˋtik] *s* butik

bow 1. [bəʊ] *s* łuk; smyczek; kokarda

bow 2. [baʊ] *s* ukłon; *vt* zginać, naginać; *vi* kłaniać się; zginać się

bowl 1. [bəʊl] *s* miska, waza

bowl 2. [bəʊl] *s* kula do gry w kręgle; *pl* **~s** gra w kręgle; *vt vi* toczyć, rzucać kulę (w grze)

box 1. [boks] *s* pudełko, skrzynia; budka; loża; kabina; *vt* pakować, wkładać

box 2. [boks] *s* uderzenie (dłonią); *vt* uderzać; *vi* boksować się

box·er [`boksə(r)] bokser, pięściarz

box·ing [`boksıŋ] *s* boks, pięściarstwo

box-of·fice [`boks ofıs] *s* kasa (w teatrze, kinie itp.)

boy [bɔı] *s* chłopiec

boy·friend [`bɔıfrend] *s* sympatia (chłopak, z którym się chodzi)

bra [bra] *s pot.* stanik

brace [breıs] *s* klamra; *pl* **~s** [`breısız] *bryt.* szelki; *vt* przytwierdzać; spinać

brace·let [`breıslət] *s* bransoleta

brain [breın] *s* (*także pl* **~s**) mózg; umysł; rozum; **to rack one's ~s (about sth)** łamać sobie głowę (nad czymś)

brake [breık] *s* hamulec; *vt vi* hamować

bran [bræn] *s zbior.* otręby

branch [brantʃ] *s* gałąź; odgałęzienie; filia; *vi* (*także* **~ away** <**forth, off, out**>) rozgałęziać się, odgałęziać się

brand [brænd] *s* głownia; znak firmowy; piętno; gatunek; *vt* piętnować, znakować

brand-new ['brænd `nju] *adj* nowiuteńki

bran·dy [`brændı] *s* brandy (wódka z wina)

brass [bras] *s* mosiądz; **~ band** orkiestra dęta

bras·sière [`bræzıə(r)] *s* biustonosz

brave [breıv] *adj* śmiały, dzielny; *vt* stawiać czoło

Bra·zil·ian [brə`zılıən] *s* Brazylijczyk; *adj* brazylijski

bread [bred] *s* chleb; **to earn one's ~** zarabiać na życie; **~ and butter** [`bred n`bʌtə(r)] chleb z masłem, *przen.* środki utrzymania

breadth [**bredθ**] *s* szerokość

***break** [breık] , **broke** [brəʊk] , **broken** [`brəʊkən] *vt vi* łamać (się), rozrywać (się); przerywać (się); niszczyć; rozpoczynać (się); (*o dniu*) świtać; (*o pogodzie*) zmieniać się; naruszać (całość, przepisy); zerwać przyjaźń (**with sb** z kimś); **~ away** oderwać się, uciec; **~ down** załamać (się), zburzyć; zepsuć (się); **~ in** włamać (się), wtargnąć; wtrącić się; **~ into** włamać się; **~ into tears** wybuchnąć płaczem; **~ off** odłamać (się); przerwać; **~ out** wybuchnąć; **~ through** przedrzeć (się); **~ up**

rozbić (się); przerwać; zamknąć (się); zlikwidować; rozpocząć wakacje (szkolne); **to ~ loose** uwolnić się, zerwać pęta; **to ~ the record** pobić rekord; *s* złamanie, przełamanie; rozbicie; wyłom; luka; przerwa; wybuch; zmiana

break·down [`breɪkdaʊn] *s* załamanie się; rozstrój nerwowy; klęska; awaria, defekt

break·fast [`brekfəst] *s* śniadanie; *vi* jeść śniadanie

break-through [`breɪkθru] *s* wyłom, przerwa; przełom

break-up [`breɪk ʌp] *s* rozpadnięcie się, załamanie się; koniec nauki

breast [brest] *s* pierś

breath [breθ] *s* dech, oddech; **in one ~** jednym tchem; **out of ~** zadyszany; **to take ~** zaczerpnąć tchu

breathe [brið] *vt vi* oddychać; odetchnąć; (*także* **~ in**) wdychać; (*także* **~ out**) wydychać; szeptać

bred *zob.* **breed**

breech·es [`brɪtʃɪz] *s pl* bryczesy, spodnie

***breed** [brid], **bred, bred**[bred] *vt vi* płodzić, rodzić; rozmnażać (się); wychowywać; hodować; *s* pochodzenie; rasa; chów

breeze [briz] *s* lekki wiatr, bryza

bribe [braɪb] *s* łapówka; *vt* dać łapówkę, przekupić

brick [brɪk] *s* cegła; kawałek (np. mydła)

bride [braɪd] *s* panna młoda

bride·groom [`braɪdgrum] *s* pan młody, nowożeniec

bridge 1. [brɪdʒ] *s* most; *przen.* pomost; *vt* połączyć mostem, przerzucić most <pomost> (**sth** przez coś)

bridge 2. [brɪdʒ] *s* brydż

brief [brif] *adj* krótki, zwięzły; **to be ~** mówić zwięźle, streszczać się

brief·case [`brifkeɪs] *s* teka, aktówka

brief·ing [`brifɪŋ] *s* odprawa; instrukcja

bright [braɪt] *adj* jasny, promienny; błyszczący; wesoły; bystry

bril·liant [`brɪlɪənt] *adj* lśniący; wspaniały

***bring** [brɪŋ], **brought, brought** [brɔt] *vt* przynosić; przyprowadzać; przywozić; wnosić (np. skargę); **~ about** powodować, dokonać; wywołać (skutek); **~ back** przypomnieć; **~ down** opuścić; powalić; obniżyć (np. ceny); **~**

forth wydać na świat; ujawnić; wywołać; ~ **forward** przedstawić; wysunąć; ~ **(sth) home** uświadomić (coś); unaocznić (coś); ~ **in** wnieść, wprowadzić; ~ **on** sprowadzić, wywołać; ~ **out** wykryć, wydobyć (na światło dzienne); wydać (książkę); wystawić (sztukę); wyjaśnić; ~ **under** pokonać, opanować; ~ **up** wychować; poruszyć (temat)

brink [brɪŋk] *s* brzeg, krawędź

Brit·ish [`brɪtɪʃ] *adj* brytyjski; *s pl* **the** ~ Brytyjczycy

Brit·ish·er [`brɪtɪʃə(r)] *s* Brytyjczyk

broad [brɔd] *adj* szeroki, obszerny; (*o aluzji itp.*) wyraźny; (*o regule*) ogólny; pikantny, sprośny (np. dowcip)

broad·cast [`brɔdkɑst] *s* transmisja radiowa, audycja; *vt vi* transmitować, nadawać (przez radio); rozsypywać; szerzyć (np. wiadomości)

broad·en [`brɔdn] *vt vi* rozszerzać (się)

broil [brɔɪl] *vt vi* piec, smażyć (się)

broke 1. *zob.* **break**

broke 2. [brəʊk] *adj pot.* zrujnowany, bez grosza

bro·ken *zob.* **break**

bro·ken-down [`brəʊkən dɑʊn] *adj* wyczerpany; zrujnowany; schorowany; załamany (duchowo); (*o maszynie*) zużyty; uszkodzony

bron·chi [`broŋkɑɪ] *s pl anat.* oskrzela

bron·chi·tis [broŋ`kɑɪtɪs] *s med.* bronchit

brooch [brəʊtʃ] *s* broszka

broth [broθ] *s* rosół, bulion

broth·er [`brʌðə(r)] *s* brat

broth·er-in-law [`brʌðər ɪn lɔ] *s* szwagier

brought *zob.* **bring**

brow [brɑʊ] *s* brew; czoło

brown [brɑʊn] *adj* brunatny, brązowy

bruise [bruz] *vt vi* potłuc (się), nabić guza, zranić się; *s* stłuczenie, siniak

brunch [brʌnt] *s pot.* posiłek spożywany około południa, stanowiący połączenie śniadania z obiadem (zw. w soboty lub niedziele)

bru·nette [bru`net] *s* brunetka

brush [brʌʃ] *s* szczotka, pędzel; zarośla; *vt* szczotkować, pędzlować, czyścić szczotką; ~ **aside** odsunąć; ~ **away** sczyścić; ~ **up** odświeżyć

brusque [brusk] *adj* obcesowy, szorstki

Brus·sels-sprouts ['brʌslz `sprɑʊts] *s pl* brukselka

bub·ble [`bʌbl] *s* balonik, bańka (np. mydlana); *vi* kipieć, bulgotać

buck [bʌk] *s am. pot.* dolar

buck·et [`bʌkɪt] *s* wiadro

buck·le [`bʌkl] *s* klamerka, sprzączka; *vt* spinać; *vi* zapinać się

budg·et [`bʌdʒɪt] *s* budżet; *vi* robić budżet, planować wydatki

buf·fet [`bʊfeɪ] *s* kredens; bufet (dania dla gości)

bug [bʌg] *s* pluskwa; *am.* insekt

bu·gle [`bjugl] *s* róg, fanfara, trąbka; *vi* trąbić

***build** [bɪld] , **built, built** [bɪlt] *vt vi* budować, tworzyć; **~ up** rozbudować; wzmocnić; rozwinąć; *s* konstrukcja, kształt, budowa

build·ing [`bɪldɪŋ] *s* budynek

built *zob.* **build**

bulb [bʌlb] *s* cebulka; żarówka

Bul·gar·i·an [bʌl`geərɪən] *adj* bułgarski; *s* Bułgar

bulk [bʌlk] *s* wielkość, objętość, masa (*zw.* duża); większa <główna> część

bull [bʊl] *s* byk

bul·let [`bʊlɪt] *s* kula, pocisk

bul·le·tin [`bʊlətɪn] *s* biuletyn

bump [bʌmp] *vt vi* gwałtownie uderzyć (**sth, against sth** o coś);wpadać (**sb, sth** *lub* **into sb, sth** na kogoś, na coś); *s* uderzenie, wstrząs; guz

bump·er [`bʌmpə(r)] *s mot.* zderzak

bunch [bʌntʃ] *s* wiązka, pęk, bukiet

bun·ga·low [`bʌŋgələʊ] *s* domek (*zw.* parterowy z werandą)

buoy [bɔɪ] *s* boja; *vt* (*zw.* **~ up**) utrzymywać na powierzchni; *przen.* podnosić na duchu

bur·den [`bɜdn] *s* ciężar, brzemię; *vt* obciążyć

bu·reau [`bjʊərəʊ] *s* biuro, urząd

bur·glar [`bɜglə(r)] *s* włamywacz

bur·i·al [`berɪəl] *s* pogrzeb

***burn** [bɜn] , **~t, ~t** [bɜnt] *lub* **~ed, ~ed** [bɜnd] *vt vi* palić (się), zapalać, płonąć; sparzyć (się); opalać (się)

burn·er [`bɜnə(r)] *s* palnik

burnt *zob.* **burn**

***burst, burst, burst** [bɜst] *vi* pękać, trzaskać; wybuchać; rozerwać; **to ~ into laughter** wpaść; **~ out** wybuchnąć; *s* pęknięcie, wybuch

bur·y [`berɪ] *vt* grzebać, chować

bus [bʌs] *s* autobus

bush [bʊʃ] *s* krzak, gąszcz; busz

busi·ness [`bɪznəs] *s* interes(y); zajęcie; sprawa; przedsiębiorstwo handlowe; **~ hours** godziny zajęć <urzędowe>; **it is**

none of your ~ to nie twoja sprawa; **mind your own ~** pilnuj swoich spraw; **on ~** w interesie, w sprawie; służbowo

busi·ness·man [`bıznəsmən] *s* przemysłowiec; człowiek interesu

bus·y [`bızı] *adj* zajęty, czynny, ruchliwy; **I am ~ writing a letter** zajęty jestem pisaniem listu; zajęty (**about, over, with sth** czymś)

bus·y·bod·y [`bızı'bodı] *s pot.* wścibski człowiek

but [bʌt, bət] *conj* ale, lecz; jednak; poza tym, że; jak tylko; **I cannot ~ laugh** nic mi nie pozostaje, jak tylko się śmiać; **~ yet** jednakże, niemniej jednak; *praep* oprócz, poza; **all ~ me** wszyscy oprócz mnie <poza mną>; **the last ~ one** przedostatni; **anywhere ~ here** gdziekolwiek, tylko nie tu

butch·er [`butʃə(r)] *s* rzeźnik; **~'s shop** sklep mięsny; *vt* mordować, zarzynać

but·ter [`bʌtə(r)] *s* masło; *vt* smarować masłem

but·ter·fly [`bʌtəflaı] *s zool.* motyl

but·tock [`bʌtək] *s* pośladek

but·ton [`bʌtn] *s* guzik; *vt vi* (*zw.* **~ up**) zapinać się

***buy** [baı] ,**bought, bought** [bɔt] *vt* kupować; **~ up** wykupić (towar)

by [baı] *praep* przy, u, obok; nad; przez; do; po, za; **by the sea** nad morzem; **by moonlight** przy świetle księżyca; **by 5 o'clock** najdalej do godziny 5; **by metres** na metry; **paid by the week** opłacany za tydzień <tygodniowo>; **one by one** jeden za drugim; **by day** w ciągu <za> dnia; **by night** w nocy, nocą; **by myself** ja sam, sam (jeden); **by train, by bus, by land, by sea etc.** (podróżować) pociągiem, autobusem, lądem, morzem itp.; **by letter, by phone etc.** (komunikować) listownie, telefonicznie itp.; **by hand etc.** ręką, ręcznie itp.; **step by step** krok za krokiem; **by chance** przypadkiem; **by heart** na pamięć; **little by little** po trochu; *adv* obok, mimo; **by the way, by the by** przy okazji, przy tej sposobności, mimochodem; **by and by** wkrótce, niebawem

bye-bye ['baı `baı] *int pot.* do widzenia!

by-pass [`baı pas] *s* objazd, droga objazdowa; *vt* objeżdżać, omijać

by-prod·uct [ˋbaɪ prodʌkt] *s* produkt uboczny

by-stand·er [ˋbaɪ stændə(r)] *s* widz, świadek

C

cab [kæb] *s* dorożka, taksówka

cab·bage [ˋkæbɪdʒ] *s* kapusta

cab·in [ˋkæbɪn] *s* kabina, kajuta; chata

ca·ble [ˋkeɪbl] *s* kabel; telegram; *pot.* depesza; *vt vi* depeszować

ca·fè [ˋkæfeɪ] *s* kawiarnia, bar

caf·e·te·ri·a [ˈkæfɪˋtɪərɪə] *s* bar samoobsługowy

cage [keɪdʒ] *s* klatka; winda (w kopalni); *vt* zamknąć w klatce

cake [keɪk] *s* ciasto, ciastko; tort

cal·cu·la·tor [ˋkælkjoleɪtə(r)] *s* kalkulator

cal·en·dar [ˋkælɪndə(r)] *s* kalendarz

calf 1. [kɑf] *s* (*pl* **calves** [kɑvz]) cielę; skóra cielęca

calf 2. [kɑf] *s* (*pl* **calves** [kɑvz]) łydka

call [kɔl] *vi* wołać; odezwać się; budzić; (*także* ~ **up**) telefonować; odwiedzać (**on sb** kogoś); przyjść (**for sb, for sth** po kogoś, po coś, **at sb's house** do czyjegoś domu); wymagać, wzywać; żądać (**for sth** czegoś); *vt* zawołać, powołać; wezwać, zwołać; nazwać; ~ **back** odwołać; ~ **in question** zakwestionować; ~ **off** odwołać; ~ **out** wywołać; ~ **over** odczytywać listę (obecności); ~ **up** przywodzić na pamięć; powołać do wojska; **to ~ sb names** przezywać, wymyślać; *s* wołanie; krzyk; wezwanie; rozmowa telefoniczna; wizyta; powołanie; potrzeba

call·er [ˋkɔlə(r)] *s* odwiedzający, gość

cal·lis·then·ics [kælisˋθeniks] *s* gimnastyka wspomagająca zdrowie i urodę ciała

calm [kɑm] *adj* cichy, spokojny; *s* spokój, cisza; *vt vi* (*także* ~ **down**) uspokoić, uciszyć (się)

calves *zob.* **calf**

came *zob.* **come**

cam·el [ˋkæml] *s zool.* wielbłąd

cam·er·a [ˋkæmərə] *s* aparat fotograficzny; **Polaroid ~** aparat polaroid

camp [kæmp] *s* obóz, kemping, obozowisko; *vi* (*zw.* ~ **out**) obozować, mieszkać w namiocie

camp·ing [ˋkæmpɪŋ] *s* kemping, obozowanie; **to go ~** wybrać się na kemping; ~ **equipment** sprzęt turystyczny

cam·pus [`kæmpəs] *s* teren szkoły <uniwersytetu>

can 1. [kæn, kən] *v aux* (*p* **could** [kud]) móc, potrafić, umieć; **I ~ speak French** znam (język) francuski; mówię po francusku; **I ~ see** widzę; **that ~'t be true!** to niemożliwe!

can 2. [kæn] *s* kanister; *am.* puszka do konserw

Ca·na·dian [kə`neɪdɪən] *adj* kanadyjski; *s* Kanadyjczyk

ca·nal [kə`næl] *s* kanał; kanalik; przewód (np. pokarmowy)

ca·na·ry [kə`neərɪ] *s* kanarek

can·cel [`kænsl] *vt* kasować, unieważniać; odwoływać

can·cer [`kænsə(r)] *s med.* rak

can·di·date [`kændɪdət] *s* kandydat

can·dle [`kændl] *s* świeca

can·dy [`kændɪ] *s* cukierek; *zbior.* słodycze

can·not [`kænət] *forma przecząca od* **can 1.**

can·ny [`kænɪ] *adj* sprytny, chytry; ostrożny

ca·noe [kə`nu] *s* czółno (z kory drzewa lub wydrążonego pnia); *vi* płynąć czółnem

can't [kɑnt] = **cannot**

can·teen [kæn`tin] *s* kantyna, stołówka; menażka

can·vas [`kænvəs] *s* płótno żaglowe, płótno malarskie; obraz olejny

cap [kæp] *s* czapka; pokrywa; kapsel; *vt* nakładać wieko, kapsel itp.

ca·pa·ble [`keɪpəbl] *adj* zdolny, nadający się (**of sth** do czegoś), podatny (**of sth** na coś); uzdolniony

ca·pac·i·ty [kə`pæsətɪ] *s* zdolność (**for sth** do czegoś); pojemność; nośność, charakter; kompetencja

cape [keɪp] *s* przylądek

cap·i·tal [`kæpɪtl] *adj* główny; wybitny, duży; wspaniały, kapitalny; stołeczny; ~ **letter** duża litera; ~ **punishment** kara śmierci; *s* stolica; kapitał; duża litera

cap·i·tal·ism [`kæpɪtəlɪzəm] *s* kapitalizm

ca·pri·cious [kə`prɪʃəs] *adj* kapryśny

cap·size [kæp`saɪz] *vt vi (o statku, łódce itp.)* wywrócić (się)

cap·tain [`kæptɪn] *s* kapitan; dowódca, naczelnik

cap·tion [`kæpʃn] *s* tytuł, napis, podpis

cap·ture [`kæptʃə(r)] *vt* pojmać, zawładnąć; *s* zawładnięcie; zdobycz

car [kɑ(r)] *s* wóz; samochód; wagon; **~ wash** myjnia; **rent-a-car (office)** wypożyczalnia samochodów; **~ service** autoserwis

car·a·van [ˋkærəvæn] *s* karawana; przyczepa mieszkalna do samochodu

car·bu·ret·tor [ˈkɑbjoˋretə(r)] *s* gaźnik

card [kɑd] *s* karta, kartka; bilet

card·board [ˋkɑdbɔd] *s* tektura, karton

car·di·nal [ˋkɑdnl] *adj* główny, podstawowy; **four ~ points** cztery strony świata; *s* kardynał

care [keə(r)] *s* troska; opieka; ostrożność; staranność; (*w adresie*) **~ of** (*zw. skr.* **c/o**) „na adres, do rąk"; **to take ~** dbać **(of sb, sth** o kogoś, o coś), uważać (na kogoś, na coś); *vi* troszczyć się (**for sb, for sth** o kogoś, o coś), być przywiązanym, lubić (kogoś, coś); **do you ~?** zależy ci na tym?

ca·reer [kəˋrɪə(r)] *s* kariera; losy, kolej życia; bieg

care·ful [ˋkeəfl] *adj* troskliwy; ostrożny

care·less [ˋkeəlɪs] *adj* beztroski, niedbały, niechlujny

ca·ress [kəˋres] *vt* pieścić; *s* pieszczota

care·tak·er [ˋkeəteɪkə(r)] *s* dozorca, stróż

car·ies [ˋkeəriz] *s* próchnica zębów

car·na·tion [kɑˋneɪʃn] *s bot.* goździk; różowy kolor

car·ni·val [ˋkɑnɪvl] *s* karnawał

car·ol [ˋkærəl] *s* kolęda; *vi* kolędować

carp [kɑp] *s zool.* karp

car·pen·ter [ˋkɑpɪntə(r)] *s* stolarz; cieśla

car·pet [ˋkɑpɪt] *s* dywan

car·riage [ˋkærɪdʒ] *s* wóz; powóz; wagon; podwozie; przewóz

car·rot [ˋkærət] *s* marchew

car·ry [ˋkærɪ] *vt* nosić; wozić, dostarczać; przeprowadzić (np. uchwałę); *vi* (*o głosie*) rozlegać się; **~ about <along>** nosić ze sobą; **~ away** uprowadzić; **~ off** zabrać; zdobyć (np. nagrodę); **~ on** prowadzić dalej, kontynuować; **~ out** wykonać, przeprowadzić; **~ over** przenosić; **~ through** przeprowadzić, doprowadzić do końca

cart [kɑt] *s* wóz, fura

car·ton [ˋkɑtn] *s* karton (*papierosów itp.*)

car·toon-film [kɑˋtun fɪlm] *s* film rysunkowy

car·tridge [`katrıdʒ] *s* nabój; **blank ~** ślepy nabój; *fot.* szpulka (filmu)

carve [kav] *vt* rzeźbić; krajać, wyrzynać

carv·er [`kavə(r)] *s* rzeźbiarz

case 1. [keıs] *s* wypadek; przypadek; położenie; sprawa (np. sądowa); **in ~ of** w przypadku; **in any ~** w każdym bądź razie

case 2. [keıs] *s* pudełko; skrzynia; walizka; futerał

cash [kæʃ] *s* gotówka; zapłata; *pot.* pieniądze; **in ~** gotówką; **~ down** płatne przy odbiorze; **out of ~** bez gotówki; *vt* spieniężyć; opłacić; inkasować

cash·ier [kə`ʃıə(r)] *s* kasjer

casino [kə`sinəʊ] *s* kasyno

cas·sette [kə`set] *s* kaseta; **video ~** wideokaseta; **~ recorder** magnetofon kasetowy

***cast, cast, cast** [kast] *vt* rzucać; **~ away** odrzucić; **~ out** wyrzucić, wypędzić; **to ~ a vote** oddać głos; *s* rzut; *teatr* obsada

cas·tle [`kasl] *s* zamek; *przen.* **~s in the air** zamki na lodzie

cas·u·al [`kæʒʊəl] *adj* przypadkowy, doraźny, dorywczy; sezonowy (pracownik); niedbały; zdawkowy

cas·u·al·ty [`kæʒʊəltı] *s* nieszczęśliwy wypadek; ofiara wypadku; *pl* **casualties** straty w ludziach

cat [kæt] *s* kot

cat·a·logue [`kætəlog] *s* katalog; *vt* katalogować

ca·tas·tro·phe [kə`tæstrəfı] *s* katastrofa

***catch** [kætʃ], **caught, caught** [kɔt] *vt* łapać; łowić; ująć; pojąć, zrozumieć, dosłyszeć; zahaczyć; trafić; nabawić się (choroby); zarazić się (chorobą); *vi* chwytać się, czepiać się (**at sth** czegoś); **~ up with sb** dogonić kogoś, dorównać komuś; **to ~ cold** zaziębić się; **to ~ fire** zapalić się; **to ~ hold** pochwycić (**of sth** coś); **to ~ sight** zobaczyć (**of sth** coś); *s* chwyt; uchwyt; łapanie; połów; łup

cat·e·go·ry [`kætıgərı] *s* kategoria

ca·ter [`keıtə(r)] *vi* dostarczać żywności <rozrywki> (**for sb** komuś); obsługiwać (**for sb** kogoś)

ca·the·dral [kə`θidrl] *s* katedra

cath·o·lic [`kæθlık] *adj* powszechny; katolicki; *s* **Catholic** katolik

cat·tle [`kætl] *s* bydło rogate

caught *zob.* **catch**

cau·li·flow·er [`kolıflaʊə(r)] *s* kalafior

cause [kɔz] *s* przyczyna; powód (**of sth** czegoś, **for sth** do czegoś); sprawa, proces; *vt* powodować

cau·tion [`kɔʃn] *s* ostrożność; przezorność; uwaga; *vt* ostrzegać

cau·tious [`kɔʃəs] *adj* ostrożny, rozważny, uważny

cave [keɪv] *s* pieczara, jaskinia

cav·i·ar [`kævɪɑ(r)] *s* kawior

cease [sis] *vi* przestawać, ustawać; *vt* przerwać, zaprzestać, skończyć

ce·dar [`sidə(r)] *s* cedr

ceil·ing [`silɪŋ] *s* sufit

cel·e·brate [`seləbreɪt] *vt* świętować, obchodzić (np. uroczystość), sławić

cell [sel] *s* cela, komórka; *elektr.*bateria

cel·lar [`selə(r)] *s* piwnica

cel·lo [`tʃeləʊ] *s* wiolonczela

ce·ment [sɪ`ment] *s* cement; *vt* cementować; *przen.* utwierdzać

cem·e·ter·y [`semətrɪ] *s* cmentarz

cen·sor·ship [`sensəʃɪp] *s* cenzura

cent [sent] *s am.* cent (1/100 dolara); **per ~** na sto; **at 5 per ~** na 5 procent

cen·ter [`sentər] *am.* = **centre**

cen·ti·grade [`sentɪgreɪd] *adj* stustopniowy; **100° ~** 100 stopni Celsjusza

cen·ti·me·tre [`sentɪmitə(r)] *s* centymetr

cen·tral [`sentrl] *adj* centralny, główny, śródmiejski

cen·tre [`sentə(r)] *s* centrum, ośrodek; **~ of gravity** środek ciężkości; *vt vi* umieszczać w środku; skupiać (się), koncentrować (się)

cen·tu·ry [`sentʃərɪ] *s* stulecie, wiek

ce·re·al [`sɪərɪəl] *adj* zbożowy; *s* (*zw. pl* **~s**) roślina zbożowa

cer·e·mo·ny [`serəmənɪ] *s* ceremonia, uroczystość

cer·tain [`sɜtn] *adj* pewny; określony; przekonany; niejaki, pewien; **for ~** na pewno; **to make ~** ustalić, upewnić się; **he is ~ to come** on na pewno przyjdzie

cer·tain·ly [`sɜtnlɪ] *adv* na pewno, bezwarunkowo; *int.* **~!** oczywiście!; **~ not!** nie!, nie ma mowy!

cer·tif·i·cate [sə`tɪfɪkət] *s* zaświadczenie, świadectwo

chain [tʃeɪn] *s dosł. i przen.* łańcuch; łańcuszek; *vt* przymocować łańcuchem; skuć

chair [tʃeə(r)] *s* krzesło, fotel; katedra; krzesło <miejsce,

funkcja> przewodniczącego; **to be in the ~** przewodniczyć

chair·man [`tʃeəmən] *s* przewodniczący, prezes

chalk [tʃɔk] *s* kreda; kredka; *vt* znaczyć kredą; szkicować

chal·lenge [`tʃæləndʒ] *s* wyzwanie; wezwanie; próba sił; *vt* wyzywać; wzywać

cham·ber [`tʃeımbə(r)] *s* sala, pokój; izba; komora; **~ music** muzyka kameralna

cham·pagne [ʃæm`peın] *s* szampan

cham·pi·on [`tʃæmpıən] *s sport* mistrz, rekordzista; orędownik

chance [tʃɑns] *s* traf, przypadek; okazja; szansa; ryzyko; **by ~** przypadkowo; **to give sb a ~** dać komuś szansę; **to take one's ~** próbować, ryzykować; *adj attr* przypadkowy; *vi* zdarzać się; natknąć się (**on, upon sb, sth** na kogoś, na coś); *vt* ryzykować

chan·de·lier ['ʃændə`lıə(r)] *s* kandelabr, żyrandol

change 1. [tʃeındʒ] *s* zmiana; przemiana; przesiadka; drobne pieniądze, reszta; **small ~** drobne; **for a ~** dla urozmaicenia, na odmianę; *vt vi* zmieniać (się); odmieniać (się); przebierać się; przesiadać się; **to ~ hands** zmieniać właściciela; **to ~ one's mind** rozmyślić się

Change 2. [tʃeındʒ] *s* (*także* **Exchange, Stock Exchange**) giełda

change·a·ble [`tʃeındʒəbl] *adj* zmienny

chan·nel [`tʃænl] *s* kanał (*zw.* morski, telewizyjny); *przen.* droga, sposób; **the English Channel** kanał La Manche

cha·os [`keıos] *s* chaos

chap [tʃæp] *s pot.* facet, gość, człowiek

chap·el [`tʃæpl] *s* kaplica

chap·ter [`tʃæptə(r)] *s* rozdział (np. książki, życia)

char·ac·ter [`kærıktə(r)] *s* charakter; postać, rola; osobistość; cecha charakterystyczna; litera; dziwak

char·ac·ter·is·tic ['kærıktə`rıstık] *adj* charakterystyczny, znamienny; *s* rys charakterystyczny

charge [tʃɑdʒ] *s* obciążenie; ładunek; zarzut, oskarżenie; obowiązek, opieka; atak; nabój; koszt, opłata; **on a ~ of** pod zarzutem (**sth** czegoś); **at a ~ of** za opłatą; **to be in ~** opiekować się, zarządzać (**of sth** czymś); **to take ~** zająć się (**of sth** czymś); **free of ~** bezpłatny; *vt* obciążać; ładować; oskarżać (**with sth** o coś); polecić, powierzyć (**sb with sth** komuś coś); policzyć, pobrać (kwotę); *vi* cenić, podawać cenę; atakować; **how much do you ~ for it?** ile za to żądasz?

char·i·ty [`tʃærətɪ] *s* dobroczynność, miłosierdzie; jałmużna

charm [tʃɑm] *s* czar, wdzięk, urok; *vt vi* czarować, urzekać

char·ter [`tʃɑtə(r)] *s* karta; statut; patent; *vt* nadać patent; przyznać (prawo); frachtować (statek); wynajmować (*zw.* samolot)

chase [tʃeɪs] *s* pogoń; polowanie; *vt* gonić, ścigać; polować (**sth** na coś)

chas·sis [`ʃæsɪ] *s mot.* podwozie

chaste [tʃeɪst] *adj* niewinny, czysty; prosty

chat [tʃæt] *s* swobodna rozmowa, pogawędka; *vi* gawędzić, pogadać

cheap [tʃip] *adj* tani, marny, bezwartościowy; *adv* tanio

cheat [tʃit] *vt vi* oszukiwać; *s* oszustwo; oszust

check [tʃek] *vt* wstrzymywać, hamować; kontrolować, sprawdzać; *am.* oddać na przechowanie za pokwitowaniem, nadać (np. bagaż); **~ in** zameldować się (w hotelu); **~ out** wymeldować się; *s* zatrzymanie, zahamowanie; kontrola; numerek (w szatni itp.); *am.* czek

cheek [tʃik] *s* policzek; *przen.* bezczelność, zuchwalstwo

cheer [tʃɪə(r)] *s* (*zw. pl* **~s**) radosne okrzyki, oklaski; radość; **to be of good ~** być dobrej myśli; *vt* rozweselać, zachęcać, dodawać otuchy; (*także* **~ up**) robić owację; *vi* wiwatować; **~ up!** głowa do góry!; rozchmurz się!

cheer·ful [`tʃɪəfl] *adj* radosny, pogodny, zadowolony

cheese [tʃiz] *s* ser

cheese·cake [`tʃizkeɪk] *s* sernik

chem·i·cal [`kemɪkl] *adj* chemiczny; *s pl* **~s** chemikalia

chem·ist [`kemɪst] *s* chemik; *bryt.* aptekarz; **~'s shop** apteka

chem·is·try [`kemɪstrɪ] *s* chemia

cheque [tʃek] *s bryt.* czek

cher·ry [`tʃerɪ] *s* wiśnia, czereśnia

chess [tʃes] *s* szachy

chest [tʃest] *s* skrzynia, kufer; klatka piersiowa, pierś

chest·nut [`tʃesnʌt] *s* kasztan

chew [tʃu] *vt vi* żuć

chew·ing-gum [`tʃuɪŋ gʌm] *s* guma do żucia

chick·en [`tʃɪkɪn] *s* kurczę

chick·en-pox [`tʃɪkɪnpoks] *s med.* wietrzna ospa

chief [tʃif] *s* wódz, szef, głowa; *adj* główny, naczelny

child [tʃaɪld] *s* (*pl* **children** [`tʃɪldrn]) dziecko

child·hood [`tʃaɪldhʊd] *s* dzieciństwo

child·ish [`tʃaɪldɪʃ] *adj* dziecinny

chil·dren *zob.* **child**

chill [tʃɪl] *s* chłód; dreszcz; **to catch a ~** dostać dreszczy; *vt* chłodzić, studzić; *vi* stygnąć, oziębiać się

chim·ney [`tʃɪmnɪ] *s* komin

chin [tʃɪn] *s* podbródek, broda

chi·na [`tʃaɪnə] *s* porcelana

Chi·nese [tʃaɪ`niz] *s* Chińczyk; *adj* chiński

chip [tʃɪp] *s* wiór, drzazga, skrawek; *pl* **~s** frytki; *vt vi* strugać; łupać; kruszyć (się); szczerbić (się)

choc·o·late [`tʃoklət] *s* czekolada; *adj* czekoladowy

choice [tʃɔɪs] *s* wybór; dobór; rzecz wybrana; *adj* wyborowy, wybrany

choir [`kwaɪə(r)] *s* chór (zespół śpiewaczy i chór kościelny)

choke [tʃəʊk] *vt vi* dusić (się); głuszyć, tłumić; (*także* **~ up**) zatykać; *s* duszenie (się), dławienie (się)

chol·e·ra [`kolərə] *s* cholera (*choroba*)

cho·les·te·rol [kə`lestərol] *s* cholesterol

***choose** [tʃuz] , **chose** [tʃəʊz] , **chosen** [`tʃəʊzn] *vt* wybierać, obierać; *vi* mieć wybór; woleć; **if you ~** jeżeli masz ochotę

chop [tʃop] *vt* krajać, rąbać; **~ off** odciąć, odrąbać; **~ through** przerąbać; *s* cięcie, rąbanie; zraz; kotlet

cho·rus [`kɔrəs] *s* chór; **in ~** chórem

chose, cho·sen *zob.* **choose**

Christ [kraɪst] *s rel.* Chrystus

chris·ten [`krɪsn] *vt* chrzcić

Chris·tian [`krɪstʃən] *adj* chrześcijański; *s* chrześcijanin

Christ·mas [`krɪsməs] *s* Boże Narodzenie; **~ Eve** Wigilia; **~ tree** choinka

chron·ic [`kronɪk] *adj* chroniczny

chron·i·cle [`kronɪkl] *s* kronika

church [tʃɜtʃ] *s* kościół

ci·der [`saɪdə(r)] *s* cydr, jabłecznik

cigar [sɪ`gɑ(r)] *s* cygaro

cig·a·rette ['sɪgə`ret] *s* papieros

Cin·der·el·la ['sɪndə`relə] *s* Kopciuszek

cin·e·ma [`sɪnəmə] *s bryt.* kino

cin·na·mon [`sɪnəmən] *s* cynamon

ci·pher [`saɪfə(r)] *s* cyfra; zero; szyfr; *vi* rachować; *vt* zaszyfrować

cir·cle [`s3kl] *s dosł. i przen.* koło; krąg, obwód; *vt* okrążać, otaczać; *vi* krążyć

cir·cuit [`s3kɪt] *s* obwód, linia okrężna; objazd; **short ~** krótkie spięcie

cir·cu·late [`s3kjʊleɪt] *vt* puszczać w obieg; *vi* krążyć

cir·cum·stance [`s3kəmstəns] *s zw. pl* **~s** okoliczności, stosunki, położenie; **under no ~s** pod żadnym warunkiem

cir·cus [`s3kəs] *s* cyrk; okrągły plac (u zbiegu ulic)

cit·i·zen [`sɪtɪzn] *s* obywatel

cit·i·zen·ship [`sɪtɪznʃɪp] *s* obywatelstwo

cit·y [`sɪtɪ] *s* (wielkie) miasto; **~ council** rada miejska; **the City** City (śródmieście Londynu będące centrum handlu i finansów)

civ·il [`sɪvl] *adj* cywilny, obywatelski; **~ servant** urzędnik państwowy; **~ war** wojna domowa

ci·vil·ian [sə`vɪlɪən] *adj* cywilny; *s* cywil

civ·il·i·za·tion ['sɪvəlaɪ`zeɪʃn] *s* cywilizacja

claim [kleɪm] *vt* żądać, zgłaszać pretensje (**sth** do czegoś); twierdzić; *s* żądanie (**to sth** czegoś), roszczenie; twierdzenie

clamp [klæmp] *s* kleszcze; imadło; klamra; *vt* zaciskać, spajać

clan·des·tine [klæn`destɪn] *adj* tajny, potajemny

clap [klæp] *vt vi* trzaskać; klaskać; klepać; *s* trzask; klepanie; klaskanie; grzmot; huk

clar·i·fy [`klærɪfaɪ] *vt vi* wyjaśnić (się); oczyszczać (się), klarować (się)

clash [klæʃ] *s* trzask, brzęk; zderzenie; konflikt; *vt* trzasnąć, uderzyć; *vi* brzęknąć; zderzyć się, zetrzeć się

class [klɑs] *s* klasa (szkolna, społeczna itp.); lekcja, kurs; *vt* klasyfikować

clas·sic [`klæsɪk] *adj* klasyczny; *s* klasyk

clas·si·cism[`klæsɪsɪzm] *s* klasycyzm

clas·si·fy [`klæsɪfaɪ] *vt* klasyfikować, sortować

class·room [`klɑsrʊm] *s* klasa, sala szkolna

clay [kleɪ] *s* glina

clean [klin] *adj* czysty, wyraźny; gładki; całkowity; przyzwoity; *vt* czyścić; **~ up** porządkować, sprzątać

cleanse [klenz] *vt dosł. i przen.* oczyszczać

clear [klɪə(r)] *adj* jasny, wyraźny; pełny; czysty (np. zysk, sumienie); wolny (**of sth** od czegoś); **all ~** droga wolna; alarm odwołany; *adv* jasno, wyraźnie; czysto; z dala; **to get ~ off** wyjść na czysto, uwolnić się, pozbyć się; **to keep ~** trzymać się z dala (**of sth** od czegoś); *vt* wyjaśniać, usprawiedliwiać; czyścić, sprzątać; opróżniać, opuszczać; rozliczać, wyrównywać (długi, rachunki); **~ away** usunąć; **~ off** wyprzedać; **~ out** uprzątnąć, wyrzucić; **~ up** wyjaśnić; sprzątnąć; *vi* wyjaśniać się; rozchmurzać się; *pot.* **~ out <off>** wynieść się; (*o pogodzie*) **~ up** przejaśniać się

clear·ance [`klɪərns] *s* zwolnienie; oczyszczenie; wyprzedaż; rozliczenie; odprawa celna

clear·ing [`klɪərɪŋ] *s* polana; rozrachunek (bankowy)

cler·gy [`klɜdʒɪ] *s* duchowieństwo, kler

cler·gy·man [`klɜdʒɪmən] *s* duchowny

clerk [klɑk] *s* urzędnik; *am.* ekspedient

clev·er [`klevə(r)] *adj* sprytny; zdolny, utalentowany; zręczny

clever·ness [`klevənəs] *s* zręczność; zdolność; inteligencja

cli·ent [`klɑɪənt] *s* klient

cliff [klɪf] *s* stroma ściana skalna, urwisko

cli·mate [`klɑɪmɪt] *s dosł. i przen.* klimat

cli·max [`klɑɪmæks] *s* punkt kulminacyjny <szczytowy>

climb [klɑɪm] *vi* wspinać się, piąć się; *vt* wchodzić (**the stairs** po schodach); włazić (**a tree** na drzewo); *s* wspinaczka; wzniesienie (terenu)

climb·er [`klɑɪmə(r)] *s* amator wspinaczki, alpinista; *przen.* karierowicz

clin·ic [`klɪnɪk] *s* klinika

clip 1. [klɪp] *s* sprzączka; uchwyt; spinacz; klips; *vt* spinać, przytwierdzać

clip 2. [klɪp] *vt* obcinać, strzyc; *s* strzyżenie, obcięcie

clip·pers [`klɪpəz] *s pl* nożyce; szczypce; maszynka do strzyżenia

cloak·room [`kləʊk rʊm] *s* garderoba, szatnia (np. w teatrze)

clock [klɒk] *s* zegar; *zob.* **o'clock**

clock·wise [`klɒkwɑɪz] *adv* zgodnie z ruchem wskazówek zegara

clois·ter [`klɔɪstə(r)] *s* klasztor; krużganek (kryty)

close 1. [kləʊs] *adj* zamknięty; bliski; zwarty; duszny; (*o uwadze*) napięty; gruntowny, szczegółowy; *adv* blisko, tuż obok (**to sb, sth** kogoś, czegoś); ściśle; dokładnie; **~ by** tuż obok, tuż tuż; *s* ogrodzony teren, dziedziniec

close 2. [kləʊz] *vt vi* zamykać (się); kończyć (się); zewrzeć (się); *s* koniec; zamknięcie; **to bring to a ~** doprowadzać do końca; **to draw to a ~** zbliżać się do końca

close·ly [`kləʊslɪ] *adv* z bliska; dokładnie; ściśle

cloth [kloθ] *s* (*pl* **~s** [kloθs]) sukno, materiał; ścierka; obrus

clothes [kləʊðz] *s pl* ubranie, odzież, ubiór

cloud [klaʊd] *s dosł. i przen.* chmura; obłok; *vt* zachmurzyć, zaciemnić; *vi* **~ over** <**up**> zachmurzyć się

cloud·y [`klaʊdɪ] *adj* chmurny; pochmurny

clown [klaʊn] *s* klown, błazen; gbur

club [klʌb] *s* maczuga, pałka; koło, klub; (*w kartach*) trefl; *vt* bić pałką; *vi* łączyć się, zrzeszać się

clue [klu] *s* klucz (np. do zagadki); wątek; trop

clum·sy [`klʌmzɪ] *adj* niezgrabny; nietaktowny

clutch [klʌtʃ] *s* chwyt, uścisk; *techn.* sprzęgło; *vt* pochwycić; *vi* chwytać się (**at sth** czegoś)

coach [kəʊtʃ] *s* powóz; osobowy wagon kolejowy; autokar; *sport* trener; *vt* uczyć; *sport* trenować

coal [kəʊl] *s* węgiel

coal-mine [`kəʊl maɪn] , **coal--pit** [`kəʊl pɪt] *s* kopalnia węgla

coarse [kɔs] *adj* szorstki; prostacki, ordynarny, pospolity

coast [kəʊst] *s* wybrzeże; *vi* kursować wzdłuż wybrzeża

coat [kəʊt] *s* marynarka; żakiet; płaszcz, palto; warstwa, powłoka; *vt* pokrywać, powlekać

coax [kəʊks] *vt* skłonić pochlebstwem, namówić; przymilać, przypochlebiać się

cock [kok] *s* kogut; samiec (ptaków); kurek; *vt* podnieść, zadzierać (np. głowę)

cock·pit [`kokpɪt] *s* kabina pilota (w samolocie)

cock·roach [`kokrəʊtʃ] *s* karaluch

cock·tail [`kokteɪl] *s* koktajl

co·coa [`kəʊkəʊ] *s* kakao

co·co·nut [`kəʊkənʌt] *s* orzech kokosowy; kokos

cod [kod] *s* dorsz

co·erce [kəʊ`ɜs] *vt* zmuszać, wymuszać, zniewalać

cof·fee [`kofɪ] *s* kawa

cof·fee-house [`kofɪ haʊs] *s* kawiarnia

cof·fin [`kofɪn] *s* trumna

co·gnac [`konjæk] *s* koniak

coif·fure [kwɑ`fjʊə(r)] *s* fryzura

coin [kɔɪn] *s* pieniądz, moneta; *vt* bić (pieniądze); kuć; *przen.* ukuć (nowy wyraz)

co·in·cide ['kəʊɪn`saɪd] *vi* zbiegać się; pokrywać się

co·in·ci·dence [kəʊ`ɪnsɪdəns] *s* zbieżność; zbieg okoliczności

coke 1. [kəʊk] *s* koks

coke 2. [kəʊk] *s pot.* coca-cola

cold [kəʊld] *adj* zimny, chłodny, oziębły; **I am ~** jest mi zimno; **in ~ blood** z zimną krwią; *s* zimno, chłód; przeziębienie; **to have a ~** być przeziębionym

col·lab·o·rate [kə`læbəreɪt] *vi* współpracować, kolaborować

col·lab·o·ra·tion [kə'læbə`reɪʃn] *s* współpraca, kolaboracja

col·lapse [kə`læps] *vi* runąć; załamać się; opaść z sił; *s* upadek sił, omdlenie; załamanie nerwowe; zawalenie się

col·lar [`kolə(r)] *s* kołnierz; naszyjnik; obroża; *vt* chwycić za kołnierz; nałożyć obrożę

col·league [`kolig] *s* kolega (z pracy), współpracownik

col·lect [kə`lekt] *vt vi* zbierać (się), gromadzić (się); kolekcjonować; *vr* **~ oneself** opanować się, skupić się

col·lec·tion [kə`lekʃn] *s* zbiór, zbiórka; odbiór; pobór (podatków); kolekcja

col·lege [`kolɪdʒ] *s* kolegium; uczelnia; szkoła średnia

col·lide [kə`laɪd] *vi* zderzyć się; kolidować

col·li·sion [kə`lɪʒn] *s* kolizja, zderzenie

col·lo·qui·al [kə`ləʊkwɪəl] *adj* kolokwialny, potoczny

colo·nel [`kɜnl] *s* pułkownik

col·our [`kʌlə(r)] *s* barwa, kolor; farba; *pl* **~s** chorągiew; odznaki (społeczne, szkolne itp.); **to give <to lend> ~** koloryzować

col·umn [`koləm] *s* kolumna, słup; szpalta, dział (gazety)

comb [kəʊm] *s* grzebień; *vt* czesać; *przen.* przeszukiwać

com·bat [`kombæt] *s* bój, walka; *vt* zwalczać; *vi* walczyć

com·bine [kəm`baɪn] *vt vi* kombinować; zrzeszać (się), łączyć (się); *s* [`kombaɪn] kombajn

***come** [kʌm] , **came** [keɪm], **come** [kʌm] *vi* przyjść, przyjechać; nadchodzić; wypadać; pochodzić; wynosić; dojść do czegoś; **it ~s to 10 pounds** to wynosi 10 funtów; **nothing will ~ of it** nic z tego nie wyjdzie; **to ~ to believe** dojść do przekonania; **~ about** zdarzyć się, stać się; **~ across sth** natknąć się na coś; **~ in** wejść; **~ off** odejść; oderwać się; dojść do skutku; zdarzyć się; odbyć się; **~ on** nadchodzić; **~ out** wychodzić; ukazywać się w druku; wyjść na jaw; **~ up** podchodzić; wspinać się; natknąć się

com·e·dy [`komədɪ] *s* komedia

com·fort [`kʌmfət] *s* komfort, wygoda; pociecha, ulga; *vt* pocieszać, przynosić ulgę

com·fort·a·ble [`kʌmftəbl] *adj* wygodny; zadowolony, o dobrym samopoczuciu

com·ic [`komɪk] *adj* komiczny; komediowy; *s pl* **~s** komiks, historyjka obrazkowa

com·ma [`komə] *s* przecinek; **inverted ~s** cudzysłów

com·mand [kə`mɑnd] *vt* rozkazywać, dowodzić; domagać się (**sth** czegoś); *s* komenda, dowództwo, rozkaz; opanowanie; zlecenie; **to be in ~ of sth** mieć władzę nad czymś; **to have a full ~ of English** biegle władać językiem angielskim

com·ment [`koment] *s* komentarz, uwaga; *vi* komentować (**on, upon sth** coś), wypowiadać się

com·merce [`komɜs] *s* handel

com·mer·cial [kə`mɜʃl] *adj* handlowy, reklamowy; *s* reklama telewizyjna <radiowa>

com·mis·sion [kə`mɪʃn] *s* zlecenie, rozkaz; pełnomocnictwo; komisja; prowizja; **to sell on ~** sprzedawać komisowo (na prowizję); *vt* zlecić; upełnomocnić; delegować; mianować

com·mit [kə`mɪt] *vt* popełnić; powierzyć; przekazać; angażować; *vr* **~ oneself** angażować się, wdawać się (**to sth** w coś)

com·mit·ment [kə`mɪtmənt] *s* popełnienie; przekazanie; zaangażowanie

com·mit·tee [kə`mɪtɪ] *s* komitet, komisja

com·mod·i·ty [kə`modətɪ] *s* towar, artykuł

com·mon [`komən] *adj* wspólny; zwykły; powsze-chny; **~ sense** zdrowy rozsądek; *s* rzecz wspólna; **in ~** wspólnie; **out of the ~** niezwykły

com·mon·place [`komənpleɪs] *s* komunał; *adj* banalny, pospolity

com·mu·ni·cate [kə`mjunɪkeɪt] *vt vi* komunikować (się)

com·mu·ni·ca·tion [kə'mjʊnɪ-`keɪʃn] *s* komunikacja, łączność; udzielanie informacji; kontakt

com·mun·ion [kə`mjunɪən] *s* wspólnota; łączność (duchowa); *rel.* komunia

com·mu·ni·que [kə`mjunɪkeɪ] *s* komunikat

com·mu·ni·ty [kə`mjunətɪ] *s* społeczność; wspólnota; gmina (np. religijna)

com·mute [kə`mjut] *vt vi* zamienić; *am.* dojeżdżać do pracy

com·pact [kəm`pækt] *adj* zbity, gęsty, zwarty; *s* **~disc, disk; (CD)** płyta kompaktowa *vt* stłoczyć, zbić, zgęścić; *s* [`kompækt] umowa; puderniczka

com·pan·ion [kəm`pænɪən] *s* towarzysz; podręcznik

com·pa·ny [`kʌmpənɪ] *s* towarzystwo; kompania; *handl.* spółka; **to keep sb ~** dotrzymywać komuś towarzystwa

com·pare [kəm`peə(r)] *vt* porównywać, zestawiać; *vi* dorównywać (**with sb** komuś), dać się porównać

com·par·i·son [kəm`pærɪsn] *s* porównanie

com·part·ment [kəm`pɑtmənt] *s* przedział; przegroda

com·pass [`kʌmpəs] *s* obręb, zasięg; kompas; *pl* **~es** cyrkiel; *vt* obejmować, otaczać; okrążać

com·pas·sion [kəm`pæʃn] *s* współczucie, litość

com·pat·i·ble [kəm`pætəbl] *adj* dający się pogodzić, zgodny

com·pel [kom`pel] *vt* zmuszać, wymuszać

com·pen·sate [`kompənseɪt] *vt vi* kompensować, wynagradzać

com·pete [kəm`pit] *vi* współzawodniczyć; ubiegać się (**for sth** o coś)

com·pe·ti·tion ['kompə`tɪʃn] *s* konkurs; zawody; współzawodnictwo; *handl.* konkurencja

com·pile [kəm`pɑɪl] *vt* kompilować, zestawiać, opracowywać

com·plain [kəm`pleɪn] *vi* skarżyć się, narzekać (**to sb about <of> sb, sth** przed kimś na kogoś, na coś)

com·plaint [kəm`pleɪnt] *s* skarga, narzekanie; dolegliwość

com·plete [kəm`plit] *adj* kompletny, zupełny; skończony; *vt* kompletować; kończyć; wypełniać

com·plex [`kompleks] *adj* skomplikowany, zawiły; złożony; *s* kompleks

com·plex·ion [kəm`plekʃn] *s* cera, płeć; wygląd

com·pli·cate [`komplɪkeɪt] *vt* komplikować; wikłać

com·pli·ca·tion ['komplɪ`keɪʃn] *s* komplikacja

comp·li·ment [`komplɪmənt] *s* komplement; *pl* **~s** pozdrowienia, ukłony; **to pay one's ~s** przesyłać pozdrowienia; *vt* [`komplɪment] prawić komplementy; pozdrawiać; gratulować (**sb on, upon sth** komuś czegoś)

com·ply [kəm`plaɪ] *vi* zgadzać się, stosować się (**with sth** do czegoś); spełnić (**with a request** prośbę)

com·po·nent [kəm`pəʊnənt] *adj* wchodzący w skład, składowy; *s* składnik

com·pose [kəm`pəʊz] *vt* (*także druk.*) składać; stanowić; układać; łagodzić; tworzyć; komponować

com·pos·er [kəm`pəʊzə(r)] *s* kompozytor

com·po·si·tion ['kompə`zɪʃn] *s* skład; układ; kompozycja; utwór; wypracowanie; mieszanina

com·pre·hend ['komprɪ`hend] *vt* obejmować; zawierać; pojmować

com·prise [kəm`praɪz] *vt* obejmować, zawierać

com·pro·mise [`komprəmaɪz] *s* kompromis, ugoda; *vi vt* iść na ustępstwa (**on, upon sth** w sprawie czegoś), kompromisowo załatwiać; kompromitować

com·pul·so·ry [kəm`pʌlsrɪ] *adj* przymusowy

com·put·er [kəm`pjutə(r)] *s* komputer

con·cave [`koŋkeɪv] *adj* wklęsły; *s* wklęsłość

con·ceal [kən`sil] *vt* ukrywać, taić

con·ceit·ed [kən`sitɪd] *adj* próżny, zarozumiały

con·cen·trate [`konsntreɪt] *vt vi* koncentrować (się), skupiać (się)

con·cen·tra·tion ['konsn`treɪʃn] *s* koncentracja, skupienie (się); stężenie

con·cept [`konsept] *s* pojęcie; myśl, pomysł

con·cern [kən`sɜn] *vt* dotyczyć; interesować, zajmować (się);

niepokoić się; **to be ~ed** troszczyć się, być zainteresowanym (**about sth** czymś); mieć do czynienia (**with sth** z czymś); **as ~s** co się tyczy; *s* zainteresowanie; związek; niepokój, troska; sprawa; *handl.* koncern

con·cern·ing [kən`sɜnɪŋ] *praep* odnośnie do, co do, co się tyczy; w sprawie

con·cert [`konsət] *s* koncert; zgoda, porozumienie

con·ces·sion [kən`seʃn] *s* koncesja; ustępstwo; przyzwolenie

con·cise [kən`saɪs] *adj* zwięzły

con·clude [kən`klud] *vt vi* kończyć (się); zawierać; wnioskować

con·clu·sion [kən`kluʒn] *s* zakończenie; zawarcie (traktatu); wniosek, wynik

con·crete [`koŋkrit] *s* beton; *także* [kon`krit] *adj* betonowy; konkretny

con·demn [kən`dem] *vt* potępiać; skazywać

con·dense [kən`dens] *vt vi* zgęszczać (się), kondensować (się); streścić

con·de·scend ['kondɪ`send] *vi* zniżyć się; raczyć, być łaskawym

con·di·tion [kən`dɪʃn] *s* położenie; stan; warunek; *pl* **~s** otoczenie; warunki; **on ~** pod warunkiem że, jeśli; *vt* warunkować; uzależniać; klimatyzować

con·di·tion·al [kən`dɪʃnl] *adj* warunkowy; zależny (**on sth** od czegoś)

con·do·lence [kən`dəʊləns] *s* współczucie, wyrazy współczucia

con·dom [`kondəm] *s* kondom, prezerwatywa

con·duct [kən`dʌkt] *vt vi* kierować; dowodzić; dyrygować; *s* [`kondʌkt] kierownictwo

con·duc·tor [kən`dʌktə(r)] *s* konduktor; kierownik; dyrygent

con·fec·tion·e·ry [kən`fekʃnrɪ] *s* fabryka cukierków; cukiernia; *zbior.* wyroby cukiernicze

con·fer·ence [`konfərəns] *s* konferencja, narada; zjazd

con·fess [kən`fes] *vt vi* wyznawać; przyznawać się; spowiadać (się)

con·fes·sion [kən`feʃn] *s* wyznanie; przyznanie się; spowiedź

con·fi·dence [`konfɪdəns] *s* zaufanie; poufność; zwierzenie; pewność siebie

con·fi·dent [`konfɪdənt] *adj* ufny; przekonany; pewny siebie; *s* powiernik

con·fi·den·tial ['konfı`denʃl] *adj* poufny; zaufany

con·firm [kən`fɜm] *vt* potwierdzać; utwierdzać; *rel.* konfirmować

con·fir·ma·tion ['konfə`meıʃn] *s* potwierdzenie; *rel.* konfirmacja, bierzmowanie

con·flict [`konflıkt] *s* starcie, konflikt, kolizja; *vi* [kən`flıkt] ścierać się, walczyć

con·front [kən`frʌnt] *vt* stawać naprzeciw (twarzą w twarz); konfrontować; porównywać; stawiać czoło; **to be ~ed with <by> sb, sth** stanąć przed kimś, czymś <wobec kogoś, czegoś>

con·fuse [kən`fjuz] *vt* mieszać, plątać; zmieszać, zażenować

con·fu·sion [kən`fjuʒn] *s* zamieszanie, nieporządek; zmieszanie, zażenowanie

con·grat·u·late [kən`grætʃoleıt] *vt* gratulować (**sb on, upon sth** komuś czegoś)

con·grat·u·la·tion [kən'grætʃo-`leıʃn] *s* (*zw. pl* **~s**) gratulacje

con·gress [`koŋgres] *s* kongres; *am.* **Congress** Kongres

con·jun·tion [kən`dʒʌŋkʃn] *s* związek; *gram.* spójnik

con·nect [kə`nekt] *vt vi* łączyć (się), wiązać (się); stykać (się)

con·nec·tion, con·nex·ion [kə-`nekʃn] *s* związek, koneksja; pokrewieństwo; znajomości; połączenie (kolejowe itp.)

con·nois·seur ['konı`sɜ(r)] *s* znawca, koneser

con·quer [`koŋkə(r)] *vt* zdobyć, pokonać, zwyciężyć, podbić

con·science [`konʃns] *s* sumienie

con·scious [`konʃəs] *adj* świadomy; przytomny

con·scious·ness [`konʃəsnəs] *s* świadomość; przytomność

con·sent [kən`sent] *vi* zgadzać się (**to sth** na coś); *s* zgoda; **with one ~, by general ~** jednomyślnie

con·se·quence [`konsıkwəns] *s* następstwo, wynik; konsekwencja; doniosłość

con·serv·a·tive [kən`sɜvətıv] *adj* konserwatywny; *s* konserwatysta

con·sid·er [kən`sıdə(r)] *vt vi* rozpatrywać, rozważać, brać pod uwagę; uważać (**sb sth** kogoś za coś); szanować, mieć wzgląd

con·sid·er·a·ble [kən`sıdrəbl] *adj* znaczny

con·sid·er·ate [kən`sıdrət] *adj* uważny, myślący; pełen względów, delikatny

con·sid·er·a·tion [kən'sıdə-`reıʃn] *s* rozważanie, rozwaga;

uwaga; uznanie; wzgląd; **in ~** ze względu (**of sth** na coś); **to take into ~** uwzględnić

con·sist [kən`sɪst] *vi* składać się, być złożonym (**of sth** z czegoś); polegać (**in sth** na czymś)

con·sist·ent [kən`sɪstənt] *adj* zwarty; zgodny; konsekwentny

con·sole [kən`səʊl] *vt* pocieszać; *s* [`konsəʊl] konsola

con·so·nant [`konsənənt] *adj* harmonijny, zgodny; *s gram.* spółgłoska

con·spire [kən`spaɪə(r)] *vi vt* spiskować; knuć

con·sta·ble [`kʌnstəbl] *s* policjant

con·stant [`konstənt] *adj* stały, trwały, wytrwały; wierny

con·sti·pa·tion [ˈkonstɪ`peɪʃn] *s* obstrukcja, *pot.* zatwardzenie

con·sti·tute [`konstɪtjut] *vt* stanowić, tworzyć; ustanawiać

con·sti·tu·tion [ˈkonstɪ`tjuʃn] *s* konstytucja; budowa (fizyczna); struktura psychiczna

con·strain [kən`streɪn] *vt* zmuszać; krępować, ograniczać

con·struct [kən`strʌkt] *vt* konstruować, budować

con·struc·tion [kən`strʌkʃn] *s* konstrukcja, budowa; budowla

con·sul·ate [`konsjulət] *s* konsulat

con·sult [kən`sʌlt] *vt* radzić się (**sb** kogoś); brać pod uwagę, rozważać; *vi* naradzać się

con·sum·er [kən`sjumə(r)] *s* spożywca, konsument; **~ goods** artykuły konsumpcyjne

con·tact [`kontækt] *s* kontakt, styczność; **to come into ~, to make ~** kontaktować się; *vt vi* zetknąć (się), kontaktować (się) (**sb** z kimś)

con·ta·gious [kən`teɪdʒəs] *adj* zakaźny, zaraźliwy

con·tain [kən`teɪn] *vt* zawierać; mieścić

con·tain·er [kən`teɪnə(r)] *s* zbiornik, pojemnik, kontener

con·tem·po·ra·ry [kən`tempərɪ] *adj* współczesny; dzisiejszy; *s* współcześnie żyjący; rówieśnik

con·tempt [kən`tempt] *s* pogarda, lekceważenie; obraza

con·tent 1. [kən`tent] *s* zadowolenie; *adj* zadowolony; *vt* zadowalać

con·tent 2. [`kontent] *s* zawartość; istota; (*zw. pl* **~s**) treść (książki itp.); **table of ~s** spis rzeczy

con·test [kən`test] *vt vi* spierać się, rywalizować; kwestionować; *s* [`kontest] spór; rywalizacja; zawody, konkurs

con·text [`kontekst] *s* kontekst

con·ti·nent [`kontɪnənt] *s* kontynent

con·tin·u·al [kən`tɪnjʊəl] *adj* ciągły, powtarzający się, ustawiczny

con·tin·u·a·tion [kən'tɪnjʊ`eɪʃn] *s* kontynuacja, ciąg dalszy

con·tin·ue [kən`tɪnju] *vt* kontynuować, dalej coś robić, prowadzić; **to be ~d** ciąg dalszy nastąpi; *vi* trwać nadal, ciągnąć się dalej

con·tin·u·ous [kən`tɪnjʊəs] *adj* dalej trwający, nieprzerwany, trwały

con·tra·cep·tive ['kontrə`septɪv] *s* środek antykoncepcyjny; *adj* antykoncepcyjny

con·tract [`kontrækt] *s* umowa, kontrakt; *vt vi* [kən`trækt] kontraktować; zawierać (umowę, przyjaźń itp.); ściągnąć (się), skurczyć (się); nabawić się (np. choroby)

con·tra·ry [`kontrərɪ] *adj* sprzeczny, przeciwny; *s* przeciwieństwo; **on the ~** przeciwnie, na odwrót; *adv* wbrew, przeciwnie

con·trast [`kontrɑst] *s* kontrast; *vt vi* [kən`trɑst] kontrastować, przeciwstawiać

con·trib·ute [kən`trɪbjut] *vt vi* wnieść udział <wkład>; dołożyć się; **to ~ money etc. to sth** przyczynić się finansowo itp. do czegoś

con·trol [kən`trəʊl] *vt* kontrolować; regulować; kierować, nadzorować; sterować; *s* nadzór, kontrola; kierowanie, sterowanie; regulowanie

con·tro·ver·sial ['kontrə`vɜʃl] *adj* sporny, polemiczny, kontrowersyjny

con·tro·ver·sy [`kontrəvɜsɪ] *s* spór, polemika, kontrowersja

con·va·les·cence ['konvə`lesns] *s* rekonwalescencja

con·ve·nience [kən`vinɪəns] *s* wygoda; *pl* **~s** komfort; **at your ~** kiedy <jak> ci będzie wygodnie

con·ve·nient [kən`vinɪənt] *adj* wygodny, dogodny

con·ven·tion [kən`venʃn] *s* umowa; zebranie; zwyczaj; konwencja

con·ven·tion·al [kən`venʃnl] *adj* umowny, zwyczajowy; konwencjonalny

con·ver·sa·tion ['konvə`seɪʃn] *s* rozmowa, konwersacja

con·vex [`konveks] *adj* wypukły

con·vey [kən`veɪ] *vt* przewozić, przesyłać, przekazywać; komunikować

con·vic·tion [kən`vɪkʃn] *s* przekonanie; zasądzenie, udowodnienie winy

con·vince [kən`vɪns] *vt* przekonać (**of sth** o czymś)

cook [kʊk] *vt vi* gotować (się); *s* kucharz

cook·er·y [`kʊkərɪ] *s* sztuka kulinarna; **~ book** książka kucharska

cool [kul] *adj* chłodny; oziębły; *s* chłód; *vt vi* chłodzić (się), studzić (się); **~ down** ostygnąć; *przen.* ochłonąć

co·op·er·ate [kəʊ`opəreɪt] *vi* współdziałać, współpracować

co·op·er·a·tion [kəʊ'opə`reɪʃn] *s* współdziałanie, kooperacja

cop [kop] *s pot.* policjant

cope [kəʊp] *vi* zmagać się, borykać się; radzić sobie, podołać

cop·i·er [kopɪə(r)] *s* kopiarka

cop·per [`kopə(r)] *s* miedź; miedziak

cop·u·late [`kopjʊleɪt] *vi* spółkować

cop·y [`kopɪ] *s* kopia; egzemplarz; *vt vi* kopiować, przepisywać; naśladować

cop·y·book *adj* całkowicie poprawny

cor·al [`korl] *s* koral

cord [kɔd] *s* sznur, sznurek, lina; **vocal ~** struna głosowa

cor·du·roy [`kɔdərɔɪ] *s* sztruks; *pl* **~s** spodnie sztruksowe

core [kɔ(r)] *s* rdzeń; sedno; ogryzek (owocu)

cork [kɔk] *s* korek; *vt* korkować

cork·screw [`kɔkskru] *s* korkociąg

corn 1. [kɔn] ziarno, zboże; *am.* kukurydza

corn 2. [kɔn] *s* nagniotek, odcisk

corn·er [`kɔnə(r)] *s* róg; kąt; moment krytyczny; *vt* zapędzić w kąt, przyprzeć do muru

corps [kɔ(r)] *s wojsk.* korpus; zespół

corpse [kɔps] *s* zwłoki, trup

cor·rect [kə`rekt] *adj* poprawny, prawidłowy; *vt* poprawiać, robić korektę; karać

cor·rec·tion [kə`rekʃn] *s* poprawka, poprawa; korekta; naprawa

cor·re·spond ['korɪs`pond] *vi* odpowiadać, być odpowiednim; korespondować

cor·re·spond·ence ['korɪ`spondəns] *s* zgodność; korespondencja

cor·ri·dor [`korɪdɔ(r)] *s* korytarz

cor·rup·tion [kə`rʌpʃn] *s* zepsucie, korupcja; sprzedajność

cos·met·ic [koz`metɪk] *adj* kosmetyczny; *s* kosmetyk; *pl* **~s** kosmetyki

cos·mo·pol·i·tism ['kozmə`polıtızm] *s* kosmopolityzm

cos·mos [`kozmos] *s* kosmos

***cost** [kost], **cost, cost** [kost] *vi* kosztować; *s* koszt; **at the ~** za cenę; **at all ~s** za wszelką cenę

cost·ly [`kostlı] *adj* kosztowny; wspaniały, doskonały

cos·tume [`kostjum] *s* kostium, strój

co·sy [`kəʊzı] *adj* przytulny, wygodny

cot·tage [`kotıdʒ] *s* domek, chata

cot·ton [`kotn] *s* bawełna, wyrób bawełniany

cot·ton-wool ['kotn`wʊl] *s* wata

cough [kof] *s* kaszel; *vi* kaszleć; *vt* **~ out <up>** wykrztusić, wykaszleć

could *zob.* **can 1.**

coun·cil [`kaʊnsl] *s* rada (jako zespół); narada

count [kaʊnt] *vt vi* obliczać, liczyć (się); uważać za; być uważanym za; **~ on <upon> sb, sth** liczyć na kogoś, coś

coun·ter [`kaʊntə(r)] *adj* przeciwny, przeciwległy; *adv* przeciwnie, w przeciwnym kierunku; *vt vi* sprzeciwiać się, krzyżować (plany)

coun·ter·feit [`kaʊntəfıt] *s* podrobienie, fałszerstwo; *adj* podrobiony, fałszywy; *vt* podrabiać, fałszować

coun·ter·part [`kaʊntəpat] *s* odpowiednik, kopia, duplikat

coun·ter·weight [`kaʊntəweıt] *s* przeciwwaga

coun·try [`kʌntrı] *s* kraj; ojczyzna; wieś; teren; **to go into the ~** wyjechać na wieś

coun·try·man [`kʌntrımən] *s* wieśniak; rodak

coun·try·side [`kʌntrısaıd] *s* okolica, krajobraz

coup [ku] *s* wyczyn, mistrzowskie posunięcie; **~ d'état** ['ku deı`tɑ] zamach stanu

cou·ple [`kʌpl] *s* para (np. małżeńska); **a ~ of** parę, kilka; *vt vi* łączyć (się) parami

cou·pon [`kupən] *s* kupon, odcinek, talon

cour·age [`kʌrıdʒ] *s* odwaga, męstwo

cou·ra·geous [kə`reıdʒəs] *adj* odważny, mężny

course [kɔs] *s* kurs; ciąg; tok; bieżnia; danie (na stole); **in due ~** we właściwym czasie; **of ~** oczywiście; **a matter of ~** rzecz oczywista

court [kɔt] *s* dwór; dziedziniec; sąd; pałac; *sport* kort; zaloty; *vt* zalecać się (**sb** do kogoś); szukać (**sth** czegoś); zabiegać (**sth** o coś)

cour·te·sy [`kɜtəsı] *s* grzeczność, uprzejmość

court·yard [`kɔtjɑd] *s* dziedziniec, podwórze

cous·in [`kʌzn] *s* kuzyn

cov·er [`kʌvə(r)] *vt* pokrywać; przykryć; ukryć; *s* pokrycie, przykrywka; okładka; narzuta; *przen.* płaszczyk

cov·et [`kʌvɪt] *vt* pożądać

cov·et·ous [`kʌvətəs] *adj* pożądliwy; zawistny

cow [kɑʊ] *s* krowa; samica (różnych ssaków)

cow·ard [`kɑʊəd] *s* tchórz

cow·ard·ly [`kɑʊədlɪ] *adj* tchórzliwy

cow·boy [`kɑʊbɔɪ] *s* pastuch; *am.* kowboj

co·zy [`kəʊzɪ] *adj* = **cosy**

crab [kræb] *s* krab

crack [kræk] *vt vi* trzaskać, roztrzaskać; pękać; *s* trzask; uderzenie; pęknięcie; rysa

crack·er [`krækə(r)] *s* petarda; (*zw. pl* **~s**) dziadek do orzechów; *pl* **~s** krakersy

craft [krɑft] *s* biegłość; przebiegłość; rzemiosło; (*pl* ~) statek, samolot (*zw. zbior.* statki, samoloty)

crafts·man [`krɑftsmən] *s* rzemieślnik

craft·y [`krɑftɪ] *adj* sprytny; przebiegły

cramp [kræmp] *s* kurcz; *vt* wywołać kurcz; zwierać; *przen.* krępować, ograniczać

crash [kræʃ] *s* łomot; gwałtowny upadek; nagłe zderzenie, katastrofa, krach; *vi* trzasnąć; rozbić się; *vt* zgnieść, rozbić

cra·zy [`kreɪzɪ] *adj* szalony, zwariowany

cream [krim] *s* śmietana; krem; *przen.* śmietanka; *adj attr* kremowy

crease [kris] *s* fałda, zmarszczka; kant (spodni); *vt vi* marszczyć (się)

cre·ate [kri`eɪt] *vt* stwarzać; kreować

cre·a·tion [kri`eɪʃn] *s* stworzenie; kreacja

crea·ture [`kritʃə(r)] *s* stworzenie, stwór; kreatura

cre·den·tials [krɪ`denʃlz] *s pl* listy uwierzytelniające

cred·i·ble [`kredəbl] *adj* wiarygodny

cred·it [`kredɪt] *s* kredyt; zaufanie; zaszczyt; *vt* kredytować; ufać; przypisywać (**sb with sth** komuś coś); **~ card** karta kredytowa

creed [krid] *s* wiara; wyznanie wiary, credo

crew [kru] *s* załoga, ekipa

crick·et 1. [`krɪkɪt] *s* świerszcz

crick·et 2. [`krıkıt] *s sport* krykiet

crime [kraım] *s* zbrodnia

crim·i·nal [`krımınl] *adj* zbrodniczy, kryminalny; *s* zbrodniarz

crim·son [`krımzn] *s* purpura; *vi przen.* rumienić się

crip·ple [`krıpl] *s* kaleka, inwalida; *vt* przyprawiać o kalectwo; uszkadzać

cri·sis [`kraısıs] *s* (*pl* **crises** [`kraısiz]) kryzys

cri·te·ri·on [kraı`tıərıən] *s* (*pl* **criteria**[kraı`tıərıə]) kryterium

crit·ic [`krıtık] *s* krytyk; recenzent

crit·i·cize [`krıtısaız] *vt* krytykować; recenzować

croc·o·dile [`krokədaıl] *s zool.* krokodyl

crop [krop] *s* urodzaj, zbiór; masa; *vt* ścinać; zbierać (plon); *vi* obrodzić, dawać plon; **~ up** zjawić się nagle

cross [kros] *s dosł. i przen.* krzyż; skrzyżowanie; *adj* przecinający (się), krzyżujący (się); przeciwny; rozgniewany; **to be ~** gniewać się (**with sb** na kogoś); *vt* krzyżować (ręce, rasy, plany itd.);przecinać; przejść (**sth** przez coś); przejechać (**sth** przez coś); przechodzić na drugą stronę; przekreślić; udaremnić; **~ off, out** skreślić, wykreślić; *vr* **~ oneself** przeżegnać się; *vi* krzyżować się, przecinać się; rozmijać się

cross·ing [`krosıŋ] *s* skrzyżowanie; przejście przez ulicę; przepłynięcie przez morze

cross-roads [`krosrəudz] *s pl* skrzyżowanie dróg, rozdroże; *dosł. i przen.* rozstaje

crossword [`kroswəd] *s* (*także* **~ puzzle**) krzyżówka

crouch [kraʊtʃ] *vi* przysiąść, kucnąć; *s* kucnięcie

crow [krəʊ] *s* wrona, gawron

crowd [kraʊd] *s* tłum, tłok; stos (rzeczy); *vt vi* tłoczyć (się), pchać (się), zapchać

crown [kraʊn] *s* korona; wieniec; szczyt; *vt* koronować, wieńczyć

cru·cial [`kruʃl] *adj* decydujący, krytyczny

cru·ci·fy [`krusıfaı] *vt* ukrzyżować

crude [krud] *adj* surowy, niedojrzały; nie obrobiony; nieokrzesany, szorstki

cru·el [`kruəl] *adj* okrutny

cruise [kruz] *vi* (*zw. o statku*) krążyć; *s* krążenie po morzu, rejs

crush [krʌʃ] *vt vi* gnieść (się), miażdżyć; niszczyć; tłoczyć

(się); *s* tłok, ścisk; kruszenie, miażdżenie
cry [kraɪ] *vi* krzyczeć; płakać; *s* krzyk; wołanie; hasło; płacz
crys·tal [`krɪstl] *s* kryształ; *adj* kryształowy; krystaliczny
cu·bic [`kjubɪk] *adj* sześcienny, kubiczny
cuck·oo [`kuku] *s* kukułka
cu·cum·ber [`kjukʌmbə(r)] *s* ogórek
cud·dle [`kʌdl] *vt vi* tulić (się)
cul·prit [`kʌlprɪt] *s* winowajca; podsądny
cult [kʌlt] *s* kult, cześć
cul·ti·vate [`kʌltɪveɪt] *vt dosł. i przen.* kultywować, uprawiać
cul·tur·al [`kʌltʃərl] *adj* kulturalny
cul·ture [`kʌltʃə(r)] *s* kultura; uprawa; hodowla
cul·tured [`kʌltʃəd] *adj* kulturalny, wykształcony
cum·ber·some [`kʌmbəsəm] *adj* uciążliwy; nieporęczny
cu·mu·late [`kjumjʊleɪt] *vt vi* gromadzić (się), kumulować (się)
cun·ning [`kʌnɪŋ] *adj* podstępny, chytry; sprytny; *s* chytrość; spryt
cup [kʌp] *s* filiżanka; kubek; kielich; (*także sport*) puchar
cup·board [`kʌbəd] *s* kredens; szafka
cure [kjʊə(r)] *vt* leczyć; konserwować; *s* kuracja; lekarstwo; wyleczenie; konserwowanie
cu·ri·os·i·ty ['kjʊərɪ`osətɪ] *s* ciekawość, ciekawostka, osobliwość
cu·ri·ous [`kjʊərɪəs] *adj* ciekawy; osobliwy
cur·rant [`kʌrənt] *s* porzeczka
cur·ren·cy [`kʌrənsɪ] *s* obieg; powszechne użycie (wyrazów); panowanie (poglądów); waluta
cur·rent [`kʌrənt] *adj* bieżący; powszechny; aktualny; *s* prąd; strumień; *elektr.* **alternating ~ (AC)** prąd zmienny; **direct ~ (DC)** prąd stały
cur·ric·u·lum [kə`rɪkjʊləm] *s* (*pl* **curricula** [kə`rɪkjʊlə]) program (nauki)
curse [kɜs] *s* przekleństwo; klątwa; *vt vi* przeklinać, kląć
cur·tain [`kɜtn] *s* kurtyna, zasłona, firanka, kotara
curve [kɜv] *s* krzywa; wygięcie; zakręt; *vt vi* krzywić (się), zginać (się), zakręcać
cus·tom [`kʌstəm] *s* zwyczaj; nawyk; *pl* **~s** cło; *pl* **Customs** urząd celny
cus·tom·a·ry [`kʌstəmərɪ] *adj* zwyczajowy; zwyczajny
cus·tom·er [`kʌstəmə(r)] *s* klient
***cut** [kʌt], **cut, cut**

[kʌt] *vt* krajać, ciąć, przecinać; obniżać (ceny, płace itp.); kosić, strzyc; **~ down** obciąć, ściąć; **~ in, into** wtrącić się; wtargnąć; **~ off** odciąć, wyłączyć; przerwać; **~ out** wyciąć; odrzucić; przestać (palić, pić itp.); **~ up** pokrajać; **to ~ open** rozciąć; **to ~ short** przerwać; *s* cięcie; krój; rana cięta; obniżenie (ceny, płacy itp.); odcięty kawałek (np. mięsa); **short ~** najkrótsza droga (na przełaj), skrót

cute [kjut] *adj* bystry, zdolny; *am.* miły, pociągający

cut·let [ˋkʌtlət] *s* kotlet

cy·cle [ˋsɑɪkl] *s* cykl; rower; *vi* jeździć rowerem

cy·cling [ˋsɑɪklɪŋ] *s* kolarstwo

cyl·in·der [ˋsɪlɪndə(r)] *s* walec, wałek; *techn.* cylinder

cyn·ic [ˋsɪnɪk] *adj* cyniczny; *s* cynik

Czech [tʃek] *adj* czeski; *s* Czech

D

dad [dæd], **dad·dy** [ˋdædɪ] *s zdrob.* tatuś, tata

dai·ly [ˋdeɪlɪ] *adj* dzienny, codzienny; *adv* dziennie, codziennie; *s* dziennik, gazeta

dair·y [ˋdeərɪ] *s* mleczarnia; gospodarstwo mleczne

dai·sy [ˋdeɪzɪ] *s bot.* stokrotka

dam·age [ˋdæmɪdʒ] *s* szkoda, uszkodzenie; *pl* **~s** odszkodowanie; *vt* uszkodzić, popsuć; zaszkodzić (sb komuś)

damn [dæm] *vt* potępiać, przeklinać; ganić; *wulg.* **~ it !** cholera !, psiakrew !

dance [dɑns] *vt vi* tańczyć; *s* taniec; zabawa, bal

danc·er [ˋdɑnsə(r)] *s* tancerz

dan·druff [ˋdændrʌf] *s* łupież

Dane [deɪn] *s* Duńczyk

dan·ger [ˋdeɪndʒə(r)] *s* niebezpieczeństwo

dan·ger·ous [ˋdeɪndʒərəs] *adj* niebezpieczny

Dan·ish [ˋdeɪnɪʃ] *adj* duński; *s* język duński

***dare** [deə(r)], **dared** [deəd] *lub* **durst** [dɜst] , **dared** [deəd] *vt vi* śmieć, odważyć się, stawiać czoło, wyzwać; **I ~ say** śmiem twierdzić, sądzę

dar·ing [ˋdeərɪŋ] *adj* śmiały, odważny; *s* śmiałość, odwaga

dark [dɑk] *adj* ciemny; ponury; ukryty; **it is growing ~** robi się ciemno; **to keep sth ~** trzymać coś w tajemnicy; *s* ciemność, zmrok

dark·ness [ˋdɑknəs] *s* ciemność; ciemnota

dar·ling [ˋdɑlɪŋ] *s* ukochany, ulubieniec, *pieszcz.* kochanie; *adj* drogi, kochany

darts [dɑts] *s pl* rzutki (zabawa sportowa)

dash [dæʃ] *vt* rzucić, cisnąć; roztrzaskać; *vi* uderzyć się; rzucić się; przebiec; **~ out** wykreślić; wybiec; *s* cios; atak, werwa; **to make a ~** rzucić się (**at sb, sth** na kogoś, coś)

data *zob.* **datum**

date 1. [deɪt] *s* data; *am.* spotkanie (umówione), *pot.* randka; **to ~** do tej pory, po dzień dzisiejszy; **out of ~** przestarzały, niemodny; **up to ~** nowoczesny, modny; *vt vi* datować (się)

date 2. [deɪt] *s* daktyl

da·tum [ˋdeɪtəm] *s (pl* **data** [ˋdeɪtə]) dany fakt <szczegół itp.>; *zw. pl* **data** dane

daugh·ter [ˋdɔtə(r)] *s* córka

daugh·ter-in-law [ˋdɔtə(r) ɪn lɔ] *s* synowa

dawn [dɔn] *s* świt; *vi* świtać

day [deɪ] *s* dzień; doba; **~ off** dzień wolny (od pracy); **work by the ~** praca na dniówki; **by ~** za dnia; **~ by ~** dzień w dzień; **the ~ before yesterday** przedwczoraj; **the ~ after** nazajutrz; **the other ~** kilka dni temu; **this ~ week** od dziś za tydzień

day·light [ˋdeɪlaɪt] *s* światło dzienne

dead [ded] *adj* zmarły, *dosł. i przen.* martwy; obojętny (**to sth** na coś);**to be ~** nie funkcjonować; *adv* całkowicie, kompletnie; **~ drunk** kompletnie pijany; **~ tired** śmiertelnie zmęczony; *s pl* **the ~** zmarli

deaf [def] *adj* głuchy; **~ and dumb** głuchoniemy; **to turn a ~ ear** nie słuchać (**to sb, sth** kogoś, czegoś)

***deal** [dil], **dealt, dealt** [delt] *vt* dzielić; rozdawać (dary, karty), (*także* **~ out**) wydzielać; zadawać (cios); *vi* załatwiać (**with sth** coś), mieć do czynienia (**with sb** z kimś); handlować (**in sth** czymś); traktować (**by <with> sb** kogoś); zajmować się (**with sth** czymś); dotyczyć (**with sth** czegoś); *s* sprawa; postępowanie; rozdanie kart; część; **a good <great> ~** wielka ilość, dużo

deal·er [ˋdilə(r)] *s* kupiec, handlarz; **plain ~** człowiek szczery <prostolinijny>

dear [dɪə(r)] *adj* drogi (kosztowny); drogi (bliski); *adv* drogo; *int* **~ me! oh ~!** Boże mój!, czyżby?, ojej!

death [deθ] *s* śmierć

de·bar·ka·tion ['dɪbɑ`keɪʃn] *s* wyładowanie (towaru); wysadzenie na ląd; wylądowanie

de·bris [`deɪbri] *s zbior.* gruzy, rumowisko

debt [det] *s* dług

debt·or [`detə(r)] *s* dłużnik

de·but [`deɪbju] *s* debiut

de·cay [dɪ`keɪ] *vi* gnić, rozpadać się, niszczeć; podupadać; *s* upadek, schyłek; gnicie, rozkład

de·cease [dɪ`sis] *vi* umierać; *s* zgon

de·ceit [dɪ`sit] *s* fałsz, oszustwo

de·ceive [dɪ`siv] *vt* zwodzić, oszukiwać

De·cem·ber [dɪ`sembə(r)] *s* grudzień

de·cent [`disnt] *adj dosł. i przen.* przyzwoity

de·cep·tion [dɪ`sepʃn] *s* oszukaństwo; okłamanie

de·cide [dɪ`sɑɪd] *vt* rozstrzygać, decydować (**sth** o czymś); *vi* postanawiać, decydować się (**on sth** na coś)

de·ci·sion [dɪ`sɪʒn] *s* decyzja; zdecydowanie

deck [dek] *vt* pokrywać; zdobić; *s* pokład; piętro (w tramwaju, autobusie); gramofon, magnetofon bez wzmacniacza

dec·la·ra·tion ['deklə`reɪʃn] *s* deklaracja; wypowiedzenie

de·clare [dɪ`kleə(r)] *vt vi* oznajmiać, deklarować (się), oświadczać (się); wypowiadać (wojnę); zgłaszać (do oclenia)

de·cline [dɪ`klɑɪn] *vi* obniżać się; zmarnieć; podupadać; *vt* schylać; odrzucać (prośbę, wniosek); *s* upadek; zanik; schyłek

dec·o·rate [`dekəreɪt] *vt* dekorować (*także* kogoś orderem); malować (pokój)

de·crease [dɪ`kris] *vt vi* zmniejszać (się), obniżać (się), ubywać; *s* [`dikris] ubytek, pomniejszenie

de·duce [dɪ`djus] *vt* wyprowadzać; wnioskować

de·duct [dɪ`dʌkt] *vt* odliczać, odciągać, odejmować, potrącać

deed [did] *s* dzieło, czyn, uczynek; akt (prawny), dokument

deep [dip] *adj* głęboki; pochłonięty (**in sth** czymś); *s* głębia; *adv* głęboko

deer [dɪə(r)] *s* jeleń, łania itp.; *zbior.* zwierzyna płowa

de·fault [dɪ`fɔlt] *s* uchybienie (np. obowiązkom), zaniedbanie; brak; nieobecność; *prawn.* niestawiennictwo; **by ~** z powodu nieobecności, zaocznie; *vi* zaniedbać; uchybić; nie stawić się w sądzie; *vt* skazać zaocznie

de·feat [dɪ`fit] *s* porażka; *vt* pokonać, pobić

de·fect [`difekt] *s* brak, wada, defekt

def·e·cate [`defəkeɪt] *vi* wypróżniać się

de·fec·tive [dɪ`fektɪv] *adj* wadliwy; *gram.* ułomny

de·fence, *am* **de·fense** [dɪ`fens] *s* obrona; *prawn.* strona pozwana; obrońca

de·fend [dɪ`fend] *vt* bronić

de·fend·ant [dɪ`fendənt] *s prawn.* pozwany

de·fense = defence

de·fen·sive [dɪ`fensɪv] *adj* obronny; *s* defensywa; **on the ~** w defensywie

de·fer [dɪ`fɜ(r)] *vt* odwlekać, odkładać

de·fi·ance [dɪ`fɑɪəns] *s* wyzwanie; opór

de·fi·cient [dɪ`fɪʃnt] *adj* niedostateczny, wykazujący brak <niedobór>

def·i·cit [`defɪsɪt] *s* deficyt; niedobór

de·fine [dɪ`fɑɪn] *vt* określać, definiować

def·i·nite [`defnɪt] *adj* określony; stanowczy

de·fi·ni·tion ['defə`nɪʃn] *s* definicja, określenie

de·form [dɪ`fɔm] *vt* zniekształcać; szpecić

de·frost [dɪ`frost] *vt vi* odmrażać (się); rozmrażać (się)

deft [deft] *adj* zwinny, zgrabny, zręczny

de·fy [dɪ`fɑɪ] *vt* przeciwstawiać się, opierać się (**sb, sth** komuś, czemuś); wyzywać; **to ~ description** być nie do opisania

de·gen·er·ate [dɪ`dʒenərət] *adj* zwyrodniały; zdegenerowany; *s* zwyrodnialec; degenerat; *vi* [dɪ`dʒenəreɪt] wyrodnieć, degenerować się

de·grade [dɪ`greɪd] *vt vi* degradować (się); poniżać (się), upadlać; nikczemnieć

de·gree [dɪ`gri] *s* stopień; **by ~s** stopniowo

de·lay [dɪ`leɪ] *vi* zwlekać; *vt* odkładać; wstrzymywać; *s* zwłoka

del·e·gate [`delɪgeɪt] *vt* delegować; zlecać, udzielać; *s* [`delɪgət] delegat

de·lib·er·ate [dɪ`lɪbəreɪt] *vi* rozmyślać, naradzać się (**on <upon> sth** nad czymś); *vt* rozważać (**sth** coś); *adj* [dɪ`lɪbrət] rozmyślny; rozważny

del·i·cate [`delɪkət] *adj* delikatny, czuły, wątły

de·li·cious [dɪ`lɪʃəs] *adj* rozkoszny, wyborny

de·light [dɪ`laɪt] *vt vi* radować (się), zachwycać (się), rozkoszować się (**in sth** czymś); **to be ~ed** być zachwyconym, mieć wielką przyjemność (**at <with> sth** w czymś); *s* rozkosz, radość

de·light·ful [dɪ`laɪtfəl] *adj* rozkoszny, czarujący

de·liv·er [dɪ`lɪvə(r)] *vt* uwolnić, wybawić; doręczyć; wygłosić (mowę); wymierzyć (cios); wydać (rozkaz, bitwę); pomóc przy porodzie, odebrać (dziecko)

de·liv·er·y [dɪ`lɪvrɪ] *s* doręczenie, wygłoszenie (mowy); poród

de·lude [dɪ`lud] *vt* łudzić, zwodzić, oszukiwać

del·uge [`deljudʒ] *s dosł. i przen.* potop

de·lu·sion [dɪ`luʒn] *s* złuda, złudzenie

de·mand [dɪ`mɑnd] *vt* żądać; wymagać; pytać; *s* żądanie; wymaganie; zapotrzebowanie, popyt (**for sth** na coś)

de·moc·ra·cy [dɪ`mokrəsɪ] *s* demokracja

dem·o·crat·ic['demə`krætɪk] *adj* demokratyczny

de·mol·ish [dɪ`molɪʃ] *vt* burzyć, demolować; obalać

dem·on·strate [`demənstreɪt] *vt vi* wykazywać, udowadniać; demonstrować

dem·on·stra·tion ['demən`streɪʃn] *s* przeprowadzenie dowodu; demonstracja

de·mor·al·i·za·tion [dɪ'morəlaɪ`zeɪʃn] *s* demoralizacja, zdeprawowanie

deni·al [dɪ`naɪl] *s* zaprzeczenie, odmowa

den·im [`denɪm] *s* teksas; *pl* **~s** *pot.* dżinsy

de·nounce [dɪ`naʊns] *vt* denuncjować, donosić, oskarżać; wypowiadać (np. umowę)

dense [dens] *adj* gęsty; spoisty

den·si·ty [`densətɪ] *s* gęstość; spoistość

den·tal [`dentl] *adj* zębowy, dentystyczny

den·tist [`dentɪst] *s* dentysta

den·ture [`dentʃə(r)] *s* sztuczna szczęka, proteza

de·ny [dɪ`naɪ] *vt* zaprzeczyć; odmówić; wyprzeć się (**sb, sth** kogoś, czegoś)

de·part [dɪ`pɑt] *vi* wyruszać, odjeżdżać; odstąpić (**from sth**

od czegoś); odbiegać (od tematu itp.)

de·part·ment [dɪ`pɑtmənt] *s* departament; wydział, resort, katedra; oddział; *am.* ministerstwo; **~ store** dom towarowy

de·par·ture [dɪ`pɑtʃə(r)] *s* odstępstwo; odejście, odjazd; **point of ~** punkt wyjścia

de·pend [dɪ`pend] *vi* zależeć (**on sb, sth** od kogoś, czegoś); liczyć, polegać (**on sb, sth** na kimś, czymś)

de·pend·ent [dɪ`pendənt] *adj* zależny (**on sb, sth** od kogoś, czegoś), podlegający; *s* człowiek zależny od kogoś <będący na czyimś utrzymaniu>

de·plore [dɪ`plɔ(r)] *vt* opłakiwać; wyrazić żal

de·port [dɪ`pɔt] *vt* deportować

de·pos·it [dɪ`pozɪt] *s* depozyt; zastaw, kaucja; złoże; *vt* deponować; składać

de·pot [`depəʊ] *s* skład; *am.* [`dipəʊ] dworzec (kolejowy, autobusowy)

de·prave [dɪ`preɪv] *vt* deprawować

de·press [dɪ`pres] *vt* tłumić, przygnębiać; obniżać; naciskać

de·pres·sion [dɪ`preʃn] *s* depresja, przygnębienie; obniżenie; zastój, kryzys

de·prive [dɪ`prɑɪv] *vt* pozbawiać (**sb of sth** kogoś czegoś); złożyć (z urzędu)

dep·u·ty [`depjʊtɪ] *s* delegat; zastępca, wice-

de·ri·sion [dɪ`rɪʒn] *s* wyśmiewanie, wyszydzanie

de·scend [dɪ`send] *vi* schodzić; spadać; wyprowadzać; *vi* pochodzić, wywodzić się; *vt* zejść (**a hill etc.** z góry itp.)

de·scent [dɪ`sent] *s* zejście, zstąpienie; stok; spadek; pochodzenie

de·scribe [dɪ`skrɑɪb] *vt* opisywać, określić

de·scrip·tion [dɪ`skrɪpʃn] *s* opis

des·ert 1. [`dezət] *s* pustynia; *adj attr* pustynny

de·sert 2. [dɪ`zɜt] *vt* opuszczać; *vi* dezerterować

de·serve [dɪ`zɜv] *vt vi* zasłużyć (sobie, się)

de·sign [dɪ`zɑɪn] *s* plan; zamiar; cel; wzór; szkic; *vt* planować, zamierzać; przeznaczać; projektować; szkicować; rysować

de·sign·er [dɪ`zɑɪnə(r)] *s* rysownik, kreślarz; projektant

de·sire [dɪ`zɑɪə(r)] *s* pragnienie, życzenie; żądza; *vt* pragnąć, życzyć sobie, pożądać

desk [desk] *s* biurko; (*w szkole*) ławka

des·o·late [`desəleɪt] *vt* pustoszyć, niszczyć; trapić; *adj* [`desələt] opustoszały; samotny; stroskany

de·spair [dɪ`speə(r)] *s* rozpacz; *vi* rozpaczać, tracić nadzieję (**of sth** na coś)

des·patch [dɪ`spætʃ] *vt s* = **dispatch**

des·pe·rate [`desprət] *adj* rozpaczliwy, beznadziejny; zdesperowany

de·spise [dɪ`spaɪz] *vt* pogardzać

de·spite [dɪ`spaɪt] *praep* mimo, wbrew

des·sert [dɪ`zɜt] *s* deser

des·ti·na·tion ['destɪ`neɪʃn] *s* cel, miejsce przeznaczenia

des·tine [`destɪn] *vt* przeznaczać

des·ti·ny [`destɪnɪ] *s* przeznaczenie

de·stroy [dɪ`strɔɪ] *vt* niszczyć, burzyć

de·struc·tion [dɪ`strʌkʃn] *s* zniszczenie, zburzenie; zabicie

de·tach [dɪ`tætʃ] *vt* oddzielać, odrywać; odkomenderować

de·tail [`diteɪl] *s* szczegół; **in ~** szczegółowo

de·tain [dɪ`teɪn] *vt* zatrzymywać; wstrzymywać; trzymać w areszcie

de·tect [dɪ`tekt] *vt* odkrywać; wykrywać

de·tec·tive [dɪ`tektɪv] *adj* wywiadowczy; detektywistyczny; *s* detektyw

de·ter [dɪ`tɜ(r)] *vt* odstraszać, powstrzymywać (**from sth** od czegoś)

de·ter·mi·na·tion [dɪ'tɜmɪ`neɪʃn] *s* określenie; postanowienie; zdecydowanie

de·ter·mine [dɪ`tɜmɪn] *vt vi* określać; decydować (się); postanawiać (**on sth** coś); rozstrzygać; skłaniać (się) (**to do sth** do zrobienia czegoś); **~d** zdecydowany (**on sth** na coś)

de·test [dɪ`test] *vt* nienawidzić <nie cierpieć> (**sb, sth** kogoś, czegoś)

dev·as·tate [`devəsteɪt] *vt* pustoszyć, dewastować

de·ve·lop [dɪ`veləp] *vt vi* rozwijać (się); rozrastać się; nabawić się (choroby); popaść (w nałóg, zwyczaj); *fot.* wywoływać

de·vel·op·ment [dɪ`veləpmənt] *s* rozwój; *fot.* wywoływanie

de·vi·ate [`divɪeɪt] *vi* zboczyć, odchylić się

de·vice [dɪ`vaɪs] *s* plan, pomysł; urządzenie, przyrząd; dewiza

dev·il [`devl] *s* diabeł

de·vise [dɪ`vaɪz] *vt* wymyślić, wynaleźć

de·void [dɪ`vɔɪd] *adj* próżny, pozbawiony (**of sth** czegoś)

de·vote [dɪ`vəʊt] *vt* poświęcać, oddawać się (czemuś)

de·vot·ed [dɪ`vəʊtɪd] *pp i adj* poświęcony, poświęcający się, oddany

dew [dju] *s* rosa

dex·ter·i·ty ['dek`sterətɪ] *s* zręczność

di·ag·nose ['daɪəg`nəʊz] *vt* rozpoznać (chorobę)

di·ag·no·sis ['daɪəg`nəʊsɪs] *s* (*pl* **diagnoses** ['daɪəg`nəʊsiz]) diagnoza

di·al [`daɪl] *s* tarcza; zegar słoneczny; *vt* nakręcać numer (na tarczy telefonu)

di·a·lect [`daɪəlekt] *s* dialekt

di·a·logue [`daɪəlog] *s* dialog

di·a·mond [`daɪəmənd] *s* diament; (*w kartach*) karo

di·ar·rhoe·a ['daɪə`rɪə] *s med.* biegunka

di·a·ry [`daɪərɪ] *s* dziennik, pamiętnik

dic·tate [dɪk`teɪt] *vt vi* dyktować; narzucać; rozkazywać; *s* nakaz (np. sumienia)

dic·tion·a·ry [`dɪkʃənrɪ] *s* słownik

did *zob.* **do**

die [daɪ] *vi* umierać; **~ away <down>** zamierać, zanikać; **~ out** wymierać, wygasać

diet 1. [`daɪət] *s* dieta

diet 2. [`daɪət] *s* sejm, parlament; sesja

dif·fer [`dɪfə(r)] *vi* różnić się (**from sb, sth** od kogoś, czegoś); być innego zdania, nie zgadzać się

dif·fer·ence [`dɪfrəns] *s* różnica; spór

dif·fer·ent [`dɪfrənt] *adj* różny, odmienny

dif·fi·cult [`dɪfɪkəlt] *adj* trudny

dif·fi·cul·ty [`dɪfɪkəltɪ] *s* trudność

***dig** [dɪg], **dug, dug** [dʌg] *vt vi* kopać, ryć, wryć się; wbić; grzebać (**for sth** w poszukiwaniu czegoś); ciężko nad czymś pracować

di·gest [daɪ`dʒest] *vt* trawić; *przen.* streścić; pojąć; porządkować; *vi* być strawnym

di·ges·tion [daɪ`dʒestʃn] *s* trawienie

dig·it [`dɪdʒɪt] *s* cyfra; *anat.* palec

dig·ni·ty [`dɪgnətɪ] *s* godność

di·gres·sion [daɪ`greʃn] *s* dygresja

dil·i·gent [`dɪlɪdʒənt] *adj* pilny

di·lute [daɪ`ljut] *vt* rozcieńczać; *adj* rozcieńczony

dime [daɪm] *s am.* moneta 10-centowa

di·men·sion [dɪ`menʃn] *s* wymiar, rozmiar

di·min·ish [dɪ`mɪnɪʃ] *vt vi* zmniejszać (się), pomniejszać (się), obniżać (się)

din [dɪn] *s* łoskot, hałas; *vt* ogłuszać; *vi* hałasować

dine [daɪn] *vi* jeść obiad

din·ing·car [`daɪnɪŋ kɑ(r)] *s* wagon restauracyjny

din·ing-room [`daɪnɪŋ rʊm] *s* jadalnia

din·ner [`dɪnə(r)] *s* obiad (główny posiłek dnia, *zw.* wieczorem)

din·ner-jack·et [`dɪnə dʒækɪt] *s* smoking

dip [dɪp] *vt vi* zanurzać (się), zamoczyć (się); *s* kąpiel; zanurzenie

di·plo·ma [dɪ`pləʊmə] *s* dyplom

dip·lo·mat [`dɪpləmæt] *s* dyplomata

di·rect [dɪ`rekt] *adj* prosty, bezpośredni; *vt* kierować; wskazać

di·rec·tion [dɪ`rekʃn] *s* kierunek; kierownictwo; instrukcja, wskazówka

di·rect·ly [dɪ`rektlɪ] *adv* prosto, wprost; bezpośrednio; zaraz, wkrótce; *conj* skoro tylko

di·rec·tor [dɪ`rektə(r)] *s* dyrektor, kierownik; reżyser

di·rec·to·ry [dɪ`rektrɪ] *s* książka adresowa <telefoniczna itp.>

dirt [dɜt] *s* brud; błoto

dirt-cheap ['dɜt`tʃip] *adj pot.* śmiesznie tani

dirt·y [`dɜtɪ] *adj* brudny; *przen.* podły, wstrętny

dis·ad·van·tage ['dɪsəd`vɑntɪdʒ] *s* wada; niekorzyść; niekorzystne położenie; szkoda

dis·a·gree ['dɪsə`gri] *vi* nie zgadzać się; nie odpowiadać; (*o potrawie itp.*) nie służyć

dis·a·gree·ment ['dɪsə`grimənt] *s* niezgoda; niezgodność

dis·ap·pear ['dɪsə`pɪə(r)] *vi* znikać; zginąć

dis·ap·point ['dɪsə`pɔɪnt] *vt* rozczarować, zawieść; **to be ~ed** zawieść się (**in sb, sth** na kimś, na czymś); być rozczarowanym, doznać zawodu (**at sth** w czymś)

dis·ap·point·ment ['dɪsə`pɔɪntmənt] *s* rozczarowanie, zawód

dis·ap·prove ['dɪsə`pruv] *vt vi* dezaprobować, nie pochwalać

dis·as·ter [dɪ`zɑstə(r)] *s* nieszczęście, klęska

dis·be·lief ['dɪsbɪ`lif] *s* niewiara

disc [dɪsk] *s* = **disk**

dis·card [dɪ`skɑd] *vt* odsunąć; odrzucić, zarzucić

dis·cern [dɪ`sɜn] *vt* rozróżniać; spostrzegać

dis·charge [dɪs`tʃɑdʒ] *vt vi* wyładowywać; wydzielać; zwalniać; wystrzelić; *s* [`dɪstʃɑdʒ] wyładowanie; zwolnienie; wydzielanie; wystrzał

dis·ci·ple [dɪ`saɪpl] *s* uczeń

dis·ci·pline [`dɪsəplɪn] *s* dyscyplina; kara; *vt* utrzymywać w karności, ćwiczyć; karać

dis·close [dɪ`skləʊz] *vt* odsłaniać, odkrywać, ujawniać

dis·com·fort [dɪ`skʌmfət] *s* niewygoda; złe samopoczucie; niepokój

dis·con·tin·ue ['dɪskən`tɪnju] *vt* przestać, przerwać; *vi* ustać, skończyć się

dis·count [`dɪskaʊnt] *s handl.* zniżka; **at a ~** ze zniżką; *vt* [dɪs`kaʊnt] odrzucać, pomijać

dis·cour·age [dɪ`skʌrɪdʒ] *vt* zniechęcić (**sb from sth** kogoś do czegoś)

dis·cov·er [dɪ`skʌvə(r)] *vt* odkrywać

dis·cov·er·y [dɪ`skʌvrɪ] *s* odkrycie; wynalazek

dis·cred·it [dɪ`skredɪt] *s* zła sława; niedowierzanie, nieufność; *vt* dyskredytować; nie ufać, nie dawać wiary

dis·creet [dɪ`skrit] *adj* dyskretny; roztropny

dis·crep·an·cy [dɪ`skrepənsɪ] *s* rozbieżność, niezgodność

dis·cre·tion [dɪ`skreʃn] *s* dyskrecja, takt; oględność, rozsądek; własne uznanie, wolna wola; **at sb's ~** zależnie od czyjegoś uznania

dis·crim·i·nate [dɪ`skrɪmɪneɪt] *vt* rozróżniać; dyskryminować

dis·cuss [dɪ`skʌs] *vt* dyskutować (**sth** nad czymś), roztrząsać, omawiać

dis·cus·sion [dɪ`skʌʃn] *s* dyskusja, omówienie

dis·ease [dɪ`ziz] *s* choroba

dis·em·bark ['dɪsɪm`bɑk] *vt* wyładować, wysadzać na ląd; *vi* wysiadać ze statku

dis·en·tan·gle ['dɪsɪn`tæŋgl] *vt vi* rozwikłać (się), rozplątać (się)

dis·grace [dɪs`greɪs] *s* hańba; niełaska; *vt* okryć hańbą; pozbawić łaski

dis·guise [dɪs`gaɪz] *s* przebranie; udawanie, maska; *vt* przebierać; maskować

dis·gust [dɪs`gʌst] *s* wstręt; *vt* napełniać wstrętem; **to be ~ed** czuć wstręt (**with sth** do czegoś)

dish [dɪʃ] *s* półmisek; danie; **~ washer** zmywarka (do naczyń)

dis·hon·est [dɪs`onɪst] *adj* nieuczciwy

dis·hon·our [dɪs`onə(r)] *s* hańba; niehonorowanie (np. czeku); *vt* hańbić; nie honorować (czeku)

dis·in·fect ['dɪsɪn`fekt] *vt* dezynfekować

dis·in·te·grate [dɪs`ɪntɪgreɪt] *vt vi* rozkładać (się), rozdrabniać, rozpadać się

disk, disc [dɪsk] *s* tarcza (np. słońca); krążek; płyta (gramofonowa); *komp.* dysk; **hard ~** dysk twardy

dis·kette [dis`ket] *s* (*także* **floppy ~**) dyskietka, dysk miękki

dis·like [dɪs`laɪk] *vt* nie lubić; *s* niechęć, antypatia

dis·lo·ca·tion ['dɪslə`keɪʃn] *s* przesunięcie, przemieszczenie; zaburzenie; zwichnięcie

dis·man·tle [dɪs`mæntl] *vt* ogołocić, pozbawić (np. części); zdemontować

dis·miss [dɪs`mɪs] *vt* pozbyć się; odsunąć; zwolnić

dis·o·bey ['dɪsə`beɪ] *vt* nie słuchać (**sb** kogoś), naruszać (przepisy); *vi* sprzeciwiać się (komuś, rozkazom)

dis·or·der [dɪs`ɔdə(r)] *s* nieporządek; zamieszki; *med.* zaburzenie; *vt* wprowadzać nieporządek; rozstroić

dis·patch [dɪ`spætʃ] *vt* wysłać; załatwić; *s* przesyłka, ekspedycja; załatwienie; pośpiech

dis·perse [dɪ`spɜs] *vt vi* rozpędzić; rozproszyć (się)

dis·play [dɪ`spleɪ] *vt* rozwinąć, ujawnić, wystawić na pokaz; *s* pokaz, wystawa

dis·po·sal [dɪ`spəʊzl] *s* rozporządzanie (**of sth** czymś); rozkład; pozbycie się; usunięcie; **at sb's ~** do czyjejś dyspozycji

dis·pose [dɪ`spəʊz] *vt vi* rozkładać; rozporządzać, dysponować (**sth** czymś); usuwać, pozbywać się (**of sth** czegoś)

dis·po·si·tion ['dɪspə`zɪʃn] *s* rozmieszczenie, rozkład; dyspozycja; usposobienie, zarządzenie

dis·prove ['dɪ`spruv] *vt* zbijać, obalać (twierdzenie, zarzuty)

dis·pute [dɪ`spjut] *vt vi* rozprawiać, dyskutować (**sth <about, on sth>** nad czymś); spierać się, kłócić się; *s* [`dɪspjut] spór, dyskusja; kłótnia

dis·qual·i·fy [dɪ`skwolɪfaɪ] *vt* dyskwalifikować

dis·re·gard ['dɪsrɪ`gɑd] *vt* lekceważyć, nie zważać (**sth** na coś); *s* lekceważenie

dis·rupt ['dɪs`rʌpt] *vt* rozrywać, rozwalić

dis·sat·is·fac·tion ['dɪ'sætɪs`fækʃn] *s* niezadowolenie

dis·sat·is·fy [dɪ`sætɪsfɑɪ] *vt* wywołać niezadowolenie (**sb** u kogoś)

dis·sent [dɪ`sent] *vi* nie zgadzać się, mieć odmienne poglądy; *s* różnica zdań <poglądów>; herezja

dis·sent·er [dɪ`sentə(r)] *s* dysydent, heretyk

dis·solve [dɪ`zolv] *vt vi* rozpuszczać (się); rozkładać (się); rozwiązywać (się); zrywać; zanikać

dis·suade [dɪ`sweɪd] *vt* odradzać (**sb from sth** komuś coś)

dis·tance [`dɪstəns] *s* odległość; *dosł. i przen.* dystans; *vt* dystansować; oddalać

dis·tant [`dɪstənt] *adj* odległy

dis·tinct [dɪ`stɪŋkt] *adj* różny; wyraźny , dobitny

dis·tinc·tion [dɪ`stɪŋkʃn] *s* odróżnienie; różnica, wyróżnienie (się), odznaczenie

dis·tin·guish [dɪ`stɪŋgwɪʃ] *vt* odróżniać, rozróżniać, wyróżniać; *vr* ~ **oneself** odznaczać się

dis·tin·guished [dɪ`stɪŋgwɪʃt] *adj* wybitny, znakomity; dystyngowany

dis·tort [dɪ`stɔt] *vt* przekręcać, zniekształcać

dis·tract [dɪ`strækt] *vt* odciągać, odrywać (uwagę), rozpraszać; oszałamiać

dis·trac·tion [dɪ`strækʃn] *s* roztargnienie; rozrywka; rozterka

dis·trib·ute [dɪ`strɪbjut] *vt* rozdzielać, rozprowadzać, rozmieszczać

dis·tri·bu·tion ['dɪstrɪ`bjuʃn] *s* rozdział, rozkład, dystrybucja

dis·trict [`dɪstrɪkt] *s* okręg, obwód; dzielnica; okolica

dis·turb [dɪ`stɜb] *vt* niepokoić, przeszkadzać; zakłócać

dis·turb·ance [dɪ`stɜbəns] *s* zaburzenie, zakłócenie; niepokój

dis·use [dis`jus] *s* nieużywanie; zarzucanie, odzwyczajenie; **to fall into ~** wyjść z użycia; *vt* [dɪs`juz] zarzucić, zaprzestać (używania)

ditch [dɪtʃ] *s* rów, kanał

dive [dɑɪv] *vi* zanurzyć (się), pogrążyć (się); *pot.* dać nura; nurkować; *lotn.* pikować; *s* nurkowanie, skok do wody

di·ver·si·fy ['dɑɪ`vɜsɪfɑɪ] *vt* urozmaicać

di·ver·si·ty ['daɪ`vɜsətɪ] *s* rozmaitość; urozmaicenie

di·vide [dɪ`vaɪd] *vt vi* dzielić (się); *s geogr.* dział wód

di·vi·sion [dɪ`vɪʒn] *s* podział; dział; przegroda; niezgoda; *mat.* dzielenie; *wojsk.* dywizja

di·vorce [[dɪ`vɔs] *s* rozwód; *vt* rozwieść się (**sb** z kimś)

diz·zy [`dɪzɪ] *adj* zawrotny, oszałamiający; cierpiący na zawrót głowy

***do** [du] , **did** [dɪd] , **done** [dʌn] *3 pers sing praes* **does** [dʌz] *vt vi* robić, czynić, wykonywać; skończyć; czuć się; wystarczyć, ujść; odgrywać (rolę); nabierać, oszukiwać; pełnić (obowiązek); przynosić (np. zaszczyt); załatwić; przyznawać (np. rację); uporządkować; przebywać (odległość); **do away** usunąć, znieść (**with sth** coś); **do up** zapakować; uporządkować; przyrządzić; **do without sth** obejść się bez czegoś; **do with sth** zadowolić się (czymś); **to be done for** być wykończonym, być zmordowanym; **to be doing well** prosperować; cieszyć się powodzeniem; **to be doing badly** nie mieć powodzenia; **how do you do?** dzień dobry, miło mi poznać; *v aux tworzy formę pytającą Present Simple i Simple Past*; **do you like him?** czy lubisz go?; **I did not like him** nie lubiłam go; *zastępuje orzeczenie:* **you play better than he does** grasz lepiej od niego; **do you smoke? -I do <I don't >** czy palisz? - tak, palę <nie, nie palę>; *w zdaniach pytających* **you don't like her, do you?** nie lubisz jej, prawda?; **you like her, don't you?** lubisz ją, nieprawdaż?; *oznacza emfazę*: **I did go** przecież <jednak> poszedłem; **do come!** bardzo proszę, przyjdź!

doc·tor [`doktə(r)] *s* doktor

doc·u·ment [`dokjʊmənt] *s* dokument

dodge [dodʒ] *vt vi* wymijać; używać wykrętów; wymykać się; *s* wykręt; sztuczka; unik

does *zob.* **do**

dog [dog] *s* pies; *vt* tropić, śledzić

dog·mat·ic [dog`mætɪk] *adj* dogmatyczny

do·ing [`duɪŋ] *ppraes i s* sprawa, sprawka; czyn, trud; *pl* **~s** poczynania

dole [dəʊl] *s* część, cząstka; zasiłek (dla bezrobotnych), zapomoga; **to be on the ~** pobierać zasiłek

doll [dol] *s* lalka

dol·lar [`dolə(r)] *s* dolar

do·main [dəʊ`meɪn] *s* domena; posiadłość

dome [dəʊm] *s* kopuła; sklepienie

do·mes·tic [də`mestɪk] *adj* domowy; wewnętrzny; krajowy

dom·i·nate [`domɪneɪt] *vt vi* panować; górować (**sb, sth** <**over sb, sth**> nad kimś, czymś)

dom·i·neer ['domɪ`nɪə(r)] *vi* tyranizować, okazywać swą władzę

dom·i·no [`domɪnəʊ] *s* domino; *pl* **~es** gra w domino

do·na·tion [dəʊ`neɪʃn] *s* dar

done *zob.* **do**

don·key [`doŋkɪ] *s* osioł

doom [dum] *s* los, przeznaczenie; *vt lit.* skazać, osądzać

door [dɔ(r)] *s* drzwi; **within ~s** w domu; **out of ~s** poza domem, na dworze

door·keep·er [`dɔ kipə(r)] *s* dozorca, portier

dor·mi·to·ry [`dɔmɪtrɪ] *s* sala sypialna; *am.* dom studencki

dose [dəʊs] *s* doza, dawka; *vt* dawkować

dot [dot] *s* kropka; *vt* stawiać kropkę; kropkować; usiać (**with sth** czymś)

doub·le [`dʌbl] *adj* podwójny, dwojaki; *s* podwójna ilość; sobowtór; dublet; *sport* gra podwójna, debel; *vt* podwoić, złożyć we dwoje; *vi* podwoić (się); *adv* podwójnie

doub·le-bass ['dʌbl`beɪs] *s muz.* kontrabas

doubt [daʊt] *s* wątpliwość; **out of ~, without** <**beyond, no**>**~** bez wątpienia; *vt vi* wątpić (**sth** w coś; **of** <**about**> **sth** o czymś)

doubt·ful [`daʊtfl] *adj* wątpliwy; niepewny, niezdecydowany; podejrzany

dough [dəʊ] *s* ciasto

dove [dʌv] *s* gołąb

down [daʊn] *adv* w dole, w dół, nisko; **~ to** aż po; **to be ~** być powalonym, leżeć; być na liście; opaść, zawziąć się (**on sb** na kogoś); być przygnębionym; *praep* w dół, na dół; po, z , wzdłuż; *adj* w dół, na dół; skierowany w dół; **~ train** pociąg ze stolicy na prowincję; *vt pot.* rozłożyć (przeciwnika); zrzucić; **~ tools** zastrajkować

down·fall [`daʊnfɔl] *s* upadek; zguba

down·hill ['daʊn`hɪl] *adv* z góry na dół; *s* [`daʊnhɪl] pochyłość, spadek

down·pour [`daʊnpɔ(r)] *s* ulewa

down·right [`daʊnraɪt] *adj* całkowity; szczery, otwarty;

oczywisty; *adv* całkowicie; otwarcie; po prostu

down·stairs ['daʊn`steəz] *adv* w dół, na dół, ze schodów; na dole

down·ward [`daʊnwəd] *adv* ku dołowi, w dół; *adj attr* skierowany w dół <na dół>

down·wards = downward *adv*

doz·en [`dʌzn] *s* tuzin; **baker's ~** trzynaście

draft [drɑft] *s* rysunek, szkic; projekt; *vt* szkicować; projektować

drag [dræg] *vt vi* wlec (się), ciągnąć (się)

drag·on [`drægən] *s* smok

drain [dreɪn] *vt* suszyć, drenować; *vi (także* **~ away***)* wyciekać; *s* dren, ściek; *med.* sączek

dra·ma [`drɑmə] *s* dramat

drank *zob.* **drink**

dra·per·y [`dreɪpərɪ] *s zbior.* materiały tekstylne

dras·tic [`dræstɪk] *adj* drastyczny, drakoński

draught [drɑft] *s* przeciąg; ciąg; łyk; *pl* **~s** warcaby

***draw** [drɔ] , **drew** [dru] , **drawn** [drɔn] *vt vi* ciągnąć, przyciągnąć, nadciągać; otrzymywać; czerpać; pobierać; (*o ziołach, herbacie*) zaparzać, naciągać; rysować; **~ away** odbierać; odciągać; oddalać się; **~ back** cofać (się); **~ forth** wywoływać; **~ in** wciągać; **~ near** zbliżać się; **~ off** ściągać; wycofywać się; **~ on** naciągać; nadchodzić; **~ out** wyciągać, wydobywać; wydłużać (się); sporządzać (*np.* plan); **~ round** gromadzić się dookoła; **~ up** podciągać; zestawić; ustawić (się) w szeregu; zatrzymać (się)

draw·back [`drɔbæk] *s* przeszkoda; wada, ujemna strona

draw·er [`drɔə(r)] *s* rysownik; [drɔ(r)] szuflada; **chest of ~s** komoda; *pl* **~s** [drɔz] kalesony, majtki

draw·ing [`drɔɪŋ] *s* rysunek; lekcja rysunków

draw·ing-room [`drɔɪŋrʊm] *s bryt.* salon

drawn *zob.* **draw**

dread [dred] *s* strach; *adj* straszny; *vt* bać się

dread·ful [`dredfl] *adj* straszny

***dream** [drim] , **dreamt, dreamt** [dremt] *lub* **dreamed, dreamed** [drimd] *vt vi* marzyć, śnić, widzieć we śnie; *s* sen, marzenie

dreamt *zob.* **dream**

drear·y [`drɪərɪ] *adj* mroczny, ponury

dregs [dregz] *s pl* odpadki, fusy; *dosł. i przen.* męty, osad

dress [dres] *vt vi* ubierać (się); stroić, ozdabiać; przyrządzać; opatrzyć (ranę); włożyć strój wieczorowy; **~ up** wystroić (się); *s* ubranie, strój; **evening ~** smoking, suknia wieczorowa; **full ~** strój uroczysty; frak

dress·ing [`dresɪŋ] *s* ubieranie się, toaleta; przyprawa (sos, farsz itp.); dekoracja; opatrunek

dress·ing-gown [`dresɪŋgɑʊn] *s* szlafrok

dress·ma·ker [`dresmeɪkə(r)] *s* krawiec damski

drew *zob.* **draw**

drift [drɪft] *s* prąd; *mors.* dryf; unoszenie się z prądem; zaspa; dążność; bieg (wypadków); tok (myśli); *vt vi* nieść; nanieść; dążyć; *mors.* dryfować; zmierzać

drill [dril] *s* świder; *wojsk.* musztra; *vt vi* świdrować; drylować, musztrować (się)

***drink** [drɪŋk] , **drank** [dræŋk] , **drunk** [drʌŋk] *vt vi* pić; **~ up** wypić; *s* napój, picie, kieliszek trunku; **soft ~** napój bezalkoholowy; **strong ~** trunek; **to have a ~** napić się

drip [drɪp] *vi* kapać; ociekać

***drive** [drɑɪv] , **drove** [drəʊv] , **driven** [`drɪvn] *vt vi* pędzić, jechać; popędzać, zagnać; wprawiać w ruch; wieźć; kierować; wbijać; zmierzać (**at sth** do czegoś); **~ sb mad** doprowadzać kogoś do szału; *przen.* **~ sth home to sb** przekonać, uzmysłowić coś komuś; **~ in** wpędzić; wbić; *s* jazda, przejażdżka; napęd, energia; nagonka; wjazd, dojazd

driv·en *zob.* **drive**

driv·er [`drɑɪvə(r)] *s* kierowca; woźnica

driz·zle [`drɪzl] *vi* mżyć; *s* drobny deszcz, mżawka

drop [drop] *vi* kapać; spaść, padać; opadać; cichnąć; ustać; **~ into a habit** popaść w nałóg; *vt* opuścić; upuścić, zrzucić; podrzucić, odwieźć (kogoś, coś); zaprzestać; **~ asleep** zasnąć; *pot.* **~ in** wpaść, odwiedzić (**on sb** kogoś); **~ off <away>** opadać, zmniejszać się; zasnąć; zamierać; **~ out** zniknąć, wycofać się; usunąć; wypuścić; *s* kropla; obniżenie, spadek; zniżka (cen); *pl* **~s** cukierki, dropsy

drought [drɑʊt] *s* posucha, susza

drove *zob.* **drive**

drown [drɑʊn] *vt* topić; *vi* tonąć

drowse [drəʊz] *vi* drzemać; *vt* usypiać; *s* drzemka

drug [drʌg] *s* lek, lekarstwo; narkotyk; *vt* narkotyzować

drug-store [`drʌgstɔ(r)] *s am.* drogeria (z działem sprzedaży lekarstw, kosmetyków, czasopism i napojów chłodzących)

drum [drʌm] *s* bęben; werbel; *vi* bębnić

drunk 1. *zob.* **drink**

drunk 2. [drʌŋk] *adj praed* pijany; *s* pijak

drunk·en [`drʌŋkən] *adj attr* pijany

dry [draɪ] *adj* suchy; oschły; (*o winie*) wytrawny; bezalkoholowy; *vt* suszyć; wycierać; *vi* schnąć; **~ up** wysuszyć; wyschnąć

dry-clean·ing ['draɪ`kliniŋ] *s* pranie chemiczne

du·al [`djuļ] *adj* dwoisty, podwójny

du·bi·ous [`djubɪəs] *adj* wątpliwy, dwuznaczny; niepewny

duck [dʌk] *s zool.* kaczka

due [dju] *adj* należny; dłużny, zobowiązany; spowodowany (**to sth** czymś)); spodziewany; odpowiedni; *handl.* płatny; *s* należność, opłata

du·el [`djuəl] *s* pojedynek

dug *zob.* **dig**

dull [dʌl] *adj* mętny; nudny; tępy; matowy; *vt* stępić; *vi* stępieć; zmatowieć

du·ly [`djulɪ] *adv* należycie, słusznie; w porę

dumb [dʌm] *adj* niemy; **to strike sb ~** wprawić kogoś w osłupienie

dum·my [`dʌmɪ] *s* manekin; statysta, figurant; imitacja, makieta; smoczek; *am. pot.* głupek; dziadek (w brydżu); *adj attr* podrobiony, udany, naśladujący

dump [dʌmp] *vt* zrzucać, zsypywać; *s* stos; hałda

dun·geon [`dʌndʒən] *s* wieża; loch, ciemnica

dupe [djup] *s* ofiara oszustwa; *pot.* frajer, naiwniaczek; *vt* oszukać, okpić

du·pli·cate [`djuplɪkət] *adj* podwójny; *s* duplikat; *vt* [`djuplɪkeɪt] kopiować, odbijać, powielać

du·ra·tion [djʊ`reɪʃn] *s* czas trwania

dur·ing [`djʊərɪŋ] *praep* podczas, przez, za

dusk [dʌsk] *s* zmierzch

dust [dʌst] *s* pył, kurz, proch; *vt* zakurzyć, posypać prochem; czyścić z kurzu, z prochu, ścierać

dust·bin [ˋdʌstbɪn] *s* skrzynia na śmieci

dust·y [ˋdʌstɪ] *adj* zakurzony; nudny; niejasny, mglisty

Dutch [dʌtʃ] *adj* holenderski; *s* język holenderski

Dutch·man [ˋdʌtʃmən] *s* (*pl* **Dutchmen** [ˋdʌtʃmən]) Holender

du·ti·a·ble [ˋdjutɪəbl] *adj* podlegający ocleniu

du·ty [ˋdjutɪ] *s* obowiązek; służba; należność podatkowa; cło; **off ~** po służbie; **on ~** na służbie, na dyżurze

dwarf [dwɔf] *s* karzeł; *adj attr* karłowaty

dye [dɑɪ] *s* barwa, farba; *vt vi* barwić (się), farbować (się)

dy·nam·ic [dɑɪˋnæmɪk] *adj* dynamiczny; *s pl* **~s** dynamika

dy·na·mite [ˋdɑɪnəmɑɪt] *s* dynamit; *vt* wysadzać dynamitem

dyn·as·ty [ˋdɪnəstɪ] *s* dynastia

E

each [itʃ] *adj pron* każdy; **~ other** nawzajem

ea·ger [ˋigə(r)] *adj* żądny (**for, after sth** czegoś); skory, gorliwy; **to be ~ to do sth** bardzo pragnąć coś zrobić

ea·gle [ˋigl] *s* orzeł

ear [ɪə(r)] *s* ucho

ear·ly [ˋɜlɪ] *adj* wczesny; *adv* wcześnie

earn [ɜn] *vt* zarabiać; zasługiwać

earn·ing [ˋɜnɪŋ] *s* zarobek, dochód

ear-phone [ˋɪəfəʊn] *s* słuchawka

ear-ring [ˋɪərɪŋ] *s* kolczyk

earth [ɜθ] *s* ziemia; świat; **what on ~!** cóż to znowu?; *elektr.* uziemienie

earth·quake [ˋɜθkweɪk] *s* trzęsienie ziemi; wstrząs

ease [iz] *s* lekkość, swoboda; wygoda; **at ~** spokojnie, wygodnie; *vt* łagodzić; uspokajać; uwalniać

east [ist] *s* wschód; *adj* wschodni; *adv* na wschód, na wschodzie

East·er [ˋistə(r)] *s* Wielkanoc

east·ern [ˋistən] *adj* wschodni

eas·y [ˋizɪ] *adj* łatwy; swobodny; wygodny; spokojny; **~ of access** łatwo dostępny; *adv* łatwo; lekko; swobodnie

* **eat** [it] , **ate** [et] , **eaten** [ˋitn] *vt vi* jeść; **~ up** zjeść, pożreć, pochłonąć

eat·a·ble [ˋitəbl] *adj* jadalny

eat·en *zob.* **eat**

ec·cen·tric [ɪk`sentrɪk] *adj* ekscentryczny, dziwaczny; *s* dziwak, ekscentryk

ech·o [`ekəʊ] *s* echo; *vt vi* odbijać się echem; powtarzać (**sb, sth** za kimś, czymś)

e·col·o·gy [ɪ`kolədʒɪ] *s* ekologia

e·co·nom·ic [`ikə`nomɪk] *adj* ekonomiczny

e·co·nom·i·cal ['ikə`nomɪkl] *adj* oszczędny

e·co·nom·ics ['ikə`nomɪks] *s* ekonomia, ekonomika

e·con·o·mize ['ɪ`konəmɑɪz] *vt vi* oszczędzać, oszczędnie gospodarować

e·con·o·my [ɪ`konəmɪ] *s* gospodarka; organizacja; struktura

edge [edʒ] *s* krawędź, kant; ostrze; *vt* ostrzyć; obsadzać; **to ~ one's way** przeciskać się; wśliznąć się

ed·i·ble [`edəbl] *adj* jadalny

ed·it [`edɪt] *vt* wydawać; redagować

e·di·tion [ɪ`dɪʃn] *s* wydanie; nakład

ed·u·cate [`edʒʊkeɪt] *vt* wychowywać; kształcić

ed·u·ca·tion ['edʒʊ`keɪʃn] *s* wykształcenie, nauka; oświata; wychowanie

eel [il] *s* węgorz

ef·fect [ɪ`fekt] *s* wynik; efekt; *pl* **~s** dobytek, ruchomość; **in ~** rzeczywiście; **to no ~** bezskutecznie; *vt* spowodować, wykonać, spełnić

ef·fec·tive [ɪ`fektɪv] *adj* efektywny; efektowny; *am.* mający moc prawną, obowiązujący

ef·fi·cient [ɪ`fɪʃnt] *adj* wydajny, sprawny; skuteczny

ef·fort [`efət] *s* wysiłek, próba

egg [eg] *s* jajko

e·go·ist [`egəʊɪst] *s* egoista

E·gyp·tian [ɪ`dʒɪpʃn] *adj* egipski; *s* Egipcjanin

ei·der·down [`ɑɪdədɑʊn] *s* puch; kołdra puchowa

eight [eɪt] *num* osiem

eight·een ['eɪ`tin] *num* osiemnaście

eight·eenth ['eɪ`tinθ] *adj* osiemnasty

eighth [eɪtθ] *adj* ósmy

eight·i·eth [`eɪtɪəθ] *adj* osiemdziesiąty

eight·y [`eɪtɪ] *num* osiemdziesiąt

ei·ther [`ɑɪðə(r)], *am.* [`iðər] *adj pron* jeden lub drugi, jeden z dwóch, każdy z dwóch; obaj, obie, oboje; którykolwiek z dwóch; *conj* **~ ...or** albo ..., albo; *z przeczeniem*: ani ..., ani; *adv z przeczeniem*: też (nie)

e·las·tic [ɪ`læstɪk] *adj* elastyczny; gumowy

el·bow [`elbəʊ] *s* łokieć; *vt* popychać, szturchać łokciem

eld·er [`eldə(r)] *adj* starszy

eld·est [`eldɪst] *adj* najstarszy (w rodzinie)

e·lect [ɪ`lekt] *vt* wybierać; *adj* wybrany, nowo obrany

e·lec·tion [ɪ`lekʃn] *s* wybór, wybory; **general ~** wybory powszechne

e·lec·tric(al) [ɪ`lektrɪk(l)] *adj* elektryczny

e·lec·tri·cian [ɪ'lek`trɪʃn] *s* elektrotechnik

e·lec·tric·i·ty [ɪ'lek`trɪsətɪ] *s* elektryczność

e·lec·tro·cardio·gram m elektrokardiogram

el·e·gance [`elɪgəns] *s* elegancja

el·e·ment [`eləmənt] *s* element; żywioł; składnik

el·e·men·ta·ry ['elə`mentrɪ] *adj* elementarny; podstawowy

el·e·phant [`eləfnt] *s* słoń

el·e·va·tor [`eləveɪtə(r)] *s* elewator; *am.* winda

e·lev·en [ɪ`levn] *num* jedenaście

e·lev·enth [ɪ`levnθ] *adj* jedenasty

e·lim·i·nate [ɪ`lɪmɪneɪt] *vt* eliminować, wykluczać

else [els] *adv* prócz tego, ponadto, jeszcze (inny); **or ~** bo inaczej; **sb ~** ktoś inny; **sth ~** coś innego

else·where ['els`weə(r)] *adv* gdzie indziej

em·bark [ɪm`bɑk] *vt* ładować na statek; brać na pokład; *vi* wsiadać na statek; *przen.* przedsięwziąć(**on <upon> sth** coś); wdać się (**in sth** w coś)

em·bar·ka·tion ['embɑ`keɪʃn] *s* ładowanie <wsiadanie> na statek

em·bar·rass [ɪm`bærəs] *vt* wprawiać w zakłopotanie; sprawić kłopot; przeszkadzać; krępować

em·bas·sy [`embəsɪ] *s* ambasada; misja

em·bod·y [ɪm`bodɪ] *vt* ucieleśniać; urzeczywistniać; wcielać; wyrażać (w słowach, czynach); zawierać

em·brace [ɪm`breɪs] *vt vi* obejmować (się), uścisnąć (się); ogarniać; zawierać; *s* uścisk, objęcie

em·broi·der [ɪm`brɔɪdə(r)] *vt* haftować; *przen.* upiększać

e·merge [ɪ`mɜdʒ] *vi* wynurzać się, wyłanić się, ukazywać się

e·mer·gen·cy [ɪ`mɜdʒənsɪ] *s* stan wyjątkowy, krytyczne położenie **~ exit** wyjście zapasowe (np. na wypadek pożaru)

em·i·grant [`emɪgrənt] *s* emigrant

em·i·grate [`emɪgreɪt] *vi* emigrować

em·i·gré [`emɪgreɪ] *s* emigrant polityczny

em·i·nent [`emɪnənt] *adj* wybitny, sławny

e·mit [ɪ`mɪt] *vt* emitować; wydzielać, wysyłać

e·mo·tion [ɪ`məʊʃn] *s* wzruszenie, uczucie

em·pha·size [`emfəsaɪz] *vt* podkreślać, kłaść nacisk

em·ploy [ɪm`plɔɪ] *vt* zatrudniać; używać

em·ploy·ee ['emplɔɪ`i] *s* pracownik

em·ploy·er [ɪm`plɔɪə(r)] *s* pracodawca, szef

em·ploy·ment [ɪm`plɔɪmənt] *s* zajęcie, zatrudnienie; użycie

emp·ty [`emptɪ] *adj* pusty, czczy, próżny; *vt vi* opróżnić (się)

en·a·ble [ɪ`neɪbl] *vt* dać możność, umożliwić

en·am·el [ɪ`næml] *s* emalia; lakier; *vt* emaliować; lakierować

en·chant [ɪn`tʃɑnt] *vt* oczarować; zaczarować

en·core [`ɒŋkɔ(r)] *int* bis!; *s* bis, bisowanie; *vt vi* bisować

en·coun·ter [ɪn`kaʊntə(r)] *vt* natknąć się (**sb** na kogoś); *s* spotkanie

en·cour·age [ɪn`kʌrɪdʒ] *vt* zachęcać; popierać; dodawać odwagi

en·cy·clo·pae·di·a [ɪn'saɪklə-`pidɪə] *s* encyklopedia

end [end] *s* koniec; kres; cel; **~ on** rzędem; **on ~** pionowo, sztorcem; z rzędu; **to bring to an ~** położyć kres; *vi* kończyć się (**in sth** czymś)

en·dan·ger [ɪn`deɪndʒə(r)] *vt* narażać na niebezpieczeństwo

en·deav·our [ɪn`devə(r)] *vi* usiłować, starać się; dążyć (**after sth** do czegoś); *s* dążenie, staranie, zabiegi

end·less [`endləs] *adj* nie kończący się, ustawiczny

en·dow·ment [ɪn`daʊmənt] *s* wyposażenie, dotacja; *pl* **~s** zdolności

en·dur·ance [ɪn`djʊərns] *s* wytrzymałość, cierpliwość; **past <beyond> ~** nie do zniesienia

en·dure [ɪn`djʊə(r)] *vt* znosić, cierpieć, wytrzymywać; *vi* przetrwać

en·e·my [`enəmɪ] *s* wróg, przeciwnik

en·er·gy [`enədʒɪ] *s* energia

en·gage [ɪn`geɪdʒ] *vt vi* angażować (się); zobowiązywać (się); zajmować (się); najmować; **to be ~d** mieć zajęcie, krzątać się (**in sth** koło czegoś); **to become ~d** zaręczyć się (**to sb** z kimś)

en·gage·ment [ɪn`geɪdʒmənt] *s* zobowiązanie; obietnica; umowa; zatrudnienie; zaręczyny

en·gine [`endʒɪn] *s* maszyna; lokomotywa; silnik

en·gi·neer ['endʒɪ`nɪə(r)] *s* mechanik; technik; inżynier; *am.* maszynista; *vt* budować (drogi, mosty), montować; projektować

en·gi·neer·ing ['endʒɪ`nɪərɪŋ] *s* inżynieria; mechanika; technika

Eng·lish [`ɪŋglɪʃ] *adj* angielski; *s* język angielski; *pl* **the ~** Anglicy

Eng·lish·man [`ɪŋglɪʃmən] *s* (*pl* **Englishmen** [`ɪŋglɪʃmən]) Anglik

Eng·lish·wom·an [`ɪŋglɪʃwomən] *s* (*pl* **Englishwomen** [`ɪŋglɪʃwɪmɪn]) Angielka

en·joy [ɪn`dʒɔɪ] *vt* znajdować przyjemność, zasmakować (**sth** w czymś); cieszyć się (np. **good health** dobrym zdrowiem); korzystać (**sth** z czegoś); *vr* **~ oneself** dobrze się bawić

en·joy·a·ble [ɪn`dʒɔɪəbl] *adj* przyjemny, rozkoszny

en·large [ɪn`lɑdʒ] *vt vi* powiększać (się); rozszerzać (się); rozwodzić się (**on <upon> sth** nad czymś)

En·light·en·ment [ɪn`lɑɪtnmənt] *s* Oświecenie (*epoka*)

e·nor·mous [ɪ`nɔməs] *adj* ogromny

en·ough [ɪ`nʌf] *adv* dość, dosyć; **be good ~ to ...** bądź tak dobry i ...; **to be stupid ~ to ...** być na tyle głupim, aby ...

en·rich [ɪn`rɪtʃ] *vt* wzbogacić; ulepszyć; ozdobić

en·rol(l) [ɪn`rəʊl] *vt* zarejestrować; zwerbować; *vi* zapisać się (np. na kurs); zaciągnąć się (np. do wojska)

en·sign [`ensɑɪn] *s* oznaka, odznaka; godło; *mors.*bandera

en·sure [ɪn`ʃʊə(r)] *vt* zapewnić; zabezpieczyć

en·tail [ɪn`teɪl] *vt* pociągnąć za sobą, powodować; wymagać (**sth on sb** czegoś od kogoś)

en·tan·gle [ɪn`tæŋgl] *vt* uwikłać, zaplątać; usidlić

en·ter [`entə(r)] *vt vi* wchodzić, wjechać; wstępować (**sth** do czegoś, np. **a school <university>** do szkoły <na uniwersytet>); wpisywać (się); zgłaszać (się); przenikać; przystępować (**on <upon> sth** do czegoś, np. **upon one's duties** do obowiązków); **~ into a contract** zawierać umowę

en·ter·prise [`entəpraiz] *s* przedsięwzięcie, inicjatywa; *handl.* przedsiębiorstwo

en·ter·tain ['entə`tein] *vt* zabawiać; przyjmować (gości); żywić (uczucie, nadzieję); trzymywać (np. korespondencję)

en·ter·tain·ment ['entə`teinmənt] *s* rozrywka; przedstawienie (rozrywkowe); przyjęcie

en·thu·si·asm [in`θjuziæzm] *s* entuzjazm

en·thu·si·as·tic [in'θjuzi`æstik] *adj* zachwycony, entuzjastyczny, zapalony; **to be ~** zachwycać się (**about <over> sth** czymś)

en·tire [in`taiə(r)] *adj* cały, całkowity

en·tire·ly [in`taiəli] *adv* całkowicie, wyłącznie

en·ti·ty [`entəti] *s* jednostka, wyodrębniona całość; istnienie, byt

en·trance [`entrns] *s* wejście, wjazd; wstęp, dostęp

en·try [`entri] *s* wstęp, wjazd, wejście; hasło (w słowniku); notatka

e·nu·mer·ate [i`njuməreit] *vt* wyliczać

en·ve·lope [`envələup] *s* koperta; otoczka

en·vi·ous [`enviəs] *adj* zazdrosny, zawistny (**of sb, sth** o kogoś, coś)

en·vi·ron·ment [in`vaiərnmənt] *s* otoczenie, środowisko; **protection of ~** ochrona środowiska

en·vi·rons [`envirənz] *s pl* okolice

en·vy [`envi] *s* zazdrość, zawiść; przedmiot zazdrości; *vt* zazdrościć

ep·i·dem·ic [epi`demik] *adj* epidemiczny; *s* epidemia

ep·i·sode [`episəud] *s* epizod

e·poch [`ipok] *s* epoka

e·qual [`ikwl] *adj* równy; **to be ~** równać się; dorównywać; stać na wysokości zadania; *s* człowiek równy innemu; **he has no ~s** on nie ma sobie równych; *vt* równać się; dorównywać (**sb** komuś)

e·qual·i·ty [i`kwoləti] *s* równość

e·qua·tor [i`kweitə(r)] *s* równik

e·quip [i`kwip] *vt* zaopatrzyć, wyposażyć (**with sth** w coś)

e·quiv·a·lent [i`kwivələnt] *adj* równoważny, równowartościowy; *s* równoważnik, równowartość

e·ra [`iərə] *s* era

e·rase [i`reiz] *vt* zeskrobać, zetrzeć (gumką); wymazać

e·raser [ɪˋreɪzə(r)] *s* guma (do wycierania); nożyk (do zeskrobywania)

e·rot·ic [ɪˋrotɪk] *adj* erotyczny ; *s lit.* erotyk

err [ɜ(r)] *vi* błądzić, mylić się

er·rand [ˋerənd] *s* sprawunek; zlecenie; **to run ~s** chodzić na posyłki

er·ro·neous [ɪˋrəʊnɪəs] *adj* mylny, błędny

er·ror [ˋerə(r)] *s* omyłka, błąd

er·u·di·tion ['erʊˋdɪʃn] *s* erudycja

e·rup·tion [ɪˋrʌpʃn] *s* wybuch; *med.* wysypka

es·ca·la·tor [ˋeskəleɪtə(r)] *s* schody ruchome

es·cape [ɪˋskeɪp] *vt vi* umknąć; uciec; uniknąć; *s* ucieczka; wyciek; ratunek (przed śmiercią, chorobą)

es·pe·cial [ɪˋspeʃl] *adj* specjalny, osobliwy

es·pi·o·nage [ˋespɪənɑʒ] *s* szpiegostwo

es·say [ˋeseɪ] *s* szkic; esej; wypracowanie szkolne

es·sence [ˋesns] *s* istota, sedno; esencja, wyciąg

es·sen·tial [ɪˋsenʃl] *adj* istotny, zasadniczy; niezbędny; *s pl* **~s** rzeczy niezbędne; zasady, podstawy

es·tab·lish [ɪˋstæblɪʃ] *vt* założyć; ustanowić, ustalić; *vr* **~ oneself** osiedlić się, urządzić się

es·tab·lish·ment [ɪˋstæblɪʃmənt] *s* urządzenie, założenie, ustanowienie; instytucja

es·tate [ɪˋsteɪt] *s* stan; majątek, własność, posiadłość ziemska; **real ~** nieruchomość

es·teem [ɪˋstim] *vt* cenić, szanować; docenić; *s* szacunek

es·ti·mate [ˋestɪmeɪt] *vt* szacować; *s* [ˋestɪmət] szacunek, ocena

e·ter·nal [ɪˋtɜnl] *adj* wieczny

e·ter·ni·ty [ɪˋtɜnətɪ] *s* wieczność

eth·i·c(al) [ˋeθɪk(l)] *adj* etyczny

eth·ics [ˋeθɪks] *s* etyka

Eu·ro·pe·an ['jʊərəˋpɪən] *adj* europejski; *s* Europejczyk

e·vac·u·ate [ɪˋvækjʊeɪt] *vt* wypróżniać; ewakuować

e·vade [ɪˋveɪd] *vt* unikać; uchylać się (**sth** od czegoś); obchodzić (np. ustawę)

e·val·u·ate [ɪˋvæljʊeɪt] *vt* szacować

e·van·gel·ic(al) ['ivænˋdʒelɪk(l)] *adj* ewangeliczny; ewangelicki; *s* ewangelik

e·vap·o·rate [ɪˋvæpəreɪt] *vt* odparować; *vi* parować, ulatniać się

eve [iv] *s* wigilia; przeddzień

e·ven [`ivn] *adj* równy, gładki; parzysty; *vt (także* **to ~ out)** wyrównywać, wygładzać; *adv* nawet; równo; właśnie

eve·ning [`ivnɪŋ] *s* wieczór; **this ~** dziś wieczór; **in the ~** wieczorem; **on Sunday ~** w niedzielę wieczór

e·vent [ɪ`vent] *s* zdarzenie, wydarzenie; wypadek, przypadek

e·ven·tu·al·ly [ɪ`ventʃʊəlɪ] *adv* ostatecznie, w końcu

ev·er [`evə(r)] *adv* zawsze; kiedyś; kiedykolwiek; **~ so much** bardzo; **for ~** na zawsze; **hardly ~** bardzo rzadko; prawie nigdy

eve·ry [`evrɪ] *adj* każdy, wszelki; **~ day** codziennie; **~ other** co drugi; **~ ten minutes** co dziesięć minut

eve·ry·bod·y [`evrɪbodɪ] *pron* każdy, wszyscy

eve·ry·day [`evrɪdeɪ] *adj attr* codzienny; pospolity

eve·ry·one [`evrɪwʌn] *pron* każdy, wszyscy

eve·ry·thing [`evrɪθɪŋ] *pron* wszystko

eve·ry·way [`evrɪweɪ] *adv* na wszystkie sposoby; pod każdym względem

eve·ry·where [`evrɪweə(r)] *adv* wszędzie

e·vic·tion [ɪ`vɪkʃn] *s* wysiedlenie, eksmisja

ev·i·dence [`evɪdəns] *s* oczywistość; dowód, materiał dowodowy; zeznanie; świadectwo; *vt vi* unaocznić; dowodzić; świadczyć

ev·i·dent [`evɪdənt] *adj* oczywisty, jawny

e·vil [`ivl] *adj* zły; nieszczęsny; *s* zło

e·vo·lu·tion ['ivə`luʃn] *s* ewolucja, rozwój

e·volve [ɪ`volv] *vt vi* rozwijać (się); wydzielać (się), wypływać

ex·act [ɪg`zækt] *adj* ścisły, dokładny; *vt* egzekwować, wymagać, wymuszać

ex·ag·ger·ate [ɪg`zædʒəreɪt] *vt vi* przesadzać

ex·alt [ɪg`zɔlt] *vt* wywyższać, wynosić (ponad innych); wychwalać

ex·am [ɪg`zæm] *s pot.* = **examination**

ex·am·i·na·tion [ɪg'zæmɪ`neɪʃn] *s* egzamin; badanie (np. lekarskie); przesłuchanie (np. sądowe); kontrola; **to pass an ~** zdać egzamin; **to take <to sit for> an ~** przystępować do egzaminu, zdawać egzamin

ex·am·ine [ɪg`zæmɪn] *vt* egzaminować; badać; kontrolować; przesłuchiwać

ex·am·ple [ɪg`zampl] *s* przykład, wzór; **for ~** na przykład; **to set an ~** dać przykład

ex·ceed [ɪk`sid] *vt* przewyższać, przekraczać

ex·cel·lent [`eksl̩ənt] *adj* wspaniały, doskonały

ex·cept [ɪk`sept] *praep* wyjąwszy, poza, oprócz; **~ for** pomijając, abstrahując od; *vt* wyłączyć, wykluczyć

ex·cept·ing [ɪk`septɪŋ] *praep* wyjąwszy, oprócz

ex·cep·tion [ɪk`sepʃn] *s* wyjątek; zarzut, sprzeciw

ex·cess [ɪk`ses] *s* eksces, przekroczenie; nadwyżka; nadmiar, brak umiaru; **in ~ of** ponad, więcej niż

ex·cess·ive [ɪk`sesɪv] *adj* nadmierny; nieumiarkowany

ex·change [ɪks`tʃeɪndʒ] *s* wymiana; giełda; centrala telefoniczna; **foreign ~** waluta obca; wymiana waluty; *vt* wymieniać (**sth for sth** coś na coś)

ex·cite [ɪk`saɪt] *vt* podniecać, pobudzać; wzniecać; **to get ~d** denerwować się

ex·cite·ment [ɪk`saɪtmənt] *s* podniecenie, zdenerwowanie

ex·cla·ma·tion [`ekskləˋmeɪʃn] *s* okrzyk; **mark <point> of ~** wykrzyknik

ex·clude [ɪk`sklud] *vt* wykluczyć, wyłączyć

ex·clu·sive [ɪk`sklusɪv] *adj* wyłączny; ekskluzywny; *am.* wyborowy; **~ of** wyłączając

ex·cur·sion [ɪk`skɜʃn] *s* wycieczka

ex·cuse [ɪk`skjus] *s* wymówka, usprawiedliwienie; *vt* [ɪk`-`skjuz] wybaczać, usprawiedliwiać; uwalniać (**from sth** od czegoś); **~ me** przepraszam

ex·empt [ɪg`zempt] *adj* wolny, zwolniony; *vt* zwolnić (**from sth** od czegoś)

ex·er·cise [`eksəsaɪz] *s* ćwiczenie; zadanie (np. w podręczniku); użycie; wykonywanie, pełnienie (np. obowiązków), praktykowanie; *vt vi* ćwiczyć; używać; wykonywać, pełnić, praktykować; wywierać (np. wpływ)

ex·er·cise-book [`eksəsaɪzbʊk] *s* zeszyt (do ćwiczeń szkolnych)

ex·ert [ɪg`zɜt] *vt* wytężać (siły); wywierać (np. nacisk); stosować

ex·haust [ɪg`zɔst] *vt* wyczerpać; wypróżnić; *s* wylot; wydech, wyziew

ex·hib·it [ɪg`zɪbɪt] *vt* pokazywać, eksponować; przedkładać; *s* eksponat; wystawa, pokaz

ex·hi·bi·tion ['eksɪ`bɪʃn] *s* pokaz; wystawa

ex·ist [ɪg`zɪst] *vi* istnieć, znajdować się; egzystować, żyć

ex·ist·ence [ɪg`zɪstəns] *s* istnienie, byt; **to come into ~** zacząć istnieć, powstać

ex·it [`eksɪt] *s* wyjście; ujście

ex·on·er·ate [ɪg`zonəreɪt] *vt* usprawiedliwić, uniewinnić, uwolnić (od winy, obowiązku)

ex·or·bi·tant [ɪg`zɔbɪtənt] *adj* nadmierny, wygórowany

ex·ot·ic [ɪg`zotɪk] *adj* egzotyczny

ex·pand [ɪk`spænd] *vt vi* rozszerzać (się), rozprzestrzeniać (się)

ex·pan·sive [ɪk`spænsɪv] *adj* espansywny; rozszerzalny; obszerny

ex·pect [ɪk`spekt] *vt* oczekiwać, spodziewać się; przypuszczać, sądzić

ex·pec·ta·tion ['ekspek`teɪʃn] *s* oczekiwanie, nadzieja; prawdopodobieństwo

ex·pe·di·ent [ɪk`spidɪənt] *adj* celowy, stosowny; *s* środek, sposób

ex·pe·di·tion ['ekspɪ`dɪʃn] *s* wyprawa, ekspedycja; zręczność, szybkość (w działaniu)

ex·pel [ɪk`spel] *vt* wypędzić, wyrzucić

ex·pense [ɪk`spens] *s* koszt, wydatek; **at the ~ of** kosztem

ex·pen·sive [ɪk`spensɪv] *adj* drogi, kosztowny

ex·pe·ri·ence [ɪk`spɪərɪəns] *s* doświadczenie, przeżycie; *vt* doświadczać, przeżywać

ex·per·i·ment [ɪk`sperɪmənt] *s* doświadczenie, eksperyment; *vi* [ɪk`sperɪment] eksperymentować, robić doświadczenia

ex·pert [`ekspɜt] *s* ekspert, rzeczoznawca; *adj* biegły

ex·pire [ɪk`spɑɪə(r)] *vi* wydychać; upływać; wygasać; umrzeć

ex·plain [ɪk`spleɪn] *vt* wyjaśniać, tłumaczyć

ex·pla·na·tion ['ekspłə`neɪʃn] *s* wyjaśnienie, wytłumaczenie

ex·plode [ɪk`spləʊd] *vi* wybuchnąć, eksplodować; *vt* wysadzać w powietrze

ex·ploit 1. [ɪk`splɔɪt] *vt* wyzyskiwać; eksploatować

ex·ploit 2. [`eksplɔɪt] *s* wyczyn; czyn bohaterski

ex·plore [ɪk`splɔ(r)] *vt vi* badać, poszukiwać

ex·plo·sion [ɪk`spləʊʒn] *s* wybuch

ex·port [`ekspɔt] *s* wywóz; *vt* [ɪk`spɔt] eksportować

ex·pose [ɪk`spəʊz] *vt* wystawiać; narażać; demaskować; *fot.* naświetlać

ex·po·si·tion ['ekspə`zɪʃn] *s* wystawienie; *am.* wystawa; wyjaśnienie; *fot.* naświetlanie

ex·press [ɪk`spres] *adj* wyraźny; specjalny; terminowy, szybki; pospieszny (pociąg); *s* specjalny posłaniec; pociąg pospieszny; list ekspresowy; *adv* pospiesznie, ekspresem; specjalnie; *vt* wyciskać; wyrażać; *vr* **~ oneself** wypowiedzieć się

ex·pres·sion [ɪk`spreʃn] *s* wyrażenie, wyraz; wyrażenie się; wyciskanie

ex·tend [ɪk`stend] *vt vi* rozciągać (się); rozszerzać (się); przedłużać (się); rozwijać (się)

ex·ten·sion [ɪk`stenʃn] *s* rozciągnięcie, rozszerzenie (się), przedłużenie (się); rozwinięcie, rozwój; **~ (number)** (numer telefoniczny) wewnętrzny

ex·ten·sive [ɪk`stensɪv] *adj* rozległy, obszerny

ex·tent [ɪk`stent] *s* rozciągłość; rozmiar, zasięg; **to some ~** w pewnej mierze, do pewnego stopnia

ex·te·ri·or [ɪk`stɪərɪə] *adj* zewnętrzny; *s* strona zewnętrzna; powierzchowność

ex·ter·nal [ɪk`stɜnl] *adj* zewnętrzny; zagraniczny

ex·tin·guish [ɪk`stɪŋgwɪʃ] *vt* gasić; niszczyć

ex·tin·guish·er [ɪk`stɪŋgwɪʃə(r)] *s* gaśnica

ex·tra 1. [`ekstrə] *adj* specjalny, dodatkowy, nadzwyczajny; *adv* ponad (normę); specjalnie, dodatkowo; *s* dodatek, dopłata

ex·tra- 2. [`ekstrə] *praef* poza-

ex·tract [ɪk`strækt] *vt* wyciągać; wydobywać; *s* [`ekstrækt] wyciąg, ekstrakt; wyjątek (z książki)

ex·trac·tion [ɪk`strækʃn] *s* wyjęcie, wyciągnięcie; pochodzenie

ex·traor·di·na·ry [ɪk`strɔdnərɪ] *adj* nadzwyczajny, niezwykły

ex·trav·a·gant [ɪk`strævəgənt] *adj* ekstrawagancki; przesadny; nadmierny; rozrzutny

ex·treme [ɪk`strim] *adj* krańcowy, skrajny, ostateczny; *s* kraniec; krańcowość, skrajność, ostateczność

ex·treme·ly [ɪk`strimlɪ] *adv* niezmiernie; nadzwyczajnie

ex·trem·i·ty [ɪk`stremətɪ] *s* koniec; skrajność; ostateczność; skrajna nędza; krytyczne położenie

ex·tri·cate [`ekstrɪkeɪt] *vt* wyplątać

ex·u·ber·ance [ɪg`zjubərəns] *s* obfitość, bogactwo

eye [ɑɪ] *s* oko; ucho igielne; oczko, otworek; **to keep an ~** pilnować (**on sb** kogoś), mieć na oku; *vt* wpatrywać się (**sb, sth** w kogoś, coś), mierzyć wzrokiem

eye·ball [`ɑɪbɔl] *s* gałka oczna

eye·brow [`ɑɪbrɑʊ] *s* brew

eye·lid [`ɑɪlɪd] *s* powieka

F

fa·ble [`feɪbl] *s* bajka

fab·ric [`fæbrɪk] *s* wyrób; tkanina; struktura

fab·u·lous [`fæbjʊləs] *adj* bajeczny, baśniowy

face [feɪs] *s* twarz; mina; wygląd; powierzchnia; przednia strona; tarcza (zegara); **~ value** wartość nominalna; **in the ~ of** wobec, w obliczu (czegoś); wbrew; *vt* obrócić się twarzą; stawiać czoło (**sth** czemuś); **to be ~d with** natknąć się (np. **difficulties** na trudności)

fa·cil·i·tate [fə`sɪlɪteɪt] *vt* ułatwić

fa·cil·i·ty [fə`sɪlətɪ] *s* łatwość; zręczność; *pl* **facilities** korzyści, ułatwienia, udogodnienia

fact [fækt] *s* fakt; **a matter of ~** rzecz naturalna, oczywisty fakt; **as a matter of <in point of> ~** w istocie rzeczy, ściśle mówiąc; **in ~** faktycznie

fac·tor [`fæktə(r)] *s* czynnik

fac·to·ry [`fæktrɪ] *s* fabryka

fac·tu·al [`fæktʃʊəl] *adj* faktyczny

fac·ul·ty [`fæklti] *s* talent, uzdolnienie; fakultet; *am.* grono profesorskie; wydział (uczelni)

fail [feɪl] *vi* nie zdołać; nie udać się; zaniedbać, nie uczynić; zawieść; zepsuć się; zanikać, **not to ~** nie omieszkać; **he ~ed in the examination** nie zdał egzaminu

fail·ing [`feɪlɪŋ] *s* brak, słabość, wada; *praep* w braku; bez; **~ his assistance** bez jego pomocy

fail·ure [`feɪljə(r)] *s* uchybienie, zaniedbanie; fiasko; wada, brak; bankrut życiowy

faint [feɪnt] *adj* słaby; nikły; blady, niewyraźny; *s* omdlenie; *vi* (*także* ~ **away**) mdleć, słabnąć

fair 1. [feə(r)] *adj* jasny; blond; uczciwy; odpowiedni; czysty; (*o morzu*) spokojny; (*o stopniu*) dostateczny; ~ **copy** czystopis; ~ **play** uczciwa gra

fair 2. [feə(r)] *s* jarmark; targi (międzynarodowe); **fun** ~ wesołe miasteczko

fair·y-tale [`feərıteıl] *s* bajka

faith [feıθ] *s* wiara; ufność; **to keep** ~ dotrzymywać słowa (**with sb** komuś)

faith·ful [`feıθfl] *adj* wierny; uczciwy, sumienny

fake [feık] *s* fałszerstwo, oszustwo; falsyfikat; *vt* fałszować, podrabiać

***fall** [fɔl], **fell** [fel], **fallen** [`fɔlən] *vi* padać; opadać; runąć; marnieć; zdarzać się; ~ **away** odpadać; ~ **down** upaść; zwalić się; ~ **in** zapaść się; zgodzić się (**with sth** na coś); ~ **off** odpadać; ubywać, zanikać; ~ **out** wypadać; **to** ~ **asleep** zasnąć; **to** ~ **ill** zachorować; **to** ~ **in love** zakochać się (**with sb** w kimś); **to** ~ **short** nie wystarczać, brakować; nie osiągać (**of sth** czegoś); zawieść (**of expectations** nadzieje); *s* upadek; zwalenie się; opadanie; (*zw. pl* ~**s**) wodospad; *am.* jesień

fall·en *zob.* **fall**; *adj* upadły; poległy; leżący

false [fɔls] *adj* fałszywy; kłamliwy; zdradliwy; obłudny

fame [feım] *s* sława; wieść

fa·mil·iar [fə`mılıə(r)] *adj* dobrze zaznajomiony; dobrze znany; spoufalony

fam·i·ly [`fæmlı] *s* rodzina; *adj attr* rodzinny

fam·ine [`fæmın] *s* głód; brak

fa·mous [`feıməs] *adj* sławny

fan 1. [fæn] *s* wachlarz; wentylator; *vt* wachlować; rozniecać

fan 2. [fæn] *s pot.* entuzjasta; *sport* kibic

fa·nat·ic(al) [fə`nætık(l)] *adj* fanatyczny; *s* fanatyk

fan·cy [`fænsı] *s* fantazja, upodobanie, kaprys; **to take a** ~ upodobać sobie (**to sth** coś); *adj attr* fantastyczny; fantazyjny, ekstrawagancki; ~ **ball** bal kostiumowy; ~ **dress** strój na bal kostiumowy; *vt* wyobrażać sobie, roić sobie; upodobać sobie

fan·tas·tic [fæn`tæstık] *adj* fantastyczny

fan·ta·sy [`fæntəsı] *s* fantazja, wyobraźnia; kaprys

far [fɑ(r)] *adj* (*comp* **farther** [`fɑðə(r)] *lub* **further**

[ˋfɜðə(r)], *sup* **farthest** [ˋfɑðɪst] *lub* **furthest** [ˋfɜðɪst]) daleki; *adv* daleko; **~ from it** bynajmniej, *pot.* gdzie tam!; **as ~ as** aż do; o ile; **so <thus> ~** dotąd, dotychczas, na razie

fare [feə(r)] *s* opłata za podróż; *vi* podróżować

fare·well ['feəˋwel] *s* pożegnanie; *int* żegnaj(cie)!; *adj attr* pożegnalny

farm [fɑm] *s* gospodarstwo wiejskie; *vt vi* uprawiać ziemię

farm·er [ˋfɑmə(r)] *s* rolnik, farmer

far-off ['fɑr ˋɔf] *adj attr* odległy

far-sight·ed ['fɑˋsaɪtɪd] *adj* dalekowzroczny

far·ther *zob.* **far**

fas·ci·nate [ˋfæsɪneɪt] *vt* czarować, urzekać, fascynować

fash·ion [ˋfæʃn] *s* moda; styl; zwyczaj; fason; **after the ~ of** na wzór; **out of ~** niemodny; *vt* kształtować, modelować

fash·ion·a·ble [ˋfæʃnəbl] *adj* modny, wytworny

fast 1. [fɑst] *adj* szybki; mocny, trwały; przymocowany; **to make ~** umocować; **the watch is ~** zegarek się spieszy; *adv* szybko; mocno, trwale

fast 2. [fɑst] *s* post; *vi* pościć

fast·en [ˋfɑsn] *vt vi* przymocować (się); zamknąć (się)

fat [fæt] *adj* tłusty; gruby; *s* tłuszcz; *vi* tyć; *vt* tuczyć

fa·tal [ˋfeɪtl] *adj* fatalny, zgubny; nieuchronny

fate [feɪt] *s* fatum, przeznaczenie, los

fa·ther [ˋfɑðə(r)] *s* ojciec

fa·ther-in-law [ˋfɑðər ɪn lɔ] *s* (*pl* **~s-in-law** [ˋfɑðəz ɪn lɔ]) teść

fa·ther·land [ˋfɑðəlænd] *s* kraj ojczysty, ojczyzna

fa·ther·ly [ˋfɑðəlɪ] *adj* ojcowski; *adv* po ojcowsku

fa·tigue [fəˋtig] *s* znużenie; trud; *vt* nużyć, męczyć

fault [fɔlt] *s* brak, wada; uchybienie; omyłka; wina; **to find ~** krytykować (**with sb, sth** kogoś, coś)

fault·y [ˋfɔltɪ] *adj* wadliwy, błędny

fa·vour [ˋfeɪvə(r)] *s* łaska, przychylność; przysługa, uprzejmość; **in ~** na korzyść, na rzecz; **out of ~** w niełasce; *vt* sprzyjać, faworyzować

fa·vour·a·ble [ˋfeɪvrəbl] *adj* życzliwy, przychylny, sprzyjający

fa·vour·ite [ˋfeɪvrɪt] *adj* ulubiony; *s* ulubieniec

fear [fɪə(r)] *s* strach, obawa; *vt* bać się, obawiać się

fea·si·ble [ˋfizəbl] *adj* wykonalny, możliwy

feath·er [ˋfeðə(r)] *s* pióro (ptasie); *vt* upierzyć

fea·ture [ˋfitʃə(r)] *s* rys, cecha; osobliwość, własność; **~ film** film długometrażowy; *vt* cechować; uwydatniać; opisywać; grać jedną z głównych ról (w filmie)

Feb·ru·ar·y [ˋfebrʊərɪ] *s* luty

fed *zob.* **feed**

fee [fi] *s* opłata; honorarium; wpisowe

***feed** [fid] **, fed, fed** [fed] *vt vi* karmić (się); paść (się); zasilać; **~ up** tuczyć; **to be fed up** mieć dość (**with sth** czegoś), mieć powyżej uszu

***feel** [fil] **, felt, felt** [felt] *vt vi* czuć (się), odczuwać; dotykać, macać; wydawać się; współczuć (**for sb** komuś); **~ like** skłaniać się, mieć ochotę; wyglądać na coś; **I don't ~ like dancing** nie mam ochoty tańczyć; **~ one's way** iść po omacku; *s* czucie, odczucie, dotyk

feel·ing [ˋfilɪŋ] *s* czucie, dotyk; uczucie; emocja

feet *zob.* **foot**

fell *zob.* **fall**

fel·low [ˋfeləʊ] *s* towarzysz, kolega; człowiek równy komuś <podobny do kogoś>; *pot.* gość, typ, facet; **~ citizen** współobywatel; **~ creature** bliźni

felt *zob.* **feel**

fe·male [ˋfimeɪl] *adj* żeński, kobiecy; *zool.* samiczy; *s* kobieta, niewiasta; *zool.* samica

fem·i·nine [ˋfemənɪn] *adj* żeński (rodzaj, rym), niewieści, kobiecy

fence [fens] *s* ogrodzenie, płot; *sport* szermierka; *przen.* **to sit on the ~** zachować neutralność; *vt* ogrodzić; *vi* fechtować się

fend·er [ˋfendə(r)] *s* zderzak; błotnik

fer·ry [ˋferɪ] *vt vi* przeprawiać (się) <przewozić> promem <łodzią>; *lotn.* dostawiać drogą powietrzną; *s* prom

fes·ti·val [ˋfestɪvl] *adj* świąteczny; *s* święto, uroczystość; festiwal

fetch [fetʃ] *vt* pójść po coś, przywieźć

fe·ver [ˋfivə(r)] *s* gorączka; rozgorączkowanie

few [fju] *adj i pron* mało, niewiele; **a ~** nieco, kilku

fi·bre [ˋfaɪbə(r)] *s* włókno; natura, struktura

fic·tion [ˋfɪkʃn] *s* fikcja, wymysł; beletrystyka

fic·ti·tious [fɪk`tɪʃəs] *adj* fikcyjny, zmyślony

fid·dle [`fɪdl] *s pot.* skrzypki; *vt vi* grać na skrzypkach, rzępolić

fid·dler [`fɪdlə(r)] *s* skrzypek, grajek

field [fild] *s* pole; boisko; teren; domena

fierce [fɪəs] *adj* srogi; dziki; zagorzały; gwałtowny

fif·teen ['fɪf`tin] *num* piętnaście

fif·teenth ['fɪf`tinθ] *adj* piętnasty

fifth [fɪfθ] *adj* piąty

fif·ti·eth [`fɪftɪəθ] *adj* pięćdziesiąty

fif·ty [`fɪftɪ] *num* pięćdziesiąt

fig [fɪg] *s bot.* figa

***fight** [fɑɪt], **fought, fought** [fɔt] *vt vi* walczyć, zwalczać; **~ back** odeprzeć, zwalczyć; **~ out** rozstrzygnąć drogą walki; *s* walka, bitwa

fight·er [`fɑɪtə(r)] *s* żołnierz; bojownik; *lotn.* myśliwiec

fig·ure [`fɪgə(r)] *s* figura, kształt; wykres; obraz; posąg; postać; liczba, cyfra; *vt vi* tworzyć, kształtować, przedstawiać; figurować; obliczać, oceniać; **~ out** wypracować; wyliczyć; zrozumieć

file 1. [fɑɪl] *s* kartoteka, akta; plik; *vt* układać papiery; rejestrować; trzymać kartotekę

file 2. [fɑɪl] *s* pilnik; *vt* piłować

fill [fɪl] *vt vi* napełniać (się); spełniać, pełnić; wykonywać; **~ in** wypełniać; **~ out** zapełniać (się); wydymać (się), pęcznieć; **~ up** napełniać (się); *s* pełna ilość; ładunek, porcja

fill·ing [`fɪlɪŋ] *s* materiał wypełniający; plomba; zapas (np. benzyny); ładunek; farsz

fill·ing-sta·tion [`fɪlɪŋ steɪʃn] *s bryt.* stacja benzynowa

film [fɪlm] *s* film; błona; powłoka; *vt vi* filmować

fil·ter [`fɪltə(r)] *s* filtr, sączek; *vt vi* filtrować, sączyć (się)

filth·y [`fɪlθɪ] *adj* brudny, plugawy; sprośny

fi·nal [`fɑɪnl] *adj* końcowy, ostateczny; *s* finał

fi·nance [`fɑɪnæns] *s* (*także pl* **~s**) finanse; *vt* finansować

fi·nan·cial ['fɑɪ`nænʃl] *adj* finansowy

***find** [fɑɪnd], **found, found** [fɑʊnd] *vt* znajdować, odkrywać; natrafiać, zastać; stwierdzać, orzekać; **~ sb guilty** uznać kogoś winnym; *s* odkrycie; rzecz znaleziona

find·ing [`fɑɪndɪŋ] *s* odkrycie; rzecz znaleziona; *pl* **~s** wyniki, wnioski, dane

fine 1. [fɑɪn] *adj* piękny; delikatny; czysty; precyzyjny; *pot.* świetny; *adv* pięknie, dobrze

fine 2. [faɪn] *s* grzywna, kara pieniężna; *vt* ukarać grzywną

fin·ger [ˋfɪŋgə(r)] *s* palec (u ręki); *vt* dotykać palcami, macać

fin·ish [ˋfɪnɪʃ] *vt vi* kończyć (się), przestać; *s* zakończenie, koniec; wykończenie; *sport* finisz

Finn [fɪn] *s* Fin

Fin·nish [ˋfɪnɪʃ] *adj* fiński; *s* język fiński

fir [fɜ(r)] *s bot.* jodła

fire [ˋfaɪə(r)] *s* ogień, pożar, zapał; **to be on ~** płonąć; **to catch ~** zapalić się; **to set ~ to** podpalić; *vt vi* zapalić (się), płonąć; wzniecić; *pot.* wyrzucić (z posady)

fire-bri·gade [ˋfaɪə brɪgeɪd] *s* straż pożarna

fire-ex·tin·guish·er [ˋfaɪər ɪkstɪŋgwɪʃə(r)] *s* gaśnica

fire-place [ˋfaɪəpleɪs] *s* kominek; palenisko

firm 1. [fɜm] *s* firma, przedsiębiorstwo

firm 2. [fɜm] *adj* mocny, trwały; jędrny; stały; stanowczy

first [fɜst] *num adj* pierwszy; **~ floor** *bryt.* pierwsze piętro, *am.* parter; **~ name** imię chrzestne; **~ night** premiera; **~ thing** przede wszystkim, zaraz; *s* (*o człowieku, rzeczy*) pierwszy; **at ~** najpierw, na początku; **from ~ to last** od początku do końca; *adv* najpierw, początkowo, po pierwsze; **~ of all** przede wszystkim

first·ly [ˋfɜstlɪ] *adv* po pierwsze, najpierw

first-rate [ˈfɜstˋreɪt] *adj* pierwszorzędny, pierwszej kategorii

fish [fɪʃ] *s* (*pl* **~es**, *zbior.* **the ~**) ryba; *vt vi* łowić ryby; poławiać; *przen.* polować, czyhać (**for sth** na coś)

fish·er [ˋfɪʃə(r)] , **fish·er·man** [ˋfɪʃəmən] *s* rybak

fish·ing [ˋfɪʃɪŋ] *s* rybołówstwo; wędkarstwo; połów

fish·ing-rod [ˋfɪʃɪŋrod] *s* wędka

fist [fɪst] *s* pięść

fit 1. [fɪt] *adj* odpowiedni, nadający się (**for sth** do czegoś); w dobrej formie; zdolny, gotów; **to feel ~** czuć się na siłach; **to keep ~** zachowywać dobrą kondycję; *vt* dostosować, dopasować; (*o ubraniu*) leżeć; być stosownym; zaopatrzyć; *vi* nadawać się, mieć kwalifikacje *s* dostosowanie, dopasowanie; krój (ubrania)

fit 2. [fɪt] *s* atak (np. choroby), przystęp (np. złego humoru)

fit·ter [ˋfɪtə(r)] *s* monter, mechanik

fit·ting [`fıtıŋ] *s* zmontowanie, zainstalowanie; wyposażenie, oprawa; *pl* **~s** instalacje; armatura

five [faıv] *num* pięć; **~ o'clock (tea)** podwieczorek

fix [fıks] *vt* przymocować; wyznaczyć, ustalić; naprawić, uporządkować; urządzić, *am.* załatwić; *s* kłopot, położenie bez wyjścia

flag [flæg] *s* flaga, bandera

flame [fleım] *s* płomień; *vi* płonąć

flan·nel [`flænl] *s* flanela

flash [flæʃ] *vi vt* błyszczeć, świecić; mignąć, przemknąć; *s* błysk, przebłysk (np. talentu)

flash·light [`flæʃlaıt] *s* światło sygnalizacyjne; latarka elektryczna; *fot.* flesz

flat [flæt] *adj* płaski; płytki; nudny; stanowczy; *s* równina; nizina; mieszkanie; **block of ~s** blok mieszkalny

flat·ter [`flætə(r)] *vt* pochlebiać

fla·vour [`fleıvə(r)] *s* zapach; posmak, smak; *vt* nadawać posmak, przyprawiać; *vi* mieć posmak, trącić (**of sth** czymś)

flaw [flɔ] *s* szczelina; rysa; skaza

flax [flæks] *s bot.* len

flea [fli] *s* pchła

fled *zob.* **flee**

***flee** [fli] , **fled, fled** [fled] *vi vt* uciekać, omijać, unikać

fleet [flit] *s* flota

flesh [fleʃ] *s* mięso; ciało

flew *zob.* **fly 2.**

flex·i·ble [`fleksəbl] *adj* elastyczny, giętki

flight 1. [flaıt] *s* lot, przelot; wzlot; bieg; **~ of stairs** kondygnacja schodów

flight 2. [flaıt] *s* ucieczka

flim·sy [`flımzı] *adj* cienki, słaby, kruchy; błahy

flint [flınt] *s* krzemień; kamień (do zapalniczki)

flirt [flɜt] *vi vt* flirtować; machać; przytyknąć; *s* flirciarz, kokietka

float [fləʊt] *vi* płynąć, bujać

flood [flʌd] *s* powódź, potop, zalew; wylew; *vt* zalać, zatopić; *vi* wezbrać, wylać

floor [flɔ(r)] *s* podłoga; piętro

floppy [`flopı] *s komp.* dyskietka; (*także* **~ disk**) dysk miękki

flour [`flaʊə(r)] *s* mąka

flour·ish [`flʌrıʃ] *vi* kwitnąć; prosperować; brzmieć; *s* fanfara; ozdoba

flow [fləʊ] *vi* płynąć, spływać, wypływać; (*o krwi*) krążyć; (*o włosach*) falować; *s* płynięcie, przepływ; prąd

flow·er [`flaʊə(r)] *s* kwiat; *vi* kwitnąć; *vt* zdobić kwiatami

flown *zob.* **fly 2.**
flu [flu] *s pot.* grypa
fluc·tu·ate [`flʌktʃʊeɪt] *vi* wahać się
flu·ent [`flʊənt] *adj* płynny, biegły
fluff·y [`flʌfɪ] *adj* puszysty
flu·id [`flʊɪd] *adj* płynny; *s* płyn
flute [flut] *s muz.* flet
flux [flʌks] *s dosł. i przen.* potok, strumień; ciągłe zmiany, płynność
fly 1. [flaɪ] *s* mucha
***fly 2.** [flaɪ] , **flew** [flu] , **flown** [fləʊn] *vt vi* latać, fruwać; pospieszyć; uciekać; powiewać; puszczać (np. latawca); **~ into a passion** wpaść w pasję; *s* lot; klapa; rozporek
fly·er [`flaɪə(r)] *s* lotnik
fly·ing-boat [`flaɪɪŋbəʊt] *s* wodnopłatowiec, hydroplan
foam [fəʊm] *s* piana; *vi* pienić się
foe [fəʊ] *s* wróg
fog [fog] *s* mgła; *vt* zamglić
fog·gy [`fogɪ] *adj* mglisty
foi·ble [`fɔɪbl] *s* słabostka
fold [fəʊld] *s* zagięcie, fałda, zakładka; *vt vi* składać (się), zaginać (się); zawijać
folk [fəʊk] *s zbior.* ludzie; lud, naród; *adj attr* ludowy
folk·lore [`fəʊklɔ(r)] *s* folklor
fol·low [`foləʊ] *vt vi* następować, iść (**sb** za kimś); śledzić; wykonywać (**a profession** zawód); stosować się (**sth** do czegoś); słuchać, rozumieć (**sb** kogoś); **~ in sb's footsteps** iść w czyjeś ślady
fond [fond] *adj* czuły; miły; zamiłowany; **to be ~** lubić (**of sb, sth** kogoś, coś)
fon·dle [`fondl] *vt vi* pieścić (się)
food [fud] *s* żywność, pokarm, wyżywienie, jedzenie
fool [ful] *s* głupiec, wariat; *vi* błaznować, wygłupiać się; *vt* robić błazna (**sb** z kogoś); okpić; wyłudzać (**sb out of sth** coś od kogoś)
fool·ish [`fulɪʃ] *adj* głupi
foot [fʊt] *s* (*pl* **feet** [fit]) stopa; noga; spód; **on ~** piechotą, pieszo
foot·ball [`fʊtbɔl] *s* piłka nożna, futbol; piłka futbolowa
foot·wear [`fʊtweə(r)] *s* obuwie
for [fɔ(r),fə(r)] *praep* dla, za; zamiast; jako; na; z powodu; przez; do; z; po; co do; mimo, wbrew; jak na; **~ all that** mimo wszystko; **~ ever, ~ good** na zawsze, na dobre; **~ instance <example>** na przykład; **what ~?** na co?, po co?; *conj* gdyż, bowiem
for·bade *zob.* **forbid**
***for·bid** [fə`bɪd], **forbade** [fə`beɪd] , **forbidden** [fə`bɪdn]

vt zakazywać, zabraniać, nie pozwalać

for·bid·ding [fə`bɪdɪŋ] *adj* odstręczający, odpychający

force [fɔs] *s* siła, moc, przemoc; *pl* **~s** siły zbrojne; *vt* forsować, brać siłą; zmuszać

fore [fɔ(r)] *s* przód, przednia część; **to the ~** ku przodowi, na przedzie, na widoku; *adj* przedni

fore·arm [`fɔrɑm] *s* przedramię

***fore·cast** [fɔ`kɑst], **~**, **~** *lub* **~ed**, **~ed** [fɔ`kɑstɪd] *vt* przewidywać, zapowiadać; *s* [`fɔkɑst] przewidywanie, prognoza

fore·ground [`fɔgrɑund] *s* przedni plan

fore·head [`forɪd] *s* czoło

for·eign [`forɪn] *adj* obcy, cudzoziemski, zagraniczny

for·eign·er [`forɪnə(r)] *s* obcokrajowiec, cudzoziemiec

***fore·see** [fɔ`si], **foresaw** [fɔ`sɔ], **foreseen** [fɔ`sin] *vt* przewidywać

fore·seen *zob.* **foresee**

for·est [`forɪst] *s* las; *vt* zalesiać

***fore·tell** [fɔ`tel], **foretold, foretold** [fɔ`təold] *vt* przepowiadać, wróżyć

for·ev·er [fə`revə(r)] *adv* na zawsze, wciąż

fore·word [`fɔwɜd] *s* wstęp, przedmowa

for·feit [`fɔfɪt] *vt* stracić, zaprzepaścić; *s* przepadek (mienia); zastaw, fant

for·gave *zob.* **forgive**

forge [fɔdʒ] *s* kuźnia; *vt* kuć; fałszować, podrabiać; zmyślać

for·ger·y [`fɔdʒərɪ] *s* fałszerstwo

***for·get** [fə`get], **forgot** [fə`got], **forgotten** [fə`gotn] *vt vi* zapominać; opuszczać, pomijać

for·get·ful [fə`getfl] *adj* zapominający, niepomny, nie zważający (**of sth** na coś); *pot.* zapominalski

***for·give** [fə`gɪv], **forgave** [fə`geɪv], **forgiven** [fə`gɪvn] *vt* przebaczać, odpuszczać, darować

for·got *zob.* **forget**

for·got·ten *zob.* **forget**

fork [fɔk] *s* widelec; widły; rozwidlenie; *vt* rozwidlać się

for·lorn [fə`lɔn] *adj* opuszczony; stracony; beznadziejny

form [fɔm] *s* forma, kształt; formalność; formularz; ławka; klasa; *vt vi* formować (się), tworzyć (się)

for·mal [`fɔml] *adj* formalny; oficjalny; zewnętrzny

for·mal·i·ty [fɔ`mælətɪ] *s* formalność; etyka, ceremonialność

for·mer [`fɔmə(r)] *adj* poprzedni, pierwszy (z dwu); dawny, były

for·mi·da·ble [`fɔmɪdəbl] *adj* straszny, groźny

for·mu·la [`fɔmjʊlə] *s* (*pl* **formulae** [`fɔmjʊli] *lub* **formulas** [`fɔmjʊləz]) formułka; przepis; *mat. chem.* wzór

for·mu·late [`fɔmjʊleɪt] *vt* formułować

forth [fɔθ] *adv* naprzód; **and so ~** i tak dalej

forth·com·ing [fɔθ`kʌmɪŋ] *adj* zbliżający się, mający się ukazać

for·ti·eth [`fɔtɪəθ] *adj* czterdziesty

for·tress [`fɔtrəs] *s* forteca

for·tu·nate [`fɔtʃʊnət] *adj* szczęśliwy, pomyślny

fortune [`fɔtʃən] *s* los, szczęście, przypadek; majątek; **by ~** przypadkowo

for·ty [`fɔtɪ] *num* czterdzieści

for·ward [`fɔwəd] *adj* przedni; skierowany do przodu; chętny; postępowy; pewny siebie; *adv* (*także* **~s**) naprzód, dalej; z góry; **to come ~** wystąpić; zgłosić się; *vt* przyspieszać; popierać; wysyłać, ekspediować; *s sport* napastnik

for·wards *zob.* **forward** *adv*

fought *zob.* **fight**

foul [fɑʊl] *adj* zgniły; wstrętny; sprośny; *sport* nieprzepisowy; nieuczciwy; *vt vi* brudzić (się), kalać

found 1. *zob.* **find**

found 2. [fɑʊnd] *vt* zakładać; opierać (np. na faktach)

foun·da·tion [fɑʊn`deɪʃn] *s* podstawa, fundament; założenie; fundacja

found·er [`fɑʊndə(r)] *s* założyciel

foun·tain [`fɑʊntɪn] *s* fontanna; *przen.* źródło; zbiornik

foun·tain-pen [`fɑʊntɪnpen] *s* pióro wieczne

four [fɔ(r)] *num* cztery

four·fold [`fɔfəʊld] *adj* czterokrotny; *adv* czterokrotnie

four·teen ['fɔ`tin] *num* czternaście

four·teenth ['fɔ`tinθ] *adj* czternasty

fourth [fɔθ] *adj* czwarty

fowl [fɑʊl] *s* ptak (domowy, dziki); *zbior.* drób, ptactwo

fox [foks] *s* lis

frac·tion [`frækʃn] *s* ułamek; frakcja

frac·ture [`fræktʃə(r)] *s* złamanie; *vt vi* złamać (się), pęknąć

frag·ile [`frædʒɑɪl] *adj* kruchy, łamliwy; wątły

frag·ment [ˋfrægmənt] *s* fragment

fra·grance [ˋfreɪgrəns] *s* zapach

frail [freɪl] *adj* kruchy, łamliwy; wątły; przelotny

frame [freɪm] *s* rama, oprawa; struktura, szkielet; system; *vt* oprawiać w ramę; tworzyć, kształtować; konstruować

frame·work [ˋfreɪmwək] *s* praca ramowa; zrąb, struktura

frank [fræŋk] *adj* otwarty, szczery

frank·fur·ter [ˋfræŋkfɜtə(r)] *s* mała wędzona kiełbaska wieprzowa

fran·tic [ˋfræntɪk] *adj* szalony, zapamiętały

fraud [frɔd] *s* oszustwo; oszust

freak [frik] *s* kaprys, wybryk (*także* natury); fenomen

freck·le [ˋfrekl] *s* pieg, plamka; *vt vi* pokryć (się) plamkami, piegami

free [fri] *adj* wolny; hojny; niezależny, swobodny; bezpłatny; *vt* uwolnić, wyzwolić

free·dom [ˋfridəm] *s* wolność; swoboda; prawo (**of sth** do czegoś)

***freeze** [friz] , **froze** [frəʊz] , **frozen** [ˋfrəʊzn] *vi* marznąć, zamarzać; *vt* zamrażać

freez·er [ˋfrizə(r)] *s* chłodnia, zamrażalnia; zamrażarka

French [frentʃ] *adj* francuski; *s* język francuski

French·man [ˋfrentʃmən] *s* (*pl* **Frenchmen** [ˋfrentʃmən]) Francuz

fre·quen·cy [ˋfrikwənsɪ] *s* częstość; częstotliwość

fre·quent [ˋfrikwənt] *adj* częsty; *vt* [frɪˋkwent] uczęszczać; nawiedzać, odwiedzać, bywać

fresh [freʃ] *adj* świeży, nowy; rześki; **~ water** słodka woda; *adv* świeżo, niedawno

Fri·day [ˋfrɑɪdɪ] *s* piątek

friend [frend] *s* przyjaciel, kolega; **to be ~s with sb** przyjaźnić się z kimś

friend·ly [ˋfrendlɪ] *adj* przyjazny, przychylny

fright [frɑɪt] *s* strach; **to take ~** przestraszyć się (**at sth** czegoś)

fright·en [ˋfrɑɪtn] *vt* straszyć, nastraszyć; **~ away** odstraszyć

fright·ful [ˋfrɑɪtfl] *adj* straszny

fro [frəʊ] *adv w zwrocie:* **to and ~** tam i z powrotem

frock [frok] *s* suknia, sukienka; habit

frog [frog] *s zool.* żaba

from [from,frəm] *praep* od, z

front [frʌnt] *s* front, czoło, przód; **in ~ of** przed; *adj attr* frontowy, przedni

fron·tier [`frʌntɪə(r)] *s* granica

frost [frost] *s* mróz

frost·y [`frostɪ] *adj* mroźny, lodowaty

froze *zob.* **freeze**

fru·gal [`frugl] *adj* oszczędny (**of sth** w czymś); (*o jedzeniu*) skromny

fruit [frut] *s* owoc, płód; *zbior.* owoce

fruit·ful [`frutfl] *adj* owocny; płodny

frus·trate [frʌ`streɪt] *vt* zniweczyć; udaremnić

fry [frɑɪ] *vt vi* smażyć (się)

fry·ing-pan [`frɑɪɪŋpæn] *s* patelnia

fu·el [`fjuəl] *s* opał, paliwo

ful·fil [fʊl`fɪl] *vt* spełnić

full [fʊl] *adj* pełny; najedzony; obfity; kompletny; **~ up** przepełniony, pełny po brzegi; **~ stop** kropka; *s* pełnia; **in ~** w całości

fum·ble [`fʌmbl] *vi* szperać, grzebać, gmerać (**at <in, with> sth** w czymś)

fun [fʌn] *s* wesołość, zabawa; **to make ~** żartować sobie (**of sb, sth** z kogoś, czegoś)

func·tion [`fʌŋkʃn] *s* funkcja, czynność; *vi* funkcjonować, działać

fund [fʌnd] *s* fundusz zapomogowy; zapas, zasób

fun·da·men·tal ['fʌndə`mentl] *adj* podstawowy; *s* podstawa, zasada

fu·ner·al [`fjunrəl] *adj* pogrzebowy, żałobny; *s* pogrzeb

fu·nic·u·lar [fju`nɪkjʊlə(r)] *adj* (*o kolejce*) linowy

fun·ny [`fʌnɪ] *adj* zabawny, wesoły, śmieszny; dziwny

fur [fɜ(r)] *s* futro, sierść

fu·ri·ous [`fjʊərɪəs] *adj* wściekły, szalony

fur·nish [`fɜnɪʃ] *vt* zaopatrywać (**with sth** w coś); dostarczać; meblować

fur·ni·ture [`fɜnɪtʃə(r)] *s zbior.* meble, wyposażenie; **a piece of ~** mebel

fur·ther 1. *zob.* **far**

fur·ther 2. [`fɜðə(r)] *vt* popierać

fur·ther·more ['fɜðə`mɔ(r)] *adv* co więcej, ponadto

fur·thest [`fɜðɪst] *zob.* **far**

fu·ry [`fjʊərɪ] *s* szał, furia; siła (burzy)

fuse [fjuz] *vt vi* stopić (się), roztapiać (się), stapiać (się); *s* zapalnik, lont; *elektr.* bezpiecznik

fu·se·lage [ˈfjuzlɑʒ] *s lotn.* kadłub (samolotu)

fuss [fʌs] *s* hałas, rwetes; krzątanina; *vt vi* robić hałas, awanturować się; zabiegać (**over <around> sb, sth** koło kogoś, czegoś)

fuss·y [ˈfʌsɪ] *adj* hałaśliwy, niespokojny; kapryśny; drobiazgowy

fu·tile [ˈfjutaɪl] *adj* daremny; błahy

fu·ture [ˈfjutʃə(r)] *adj* przyszły; *s* przyszłość; *gram.* czas przyszły

fu·tu·ri·ty [fjuˈtjʊərətɪ] *s* przyszłość

fuze = fuse

G

gag [gæg] *vt* kneblować usta; *s* knebel

gai·e·ty [ˈgeɪətɪ] *s* wesołość

gai·ly [ˈgeɪlɪ] *adv* wesoło

gain [geɪn] *s* zysk; zarobek; wzrost; korzyść; *vt vi* zyskać; zarobić; wyprzedzić; (*o zegarku*) spieszyć się; zdobyć; osiągnąć; **~ ground** *przen.*; zyskać przewagę; robić postępy

gale [geɪl] *s* wichura, sztorm

gal·lant [ˈgælənt] *adj* dzielny, rycerski; szarmancki, wytworny; *s* galant; elegant

gal·ler·y [ˈgælərɪ] *s* galeria; korytarz, pasaż

gal·lon [ˈgælən] *s* galon (*bryt. = 4,54 l; am. = 3,78 l*)

ga·losh [gəˈlɒʃ] *s* kalosz

gam·ble [ˈgæmbl] *vi* uprawiać hazard; ryzykować; *s* hazard; ryzyko

game [geɪm] *s* gra; rozrywka, zabawa; *sport* rozgrywka, partia; zwierzyna, dziczyzna; *pl* **~s** zawody

gang [gæŋ] *s* grupa (ludzi), drużyna; ekipa; szajka, banda

gan·grene [ˈgæŋgrin] *s* gangrena; *vt* gangrenować; *vi* ulegać gangrenie

gang·ster [ˈgæŋgstə(r)] *s* gangster

gang·way [ˈgæŋweɪ] *s* przejście (między rzędami krzeseł itp.); *mors.* schodnia

gaol [dʒeɪl] *s* więzienie

gap [gæp] *s* luka, wyrwa, przerwa; odstęp; *przen.* przepaść

ga·rage [ˈgærɑʒ] *s* garaż; *vt* garażować; warsztat samochodowy

gar·bage [`gabɪdʒ] *s zbior.* odpadki, śmieci

gar·den [`gadn] *s* ogród; *vi* pracować w ogrodzie

gar·den-par·ty [`gadn patɪ] *s* przyjęcie na świeżym powietrzu

gar·gle [`gagl] *vt vi* płukać gardło

gar·lic [`galɪk] *s* czosnek

gas [gæs] *s* gaz, *am. pot.* benzyna; *vt* zagazować, zatruć gazem

gas·o·line [`gæsəlin] *s am.* benzyna

gas-range [`gæs reɪndʒ] , **gas--stove** [`gæs stəʊv] *s* kuchenka gazowa

gate [geɪt] *s* brama, wrota, furtka; zasuwa; tama

gate·way [`geɪtweɪ] *s* brama wejściowa, wjazd, furtka

gath·er [`gæðə(r)] *vt vi* zbierać (się); wnioskować; (*o rzece*) wzbierać; (*o wrzodzie*) nabierać; narastać

gath·er·ing [`gæðərɪŋ] *s* zebranie; gromada; zbiór; *med.* ropień

gave *zob.* **give**

gear [gɪə(r)] *s* przekładnia; mechanizm; bieg (w aucie); *zbior.* narzędzia, przybory; uprząż; *vt vi* włączyć (się); zazębić (się)

gear-box [`gɪəboks] *s mot.* skrzynia biegów

geese *zob.* **goose**

gem [dʒem] *s* klejnot

gen·er·al [`dʒenrl] *adj* ogólny; powszechny; główny; *s* generał

gen·er·al·ize [`dʒenrəlaɪz] *vt* uogólniać; upowszechniać

gen·er·a·tion ['dʒenə`reɪʃn] *s* pokolenie; wytwarzanie; powstawanie

gen·er·ous [`dʒenrəs] *adj* szlachetny; wielkoduszny; szczodry

ge·nius [`dʒinɪəs] *s* (*pl* ~es [`dʒinɪəsɪz]) geniusz, człowiek genialny; (*tylko sing*) zdolność; talent; (*pl* **genii** [`dʒinɪaɪ]) duch, demon

gen·tle [`dʒentl] *adj* delikatny, łagodny; szlachetny

gen·tle·man [`dʒentlmən] *s* (*pl* **gentlemen**[`dʒentlmən])dżentelmen; pan; mężczyzna

gen·tle·wom·an [`dʒentlwumən] *s* (*pl* **gentlewomen** [`dʒentlwɪmɪn]) dama, kobieta z towarzystwa

gen·u·ine [`dʒenjʊɪn] *adj* prawdziwy; oryginalny; autentyczny; szczery

ge·og·ra·phy [dʒɪ`ogrəfɪ] *s* geografia

ge·ol·o·gy [dʒɪ`olədʒɪ] *s* geologia

ge·om·e·try [dʒɪ`omətrɪ] *s* geometria

germ [dʒəm] *s* zarodek, zalążek; zarazek

Ger·man [ˈdʒɜmən] *adj* niemiecki; *s* Niemiec; język niemiecki

ges·ture [ˈdʒestʃə(r)] *s* gest

***get** [get], **got, got** [got] *vt vi* dostać; nabyć, zdobyć, wziąć; przynieść, podać, dostarczyć; dostać się, dojść; stać się; wpływać, zmuszać, nakłaniać; **I cannot ~ him to do his work** nie mogę go zmusić do pracy; **I got my hair cut** dałem sobie ostrzyc włosy; **to ~ sth ready** przygotować coś; **I have got** *pot.* = **I have; have you got a watch?** czy masz zegarek ?; **I have got to = I must; it has got to be done** to musi być zrobione; *z bezokolicznikiem:* **to ~ to know** dowiedzieć się; **to ~ to like** polubić; *z imiesłowem biernym:* **to ~ married** ożenić się, wyjść za mąż; **to ~ dressed** ubrać się; *z rzeczownikiem:* **to ~ rid** uwolnić się, pozbyć się (**of sth** czegoś); *z przymiotnikiem:* **to ~ old** zestarzeć się; **to ~ ready** przygotować się; **it's ~ting late** robi się późno; *z przyimkami i przysłówkami:* **~ about** chodzić, poruszać się (z miejsca na miejsce); **~ ahead** posuwać się naprzód, robić postępy; **~ along** posuwać (się); współżyć; dawać sobie radę; **~ away** usunąć (się), oddalić się, umknąć; **~ back** wracać; otrzymać z powrotem; **~ down** ściągać (na dół), opuszczać (się); dobierać <zabierać> się (**to sth** do czegoś); **~ in** wejść, wjechać, dostać się (do wnętrza); **~ off** złazić; wysiadać; zdejmować; usuwać (się); wyruszyć; wysłać; wymknąć się; **~ on** nakładać; posuwać (się) naprzód; mieć powodzenie; robić postępy; współżyć; **easy to ~ on with** łatwy w pożyciu; **~ out** wydostać <wydobyć> (się); wyjść, wysiąść; wyprowadzić, wyciągnąć, wyrwać <wykręcić> (się); **~ over** przenieść; pokonać; przejść na drugą stronę; **~ through** przedostać się; przeprowadzić; skończyć, uporać się (**with sth** z czymś); zdać (egzamin); połączyć się (telefonicznie); **~ together** zebrać (się), zejść się; **~ up** podnieść (się), wstać; doprowadzić do porządku, urządzić; ubrać; dojść, dotrzeć

ghost [gəʊst] *s* duch, cień, widmo

gi·ant [ˈdʒaɪənt] *s* olbrzym; *adj attr* olbrzymi

gibe [dʒaɪb] *vi* kpić (**at sb** z kogoś); *s* kpina

gid·dy [ˋgɪdɪ] *adj* zawrotny; oszołomiony; roztrzepany; lekkomyślny; **to feel ~** mieć zawrót głowy

gift [gɪft] *s* prezent, dar; uzdolnienie (**for sth** do czegoś)

gig·gle [ˋgɪgl] *vi* chichotać; *s* chichot

gild [gɪld] *vt* złocić, pozłacać

gin [dʒɪn] *s* dżyn

gin·ger [ˋdʒɪndʒə(r)] *s* imbir

gip·sy [ˋdʒɪpsɪ] *s* Cygan

gi·raffe [dʒɪˋrɑf] *s* żyrafa

girl [gɜl] *s* dziewczynka, dziewczyna, *pot.* kobieta; **Girl Guide** harcerka

girl·friend [ˋgɜlfrend] *s* sympatia (dziewczyna, z którą się chodzi); *am.* koleżanka

***give** [gɪv] , **gave** [geɪv], **~n** [ˋgɪvn] *vt* dawać; oddawać, poświęcać; *vi* ustąpić, poddać się; rozpaść się; *z rzeczownikami:* **to ~ ground** cofać się, ustępować; **to ~ rise** dać początek; **to ~ way** ustąpić; *z przysłówkami:* **~ away** wydawać, zdradzać; rozdawać; **~ forth** wydzielać; **~ in** wręczać, podawać; poddać się, ustępować, ulegać; **~ off** wydzielać, wydawać; **~ out** rozdawać; rozgłaszać; **~ over** przekazać, przesłać; zaprzestać, zaniechać; **~ up** opuścić; zaniechać; zrezygnować; oddać (się)

giv·en *zob.* **give**

glad [glæd] *adj* rad; radosny, wesoły; **I am ~ to see you** cieszę się, że cię widzę

gland [glænd] *s* gruczoł

glare [gleə(r)] *vi* błyszczeć, jasno świecić, razić; patrzeć (z blaskiem w oczach, ze złością); *s* blask

glass [glɑs] *s* szkło; szklanka; przedmiot ze szkła; *pl* **~es** okulary

glass·house [ˋglɑshaʊs] *s* cieplarnia; szklarnia

gla·zier [ˋgleɪzɪə(r)] *s* szklarz

glid·er [ˋglaɪdə(r)] *s lotn.* szybowiec

glimpse [glɪmps]*vi* ujrzeć w przelocie (**at sth** coś); *s* przelotne spojrzenie; **to catch a ~** ujrzeć w przelocie (**of sth** coś)

glit·ter [ˋglɪtə(r)] *vi* lśnić, błyszczeć, połyskiwać; *s* blask, połysk

globe [gləʊb] *s* glob; kula (ziemska); globus; klosz

gloom·y [ˋglumɪ] *adj* mroczny; *przen.* posępny

glor·i·fy [ˋglɔrɪfaɪ] *vt* sławić, gloryfikować

glo·ry [ˋglɔrı] *s* chwała, chluba; wspaniałość; *vi* chlubić się (**in sth** czymś)

glove [glʌv] *s* rękawiczka

glue [glu] *s* klej; *vt* kleić

glut·ton [ˋglʌtn] *s* żarłok

gnat [næt] *s* komar

***go** [gəʊ] , **went** [went] , **gone** [gon] , *3 pers sing praes* **goes** [gəʊz] *vi* iść, chodzić, poruszać się, jechać; udać się; przepaść, zniknąć; stać się; przeobrazić się; obchodzić się (**without sth** bez czegoś); **to let go** puścić; *z przymiotnikami:* **to go bad** zepsuć się; **to go mad** zwariować; **to go red** poczerwienieć; **to go wrong** spotkać się z niepowodzeniem, nie udać się; zepsuć się; *z przysłówkami i przyimkami:* **go about** krążyć, chodzić tu i tam; przystąpić, zabierać się (**sth** do czegoś); **go after** starać się, ubiegać się o coś; **go ahead** posuwać się naprzód; dalej coś robić; zaczynać; **go along** iść <posuwać się> naprzód; **go back** wrócić; **go down** schodzić; opadać; **go in** wchodzić; zabierać się (**for sth** do czegoś); uprawiać, zajmować się (**for sth** czymś); **go off** odejść; przeminąć; wypaść, (*o przedstawieniu, zawodach itp.*) udać się; **go on** posuwać się naprzód; kontynuować (**with sth** coś, **doing sth** robienie czegoś); trwać; **go out** wyjechać, wyjść; kończyć się; niknąć, gasnąć; **go over** przejść na drugą stronę; przejrzeć, zbadać, powtórzyć (**sth** coś); **go through** dobrnąć do końca (**with sth** czegoś); **go up** podejść; wejść na górę; podnieść się; *s* ruch; werwa, życie; próba; posunięcie

goal [gəʊl] *s* cel; *sport* gol, bramka

goal-keep·er [ˋgəʊlkipə(r)] *s sport* bramkarz

goat [gəʊt] *s* koza, kozioł

god [god] *s* bóg, bóstwo; **God** Bóg

god·daugh·ter [ˋgoddɔtə(r)] *s* chrześniaczka

goes *zob.* **go**

gold [gəʊld] *s* złoto; *attr* złoty

gold·en [ˋgəʊldn] *adj* złoty; złocisty

gold·smith [ˋgəʊldsmıθ] *s* złotnik

golf [golf] *s* (*gra*) golf

gone *zob.* **go**

good [gʊd] *adj* dobry (*comp* **better** [ˋbetə(r)] lepszy, *sup* **best** [best] najlepszy); (*o* *dzieciach*) grzeczny; (*o dokumencie*) ważny; spory; właściwy; **~ at sth** biegły w czymś, zdolny do czegoś; **to make ~** naprawić; wyrównać; wynagrodzić; (*przy powitaniu*) **~ evening** dobry wieczór; *s* dobro; *pl* **~s** towary; **~s train** pociąg towarowy; **for ~** na dobre, na zawsze

good-bye ['gʊd`baɪ] *int* do widzenia!

good-look·ing ['gʊd`lʊkɪŋ] *adj* przystojny

good·ness [`gʊdnəs] *s* dobroć; **my ~!** mój Boże!

goods *zob.* **good**

good·will ['gʊd`wɪl] *s* dobra wola

goose [gus] *s* (*pl* **geese** [gis]) gęś

goose·ber·ry [`gʊzbrɪ] *s* agrest

gor·geous [`gɔdʒəs] *adj* wspaniały, okazały

gos·pel [`gospl] *także* **Gospel** *s* ewangelia; *także* Ewangelia

gos·sa·mer [`gosəmə(r)] *s* babie lato, pajęczyna

gos·sip [`gosɪp] *s* plotka; plotkarstwo; plotkarz; *vi* plotkować

got *zob.* **get**

Goth·ic [`goθɪk] *adj* gotycki; gocki; *s* gotyk

got·ten [`gotn] *am. pp* od **get**

gov·ern [`gʌvn] *vt vi* rządzić, sprawować rządy, panować (*także* nad sobą, uczuciami)

gov·ern·ment [`gʌvənmənt] *s* rząd, władze; prowincja

gov·er·nor [`gʌvnə(r)] *s* gubernator; dyrektor naczelny; naczelnik

grace [greɪs] *s* gracja, wdzięk; łaska, łaskawość; *vt* zdobić; zaszczycać

grace·ful [`greɪsfl] *adj* pełen wdzięku, powabny; łaskawy

gra·cious [`greɪʃəs] *adj* łaskawy; **good ~!** mój Boże!

grade [greɪd] *s* stopień; gatunek; ranga, szczebel służbowy; *am.* klasa (w szkole podstawowej)

grad·u·al [`grædʒʊəl] *adj* stopniowy

grad·u·ate [`grædʒʊeɪt] *vt* stopniować; oznaczać stopniami; nadawać stopień naukowy; *vi* stopniowo przechodzić (w coś); otrzymać stopień naukowy; *s* [`grædʒʊət] absolwent wyższej uczelni

grain [greɪn] *s* ziarno; *zbior.* zboże

gram·mar [`græmə(r)] *s* gramatyka

gram·mar-school [`græməskul] *s bryt.* szkoła średnia

gramo·phone [`græməfəʊn] *s* gramofon

grand [grænd] *adj* wielki; wytworny, wspaniały; uroczysty; główny; **~ piano** fortepian

grand-child [`græntʃaıld] *s* wnuk, wnuczka

grand·fath·er [`grændfaðə(r)] *s* dziadek

grand·moth·er [`grændmʌðə(r)] *s* babka

gran·ite [`grænıt] *s* granit

grant [grant] *vt* użyczać; spełniać (prośbę); nadawać (własność); przyznawać (rację); *s* akt łaski; darowizna; subwencja; **to take for ~ed** przyjąć za rzecz oczywistą, przesądzić

grape [greıp] *s* winogrono

grape-fruit [`greıpfrut] *s* grejpfrut

grasp [grasp] *vt* uchwycić, ścisnąć, mocno objąć; pojąć; *vi* chwytać się (**at sth** czegoś); *s* chwyt , uścisk; pojmowanie

grass [gras] *s* trawa; (*w napisie*) **keep off the ~** nie deptać trawników

grass-snake [`gras sneık] *s zool.* zaskroniec

grate·ful [`greıtfl] *adj* wdzięczny; miły

grat·i·fi·ca·tion ['grætıfı`keıʃn] *s* wynagrodzenie; zadośćuczynienie; zadowolenie

grat·i·fy [`grætıfaı] *vt* wynagrodzić; zadośćuczynić; zadowolić

grat·i·tude [`grætıtjud] *s* wdzięczność

gra·tu·i·tous [grə`tjuıtəs] *adj* bezpłatny; dobrowolny; bezpodstawny

gra·tu·i·ty [grə`tjuətı] *s* wynagrodzenie, napiwek

grave 1. [greıv] *s* grób

grave 2. [greıv] *adj* poważny; ważny

grav·i·ty [`grævətı] *s* waga, powaga; *fiz.* ciężkość, ciężar (gatunkowy); przyciąganie ziemskie

gra·vy [`greıvı] *s* sos z mięsa

gray = grey

grease [gris] *s* tłuszcz; smar; *vt* tłuścić; smarować

great [greıt] *adj* wielki, duży; *pot.* wspaniały; **~ in sth** zamiłowany w czymś; **~ at sth** uzdolniony do czegoś

greed·y [`gridı] *adj* chciwy; żarłoczny

Greek [grik] *adj* grecki; *s* Grek; język grecki

green [grin] *adj* zielony; niedojrzały; *przen.* niedoświadczony; *s* zieleń, łąka; *pl* **~s** warzywa; *vt vi* zielenić się, pokrywać (się) zielenią

green·house [`grinhaʊs] *s* cieplarnia

greet [grit] *vt* witać, kłaniać się, pozdrawiać

greet·ing [`gritɪŋ] *ppraes i s* przywitanie, pozdrowienie

grew *zob.* **grow**

grey [greɪ] *adj* szary, siwy; *s* szary kolor

grey·hound [`greɪhaʊnd] *s zool.* chart

grid [grɪd] *s* ruszt; krata; *elektr. geogr.* siatka; sieć wysokiego napięcia

griev·ance [`grivns] *s* skarga, powód do skargi, krzywda

grill [grɪl] *s* krata, ruszt; mięso z rusztu; bufet; *vt vi* smażyć (się) na ruszcie

grim [grɪm] *adj* ponury; srogi, nieubłagany

groan [grəʊn] *vi* jęczeć; *s* jęk

gro·cer [`grəʊsə(r)] *s* właściciel sklepu spożywczego

gro·cer·y [`grəʊsrɪ] *s* sklep spożywczy

groom [grum] *s* stajenny; pan młody

gross [grəʊs] *adj* gruby, duży; ordynarny; całkowity

gro·tesque [grəʊ`tesk] *adj* groteskowy; *s* groteska

ground [graʊnd] *s* podstawa, podłoże; grunt, ziemia; teren, plac; **~ floor** parter; *vt* gruntować; opierać; uczyć (podstaw); *elektr.* uziemić

group [grup] *s* grupa; *vt vi* grupować (się)

***grow** [grəʊ] , **grew** [gru], **grown** [grəʊn] *vi* rosnąć, wzrastać; stawać się; wzmagać się; *vt* hodować, sadzić; zapuszczać (np. brodę); **to ~ old** starzeć się; **it is ~ing dark** ściemnia się; **~ up** wyrastać, dorastać, dojrzewać

grown-up [`grəʊnʌp] *adj* dorosły; *s* dorosły człowiek

growth [grəʊθ] *s* rośnięcie; wzrost; rozwój; hodowla; porost

grudge [grʌdʒ] *s* złość, niechęć, uraza; *vt* czuć urazę, zazdrość; skąpić, żałować (**sb, sth** komuś czegoś); **to bear sb a ~** czuć urazę do kogoś

gru·el [`gruəl] *s* kaszka, kleik

grum·ble [`grʌmbl] *vt vi* szemrać, gderać, narzekać (**at sb, sth** na kogoś, coś)

guar·an·tee ['gærən`ti] *s* poręczyciel; gwarancja; *vt* gwarantować, ręczyć

guard [gɑd] *s* straż, warta; baczność; stróż, wartownik; ochrona; *bryt.* konduktor (kolejowy); *pl* **~s** gwardia; *vt* pilnować, osłaniać, ochraniać;

vi strzec się; zabezpieczać się (**against sth** przed czymś)

guess [ges] *vt vi* zgadywać; przypuszczać, domyślać się, sądzić; *s* zgadywanie; przypuszczenie, domysł; **to give <make> a ~** zgadnąć; **at a guess** ~ na chybił trafił, na oko

guest [gest] *s* gość

guid·ance [ˋgaɪdns] *s* kierownictwo; informacja

guide [gaɪd] *s* kierownik; (*także o książce*) przewodnik; poradnik; doradca; *vt* kierować, prowadzić

guilt·y [ˋgɪltɪ] *adj* winny

gui·tar [gɪˋtɑ(r)] *s* gitara

gulf [gʌlf] *s* zatoka; otchłań; wir

gull [gʌl] *s* mewa

gum 1. [gʌm] *s* dziąsło

gum 2. [gʌm] *s* guma; *vt* lepić, gumować

gun [gʌn] *s* działo; strzelba, karabin; rewolwer

gut·ter [ˋgʌtə(r)] *s* ściek; rynna

guy [gaɪ] *s* kukła, straszydło; *am. pot.* typ, facet

gym·nas·tic [dʒɪmˋnæstɪk] *adj* gimnastyczny; *s pl* **~s** gimnastyka

gynae·colo·gist ['gaɪnɪˋkolədʒɪst] *s* ginekolog

gypsy [ˋdʒɪpsɪ] *s* = **gipsy**

H

hab·it [ˋhæbɪt] *s* zwyczaj; nawyk, przyzwyczajenie; nałóg; usposobienie; **to be in the ~ of** mieć zwyczaj <nałóg>

had *zob.* **have**

hadn't [ˋhædnt] = **had not;** *zob.* **have**

haem·or·rhage [ˋhemərɪdʒ] *s* krwawienie, krwotok

hail [heɪl] *s* grad; *vi* (*o gradzie*) padać

hair [heə(r)] *s* włos; *zbior.* włosy

hair·cut [ˋheəkʌt] *s* strzyżenie

hair·dress·er [ˋheədresə(r)] *s* fryzjer (*zw. damski*)

hair·dry·er, hair·drier [ˋheə'draɪə(r)] *s* suszarka (do włosów)

half [hɑf] *s* (*pl* **halves** [hɑvz]) połowa; **one and a ~** półtora; **to go halves** dzielić się (z kimś) na pół; *adv* na pół, po połowie

half-time ['hɑfˋtaɪm] *s* system pracy na pół (etatu); *sport* przerwa; **~ worker** półetatowy pracownik

half-way ['hɑfˋweɪ] *adv* w połowie drogi; *adj attr* znajdujący się w połowie drogi; *przen.* połowiczny

hall [hɔl] *s* hall; sala; hala

hal·lo! [hə`ləʊ] *int* halo!; cześć!; czołem!

halves *zob.* **half**

ham [hæm] *s* szynka

ham·burg·er [`hæmbɜgə(r)] *s* mielony kotlet wołowy (*zw.* podawany w przekrojonej bułce)

ham·mer [`hæmə(r)] *s* młot, młotek; *vt* bić młotem, kuć, wbijać; *przen.* zadać klęskę; *vi* walić<tłuc> (**at sth** w coś)

ham·per [`hæmpə(r)] *vt* przeszkadzać, hamować, krępować

hand [hænd] *s* ręka, dłoń; pracownik; *pl* **~s** siły robocze, obsługa; **at ~** pod ręką; blisko; wkrótce; **by ~** ręcznie; **in ~** w posiadaniu; w robocie; pod kontrolą; **on ~** w ręku; w posiadaniu; **on the one <other> ~** z jednej <drugiej> strony

hand·bag [`hændbæg] *s* torebka damska

hand·book [`hændbʊk] *s* podręcznik; poradnik

hand·i·cap [`hændɪkæp] *s* zawada, przeszkoda, obciążenie; *s sport* przeszkoda; przewaga (dla słabszego); *vt* dodatkowo obciążać (zawodnika), (obciążeniem) wyrównywać szanse (zawodników); przeszkadzać, utrudniać (**sb** komuś); upośledzać, stawiać w gorszym położeniu

hand·i·craft [`hændɪkrɑft] *s* rękodzieło; rzemiosło

hand·ker·chief [`hæŋkətʃif] *s* chustka (*także* na szyję); chusteczka (do nosa)

han·dle [`hændl] *vt* trzymać w ręku, obchodzić się (**sb, sth** z kimś, czymś); załatwiać (np. **orders** zamówienia); *s* rączka, rękojeść, uchwyt, trzonek; klamka (u drzwi); ucho (garnka itp.)

hand-made ['hænd`meɪd] *adj* ręcznie zrobiony <wykonany>

hand·some [`hænsəm] *adj* ładny, przystojny; hojny

hand·writ·ing [`hændrɑɪtɪŋ] *s* charakter pisma, pismo

hand·y [`hændɪ] *adj* będący pod ręką; podręczny; zręczny, sprytny; wygodny, poręczny

***hang** [hæŋ] , **hung, hung** [hʌŋ] (*gdy mowa o egzekucji, samobójstwie:* **hanged, hanged** [hæŋd]) *vt* wieszać, zwieszać; *vi* wisieć, zwisać; zależeć (**on sb, sth** od kogoś, czegoś); **~ about** <*am. także around*>trzymać się w pobliżu, wałęsać się, *pot.* obijać się; **~ up** powiesić; wstrzymać (np. plan)

hang·er [`hæŋə(r)] *s* wieszak, wieszadło

hang·over [`hæŋəʊvə(r)] *s pot.* kac

hap·haz·ard [hæp`hæzəd] *s* czysty przypadek, los szczęścia; **at <by> ~** na chybił trafił; *adj* przypadkowy; *adv* przypadkowo, na ślepo

hap·less [`hæpləs] *adj* nieszczęśliwy, nieszczęsny

hap·pen [`hæpn] *vi* zdarzyć się, trafić się, dziać się; **~ to do sth** przypadkowo coś zrobić; natknąć się <natrafić> (**on sth** na coś)

hap·pen·ing [`hæpənɪŋ] *s* wydarzenie; przedstawienie, happening

hap·pi·ness [`hæpɪnəs] *s* szczęście

hap·py [`hæpɪ] *s* szczęśliwy; radosny; zadowolony; (*o pomyśle itp.*) trafny, udany

har·bour [`hɑbə(r)] *s dosł. i przen.* przystań; schronienie; *vi* zawijać (do przystani); chronić się; *vt* przygarnąć

hard [hɑd] *adj* twardy; surowy, srogi; ostry; trudny, ciężki; silny, mocny; **~ worker** człowiek ciężko pracujący; **~ and fast** bezwzględny, surowy; nienaruszalny; *adv* mocno, twardo; wytrwale, usilnie; ciężko, z trudem

hard·ly [`hɑdlɪ] *adv* z trudem; ledwo; **I can ~ say** trudno mi powiedzieć; **~ anybody** mało kto; **~ ever** rzadko, prawie nigdy

hard·ship [`hɑdʃɪp] *s* męka, znój, trud

hard·ware [`hɑdweə(r)] *s zbior.* towary żelazne; *komp.* sprzęt komputerowy

hare [heə(r)] *s zool.* zając

harm [hɑm] *s* szkoda, krzywda; skaleczenie; **to do ~** zaszkodzić; *vt* szkodzić, krzywdzić; skaleczyć

harm·ful [`hɑmfl] *adj* szkodliwy

har·mo·ny [`hɑmənɪ] *s* (*także muz.*) harmonia, zgodność

harsh [`hɑʃ] *adj* szorstki; opryskliwy, nieuprzejmy; przykry (dla oka, ucha itp.); (*o opinii, klimacie itd.*) surowy

har·vest [`hɑvɪst] *s* żniwo; *dosł. i przen.* żniwo, plon; *vt* zbierać (zboże, plon)

has *zob.* **have**

hash [hæʃ] *vt* siekać (mięso); *s* siekane mięso; *przen. pot.* bigos, galimatias

hasn't [`hæznt] = **has not;** *zob.* **have**

haste [heɪst] *s* pośpiech; **to make ~** śpieszyć się

hat [hæt] *s* kapelusz

hate [heɪt] *vt* nienawidzić; nie znosić; *s* nienawiść

ha·tred [ˋheɪtrɪd] *s* nienawiść

haul [hɔl] *vt vi* ciągnąć; wlec; *mors.* holować; przewozić; *s* holowanie; połów; przewóz

***have** [hæv, həv] , **had, had** [hæd, həd] , *3 pers sing praes* **has** [hæz] *vt* mieć; posiadać; otrzymać; spowodować (zrobienie czegoś); kazać (**sb do sth** komuś coś zrobić); twierdzić; życzyć sobie, chcieć; znosić, pozwalać na coś; *przed bezokolicznikiem z* **to:** musieć; **I ~ to go** muszę iść; **to ~ a good time** dobrze się bawić; **to ~ dinner** jeść obiad; **to ~ a bath** wykąpać się; **I must ~ my watch repaired** muszę dać zegarek do naprawy

haven't [ˋhævnt] = **have not**

hawk [hɔk] *s* jastrząb

hay [heɪ] *s* siano

haz·ard [ˋhæzəd] *s* hazard, ryzyko, niebezpieczeństwo; traf; *vt* ryzykować, narażać (się) na niebezpieczeństwo

haz·ard·ous [ˋhæzədəs] *adj* hazardowy, ryzykowny, niebezpieczny

haze [heɪz] *s* lekka mgła, mgiełka; *przen.* niepewność

ha·zel [ˋheɪzl] *s bot.* leszczyna; *adj attr* leszczynowy; **~ nut** orzech laskowy

he [hi] *pron* on

head [hed] *s* głowa; główka (np. szpilki, sałaty); łeb; kierownik; nagłówek; dział, punkt; szczyt, górna część; przód, czoło (listy, pochodu); **at the ~** na czele; **to keep one's ~** nie tracić głowy; *vt* prowadzić, przewodzić, stać <być, iść >na czele

head·ache [ˋhedeɪk] *s* ból głowy

head·light [ˋhedlaɪt] *s* przednie światło (lokomotywy, samochodu itp.)

head·line [ˋhedlaɪn] *s* nagłówek, tytuł (w gazecie); *pl* **~s** *radio* wiadomości w skrócie

head·phones [ˋhedfəʊnz] *s pl* słuchawki (do radia itp.)

head·way [ˋhedweɪ] *s* ruch naprzód, postęp

heal [hil] *vt vi* leczyć (się); goić (się); łagodzić

health [helθ] *s* zdrowie; **~ insurance** ubezpieczenie na wypadek choroby; **~ resort** uzdrowisko

health·y [ˋhelθɪ] *adj* zdrowy

heap [hip] *s* stos, kupa; *pot.* masa, mnóstwo; *vt* (*także* **~ up**) ułożyć stos (**sth** z czegoś); (*także* **~ up**) gromadzić; ładować

***hear** [hɪə(r)], **heard, heard** [hɜd] *vt vi* słuchać, słyszeć; przesłuchać, przepytać; dowiedzieć się, otrzymać wiadomość

hear·say [ˋhɪəseɪ] *s* wieść; pogłoska; **from ~** ze słyszenia

heart [hɑt] *s* serce; *przen.* dusza; rdzeń; środek, sedno; *przen.* otucha, odwaga; *pl* **~s** kier (w kartach); **~ to ~** szczerze; **to have sth at ~** mieć coś na sercu; **by ~** na pamięć

heart-brok·en [ˋhɑtbrəʊkn] *adj* ze złamanym sercem, zgnębiony

heart·burn [ˋhɑtbɜn] *s* zgaga

heat [hit] *s* gorąco, żar, upał; *fiz.* ciepło; *przen.* zapał; **trial ~s** zawody eliminacyjne; *vt vi* grzać (się)

heat·er [ˋhitə(r)] *s* ogrzewacz, grzejnik, grzałka

heath·er [ˋheðə(r)] *s* wrzos

heat·ing [ˋhitɪŋ] *s* ogrzewanie

heav·en [ˋhevn] *s* niebo, niebiosa; **for ~'s sake!** na miłość boską!

heav·y [ˋhevɪ] *adj* ciężki; ociężały; (*o ciosie itd.*) silny, mocny; (*o stracie itd.*) duży, wielki; (*o śnie*) głęboki; (*o deszczu*) rzęsisty

He·brew [ˋhibru] *adj* hebrajski; *s* Izraelita; język hebrajski

hec·tic [ˋhektɪk] *adj* gorączkowy, rozgorączkowany; niszczący

he'd [hid] = **he had; he would**

hedge [hedʒ] *s* żywopłot, ogrodzenie; *vt* ogradzać

hedge·hog [ˋhedʒhog] *s zool.* jeż

heel [hil] *s* pięta; obcas; **to take to one's ~s** uciec, *pot.* wziąć nogi za pas

height [hɑɪt] *s* wysokość; wzrost (człowieka); pełnia, punkt kulminacyjny; wzniesienie (terenu)

held *zob.* **hold**

hell [hel] *s* piekło; *int* do diabła!

he'll [hil] = **he will, he shall**

hel·lo [heˋləʊ] *int* halo!

helm [helm] *s dosł. i przen.* ster

hel·met [ˋhelmɪt] *s* hełm (żołnierza, policjanta itp); kask

help [help] *s* pomoc; rada, ratunek; pomocnik; **to be of ~** być pomocnym; *vt* pomagać, wspierać, ratować; częstować (**to sth** czymś); wstrzymać się; zapobiec; dać radę; **~ yourself** poczęstuj się (**to sth** czymś); **I can't ~ laughing** nie mogę się powstrzymać od śmiechu; **I can't ~ it** nic na to nie poradzę

help·ful [ˋhelpfl] *adj* pomocny, użyteczny

help·less [ˋhelpləs] *adj* bez oparcia, bezradny

hen [hen] *s zool.* kura; samica (ptaków)

hence [hens] *adv* a więc; stąd, odtąd

her [hɜ(r), ɜ(r)] *pron* ją, jej; *pot.* ona

herb [hɜb] *s* zioło

here [hɪə(r)] *adv* tu, tutaj; oto; **from ~** stąd; **in ~** tu (wewnątrz); **near ~** niedaleko stąd, tuż obok

he·ro [`hɪərəʊ] *s* (*pl* **~es** [`hɪərəʊz]) bohater

her·ring [`herɪŋ] *s zool.* śledź

hers [hɜz] *pron* jej

her·self [hə`self] *pron* ona sama; (ona) sobie <siebie, się>; **by ~** sama (jedna), samodzielnie

he's [hiz] = **he is; he has**

hes·i·tate [`hezɪteɪt] *vi* wahać się, być niezdecydowanym

hic·cup, hic·cough [`hɪkʌp] *s* czkawka; *vi* mieć czkawkę

hid, hid·den *zob.* **hide**

***hide** [hɑɪd], **hid** [hɪd] , **hidden** [`hɪdn] *vt vi* ukrywać (się), chować (się)

hid·e·ous [`hɪdɪəs] *adj* wstrętny, ohydny, odrażający

high [hɑɪ] *adj* wysoki; wybitny; szczytowy; górny; wzniosły; (*o głosie*) cienki; (*o opinii*) pochlebny; (*o wietrze*) silny; **~ life** życie wyższych sfer, wytworny świat; **~ spirits** radosny nastrój

High·land·er [`hɑɪləndə(r)] *s* góral

high·ly [`hɑɪlɪ] *adv* wysoko; wysoce, w wysokim stopniu; wielce, w dużej mierze; wyniośle

high·way [`hɑɪweɪ] *s* autostrada, szosa

hike [hɑɪk] *vi* odbywać pieszą wycieczkę <wędrówkę>; *s* piesza wycieczka, wędrówka

hik·er [`hɑɪkə(r)] *s* turysta (pieszy)

hill [hɪl] *s* wzgórze, pagórek

hill·y [`hɪlɪ] *adj* pagórkowaty

him [hɪm] *pron* jemu, mu, jego, go, *pot.* on

him·self [hɪm`self] *pron* on sam, jego samego, (on) sobie <siebie,się>; **by ~ sam** (jeden), samodzielnie

hin·der [`hɪndə(r)] *vt* przeszkadzać; powstrzymywać (**sb from doing sth** kogoś od zrobienia czegoś)

hin·drance [`hɪndrns] *s* przeszkoda

hinge [hɪndʒ] *s* zawias(a); *przen.* punkt zaczepienia, oś (problemu itp.)

hint [hɪnt] *s* aluzja; napomknienie, wzmianka; wskazówka, podpowiedź; *vt vi* napomknąć (**sth <at sth>** o czymś), zrobić aluzję(**at sth** do czegoś)

hip [hɪp] *s* biodro

hire [ˋhaɪə(r)] *s* najem; opłata za najem; *vt* najmować

his [hɪz] *pron* jego

hiss [hɪs] *vi* syczeć; *vt* wygwizdać; *s* syk; wygwizdanie

his·tor·ic(al) [hɪˋstorɪk(l)] *adj* historyczny

his·to·ry [ˋhɪstrɪ] *s* historia, dzieje

***hit, hit, hit** [hɪt] *vt vi* uderzyć (się); trafić; ugodzić (**at sth** w coś); *s* uderzenie; sukces, udana próba; przebój (muzyczny)

hitch [hɪtʃ] *vt* szarpnąć; przyczepić; *vi* przyczepić <zaczepić> się; *s* nerwowy ruch; szarpnięcie; zatrzymanie; zwłoka; przeszkoda

hitch-hike [ˋhɪtʃ haɪk] *s* podróż autostopem; *vi* podróżować autostopem

hitch-hik·er [ˋhɪtʃ haɪkə(r)] *s* autostopowicz

hive [haɪv] *s* ul; *przen.* mrowisko

hoard [hɔd] *s* zapas; skarb; *vt* gromadzić <zbierać> (np. zapasy), ciułać <odkładać> (pieniądze)

hoarse [hɔs] *adj* ochrypły, chrapliwy

hoax [həʊks] *s* mistyfikacja, oszustwo, *pot.* kawał; *vt* mistyfikować, *pot.* nabierać

hob·ble [ˋhobl] *vi* kuleć, utykać; *s* utykanie, kuśtykanie

hob·by [ˋhobɪ] *s* hobby, konik, pasja

hock·ey [ˋhokɪ] *s* hokej; **field <ice> ~** hokej na trawie <na lodzie>

***hold** [həʊld] **, held, held** [held] *vt vi* trzymać (się); zawierać, mieścić; utrzymywać (się); odbywać (np. zebranie); obchodzić (np. święto); twierdzić; obstawać (**to sth** przy czymś); powstrzymać, hamować; **to ~ one's tongue** milczeć; *z przysłówkami:* **~ back** powstrzymywać (się); taić; ociągać się; **~ in** hamować (się); **~ off** trzymać (się) z dala, powstrzymywać (się); **~ on** trzymać (się) mocno, trwać (**to sth** przy czymś); wytrzymywać; **~ out** wyciągać; ofiarować, dawać; wytrzymywać; **~ over** odkładać, odraczać; **~ up** podtrzymywać; podnosić; zatrzymywać; hamować; *s* chwyt, uchwyt; trzymanie; **to catch <get, lay>**

~ pochwycić, opanować (**of sth** coś)

hold·er [ˋhəʊldə(r)] *s* posiadacz; właściciel; dzierżawca; okaziciel; rączka (pióra), oprawka

hold-up [ˋhəʊldʌp] *s* zatrzymanie (ruchu); napad (rabunkowy)

hole [həʊl] *s* dziura, dół, otwór; nora; *vt* dziurawić, wiercić

hol·i·day [ˋholɪdɪ] *s* święto; dzień wolny od pracy; (*zw. pl* **~s**) wakacje; urlop; ferie

hol·low [ˋholəʊ] *s* dziura, wydrążenie, jama; kotlina, dolina; *adj* pusty, wydrążony, wklęsły

ho·ly [ˋhəʊlɪ] *adj* święty, poświęcony; **~ orders** święcenia

hom·age [ˋhomɪdʒ] *s* hołd; **to pay ~** składać hołd

home [həʊm] *s* dom (rodzinny), ognisko domowe; mieszkanie; przytułek; kraj (rodzinny), ojczyzna; **at ~** w domu; w kraju; **to make oneself at ~** rozgościć się, nie krępować się; *adj* domowy, rodzinny; miejscowy; wewnętrzny, krajowy; **Home Office** *bryt.* ministerstwo spraw wewnętrznych

home·less [ˋhəʊmləs] *adj* bezdomny

home·ly [ˋhəʊmlɪ] *adj* przytulny, swojski; prosty, pospolity; (np. *o rysach twarzy*) nieładny

home·sick [ˋhəʊmsɪk] *adj* cierpiący na nostalgię

home·work [ˋhəʊmwɜk] *s* praca domowa (*zw.* szkolna)

homo·sexu·al *s* homoseksualista

hon·est [ˋonɪst] *adj* uczciwy, prawy; szczery; porządny

hon·ey [ˋhʌnɪ] *s* miód; (*mówiąc do kogoś*) kochanie

hon·our [ˋonə(r)] *s* honor, cześć; zaszczyt, odznaczenie; **to pass the exam with ~s** zdać egzamin z odznaczeniem

hood [hʊd] *s* kaptur; nakrycie, osłona, daszek; *am.* maska samochodu

hook [hʊk] *s* hak; haczyk; *geogr.* cypel; **~ and eye** konik i haftka; *vt vi* zahaczyć (się)

hoop [hup] *s* obręcz; *vt* otoczyć <ścisnąć> obręczą

hoop·ing-cough [ˋhupɪŋkof] *s* koklusz

hoot [hut] *vi* huczeć, hukać (**at sb** na kogoś); (*o syrenie*) wyć; (*o klaksonie*) trąbić; wygwizdać (**at sb** kogoś); *vt* wygwizdać (**an actor** aktora)

hoot·er [ˋhutə(r)] *s* syrena; klakson; gwizdek

hop [hop] *s* skok; *pot.* potańcówka; *vi* skakać, podskakiwać

hope [həʊp] *s* nadzieja; *vi* mieć <żywić> nadzieję; spodziewać się (**for sth** czegoś)

hope·ful [`həʊpfl] *adj* pełen nadziei, ufny; obiecujący

hope·less [`həʊpləs] *adj* beznadziejny; zrozpaczony

ho·ri·zon [hə`raɪzn] *s* horyzont, widnokrąg

horn [hɔn] *s* róg, rożek; klakson

hor·ri·ble [`horəbl] *adj* straszny, okropny

hor·ror [`horə(r)] *s* odraza; przerażenie; okropność; horror (film)

hors d'oeu·vre ['ɔ `dɜv] *s* zakąska, przystawka

horse [hɔs] *s zool.* koń; *zbior.* konnica, jazda

horse·back [`hɔsbæk] *s* grzbiet koński; **on ~** konno

horse-race [`hɔsreɪs], **horse-rac·ing** [`hɔsreɪsɪŋ] *s* wyścigi konne

horse-rad·ish [`hɔsrædɪʃ] *s* chrzan

hose [həʊz] *s* wąż (gumowy, do podlewania itp.); *zbior.* wyroby pończosznicze; pończochy; trykoty; *vt* polewać z węża

ho·sier·y [`həʊzɪərɪ] *s zbior.* artykuły <wyroby> trykotarskie, trykotaże; pończochy i skarpetki

hos·pi·ta·ble [hospɪtəbl] *adj* gościnny

hos·pi·tal [`hospɪtl] *s* szpital

host 1. [həʊst] *s* orszak, zastęp; mnóstwo; tłum (np. przyjaciół)

host 2. [həʊst] *s* gospodarz, pan domu; właściciel gospody

hos·tel [`hostl] *s* dom akademicki; dom noclegowy

host·ess [`həʊstɪs] *s* gospodyni, pani domu

hos·tile [`hostaɪl] *adj* wrogi (**to sb, sth** komuś, czemuś)

hot [hot] *adj* gorący; (*o potrawie*) ostry; (*także o anegdocie*) pieprzny; namiętny, pobudliwy; (*także o sporze*) zawzięty; *pot.* **~ news** najświeższe wiadomości

ho·tel [həʊ`tel] *s* hotel

hour [aʊə(r)] *s* godzina; **office ~s** godziny urzędowe; **small ~s** wczesne godziny po północy

house [haʊs] *s* dom; gospodarstwo (domowe); izba (w parlamencie); dom handlowy, firma, zakład; teatr, widownia; **to keep ~** prowadzić dom <gospodarstwo>

house-break·er [`haʊsbreɪkə(r)] *s* włamywacz

house·hold [`haʊshəʊld] *s zbior.* domownicy; gospodarstwo domowe; **~ goods** artykuły gospodarstwa domowego

house·wife [ˋhaʊswaɪf] *s* gospodyni

hov·er·craft [ˋhovəkrɑft] *s* poduszkowiec

how [haʊ] *adv* jak, w jaki sposób; **~ much <many>** ile; *przed przymiotnikiem:* jaki; **~ nice he is!** jaki(ż) on miły!

how·ev·er [haʊˋevə(r)] *adv* jakkolwiek, jakimkolwiek sposobem; jednakowoż, jednak, tym niemniej; *conj* chociaż, choćby, żeby

hug [hʌg] *vt* tulić, ściskać, obejmować; trzymać się blisko (**sth** czegoś); *s* objęcie, uścisk

huge [hjudʒ] *adj* olbrzymi, ogromny

hu·man [ˋhjumən] *adj* ludzki; **~ being** człowiek; *s* istota ludzka

hu·mane [hjuˋmeɪn] *adj* humanitarny, ludzki; humanistyczny

hu·man·i·ty [hjuˋmænətɪ] *s* ludzkość; humanitarność; *pl* **humanities** humanistyka

hum·ble [ˋhʌmbl] *adj* pokorny; skromny; niskiego stanu; *vt* upokarzać, poniżać

hum·bug [ˋhʌmbʌg] *s* blaga; oszust, blagier; brednie; *vt vi* blagować, oszukiwać

hu·mid·i·ty [hjuˋmɪdətɪ] *s* wilgoć, wilgotność

hu·mil·i·ate [hjuˋmɪlɪeɪt] *vt* upokarzać, poniżać

hu·mor·ous [ˋhjumərəs] *adj* humorystyczny, zabawny, śmieszny

hu·mour [ˋhjumə(r)] *s* humor; nastrój; **out of ~** w złym nastroju <humorze>; *vt* dogadzać, pobłażać, folgować

hump [hʌmp] *s* garb; *pot.* chandra; *vt* zgarbić; wygiąć (w łuk)

hump·back [ˋhʌmpbæk] *s* garb; garbus

hun·dred [ˋhʌndrəd] *num* sto; *s* setka

hun·dredth [ˋhʌndrədθ] *adj* setny; *s* jedna setna

hung *zob.* **hang**

Hun·ga·ri·an [hʌŋˋgeərɪən] *adj* węgierski; *s* Węgier; język węgierski

hun·ger [ˋhʌŋgə(r)] *s* głód (**for sth** czegoś); *vi* głodować; pożądać (**after <for> sth** czegoś)

hun·gry [ˋhʌŋgrɪ] *adj* głodny, wygłodzony; **to be ~ for sth** pragnąć <pożądać> czegoś

hunt [hʌnt] *vt vi* polować (**animals** na zwierzynę); ścigać (**sb <for sb>** kogoś);poszukiwać (**after <for> sb, sth** kogoś, czegoś); *s* polowanie; pościg; poszukiwanie

hunt·ing [ˋhʌntɪŋ] *s* polowanie, pościg; *attr* myśliwski

hur·ri·cane [ˋhʌrɪkən] *s* huragan

hur·ry [ˋhʌrɪ] *s* pośpiech; *vt vi* przyspieszać, ponaglić; (*także* **~ up**) spieszyć się

***hurt** [hɜt] , **hurt, hurt** [hɜt] *vt vi* skaleczyć, zranić; zaszkodzić, uszkodzić; urazić, dotknąć; boleć; *s* skaleczenie, rana; ból; uszkodzenie, krzywda, szkoda, uraz (psychiczny)

hus·band [ˋhʌzbənd] *s* mąż, małżonek; *vt* oszczędnie gospodarować (**sth** czymś)

hush [hʌʃ] *vt vi* uciszyć; ucichnąć; **~ up** zataić, zatuszować; *s* cisza; *int* cicho! sza!

hut [hʌt] *s* chata, szałas

hy·dro·foil [ˋhaɪdrəfoil] *s* wodolot

hy·dro·gen [ˋhaɪdrədʒən] *s* *chem.* wodór

hy·dro·plane [ˋhaɪdrəpleɪn] *s* *lotn.* wodnopłat; hydroplan

hy·giene [ˋhaɪdʒin] *s* higiena

hymn [hɪm] *s* hymn

hyp·o·crite [ˋhɪpəkrɪt] *s* hipokryta

hy·poth·e·sis ['haɪˋpoθəsɪs] *s* (*pl* **hypotheses** ['haɪˋpoθəsiz]) hipoteza

hys·ter·ical [hɪˋsterɪkl] *adj* histeryczny

I

I [aɪ] *pron* ja

ice [aɪs] *s* lód

ice-cream [aɪsˋkrim] *s* lody

I'd [aɪd] = **I had; I should; I would**

i·de·a [aɪˋdɪə] *s* idea; pojęcie, myśl, pomysł; **I don't get the ~** nie rozumiem; **I have the <an> ~ that ...** mam wrażenie <wydaje mi się>, że ...

i·den·ti·ty [aɪˋdentətɪ] *s* identyczność, tożsamość; **~ card** dowód osobisty, legitymacja

id·i·om [ˋɪdɪəm] *s* idiom, wyrażenie idiomatyczne; język danego kraju; właściwość językowa, styl

id·i·ot [ˋɪdɪət] *s* idiota

id·i·ot·ic ['ɪdɪˋotɪk] *adj* idiotyczny

i·dol [ˋaɪdl] *s* bożyszcze, bożek

if [ɪf] *conj* jeżeli, jeśli, o ile; gdyby, jeśli by; *w zdaniach pytających zależnych:* czy; **I wonder if he is there** ciekaw jestem, czy on tam jest; **if I knew** gdybym wiedział; **if necessary** w razie potrzeby; **if not** w przeciwnym wypadku <razie>; **if so** w takim razie <wypadku>; **as if** jak gdyby

ig·ni·tion [ɪg`nɪʃn] *s* palenie się, zapalenie; zapłon

ig·no·rance [`ɪgnərəns] *s* ignorancja; nieznajomość (**of sth** czegoś)

ig·nore [ɪg`nɔ(r)] *vt* ignorować, nie zwracać uwagi, nie zważać

ill [ɪl] *adj* (*comp* **worse** [wɜs] , *sup* **worst** [wɜst]) zły, niedobry, szkodliwy; *praed* chory (**with sth** na coś); **to fall <get, be taken > ~** zachorować; *adv* źle; niedostatecznie, niewłaściwie; ledwo, z trudem; *s* zło

I'll [ɑɪl] = **I shall, I will**

il·le·gal [ɪ`ligl] *adj* bezprawny, nieprawny, nielegalny

il·lit·er·ate [ɪ`lɪtrət] *adj* niepiśmienny; *s* analfabeta

ill·ness [`ɪlnəs] *s* choroba

ill-tem·pered ['ɪl`tempəd] *adj* zły, rozdrażniony; o złym usposobieniu

il·lu·sion [ɪ`luʒn] *s* złudzenie, iluzja

il·lus·tra·tion ['ɪlə`streɪʃn] *s* ilustracja

I'm [ɑɪm] = **I am**

im·age [`ɪmɪdʒ] *s* obraz, podobizna, posąg; wyobrażenie

im·ag·i·na·tion [ɪ'mædʒɪ`neɪʃn] *s* imaginacja, wyobraźnia

im·ag·ine [ɪ`mædʒɪn] *vt* wyobrażać sobie; przypuszczać; mieć wrażenie

im·i·ta·tion ['ɪmɪ`teɪʃn] *s* imitacja, naśladownictwo

im·me·di·ate [ɪ`midɪət] *adj* bezpośredni; najbliższy; natychmiastowy; bezzwłoczny; pilny

im·me·di·ate·ly [ɪ`midɪətlɪ] *adv* bezpośrednio; natychmiast; tuż obok

im·merse [ɪ`mɜs] *vt* zanurzyć; pogrążyć

im·mi·grant [`ɪmɪgrənt] *s* imigrant; *adj* imigrujący

im·mi·grate [`ɪmɪgreɪt] *vi* imigrować

im·mor·al ['ɪ`morl] *adj* niemoralny

im·mune [ɪ`mjun] *adj* odporny (**from <against >sth** na coś); wolny (np. od obowiązku)

im·pact [`ɪmpækt] *s* uderzenie, zderzenie; wpływ, oddziaływanie

im·pair [ɪm`peə(r)] *vt* uszkodzić; osłabić, nadwątlić

im·par·tial [ɪm`pɑʃl] *adj* bezstronny

im·pa·tient [ɪm`peɪʃnt] *adj* niecierpliwy, zniecierpliwiony (**of sth** czymś)

im·per·a·tive [ɪm`perətɪv] *adj* rozkazujący; naglący, niezbędny; władczy; *s gram.* tryb rozkazujący

im·per·fect [ɪm`pɜfɪkt] *adj* niedoskonały; wadliwy; *gram.* niedokonany; *s gram.* czas przeszły niedokonany

im·pe·ri·al·ism [ɪm`pɪərɪəlɪzm] *s* imperializm

im·per·son·al [ɪm`pɜsnl] *adj* nieosobowy, bezosobowy

im·per·ti·nent [ɪm`pɜtɪnənt] *s* impertynencki; niestosowny, nie na miejscu

im·ple·ment [`ɪmpləmənt] *s* narzędzie, sprzęt; *pl* **~s** przybory

im·pli·cate [`ɪmplɪkeɪt] *vt* wplątać, uwikłać; włączać; pociągać za sobą; implikować

im·po·lite ['ɪmpə`lɑɪt] *adj* nieuprzejmy, niegrzeczny

im·port [ɪm`pɔt] *vi* importować; znaczyć, oznaczać; *s* [`ɪmpɔt] import; znaczenie, treść; doniosłość

im·por·tance [ɪm`pɔtns] *s* znaczenie, ważność

im·por·tant [ɪm`pɔtnt] *adj* ważny, znaczny, doniosły

im·pose [ɪm`pəʊz] *vt* nakładać, nakazywać, narzucać (**sth on sb** coś komuś); *vt* oszukiwać, naciągać (**on <upon> sb** kogoś)

im·pos·si·ble [ɪm`posəbl] *adj* niemożliwy

im·po·tence [`ɪmpətəns] *s* niemoc, impotencja; nieudolność

im·po·tent [`ɪmpətənt] *adj* bezsilny; nieudolny; *s* impotent

im·press [ɪm`pres] *vt* pozostawić, odcisnąć; zrobić <wywrzeć> wrażenie (**sb** na kimś); wryć (w pamięć); wpoić, zasugerować; rekwirować; *s* [`ɪmpres] odbicie, odcisk; piętno

im·pres·sion [ɪm`preʃn] *s* odbicie, odcisk; znak, piętno; wrażenie; *druk.* odbitka; nakład

im·pris·on [ɪm`prɪzn] *vt* uwięzić

im·prob·a·ble [ɪm`probəbl] *adj* nieprawdopodobny

im·prove [ɪm`pruv] *vt vi* poprawić <udoskonalić, ulepszyć> (się); upiększyć (**on <upon> sth** coś); podnieść (wartość, jakość itd.); zyskać na wartości <jakości itd.>

im·prove·ment [ɪm`pruvmənt] *s* poprawa; ulepszenie, udoskonalenie; podniesienie wartości <jakości itd.>

im·pu·dence [`ɪmpjʊdəns] *s* bezwstyd; zuchwalstwo, bezczelność

im·pulse [`ɪmpʌls] *s* impuls, bodziec, odruch

in [ɪn] *praep określa miejsce:* w, we, wewnątrz, na, do; *czas:* w ciągu, w czasie, za; **in a month** za miesiąc; **in the morning** rano; **in writing** na piśmie; *adv* w środku, wewnątrz, w domu; do środka, do wewnątrz <wnętrza>; **to be in** być wewnątrz <w domu>

in·a·bil·i·ty ['ɪnə`bɪlətɪ] *s* niezdolność, niemożność

in·ad·e·quate [ɪn`ædɪkwət] *adj* nieodpowiedni,niedostateczny

in·as·much ['ɪnəz`mʌtʃ] *adv w połączeniu z* **as: ~ as** o tyle, że; o tyle, o ile; jako że; ponieważ; wobec tego, że

in·born ['ɪn`bɔn] *adj* wrodzony

in·ca·pa·ble [ɪn`keɪpəbl] *adj* niezdolny (**of sth** do czegoś)

in·cen·tive [ɪn`sentɪv] *adj* podniecający; *s* podnieta, bodziec

in·cest [`ɪnsest] *s* kazirodztwo

inch [ɪntʃ] *s* cal; **by ~es** po trochu; **~ by ~** stopniowo

in·ci·dent [`ɪnsɪdənt] *adj* związany (**to sth** z czymś), wynikający (**to sth** z czegoś); *s* zajście, wypadek, incydent

in·ci·den·tal [ɪnsɪ`dentl] *adj* przypadkowy, przygodny, uboczny; związany (**to sth** z czymś), wynikający (**to sth** z czegoś)

in·cli·na·tion ['ɪnklɪ`neɪʃn] *s* nachylenie; pochyłość; skłonność

in·cline [ɪn`klaɪn] *vt vi* nachylać (się), przychylać (się), skłaniać (się); *s* [`ɪnklaɪn] nachylenie, pochyłość, stok

in·close [ɪn`kləʊz] = **enclose**

in·clude [ɪn`klud] *vt* włączać, zawierać

in·come [`ɪnkəm] *s* dochód

in·com·ing [ɪn`kʌmɪŋ] *adj* przybywający, nadchodzący; *s* nadejście, przybycie; dopływ; *pl* **~s** dochody, wpływy

in·com·pa·ra·ble [ɪn`kompərəbl] *adj* nie do porównania (**to** <**with**> **sb, sth** z kimś, czymś); niezrównany

in·com·pat·i·ble [ɪnkəm`pætəbl] *adj* nie dający się pogodzić, sprzeczny

in·com·plete ['ɪnkəm`plit] *adj* niepełny, nie zakończony; niedoskonały

in·com·pre·hen·si·ble ['ɪn'komprɪ`hensəbl] *adj* niezrozumiały

in·con·sist·ent ['ɪnkən`sɪstənt] *adj* niekonsekwentny; niezgodny, sprzeczny

in·con·ven·ient ['ɪnkən`vinɪənt] *adj* niewygodny; kłopotliwy, uciążliwy

in·cor·rect ['ɪnkə`rekt] *adj* nieprawidłowy, błędny, mylny, wadliwy; niestosowny

in·crease [ɪn`kris] *vt* zwiększać, wzmagać; podnosić, podwyższać; *vt* wzrastać; zwiększać się; *s* [`ɪnkris] wzrost, przyrost; powiększenie się; podwyżka

in·cred·i·ble [ɪn`kredəbl] *adj* niewiarygodny, nieprawdopodobny

in·cred·u·lous [ɪn`kredjʊləs] *adj* niedowierzający, nieufny

in·croach [ɪn`krəʊtʃ] = **encroach**

in·debt·ed [ɪn`detɪd] *adj* zadłużony; zobowiązany

in·deed [ɪn`did] *adv* rzeczywiście, faktycznie, naprawdę; *dla podkreślenia:* **I am very glad ~** ogromnie się cieszę; **yes, ~** jeszcze jak!; **~** bynajmniej!; żadną miarą!; *dla wyrażenia zdziwienia, oburzenia, ironii:* czyżby?; gdzież tam?!; nie ma mowy!

in·def·i·nite [ɪn`defnɪt] *adj* nieokreślony, niewyraźny, niejasny

in·de·pend·ence ['ɪndɪ`pendəns] *s* niezależność, niepodległość; **Independence Day** święto narodowe USA (4 lipca)

in·de·pend·ent ['ɪndɪ`pendənt] *adj* niezależny, niepodległy, niezawisły

in·dex [`ɪndeks] *s* (*pl* **~es** [`ɪndɪsiz]) wskaźnik; rejestr, indeks; palec wskazujący

In·di·an [`ɪndɪən] *adj* indyjski, hinduski; indiański; **~ summer** babie lato; *s* Indianin; Hindus

in·di·cate [`ɪndɪkeɪt] *vt* wskazywać (**sth** coś <na coś>), oznaczać; wykazywać; zalecać

in·dif·fer·ence [ɪn`dɪfrəns] *s* obojętność; marność

in·dif·fer·ent [ɪn`dɪfrənt] *adj* obo-jętny (**to sb, sth** dla kogoś, na coś), marny

in·di·ges·tion ['ɪndɪ`dʒestʃn] *s* niestrawność

in·dig·nant [ɪn`dɪgnənt] *adj* oburzony (**with sb** na kogoś, **at sth** na coś)

in·di·rect ['ɪndɪ`rekt] *adj* pośredni; nieuczciwy, wykrętny; okrężny; *gram.* zależny

in·dis·creet ['ɪndɪ`skrit] *adj* niedyskretny; nieroztropny; nieostrożny

in·dis·pen·sa·ble ['ɪndɪ`spensəbl] *adj* niezbędny, konieczny, niezastąpiony

in·dis·po·si·tion ['ɪn'dɪspə`zɪʃn] *s* niedyspozycja; niechęć

in·di·vid·u·al ['ɪndɪ`vɪdʒʊəl] *adj* indywidualny; pojedynczy; poszczególny; *s* jednostka; indywiduum

in·do·lence [`ındələns] *s* lenistwo, opieszałość

In·do·ne·sian ['ındəʊ`nizıən] *adj* indonezyjski; *s* Idonezyjczyk

in·door [`ındɔ(r)] *adj* znajdujący się <robiony> w domu, domowy

in·doors [ın`dɔz] *adv* w <wewnątrz> domu; pod dachem; (wchodzić) do domu

in·duce [ın`djus] *vt* skłonić, namówić; wnioskować; wywołać, powodować

in·dulge [ın`dʌldʒ] *vt* pobłażać, dogadzać, folgować (**sb in sth** komuś w czymś); *vi* oddawać się (**in sth** czemuś), zażywać (**in sth** czegoś)

in·dul·gent [ın`dʌldʒənt] *adj* pobłażliwy, ulegający

in·dus·tri·al [ın`dʌstrıəl] *adj* przemysłowy

in·dus·tri·ous [ın`dʌstrıəs] *adj* pracowity, skrzętny

in·dus·try [`ındəstrı] *s* przemysł; pracowitość, skrzętność

in·ed·i·ble [ın`edəbl] *adj* niejadalny

in·ef·fec·tive ['ını`fektıv] *adj* bezskuteczny, daremny; nieefektywny

in·ef·fi·cient ['ını`fıʃnt] *adj* nieudolny; niewydajny, nieefektywny

in·ept [ı`nept] *adj* niedorzeczny, głupi; nie na miejscu; nietrafny

in·e·qual·i·ty ['ını`kwolətı] *s* nierówność

in·ert [ı`nɜt] *adj* bezwładny; bez ruchu; *chem.* obojętny

in·er·tia [ı`nɜʃə] *s* bezwład, bezczynność, inercja; *fiz.* bezwładność

in·ev·i·ta·ble [ın`evıtəbl] *adj* nieunikniony

in·fant [`ınfənt] *s* niemowlę; dziecko (do 7 lat); **~ school** przedszkole

in·fan·try [`ınfəntrı] *s wojsk.* piechota

in·fat·u·ate [ın`fætʃʊeıt] *vt* pozbawić rozsądku, zawrócić głowę, zaślepić; rozkochać; **to be ~d** mieć zawróconą głowę, szaleć (**with sb, sth** za kimś, czymś)

in·fect [ın`fekt] *vt* zarazić; zakazać; zatruć

in·fec·tion [ın`fekʃn] *s* zaraza; zakażenie; zatruwanie

in·fer [ın`fɜ(r)] *vt* wnioskować; zawierać <nasuwać> pojęcie (**sth** czegoś)

in·fe·ri·or [ın`fıərıə(r)] *adj* niższy, gorszy (**to sb, sth** od kogoś, czegoś); *s* podwładny

in·fe·ri·or·i·ty ['ınfıərı`orətı] *s* niższość, słabość; **~ complex** kompleks niższości

in·fi·nite [`ınfənıt] *adj* nieograniczony, nieskończony; niezliczony

in·fin·i·ty [ın`fınətı] *s* (*także mat.*) nieskończoność; bezkres

in·flam·ma·ble [ın`flæməbl] *adj* zapalny, łatwo palny; *przen.* zapalczywy; *s* materiał łatwo palny

in·flam·ma·tion ['ınflə`meıʃn] *s med.* zapalenie

in·flate [ın`fleıt] *vt* wydymać, nadymać; napompować (dętkę itp.); podnosić (np. ceny)

in·fla·tion [ın`fleıʃn] *s* nadymanie, napompowanie; *fin.* inflacja

in·flu·ence [`ınfluəns] *s* wpływ; działanie, oddziaływanie; *vt* wpływać <działać, oddziaływać> (**sb, sth** na kogoś, coś)

in·form [ın`fɔm] *vt* informować, zawiadomić (**sb of sth** kogoś o czymś); natchnąć (**sb with sth** kogoś czymś)

in·for·mal [ın`fɔml] *adj* nieoficjalny, swobodny; nieformalny

in·for·ma·tion ['ınfə`meıʃn] *s* informacja, wiadomość; doniesienie, denuncjacja; **a piece of ~** wiadomość

in·form·a·tive [ın`fɔmətıv] *adj* informacyjny; pouczający

in·fringe [ın`frındʒ] *vt* naruszyć, przekroczyć (*także vi* **~ on<upon> sth** coś)

in·fu·ri·ate [ın`fjuərıeıt] *vt* doprowadzać do szału, rozjuszyć

in·gen·ious [ın`dʒinıəs] *adj* pomysłowy, wynalazczy

in·gen·u·ous [ın`dʒenjuəs] *adj* otwarty, szczery; niewinny, naiwny

in·gre·di·ent [ın`gridıənt] *s* składnik

in·hab·it [ın`hæbıt] *vt* zamieszkiwać

in·hab·it·ant [ın`hæbıtənt] *s* mieszkaniec

in·hale [ın`heıl] *vt* wdychać, wchłaniać, wciągać (np. zapach)

in·her·it·ance [ın`herıtəns] *s* dziedzictwo, spadek, spuścizna

in·hi·bi·tion ['ını`bıʃn] *s* zahamowanie, powstrzymanie; zakaz; hamulec (psychiczny)

in·hu·man [ın`hjumən] *adj* nieludzki

in·hu·mane ['ınhju`meın] *adj* niehumanitarny

in·i·ti·ate [ı`nıʃıeıt] *vt* inicjować, zapoczątkować; wprowadzać <wtajemniczać, wdrażać> (**sb into sth** kogoś w coś)

in·i·ti·a·tive [ı`nıʃətıv] *adj* początkowy, wstępny; *s* inicjatywa; przedsiębiorczość; **on one's ~** z czyjejś inicjatywy

in·jec·tion [ɪn`dʒekʃn] *s* zastrzyk

in·jure [`ɪndʒə(r)] *vt* uszkodzić; skrzywdzić; skaleczyć, zranić

in·ju·ry [`ɪndʒərɪ] *s* uszkodzenie; krzywda, szkoda

in·jus·tice [ɪn`dʒʌstɪs] *s* niesprawiedliwość

ink [ɪŋk] *s* atrament; farba drukarska; *vt* plamić, znaczyć atramentem; powlekać farbą drukarską

in·laid [ɪn`leɪd] *adj* wyłożony (czymś), inkrustowany

in·most [`ɪnməʊst] *adj* ukryty <utajony> w głębi; najskrytszy

inn [ɪn] *s* gospoda, zajazd

in·nate [ɪ`neɪt] *adj* wrodzony, przyrodzony

in·ner [`ɪnə(r)] *adj* wewnętrzny

in·ner·most [`ɪnəməʊst] = **inmost**

in·no·cence [`ɪnəsns] *s* niewinność; prostoduszność, naiwność; nieszkodliwość

in·no·cent [`ɪnəsnt] *adj* niewinny; prostoduszny, naiwny; *s* niewiniątko; półgłówek

in·no·va·tion ['ɪnə`veɪʃn] *s* innowacja

in·oc·u·late [ɪ`nokjʊleɪt] *vt* szczepić, zaszczepiać

in·quire [ɪn`kwaɪə(r)] *vi* pytać <informować> się (**about <after, for> sth** o coś); dowiadywać się (**of sb** od kogoś); badać, śledzić (**into sth** coś); dochodzić, dociekać (**into sth** czegoś); *vt* pytać (**sth** o coś)

in·quir·y [ɪn`kwaɪərɪ] *s* pytanie; badanie, śledztwo; zasięganie informacji; **to make inquiries** zasięgać informacji

in·quis·i·tive [ɪn`kwɪzətɪv] *adj* ciekawy, wścibski

in·sane [ɪn`seɪn] *adj* umysłowo chory, obłąkany

in·scrip·tion [ɪn`skrɪpʃn] *s* napis; dedykacja

in·sect [`ɪnsekt] *s* owad, insekt

in·sert [ɪn`sɜt] *vt* wstawić, włożyć, wsunąć, wprowadzić; zamieścić

in·ser·tion [ɪn`sɜʃn] *s* wstawka, wkładka; wstawienie, włożenie, wsunięcie; ogłoszenie (w gazecie); dopisek

in·set [`ɪnset] *s* wstawka, wkładka; *vt* ['ɪn`set] wstawić, wkleić

in·side [ɪn`saɪd] *s* wnętrze; **~ out** wewnętrzną stroną na wierzch; na lewą stronę; *adj attr* wewnętrzny; *adv i praep* wewnątrz, do wnętrza

in·sight [`ɪnsaɪt] *s* wgląd (**into sth** w coś); intuicja

in·sin·u·ate [ɪn`sɪnjʊeɪt] *vt* insynuować; *vr* **~ oneself** wkraść <wśliznąć> się

in·sip·id [ɪn`sɪpɪd] *adj* bez smaku, mdły; tępy (umysłowo); bezbarwny

in·sist [ɪn`sɪst] *vi* nalegać; upierać się, obstawać; kłaść nacisk; domagać się (**on <upon> sth** czegoś)

in·sist·ence [ɪn`sɪstəns] *s* naleganie; uporczywość; domaganie się

in·so·lence [`ɪnsələns] *s* zuchwalstwo, bezczelność

in·som·ni·a [ɪn`somnɪə] *s* bezsenność

in·so·much ['ɪnsəʊ`mʌtʃ] *adv* o tyle, do tego stopnia

in·spect [ɪn`spekt] *vt* doglądać, dozorować; badać, kontrolować; wizytować

in·spi·ra·tion ['ɪnspə`reɪʃn] *s* natchnienie; wdech

in·spire [ɪn`spɑɪə(r)] *vt* natchnąć, pobudzić (**sb with sth** kogoś do czegoś); inspirować (**sb with sth** kogoś czymś)

in·stall [ɪn`stɔl] *vt* wprowadzać na urząd; instalować, urządzać

in·stal·la·tion ['ɪnstə`leɪʃn] *s* wprowadzenie na urząd; instalacja, urządzenie

in·stall·ment [ɪn`stɔlmənt] *s* rata; felieton; odcinek (powieści)

in·stance [`ɪnstəns] *s* wypadek; przykład; instancja; naleganie, żądanie; **for ~** na przykład

in·stant [`ɪnstənt] *adj* natychmiastowy, nagły, naglący; bieżący (miesiąc); *s* chwila

in·stant·ly [`ɪnstəntlɪ] *adv* natychmiast

in·stead [ɪn`sted] *adv* na miejsce <zamiast> tego; *praep* **~ of** zamiast <w miejsce> (**sb, sth** kogoś, czegoś)

in·stinct [`ɪnstɪŋkt] *s* instynkt; *adj* ożywiony <przepojony> (czymś)

in·stinc·tive [ɪn`stɪŋktɪv] *adj* instynktowny

in·sti·tu·tion ['ɪnstɪ`tjuʃn] *s* instytucja, zakład; związek, towarzystwo; ustanowienie, założenie

in·struct [ɪn`strʌkt] *vt* instruować, informować; zlecać; uczyć (**in sth** czegoś)

in·struc·tion [ɪn`strʌkʃn] *s* instrukcja; wskazówka; polecenie; nauka, szkolenie

in·stru·ment [`ɪnstrʊmənt] *s* instrument; przyrząd, aparat; *dosł. i przen.* narzędzie

in·sult [ɪn`sʌlt] *vt* lżyć, znieważać, obrażać; *s* [`ɪnsʌlt] obraza, zniewaga

in·sur·ance [ɪn`ʃʊərns] *s* ubezpieczenie

in·sure [ɪn`ʃʊə(r)] *vt vi* ubezpieczać (się)

in·tact [ɪn`tækt] *adj* nietknięty, nienaruszony, dziewiczy

in·teg·ri·ty [ɪn`tegrətɪ] *s* integralność; rzetelność, prawość

in·tel·lect [`ɪntəlekt] *s* intelekt, umysł

in·tel·lec·tu·al ['ɪntə`lektʃʊəl] *adj* intelektualny, umysłowy; *s* intelektualista

in·tel·li·gence [ɪn`telɪdʒəns] *s* inteligencja; informacja; wywiad; ~ **service** służba wywiadowcza

in·tel·li·gent [ɪn`telɪdʒənt] *adj* inteligentny

in·tend [ɪn`tend] *vt* zamierzać, zamyślać; przeznaczać; mieć na myśli <na celu>; chcieć

in·ten·si·fy [ɪn`tensɪfaɪ] *vt vi* wzmocnić (się), napiąć, pogłębiać (się), wzmagać (się)

in·ten·si·ty [ɪn`tensətɪ] *s* intensywność

in·ten·tion [ɪn`tenʃn] *s* zamiar, cel

in·ten·tion·al [ɪn`tenʃnl] *adj* celowy, umyślny

in·ter·act ['ɪntər`ækt] *vi* oddziaływać (na siebie) wzajemnie

in·ter·course [`ɪntəkɔs] *s* obcowanie, stosunek (seksualny), związek

in·ter·est [`ɪntrəst] *s* interes, zysk, udział (np. w zyskach); dobro (publiczne itd.); *handl.* odsetki; zainteresowanie; **to take an ~** interesować się (**in sth** czymś); *vt* interesować; *vr* **~ oneself** interesować się (**in sth** czymś)

in·ter·est·ing [`ɪntrəstɪŋ] *ppraes i adj* interesujący, zajmujący, ciekawy

in·ter·fere ['ɪntə`fɪə(r)] *vi* mieszać <wtrącać> się (**with sth** w coś); przeszkadzać (**with sth** czemuś), kolidować

in·ter·fer·ence ['ɪntə`fɪərns] *s* mieszanie <wtrącanie> się, ingerencja, wkraczanie; przeszkoda, kolizja

in·te·ri·or [ɪn`tɪərɪə(r)] *adj* wewnętrzny; ~ **design** architektura wnętrz; *s* wnętrze; środek < głąb> kraju

in·ter·jec·tion ['ɪntə`dʒekʃn] *s* okrzyk; *gram.* wykrzyknik

in·ter·me·di·ate ['ɪntə`midɪət] *adj* pośredni; *s* etap <produkt itd.> pośredni; stadium pośrednie

in·ter·mis·sion ['ɪntə`mɪʃn] *s* przerwa, pauza

in·ter·nal [ɪn`tɜnl] *adj* wewnętrzny; krajowy, domowy

in·ter·na·tion·al ['ɪntə`næʃnl] *adj* międzynarodowy; **the International** Międzynarodówka

in·ter·pret [ɪn`tɜprɪt] *vt* tłumaczyć, objaśniać; interpretować; *vi* tłumaczyć ustnie (np. na odczycie)

in·ter·pre·ta·tion [ɪn'tɜprɪ`teɪʃn] *s* tłumaczenie; objaśnienie, interpretacja

in·ter·pret·er [ɪn`tɜprɪtə(r)] *s* tłumacz (ustny)

in·ter·ro·gate [ɪn`terəgeɪt] *vt* pytać, indagować, przesłuchiwać

in·ter·rupt ['ɪntə`rʌpt] *vt* przerywać

in·ter·val [`ɪntəvl] *s* przerwa, odstęp; *muz.* interwał; **at ~s** z przerwami, tu i ówdzie

in·ter·vene ['ɪntə`vin] *vi* interweniować; ingerować <wdawać się, wkraczać> (w coś); wydarzyć się; upłynąć

in·ter·ven·tion ['ɪntə`venʃn] *s* interwencja, wkroczenie (w coś)

in·ter·view [`ɪntəvju] *s* wywiad (*zw.* dziennikarski); *vt* przeprowadzić wywiad (**sb** z kimś)

in·tes·tine [ɪn`testɪn] *adj* wewnętrzny; *s pl* **~s** wnętrzności, jelita

in·ti·mate [`ɪntɪmət] *adj* poufały, intymny; *vt* [`ɪntɪmeɪt] podać do wiadomości; dać do zrozumienia

in·tim·i·date [ɪn`tɪmɪdeɪt] *vt* zastraszyć, onieśmielić

in·to [`ɪntu, `ɪntə] *praep dla oznaczenia ruchu i kierunku:* w, do; **far ~ the night** do późna w nocy; *dla oznaczenia przemiany i podziału:* na, w; **to turn ~ gold** zmienić w złoto

in·to·na·tion ['ɪntə`neɪʃn] *s* intonacja

in·tox·i·ca·tion [ɪn'toksɪ`keɪʃn] *s* odurzenie, upicie; *med.* zatrucie

in·tra·ve·nous ['ɪntrə`vinəs] *adj* dożylny

in·tri·cate [`ɪntrɪkət] *adj* skomplikowany, zawiły

in·trigue [ɪn`trig] *s* intryga; *vt vi* intrygować

in·tro·duce ['ɪntrə`djus] *vt* wprowadzić; przedstawić (**sb to sb** kogoś komuś); przedłożyć (np. wniosek)

in·tro·duc·tion ['ɪntrə`dʌkʃn] *s* wprowadzenie; przedstawienie; przedłożenie; wstęp, przedmowa

in·trude [ɪn`trud] *vi* wtrącać się <wkraczać> (**into sth** do czegoś); przeszkadzać, narzucać się (**on <upon> sb** komuś); zakłócać (**on <upon> sth** coś); *vt* narzucać (**sth on sb** komuś coś)

in·tru·sion [ɪn`truʒn] *s* bezprawne wkroczenie <wtargnięcie> (w coś

<gdzieś>); narzucanie (się); wciśnięcie

in·tu·i·tion ['ɪntjʊ`ɪʃn] *s* intuicja

in·tu·i·tive [ɪn`tjuɪtɪv] *adj* intuicyjny

in·vade [ɪn`veɪd] *vt* najechać, wtargnąć (**a country** do kraju)

in·va·lid 1. [`ɪnvəlɪd] *adj* chory, ułomny; *s* człowiek chory, kaleka, inwalida

in·va·lid 2. [ɪn`vælɪd] *adj* nieważny, nieprawomocny

in·val·i·date [ɪn`vælɪdeɪt] *vt* unieważnić

in·va·sion [ɪn`veɪʒn] *s* inwazja

in·vent [ɪn`vent] *vt* wynajdować, wymyślić; zmyślić

in·ven·tion [ɪn`venʃn] *s* wynalazek; wymysł

in·ven·to·ry [`ɪnvəntrɪ] *s* inwentarz; spis, wykaz

in·vest [ɪn`vest] *vt* odziewać, ubierać (**in sth** w coś); otaczać (**with sth** czymś); inwestować, wkładać; wyposażyć

in·ves·ti·gate [ɪn`vestɪgeɪt] *vt* badać; dochodzić <dociekać> (**sth** czegoś); prowadzić śledztwo

in·ves·ti·ga·tion [ɪn'vestɪ`geɪʃn] *s* badanie, dociekanie, śledztwo

in·vest·ment [ɪn`vestmənt] *s* inwestycja, lokata

in·vis·i·ble [ɪn`vɪzəbl] *adj* niewidzialny, niewidoczny

in·vi·ta·tion ['ɪnvɪ`teɪʃn] *s* zaproszenie

in·vite [ɪn`vaɪt] *vt* zapraszać; zachęcać (**sth** do czegoś); wywoływać, powodować

in·volve [ɪn`volv] *vt* obejmować; wciągać, pociągać za sobą; wmieszać, uwikłać; gmatwać

in·ward [`ɪnwəd] *adj* wewnętrzny; duchowy; skierowany do wewnątrz; *adv* (*także* **~s**) do wnętrza, w głąb; w duchu

i·o·dine [`aɪədin] *s chem.* jod; *pot.* jodyna

I·ra·ni·an [ɪ`reɪnɪən] *adj* irański, perski; *s* Irańczyk, Pers

I·rish [`aɪərɪʃ] *adj* irlandzki

I·rish·man [`aɪərɪʃmən] (*pl* **Irishmen** [`aɪərɪʃmən]) *s* Irlandczyk

i·ron [`aɪən] *s* żelazo; żelazko (do prasowania); *pl* **~s** kajdanki; *vt* okuć, podkuć; prasować (np. bieliznę); zakuć w kajdany

i·ron·ic(al) [aɪ`ronɪk(l)] *adj* ironiczny

ir·reg·u·lar [ɪ`regjʊlə(r)] *adj* nieregularny, nieprawidłowy, nierówny

ir·rel·e·vant [ɪ`reləvənt] *adj* nie należący do rzeczy, nie mający związku z tematem

ir·re·spec·tive ['ɪrɪ`spektɪv] *adj* nie biorący pod uwagę; niezależny; *adv* niezależnie; **~**

of bez względu na, niezależnie od

ir·ri·tate [`ırıteıt] *vt* irytować, rozdrażniać

ir·ri·ta·tion ['ırı`teıʃn] *s* irytacja, rozdrażnienie

is [ız] *zob.* **be**

is·land [`aılənd] *s* wyspa

isle [aıl] *s* wyspa

isn't [ıznt] = **is not;** *zob.* **be**

i·so·late [`aısəleıt] *vt* izolować, wyodrębnić (**from sth** od czegoś)

i·so·la·tion ['aısə`leıʃn] *s* izolacja, odosobnienie

Is·rae·li [ız`reılı] *s* Izraelczyk; *adj* izraelski

is·sue [`ıʃu] *s* wyjście; wynik; potomstwo; kwestia; emisja; nakład, wydanie; **in the ~** w końcu; **matter at ~** sprawa sporna; **to join <take>~** zacząć się spierać; *vt* wypuszczać; wydawać; emitować; *vi* wychodzić; wypadać; pochodzić; wynikać

it [ıt] *pron* ono, to; (*gdy zastępuje rzeczowniki nieżywotne i nazwy zwierząt*) on, ona

I·tal·ian [ı`tælıən] *adj* włoski; *s* Włoch; język włoski

itch [ıtʃ] *vi* swędzić; *s* swędzenie; *med.* świeżb; *pot.* chętka

i·tem [`aıtəm] *s* przedmiot; punkt; szczegół; pozycja (w rachunku itd.); *adv* podobnie, tak samo

i·tem·ize [`aıtəmaız] *vt* wyszczególniać

i·tin·er·ar·y [aı`tınərərı] *adj* wędrowny; *s* trasa podróży

its [ıts] *pron* (*w odniesieniu do dziecka, zwierząt i rzeczy*) jego, jej, swój

it's [ıts] = **it is;** *zob.* **be**

it·self [ıt`self] *pron* samo, sobie, siebie, się; **by ~** samo (jedno)

I've [aıv] = **I have**

i·vo·ry [`aıvrı] *s* kość słoniowa

J

Jack, jack [dʒæk] *s zdrob.* od **John** Jaś; chłopak; **Union Jack** narodowa flaga brytyjska; **everyman jack** każdy bez wyjątku

jack·et [`dʒækıt] *s* marynarka, żakiet, kurtka; obwoluta

jail [dʒeıl] *s am.* więzienie

jam 1. [dʒæm] *s* dżem, konfitura

jam 2. [dʒæm] *vt* wciskać; stłoczyć; zatykać, blokować; zagłuszać (transmisję radiową); *vi* zaciąć się; *s* ścisk; zator; zacięcie się

jam·bo·ree ['dʒæmbə`ri] *s* zlot harcerski; jamboree

jan·i·tor [`dʒænɪtə(r)] *s* odźwierny, dozorca, portier

Jan·u·ar·y [`dʒænjʊərɪ] *s* styczeń

Jap·a·nese ['dʒæpə`niz] *adj* japoński; *s* Japończyk; język japoński

jar [dʒɑ(r)] *s* słój, słoik, dzban

jaun·dice [`dʒɔndɪs] *s med.* żółtaczka; *przen.* zazdrość, zawiść

jave·lin [`dʒævlɪn] *s sport* oszczep

jaw [dʒɔ] *s* szczęka

jazz [dʒæz] *s* jazz; muzyka jazzowa

jeal·ous [`dʒeləs] *adj* zazdrosny (**of sb, sth** o kogoś, coś), zawistny

jel·ly [`dʒelɪ] *s* galareta, kisiel

jerk [dʒɜk] *vi* szarpnąć się; cisnąć, pchnąć; *s* szarpnięcie, pchnięcie; skurcz, drgawka

jer·sey [`dʒɜzɪ] *s* sweter, golf

jet [dʒet] *s* struga, wytrysk; dysza; odrzutowiec; *adj attr* odrzutowy; *vt vi* tryskać **~ lag** uczucie zmęczenia, wywołane długą podróżą lotniczą i zmianą strefy czasu

jet-plane [`dʒetpleɪn] *s* odrzutowiec

Jew [dʒu] *s* Żyd

jew·el [`dʒuəl] *s* klejnot; *vt* zdobić klejnotami

jew·el·ler·y [`dʒuəlrɪ] *s* biżuteria; sprzedaż biżuterii

Jew·ess [dʒu`es] *s* Żydówka

Jew·ish [`dʒuɪʃ] *adj* żydowski

jin·gle [`dʒɪŋgl] *vt vi* dźwięczeć, brzęczeć, pobrzękiwać; *s* dzwonienie, brzęk, dźwięczenie

job [dʒob] *s* robota, zajęcie, praca; sprawa; interes; **by the ~** na akord; **odd ~s** okazyjna <dorywcza> praca

jog [dʒog] *vt* potrącać, popychać; *vi* (*zw.* **~ on <along>**) posuwać się <jechać> naprzód; *s* popchnięcie; wolny kłus

join [dʒɔɪn] *vt vi* połączyć, przyłączyć (się) (**sb** do kogoś); związać (się), zetknąć się; **to ~ hands** wziąć się za ręce; przystąpić do wspólnego dzieła

joint [dʒɔɪnt] *adj* łączny, wspólny; *s* połączenie, spojenie; pieczeń, udziec; *anat.* staw; **out of ~** zwichnięty; *vt* złożyć, zestawić; rozczłonkować

joint-stock ['dʒɔɪnt`stok] *adj attr* **~ company** spółka akcyjna

joke [dʒəʊk] *s* żart, dowcip; **to crack a ~** *pot.* palnąć dowcip;

vi żartować (**about <at> sb, sth** z kogoś, czegoś)

jol·ly [`dʒolɪ] *adj* wesoły; podochocony; przyjemny; *pot.* nie lada; *adv pot.* bardzo, szalenie

jour·nal [`dʒɜnl] *s* dziennik; żurnal

jour·nal·ist [`dʒɜnlɪst] *s* dziennikarz

jour·ney [`dʒɜnɪ] *s* podróż (*zw.* lądowa); *vi* podróżować

joy [dʒɔɪ] *s* radość, uciecha; *vt vi* radować (się)

joy·ful [`dʒɔɪfl] *adj* radosny

judge [dʒʌdʒ] *vt vi* sądzić, osądzać; uważać; *s* sędzia

judge·ment [`dʒʌdʒmənt] *s* sąd; wyrok; osąd; opinia, zdanie; rozsądek; **to pass ~** wyrokować, osądzać (**on <upon> sb, sth** kogoś, coś)

jug [dʒʌg] *s* dzban, garnek; *pot.* (*o więzieniu*) paka

juice [dʒus] *s* sok; *przen.* treść, istota

Ju·ly [dʒu`lɑɪ] *s* lipiec

jump [dʒʌmp] *vi* skakać, podskakiwać; skoczyć <napaść> (**on <upon> sb** na kogoś); **to ~ to a conclusion** wyciągnąć pochopny wniosek; *vt* przeskoczyć; skok, podskok

jump·er [`dʒʌmpə(r)] *s* damska bluzka; damski sweterek

June [dʒun] *s* czerwiec

jun·gle [`dʒʌŋgl] *s* dżungla

jun·ior [`dʒunɪə(r)] *adj* młodszy (wiekiem, stanowiskiem); *s* junior; młodszy student <uczeń>; podwładny

junk [dʒʌŋk] *s zbior. pot.* rupiecie, złom; *przen.* nonsens

jury [`dʒʊərɪ] *s* sąd przysięgłych; jury

just [dʒʌst] *adj* sprawiedliwy; słuszny; właściwy; *adv* właśnie; w sam raz; po prostu; zaledwie

jus·tice [`dʒʌstɪs] *s* sprawiedliwość; (*w tytułach*) sędzia

jus·ti·fy [`dʒʌstɪfɑɪ] *vt* usprawiedliwić; uzasadnić

ju·ve·nile [`dʒuvənɑɪl] *adj* młodzieńczy, młodociany, małoletni; *s* młodzieniec, wyrostek

K

kan·ga·roo ['kæŋgə`ru] *s zool.* kangur

keen [kin] *adj* ostry; tnący; zapalony, gwałtownie pożądający (**on sth** czegoś); bystry, żywy; *pot.* **to be ~ on sb, sth** przepadać za kimś, czymś

***keep** [kip] , **kept, kept** [kept] *vt* trzymać (się); utrzymywać; dotrzymywać; przechowywać; przestrzegać (np. zasady); pilnować; hodować; zachowywać (pozory, tajemnicę); chronić (**sb from sth** kogoś przed czymś); *z imiesłowem:* **to ~ sb waiting** kazać komuś czekać; *vi* trzymać <mieć> się; ściśle stosować się (**at <to> sth** do czegoś); pozostawać; zachowywać się; stale <wciąż> coś robić; uporczywie kontynuować (**at sth** coś); **to ~ clear** trzymać się z dala (**of sth** od czegoś); **to ~ to the right** iść <jechać, płynąć> na prawo; **to ~ smiling** stale się uśmiechać, zachowywać pogodę ducha; *z przysłówkami:* **~ away** trzymać (się) z dala; nie dawać się zbliżyć; **~ off** trzymać (się) na uboczu, nie dopuszczać; **~ on** kontynuować; **he ~s on working** on w dalszym ciągu pracuje; **~ up** podtrzymywać; trzymać do góry; utrzymywać (się); trzymać (się) na odpowiednim poziomie; nie tracić ducha; dotrzymywać kroku (**with sb** komuś), nadążać

keep·sake [`kipseɪk] *s* upominek, pamiątka

ken·nel [`kenl] *s* psia buda; psiarnia

kept *zob.* **keep**

kerb [kɜb] *s* krawężnik

ker·chief [`kɜtʃɪf] *s* chustka (na głowę)

ker·nel [`kɜnl] *s* jądro <ziarno> (owocu); sedno (sprawy)

ket·tle [`ketl] *s* kocioł; imbryk

key [ki] *s* klucz; klawisz; *arch.* klin; *muz.* klucz, tonacja

key·board [`kibɔd] *s także komp.* klawiatura

kick [kɪk] *vt vi* kopać, wierzgać; *pot.* buntować się, opierać się (**against <at >sth** czemuś); *s* kopniak; uderzenie; protest

kid [kɪd] *s* koźlę; skóra koźla; *pot.* dziecko, smyk

kid·nap [`kɪdnæp] *vt* porywać (dziecko), uprowadzić

kid·nap·per [`kɪdnæpə(r)] *s* kidnaper

kid·ney [`kɪdnɪ] *s* nerka

kill [kɪl] *vt* zabijać

kil·o·gramme [`kɪləgræm] *s* kilogram

kil·o·me·tre [`kɪləmitə(r)] *s* kilometr

kind [kaɪnd] *s* rodzaj; gatunek; natura; jakość; **a ~ of** coś w rodzaju; **nothing of the ~** nic podobnego; **what ~ of ...?** jakiego rodzaju ...?, co za ...?; *adj* miły, uprzejmy, łaskawy; **very ~ of you** bardzo uprzejmie z pańskiej <twojej> strony; *adv* *pot.* ~ **of** poniekąd, do pewnego stopnia

kin·der·gar·ten [`kındəgatn] *s* przedszkole

kind·ly [`kaındlı] *adj* dobry, uczynny, miły

kind·ness [`kaındnəs] *s* uprzejmość, dobroć; przysługa

king [kıŋ] *s* król

kiss [kıs] *s* pocałunek; *vt vi* całować (się)

kit [kıt] *s* wyposażenie, ekwipunek; komplet narzędzi

kitch·en [`kıtʃın] *s* kuchnia; ~ **garden** ogród warzywny

kite [kaıt] *s* latawiec; **to fly a** ~ puszczać latawca

knack [næk] *s* sztuka (robienia czegoś), spryt, zręczność

knap·sack [`næpsæk] *s* plecak

knee [ni] *s* kolano

***kneel** [nil] , **knelt, knelt** [nelt] *vi* klękać, klęczeć

knew *zob.* **know**

knife [naıf] *s* (*pl* **knives** [naıvz]) nóż

knight [naıt] *s* rycerz; kawaler orderu; *vt* nadać szlachectwo <tytuł, order>

***knit, knit, knit** [nıt] *lub* **knitted, knitted** [`nıtıd] *vt* robić na drutach; łączyć; ściągać (brwi)

knives *zob.* **knife**

knob [nob] *s* gałka; guz; sęk; kawałek

knock [nok] *vi* pukać, stukać (**at the door** do drzwi), uderzyć się (**against sth** o coś); *vt* uderzyć, walnąć; ~ **down** powalić, zwalić z nóg; przejechać (kogoś); ~ **off** strącić; strzepnąć; potrącić (sumę pieniężną); skończyć (pracę); ~ **out** wybić, wytrząsnąć; pokonać; ~ **over** przewrócić; *s* stuk, uderzenie

knock-out [`nokaʊt] *s* nokaut (w boksie)

knot [not] *s* węzeł, pętla; guz, narośl; *przen.* powikłanie; *vt* robić węzeł; wiązać

***know** [nəʊ] , **knew** [nju], **known** [nəʊn] *vt vi* znać; rozpoznać, poznać; wiedzieć (**about sb, sth** o kimś, czymś); zaznać (czegoś); umieć, potrafić (coś zrobić); **to get to** ~ dowiedzieć się

knowl·edge [`nolıdʒ] *s* wiedza, znajomość; wiadomość, świadomość; **to my** ~ o ile mi wiadomo

known *zob.* **know**

knuck·le [`nʌkl] *s* kostka (palca)

L

la·bel [`leɪbl] *s* napis, naklejka, etykieta; *vt* nakleić etykietę <nalepkę, naklejkę>; *przen.* określić (mianem), nazwać

la·bor·a·to·ry [lə`borətrɪ] *s* laboratorium, pracownia

la·bour [`leɪbə(r)] *s* praca, trud; świat pracy; siła robocza; bóle porodowe, poród; *vi* ciężko pracować, mozolić się (**at sth** nad czymś)

lab·y·rinth [`læbərɪnθ] *s* labirynt

lace [leɪs] *s* lamówka; sznurowadło; koronka; *vt* sznurować; obszyć lamówką; ozdobić koronką

lack [læk] *s* brak, niedostatek; **for ~** z braku; *vt vi* brakować; odczuwać brak, nie posiadać; **I ~ money** brak mi pieniędzy

lad·der [`lædə(r)] *s* drabina; spuszczone oczko (w pończosze); *przen.* drabina społeczna; *vi* (*o pończosze*) puszczać oczko

la·dy [`leɪdɪ] *s* dama, pani; tytuł szlachecki; **lady's <ladies'>· man** kobieciarz

la·dy·bird [`leɪdɪbɜd] *s* biedronka

lag [læg] *vi* zwlekać, opóźniać się, (*także* **~ behind**) wlec się z tyłu

laid *zob.* **lay 1.**

lain *zob.* **lie 1.**

lake [leɪk] *s* jezioro

lamb [læm] *s* jagnię, baranek

lame [leɪm] *adj* chromy; wadliwy; nieprzekonywający, mętny; **~ duck** pechowiec; *vt* uczynić kaleką, okaleczyć; popsuć

la·ment [lə`ment] *s* skarga, lament; *vt vi* opłakiwać (**sb, sth** kogoś, coś), lamentować

lamp [læmp] *s* lampa

lamp-post [`læmp pəʊst] *s* słup latarni, latarnia (uliczna)

lamp·shade [`læmp ʃeɪd] *s* abażur

land [lænd] *s* ziemia, ląd; kraj; rola; **by ~** drogą lądową; *vt* wysadzać <wyładowywać> na ląd; zdobyć (nagrodę itp.); *pot.* wpakować (kogoś w kłopot itd.); *vi* lądować; wysiadać; trafić (gdzieś)

land·ing [`lændɪŋ] *s* lądowanie; zejście (ze statku) na ląd; podest; *wojsk.* desant

land·la·dy [`lændleɪdɪ] *s* właścicielka domu czynszowego <pensjonatu, hotelu, gospody>; gospodyni

land·lord [`lændlɔd] *s* właściciel domu czynszowego <pensjonatu, hotelu, gospody>

land·scape [`lændskeɪp] *s* krajobraz, pejzaż

lane [leɪn] *s* droga polna; uliczka, zaułek; pas ruchu drogowego

lan·guage [`læŋgwɪdʒ] *s* język, mowa; styl

lan·tern [`læntən] *s* latarnia

lap [læp] *s* poła; łono; **in sb's ~** na kolanach u kogoś; *sport* okrążenie (bieżni); *vt* otoczyć; objąć; otulić; nakładać (**over sth** na coś); *sport* zdystansować

la·pel [lə`pel] *s* klapa (marynarki)

lap·top [`læptop] *adj i s komp.* podręczny, przenośny (komputer)

large [lɑdʒ] *adj* duży, rozległy, obszerny; liczny; obfity; szeroki, swobodny; *s tylko z przyimkiem:* **at ~** na wolności; na szerokim świecie; w pełnym ujęciu; *adv w zwrocie:* **by and ~** w ogóle, ogólnie biorąc

large·ly [`lɑdʒlɪ] *adv* wielce, w dużej mierze, przeważnie

last 1. [lɑst] *vi* trwać, utrzymywać się; przetrwać; starczyć (na pewien czas)

last 2. [lɑst] *adj* ostatni; zeszły, ubiegły; ostateczny, końcowy; **~ but one** przedostatni; **~ but not least** rzecz nie mniej ważna; *s* ostatnia rzecz, ostatek; **at ~** na koniec, wreszcie

latch [lætʃ] *s* klamka; zatrzask, zasuwka

late [leɪt] *adj* późny, spóźniony; niedawny; dawny, były; (*o zmarłym*) świętej pamięci; **to be ~** spóźnić się; **of ~** ostatnimi czasy; *adv* późno, do późna; ostatnio; przedtem, niegdyś

late·ly [`leɪtlɪ] *adv* ostatnio, niedawno temu

lat·er [`leɪtə(r)] *adj* (*comp* od **late**) późniejszy; *adv* później; **~ on** później, w dalszym ciągu, poniżej

lat·est [`leɪtəst] *adj* (*sup* od **late**) najpóźniejszy; najnowszy

lath·er [`lɑðə(r)] *s* piana mydlana; *vt vi* mydlić (się), pienić się

Lat·in [`lætɪn] *adj* łaciński; *s* łacina

lat·i·tude [`lætɪtjud] *s geogr.* szerokość; *przen.* swoboda, tolerancja

lat·ter [`lætə(r)] *adj* (ten) ostatni <drugi> (z dwóch); późniejszy, nowszy; końcowy

laugh [lɑf] *vi* śmiać się (**at sth** z czegoś); *s* śmiech; **to break into a ~** roześmiać się

laugh·ter [ˈlɑftə(r)] *s* śmiech; **to cry with ~** uśmiać się do łez

launch [lɔntʃ] *vt* puszczać; ciskać, miotać; uruchamiać; lansować; wodować; wszczynać (śledztwo); *vi* zapędzić się, puścić się (dokądś)

laun·dry [ˈlɔndrɪ] *s* pralnia; bielizna do prania < z pralni>

lav·a·to·ry [ˈlævətrɪ] *s bryt.* toaleta, umywalnia; **public ~** szalet

lav·ish [ˈlævɪʃ] *adj* rozrzutny, hojny; suty, obfity; *vt* hojnie darzyć, szafować

law [lɔ] *s* prawo; zasada, ustawa; system prawny; wiedza prawnicza; **~ court** sąd; **to go to ~** wnosić skargę sądową

law·ful [ˈlɔfl] *adj* prawny, legalny; sprawiedliwy

law·less [ˈlɔləs] *adj* bezprawny; samowolny

lawn [lɔn] *s* trawnik, murawa

law·yer [ˈlɔjə(r)] *s* prawnik; adwokat

lax [læks] *adj* luźny; swobodny; rozwiązły; niedbały

lax·a·tive [ˈlæksətɪv] *s med.* środek przeczyszczający

***lay 1.** [leɪ] , **laid, laid** [leɪd] *vt* kłaść, nałożyć; uspokoić; założyć się (o coś); przedłożyć, przedstawić (np. prośbę); **to ~ claim** zgłaszać roszczenie; **to ~ open** wyjawić; **to ~ stress <emphasis>** kłaść nacisk; **to ~ the table** nakryć do stołu; **to ~ waste** spustoszyć; *z przyimkami:* **~ aside <away, by>** odłożyć; **~ down** składać; ustanawiać; **~ out** wykładać, wydawać; ułożyć; zaprojektować; **~ up** zbierać, przechowywać; **to be laid up** być złożonym chorobą

lay 2. [leɪ] *adj* świecki, laicki

lay 3. *zob.* **lie 1**.

lay·er [ˈleɪə(r)] *s* warstwa, pokład; instalator

lay·man [ˈleɪmən] *s* (*pl* **laymen** [ˈleɪmən]) człowiek świecki; laik

lay-out [ˈleɪ ɑʊt] *s* plan; układ (topograficzny)

la·zy [ˈleɪzɪ] *adj* leniwy

***lead 1.** [lid] , **led, led** [led] *vt* prowadzić, dowodzić, kierować; namówić, przekonać, nasunąć (przypuszczenie); wieść <pędzić> (życie); *vi* przewodzić; prowadzić (np. do celu); *s* kierownictwo, przewodnictwo

lead 2. [led] *s* ołów; grafit (w ołówku)

lead·er [ˋlidə(r)] *s* kierownik, przywódca, lider; artykuł wstępny (w gazecie)

leaf [lif] *s* (*pl* **leaves** [livz]) liść; kartka

league [lig] *s* liga

leak [lik] *vi* cieknąć, przeciekać, sączyć się; *s* wyciek, upływ; nieszczelność·

lean 1. [lin] *adj dosł. i przen.* chudy

***lean 2.** [lin] , **leant, leant** [lent] *lub* **~ed, ~ed** *vt vi* nachylać się, pochylać się, opierać (się); **~ out** wychylać się

***leap** [lip] , **leapt, leapt** [lept] *lub* **~ed, ~ed** *vi* skakać; *vt* przeskoczyć; *s* skok, podskok

***learn** [lɜn] , **learnt, learnt** [lɜnt] *lub* **~ed, ~ed** [lɜnt] *vt vi* uczyć się; dowiadywać się

learn·ing [ˋlɜnɪŋ] *s* nauka, wiedza, erudycja

learnt *zob.* **learn**

lease [lis] *s* dzierżawa, najem; *vt* dzierżawić, najmować

leash [liʃ] *s* smycz

least [list] *adj* (*sup od* **little**) najmniejszy; *adv* najmniej; *s* najmniejsza rzecz; **at ~** przynajmniej; **not in the ~** bynajmniej

leath·er [ˋleðə(r)] *s* skóra (wyprawiona)

***leave 1.** [liv] , **left, left** [left] *vt* zostawiać, opuszczać; **to ~ sb alone** dać komuś spokój; **to ~ behind** pozostawić za sobą, zapomnieć (coś) wziąć; **~ off** przerwać, zaniechać; **~ out** opuścić; przeoczyć; zaniedbać; **~ over** odłożyć na później; *vi* odchodzić, odjeżdżać (**for a place** dokądś)

leave 2. [liv] *s* pozwolenie, pożegnanie; zwolnienie; urlop; **to take French ~** ulotnić się po angielsku, odejść bez pożegnania; **to take ~** pożegnać się (**of sb** z kimś)

leaves *zob.* **leaf**

lec·ture [ˋlektʃə(r)] *s* odczyt, wykład; *vi* wygłaszać odczyt, wykładać (**on sth** coś); *vt* odbywać <mieć> wykłady; robić wymówki

led
zob. **lead 1.**

lee·way ['liweɪ] s luz, swoboda; *bryt.* zaległość

left 1. *zob.* **leave 1.**

left 2. [left] *adj* lewy; *adv* na lewo; *s* lewa strona; **on the ~** po lewej stronie

leg [leg] *s* noga, nóżka

le·gal [ˋligl] *adj* prawny; prawniczy; ustawowy; legalny

leg·end [ˋledʒənd] *s* legenda

leg·i·ble [ˋledʒəbl] *adj* czytelny

leg·is·la·tion [ˈledʒɪsˋleɪʃn] *s* ustawodawstwo, prawodawstwo

le·git·i·mate [lɪˋdʒɪtɪmət] *adj* prawny; prawowity, ślubny; prawidłowy; *vt* [lɪˋdʒɪtɪmeɪt] legalizować; uzasadniać

lei·sure [ˋleʒə(r)] *s* czas wolny od pracy; **at ~** bez pośpiechu; **to be at ~** mieć wolny czas, nie pracować

lem·on [ˋlemən] *s* cytryna

***lend** [lend] , **lent, lent** [lent] *vt* pożyczać; udzielać; nadawać; **to ~ an ear** posłuchać; **to ~ a hand** przyjść z pomocą

length [leŋθ] *s* długość; odległość; trwanie; **at ~** na koniec; szczegółowo, obszernie

length·en [ˋleŋθən] *vt vi* przedłużyć (się), wydłużać (się), rozciągnąć (się)

le·ni·ent [ˋlinɪənt] *adj* łagodny, pobłażliwy

lens [lenz] *s* soczewka

lent 1. *zob.* **lend**

Lent 2. [lent] *s rel.* Wielki Post

les·bi·an *s* lesbijka

less [les] *adj* (*comp* od **little**) mniejszy; *adv* mniej; **none the ~** tym niemniej, niemniej jednak

less·en [ˋlesn] *vt vi* zmniejszać (się), obniżać, osłabiać, ubywać

less·er [ˋlesə(r)] *adj* mniejszy, pomniejszy

les·son [ˋlesn] *s* lekcja; nauczka

lest [lest] *conj* ażeby nie

***let, let, let** [let] *vt* pozwalać; puszczać; dawać; zostawiać; najmować; **to ~ alone** zostawić w spokoju, dać spokój; **to ~ fall** upuścić; **to ~ go** puścić, zwolnić; **to ~ know** dać znać, zawiadomić; *z przyimkami:* **~ down** zawieść; pozostawić własnemu losowi; obniżyć; **~ in** wpuścić; **~ off** wypuścić; wystrzelić; wybaczyć; **~ out** wypuścić; wynająć; **~ through** przepuścić; *zob.* **alone**

let·ter [ˋletə(r)] *s* litera; list; **to the ~** dosłownie; *pl* **~s** literatura piękna, beletrystyka

let·ter-box [ˋletəboks] *s* skrzynka na listy

let·tuce [ˋletɪs] *s* sałata ogrodowa

lev·el [ˋlevl] *s* poziom, płaszczyzna; **on a ~ with ...** na tym samym poziomie co ...; *adj* poziomy; równy; zrównoważony; *vt* wyrównywać; kierować, nastawiać

lev·er [ˋlivə(r)] *s* dźwignia; lewar

li·a·ble [`laɪəbl] *adj* zobowiązany; odpowiedzialny; podlegający (**to sth** czemuś); narażony (**to sth** na coś); skłonny, podatny (**to sth** na coś)

li·ar [`laɪə(r)] *s* kłamca

li·bel [`laɪbl] *s* paszkwil, potwarz; *vt* napisać paszkwil, zniesławić, rzucić potwarz

lib·er·al [`lɪbrl] *adj* liberalny; swobodny; wyrozumiały; hojny; obfity; *s* liberał

lib·er·ate [`lɪbəreɪt] *vt* uwolnić, wyzwolić

lib·er·ty [`lɪbətɪ] *s* wolność; **to be at ~** być wolnym; **to take the ~ of doing sth** pozwolić sobie na zrobienie czegoś; **to take liberties** pozwolić sobie (**with sth** na coś); nie krępować się

li·brar·y [`laɪbrərɪ] *s* biblioteka; seria wydawnicza

lice *zob.* **louse**

li·cence [`laɪsns] *s* licencja; pozwolenie; rozwiązłość; **driving ~** prawo jazdy; *vt* (*także* **license**) dawać licencję, zezwalać

li·cense *zob.* **licence** *vt*

lick [lɪk] *vt* lizać, oblizywać; *pot.* sprawić lanie, pobić

lid [lɪd] *s* wieko, pokrywa; powieka

***lie 1.** [laɪ] , **lay** [leɪ] , **lain** [leɪn] *vi* leżeć; być (**idle, under suspicion** bezczynnym, podejrza-nym); (*o widoku, dolinie itd.*) rozciągać się; rozpościerać się; **it ~s** to zależy (**with sb** od kogoś); **to ~ heavy** ciążyć; **~ down** położyć się

lie 2. [laɪ] *p, pp* **lied** [laɪd] *vi* kłamać; okłamywać (**to sb** kogoś); *s* kłamstwo

lieu·ten·ant [lef`tenənt] *mors.* [le`tenənt] , *am.* [lu`tenənt] *s* porucznik; zastępca; **second ~** podporucznik

life [laɪf] *s* (*pl* **lives** [laɪvz]) życie; ożywienie, werwa; żywot, życiorys; **Life Guards** straż przyboczna (królewska); **~ insurance** ubezpieczenie na życie

life-boat [`laɪf bəʊt] *s* łódź ratunkowa

life·time [`laɪftaɪm] *s* (całe) życie; **in sb's ~** w przeciągu <za> czyjegoś życia

lift [lɪft] *vt vi* podnieść (się); ukraść, *pot.* ściągnąć; *s* podniesienie; winda; **air ~** most powietrzny; **to give sb a ~** podwieźć kogoś (autem itp.)

light 1. [laɪt] *adj* lekki; nie obciążony; błahy; lekkomyślny; *adv* lekko

***light 2.** [laɪt] , **lit, lit** [lɪt] *lub* **~ed, ~ed** [`laɪtɪd] *vt vi* świecić, zapalić (się), oświetlać;

rozjaśnić (się); **~ up** zaświecić; rozjaśniać się; *s* światło, oświetlenie; światło dzienne; jasność; ogień

light·er [`lɑɪtə(r)] *s* zapalniczka; *mors.* lichtuga

light·house [`lɑɪt haʊs] *s* latarnia morska

light·ning [`lɑɪtnɪŋ] *s* piorun, błyskawica

like 1. [lɑɪk] *adj* podobny; **in ~ manner** podobnie; **it is just ~ him** to na niego wygląda, to do niego pasuje; **it looks ~ rain** będzie padać; **I don't feel ~ working** nie chce mi się pracować; **and the ~** i tym podobne rzeczy

like 2. [lɑɪk] *vt* lubić; **~ better** woleć; mieć upodobanie; **I ~ this** lubię to; to mi się podoba; **I should ~ to go** chciałbym pójść; **I should ~ you to do this for me** chciałbym, ażebyś to dla mnie zrobił

like·ly [`lɑɪklɪ] *adj* możliwy, <nadający się> *(*kandydat, plan itd.); prawdopodobny; **he is ~ to come** on prawdopodobnie przyjdzie; *adv* prawdopodobnie

like·wise [`lɑɪkwɑɪz] *adv* podobnie, również; ponadto

lik·ing [`lɑɪkɪŋ] *ppraes i s* upodobanie, pociąg (**for sth** do czegoś)

li·ly [`lɪlɪ] *s bot.* lilia; **~ of the valley** konwalia

lime 1. [lɑɪm] *s* wapno

lime 2. [lɑɪm] *s zool.* lipa (drzewo i kwiat)

lime 3. [lɑɪm] *s zool.* limona (drzewo i owoc)

lim·it [`lɪmɪt] *s* granica; limit; *vt* ograniczać

lim·i·ta·tion ['lɪmɪ`teɪʃn] *s* ograniczenie; zastrzeżenie

line [lɑɪn] *s* linia; lina, sznur; szereg; *pot.* kolejka; granica; kurs, kierunek; zajęcie, rodzaj zainteresowania; linia postępowania; wiersz, linia; dziedzina, specjalność; *handl.* branża; *vt* liniować; ustawiać w rząd

lin·en [`lɪnɪn] *s* płótno; *zbior.* bielizna

lin·er [`lɑɪnə(r)] *s* liniowiec, statek żeglugi liniowej; samolot regularnej linii pasażerskiej

lin·ger [`lɪŋgə(r)] *vi* zwlekać, ociągać się; zasiedzieć się, przeciągać pobyt; (*także* **~ on**) trwać, przeciągać się

lin·ing [`lɑɪnɪŋ] *s* podszewka, podkład; okładzina

link [lɪŋk] *s* ogniwo; więź; *vt vi* łączyć (się), wiązać (się), przyłączyć (się)

li·on [`laɪən] *s zool.* lew

lip [lɪp] *s* warga; brzeg, skraj; *pl* **~s** usta

lip·stick [`lɪp stɪk] *s* szminka

li·queur [lɪ`kjʊə(r)] *s* likier

liq·uid [`lɪkwɪd] *adj* płynny; *s* płyn, ciecz

liq·uor [`lɪkə(r)] *s* napój alkoholowy

list [lɪst] *s* lista, spis; *vt* umieszczać na liście, spisywać

lis·ten [`lɪsn] *vi* słuchać (**to sb, sth** kogoś, czegoś), przysłuchiwać się (**to sb, sth** komuś, czemuś), nadsłuchiwać (**for sth** czegoś); **~ in** słuchać

lis·ten·er [`lɪsnə(r)] *s* słuchacz; radiosłuchacz

lit *zob.* **light 2.**

lit·er·al [`lɪtərəl] *adj* literalny, dosłowny; literowy

lit·er·ate [`lɪtrət] *adj* (*o człowieku*) piśmienny

lit·er·a·ture [`lɪtrətʃə(r)] *s* literatura, piśmiennictwo

lit·ter [`lɪtə(r)] *s* śmiecie, odpadki; nieporządek; wyściółka; miot, młode; *vt* podścielać; zaśmiecać

lit·tle [`lɪtl] *adj* (*comp* **less** [les], *sup* **least** [list]) mały, drobny; krótki; mało, niewiele; **~ bread** mało <trochę > chleba; *adv* mało; **he sees me very ~ on** mnie mało <rzadko> widuje; *s* mała ilość, niewiele; **a ~** niewiele, trochę; **~ by ~** stopniowo, po trochu

live 1. [lɪv] *vi* żyć; mieszkać, przebywać; przetrwać; **~ on** żyć nadal, przetrwać; **~ on sth** żyć z czegoś <czymś>; **~ through** przeżyć (**war** wojnę); **long ~!** niech żyje!; *vt* prowadzić <pędzić> (**a happy life** szczęśliwe życie)

live 2. [laɪv] *adj attr* żywy

liv·ing [`lɪvɪŋ] *ppraes i adj* żyjący, żywy; **within ~ memory** za ludzkiej pamięci; *s* życie, tryb życia; **~ conditions** warunki życia; **~ standard** stopa życiowa; utrzymanie; **to make <earn>one's~** zarabiać na życie

liz·ard [`lɪzəd] *s zool.* jaszczurka

load [ləʊd] *s* ciężar, obciążenie, ładunek; *vt* ładować, obciążać; obsypać (darami, pochwałami); obrzucać (obelgami)

loaf 1. [ləʊf] *s* (*pl* **loaves** [ləʊvz]) bochenek (chleba); główka <głowa> (cukru, sałaty itd.)

loaf 2. [ləʊf] *vi* wałęsać się; *s* wałęsanie się, próżniactwo

loan [ləʊn] *s* pożyczka; zapożyczenie; *vt* pożyczyć (**sth to sb** coś komuś)

loath [ləʊθ] *adj* niechętny; **to be ~ to do sth** z niechęcią coś robić; **nothing ~** chętnie

loathe [ləʊð] *vt* czuć wstręt, <obrzydzenie> (**sb, sth** do kogoś, czegoś)

loaves *zob.* **loaf 1.**

lob·by [`lobɪ] *s* hall; poczekalnia; kuluar (w parlamencie); *vt* urabiać posłów w kuluarach

lob·ster [`lobstə(r)] *s zool.* homar

lo·cal [`ləʊkl] *adj* miejscowy; **~ government** samorząd

lo·cate [lə`keɪt] *vt* umieścić, ulokować; zlokalizować; osiedlić; *am.* **to be ~d** mieszkać

lo·ca·tion [ləʊ`keɪʃn] *s* zlokalizowanie, umiejscowienie; umieszczenie; miejsce zamieszkania

lock [lok] *s* zamek, zamknięcie; śluza; *vt vi* zamykać (się) na klucz; *przen.* więzić; unieruchomić; zaciskać (się)

lock·er [`lokə(r)] *s* kabina; szafka (zw. z zamkiem szyfrowym)

lock·smith [`loksmɪθ] *s* ślusarz

lodge [lodʒ] *vt* umieszczać, przyjmować pod dach, zakwaterować; deponować; wnosić (np. protest, skargę); składać (np. oświadczenie); wbić, wsadzić; *vi* mieszkać, znaleźć nocleg; *s* domek (służbowy, myśliwski)

lodg·er [`lodʒə(r)] *s* lokator

lodg·ing [`lodʒɪŋ] *s* zakwaterowanie, pomieszczenie; *pl* **~s** wynajmowane mieszkanie (umeblowane)

log·ic [`lodʒɪk] *s* logika

loin [lɔɪn] *s, pl* **~s** lędźwie; (*także* **~ chop**) polędwica

lone [ləʊn] *adj attr* samotny; odludny

lone·ly [`ləʊnlɪ] *adj* samotny; odludny

lone·some [`ləʊnsəm] = **lonely**

long 1. [loŋ] *adj* długi; **he won't be ~** on niedługo przyjdzie; *adv* długo; dawno; **before ~** wkrótce; **so ~!** do widzenia!; **~ ago** dawno temu ; *s* długi <dłuższy> czas; **for ~** na długo; **it won't take ~** to nie potrwa długo

long 2. [loŋ] *vi* pragnąć, łaknąć (**for sth** czegoś); tęsknić (**after sb, sth** za kimś, czymś), mieć wielką chęć

long·ing [`loŋgɪŋ] *ppraes i s* chęć, pragnienie; tęsknota

lon·gi·tude [`londʒɪtjud] *s* długość geograficzna

long-sight·ed ['loŋ`saɪtɪd] *adj* dalekowzroczny

look [lʊk] *s* spojrzenie; wygląd; wyraz (twarzy); **to have a ~ at**

sth spojrzeć na coś; **good ~s** piękna twarz, uroda; *vi* patrzeć; wyglądać; **~ about** rozglądać się; **~ after** doglądać, pilnować (**sb, sth** kogoś, czegoś); **~ ahead** patrzeć przed siebie, przewidywać; **~ at** patrzeć (**sb, sth** na kogoś, coś); **~ for** szukać (**sb, sth** kogoś, czegoś); **~ forward** oczekiwać, wypatrywać (**to sth** czegoś); **~ in** wpaść (**on** <**upon**> **sb** do kogoś); **~ into** zaglądać (**a room** do pokoju itd.); badać (**sth** coś); **~ like** wyglądać jak (**sb, sth** ktoś, coś); **~ on** przypatrywać się (**sb, sth** komuś, czemuś); uważać (**sb, sth as ...** kogoś, coś za ...); **~ out** wyglądać; mieć się na baczności; wypatrywać (**for sb** kogoś); **~ round** rozglądać się; **~ up** patrzeć w górę; szukać (czegoś w książce itp.); wyglądać (**sb, sth** na kogoś, coś)

look·er-on [ˋlʊkəron] *s* (*pl* **~s-on** [ˋlʊkəzon]) widz

loop [lup] *s* pętla; węzeł; *vt* robić pętlę <węzeł>

loose [lus] *adj* luźny, swobodny; niedbały; rozwiązły; **at a ~ end** bez zajęcia; **to break ~** zerwać <urwać, uwolnić> (się)

loot [lut] *vt vi* grabić; *s* grabież; łupy

lord [lɔd] *s* lord; pan

lor·ry [ˋlorɪ] *s* ciężarówka; platforma kolejowa

***lose** [luz] , **lost, lost** [lost] *vt* stracić, zgubić; **to ~ heart** upaść na duchu; **to ~ one's heart to sb** oddać komuś serce, zakochać się w kimś; **~ oneself, to ~ one's way** zabłądzić; **to ~ sight** stracić z oczu (**of sth** coś); **to be** <**go**> **lost** zaginąć; pójść na marne; *vi* przyprawić o stratę; zmarnować (okazję itp.); przegrać (mecz itp.); (*o zegarku*) spóźniać się

loss [los] *s* strata, zguba; utrata; **to be at a ~** być w kłopocie, nie wiedzieć, co robić

lost *zob.* **lose**

lot [lot] *s* los, dola; udział; partia (towaru); działka; wielka ilość; *pot.* banda, paczka; **a ~ of money** (*także pl* **~s of money**) masa pieniędzy; **a good** <**quite a**> **~** sporo; **a ~ more** znacznie więcej

lo·tion [ˋləʊʃn] *s* płyn leczniczy, kosmetyczny

lot·ter·y [ˋlotərɪ] *s* loteria

loud [lɑʊd] *adj* głośny; *adv* głośno

loud-speak·er [ˈlɑʊdˋspikə(r)] *s* głośnik, megafon

lounge [lɑʊndʒ] *vi* bezczynnie spędzać czas; wygodnie siedzieć <leżeć>; próżnować; *s* wypoczynek, relaks; świetlica; kanapa

louse [laʊs] *s* (*pl* **lice** [laɪs]) wesz

lous·y [ˈlaʊzɪ] *adj* wszawy, zawszony; *pot.* wstrętny

love [lʌv] *s* miłość; zamiłowanie; ukochany; **to fall in ~** zakochać się (**with sb** w kimś); **to make ~** kochać się < *pot.* spać> (**to sb** z kimś); **for ~** bezinteresownie; dla zabawy <przyjemności>; **in ~** zakochany; *vt vi* kochać, lubić (bardzo); **I should ~** bardzo bym chciał (**to do this** to zrobić)

love-af·fair [ˈlʌv əfeə(r)] *s* romans

love·ly [ˈlʌvlɪ] *adj* miły; uroczy

lov·er [ˈlʌvə(r)] *s* kochanek; amator, wielbiciel

low [ləʊ] *s* niski; nizinny; słaby; marny; przygnębiony; (*o głosie*) cichy; pospolity, wulgarny; podły; *adv* nisko; cicho; podle, marnie

low·er [ˈləʊə(r)] *vt vi* zniżyć (się), opuścić (się); zmniejszyć (się); poniżyć

loy·al [ˈlɔɪl] *adj* lojalny

lub·ri·cate [ˈlubrɪkeɪt] *vt* smarować, oliwić

lu·cid [ˈlusɪd] *adj* jasny; lśniący; przezroczysty

luck [lʌk] *s* szczęście, traf; **good ~** szczęście; **bad ~** pech

luck·y [ˈlʌkɪ] *adj* szczęśliwy, pomyślny

lug·gage [ˈlʌgɪdʒ] *s* bagaż

luke·warm [ˈlukˈwɔm] *adj* letni, ciepławy; *przen.* obojętny

lump [lʌmp] *s* kawałek; bryła; *pot.* niedołęga, mazgaj; **~ sugar** cukier w kostkach; **~ sum** suma globalna, ryczałt

lunch [lʌntʃ] *s* drugie śniadanie, lunch; *vi* spożywać lunch

lung [lʌŋ] *s* płuco

lure [lʊə(r)] *vt* nęcić, wabić; *s* przynęta; pułapka; powab

lurk [lɜk] *vi* czaić się, czyhać (**for sb** na kogoś); *s* ukrycie; **to be on the ~** czaić się

lust [lʌst] *vi* pożądać (**after** sth czegoś); *s* pożądliwość, lubieżność, żądza

lux·u·ry [ˈlʌkʃərɪ] *s* przepych, zbytek, luksus; obfitość; *adj attr* luksusowy

lynch [lɪntʃ] *vt* linczować; *s* lincz

lynx [lɪŋks] *s zool.* ryś

lyr·ic [ˈlɪrɪk] *adj* liryczny; *s* utwór liryczny

M

ma·chine [mə`ʃin] *s* maszyna; *vt* wykonywać maszynowo; *adj attr* maszynowy

ma·chine-gun [mə`ʃingʌn] *s* karabin maszynowy

ma·chin·er·y [mə`ʃinrı] *s* maszyneria, mechanizm

mack·er·el [`mækrl] *s* makrela

mack·in·tosh [`mækıntoʃ] *s* płaszcz nieprzemakalny

mad [mæd] *adj* szalony, obłąkany; zwariowany (**after** <**about, for, on**> **sth** na punkcie czegoś); wściekły; **to go ~** zwariować; **to drive ~** doprowadzić do szaleństwa

mad·am [`mædəm] *s w zwrotach grzecznościowych:* (Szanowna) Pani!; słucham Panią

mad·cap [`mædkæp] *adj pot.* wariacki, szalony, zwariowany

made *zob.* **make**

maf·i·a [`mæfıə] *s* mafia

mag·a·zine ['mægə`zin] *s* magazyn, skład; periodyk, czasopismo

mag·ic [`mædʒık] *adj* magiczny, czarodziejski; *s* magia, czary

mag·net [`mægnıt] *s* magnes

mag·nif·i·cent [mæg`nıfısnt] *adj* wspaniały

maid [meıd] *s lit.* dziewczyna; panna; służąca

maid·en [`meıdn] *s lit.* dziewica, panna; *adj* dziewiczy; panieński

mail [meıl] *s* poczta; *vt* wysyłać pocztą

maim [meım] *vt* okaleczyć

main [meın] *adj* główny, przeważający, najważniejszy; *s* główna rura (wodociągu, gazu); *pl* **~s** kanalizacja; *elektr.* główna linia; **in the ~** głównie, przeważnie

main·tain [meın`teın] *vt* utrzymywać; zachowywać; twierdzić

main·te·nance [`meıntınəns] *s* utrzymanie; konserwacja; podpora

ma·jor [`meıdʒə(r)] *adj* większy, ważniejszy; główny; starszy; pełnoletni; *muz.* durowy; *s wojsk.* major

ma·jor·i·ty [mə`dʒorətı] *s* większość; pełnoletność

***make** [meık] , **made, made** [meıd] *vt vi* robić, tworzyć, produkować, sporządzać; narobić (hałasu, kłopotu itd.); ustalić, ustanowić; powodować, doprowadzać, kazać; posłać (**a bed** łóżko); zawrzeć (**peace** pokój); wygłaszać (**a speech** mowę); okazać się (**a good soldier** dobrym żołnierzem); udawać się, kierować się (**for a place** dokądś); zrozumieć, wywnioskować; przerobić; **to ~ believe** udawać, stwarzać pozory; wmawiać; **to ~ friends** zaprzyjaźnić się; **to ~ known** podać do wiadomości; **to ~ ready** przygotowywać się; **to ~ sure** upewnić się; **to ~ understood** dać do zrozumienia; **to ~ oneself understood** porozumieć się; *z przymiotnikami i przysłówkami:* **~ away** oddalić się, uciec; sprzeniewierzyć (**with sth** coś); **~ off** zwisać, uciec; **~ out** wystawić (np. rachunek), sporządzić (np. spis); zrozumieć, odgadnąć; rozpoznać; **~ up** sporządzić; szminkować (się); odrobić, powetować (komuś, sobie) (**for sth** coś); załagodzić, pogodzić; **~ it up** pogodzić się (**with sb** z kimś); **~ up one's mind** postanowić; *s* wyrób; budowa; fason

make-be·lieve [`meɪk bɪliv] *s* pozór, symulowanie; *adj attr* pozorny, udany; zmyślony

mak·er [`meɪkə(r)] *s* twórca; wytwórca, konstruktor; sprawca

make·shift [`meɪkʃɪft] *s* środek zastępczy; namiastka; *adj attr* tymczasowy, zastępczy, prowizoryczny

make-up [`meɪk ʌp] *s* makijaż, charakteryzacja; struktura

male [meɪl] *adj* męski, płci męskiej; *zool.* samczy; *s* mężczyzna; *zool.* samiec

ma·li·cious [mə`lɪʃəs] *adj* złośliwy

mall [mɔl] *s am.* wielkie centrum handlowe

mam·my [`mæmɪ] *s zdrob.* mamusia, mama

man [mæn] *s* (*pl* **men** [men]) człowiek; mężczyzna; mąż; **~ in the street** szary <przeciętny> człowiek; **to a ~** do ostatniego człowieka, co do jednego, wszyscy; *vt* obsadzić (np. załogą)

man·age [`mænɪdʒ] *vt* zarządzać, kierować; zdołać <potrafić> (coś zrobić), dać sobie radę (**sth** z czymś); posługiwać się (**sth** czymś), obchodzić się (**sb, sth** z kimś, czymś); *vi* poradzić sobie; gospodarować

man·age·ment [`mænɪdʒmənt] *s* zarząd; umiejętne postępowanie, kierowanie; posługiwanie się

man·ag·er [`mænɪdʒə(r)] *s* zarządca; kierownik

man·hood [`mænhʊd] *s* męskość; wiek męski; męstwo; *zbior*. mężczyźni, ludność płci męskiej

man·i·fest [`mænɪfest] *adj* oczywisty, jawny; *vt* ujawniać, manifestować

ma·nip·u·late [mə`nɪpjʊleɪt] *vt* manipulować (**sth** czymś); zręcznie urabiać (**sb** kogoś); zręcznie pokierować (**sth** czymś)

man·kind ['mæn`kaɪnd] *s* ludzkość, rodzaj ludzki; [`mænkaɪnd] *zbior*. mężczyźni

man·ner [`mænə(r)] *s* sposób; zwyczaj, sposób bycia, maniera; **in a ~** poniekąd; do pewnego stopnia; *pl* **~s** obyczaje, maniery, zachowanie się

ma·noeu·vre [mə`nuvə(r)] *s* manewr, posunięcie; *vi* manewrować; *vt* manipulować

man·u·al [`mænjʊəl] *adj* ręczny; (*o pracy*) fizyczny; *s* podręcznik

man·y [`menɪ] *adj* (*comp* **more** [mɔ(r)] , *sup* **most** [məʊst]) dużo, wiele, wielu, liczni; **~ a** niejeden; **~ a time** nieraz; **a good <great> ~** liczni, wielka ilość; **as ~** tyle; **as ~ as** nie mniej niż; aż; **how ~?** ile?

map [mæp] *s* mapa; *vt* sporządzać mapę (**sth** czegoś), znaczyć na mapie; **~ out** planować

ma·ple [`meɪpl] *s* klon

mar·ble [`mɑbl] *s* marmur

march 1. [mɑtʃ] *s* marsz, pochód; **~ past** defilada; *vi* maszerować; **~ past** defilować; *vt* prowadzić

March 2. [mɑtʃ] *s* marzec

mar·ga·rine ['mɑdʒə`rin] *s* margaryna

mar·gin [`mɑdʒɪn] *s* margines; krawędź; luz, rezerwa

ma·rine [mə`rin] *s* flota, marynarka (handlowa); marynarz (na okręcie wojennym); *am.* żołnierz piechoty morskiej; pejzaż morski; *adj* morski, dotyczący marynarki

mark [mɑk] *s* znak, oznaka; ślad; ocena (szkolna); cel; **to miss the ~** chybić celu; *vt* oznaczać, określać; oceniać; zwracać uwagę (**sth** na coś); wyznaczać; cechować; **~ off** oddzielać, wydzielać; **~ out** wyznaczać, wyróżniać; przeznaczać

mark·ed·ly [`mɑkɪdlɪ] *adv* wybitnie, wyraźnie, dobitnie

mar·ket [`mɑkɪt] *s* rynek, targ; zbyt; *vi vt* znajdować zbyt, wystawiać na sprzedaż, sprzedawać

mar·riage [`mærɪdʒ] *s* małżeństwo, ślub

mar·ried [`mærɪd] *pp i adj* żonaty; zamężna; małżeński

mar·ry [`mærɪ] *vt* żenić się (**sb** z kimś), wychodzić za mąż (**sb** za kogoś), wydawać za mąż, żenić; kojarzyć

marsh [mɑʃ] *s* bagno

mar·shal [`mɑʃl] *s* marszałek; mistrz ceremonii; *vt* formować (szyki); ustawiać

mar·tial [`mɑʃl] *adj* wojenny; wojowniczy, wojskowy; **~ law** stan wojenny

mar·tyr [`mɑtə(r)] *s* męczennik

mar·vel·lous [`mɑvələs] *adj* cudowny, zdumiewający

mas·cu·line [`mæskjolɪn] *adj* męski, rodzaju męskiego, płci męskiej

mash [mæʃ] *s* papka, miazga; *vt* tłuc; gnieść; **~ed potatoes** kartofle purée

mask [mɑsk] *s* maska; *przen.* pozór, pretekst; *vt vi* maskować (się)

mass 1. [mæs] *s* masa; *adj attr* masowy; *vt vi* gromadzić (się)

mass 2. [mæs] *s* msza; **high ~** suma

mas·sa·cre [`mæsəkə(r)] *s* masakra; *vt* masakrować

mas·sage [`mæsɑʒ] *s* masaż; *vt* masować

mas·sive [`mæsɪv] *adj* masywny

mast [mɑst] *s* maszt

mas·ter [`mɑstə(r)] *s* mistrz (*także* w rzemiośle, sztuce); majster; nauczyciel; pan, gospodarz, szef; magister (stopień naukowy); *vt* panować, opanować

mas·ter·piece [`mɑstəpis] *s* arcydzieło

mat [mæt] *s* mata, słomianka

match 1. [mætʃ] *s* zapałka

match 2. [mætʃ] *s* właściwy dobór <zestawienie> osób <rzeczy>; rzecz lub osoba dobrana <dopasowana>; para małżeńska; *sport* zawody, mecz; **to be a good ~** dorównywać, dobrze pasować (**for sb, sth** do kogoś, czegoś); **to find one's ~** znaleźć równego sobie; *vt* zestawiać; kojarzyć (małżeństwo); dorównywać (**sb, sth** komuś, czemuś); być dobrze dobranym; pasować (**sb, sth** do kogoś, czegoś)

ma·te·ri·al [mə`tɪərɪəl] *adj* materialny; cielesny; istotny, rzeczowy; *s* materiał; **raw ~** surowiec

ma·ter·ni·ty [mə`tɜnətɪ] *s* macierzyństwo; **~ hospital** szpital położniczy

math·e·mat·ics [`mæθə`mætɪks] *s* matematyka

mat·i·née [`mætmeɪ] *s* poranek filmowy; popołudniowe przedstawienie

mat·ter [`mætə(r)] *s* materia; substancja; sprawa; rzecz; kwestia, temat; *med.* ropa; **a ~ of course** rzecz zrozumiała sama przez się; **as a ~ of fact** w istocie rzeczy; **for that ~** jeśli o to chodzi; **in the ~ of** co do, co się tyczy; **it's no laughing ~** to nie żarty; **no ~** mniejsza o to, to nie ma znaczenia; **what's the ~?** o co chodzi?; *vi* mieć znaczenie; **it does not ~** to nie ma znaczenia; mniejsza o to

mat·ter-of-fact ['mætərəv-`fækt] *adj attr* rzeczowy, realny, praktyczny, prozaiczny

mat·tress [`mætrəs] *s* materac

ma·ture [mə`tʃʊə(r)] *adj* dojrzały; *vi* dojrzewać; *vt* przyspieszać dojrzewanie

max·i·mum [`mæksɪməm] *s* (*pl* **maxima** [`mæksɪmə], **~s**) maksimum; *adj attr* maksymalny

may 1. [meɪ] *v aux* (*p* **might** [maɪt]) **I ~** mogę, wolno mi; **he ~ be back soon** może szybko wróci; **long ~ he live** oby długo żył

May 2. [meɪ] *s* maj

may·be [`meɪbi] *adv* być może

may·or [meə(r)] *s* mer, burmistrz

me [mi] *pron* mi, mnie; *pot.* ja; **with ~** ze mną; *pot.* **it's me** to ja

mead·ow [`medəʊ] *s* łąka

mea·gre [`migə(r)] *adj* chudy, cienki; *pot.* marny

meal [mil] *s* posiłek; jedzenie

mean 1. [min] *adj* podły, niski, nędzny, marny

mean 2. [min] *adj* średni, pośredni; *s* przeciętna, średnia; *pl* **~s** środki utrzymania, zasoby pieniężne; (*zw. pl* **~s**, *w znacz. sing*) środek; **by this ~s** tym sposobem; **by ~s of** za pomocą; **by no ~s** w żaden sposób

***mean 3.** [min] , **meant, meant** [ment] *vt vi* myśleć (coś), mieć na myśli; znaczyć, mieć znaczenie; mieć zamiar, zamierzać; przeznaczać (**sth for sb** coś dla kogoś); **to ~ business** poważnie traktować sprawę; **to ~ well** mieć dobrą wolę, odnosić się życzliwie

mean·ing [`minɪŋ] *s* znaczenie, sens, treść

meant *zob.* **mean**

mean·time [`mintaɪm] *adv* tymczasem; w międzyczasie; *s w zwrocie:* **in the ~** tymczasem; w międzyczasie

mean·while ['min`waɪl] = **meantime**

mea·sles [`mizlz] *s med.* odra

meas·ure [`meʒə(r)] *s* miara; miarka; środek, sposób; stopień; **to ~** na miarę; **in a ~** do pewnego stopnia; **in great <large> ~** w znacznym stopniu; *vt* mierzyć, mieć wymiar; szacować

meas·ure·ment [`meʒəmənt] *s* miara, wymiar, rozmiar

meat [mit] *s* mięso (jadalne)

meat·ball [`mitbɔl] *s* klops (mięsny)

me·chan·ic [mı`kænık] *s* mechanik; technik

mech·an·ism [`mekənızm] *s* mechanizm

med·al [`medl] *s* medal

med·dle [`medl] *vi* mieszać się; wtrącać się (**with sth** do czegoś)

me·di·ae·val ['medı`ivl] = **medieval**

me·di·a·tor [`midıeıtə(r)] *s* pośrednik, rozjemca

med·i·cal [`medıkl] *adj* lekarski, medyczny

med·i·cine [`medsn] *s* medycyna; lekarstwo

me·di·e·val ['medı`ivl] *adj* średniowieczny

me·di·o·cre ['midı`əʊkə(r)] *adj* przeciętny, mierny

med·i·ter·ra·ne·an ['medıtə`reınıən] *adj* śródziemny; śródziemnomorski

me·di·um [`midıəm] *s* (*pl* **media** [`midıə] , **~s**) środek; sposób; środowisko; medium; **though <by> the ~ of** za pomocą <pośrednictwem>; *adj attr* środkowy, średni

med·ley [`medlı] *s* mieszanina; rozmaitości; *adj* różnorodny; pstry

***meet** [mit] , **met, met** [met] *vt vi* spotykać (się); zobaczyć się (**with sb** z kimś); zbierać <gromadzić> się; odpowiadać (gustom, wymaganiom); spełniać, zaspokajać; stawiać czoło (np. niebezpieczeństwu); natknąć się, natrafić (**sb, sth <with sb, sth>** na kogoś, coś); wyjść naprzeciw (komuś)

meet·ing [`mitıŋ] *s* spotkanie, zejście się; zebranie, wiec, zbiórka

mel·o·dy [`melədı] *s* melodia

melt [melt] *vt* topić, roztapiać; *vi* topnieć, rozpuszczać się; *przen.* rozpływać się

mem·ber [`membə(r)] *s* członek (np. organizacji); człon

me·mo·ri·al [mə`mɔrıəl] *adj* pamięciowy; pamiątkowy; *s* petycja; pomnik; *pl* **~s** pamiętnik, kronika

mem·o·rize [`meməraız] *vt* zapamiętać, nauczyć się na pamięć

mem·o·ry [`memərı] *s* pamięć; wspomnienie

men *zob.* **man**

men·ace [`menəs] *s* groźba; *vt vi* grozić, zagrażać

mend [mend] *vt vi* naprawiać, poprawiać (się)

men·tal [`mentl] *adj* umysłowy; chory umysłowo; (*o szpitalu*) psychiatryczny

men·tal·i·ty [men`tælətı] *s* umysłowość, mentalność

men·tion [`menʃn] *s* wzmianka; *vt* wspominać, nadmieniać; **don't ~ it!** nie ma o czym mówić, nie ma za co

mer·chan·dise [`mɜtʃəndaız] *s* *zbior.* towar(y)

mer·chant [`mɜtʃənt] *s* kupiec, handlowiec; *adj* kupiecki, handlowy

mer·cu·ry [`mɜkjʊrı] *s* rtęć; *przen.* żywość

mer·cy [`mɜsı] *s* miłosierdzie, litość; łaska; **at the ~ of** na łasce (czegoś)

mere [mıə(r)] *adj* czczy, zwykły, zwyczajny; **~ words** puste słowa; **he is a ~ child** on jest tylko <po prostu> dzieckiem

mere·ly [`mıəlı] *adv* po prostu, jedynie; zaledwie

merge [mɜdʒ] *vt vi* łączyć (się), zlewać (się), stapiać (się)

me·rid·i·an [mə`rıdıən] *adj* południowy; *przen.* szczytowy; *s* południk; zenit; *przen.* szczyt

mer·it [`merıt] *s* zasługa; zaleta; *vt* zasłużyć (**sth** na coś)

mer·ry [`merı] *adj* wesoły; miły; **to make ~** weselić <bawić> się

mer·ry-go-round [`merı gəʊ raʊnd] *s* karuzela

mess [mes] *s* zamieszanie, nieporządek, *pot.* bałagan; kłopot; *vt vi* zabrudzić; *pot.* zabałaganić; zaprzepaścić (sprawę); spartaczyć (coś)

mes·sage [`mesıdʒ] *s* posłanie; wiadomość, pismo; zlecenie

mess·y [`mesı] *adj* nieporządny, brudny

met *zob.* **meet**

met·al [`metl] *s* metal

me·ter [`mitə(r)] *s* licznik (np. gazowy)

meth·od [`meθəd] *s* metoda

me·tic·u·lous [mı`tıkjʊləs] *adj* drobiazgowy, skrupulatny

me·tre [`mitə(r)] *s* metr; metrum (miara wiersza)

met·ro·pol·i·tan ['metrə`polıtən] *adj* stołeczny

Mex·i·can [`meksıkən] *adj* meksykański; *s* Meksykanin

mice [maıs] *zob.* **mouse**

mi·cro·phone [`maıkrəfəʊn] *s* mikrofon

mi·cro·scope [`maıkrəskəʊp] *s* mikroskop

mid [mıd] *adj* środkowy; **in ~ summer** w połowie lata; **in ~ air** w powietrzu

mid·day ['mıd`deı] *s* południe

mid·dle [`mıdl] *s* środek, połowa; *adj* środkowy, średni

mid·dle-aged ['mıdl `eıdʒd] *adj* w średnim wieku

mid·dle·man [`mıdlmæn] *s* pośrednik

mid·night [`mıdnaıt] *s* północ; **at ~** o północy; *adj attr* północny

midst [mıdst] *s* środek; **in the ~ of** w środku; pośród; wśród; między, pomiędzy

mid·wife [`mıdwaıf] *s* (*pl* **mid-wives** [`mıdwaıvz]) akuszerka

might 1. *zob.* **may 1**.

might 2. [maıt] *s* potęga, moc

mi·grate [maı`greıt] *vi* wędrować; przesiedlać się; emigrować

mike [maık] *s pot.* = **microphone**

mil·age = mileage

mild [maıld] *adj* łagodny, delikatny

mil·dew [`mıldju] *s* pleśń

mile [maıl] *s* mila

mile·age [`maılıdʒ] *s* odległość w milach

mil·i·tar·y [`mılıtrı] *adj* wojskowy; *s zbior.* **the ~** wojskowi, wojsko

milk [mılk] *s* mleko; *vt vi* doić

milk·y [`mılkı] *adj* mleczny

mill [mıl] *s* młyn; fabryka; *vt* mleć; obrabiać; ubijać

mil·len·ni·um [mı`lenıəm] *s* tysiąclecie

mil·li·me·tre [`mılımitə(r)] *s* milimetr

mil·lion [`mılıən] *s* milion

mil·lion·aire ['mılıə`neə(r)] *s* milioner

mince [mıns] *vt* krajać (drobno), siekać, kruszyć; **~ one's words** mówić z afektacją <sztucznie>; **not to ~ one's words** mówić bez ogródek<prosto z mostu>; *s* siekanina

mind [maınd] *s* umysł, rozum, świadomość; myśl(i); pamięć; opinia; ochota, zamiar; duch, psychika; **absence of ~** roztargnienie; **presence of ~** przytomność umysłu; **peace of ~** spokój ducha; **state <frame> of ~** stan ducha, nastrój; **to change one's ~** zmienić zdanie zamiar>; **to make up <to set > one's ~** postanowić; **to speak one's ~** wypowiedzieć się, wygarnąć prawdę; **to my ~** moim zdaniem; *vt vi* uważać, zwracać uwagę; starać się; pamiętać;

sprzeciwić się, mieć coś przeciw (**sth** czemuś); **do you ~ if I smoke?, do you ~ my smoking?** czy masz coś przeciwko temu, żebym zapalił?; **I don't ~** jest mi obojętne, nie przeszkadza mi; **never ~** mniejsza o to

mind·ful [ˋmaındfl] *adj* uważający (**of sth** na coś); troskliwy

mine 1. [maın] *pron* mój, moja, moje, moi

mine 2. [maın] *s* kopalnia; mina; *vt* kopać, wydobywać (rudę itd.); zaminować

min·er·al [ˋmınrl] *s* minerał; *pl* **~s** wody mineralne; *adj* mineralny

min·i·mize [ˋmınımaız] *vt* sprowadzić <zredukować> do minimum, pomniejszyć

min·i·mum [ˋmınıməm] *s* (*pl* **minima** [ˋmınıma]) minimum; *adj attr* minimalny

min·is·ter [ˋmınıstə(r)] *s* minister; pastor; *vi* służyć (**to sb** komuś); przyczyniać się (**to sth** do czegoś); odprawiać nabożeństwo (w kościele protestanckim); *vt* udzielać (np. pomocy)

min·is·try [ˋmınıstrı] *s* ministerstwo; pomoc; stan duchowny, kler, obowiązki duszpasterskie

mi·nor [ˋmaınə(r)] *adj* mniejszy; podrzędny, drugorzędny; młodszy (z rodzeństwa); *s* niepełnoletni

mi·nor·i·ty [maıˋnorətı] *s* mniejszość (np. narodowa); niepełnoletność

mint 1. [mınt] *s* mennica; *vt* bić monetę; *adj* czysty, nieużywany

mint 2. [mınt] *s bot.* mięta

mi·nus [ˋmaınəs] *praep* minus, mniej

min·ute 1. [ˋmınıt] *s* minuta; notatka, zapisek; *pl* **~s** protokół; **any ~** lada chwila; **wait a ~!** zaraz, zaraz!

mi·nute 2. [maıˋnjut] *adj* drobny, nieznaczny; szczegółowy

mir·a·cle [ˋmırəkl] *s* cud

mir·ror [ˋmırə(r)] *s* lustro, zwierciadło; *vt* odzwierciedlać, odbijać obraz

mis·car·riage [mısˋkærıdʒ] *s* niepowodzenie; zaginięcie (np. listu); poronienie; pomyłka

mis·cel·la·ne·ous ['mısəˋleınıəs] *adj* rozmaity; różnorodny

mis·chief [ˋmıstʃıf] *s* niegodziwość; szkoda; psota

mis·er·a·ble [ˋmızrəbl] *adj* godny litości, żałosny, nieszczęśliwy; nędzny, godny pogardy

mi·ser·ly [`maɪzəlɪ] *adj* skąpy

mis·er·y [`mɪzərɪ] *s* nędza; nieszczęście; cierpienie

misfit [`mɪsfɪt] *s* źle dobrane ubranie, zły krój; *przen.* człowiek nie przystosowany (do otoczenia)

mis·for·tune ['mɪs`fɔtʃən] *s* nieszczęście, zły los, pech

mis·giv·ing ['mɪs`gɪvɪŋ] *ppraes i s* niepokój; złe przeczucie

mis·hap [`mɪshæp] *s* niepowodzenie, nieszczęście, nieszczęśliwy wypadek

***mis·lead** ['mɪs`lid] , **misled, misled** ['mɪs`led] *vt* wprowadzić w błąd, zmylić

miss 1. [mɪs] *vt* chybić; opuścić; stracić (okazję); niezastać (**sb** kogoś); spóźnić się (**the bus <train>** na autobus <pociąg>); tęsknić (**sb** za kimś); odczuwać brak; zawodzić; niedosłyszeć <nie dostrzec, nie zrozumieć> (**sth** czegoś); *s* chybiony strzał; nieudany krok

miss 2. [mɪs] *s* (*przed imieniem* <nazwiskiem>) panna; panienka

mis·sile [`mɪsaɪl] *s* pocisk

mis·sion [`mɪʃn] *s* misja, posłannictwo, zlecenie

mis·sion·a·ry [`mɪʃnrɪ] *s* misjonarz

mist [mɪst] *s* mgła, mgiełka; *vt vi* pokrywać (się) mgiełką, zamglić (się); zajść parą; mżyć

***mis·take** [mɪ`steɪk] , **mistook** [mɪ`stʊk], **mistaken** [mɪ`steɪkn] *vt* brać wziąć (**sb for sb else** kogoś za kogoś, **sth for sth else** coś za coś innego); pomylić się (**sth** co do czegoś); źle zrozumieć; *s* omyłka, błąd; **to make a ~** popełnić błąd

mis·tak·en [mɪ`steɪkən] *pp i adj* mylny, błędny; **to be ~** mylić się, być w błędzie

mis·ter [`mɪstə(r)] *s* (*przed nazwiskiem*) pan; (*w piśmie*) *skr.* = **Mr.**

mis·took *zob.* **mistake**

mis·tress [`mɪstrəs] *s* pani, pani domu; nauczycielka, guwernantka; kochanka; **Mrs** [`mɪsɪz] (*skr. w piśmie, przed nazwiskiem mężatki*) Pani

mist·y [`mɪstɪ] *adj* mglisty

***mis·un·der·stand** ['mɪs'ʌndə`stænd] , **misunderstood, misunderstood** ['mɪs'ʌndə`stʊd] *vt* źle rozumieć

mis·un·der·stand·ing ['mɪs'ʌndə`stændɪŋ] *s* złe zrozumienie, nieporozumienie

mis·un·der·stood *zob.* **misunderstand**

mix [mıks] *vt vi* mieszać (się); preparować, przyrządzać (np. napoje); obcować (towarzysko); **~ up** zmieszać, pomieszać; wplątać

mix·er [`mıksə(r)] *s* barman; mikser; **a good ~** człowiek towarzyski

mix·ture [`mıkstʃə(r)] *s* mieszanina, mieszanka, mikstura

mo·bil·i·ty [məʊ`bılətı] *s* ruchliwość

mock [mok] *vt vi* szydzić, wyśmiewać, żartować sobie (**at sb, sth** z kogoś, czegoś); *s* pośmiewisko, kpiny; *adj attr* podrobiony, udany, pozorny

mode [məʊd] *s* sposób; obyczaj; tryb (życia, postępowania); moda

mod·el [`modl] *s* model, wzór; modelka; *vt* modelować, kształtować; *vr* **~ oneself** wzorować się (**on, <upon, after>** sb na kimś)

mod·er·a·tion ['modə`reıʃn] *s* umiarkowanie

mod·ern [`modn] *adj* nowoczesny, nowożytny

mod·est [`modıst] *adj* skromny

mod·i·fy [`modıfaı] *vt* modyfikować, zmieniać

moist [mɔıst] *adj* wilgotny

mois·ture [`mɔıstʃə(r)] *s* wilgoć

mold, molder = **mould, moulder**

mo·ment [`məʊmənt] *s* moment, chwila; **at the ~** w tej (właśnie) chwili; **for the ~** na razie; **in a ~** za chwilę, po chwili

mo·men·tar·y [`məʊməntrı] *adj* chwilowy

mo·men·tous [mə`mentəs] *adj* ważny, doniosły

mo·men·tum [mə`mentəm] *s* pęd, rozpęd

mon·as·ter·y [`monəstrı] *s* klasztor

Mon·day [`mʌndı] *s* poniedziałek

mon·ey [`mʌnı] *s zbior.* pieniądze; **ready ~** gotówka

mon·grel [`mʌŋgrəl] *s* kundel; mieszaniec; *adj attr* (*o krwi, rasie*) mieszany

mon·i·tor [`monıtə(r)] *s* monitor; urządzenie kontrolne; *vi vt* nasłuchiwać, kontrolować

mon·i·tor·ing [`monıtərıŋ] *s* nasłuch

monk [mʌŋk] *s* mnich

mon·key [`mʌŋkı] *s* małpa

mo·not·o·nous [mə`notənəs] *adj* monotonny

mon·ster [`monstə(r)] *s* potwór; *adj attr* potworny; monstrualny

month [mʌnθ] *s* miesiąc

month·ly [ˋmʌnθlɪ] *adj* miesięczny; *adv* miesięcznie; co miesiąc; *s* miesięcznik

mon·u·ment [ˋmonjʊmənt] *s* pomnik

mood [mud] *s* nastrój, humor

mood·y [ˋmudɪ] *adj* nie w humorze, markotny; o zmiennym usposobieniu

moon [mun] *s* księżyc; **full ~** pełnia; **once in a blue ~** bardzo rzadko, raz od wielkiego święta

moon·light [ˋmunlɑɪt] *s* światło księżyca

moor [mʊə(r)] *s* otwarty teren, błonie; wrzosowisko; torfowisko

mop [mop] *s* zmywak na kiju (do podłogi, okien itd.); *vt* wycierać, zmywać

mor·al [ˋmorl] *adj* moralny; *s* morał; *pl* **~s** moralność

mo·ral·i·ty [məˋrælətɪ] *s* moralność

mor·bid [ˋmɔbɪd] *adj* chorobliwy; chorobowy

more [mɔ(r)] *adj* (*comp od* **much, many**); *adv* więcej, bardziej; *s* więcej; **~ and ~** coraz więcej; **~ or less** mniej więcej; **~ than** ponad: **never ~** już nigdy; **no ~** już nie, więcej nie; dość; **once ~** jeszcze raz; **the ~** tym bardziej; **the ~ ... the ~** im więcej ... tym więcej

more·o·ver [morˋəʊvə(r)] *adv* co więcej, prócz tego, ponadto

morn·ing [ˋmɔnɪŋ] *s* rano, poranek; przedpołudnie; **good ~!** dzień dobry!; **in the ~** rano; **this ~** dziś rano

mor·tal [ˋmɔtl] *adj* śmiertelny; *s* śmiertelnik

mort·gage [ˋmɔgɪdʒ] *s* zastaw; hipoteka; *vt* zastawić; obciążyć hipotecznie

mo·sa·ic [məʊˋzeɪɪk] *s* mozaika

Mos·lem [ˋmozləm] *adj* muzułmański; *s* muzułmanin

mosque [mosk] *s* meczet

mos·qui·to [məˋskitəʊ] *s* (*pl* **~es**) komar, moskit

moss [mos] *s* mech

most [məʊst] *adj* (*sup od* **much, many**) najwięcej, najbardziej; *adv* najbardziej, najwięcej; *s* największa ilość, przeważająca większość, maksimum; **at (the) ~** najwyżej, w najlepszym razie; **to make the ~ of sth** wykorzystać coś maksymalnie; najkorzystniej przedstawić

most·ly [ˋməʊstlɪ] *adv* najczęściej, przeważnie

mo·tel [məʊˋtel] *s* motel

moth [moθ] *s* mól; ćma

moth·er [`mʌðə(r)] *s* matka; **~ tongue** mowa ojczysta

moth·er·hood [`mʌðəhʊd] *s* macierzyństwo

mother-in-law [`mɑðər ın lɔ] *s* (*pl* **mothers-in-law** [`mʌðəz ın lɔ]) teściowa

moth·er·ly [`mʌðəlı] *adj* macierzyński

motif [məʊ`tif] *s* motyw

mo·tion [`məʊʃn] *s* ruch; chód <bieg> (silnika); skinienie; gest; wniosek; to put **<set> in ~** wprawić w ruch; *vt vi* dać znak (ręką), skinąć

mo·tive [`məʊtıv] *adj* napędowy; *s* motyw; bodziec

mo·tor [`məʊtə(r)] *s* motor; silnik; *vt vi* jechać <wieźć> samochodem<motocyklem>

mo·tor-boat [`məʊtəbəʊt] *s* łódź motorowa

mo·tor-cycle [`məʊtəsɑıkl] *s* motocykl

mo·tor·ist [`məʊtərıst] *s* automobilista

mot·to [`motəʊ] *s* (*pl* **~es, ~s**) motto

mould 1. [məʊld] *s* czarnoziem, ziemia <gleba> (luźna)

mould 2. [məʊld] *s* pleśń; *vi* pleśnieć

mould 3. [məʊld] s forma, odlew; typ <pokój (człowieka); *vt* odlewać; kształtować

mount 1. [mɑʊnt] *s* góra, szczyt (*zw.* przed nazwą)

mount 2. [mɑʊnt] *vt vi* wznosić (się), podnosić (się); wsiadać, sadzać (na konia, rower itp.); wspinać się, wchodzić do góry (**a ladder, the stairs etc.** po drabinie; schodach itd.); montować; ustawiać

moun·tain [`mɑʊntın] *s* góra

moun·tain·eer ['mɑʊntı`nıə(r)] *s* alpinista

moun·tain·eer·ing ['mɑʊntı`nıərıŋ] *s sport* alpinistyka, wspinaczka wysokogórska

mourn [mɔn] *vt* opłakiwać; *vi* być w żałobie; płakać <lamentować> (**for <over> sb** nad kimś)

mourn·ing [`mɔnıŋ] *s* żałoba; *przen.* smutek

mouse [mɑʊs] *s także komp.* (*pl* **mice** [mɑıs]) mysz

mous·tache [mə`stɑʃ] *s* wąsy

mouth [mɑʊθ] *s* usta; pysk; ujście (rzeki)

mov·a·ble [`muvəbl] *adj* ruchomy; *s pl* **~s** ruchomości

move [muv] *vt vi* ruszać (się), być w ruchu, posuwać (się); przeprowadzać (się); rozczulać, wzruszać; zachęcać, pobudzać; stawiać wniosek; **~**

in wnieść; wprowadzić (się); **~ out** wynieść; wyprowadzić (się); *s* posunięcie, ruch; przeprowadzka

move·ment [`muvmənt] *s* ruch; chód, bieg; *muz.* część utworu

movie ['muvi] *am.* film; **~ theater** kino

mov·ies [`muvız] *s pl am.* kino

***mow** [məʊ] , **mowed** [məʊd], **mown** [məʊn] *vt* kosić

mown *zob.* mow

much [mʌtʃ] *adj i adv* dużo, wiele; bardzo, wielce; **~ the same** mniej więcej taki sam **<to samo>**; **as ~** tyleż; **as ~ as** tyle samo, co; **so ~** tyle; **so ~ the better <worse>** tym lepiej gorzej; **how ~?** ile?

mud [mʌd] *s* błoto, muł

mud·dy [`mʌdı] *adj* błotnisty; mętny, brudny

mud·guard [`mʌdgɑd] *s* błotnik

muf·fler [`mʌflə(r)] *s* szalik; tłumik

mug [mʌg] *s* kubek, kufel; *pot.* gęba

mul·ti·pli·ca·tion ['mʌltıpl-`keıʃn] *s* mnożenie (się); *mat.* **~ table** tabliczka mnożenia

mul·ti·ply [`mʌltıplɑı] *vt vi* mnożyć (się); rozmnażać się; **~ 4 by 6** pomnóż 4 przez 6

mul·ti·tude [`mʌltıtjud] *s* mnóstwo; tłum

mum 1. [mʌm] *adj* niemy, cichy; **to keep ~** milczeć; *int* sza!

mum 2. [mʌm] *s zdrobn.* mamusia

mum·ble [`mʌmbl] *vt vi* mruczeć, mamrotać, bełkotać

mum·my 1. [`mʌmı] *s* mamusia

mum·my 2. [`mʌmı] *s* mumia

mumps [mʌmps] *s med.* świnka

munch [mʌntʃ] *vt vi* głośno żuć, chrupać

mu·nic·i·pal [mju`nısıpl] *adj* komunalny, miejski

mu·ni·tion [mju`nıʃn] *s* (*zw. pl* **~s**) sprzęt wojenny, amunicja

mur·der [`mɜdə(r)] *s* morderstwo; *vt* mordować

mur·der·er [`mɜdərə(r)] *s* morderca

mur·mur [`mɜmə(r)] *vt vi* szeptać, mruczeć; szemrać; *s* szept, szmer; pomruk, mruczenie

mus·cle [`mʌsl] *s* mięsień

mu·se·um [mju`ziəm] *s* muzeum

mush·room [`mʌʃrʊm] *s* grzyb

mu·sic [`mjuzık] *s* muzyka; *zbior.* nuty

mu·si·cal [`mjuzıkl] *adj* muzyczny; muzykalny; dźwięczny; muzyczna

mu·sic-hall [`mjuzık hɔl] *s* teatr rewiowy <rozmaitości>

mu·si·cian [mju`zıʃn] *s* muzyk

must [mʌst, məst] *v aux nieodm.* muszę, musisz itd.; **I ~** muszę; **I ~ not** nie wolno mi,

mus·tard [ˋmʌstəd] *s* musztarda

mute [mjut] *adj* niemy; *s* niemowa; *teatr* statysta

mu·ti·late [ˋmjutɪleɪt] *vt* kaleczyć; okroić, zniekształcić (tekst itp.)

mu·ti·ny [ˋmjutɪnɪ] *s* bunt

mut·ter [ˋmʌtə(r)] *vt vi* mruczeć, mamrotać; szemrać (**at against sb, sth** na kogoś, coś)

mut·ton [ˋmʌtn] *s* baranina

mu·tu·al [ˋmjutʃʊəl] *adj* wzajemny

muz·zle [ˋmʌzl] *s* pysk; kaganiec; *vt* nałożyć kaganiec

my [mɑɪ] *pron* mój, moja, moje, moi

my·o·pi·a [mɑɪˋəʊpɪə] *s* krótkowzroczność

my·self [mɑɪˋself] *pron* sam, ja sam; się; siebie, sobą, sobie; **by ~** ja sam, sam jeden

mys·te·ri·ous [mɪˋstɪərɪəs] *adj* tajemniczy

mys·ter·y [ˋmɪstrɪ] *s* tajemnica

mys·tic [ˋmɪstɪc] *adj* mistyczny; *s* mistyk

myth [mɪθ] *s* mit

my·thol·o·gy [mɪˋθolədʒɪ] *s* mitologia

N

nail [neɪl] *s* paznokieć; pazur; gwóźdź; *vt* przybić gwoździem

na·ive [nɑɪˋiv] *adj* naiwny

na·ked [ˋneɪkɪd] *adj* nagi, goły

name [neɪm] *s* imię, nazwisko, nazwa; **family ~** nazwisko; **first <Christian >~** imię; **full ~** imię i nazwisko; **by ~** na imię, po nazwisku; **to call sb ~s** obrzucać kogoś wyzwiskami; *vt* dawać imię, nazywać; wyznaczać

name-day [ˋneɪmdeɪ] *s* imieniny

name·ly [ˋneɪmlɪ] *adv* mianowicie

nap [næp] *s* drzemka; **to take a ~** zdrzemnąć się; *vi* drzemać

nap·kin [ˋnæpkɪn] *s* serwetka; pieluszka; *am.* **sanitary ~** podpaska higieniczna

nar·rate [nəˋreɪt] *vt* opowiadać

nar·ra·tive [ˋnærətɪv] *adj* narracyjny; *s* opowiadanie, opowieść

nar·row [ˋnærəʊ] *adj* wąski, ciasny, ścisły; *vt vi* zwężać (się); ściągać <kurczyć> (się)

nar·row-mind·ed ['nærəʊ ˋmɑɪndɪd] *adj* (umysłowo) ograniczony

nas·ty [ˋnɑstɪ] *adj* wstrętny, przykry; złośliwy; *pot.* świński

na·tion [`neɪʃn] *s* naród; państwo

na·tion·al [`næʃnl] *adj* narodowy; państwowy; **~ service** obowiązkowa służba wojskowa; *s* poddany, obywatel państwa

na·tion·al·i·ty ['næʃn`ælətɪ] *s* narodowość; państwowość; przynależność państwowa, obywatelstwo

na·tive [`neɪtɪv] *adj* rodzimy, ojczysty; wrodzony; krajowy, tubylczy; **~ land** ojczyzna; *s* tubylec

nat·u·ral [`nætʃərl] *adj* naturalny; pierwotny; przyrodniczy; przyrodzony; **~ history** przyroda

na·ture [`neɪtʃə(r)] *s* natura, przyroda; istota; charakter **by ~** z natury

naugh·ty [`nɔtɪ] *adj* (*o dziecku*) niegrzeczny; nieprzyzwoity

nau·sea [`nɔzɪə] *s* nudności, mdłości; obrzydzenie

nau·se·ate [`nɔzɪeɪt] *vt* przyprawiać o mdłości, budzić wstręt; czuć wstręt (**sth** do czegoś); *vi* dostawać mdłości

na·val [`neɪvl] *adj* morski; okrętowy

na·vel [`neɪvl] *s anat.* pępek

nav·i·ga·tion ['nævɪ`geɪʃn] *s* żegluga, nawigacja

na·vy [`neɪvɪ] *s* marynarka wojenna; **~ cut** tytoń fajkowy (drobno krajany)

navy-blue ['neɪvɪ`blu] *adj* granatowy; *s* kolor granatowy

near [nɪə(r)] *adj* bliski, blisko spokrewniony; trafny; **to have a ~ escape** ledwo uciec, uniknąć o włos; *adv i praep* blisko, niedaleko; *vt* zbliżać się (**sth** do czegoś)

near·by [`nɪəbɑɪ] *adj* bliski, sąsiedni

near·ly [`nɪəlɪ] *adv* blisko; prawie (że)

neat [nit] *adj* schludny; grzeczny; miły; porządny

nec·es·sar·y [`nesəsrɪ] *adj* konieczny, niezbędny; **if ~** w razie potrzeby; *s* rzecz konieczna

ne·ces·si·ty [nɪ`sesətɪ] *s* konieczność, potrzeba; bieda; **of <by> ~** z konieczności

neck [nek] *s* szyja, kark; szyjka (np. flaszki); przesmyk; *vt vi am. pot.* obejmować (się) za szyję; pieścić się

neck·lace [`nekləs] *s* naszyjnik

neck·tie [`nektɑɪ] *s* krawat

need [nid] *s* potrzeba; ubóstwo, bieda; **to have <stand in, be in> ~ of** potrzebować czegoś; *vt* potrzebować, wymagać (czegoś); *vt* być w potrzebie; **I ~ not** nie muszę

nee·dle [`nidl] *s* igła; iglica

need·n't [nidnt] = **need not**

ne·ga·tion [nı`geıʃn] *s* przeczenie, negacja

neglect [nı`glekt] *vt* zaniedbywać, lekceważyć; nie zrobić (**sth** czegoś); *s* zaniedbanie, lekceważenie, pominięcie

neg·li·gence [`neglıdʒəns] *s* niedbalstwo, zaniedbanie

neg·li·gi·ble [`neglıdʒəbl] *adj* niegodny uwagi, mało znaczący

ne·go·ti·a·tion [nı'gəʊʃı`eıʃn] *s* rokowania <pertraktacje> (polityczne, handlowe)

Ne·gress [`nigrəs] *s zw. uj.* Murzynka

Ne·gro [`nigrəʊ] *s zw. uj.* (pl **~es**) Mu-rzyn

neigh·bour [`neıbə(r)] *s* sąsiad; *vt vi* sąsiadować

neigh·bour·hood [`neıbəhʊd] *s* sąsiedztwo; okolica

nei·ther [`naıðə(r)] *am.* [`niðə(r)] *pron* ani jeden, ani drugi, żaden z dwóch; *adv* ani; **~ ... nor** ani ..., ani; **he could ~ eat nor drink** nie mógł jeść, ani pić; *conj* też nie; **he doesn't like it, ~ do I** on tego nie lubi, i ja też nie

neph·ew [`nevju] *s* siostrzeniec; bratanek

nerve [nɜv] *s* nerw; *przen.* siła; opanowanie; tupet; **to get on sb's ~s** działać komuś na nerwy; *vt* dodać otuchy

nerv·ous [`nɜvəs] *adj* nerwowy; niespokojny

nest [nest] *s* gniazdo; *vi* wić gniazdo

net 1. [net] *adj* (*o zysku itp.*) czysty; netto; *vt* zarobić na czysto

net 2. [net] *s dosł. i przen.* sieć, siatka; *sport* net; *vt* łowić siecią (np. ryby)

neu·rol·o·gy [njuə`rolədʒı] *s* neurologia

neu·ro·sis [njʊə`rəʊsıs] *s* (*pl* **neuroses** [njuə`rəʊsiz]) *med.* nerwica

neu·tral [`njutrl] *adj* neutralny; nieokreślony

nev·er [`nevə(r)] *adv* nigdy; bynajmniej

nev·er·more ['nevə`mɔ(r)] *adv* już nigdy, nigdy więcej

nev·er·the·less ['nevəðə`les] *adv* mimo wszystko <tego, to>; (tym) niemniej

new [nju] *adj* nowy; świeży

new·com·er [`njukʌmə(r)] *s* przybysz

news [njuz] *s* nowość; nowina; wiadomość; kronika, aktualności

news·pa·per [`njuspeɪpə(r)] *s* gazeta

next [nekst] *adj* najbliższy; następny; **~ to nothing** prawie nic; *adv* następnie, z kolei, zaraz potem; *praep* tuż obok <przy>; po (kimś, czymś)

nice [naɪs] *adj* ładny; miły, przyjemny; delikatny

nick·el [`nɪkl] *s* nikiel; *am. pot.* pięciocentówka

nick·name [`nɪkneɪm] *s* przezwisko; przydomek; *vt* przezywać

niece [nis] *s* siostrzenica; bratanica

night [naɪt] *s* noc; wieczór; **by <at> ~** nocą, w nocy; **at ~** wieczorem; **last ~** ubiegłej nocy; wczoraj wieczorem; **the ~ before last** przedostatniej nocy; przedwczoraj wieczorem; **first ~** *teatr* premiera

night·fall [`naɪtfɔl] *s* zmierzch

night·in·gale [`naɪtɪŋgeɪl] *s* słowik

night·mare [`naɪtmeə(r)] *s* koszmar (nocny)

nine [naɪn] *num* dziewięć

nine·teen ['naɪn`tin] *num* dziewiętnaście

nine·teenth ['naɪn`tinθ] *adj* dziewiętnasty

nine·ti·eth [`naɪntɪəθ] *adj* dziewięćdziesiąty

nine·ty [`naɪntɪ] *num* dziewięćdziesiąt

ninth [naɪnθ] *adj* dziewiąty

nip·ple [`nɪpl] *s* sutka; smoczek

ni·tro·gen [`naɪtrədʒən] *s* azot

no [nəʊ] *adj* nie; żaden; **~ doubt** niewątpliwie; **~ entrance** wstęp wzbronioy; **~ end** bez końca; **~ smoking** nie wolno palić; *adv* nie; *s* przecząca odpowiedź; odmowa

no·ble [`nəʊbl] *adj* szlachetny; szlachecki; *s* = **nobleman**

no·bod·y [`nəʊbədɪ] *pron* nikt; *s* nic nie znaczący człowiek, zero

nod [nod] *vt* skinąć (**to sb** na kogoś); ukłonić się, kiwnąć głową; *s* skinienie, ukłon

noise [nɔɪz] *s* hałas; odgłos; szum

nois·y [`nɔɪzɪ] *adj* hałaśliwy

nom·i·nate [`nomɪneɪt] *vt* mianować; wyznaczyć; wysunąć jako kandydata

non·cha·lant [`nonʃələnt] *adj* nonszalancki

none [nʌn] *pron* nikt, żaden, nic; **~ of this <that>** nic z tego; **~ of that!** dość tego!; *adv* wcale <bynajmniej> nie; **~ the less** tym niemniej

none·such = nonsuch

non·sense [`nonsns] *s* niedorzeczność, nonsens

non-smok·er ['non`smǝʊkǝ(r)] *s* niepalący; wagon <przedział> dla niepalących

non-stop ['non`stop] *adj attr* bezpośredni, bez postoju; nieprzerwany

non·such [`nʌnsʌtʃ] *s* unikat; osoba <rzecz> niezrównana

noo·dle [`nudl] *s* makaron

noon [nun] *s* południe (pora dnia)

nor [nɔ(r)] *adv* ani; także <też> nie; **he doesn't know her, ~ do I** on jej nie zna, ani ja <i ja też nie>

norm [nɔm] *s* norma

nor·mal [`nɔml] *adj* normalny

north [nɔθ] *s geogr.* północ; *adj* północny; *adv* na północ, w kierunku północnym; na północy

Nor·we·gian [nɔ`widʒǝn] *adj* norweski; *s* Norweg; język norweski

nose [nǝʊz] *s* nos; *vt vi* czuć zapach (**sth** czegoś), wąchać (**at sth** coś); węszyć (**sth after sth** za czymś)

not [not] *adv* nie; **~ at all** <**a bit**> ani trochę, wcale nie; **~ a word** ani słowa

no·ta·ry [`nǝʊtǝrɪ] *s* notariusz

note [nǝʊt] *s* notatka, uwaga; znaczenie, sława; banknot; piętno; nuta; **to make a ~** zanotować (**of sth** coś); przyjąć do wiadomości (**of sth** coś); *vt* (*także* **~ down**) notować, zapisywać; zwracać uwagę (na coś)

note·book [`nǝʊtbʊk] *s* notatnik, notes

not·ed [`nǝʊtɪd] *pp i adj* znany, wybitny

noth·ing [`nʌθɪŋ] *s* nic; **all to ~** wszystko na nic; **for ~** bezpłatnie; bez powodu; na próżno; **~ at all** w ogóle nic; (*grzecznościowo*) proszę, nie ma za co; **~ but ...** nic (jak) tylko ...; nic oprócz ...; **~ to speak of** nie ma o czym mówić; nie warto wspominać; **to say ~ of** nie mówiąc o; pomijając; a co dopiero

no·tice [`nǝʊtɪs] *s* notatka, ogłoszenie; uwaga; ostrzeżenie; wypowiedzenie; termin; **at one month's ~** w terminie jednomiesięcznym; z jednomiesięcznym wypowiedzeniem; **to bring sth to sb 's ~** zwrócić komuś na coś uwagę; **to take ~** zwrócić uwagę, zauważyć (**of sth** coś); *vt* zauważyć, spostrzec, dostrzec

no·tice-board [`nǝʊtɪsbɔd] *s* tablica ogłoszeń

no·ti·fy [`nǝʊtɪfaɪ] *vt* obwiesić (**sth to sb** coś komuś), zawiadomić (**sb of sth** kogoś o czymś)

no·tion [ˋnəʊʃn] *s* pojęcie, wyobrażenie; myśl, pogląd

no·tor·i·ous [nəʊˋtɔrɪəs] *adj* notoryczny; osławiony

not·with·stand·ing ['notwɪðˋstændɪŋ] *praep* mimo, nie bacząc na; *adv* mimo to, niemniej jednak, jednakże

noun [nɑʊn] *s gram.* rzeczownik

nour·ish [ˋnʌrɪʃ] *vt* karmić, żywić (*także* uczucie); podtrzymywać

nour·ish·ment [ˋnʌrɪʃmənt] *s* pokarm; żywienie

nov·el [ˋnovl] *s* powieść; *adj* nowy, nieznany; orginalny

nov·el·ty [ˋnovltɪ] *s* nowość; orginalność

No·vem·ber [nəʊˋvembə(r)] *s* listopad

nov·ice [ˋnovɪs] *s* nowicjusz

now [nɑʊ] *adv* obecnie, teraz; **~ and again** od czasu do czasu; **every ~ and again** co chwilę; **just ~** dopiero co, przed chwilą; otóż, przecież, no; *s* chwila obecna; **by ~** już; od tego czasu; **from ~ on** odtąd; w przyszłości; **till <until, up to> ~** dotąd, dotychczas; *conj* **~ (that)** teraz gdy; skoro (już)

now·a·days [ˋnɑʊədeɪz] *adv* obecnie, w dzisiejszych czasach

no·where [ˋnəʊweə(r)] *adv* nigdzie

nu·cle·ar [ˋnjuklɪə(r)] *adj biol. fiz.* jądrowy, nuklearny

nu·cle·us [ˋnjuklɪəs] *s biol. fiz.* jądro, zawiązek

nude [njud] *adj* nagi; *s* akt (w malarstwie, rzeźbie)

nui·sance [ˋnjusns] *s* przykrość; dokuczliwość; osoba<rzecz> dokuczliwa<uciążliwa>; **to be a ~** zawadzać, dokuczać, dawać się we znaki

nul·li·fy [ˋnʌlɪfɑɪ] *vt* unieważnić

numb [nʌm] *adj* zdrętwiały, bez czucia

num·ber [ˋnʌmbə(r)] *s* liczba; numer; **a ~ of** dużo; **in ~s** w wielkich ilościach, gromadnie; **without ~** bez liku; *vt* liczyć; liczyć sobie; zaliczyć (**among** do); numerować

num·ber·less [ˋnʌmbələs] *adj* niezliczony

nu·mer·al [ˋnjumərl] *s* cyfra; *gram.* liczebnik; *adj* liczbowy

nu·mer·ous [ˋnjumərəs] *adj* liczny

nun [nʌn] *s* zakonnica

nurse [nɜs] *s* niańka; pielęgniarka; *vt* niańczyć, pielęgnować; hodować; żywić (uczucie)

nurs·er·y [`nɜsrɪ] *s* pokój dziecinny; szkółka drzew; (*także* **day ~**) żłobek; **~ school** przedszkole

nur·ture [`nɜtʃə(r)] *vt* karmić; wychowywać; kształcić; *s* opieka, wychowanie; kształcenie; pożywienie

nut [nʌt] *s* orzech

nu·tri·tious [nju`trɪʃəs] *adj* pożywny, odżywczy

nut·shell [`nʌtʃel] *s* łupina orzecha; **in a ~** jak najkrócej, w paru słowach

ny·lon [`nɑɪlon] *s* nylon

O

oak [əʊk] *s (także* **~ tree**) dąb

oar [ɔ(r)] *s* wiosło; *przen.* **to put in one's ~** wtrącać się w nieswoje sprawy; *vt vi* wiosłować

oath [əʊθ] *s* przysięga; przekleństwo; **to take <make, swear> an ~** przysięgać

o·be·dient [ə`bidɪənt] *adj* posłuszny

o·bese [əʊ`bis] *adj* otyły

o·bey [əʊ`beɪ] *vt vi* słuchać, być posłusznym, przestrzegać (praw itp.)

o·bit·u·ar·y [ə`bɪtʃʊərɪ] *adj* pośmiertny, żałobny; *s* nekrolog; **~ notice** klepsydra

ob·ject 1. [`obdʒɪkt] sprzedmiot; rzecz; cel; *gram.* dopełnienie

ob·ject 2. [əb`dʒekt] *vt vi* zarzucać <mieć do zarzucenia> (coś komuś); oponować; sprzeciwiać się (**to sth** czemuś)

ob·jec·tion [əb`dʒekʃn] *s* zarzut; sprzeciw; przeszkoda

ob·jec·tive [ob`dʒektiv] *adj* obiektywny, bezstronny; przedmiotowy; *s* cel; obiektyw

ob·li·ga·tion ['oblɪ`geɪʃn] *s* zobowiązanie; obligacja; dług; **to be under an ~** być zobowiązanym; **to undertake an ~** zobowiązać się

ob·lig·a·to·ry [ə`blɪgətrɪ] *adj* obowiązujący, obowiązkowy, wiążący

o·blige [ə`blɑɪdʒ] *vt* zobowiązywać; zmuszać; obowiązywać; mieć moc wiążącą; wyświadczyć grzeczność, usłużyć (**sb with sth** komuś czymś)

o·blig·ing [ə`blɑɪdʒɪŋ] *adj* uprzejmy

ob·lit·er·ate [ə`blɪtəreɪt] *vt* zatrzeć, zetrzeć, wykreślić

ob·liv·i·on [ə`blɪvɪən] *s* zapomnienie, niepamięć

ob·long [`oblоŋ] *adj* podłużny; prostokątny

ob·nox·ious [əb`nokʃəs] *adj* wstrętny, odpychający, przykry

ob·scene [əb`sin] *adj* nieprzyzwoity, obsceniczny

ob·scure [əb`skjʊə(r)] *adj* ciemny; niezrozumiały; nieznany; niejasny; *vt* zaciemniać, przyćmiewać

ob·serv·ance [əb`zɜvəns] *s* przestrzeganie zanowanie (prawa, zwyczaju itp.); obchodzenie (świąt); obrzęd, rytuał

ob·ser·va·tion [əb`zə`veɪʃn] *s* obserwacja, spostrzeganie; spostrzegawczość; uwaga; spostrzeżenie

ob·serve [əb`zɜv] s obserwować; spostrzegać; zauważyć, zrobić uwagę <spostrzeżenie; przestrzegać (ustaw itd.); zachowywać (zwyczaj itp.); obchodzić (święta itp.)

ob·serv·er [əb`zɜvə(r)] *s* obserwator; człowiek przestrzegający (prawa, obyczaju itp.)

obsession [əb`seʃn] *s* obsesja, opętanie; natręctwo (myślowe)

ob·so·lete [`obsəlit] *adj* przestarzały, nie będący (już) w użyciu

ob·sta·cle [`obstəkl] *s* przeszkoda; ~ **race** bieg z przeszkodami

ob·sti·nate [`obstɪnət] *adj* uparty, zawzięty; uporczywy

ob·struct [əb`strʌkt] *vt* zagradzać; przeszkadzać; hamować; wstrzymywać; zatykać; powodować zaparcie

ob·tain [əb`teɪn] *vt* otrzymać, uzyskać, osiągnąć; *vi* utrzymywać się, trwać; być w użyciu mocy; panować

ob·tru·sive [əb`trusɪv] *adj* narzucający się, natrętny

ob·vi·ous [`obvɪəs] *adj* oczywisty

oc·ca·sion [ə`keɪʒn] *s* okazja, sposobność, powód, przyczyna; **on** ~ okazyjnie, przy sposobności; **to take** ~ skorzystać ze sposobności; *vt* spowodować, wywołać, wzbudzić

oc·ca·sion·al [ə`keɪʒnl] *adj* okolicznościowy; przypadkowy, nieregularny; rzadki

oc·cu·pant [`okjʊpənt] *s* posiadacz; lokator, użytkownik; pasażer (w pojeździe); okupant

oc·cu·pa·tion [`okjʊ`peɪʃn] *s* okupacja; zajęcie; zawód; zajmowanie (lokalu itd.)

occupy [`okjʊpaɪ] *vt* okupować; zajmować; posiadać

oc·cur [ə`kɜ(r)] *vi* zdarzać się; trafiać się; występować; przychodzić na myśl

oc·cu·rence [ə`kʌrns] *s* wydarzenie, wypadek; występowanie

o·cean [`əʊʃn] *s* ocean

o'clock [ə`klok] : **six ~** szósta godzina; *zob.* **clock**

Oc·to·ber [ok`təʊbə(r)] *s* październik

oc·u·list [`okjʊlɪst] *s* okulista

odd [od] *adj* dziwny, dziwaczny; *(o liczbie)* nieparzysty; ponad normę, z okładem; zbywający, przypadkowy; **~ jobs** drobne <dorywcze> zajęcia; **an ~ shoe** (jeden) but nie do pary

odds [odz] *spl* nierówność; nierówna ilość; nierówna szansa; przewaga; różnica; niezgoda; prawdopodobieństwo; możliwość; **it is no ~** to obojętne

o·dour [`əʊdə(r)] *s* zapach, woń; posmak; reputacja

of [ov, əv] *praep* od, z, ze, na; *służy do tworzenia dopełniacza i przydawki:* **author of the book** autor książki; **a friend of mine** mój przyjaciel; **a man of tact** człowiek taktowny; *określa miejsce lub pochodzenie:* **a man of London** człowiek z Londynu, londyńczyk; *czas:* **of late** ostatnio; *przyczynę:* **to die of typhus** umrzeć na tyfus; *tworzywo;* **made of wood** zrobione z drewna; *zawartość:* **a bottle of milk** butelka mleka

off [of] *praep* od, z, ze; od strony; spoza; z dala; na boku; w odległości; **to take the picture ~ the wall** zdjąć obraz ze ściany; **to stand ~ the road** stać w pewnej odległości od drogi; **to take 10% ~ the price** potrącić 10% z ceny; **~ the mark** nietrafny, chybiony (strzał); **to be ~ duty** nie być na służbie; *adv* precz, hen daleko, daleko od (środka, celu, głównego tematu itd); **hands ~!** precz z rękami!; **the button is ~** guzik się urwał; **~ and on, on and ~** od czasu do czasu, z przerwami; *adj* dalszy, odległy, leżący obok; **~ street** boczna ulica; **~ day, day ~** dzień wolny od pracy; **well ~** zamożny

of·fence [ə`fens] *s* obraza; zaczepka; przestępstwo; przekroczenie; **to take ~**

obrażać się (**at sth** z powodu czegoś); **to give ~** obrazić <dotknąć> (**to sb** kogoś)

of·fend [ə`fend] *vt* obrazić, urazić; *vi* wykroczyć (**against sth** przeciwko czemuś)

of·fer [`ofə(r)] *vt* ofiarować, oferować; proponować; okazywać gotowość; wystawiać na sprzedaż (**goods** towary); *s* propozycja, oferta (*także handlowa)*

off·hand ['of`hænd] *adv* szybko, z miejsca, bez przygotowania; *adj attr* szybki; improwizowany, zrobiony od ręki

of·fice [`ofıs] *s* urząd, biuro; ministerstwo; urzędowanie; służba, posada; **to be in ~** piastować urząd; **to take <enter upon> ~** objąć urząd

of·fi·cer [`ofısə(r)] *s* oficer, urzędnik, funkcjonariusz

of·fi·cial [ə`fıʃl] *adj* oficjalny, urzędowy; *s* urzędnik

of·ten [`ofn] *adv* często

oil [ɔıl] *s* oliwa, olej; farba olejna; nafta; *vt* smarować, oliwić

oil-paint·ing [`ɔıl peıntıŋ] *s* malarstwo olejne; obraz olejny

oint·ment [`ɔıntmənt] *s* maść

O.K., okay ['əʊ`keı] *adv pot.* dobrze, w porządku; *interj* dobrze!; *adj praed* (będący) w porządku <dobrym stanie, na miejscu>; *vi pot.* zaaprobować

old [əʊld] *adj* stary; dawny; były; **~ age** starość; **~ hand** stary praktyk

old-fash·ioned ['əʊld`fæʃnd] *adj* staromodny; niemodny

ol·ive [`olıv] *s* oliwka; (*także* **~ tree**) drzewo oliwne

Olym·pic [ə`lımpık] *adj* olimpijski; **the ~ Games, the Olympics** igrzyska olimpijskie

o·men [`əʊmen] *s* zły znak, wróżba, omen

o·mission [`ə`mıʃn] *s* opuszczenie, przeoczenie, zaniedbanie

o·mit [əʊ`mıt] *adj* opuścić, pominąć, przeoczyć

on [on] *praep* na, nad, u, przy, po, w; **on foot** piechotą; **on horseback** konno; **on Monday**≈w poniedziałek; **on my arrival** po moim przybyciu; *adv* dalej, naprzód, na sobie; **an so on** i tak dalej; **from now on** od tej chwili (na przyszłość); **read on** czytaj dalej; **with my overcoat on** w palcie; **the light is on** światło jest zapalone; **the play is on** sztuka jest grana na scenie

once [wʌns] *adv* raz, jeden raz; kiedyś (w przeszłości); (*także* **~ upon a time**) pewnego razu;

niegdyś; ~ **again** <more> jeszcze raz; ~ **for all** raz na zawsze; **all at** ~ nagle; **at** ~ naraz, od razu, zaraz, natychmiast; równocześnie; *conj* skoro, skoro już, skoro tylko; *s* raz; **for this** ~ tylko tym razem

one [wʌn] *num adj* jeden, jedyny, niejaki, pewien; *pron* ktoś; **no** ~ nikt; *w połączeniu z* **the, this, that** i *przymiotnikami:* ten; **this** ~ ten; **the red** ~ ten czerwony; *pron impers* ~ **lives** żyje się; ~ **never knows** nigdy nie wiadomo; *pron zastępczy:* **I don't want this book, give me another** ~ nie chcę tej książki, daj mi inną

one·self ['wʌn`self] *pron* sam, sam jeden, bez pomocy; (samego) siebie, się, sobie, sobą

one-sid·ed ['wʌn`saıdıd] *adj* jednostronny

on·ion [`ʌnıən] *s* cebula

on·look·er [`onlʊkə(r)] *s* widz

on·ly [`əʊnlı] *adj* jedyny; *adv* tylko, jedynie; dopiero

on·ward [`onwəd] *adj* idący naprzód <ku przodowi>; *adv* na przód; dalej; ku przodowi

o·pen [`əʊpən] *adj* otwarty; odsłonięty; obnażony; publiczny; szczery; skłonny; ~ **air** wolne <świeże> powietrze; ~ **to doubt** wątpliwy; **to lay** ~ odsłonić, ujawnić; *vt vi* otwierać (się); objawiać; ujawniać; ogłaszać; rozpoczynać (się); *s* wolna przestrzeń; otwarte pole; świeże powietrze

open-minded ['əʊpən`maındıd] *adj* mający szerokie poglądy; bez uprzedzeń; bezstronny

op·er·a [`oprə] *s* opera; **light** ~ operetka

op·er·ate [`opəreıt] *vt vi*działać; powodować działanie; oddziaływać; operować (**on sb** kogoś); wprawiać w ruch, obsługiwać (np. maszynę); *am.* kierować czymś, eksploatować (coś)

op·er·a·tion ['opə`reıʃn] *s* operacja; działanie; *am.* kierownictwo, eksploatacja

op·er·a·tor [`opəreıtə(r)] *s* operator; robotnik <pracownik> obsługujący maszynę, aparat itd.; telefonista; *am.* kierownik

op·er·et·ta ['opə`retə] *s* operetka

o·pin·ion [ə`pınıən] *s* opinia; zdanie, pogląd; **in my** ~ moim zdaniem; **public** ~ opinia publiczna; ~ **poll** badanie opinii (publicznej)

op·por·tu·ni·ty ['opə`tjunətı] *s* sposobność; **to take the ~** skorzystać ze sposobności

op·pose [ə`pəʊz] *vt* przeciwstawiać < z przeciwiać się> (**sb, sth** komuś, czemuś); oponować; **to be ~d** sprzeciwiać się (**to sb, sth** komuś, czemuś)

op·ppo·site [`opəzıt] *adj* przeciwległy, przeciwny; *s* przeciwieństwo; *adv praep* naprzeciwko

op·po·si·tion ['opə`zıʃn] *s* opozycja, opór; przeciwstawienie

op·pres·sion [ə`preʃn] *s* ucisk; znużenie

op·tics [`optıks] *s* optyka

op·ti·mis·tic ['opı`mıstık] *adj* optymistyczny

op·tion [`opʃn] *s* prawo wyboru, opcja, wybór

op·tion·al [`opʃnl] *adj* dowolny, nadobowiązkowy, fakultatywny

or [ɔ(r)] *conj* lub, albo; bo inaczej; czy; czyli

o·ral [`ɔrl] *adj* ustny; *med.* doustny

or·ange [`orındʒ] *s* pomarańcza; *adj attr (o kolorze)* pomarańczowy

or·bit [`ɔbıt] *s* orbita

or·chard [`ɔtʃəd] *s* sad

or·ches·tra [`ɔkıstrə] *s* orkiestra; *teatr.* parter

or·der [`ɔdə(r)] *vt* rozkazywać; zarządzać; zamawiać; porządkować; *s* rozkaz; zarządzenie; porządek; zamówienie; cel; order; *bank.* zlecenie; **in working ~** zdatny do użytku, działający; **out of ~** nie w porządku, zepsuty; **made to ~** zrobiony na zamówienie; **money <postal> ~** przekaz pieniężny; **in ~ to, in ~ that** ażeby

or·di·nal [`ɔdınl] *adj* porządkowy; *s gram.* liczebnik porządkowy

or·di·na·ry [`ɔdnrı] *adj* zwyczajny; *s* rzecz zwyczajna; norma; **in ~** stały, etatowy

ore [ɔ(r)] *s geol.* ruda, kruszec

or·gan [`ɔgən] *s* organ: *muz.* organy

or·gan·ism [`ɔgənızm] *s* organizm

or·gan·i·za·tion ['ɔgənaı`zeıʃn] *s* organizacja

or·gan·ize [`ɔgənaız] *vt* organizować

or·gy [`ɔdʒı] *s* orgia

o·ri·en·tate [`ɔrıənteıt] *vt* orientować, nadawać kierunek; *vr* **~ oneself** orientować się (w terenie, weług stron świata)

o·ri·en·ta·tion ['ɔrɪən`teɪʃn] *s* orientacja

or·i·gin [`orɪdʒɪn] *s* pochodzenie, początek, geneza

o·rig·i·nal [ə`rɪdʒnl] *adj* oryginalny; początkowy, pierwotny; *s* oryginał

o·rig·i·nate [ə`rɪdʒɪneɪt] *vt* dawać początek, zapoczątkowywać, tworzyć; *vi* powstawać (**in sth** z czegoś); pochodzić (**from sth** od czegoś)

or·na·ment [`ɔnəmənt] *s* ornament, ozdoba; *vt* [`ɔnəment] zdobić, upiększać

or·tho·dox [`ɔθədoks] *adj* ortodoksyjny; *rel.* prawosławny

os·trich [`ostrɪtʃ] *s zool.* struś

oth·er [`ʌðə(r)] *adj pron* inny, drugi, jeszcze jeden; **each ~** jeden drugiego, nawzajem; **every ~ day** co drugi dzień; **on the ~ hand** z drugiej strony; **the ~ day** onegdaj

oth·er·wise [`ʌðəwaɪz] *adv* inaczej, w inny sposób; skądinąd, poza tym, z innych powodów; pod innym względem; w przeciwnym razie; bo inaczej

ought [ɔt] *v aux* powinienem, powinieneś itd.; **it ~ to be done** powinno się <należy> to zrobić

ounce [ɑʊns] *s* uncja (jednostka ciężaru)

our [`ɑʊə(r)] *pron* nasz (*przed rzeczownikiem)*

ours [`ɑʊəz] *pron* nasz (*bez rzeczownika*); **this house is ~** ten dom jest nasz

our·selves [ɑ`selvz] *pron* sami, my sami; się, (samych) siebie, sobie, sobą

oust [ɑʊst] *vt* wyrzucić, usunąć, wyrugować

out [ɑʊt] *adv* na zewnątrz; hen; precz; poza domem, na dworze; **~ with him!** precz z nim; **he is ~** nie ma go; **the fire is ~** ogień zgasł; **the book is ~** książka wyszła drukiem; *praep w połączeniu z* **of** poza; bez; z, przez; **~ of curiosity** przez ciekawość; **~ of date** przestarzały, niemodny; **~ of doors** na świeżym powietrzu; **~ of place** nie na miejscu; **~ of reach** poza zasięgiem; **~ of sight** poza zasięgiem wzroku, niewidoczny; *adj* zewnętrzny; *s pl*~**s** nieobecni, ci, których już nie ma (w urzędzie, grze itd.); *vt* wyrzucić

out·break [`ɑʊtbreɪk] *s* wybuch (wojny, epidemii, gniewu)

out·burst [`ɑʊtbɜst] *s* wybuch (*także* śmiechu, gniewu, itd.)

out·come [`ɑʊtkʌm] *s* wynik

***out·do** [aʊt`du], **outdid** [aʊt`dɪd], **outdone** [aʊt`dʌn] *vt* przewyższyć, prześcignąć

out·door [`aʊtdɔz] *adj attr* będący poza domem (np. *o sportach*); na świeżym powie-trzu; (*o ubraniu*) wyjściowy

out·doors [aʊt`dɔz] *adv* na zewnątrz (domu), na świeżym powietrzu

out·er [`aʊtə(r)] *adj* zewnętrzny

out·fit [`aʊtfɪt] *s* wyposażenie, sprzęt, ekwipunek, komplet narzędzi

out·ing [aʊt`ɪŋ] *s* wycieczka, wypad

out·last [aʊt`lɑst] *vt* trwać dłużej (**sth** niż coś); przetrwać, przeżyć

out·let [aʊtlet] *s* wylot, ujście

out·line [aʊtlaɪn] *s* zarys, szkic; *vt* zarysować, naszkicować

out·look [`aʊtlʊk] *s* widok; pogląd; obserwacja; punkt obserwacyjny; **to be on the ~** rozglądać się (**for sth** za czymś), czatować

out·most [`aʊtməʊst] *adj* = **outermost**; *s w zwrocie:* **at the ~** najwyżej

out-of-date [`aʊt əv deɪt] *adj* przestarzały, niemodny

out-pa·tient [`aʊtpeɪʃnt] *s* pacjent ambulatoryjny

out·rage [`aʊtreɪdʒ] *s* obraza (ciężka), zniewaga; pogwałcenie; *vt* [aʊt`reɪdʒ] znieważyć; pogwałcić; shańbić; urągać (przyzwoitości itd.)

out·ra·geous [aʊt`reɪdʒəs] *adj* obrażający, znieważający; skandaliczny, niesłychany

out·right [`aʊtraɪt] *adj* otwarty, szczery; całkowity, *adv* [aʊt`raɪt] otwarcie, szczerze, wprost; całkowicie; natychmiast, z miejsca

out·side [aʊt`saɪd] *adv* zewnątrz, na zewnątrz; *praep* (*także* **~ of**) poza <przed> czymś; na zewnątrz (czegoś); *s* zewnętrzna strona; zewnętrzny wygląd; *adj attr* [`aʊtsaɪd] zewnętrzny (*leżący, robiony*) poza domem

out·sid·er [aʊt`saɪdə(r)] *s* (człowiek) postronny, obcy; laik; outsider

out·size [aʊt`saɪz] *adj (o rozmiarze)* nietypowy; (*o sklepie*) dla nietypowych

out·skirts [`aʊtskɜts] *s pl* kraniec; peryferie; kresy

out·spo·ken [aʊt`spəʊkən] *adj* szczery, otwarty; mówiący szczerze; powiedziany otwarcie

out·stand·ing [ɑʊt`stændɪŋ] *adj* wybitny; wystający; zaległy; nie załatwiony

out·ward [`ɑʊtwəd] *adj* zewnętrzny; widoczny; odjeżdżający (*zw.* za granicę); (*o podróży, bilecie zw. za granicę*) docelowy; *s* strona zewnętrzna; *adv* = **outwards**

out·wards [ɑʊt`wədz] *adv* po stronie zewnętrznej, na zewnątrz

out·weigh [ɑʊt`weɪ] *vt* przeważyć; przewyższyć

out·wit [ɑʊt`wɪt] *vt* przechytrzyć, podstępnie podejść (**sb** kogoś)

o·val [`əʊvl] *adj* owalny; *s* owal

o·va·ry [`əʊvərɪ] *s anat.* jajnik

o·va·tion [`əʊveɪʃn] *s* owacja

ov·en [`ʌvn] *s* piec ; **microwave ~** kuchenka mikrofalowa

o·ver 1. [`əʊvə(r)] *praep* nad, ponad, powyżej; na, po, w; przez, poprzez; po drugiej stronie, za, poza; *adv* na drugą stronę, po drugiej stronie; całkowicie; więcej, zbytnio, z okładem; ponownie; **all ~** wszędzie, po całym (świecie, mieście itd.); od początku do <końca>; **to be ~** minąć; **it is ~ with him** on jest skończony; **~ again** raz jeszcze; **~ and again** co jakiś czas;

o·ver 2. [`əʊvə(r)] *praef* nad-, na-, prze-

o·ver·all ['əʊvər`ɔl] *adj* ogólny, kompletny; *s pl.***~s** [`əʊvərɔls] kombinezon; kitel

o·ver·bear·ing ['əʊvə`beərɪŋ] *adj* dumny, wyniosły, butny; władczy

o·ver·came *zob* **overcome**

o·ver·charge ['əʊvə`tʃɑdʒ] *vt* przeładować, przeciążyć; żądać zbyt wysokiej ceny; *s* przeciążenie; nałożenie <żądanie> nadmiernej ceny

o·ver·coat ['əʊvə`kəʊt] *s* palto, płaszcz

***o·ver·come** ['əʊvə`kʌm] , **overcame** ['əʊvə`keɪm] , **overcome** *vt* przemóc, opanować, pokonać, zwyciężyć

***o·ver·do** ['əʊvə`du] , **overdid** ['əʊvə`dɪd], **overdone** ['əʊvə`dʌn] *vt* przebrać miarę; przekroczyć (granice przyzwoitości itd.), przesadzić (w czymś); przegotować, przesmażyć itp.; przeciążyć pracą

o·ver·draft ['əʊvədrɑft] *s handl.* przekroczenie konta; czek bez pokrycia

o·ver·due ['əʊvə`dju] *adj* opóźniony; *handl. (o terminie)* przekroczony; *(o rachunku)* zaległy

o·ver·es·ti·mate ['əʊvə`estɪmeɪt] *vt* przecenić wartość znaczenie (**sb, sth** kogoś, czegoś; *s* ['əʊvə`estɪmət] zbyt wysokie oszacowanie

o·ver·haul ['əʊvə`hɔl] *vt* gruntownie przeszukać, dokładnie zbadać; poddać kapitalnemu remontowi; *s* [`əʊvehɔl] gruntowny przegląd; **general ~** remont kapitalny

***o·ver·hear** ['əʊvə`hɪə(r)], **overheard, overheard** ['əʊvə`hɜd] *vt* podsłuchać

o·ver·lap ['əʊvə`læp] *vt vi* zachodzić jedno na drugie <na siebie> (np. o dachówkach); (częściowo) pokrywać się

o·ver·look ['əʊvə`lʊk] *vt* przeoczyć, pominąć; zamykać oczy (**sth** na coś); wystawać, wznosić się (**sth** ponad coś); (o oknie) wychodzić (**the street etc.** na ulicę itd.); nadzorować

o·ver·pass ['əʊvə`pɑs] *vt* przejść, przejechać; przekroczyć; przezwyciężyć; pominąć; *s am.* wiadukt

o·ver·sea(s) ['əʊvə`si(z)] *adv* za morzem, za morze; *adj attr* zamorski

o·vert [`əʊvɜt] *adj* otwarty, jawny

***o·ver·take** ['əʊvə`teɪk], **overtook** ['əʊvə`tʊk], **overtaken** ['əʊvə`teɪkən] *vt* dopędzić, dosięgnąć; (*zw. o samochodzie*) wyprzedzić; zaskoczyć; odrobić (zaległości)

***o·ver·throw** ['əʊvə`θrəʊ], **overthrew** ['əʊvə`θru] , **overthrown** ['əʊvə`θrəʊn] *vt* przewrócić, obalić; pobić; zniweczyć; *s* [`əʊvəθrəʊ] obalenie, przewrót

o·ver·time [`əʊvətaɪm] *s* czas pracy nadprogramowej, godziny nadliczbowe; *adj attr* nadliczbowy; *adv* nadliczbowo, nadprogramowo

o·ver·took *zob.* **overtake**

o·ver·whelm ['əʊvə`welm] *vt* zalać; zasypać; przygnieść; pognębić; *dosł. i przen.* przytłoczyć; zakłopotać (hojnością itd.); (*o uczuciach* ogarniać)

o·ver·work ['əʊvə`wɜk] *vt* zmuszać do nadmiernej pracy, przeciążać pracą; *vi* przepracowywać się; *s* [`əʊvəwɜk] przemęczenie, przepracowanie

owe [əʊ] *vt* być winnym dłużnym; zawdzięczać (**sth to sb** coś komuś)

ow·ing [əʊɪŋ] *adj* należny; dłużny; wynikający (**to sth** z czegoś; *praep* **~ to** dzięki, na skutek, z powodu

owl [əʊl] *s zool.* sowa

own 1. [əʊn] *adj* własny; **to be on one's ~** być samodzielnym <niezależnym>; **to have sth for one's ~** mieć coś na własność

own 2. [əʊn] *vt vi* posiadać; wyznawać (winę); przyznawać (się); uznawać; **~ up** *pot.* przyznawać się

own·er [`əʊnə(r)] *s* właściciel

ox·y·gen [`oksɪdʒən] *s* tlen

oy·ster [`ɔɪstə(r)] *s* ostryga

oz = ounce (pl **ozs = ounces**)

o·zone [`əʊzəʊn] *s chem.* ozon; *pot.* świeże powietrze

P

pace [peɪs] *s* krok; chód; **to keep ~ with sb** dotrzymywać komuś kroku; *vt vi* kroczyć

pa·ci·fic [pə`sɪfɪk] *adj* spokojny; pokojowy; *s* **the Pacific Ocean**; Ocean Spokojny, Pacyfik

pack [pæk] *s* pakiet; paczka; gromada; sfora (psów), stado; *pot.* banda; talia (kart); *vt vi* (*także* **~ up**) pakować (się); gromadzić, ścieśnić (się)

pack·age [`pækɪdʒ] *s* paczka, pakunek; opakowanie

pack·et [`pækɪt] *s* pakiet, paczka, plik

pad·dle [`pædl] *s* wiosło; *vt vi* wiosłować

pad·lock [`pædlok] *s* kłódka; *vt* zamykać na kłódkę

page [peɪdʒ] *s* stronica

pag·eant [`pædʒənt] *s* pokaz, widowisko; parada, korowód

paid *zob* **pay**

pail [peɪl] *s* wiadro

pain [peɪn] *s* ból; troska; przykrość; *pl* **~ s** trud

pain·ful [`peɪnfl] *adj* bolesny, przykry

pains·tak·ing [`peɪnzteɪkɪŋ] *adj* pracowity, dbały, staranny

paint [`peɪnt] *s* farba; szminka; *vt* malować; opisywać <przedstawiać> (obrazowo)

paint·er [`peɪntə(r)] *s* (artysta) malarz

paint·ing [`peɪntɪŋ] *s* malarstwo; obraz, malowidło

pair [peə(r)] *s* para; **in ~s** parami; *vt vi* łączyć (się) w pary

pa·jam·as [pə`dʒɑːməz] *s am* = **pyjamas**

pal [pæl] *s pot.* kumpel, kompan

pal·ace [`pælɪs] *s* pałac

pale [peɪl] *adj* blady; **to turn ~** zblednąć; *vi* blednąć

palm 1. [pɑːm] *s* palma; **Palm Sunday** Niedziela Palmowa

palm 2. [pɑːm] *s* dłoń

pan [pæn] *s* (*także* **frying ~**) patelnia; (*także* **sauce ~**) rondel

pan·cake [`pænkeɪk] *s* naleśnik

pan·cre·as [`pænkrɪəs] *s* *anat.* trzustka

pane [`peɪn] *s* szyba; (kwadratowa) płaszczyzna

pang [pæŋ] *s* ostry ból, spazm bólu; **~s of conscience** wyrzuty sumienia

pan·ic [`pænɪk] *adj* paniczny; *s* panika,*vt vi* powodować panikę; panikować

pan·o·rama ['pænə`rɑmə] *s* panorama

pant [pænt] *vi* dyszeć, sapać; (*o sercu*) kołatać; (*o piersi*) falować

pan·ther [`pænθə(r)] *s* pantera

pan·to·mime [`pæntəmaɪm] *s* pantomima

pants [pænts] *s pl pot.* kalesony; *am.* spodnie

panty hose [`pæntɪ həʊz] *s am.* rajstopy

pa·per [`peɪpə(r)] *s* papier; gazeta, czasopismo; praca pisemna; referat; *pl* **~s** papiery, dokumenty; *adj* papierowy; *vt* wyłożyć papierami; pakować zawijać w papier

pa·per·back [`peɪpə bæk] *s* książka broszurowana papierowej okładce

pap·ri·ka [`pæprɪkə] *s* papryka

par·a·chute[`pærəʃut] *s* spadochron; *adj* spadochronowy; *vt* zrzucić na spadochronie; *vi* spadać na spadochronie

pa·rade [pə`reɪd] *s* parada; popis; pokaz; *wojsk* apel, przegląd; *vt* wystawiać na pokaz; *wojsk* robić przegląd

par·a·dise [`pærədɑɪs] *s* raj

par·a·dox [`pærədoks] *s* paradoks

par·a·graph [`pærəgrɑf] *s* paragraf; ustęp (w książce); akapit

par·al·lel [`pærəlel] *adj* równoległy; analogiczny;

pa·ral·y·sis [pə`ræləsɪs] *s* paraliż

par·a·mount [`pærəmɑʊnt] *adj* najważniejszy, główny

par·a·site [`pærəsɑɪt] *s* pasożyt

par·cel [`pɑsl] *s* paczka, przesyłka; partia (towaru); parcela; *vt* paczkować; dzielić

parch·ment [`pɑtʃmənt] *s* pergamin

par·don [`pɑdn] *s* przebaczenie; **I beg your ~** przepraszam; *rel.* odpust; *vt* przebaczać; **~ me** przepraszam

par·ent [`peərnt] *s* ojciec, matka; *pl.* **~s** rodzice

par·ish [`pærɪʃ] *s* parafia; gmina

park [pɑk] *s* park; parking; *vt* parkować

par·king [ˋpakɪŋ] *s* parking, parkowanie; **~ lot** miejsce do parkowania

par·lia·ment [ˋpaləmənt] *s* parlament

par·lour [ˋpalə(r)] *s* salon, pokój przyjęć

pa·ro·dy [ˋpærədɪ] *s* parodia

par·rot [ˋpærət] *s* papuga; *vi* mówić jak papuga; *vt* powtarzać (coś) jak papuga

pars·ley [ˋpaslɪ] *s* pietruszka

part [pat] *s* część; udział, rola; strona; *pl* **~s** okolica, strony; **for my ~** co do mnie; **for the most ~** przeważnie, w większej części; **in great ~** w znacznej mierze; **in ~** częściowo; **on my ~** z mojej strony, co do mnie; **to do one's ~** zrobić swoje; **to take ~** brać udział, pomagać (**in sth** w czymś); *vt* dzielić, rozdzielać; rozrywać; **to ~ company** rozstawać się; *vi* rozdzielić się; rozstać się (**from sb** z kimś, **with sth** z czymś)

par·tial [ˋpaʃl] *adj* częściowy; stronniczy; **to be ~ to sth** lubić coś, mieć słabość do czegoś

par·tic·i·pant [paˋtɪsɪpənt] *s* uczestnik

par·tic·i·pate [paˋtɪsɪpeɪt] *vi* uczestniczyć (**in sth** w czymś); podzielać (**in sth** coś)

par·tic·u·lar [pəˋtɪkjʊlə(r)] *adj* szczególny, specjalny, specyficzny; szczegółowy, dokładny; wybredny; wymagający (**about sth** pod względem czegoś); **in ~** w szczególności; *s* szczegół

par·ting [ˋpatɪŋ] *ppraes i s* rozdział; przedział; rozstanie; pożegnanie

part·ner [ˋpatnə(r)] *s* partner; wspólnik, współuczestnik; *vt* być czyimś partnerem (np. w tańcu)

par·tridge [ˋpatrɪdʒ] *s zool.* kuropatwa

part-time [ˋpattaɪm] *adj attr zw. w połączeniach*; **~ worker** pracownik <praca> w niepełnym wymiarze godzin; *adv* na niepełnym etacie

par·ty [ˋpatɪ] *s* partia; towarzystwo; zespół; przyjęcie towarzyskie; strona (np. w sądzie); współuczestnik; **to be a ~** współuczestniczyć (**to sth** w czymś)

pass [pas] *vt vi* przechodzić przebiegać, przejeżdżać itd. (obok <przez coś>); mijać; przekraczać; spędzać (czas); przeżywać (**through sth** coś); pominąć, zaniedbać; zdać (egzamin); przeprowadzić (uchwałę); (*o uchwale*) przejść;

podać dalej, posłać; (*także* ~ **on**) przekazać; wydać (wyrok, opinię); uchodzić (**for sth** za coś; ~ **off** przemijać; ~ **oneself off** podawać się (**as sb, sth** za kogoś, za coś); ~ **out** wyjść; zemdleć; ~ **over** przepuścić, pominąć, przejść (np. na drugą stronę); przeminąć*;s* przejście; przepustka; przełęcz

pas·sage [`pæsɪdʒ] *s* przejście, przejazd, przeprawa; korytarz; ustęp (w książce); pasaż

pas·sen·ger [`pæsndʒə(r)] *s* pasażer

pas·ser-by ['pɑsə `bɑɪ] *s pl* **~s by** ['pɑsəz `bɑɪ] przechodzień

pas·sion [`pæʃn] *s* namiętność pasja (**for sth** do czegoś)

pas·sive [`pæsɪv] *adj* bierny

pass·port [`pɑspɔt] *s* paszport

past [pɑst] *adj* miniony, przeszły; ubiegły; *s* przeszłość; *praep* za (czymś); obok; po; **ten ~ two** dziesięć (minut) po drugiej; **a man ~ forty** mężczyzna po czterdziestce; *adv* obok, mimo; **march ~** defilować

paste [`peɪst] *s* ciasto; klej; pasta; *vt* kleić, lepić; ~ **up** naklejać; smarować pastą

pas·time [`pɑstɑɪm] *s* rozrywka

pas·tor [`pɑstə(r)] *s* pastor, duszpasterz

pas·try [`peɪstrɪ] *s* ciasto; *zbior.* wyroby cukiernicze

past·y [`pæstɪ] *s* pasztet, pasztecik, pierożek

pat [pæt] *s* klepnięcie, klaps; tupot; *vt* poklepywać

patch [pætʃ] *s* łata, łatka; plaster; *vt (także* ~ **up***)*łatać, naprawiać

path [pɑθ] *s (pl* **~s** [pɑðz]*)* ścieżka, droga (dla pieszych i *przen.*)

pa·thet·ic [pə`θetɪk] *adj* patetyczny; żałosny; rozpaczliwy, beznadziejny

pa·tience [`peɪʃŋs] *s* cierpliwość

pa·tient [`peɪʃnt] *s* pacjent; *adj* cierpliwy

pa·tri·ot [`peɪtrɪət] *s* patriota

pa·trol [pə`trəʊl] *s* patrol; *vt vi* patrolować

pat·tern [`pætn] *s* wzór; szablon; wykrój; **to ~ sth after sth** wzorować się na czymś

pause [pɔz] *s* pauza, przerwa; *vi* pauzować, robić przerwę, zatrzymywać się

pave·ment [`peɪvmənt] *s* chodnik; bruk, nawierzchnia

pa·vil·ion [pə`vɪlɪən] *s* duży namiot; pawilon

***pay** [peɪ] , **paid, paid** [peɪd] *vt vi* płacić, wynagradzać, opłacać (się); **to ~ attention** uważać (**to sth** na coś); **to ~ (sb) a compliment** powiedzieć (komuś) komplement; **to ~ a visit** złożyć wizytę; (*z przysłówkami*); **~ back** odpłacić, zwrócić pieniądze; **~ down** wypłacić gotówką; *s* wypłata, zapłata; wynagrodzenie, płaca

pay·ment [`peɪmənt] *s* opłata, wynagrodzenie, wpłata

pea [pi] *s* groch, ziarnko grochu

peace [pis] *s* pokój; spokój; **at ~** w spokoju; na stopie pokojowej

peace·ful [`pisful] *adj* spokojny, pokojowy

peach [pitʃ] *s* brzoskwinia, (owoc i drzewo)

pea-cock [`pikok] *s* paw

peak [pik] *s* szczyt, wierzchołek góry

pea·nut [`pinʌt] *s* orzech ziemny

pear [`peə(r)] *s* gruszka (owoc i drzewo)

pearl [pɜl] *s* perła

peas·ant [`peznt] *s* chłop, wieśniak, rolnik

pe·cul·iar [pɪ`kjulɪə(r)] *adj* szczególny, specyficzny; osobliwy, dziwny; właściwy (**to sb, sth** komuś, czemuś)

ped·al [`pedl] *s* pedał; *vt* naciskać na pedał; *vi* pedałować (na rowerze)

pe·dan·tic [pɪ`dæntɪk] *adj* pedantyczny

pe·des·tri·an [pɪ`destrɪən] *adj* pieszy; *przen.* przyziemny, nudny; *s* pieszy, przechodzień, piechur

peel [pil] *s* łupinka, skórka; *vt* obierać (ziemniaki, owoce); zdzierać (korę, skórę); *vi* (*także* **~ off**) łuszczyć się; zrzucać skórę

pee·vish [`pivɪʃ] *adj* skłonny do irytacji; drażliwy

pel·i·can [`pelɪkən] *s zool.* pelikan

pel·vis [`pelvɪs] *s* (*pl* **~s** [`pelvɪz]) *anat.* miednica

pen [pen] *s* pióro; *vt* pisać, kreślić, zapisywać

pen·al·ty [`penltɪ] *s prawn.* kara sądowa, grzywna

pence *zob.* **penny**

pen·cil [`pensl] *s* ołówek; *vt* szkicować, rysować

pen·dant [`pendənt] *s* wisząca ozdoba, wisiorek; para <pendant> (**to sth** do czegoś); odpowiednik (**to sth** czegoś)

pend·ing [`pendɪŋ] *adj* nie rozstrzygnięty; *praep* w oczekiwaniu; do czasu

pen·e·trate [`penɪtreɪt] *vt vi* przeniknąć, przebić; wcisnąć się

pen·i·cil·lin ['penɪ`sɪlɪn] *s* penicylina

pe·nin·su·la [pe`nınsjʊlə] *s* półwysep

pen·knife [`pennaıf] *s (pl* **penknives** [`pennaıvz]) scyzoryk

pen·ni·less [`penıləs] *adj* bez grosza

pen·ny [`penı] *s (pl* **pence** [pens]) pens (kwota); *(pl* **pennies** [penız]) moneta jednopensowa; *przen.* grosz

pen·sion [`penʃn] *s* emerytura, renta [`pâsıô] pensjonat; *vt* przyznawać emeryturę, wypłacać rentę; **~ off** przenieść na emeryturę

pen·sion·er [`penʃnə(r)] = **pensionary** *s*

pent·house [`penthaʊs] *s* przybudówka, nadbudówka; wystający dach ochronny, okap

peo·ple [`pipl] *s* naród, lud; *zbior.* osoby, ludzie; ludność; członkowie rodziny; pracownicy (zakładu); *vt* zaludniać

pep·per [`pepə(r)] *s* pieprz; *vi* pieprzyć

per·am·bu·la·tor [pə`ræmbjʊleıtə(r)] *s* wózek dziecięcy

per·ceive [pə`sıv] *vt* odczuć, zauważyć, spostrzec; postrzegać

per·cent·age [pə`sentıdʒ] *s* procent, odsetki

per·cep·tion [pə`sepʃn] *s* percepcja

per·co·late [`pɜkəleıt] *vt vi* przesączać (się), filtrować

per·cus·sion [pə`kʌʃn] *s* wstrząs, uderzenie; *muz.* perkusja

per·fect [`pɜfıkt] *adj* doskonały; skończony; zupełny; *vt* [pə`fekt] doskonalić; kończyć, dokonać (czegoś)

per·fec·tion [pə`fekʃn] s doskonałość; dokonanie <ukończenie> (czegoś)

per·form [pə`fɔm] *vt* dokonywać, wykonywać, spełniać; grać (sztukę)

per·for·mance [pə`fɔməns] *s* dokonanie, wykonanie, spełnienie; wystawienie (sztuki), przedstawienie

per·fume [`pɜfjum] *s* perfumy; zapach; *vi* [pə`fjum] perfumować

per·haps [pə`hæps] *adv* może, być może

pe·ri·od [`pıərıəd] *s* okres, cykl; *am. gram.* kropka; **to put a ~** postawić kropkę; położyć kres

pe·ri·od·i·cal ['pıərı`odıkl] *adj* okresowy; *s* czasopismo, periodyk

per·ish [`perıʃ] *vi* ginąć, niszczeć; *vt* niszczyć

per·ju·ry [`pɜdʒərı] *s* krzywoprzysięstwo

perm [pɜm] *s pot.* trwała ondulacja; *vt* trwale ondulować

per·ma·nent [ˋpɜmənənt] *adj* stały; ciągły, trawły; **~ wave** trwała ondulacja

per·mmis·si·ble [pəˋmɪsəbl] *adj* dozwolony, dopuszczalny

per·mis·sion [pəˋmiʃn] *s* pozwolenie

per·mit [pəˋmɪt] *vt* pozwalać (**sth** na coś); *vi* dopuszczać znosić (**of sth** coś); *s* [ˋpɜmɪt] zezwolenie (pisemne); przepustka

per·se·cu·tion [ˈpɜsɪˋkjuʃn] *s* prześladowanie

per·se·vere [ˈpɜsɪˋvɪə(r)] *vi* trwać (**in sth** przy czymś), uporczywie robić (**sth** coś)

Per·sian [ˋpɜʃn] *adj* perski; *s* Pers; język perski

per·sist [pəˋsɪst] *vi* upierać się <obstawać> (**in sth** przy czymś); wytrwać, utrzymywać się

per·son [ˋpɜsn] *s* osoba, osobnik; **in ~** osobiście

per·son·al [ˋpɜsnl] *adj* osobisty, prywatny, własny; osobowy

per·son·a·li·ty [ˈpɜsəˋnælətɪ] *s* osobistość, indywidualność; prezencja

per·son·nel [ˈpɜsnˋel] *s* personel

per·spec·tive [pəˋspektɪv] *s* perspektywa; *adj* perspektywiczny

per·spi·ra·tion [ˈpɜspɪˋreɪʃn] *s* pocenie się

per·spire [pəˋspɑɪə(r)] *vi* pocić się; *vt* wypacać

per·suade [pəˋsweɪd] *vt* przekonywać, namawiać (**sb into sth** kogoś do czegoś); **I was ~ that** ... byłem przekonany, że...

per·sua·sion [pəˋsweɪʒn] *s* przekonywanie, perswazja, namowa; przekonanie; *rel.* wyznanie

pes·si·mism [ˋpesɪmɪzm] *s* pesymizm

pest [pest] *s* zaraza, plaga; szkodnik (chwast, insekt itd.)

pet [pet] *vt* pieścić; *s (także o zwierzęciu)* pieszczoch, ulubieniec; *adj attr* pieszczotliwy, ulubiony

pe·ti·tion [pɪˋtɪʃn] *s* prośba, petycja, podanie; *vt* zwracać się z prośbą (*zw.* pisemną), wnosić petycję; *vi* błagać (**for sth** o coś)

pet·rol [ˋpetrl] *s* benzyna (mieszanka); *adj* benzynowy **~ station** stacja benzynowa

pet·tish [ˋpetɪʃ] *adj* drażliwy, opryskliwy

pet·ty [ˋpetɪ] *adj* drobny, mało znaczący

phase [feɪz] *s* faza

pheas·ant [`feznt] *s zool.*bażant
phe·nom·e·non [fi`nomınən] *s (pl* **phenomena** [fi`nomınə]) fenomen, zjawisko
phi·lol·o·gy [fi`lolədʒı] *s* filologia
phi·los·o·phy [fi`losəfı] *s* filozofia
phone [fəʊn] *s pot.* = **telephone**; *vt vi* dzwonić, telefonować; **~ -in** audycja radiowa podczas której słuchacze telefonują do studia
pho·ney [`fəʊnı] *adj pot.* fałszywy, udawany
photo [fəʊtəʊ] *s skrót.* = **photograph** *s*
pho·to·graph [`fəʊtəgrɑf] *s* fotografia, zdjęcie; *vt* fotografować
pho·tog·ra·pher [fə`tografə(r)] *s* fotograf
pho·tog·ra·phy [fə`tografı] *s* fotografia (sztuka fotografowania)
phrase [freız] *s* zwrot, fraza
phys·i·cal [`fızıkl] *adj* fizyczny
phy·si·cian [fı`zıʃn] *s* lekarz
phys·ics [`fızıks] *s* fizyka
pi·an·ist [`pıənıst] *s* pianista
pi·an·o [pı`ænəʊ] *s* fortepian; **cottage**, **upright ~** pianino
pick [pık] *vt* wybierać, sortować; kopać (motyką, kilofem); przetykać; skubać; dłubać (w zębach); okradać; zbierać (np. owoce); **to ~ sb's pocket** wyciągnąć coś komuś z kieszeni; *vi* kraść; **to ~ at sb** czepiać się kogoś; **~ off** zrywać; **~ out** wybierać; **~ up** podnosić; nauczyć się (**sth** czegoś); (*o taksówce, kierowcy*) zabrać (**sb** kogoś); złapać (w radiu); *s* motyka, kilof
pick·a·back [`pık ə bæk] *adv* (*nieść*) na plecach, (*o dziecku*) na barana
pick·le [`pıkl] *s* marynata; *pl.* **~s** marynowane jarzyny, pikle; *vt* marynować
pick·pock·et [`pıkpokıt] *s* złodziej kieszonkowy
pic·nic [`pıknık] *s* piknik; *vi* urządzać piknik
pic·ture [`pıktʃə(r)] *s* obraz; zdjęcie; **to take a ~** zrobić zdjęcie; *bryt. pl* **~s** film, kino; *vt* wyobrażać, przedstawiać
pic·tur·esque ['pıktʃə`resk] *adj* malowniczy
pidg·in [`pıdʒın] *s (także* **~ English***)* łamana angielszczyzna
pie [paı] *s* pasztecik, pierożek; ciastko, placek
piece [pis] *s* kawałek; część; sztuka; utwór (sceniczny, muzyczny); moneta; **in ~s** w kawałkach; **~ by ~** po kawałku; **to go to ~s** rozlecieć się na kawałki

piece·work [`piswɜk] *s* praca akordowa
pier [piə(r)] *s* molo, falochron
pierce [piəs] *vt* przebić, przeszyć, przekłuć
pig [pɪg] *s* prosiak, świnia
pig·eon [`pɪdʒən] *s* gołąb
pig·eon-hole [`pɪdʒən həʊl] *s* przegródka, szufladka (w biurku itd.)
pike 1. [paɪk] *s* pika, włócznia; kilof, ostrze
pike 2. [paɪk] *s zool.* szczupak
pile [paɪl] *s* kupa, sterta, stos; *vt* rzucać na kupę
pil·grim [`pɪlgrɪm] *s* pielgrzym
pilgrimage [`pɪlgrɪmɪdʒ] *s* pielgrzymka
pill [pɪl] *s* pigułka
pil·lar [`pɪlə(r)] *s* słup, filar
pil·low [`pɪləʊ] *s* poduszka
pil·low-case [`pɪləʊ keɪs] *s* poszewka
pil·lot [`paɪlət] *s* pilot; *vt* pilotować
pim·ple [`pɪmpl] *s* pryszcz
pin [pɪn] *s* szpilka; *vt* przyszpilić, przymocować
pin·cers [`pɪnsəz] *s* szczypce, obcążki
pinch [pɪntʃ] *vt vi* szczypać; przycisnąć; (*o bucie*) uciskać, uwierać; *s* uszczypnięcie, ucisk; nagły ból; szczypta
pine [paɪn] *s bot.* sosna
pine·ap·ple [`paɪnæpl] *s bot.* ananas
pink [pɪŋk] *s bot.*goździk; kolor różowy; *adj* różowy; *vt* zaróżowić
pin·point [`pɪn pɔɪnt] *s* koniec szpilki; *vt* dokładnie określić, ustalić położenie
pint [paɪnt] *s* pół kwarty
pi·o·neer [`'paɪə`nɪə(r)] *s* pionier; *vt vi* wykonywać pionierską pracę, torować drogę
pipe [paɪp] *s* rura, rurka; przewód; fujarka; fajka; *pl.* **~s** kobza; *vt vi* grać na fujarce piszczałce, kobzie *s* rurociąg
pi·rate [`paɪrət] *s* pirat, korsarz
pis·tol [`pɪstl] *s* pistolet
pitch [pɪtʃ] *s* smoła;*vt* smołować
pit·tance [`pɪtns] *s* nędzne wynagrodzenie; nędzna porcja, ochłap
pit·y [`pɪtɪ] *s* litość, politowanie; szkoda; **to take ~** litować się (**on** sb nad kimś); **what a ~ !** jaka szkoda; *vt* litować się (**sb** nad kimś); żałować (**sb** kogoś)
place [pleɪs] *s* miejsce; miejscowość; siedziba; lokal; plac; dom; posiadłość; zakład; posada; **to give ~** ustąpić; **to take ~** odbyć <wydarzyć, zdarzyć> się; **in ~** na miejscu, stosowny; **in ~ of** zamiast; **out**

of ~ nie na miejscu, nieodpowiedni; **in the first ~** przede wszystkim; *vt* umieścić; kłaść, stawiać; określić miejsce, umiejscowić

plague [pleɪg] *s* zaraza, plaga; *vt* dotknąć plagą; *przen.* dręczyć

plaid [plæd] *s* pled (*zw.* w kratę)

plain [pleɪn] *adj* gładki, prosty; wyraźny; otwarty; pospolity; **~ dealing** uczciwe postępowanie

plan [plæn] *s* plan, projekt, zamiar; *vt* planować, zamierzać

plane 1. [pleɪn] *s* samolot; *vt* lecieć samolotem, szybować

plane 2. [pleɪn] *adj* płąski, równy; *s* płaszczyzna; poziom; hebel; *vt* gładzić, heblować

plan·et [`plænɪt] *s* planeta

plant [plɑnt] *s* roślina; instalacje; fabryka; *vt* sadzić, siać

plan·ta·tion [plæn`teɪʃn] *s* plantacja

plaque [plɑk] *s* plakietka; płyta pamiątkowa

plas·ter [`plɑstə(r)] *s* gips; tynk; *med.* plaster; *vt* gipsować; tynkować; przyłożyć plaster

plas·tic [`plæstɪc] *adj* plastyczny; plastykowy; *s* plastyk, tworzywo sztuczne

plate [pleɪt] *s* płyta; talerz; klisza

plat·form [`plætfɔm] *s* platforma; peron; trybuna, estrada

plau·si·ble [`plɔzəbl] *adj* możliwy do przyjęcia, prawdopodobny

play [pleɪ] *vt vi* bawić się(**at sth** w coś; **with sth** czymś); swawolić; grać (**at sth** w coś); grać grywać rolę; udawać; *sport* rozegrać (mecz); **to ~ cards <football>** grać w karty <w piłkę nożną>; **to ~ fair** grać przepisowo; *przen.* postępować uczciwie; **to ~ tricks** płatać figle; *s* gra, zabawa; figiel, żart; sztuka sceniczna; *sport* gra

play·er [`pleɪə(r)] *s* gracz; aktor; muzyk;

play·ing-field [`pleɪɪŋ fild] *s* boisko

play-off [`pleɪɔf] *s sport.* dogrywka

play·thing [`pleɪθɪŋ] *s* zabawka

play·wright [`pleɪrɑɪt] *s* dramaturg

pleas·ant [`pleznt] *adj* miły, przyjemny; figlarny

please [pliz] *vt vi* podobać się, sprawiać przyjemność, być miłym; zadowolić, zaspokoić; **~ come in!** proszę wejść; **if you ~** proszę bardzo; **to be ~d** być zadowolonym (**with sth** z czegoś); **I am ~d to say** z przyjemnością stwierdzam

<mówię>; **do as you ~** rób, jak chcesz

pleas·ing [`plizɪŋ] *ppraes i adj* miły, ujmujący

pleas·ure [`pleʒə(r)] *s* przyjemność; **to take ~ in doing sth** mieć <znajdować> przyjemność w czymś

plen·ty [``plentɪ] *s* obfitość, duża ilość; **~ of** dużo

pli·ers [`plɑɪəz] *s pl* szczypce, kleszcze

plight [plɑɪt] *s* położenie (*zw.* trudne), sytuacja

plot 1. [plot] *s* kawałek gruntu; działka

plot 2. [plot] *s* spisek, intryga; temat fabuła, akcja (powieści, dramatu); *vt vi* spiskować, intrygować

plough [plɑʊ] *s* pług; *vt vi* orać; pruć (fale, powietrze); *pot.* przeorać (np. stos dokumentów)

pluck [plʌk] *vt* skubać, rwać, szarpać; wyrywać

plug [plʌg] *s* czop, wtyczka; tampon; świeca (w silniku); **~ in** wetknąć wtyczkę (do kontaktu)

plum [plʌm] *s* śliwka; rodzynek (w cieście)

plumb·er [`plʌmə(r)] *s* monter, hydraulik

plump [plʌmp] *adj* pulchny, tłusty; *vt* tuczyć

plunge [plʌndʒ] *vt vi* zanurzać grążać, zagłębiać (się) (**into sth** w coś); nurkować, rzucać się; *s* zanurzenie (się), skok do wody, nurkowanie

plu·ral [`plʊərl] *adj gram.* mnogi; *s gram.* liczba mnoga

plus [plʌs] *adv i praep* plus; i; dodatkowy, dodatni; *s* plus, znak dodawania

plush [plʌʃ] *s* plusz

pneu·mo·ni·a [nju`məʊnɪə] *s med.* zapalenie płuc

pock·et [`pokɪt] *s* kieszeń; *vt* włożyć do kieszeni; *adj attr* kieszonkowy; **~ edition** wydanie kieszonkowe

pock·et-mon·ey [`pokɪt mʌnɪ] *s* kieszonkowe

po·em [`pəʊɪm] *s* poemat, wiersz

po·et [`pəʊɪt] *s* poeta

po·et·ry [`pəʊɪtrɪ] *s* poezja

point [poɪnt] *s* punkt; cel; zamiar; sedno sprawy; sens; kwestia; pozycja, szczegół; chwila; ostry koniec; stopień (np. napięcia); kreska (na termometrze); cecha charakterystyczna; **in ~** trafny, w sam raz; **the case in ~** odpowiedni <stosowny> wypadek; to o co chodzi; **this is not the ~** nie o to chodzi; **to the ~** do rzeczy; **off the ~** nie na temat; **to make a ~ of sth** uważać coś za rzecz konieczną; **to be on the ~ of doing sth** mieć właśnie coś zrobić; **I see your ~** rozumiem, o co ci chodzi; **to make a ~** uważać za rzecz zasadniczą; **~ of view** punkt widzenia, *vt* punktować; kropkować; ostrzyć; wskazywać; nastawiać; *vi* wskazywać (**at sb, sth** na kogoś, coś); ukazywać (**to sth** coś); zwracać uwagę (**at sth** na coś); **~ out** wykazywać, uwydatniać, zaznaczać

poi·son [`pɔɪzn] *s* trucizna; *vt* truć

poke [pəʊk] *vt* wpychać, szturchać; grzebać (np. w piecu); **to ~ fun** żartować sobie (**at sb,sth** z kogoś, czegoś); *vi* szperać, myszkować; szturchać (**at sb, sth** kogoś, coś)

pok·er 1. [`pəʊkə(r)] *s* pogrzebacz

pok·er 2. [`pəʊkə(r)] *s* poker (gra)

pole 1. [pəʊl] *s* biegun

pole 2. [pəʊl] *s* drąg, słup, maszt; *sport* **~ jump** skok o tyczce

Pole 3. [pəʊl] *s* Polak, Polka

po·lice [pə`lis] *s* policja; *zbior* policjanci; *vt* utrzymywać porządek za pomocą policji; patrolować

po·lice·man [pə`lismən] *s* policjant

po·lice-station [pə`lis steɪʃn] *s* posterunek policji

pol·i·cy 1. [`poləsɪ] *s* polityka (jako racja stanu), mądrość polityczna; kierunek; linia, taktyka; dyplomacja

pol·i·cy 2. [`poləsɪ] *s* polisa (ubezpieczeniowa)

pol·ish 1. [`polɪʃ] *s* połysk; politura; pasta; ogłada; *vt* politurować; nadawać połysk; czyścić (np. buty); nadać ogładę (**sb** komuś)

Pol·ish 2. [`pəʊlɪʃ] *adj* polski; *s* język polski

po·lite [pə`laɪt] *adj* grzeczny, uprzejmy

po·lit·i·cal [pə`lɪtɪkl] *adj* polityczny

pol·i·ti·cian ['polə`tɪʃn] *s* polityk

poll [pəʊl] *s* spis wyborców; głosowanie (wyborcze); obliczanie głosów; ankieta, sondaż

pol·lute [pə`lut] *vt* zanieczyszczać, skazić

pol·lu·tion[pə`luʃn] *s* zanieczyszczenie, skażenie; polucja

pol·y·tech·nic ['polɪ`teknɪk] *adj* politechniczny; *s* wyższa szkoła zawodowa, *zw.* techniczna

pomp [pomp] *s* pompa, wystawność, parada

pond [pond] *s* staw

pon·y [`pəʊnɪ] *s* kucyk

poo·dle [`pudl] *s* pudel

pool 1. [pul] *s* kałuża, sadzawka; basen (pływacki)

pool 2. [pul] *s* pula (w grze); wspólny fundusz; **~ s** totalizator; *vt* gromadzić wspólny kapitał

poor [pʊə(r)] *adj* lichy; nie mający znaczenia; nędzny; biedny

pop [pop] *vt* trzasnąć; rozerwać; wystrzelić; cisnąć; *vi* rozrywać się z trzaskiem, pęknąć; *pot.* **~ in** zajrzeć <wpaść> (**on sb** do kogoś)

pope [pəʊp] *s* papież

pop·lar [`poplə(r)] *s bot.* topola

pop·lin [`poplɪn] *s* popelina

pop·py [`popɪ] *s* mak

pop·u·lar [`popjʊlə(r)] *adj* ludowy; popularny; potoczny

pop·u·la·tion ['popjʊ`leɪʃn] *s* zaludnienie, ludność

porce·lain [`pɔslɪn] *s* porcelana

porch [pɔtʃ] *s* portyk, ganek; *am.* weranda

pork [pɔk] *s* wieprzowina

por·ridge [`porɪdʒ] *s* kaszka owsiana, owsianka

port [pɔt] *s mors.* port

port·a·ble [`pɔtəbl] *adj* przenośny

por·ter 1. [`pɔtə(r)] *s* portier

por·ter 2. [`pɔtə(r)] *s* bagażowy

por·tion [`pɔʃn] *s* porcja; udział; partia (czegoś); los; posag ; *vt* dzielić (na porcje, części); (*także* **~ out**) wydzielać

por·trait [`pɔtrɪt] *s* portret

por·tray [pɔ`treɪ] *vt* portretować; przedstawiać; odtwarzać

Por·tu·guese ['pɔtʃʊ`gɪz] *adj* portugalski; *s* Portugalczyk

pose [pəʊz] *s* poza, postawa; *vi* pozować; *vt* stawiać (pytanie), wygłaszać (opinię)

po·si·tion [pə`zɪʃn] *s* pozycja, położenie; pozycja społeczna; stan; stanowisko; *vt* umieszczać, ustalać położenie

pos·i·tive [`pozətɪv] *adj* pozytywny, twierdzący; pewny, przekonany; dodatni; *s fot.* pozytyw

pos·sess [pə`zes] *vt* posiadać; **to be ~ed of sth** posiadać coś na własność; władać (**sth** czymś); opętać

pos·ses·sion [pə`zeʃn] *s* posiadanie; władanie (**of sth** czymś); posiadłość, posiadany przedmiot; panowanie nad sobą; **to take ~ of sth** objąć coś w posiadanie, zawładnąć czymś

pos·si·bil·i·ty ['posə`bɪlətɪ] *s* możliwość, możność

pos·sible [`posəbl] *adj* możliwy; ewentualny; **as soon as ~** jak najszybciej

post 1. [pəʊst] *s* słup; *vt* naklejać na słupie, rozlepiać afisze, wywieszać (afisz, kartkę itp.)

post 2. [pəʊst] *s* poczta; **by ~** pocztą; **by return of ~** odwrotną pocztą; *vt* wysłać pocztą, wrzucić (list) do skrzynki pocztowej

post 3. [pəʊst] *s* posterunek; stanowisko, posada; *vt* umieścić na stanowisku

post·age [`pəʊstɪdʒ] *s* opłata pocztowa

pos·tal [`pəʊstl] *adj* pocztowy; **~ card** (*am.* **~**) pocztówka

post·card [`pəʊstkɑd] *s* kartka pocztowa; **picture ~** widokówka

post·er [`pəʊstə(r)] *s* afisz

post·man [`pəʊstmən] *s* listonosz

post-of·fice [`pəʊst ofɪs] *s* urząd pocztowy

post·pone [pə`spəʊn] *vt* odraczać, odwlekać; podporządkowywać (**sth to sth** coś czemuś)

pos·tu·late [`postjʊleɪt] *vt* domagać się; postulować; *s* postulat

pot [pot] *s* garnek; dzban; wazon; doniczka; czajniczek (do herbaty, kawy); nocnik; *pot. sport puchar;* **to make the ~ boil** z trudem zarabiać na kawałek chleba

po·ta·to [pə`teɪtəʊ] *s bot.* (*pl* **~es**) kartofel, ziemniak

pot-boil·er[`potbɔɪlə(r)] *s* mierna praca autorska pisana dla zarobku, chałtura, szmira

po·ten·tial [pə`tenʃl] *adj* potencjalny

po·tion [`pəʊʃn] *s* napój (*zw.* leczniczy)

pot·ter·y [`potərɪ] *s* garncarstwo; wyroby garncarskie; garncarnia

pound 1. [pɑʊnd] *s* funt; (**także ~ sterling**) funt szterling

pound 2. [pɑʊnd] *vt vi* tłuc <walić> (**sth** coś; **at sth** w coś)

pour [pɔ(r)] *vt* nalewać, rozlewać, lać; *s* ulewa

pov·er·ty [`povətɪ] *s* ubóstwo, bieda

pow·der [`pɑʊdə(r)] *s* proch; proszek; puder; *vt* posypać (proszkiem); sproszkować; pudrować

pow·er [`pɑʊə(r)] *s* potęga, moc, władza; możność; mocarstwo; *elektr.* energia, siła; *mat.* potęga

pow·er·ful [`pɑʊəfl] *adj* potężny, mocny; wpływowy

pow·er-sta·tion [`pɑʊə steɪʃn] *s* elektrownia

prac·ti·ca·ble [`præktıkəbl] *adj* możliwy do przeprowadzenia, wykonalny; nadający się do użytku

prac·ti·cal [`præktıkl] *adj* praktyczny; realny; faktyczny

prac·tice [`præktıs] *s* praktyka, ćwiczenie; **to be out of ~** wyjść z wprawy; **to put in ~** zrealizować

prac·tise [`præktıs] *vt* praktykować, ćwiczyć

prac·ti·tion·er [præk`tıʃnə(r)] *s* (*zw. o lekarzu*) praktyk; **general ~** lekarz praktykujący ogólnie

praise [preız] *vt* chwalić, sławić; *s* chwała, pochwała

pram [præm] *s pot. skr.*= **perambulator**

pray [preı] *vt vi* prosić błagać, modlić się (**for sth** o coś)

prayer [`preə(r)] *s* modlitwa, prośba; [`preıə(r)] modlący się

pre·cau·tion [prı`kɔʃn] *s* ostrożność, środek ostrożności; **to take ~s** zastosować środki ostrożności

pre·cede [prı`sid] *vt vi* poprzedzać (w czasie); iść przodem; mieć pierwszeństwo (**sb, sth** przed kimś, przed czymś)

pre·ced·ence [`presıdəns] *s* pierwszeństwo

prec·e·dent 1. [`presıdənt] *s* precedens

pre·ced·ent 2. [prı`sidənt] *adj* poprzedzający, uprzedni

pre·ced·ing [prı`sidıŋ] *ppraes i adj* poprzedzający, poprzedni; powyższy

pre·cious [`preʃəs] *adj* drogocenny, wartościowy, cenny; (*o kamieniu itd.*) szlachetny

prec·i·pice [`presəpıs] *s* przepaść

pre·cise [prı`saıs] *adj* dokładny, ścisły; (*o człowieku*) skrupulatny

pre·ci·sion [prı`sıʒn] *s* precyzja

pre·clude [prı`klud] *vt* uniemożliwiać, zapobiegać

pre·con·ceive ['prıkən`sıv] *vt* powziąć z góry (sąd, opinię), uprzedzić się (**sth** do czegoś)

pre·de·ces·sor [`pridısesə(r)] *s* poprzednik, przodek, antenat

pre·dict [prı`dıkt] *vt* przepowiadać, prorokować

pre·dom·i·nate [prı`domıneıt] *vi* przeważać, dominować; przewyższać (**over sb, sth** kogoś, coś)

pref·ace [`prefıs] *s* przedmowa; *vt* poprzedzić przedmową

pre·fer [prı`fɜ(r)] *vt* woleć (**sb, sth to, rather than sb, sth** kogoś, coś od kogoś, czegoś)

pref·er·ence [ˋprefrəns] *s* pierwszeństwo; preferencja, przedkładanie (**of sth to sth** czegoś nad coś)

preg·nant [ˋpregnənt] *adj* w ciąży; *przen.* brzemienny; pełen treści, ważki

pre·ju·dice [ˋpredʒʊdɪs] *s* uprzedzenie, złe nastawienie (**against sb, sth** przeciw komuś, czemuś); przychylne nastawienie (**in favour of sb, sth** do kogoś, czegoś); przesąd; szkoda; *vt* uprzedzić, z góry źle usposobić (**sb against sb, sth** kogoś do kogoś, czegoś); przychylnie nastawić (**sb in favour of sb, sth** kogoś do kogoś, czegoś); zaszkodzić

pre·ma·ture [ˋpremətʃʊə(r)] *adj* przedwczesny

pre·med·i·tate [prɪˋmedɪteɪt] *vt* z góry obmyślić

pre·mi·er [ˋpremɪə(r)] *s* premier; *adj* pierwszy

pre·mi·um [ˋprimɪəm] *s* premia

pre·oc·cu·pa·tion [ˈpriˈokjʊˋpeɪʃn] *s* zaabsorbowanie, troska; uprzednie zajęcie (np. miejsca); uprzedzenie, przesąd

prep·a·ra·tion [ˈprepəˋreɪʃn] *s* przygotowanie, *s* porządzenie

pre·pare [prɪˋpeə(r)] *vt vi* przygotowywać(się); sporządzić

pre·scrip·tion [prɪˋskrɪpʃn] *s* przepis, zarządzenie; recepta

pres·ence [ˋprezns] *s* obecność; prezencja, powierzchowność

pre·sent 1. [ˋpreznt] *adj* obecny, teraźniejszy, niniejszy; *s* **the ~** teraźniejszość; *gram.* czas teraźniejszy; **at ~** teraz, obecnie; **for the ~** na razie; **up to the ~** dotychczas

pre·sent 2. [ˋpreznt] *s* prezent *vt*; *vt* [prɪˋzent] robić prezent, podarować (**sb with sth** komuś coś); prezentować, przedkładać

pre·sent·a·ble [prɪˋzentəbl] *adj* (*o człowieku*) mający dobrą prezencję

pres·en·ta·tion [ˈpreznˋteɪʃn] *s* przedstawienie; przedłożenie; podarowanie; **~ copy** egzemplarz autorski

pres·en·tly [ˋprezntlɪ] *adv* wkrótce, zaraz

pre·serve [prɪˋzɜv] *vt* zachowywać, przechowywać, zabezpieczać, ochraniać; konserwować (owoce itp.)

pres·i·dent [ˋprezɪdənt] *s* prezydent; prezes, przewodniczący; rektor

press [pres] *vt vi* cisnąć (się), ściskać; nalegać; prasować; narzucać; ciążyć; **~ in** wciskać się; **~ on** pędzić naprzód, popędzać; **~ out** wyciskać; **~ through** przeciskać się; **to be ~ed for money** mieć trudności z pieniędzmi; *s* nacisk; tłok, napór; prasa, zespół dziennikarzy i fotoreporterów; (także drukarska); **in ~** pod prasą, w druku; **to go to ~** iść do druku; **a good ~** dobra recenzja (w prasie)

pres·sure [`preʃə(r)] *s* ciśnienie; nacisk; ucisk; *elektr.* napięcie; presja; nawał (spraw, pracy); **to put ~** wywierać nacisk (**on sth** na coś)

pre·tence [prɪ`tens] *s* pretensja; roszczenie; udawanie; pretekst; pozory

pre·tend [prɪ`tend] *vt vi* pozorować, udawać; wysuwać jako pretekst; pretendować (**to sth** do czegoś)

pre·tend·er [prɪ`tendə(r)] *s* udający, symulant; pretendent

pre·text [`pritekst] *s* pretekst

pret·ty [`prɪtɪ] *adj* ładny, śliczny; dobry; spory; *adv pot.* sporo, dość

pre·vail [prɪ`veɪl] *vi* przeważać; brać górę (**over against sb** nad kimś); skłonić kogoś); wymóc (**on sb to do sth** na kimś, aby coś zrobił); być powszechnie przyjętym, panować

pre·vent [prɪ`vent] *vt* przeszkadzać (**sth** czemuś; **sb from doing sth** komuś w robieniu czegoś); powstrzymywać; zapobiegać (**sth** czemuś)

pre·vi·ous [`privɪəs] *adj* poprzedni; poprzedzający (**to sth** coś); *adv w zwrocie* **~ to sth** przed czymś

prey [preɪ] *s* łup, ofiara; **to fall a ~** paść ofiarą (**to sth** czegoś); *adj vi* grabić; żerować (**on** sth na kimś, na czymś); polować (**on** sth na coś)

price [praɪs] *s* cena; **at the ~** po cenie, za cenę; *vt* ocenić, wycenić

prick [prɪk] s ukłucie; **~s of conscience** wyrzuty sumienia; *vt* ukłuć, przekłuć; **~ up one's ears** nadstawiać uszu

pride [praɪd] *s* duma; **to take ~** szczycić się (**in sth** czymś); *vr* **~ oneself** szczycić się <pysznić się> (**on sth** czymś)

priest [prist] *s* kapłan, duchowny

pri·ma·ry [`praɪmrɪ] *adj* początkowy, pierwotny; pierwszorzędny, główny; **~ school** szkoła podstawowa

pri·mate [`praımeıt] *s* prymas

prime [praım] *adj* pierwszy, najważniejszy, główny; **at ~ cost** po kosztach własnych; **Prime Minister** premier; *s* początek, zaranie

prim·i·tive [`prımıtıv] *adj* prymitywny; początkowy; pierwotny

prince [prıns] *s* książę

prin·cess ['prın`ses] *s* księżna, księżniczka

prin·ci·pal [`prınsəpl] *adj* główny; *s* kierownik, szef, dyrektor

prin·ci·ple [`prınsəpl] *s* zasada; podstawa

print [prınt] *s* druki, druk; ślad; odbitka; (*o książce*) **in ~** wydrukowany; będący w sprzedaży; **out of ~** wyczerpany; *vt* drukować; wytłaczać

print·ing-house [`prıntıŋ haυs] *s* drukarnia

pri·or [`praıə(r)] *adj* poprzedni, wcześniejszy, uprzedni; ważniejszy (**to sb, sth** od kogoś, czegoś); *adv w zwrocie:* **~ to sth** przed czymś; *s* przeor

pri·or·i·ty [praı`orətı] *s* pierwszeństwo, priorytet

pris·on [`prızn] *s* więzienie

pri·va·cy [`prıvəsı] *s* samotność, odosobnienie; skrytość

pri·vate [`praıvıt] *adj* osobisty, własny, prywatny; **keep sth ~** trzymać coś w tajemnicy; odosobniony; *s wojsk.* szeregowiec

prize [praız] *s* nagroda, premia; wygrana (na loterii); *vt* wysoko cenić

prob·a·bil·i·ty ['proəbə`bılətı] *s* prawdopodobieństwo; **in all ~** według wszelkiego prawdopodobieństwa

prob·a·ble [`probəbl] *adj* prawdopodobny

pro·ba·tion [prə`beıʃn] *s* staż; próba; nowicjat; **on ~** na stażu

probe [prəυb] *s* sonda; *vt* sądować; *przen.* badać; *vi* zagłębiać się (**into sth** w coś)

prob·lem [`probləm] *s* problem

pro·ceed [prə`sid] *vi* podążać, posuwać się naprzód; udać się (dokądś); kontynuować (**with sth** coś); wynikać <pochodzić> (**from sth** z czegoś); przystąpić <zabrać się> (**to sth** do czegoś); ciągnąć się, przebiegać; wytoczyć proces (**against sb** komuś)

pro·cess [`prəυses] *s* przebieg, tok; proces; **in ~** w toku; **in ~ of time** z biegiem czasu; *vt* obrabiać, poddawać procesowi

pro·ces·sion [prə`seʃn] *s* procesja, pochód

pro·duce [prə`djus] *vt* produkować; wydobywać; powodować; wydawać (książkę, potomstwo itd.); przynieść (np. zysk), dawać (rezultaty); okazywać, przedkładać (np. dowody); wystawiać (sztukę); *s* [`prodjus] wynik; plon; produkty; produkcja, wydobycie

pro·duc·er [prə`djusə(r)] *s* producent; *am.* dyrektor teatru

prod·uct [`prodʌkt] *s* produkt, wyrób; wynik; *mat.* iloczyn

pro·duc·tion [prə`dʌkʃn] *s* produkcja, wytwórczość; utwór (literacki itp.); wystawienie (sztuki)

pro·fes·sion [prə`feʃn] *s* zawód, zajęcie; wyznanie wiary; **by ~** z zawodu

pro·fes·sion·al [prə`feʃnl] *adj* zawodowy, fachowy; *s* zawodowiec, fachowiec

pro·fes·sor [prə`fesə(r) *s* profesor

pro·fi·cien·cy [prə`fɪʃnsɪ] *s* biegłość, sprawność

pro·file [`prəʊfaɪl] *s* profil

prof·it [`profɪt] *s* korzyść; dochód; **to turn to ~** wykorzystać; *vt* przynosić korzyść; *vi* korzystać (**by sth** z czegoś); zyskać (**by sth** na czymś)

prof·it·a·ble [`profɪtəbl] *adj* korzystny, pożyteczny, zyskowny

prog·nos·tic [prog`nostɪk] *s* prognostyk, oznaka

pro·gram [`prəʊgræm] *s komp.* program (komputerowy); *vt* programować

programme [`prəʊgræm] *s* program (rozrywkowy, rozbudowy itp.); *vt* zaprogramować, zaplanować

prog·ress [`prəʊgres] *s* postęp; rozwój; bieg; *vi* [prə`gres] posuwać się naprzód; robić postępy

pro·hib·it [prə`hɪbɪt] *vt* zakazywać, wstrzymywać

pro·hi·bi·tion ['prəʊɪ`bɪʃn] *s* zakaz, prohibicja

pro·ject [`prodʒekt] *s* projekt; *vt* [prə`dʒekt] projektować; rzucać; wyrzucać; rzutować; wyświetlać (na ekranie); *vi* wystawać, sterczeć

pro·jec·tion [prə`dʒekʃn] *s* rzut, wyrzucenie; rzutowanie; projekcja; projektowanie; występ, wystawanie; wyświetlony obraz

pro·long [prə`loŋ] *vt* przedłużać, prolongować

prom·i·nent [`prominənt] *adj* wystający; wybitny, sławny; widoczny

prom·ise [`promis] *s* obietnica; **to keep a ~** dotrzymać obietnicy; **to show ~** dobrze się zapowiadać; *vt vi* obiecywać (**sb sth <sth to sb>** komuś coś); zapowiadać (się)

pro·mote [prə`məʊt] *vt* posuwać naprzód; popierać, zachęcać; promować; dawać awans; **to be ~d** awansować

pro·mo·tion [prə`məʊʃn] *s* promocja, awans; poparcie

prompt [prompt] *adj* szybki; gotowy, zdecydowany; natychmiastowy; *vt vi* pobudzić, nakłonić; podpowiadać

pro·noun [`prəʊnaʊn] *s gram.* zaimek

pro·nounce [prə`naʊns] *vt* wymawiać; oświadczać

pro·nounce·ment [prə`naʊnsmənt] *s* wypowiedź, oświadczenie

pro·nun·ci·a·tion [prə'nʌnsi`eiʃn] *s* wymowa

proof [pruf] *s* dowód; badanie, próba; korekta; *adj* trwały, odporny

prop·a·gan·da ['propə`gændə] *s* propaganda

prop·er [`propə(r)] *adj* właściwy, odpowiedni, stosowny; (*o imieniu* własny)

prop·er·ty [`propəti] *s* własność, posiadłość; posiadanie; właściwość

proph·e·cy [`profisi] *s* proroctwo

pro·por·tion [prə`poʃn] *s* proporcja, udział; **out of ~** nieproporcjonalny

pro·pos·al [prə`pəʊzl] *s* propozycja; oświadczyny

pro·pose [prə`pəʊz] *vt* proponować; wysunąć (wniosek, kandydaturę itp.); zamierzać; *vi* oświadczyć się

prop·o·si·tion ['propə`ziʃn] *s* propozycja; wniosek

pro·sa·ic [prəʊ`zeik] *adj* prozaiczny; nudny

prose [prəʊz] *s* proza; *vi* nudno mówić

pros·e·cute [`prosikjut] *vt* ścigać sądownie; prowadzić (np. badania); wykonywać (np. pracę); pełnić (np. obowiązki)

pros·ecu·tor [`prosikjutə(r)] *s* oskarżyciel sądowy; **public ~** prokurator

pros·pect [`prospekt] *s* perspektywa; widok

pro·spec·tive [prə`spektiv] *adj* odnoszący się do przyszłości; przewidywany

pros·per [`prospə(r)] *vi* prosperować

pros·per·i·ty [pro`sperətɪ] *s* pomyślność; dobrobyt; dobra koniunktura

pros·ti·tute [`prostɪtjut] *s* prostytutka; *vt* prostytuować; marnować (np. zdolności)

pro·tect [prə`tekt] *vt* chronić osłaniać, zabezpieczać (**from against sb, sth** przed kimś, czymś)

pro·tec·tion [prə`tekʃn] *s* ochrona, obrona, zabezpieczenie (**against sth** przed czymś); protekcja, opieka; system ochrony celnej

pro·test [`prəotest] *s* protest; uroczyste zapewnienie, oświadczenie; *vt vi* [prə`test] protestować; uroczyście zapewniać, oświadczać

Prot·es·tant [`protɪstənt] *s* protestant; *adj* protestancki

pro·trude [prə`trud] *vi* wystawać, sterczeć; *vt* wysuwać

proud [praod] *adj* dumny (**of sth** z czegoś); wspaniały

prove [pruv] *vt* udowadniać; badać; próbować; sprawdzać; *vi* (*także* **~ oneself**) okazywać się

pro·vide [prə`vaɪd] *vt vi* dostarczać (**sb with sth <sth for sb>** komuś coś); zaspokoić potrzeby, zaopatrywać; (*o ustawie*) postanawiać; podejmować kroki (w przewidywaniu czegoś), zabezpieczyć się (**for sth** na wypadek czegoś)

pro·vid·ed [prə`vaɪdɪd] *pp i conj* o ile, pod warunkiem, byle (tylko)

prov·i·dence [`provɪdns] *s* przezorność; opatrzność

prov·ince [`provɪns] *s* prowincja; zakres, dziedzina

pro·vi·sion [prə`vɪʒn] *s* zaopatrzenie (**of sth** w coś); zabezpieczenie (**for against sth** przed czymś); podjęcie kroków; zastrzeżenie; warunek; postanowienie; *pl.* **~s** zapasy żywności, prowianty; *vt* zaprowiantować

pro·vi·sion·al [prə`vɪʒnl] *adj* tymczasowy, prowizoryczny

pro·voke [prə`vəok] *vt* prowokować, podburzać; wywoływać; rozdrażniać, złościć

prune [prun] *s* suszona śliwka

pry [praɪ] *vi* podpatrywać; wścibiać nos (**into sth** w coś); szperać

pseu·do [`sjudəo] *praef* pseudo-; *adj* rzekomy

psy·chi·a·try [saɪ`kaɪətrɪ] *s* psychiatria

psy·chic·al [`saıkıkl] *adj* psychiczny, duchowy

psy·cho·a·nal·y·sis ['saıkəʊə`næləsıs] *s* psychoanaliza

psy·cho·lo·gy [saı`kolədʒı] *s* psychologia

pub [pʌb] *s pot.* piwiarnia, knajpa, bar

pub·lic [`pʌblık] *adj* publiczny; powszechny; jawny; obywatelski, społeczny; urzędowy; **~ house** szynk, piwiarnia; **~ school** *bryt.* ekskluzywna szkoła średnia (z internatem); *am.* państwowa szkoła średnia; **~ service** służba państwowa; *s* publiczność; **in ~** publicznie

pub·li·ca·tion ['pʌblı`keıʃn] *s* publikacja; ogłoszenie

pub·lic·i·ty [pʌb`lısətı] *s* reklama; rozgłos

pub·lish [`pʌblıʃ] *vt* publikować, wydawać; ogłaszać; **~ing house** wydawnictwo

pud·ding [`pʊdıŋ] *s* pudding

pud·dle [`pʌdl] *s* kałuża; *pot.* bałagan; *vt vi* chlapać (się), babrać (się); *pot.* bałaganić

puff [pʌf] *vt vi* dmuchać; pykać; sapać; *s* podmuch, dmuchnięcie; kłąb (dymu itd.); puszek (do pudru)

pull [pʊl] *vt vi* ciągnąć, szarpać; wyrywać, zrywać; wiosłować; **~ away <back>** odciągnąć; **~ down** ściągnąć; rozebrać (dom); **~ in** wciągnąć; zatrzymać się; **~ off** ściągnąć, zdjąć; przeprowadzić (plan), dokonać (czegoś); **~ out** wyciągnąć; **~ up** podciągnąć; zatrzymać (się); dogonić (**with sb, sth** kogoś, coś); *s* pociągnięcie, szarpnięcie; ciąg; uchwyt; wysiłek; wpływ (**with sb** na kogoś); przewaga (**of sb** nad kimś)

pullover [`pʊləʊvə(r)] *s* pulower

pulse [pʌls] *s* puls, tętno; **to feel sb's ~** badać komuś puls; *vi* pulsować

pump [pʌmp] *s* pompa; *vt* pompować; *przen.* wypytywać, wyciągać wiadomości

pump·kin [`pʌmpkın] *s bot.* dynia

punch1. [pʌntʃ] *vt* bić pięścią; *s* uderzenie pięścią, kułak

puch 2. [pʌntʃ] *vt* dziurkować, przebijać; kasować (np. bilet); *s* dziurkacz, przebijak

punc·tu·al [`pʌŋktʃʊəl] *adj* punktualny

punc·ture [`pʌŋktʃə(r)] *s* przekłucie, przebicie; *vt* przekłuwać; *vi* przedziurawić się

pun·ish [`pʌnıʃ] *vt* karać

pun·ish·ment [`pʌnɪʃmənt] *s* kara

pu·pil 1. [`pjupl] *s* uczeń

pu·pil 2. [`pjupl] *s* źrenica

pup·pet [`pʌpɪt] *s* kukiełka, marionetka

pur·chase [`pɜtʃəs] *s* kupno, nabytek; *vt* kupować, nabywać

pure [pjʊə(r)] *adj* czysty; szczery; nie sfałszowany; bez domieszek

pur·ga·tive [`pɜgətɪv] *adj* przeczyszczający; *lit.* oczyszczający; *s* środek przeczyszczający

purge [pɜdʒ] *vt* oczyszczać; *s* oczyszczanie; czystka

Pu·ri·tan [`pjʊərɪtən] *adj* purytański; *s* purytanin

pu·ri·ty [`pjʊərətɪ] *s* czystość

pur·ple [`pɜpl] *s* purpura; *vt* barwić na purpurowo

pur·pose [`pɜpəs] *s* cel, plan; wola, stanowczość; **on ~** umyślnie, celowo; **to little ~** z małą korzyścią, z niewielkim skutkiem; **to no ~** bezcelowo, na darmo; bezcelowy; **with the ~ of** celem, w celu; *vt* zamierzać, mieć na celu

purse [pɜs] *s* portfel, portmonetka

pur·sue [pə`sju] *vt* prześladować, ścigać; dążyć; uprawiać, wykonywać; kontynuować

pur·suit [pə`sjut] *s* ściganie, pościg (**of sb, sth** za kimś. za czymś); dążenie; *pl.* **~s** interesy, sprawy, zajęcia

push [pʊʃ] *vt vi* popychać; **~ in** wepchnąć; **~ off** odepchnąć; **~ out** wypchnąć; posuwać (się) naprzód; popędzić, nakłonić (**sb to sth** kogoś do czegoś); popierać (**sb, sth** kogoś, coś); *s* pchnięcie; posunięcie; wysiłek; poparcie

pus·sy [`pʊsɪ] *s* (*także* **~ cat**) kotek

***put, put, put** [pʊt] *vt vi* stawiać, kłaść, umieszczać; zadawać (pytania); wypowiadać, wyrażać; skazać (**to death** na śmierć); nastawić (zegarek); zaprząc (**sb to work** kogoś <do pracy>; poddać (**to the test** próbie); **to ~ right** naprawić; **to ~ a stop** położyć kres, przerwać; *z przysłówkami i przimkami:* **~ away <aside>** odłożyć; **~ back** odłożyć; powstrzymać; cofnąć (zegarek); **~ by** odkładać (np. pieniądze); **~ down** złożyć; stłumić (np. powstanie); zapisać; **~ forth** wydać (książkę); **~ forward** wysuwać, przedkładać, przedstawiać; posuwać naprzód; **~ in** wkładać, wsuwać; wtrącać; **~**

in mind przypominać (sb of sth komuś o czymś); ~ in order doprowadzić do porządku; ~ off odłożyć; odprawić; odroczyć; ~ on nakładać, wdziewać; przybierać (np. postać); wystawiać (sztukę); ~ out wysuwać <wyciągać> (np. rękę); gasić; *sport.* eliminować; wydać (np. drukiem); ~ out of doors wyrzucić za drzwi; ~ out of order wprowadzić nieład; ~ over przeprowadzić; ~ through przepchnąć <przeprowadzić> (np. sprawę); połączyć telefonicznie (to sb z kimś); ~ together zmontować, zestawić; zebrać; ~ up podnieść, dźwignąć; ustawiać, wywieszać (np. ogłoszenie); zaplanować, ukartować (podstępnie); schować, wetknąć (np. do kieszeni); podnieść (np. cenę); wysunąć (kandydaturę); dać nocleg (sb komuś); zatrzymać się (at a hotel w hotelu); pogodzić się (with sb z kimś); ścierpieć (with sth coś)

puz·zle [ˋpʌzl] *s* zagadka; *vt* zaintrygować; wprawić w zakłopotanie

py·ja·mas [pəˋdʒɑməz] *s pl.* piżama

pyr·a·mid [ˋpɪrəmɪd] *s* piramida

Q

quad·ran·gle [ˋkwodræŋgl] *s* dziedziniec; *mat.* czworokąt

quag·mire [ˋkwægmɑɪə(r)] *s* bagno, trzęsawisko

quake [kweɪk] *vi* trząść się, drżeć; *s* drżenie; *pot.* trzęsienie ziemi

qual·i·fi·ca·tion [ˈkwolɪfɪˋkeɪʃn] *s* kwalifikacja; określenie; zastrzeżenie

qual·i·fy [ˋkwolɪfɑɪ] *vt* kwalifikować; określać; warunkować; modyfikować; *vi* zdobyć kwalifikacje zawodowe; otrzymać dyplom

qual·i·ty [ˋkwolətɪ] *s* jakość; gatunek; cecha, właściwość, zaleta

qualm [kwɑm] *s* mdłości; skrupuł; niepewność, niepokój

quan·da·ry [ˋkwondərɪ] *s* ciężkie położenie, kłopot, dylemat

quan·ti·ty [ˋkwontətɪ] *s* ilość; iloczas; *pl.* **quantities** masa, obfitość

quar·rel [ˋkworl] *s* kłótnia; *vi* kłócić się

quar·ter [ˋkwɔtə(r)] *s* ćwierć; kwadrans; kwartał; strona świata; kwadra (księżyca); dzielnica, rewir; źródło (informacji); *am.* moneta 25-centowa; *pl.* **~s** sfery; apartamenty; mieszkanie; *wojsk.* kwatery; *vt* ćwiartować

quar·ter·ly [`kwɔtəlı] *adj* kwartalny; *adv* kwartalnie; *s* kwartalnik

quartz [kwɔts] *s miner.* kwarc

qua·si [`kweısɑı] *adj, adv i praef* prawie, niemal; niby

quay [ki] *s* nabrzeże, keja

quea·sy [`kwızı] *adj* wrażliwy; grymaśny; skłonny do mdłości; przyprawiający o mdłości

queen [kwin] *s* królowa; żona króla; dama (w kartach)

queer [kwıə(r)] *adj* dziwaczny; podejrzany; wątpliwy; nieswój

quench [kwentʃ] *vt* gasić, tłumić; studzić (np. zapał)

que·ry [`kwıərı] *s* pytanie; znak zapytania; *vt vi* zapytywać; badać; stawiać znak zapytania

ques·tion [`kwestʃn] *s* pytanie; zastrzeżenie; kwestia; **to ask a ~** zadać pytanie; **to call in ~** zakwestionować; **in ~** będący przedmiotem rozważań; **out of the ~** nie wchodzący w rachubę; **beyond <past, without, out of the> ~** niewątpliwie; *vt* zadawać pytania, pytać; badać; kwestionować

ques·tion·a·ble [`kwestʃənəbl] *adj* wątpliwy, sporny

ques·tion-mark [`kwestʃən mɑk] *s* znak zapytania

ques·tion·aire ['kwestʃə`neə(r)] *s* kwestionariusz

queue [kju] *s* szereg ludzi, kolejka (w sklepie); warkocz; = **cue**; *vi (także* **~ up***)* stać w kolejce

quib·ble [`kwıbl] *s* gra słów; wykręt, wybieg (w rozmowie); *vi* uprawiać grę słów; mówić wykrętnie

quick [kwık] *adj* szybki, bystry; zwinny; (*o zmysłach*) zaostrzony; *adv* szybko, żwawo; zaraz; *s* żywe ciało; czuły punkt

quick·en [`kwıkən] *vt vi* przyspieszyć; ożywić się; wracać do życia

quick-tem·pered ['kwık `tempəd] *adj* nieopanowany, porywczy

qui·et [`kwɑıət] *adj* spokojny; cichy; *s* spokój; cisza; *vt* uspokajać; uciszać; *vi (zw.* **~ down***)* uspokajać, uciszać się

quit [kwıt] *vt vi* opuszczać (miejsce, posadę); rezygnować; odejść, odjechać; *lit.* odpłacać; *adj* wolny (**of sth** od czegoś)

quite [kwɑıt] *adv* zupełnie, całkiem; całkowicie; wcale; **it's ~ the thing** to jest właśnie to, o to chodzi; to ostatni krzyk mody; ~ **so!** zupełna racja!, właśnie!

quiz [kwɪz] *vt* wypytywać (**sb** kogoś); *am.* egzaminować; badać (inteligencję); *s* test, kwiz, egzamin, próba

quo·ta [ˋkwəʊtə] *s* określony udział; kontyngent

quo·ta·tion [kwəʊˋteɪʃn] *s* cytat; cytowanie; *handl.* notowanie kursu (na giełdzie)

quo·ta·tion-marks [kwəʊteɪʃn maks] *s pl* cudzysłów

quote [kwəʊt] *vt* cytować, powoływać się (**sth** na coś); *handl.* notować <podawać> kurs (na giełdzie)

quo·tient [ˋkwəʊʃnt] *s mat.* iloraz

R

rab·bit [ˋræbɪt] *s* królik

ra·bies [ˋreɪbiz] *s med.*wścieklizna

race1. [reɪs] *s* rasa, ród

race2. [reɪs] *s* bieg, gonitwa, wyścig; **to run a ~** *sport brać udział w biegu, biec; pl.* **~s** wyścigi konne; *vt vi* gonić <ścigać> (się)

rack [ræk] *s* wieszak (na palta); stojak; półka (np. w wagonie);

rack·et [ˋrækɪt] *s sport* rakieta

ra·dar [ˋreɪdɑ(r)] *s* radar

ra·di·ate [ˋreɪdɪeɪt] *vt vi* promieniować; wysyłać <emitować> (promienie, światło, energię, ciepło)

ra·di·a·tor [ˋreɪdɪeɪtə(r)] *s* kaloryfer, grzejnik; *tech.* chłodnica

ra·di·o [ˋreɪdɪəʊ] *s* radio; *vt* nadawać przez radio

ra·di·o·ac·tive ['reɪdɪəʊˋæktɪv] *adj* promieniotwórczy, radioaktywny

rad·ish [ˋrædɪʃ] *s bot.* rzodkiewka

raft [ˋrɑft] *s* tratwa

rag [ræg] *s* szmata, gałgan

rage [reɪdʒ] *s* wściekłość, gniew, furia; (najnowsza) moda; *vi* szaleć; wściekać się (**at against sb** na kogoś)

rag·ged [ˋrægɪd] *adj* obszarpany, obdarty; poszarpany, nierówny, szorstki

raid [reɪd] *s* najazd, napad; nalot

rail [reɪl] *s* balustrada, poręcz; listwa, szyna

rail·road [ˋreɪlrəʊd] *am.* = **railway**

rail·way [ˋreɪlweɪ] *s* kolej żelazna

rain [reɪn] *s* deszcz; *vi* (*o deszczu*) padać

rain·bow [ˋreɪnbəʊ] *s* tęcza

rain·coat [ˋreɪnkəʊt] *s* płaszcz nieprzemakalny

rain·fall [ˋreɪnfɔl] *s* opad (deszczu); ulewa

rain·y [ˋreɪnɪ] *adj* deszczowy, dżdżysty; *przen.* **~ day** czarna godzina

raise [reɪz] *vt* podnosić; podwyższać; wznosić (budynek itd); budzić, wywoływać; poruszać (sprawę); ściągać (podatki); hodować; wychowywać (dzieci)

rai·sin [ˋreɪzn] *s* rodzynek

rake [reɪk] *s* grabie; pogrzebacz; *vt vi* grabić, zgarniać; grzebać (się)

ral·ly [ˋrælɪ] *s* zjazd, zlot, zbiórka; poprawa (zdrowia itp.); *vt vi* zbiegać się, gromadzić (się); zebrać siły (np. po chorobie); przyjść do siebie

ram [ræm] *s* baran; taran; *vt* uderzać (taranem); ubijać

ram·ble [ˋræmbl] *s* wędrówka, przechadzka; *vi* wędrować

ram·bler [ˋræmblə(r)] *s* wędrowiec, włóczęga

ran *zob.* **run**

ranch [rɑntʃ] *s am.* ranczo

ran·dom [ˋrændəm] *s w zwrocie* **at ~** na chybił trafił; *adj* przypadkowy, pierwszy lepszy

rang *zob.* **ring**

range [reɪndʒ] *s* szereg; zasięg, rozpiętość; zakres; teren (**badań itp.**); wędrówka; łańcuch (**gór**); *vt* szeregować, porządkować; *vi* rozciągać <rozciągnąć> się (**from sth to sth** od czegoś do czegoś); wałęsać się, wędrować (**over <through>** po czymś, przez coś); (*o temperaturze, cenach*) wahać się; zaliczać się (**among the rebels** do buntowników)

rank [ræŋk] *s* szereg; klasa; ranga, stopień; *vt* ustawić w szeregu; zaszeregować

ran·som [ˋrænsəm] *s* okup; *vt* odkupić, wykupić

rape [reɪp] *vt* zgwałcić; pogwałcić (np. prawa); *s* gwałt; pogwałcenie (np. praw)

rap·id [ˋræpɪd] *adj* szybki; wartki, rwący

rare [reə(r)] *adj* rzadki

rash 1. [ræʃ] *adj* pospieszny, nieroztropny, nie przemyślany

rash 2. [ræʃ] *s med.* wysypka, nalot

rasp·ber·ry [ˋrɑzbrɪ] *s bot.* malina

rat [ræt] *s zool.* szczur; *przen.* **to smell a ~** podejrzewać coś

rate [reɪt] *s* stosunek (ilościowy), proporcja; taryfa; norma; kurs (wymiany itd.); wskaźnik; oszacowanie; **at any ~** w każdym razie, za każdą cenę; **birth ~** wskaźnik urodzeń; **~ of exchange** kurs walutowy; **~ of interest** stopa procentowa; *vt* szacować, oceniać; klasyfikować; *vi* być zaliczanym

rath·er [`rɑðə(r)] *adv* raczej, dość; właściwie; poniekąd; oczywiście; **I would ~ go** wolałbym pójść

ra·ti·o [`reɪʃɪəʊ] *s* stosunek (liczbowy, ilościowy), proporcja

ra·tion [`ræʃn] *s* racja, przydział; *vt* racjonować, przydzielać

ra·tion·al [`ræʃnl] *adj* racjonalny; rozumny

rave [reɪv] *vi* szaleć; bredzić; zachwycać się (**about sb, sth** kimś, czymś)

ra·ven [`reɪvn] *s zool.* kruk

rav·ish [`rævɪʃ] *vt* zachwycić, oczarować; porwać; zgwałcić (kobietę)

raw [rɔ] *adj* surowy; niewykończony, niewyrobiony; (*o człowieku*) niedoświadczony; **~ material** surowiec

ray [reɪ] *s* promień; *vt vi* (także **~ forth , out**) promieniować

raz·or [`reɪzə(r)] *s* brzytwa; **~ blade** żyletka; **safety ~** maszynka do golenia; **electric ~** elektryczna maszynka do golenia

reach [ritʃ] *vt vi* dosięgnąć, osiągnąć; dojechać, dogonić; sięgać (**for <after> sth** po coś); *s* zasięg, zakres; **beyoud <out of> ~ o ~** poza za zasięgiem; **within ~** w zasięgu; **within easy ~** łatwo osiągalny

re·act [ri`ækt] *vi* reagować (**to sth** na coś); oddziaływać (**upon sth** na coś); przeciwdziałać (**against sth** czemuś)

re·ac·tion [ri`ækʃn] *s* reakcja; oddziaływanie; przeciwdziałanie

***read** [rid] , **read, read** [red] *vt vi* czytać; studiować; (*o tekście*) brzmieć; (*o ustawie*) głosić; przygotowywać się (**for an examination** do egzaminu); **this book ~s well** tę książkę dobrze się czyta

read·er [`ridə(r)] *s* czytelnik; lektor, wykładowca; wypisy

read·i·ly [`redɪlɪ] *adv* chętnie, z gotowością; z łatwością

read·ing [`ridɪŋ] *ppraes i s* czytanie; oczytanie; lektura

read·y [`redɪ] *adj* gotowy; skłonny, chętny; szybki;

bystry; **~ money** gotówka; **to get <make> ~** przygotować się; *vt* przygotowywać

ready-to-wear *am.*= **ready-made**

ready-made ['redɪ `meɪd] *adj* (*o ubraniu*) gotowy, nie na miarę; *przen.* banalny, oklepany

re·al [rɪəl] *adj* rzeczywisty, istotny, prawdziwy; **~ estate <property>** nieruchomość

re·al·ism [`rɪəlɪzm] *s* realizm

re·al·i·ty [rɪ`ælətɪ] *s* rzeczywistość; realność, prawdziwość

re·al·i·za·tion ['rɪəlaɪ`zeɪʃn] *s* realizacja; uświadomienie sobie, zrozumienie

re·al·ize [`rɪəlaɪz] *vt* urzeczywistnić; uświadomić sobie, zrozumieć; *handl.* zrealizować (np. czek)

re·al·ly [`rɪəlɪ] *adv* naprawdę, rzeczywiście; istotnie

rear 1. [rɪə(r)] *vt* hodować, uprawiać; wychowywać; budować; wznosić

rear 2. [rɪə(r)] *s* tył, tylna strona; *wojsk.* tyły; **in the ~** w tyle

rea·son [`rizn] *s* rozum, intelekt; rozwaga; powód (**of sth** czegoś, **for sth** do czegoś); uzasadnienie; **by ~ of, for ~s of** z powodu; **to bring to ~** przywodzić do rozsądku; **it stands to ~** to jest zrozumiałe <oczywiste>; *vt vi* rozumować, rozważać; uzasadniać; wyperswadować (**sb out of sth** komuś coś); przekonać, namówić (**sb into sth** kogoś do czegoś)

rea·son·a·ble [`riznəbl] *adj* rozsądny; (*o cenach*) umiarkowany

re·bel·lion [rɪ`belɪən] *s* bunt, rebelia

re·buff [rɪ`bʌf] *vt* odepchnąć, odtrącić; odmówić; *s* odmowa; odepchnięcie, odprawa

re·buke [rɪ`bjuk] *s* wymówka, zarzut, nagana; *vt* robić wymówki, ganić, karcić

re·call [rɪ`kɔl] *vt* odwoływać (np. ambasadora); cofać (np. obietnicę); przypominać sobie; wskrzeszać (wspomnienia); kasować; *s* odwołanie

re·ceipt [rɪ`sit] *s* odbiór; potwierdzenie odbioru, pokwitowanie;

re·ceive [rɪ`siv] *vt* otrzymywać, odbierać; przyjmować; doznawać

re·ceiv·er [rɪ`sivə(r)] *s* odbiorca; poborca; odbiornik (radiowy); słuchawka (telefoniczna)

re·cent [`risnt] *adj* świeży, niedawny; nowoczesny

re·cent·ly [`risntlɪ] *adv* ostatnio, niedawno

re·cep·tion [rɪ`sepʃn] *s* recepcja, przyjęcie; odbiór (radiowy); **~ office** recepcja, portiernia

re·cess [rɪ`ses] *s* odejście, ustąpienie; odwrót; ferie (*zw*. sądowe lub parlamentarne); zakątek; ustronie; wgłębienie; alkowa; *am*. wakacje; *vi* zrobić wgłębienie; zaprzestać (działalności)

re·ces·sion [rɪ`seʃn] *s* recesja, cofnięcie się; *handl*. zastój

rec·i·pe [`resəpɪ] *s* przepis (kulinarny); *przen*. recepta (np. na szczęście)

re·cit·al [rɪ`saɪtl] *s* recytacja; wyłożenie <przedstawienie> (faktów itp.); *muz*. recital

reck·less [`rekləs] *adj* beztroski, lekkomyślny; niebaczny (**of danger** na niebezpieczeństwo)

reck·on [`rekən] *vt vi* liczyć (się); rachować; być zdania, sądzić; zaliczać (**sb, sth among <with>** ... kogoś, coś do ...); **~ in** wliczyć, włączyć, uwzględnić; **~ off** odliczyć

rec·og·nize [`rekəgnaɪz] *vt* rozpoznać; uznać; przyznać się (**sb, sth** do kogoś, czegoś)

re·col·lect ['rekə`lekt] *vt* przypominać sobie, wspominać

rec·ol·lec·tion ['rekə`lekʃn] *s* przypomnienie, pamięć, wspomnienie

rec·om·mend ['rekə`mend] *vt* polecić

rec·om·men·da·tion ['rekəmən-`deɪʃn] *s* polecenie, rekomendacja

rec·on·cile [`rekənsaɪl] *vt* pojednać; pogodzić; uzgodnić; **to become ~d** pogodzić się (**with sb** z kimś, **to sth** z czymś)

re·con·struct ['rɪkən`strʌkt] *vt* przebudować, odtworzyć, zrekonstruować

re·cord [`rekɔd] *s* zapisanie; zapis, rejestr; akta (personalne); świadectwo; notatka; rekord (np. sportowy); płyta (gramofonowa); *pl*. **~s** zapiski; kroniki; **on ~** zanotowany, zapisany; **to have a good ~** być dobrze notowanym; **to break <beat> the ~** pobić rekord; *vt* [rɪ`kɔd] zapisywać, rejestrować; nagrywać (na płycie <taśmie>)

re·cord·ing [rɪ`kɔdɪŋ] *s* nagranie

re·count ['rɪ`kaʊnt] *vt* opowiadać, relacjonować

re·cov·er ['rɪ`kʌvə(r)] *vt* odzyskać; otrzymać zwrot, zapłatę; wynagrodzić sobie; ocucić; wyleczyć; *vi* przyjść do siebie, oprzytomnieć; wyzdrowieć

re·cov·e·ry [rɪ`kʌvrɪ] *s* odzyskanie; rekompensata, zwrot; powrót do zdrowia; poprawa; **past ~** w beznadziejnym stanie

re·cruit [rɪ`krut] *s* rekrut; nowicjusz; *vt vr* rekrutować;

rec·tan·gle [`rektæŋgl] *s* prostokąt

rec·tor [`rektə(r)] *s bryt.* rektor; dyrektor (szkoły średniej); proboszcz (anglikański)

re·cur·rent [rɪ`kʌrənt] *adj* powtarzający się, periodyczny; powrotny

red [red] *adj* czerwony; rudy; *przen.* krwawy; lewicowy; **to see ~** dostać uderzenia krwi do głowy; szaleć z gniewu; *s* czerwień; radykał, komunista

re·deem·er [rɪ`dimə(r)] *s* zbawca, zbawiciel

re·duce [rɪ`djus] *vt* pomniejszać, redukować; obniżać (np. cenę); osłabiać;

re·duc·tion [rɪ`dʌkʃn] *s* redukcja; zmniejszenie; obniżka (np. cen); osłabienie

reef [rif] *s* rafa

reel [ril] *s* zataczanie <kręcenie> się; wir; szpulka; rolka (np. papieru, filmu); *vi* kręcić się, wirować się

re·fer [rɪ`fɜ(r)] *vt vi* odsyłać, kierować; odnosić (się); wiązać (się), nawiązywać; powoływać się; zwracać się

ref·er·ee ['refə`rɪ] *s* arbiter; *sport* sędzia; *vi* sędziować

ref·er·ence [`refrns] *s* powołanie się (**to sth** na coś); odesłanie (**to sth** do czegoś); referencja; wzmianka; sprawdzanie szukanie (w słowniku, encyklopedii); **~ book** książka podręczna (słownik, encyklopedia itp.); **with ~ to** odnośnie do, co się tyczy

re·fill [ri`fɪl] *vt vi* ponownie napełnić (się); *s* [`rifɪl] zapas <wkład> (do długopisu, latarki itp.)

re·fine [rɪ`faɪn] *vt* oczyszczać, rafinować; uszlachetniać;

re·flect [rɪ`flekt] *vt* odbijać (np. fale); odzwierciedlać; *vi* rozważać (**on sth** coś); zastanawiać się (**on sth** nad czymś); robić uwagi (**on sb, sth** o kimś, o czymś)

re·flec·tion [rɪ`flekʃn] *s* odbicie (np. fal); odzwierciedlenie; namysł, zastanowienie, refleksja; **on ~** po namyśle

re·flex [`rifleks] *s* odbicie (się); odruch, refleks; *adj* (*o świetle itp.*) odbity; odruchowy

re·form [rɪ`fɔm] *vt vi* reformować; poprawiać (się); *s* reforma; poprawa

re·frain [rɪˋfreɪn] *vt* powstrzymywać, hamować; *vi* powstrzymywać się (**from sth** od czegoś)

re·fresh [rɪˋfreʃ] *vt* odświeżać; pokrzepiać, posilać

re·fresh·ment [rɪˋfreʃmənt] *s* odświeżenie; pokrzepienie; lekki posiłek; **~ room** bufet

re·frig·er·ate [rɪˋfrɪdʒəreɪt] *vt vi* zamrażać, chłodzić się

re·frig·er·a·tor [rɪˋfrɪdʒəreɪtə(r)] *s* chłodnia; lodówka

ref·uge [ˋrefjudʒ] *s* schronienie; azyl; przytułek; **to take ~** schronić się

ref·u·gee [ˈrefjuˋdʒi] *s* zbieg, uchodźca

re·fund [rɪˋfʌnd] *vt* zwracać pieniądze; *s* [ˋrifʌnd] zwrot zapłata (pieniędzy)

re·fu·sal [rɪˋfjuzl] *s* odmowa

re·fuse1. [rɪˋfjuz] *vt vi* odmówić, odrzucić (propozycję), dać odpowiedź odmowną

ref·use 2. [ˋrefjus] *s zbior.* odpadki, nieczystości, śmieci

re·gard [rɪˋgɑd] *s* wzgląd; spojrzenie; uwaga; szacunek; *pl.* **~s** ukłony, pozdrowienia; **in <with> ~** w odniesieniu (**to sth** do czegoś); **in <with> this ~** pod tym względem; *vt* oglądać, patrzeć; uważać (**sb, sth as ...** kogoś, coś za ...);dotyczyć <odnosić się do> (**sb, sth** kogoś, czegoś); brać pod uwagę; **~ing, as ~s** co się tyczy, co do, odnośnie do

re·gard·less [rɪˋgɑdləs] *adj* niebaczny, nieuważny; nie liczący się (**of sth** z czymś); *adv* bez względu (**of sth**) na coś; nie licząc się (**of sth** z czymś)

re·gion [ˋridʒən] *s* rejon, zakres; okolica; strefa

re·gion·al [ˋridʒənl] *adj* regionalny; rejonowy

reg·is·ter [ˋredʒɪstə(r)] *s* rejestr; wykaz; **~ office** urząd stanu cywilnego; *vt vi* rejestrować (się); meldować się; notować; (*o liście, bagażu*) nadawać jako polecony

reg·is·tra·tion [ˈredʒɪˋstreɪʃn] *s* rejestracja, zapis, meldowanie

re·gres·sion [rɪˋgreʃn] *s* powrót, regresja, cofanie się

re·gret [rɪˋgret] *s* żal; *vt* żałować; boleć (**sth** nad czymś), opłakiwać

re·greta·ble [rɪˋgretəbl] *adj* godny pożałowania, opłakany

reg·u·lar [ˋregjulə(r)] *adj* regularny, prawidłowy; systematyczny, uporządkowany

reg·u·lar·i·ty [ˈregjəˋlærətɪ] *s* prawidłowość, regularność; systematyczność

reg·u·late [`regjəleɪt] *vt* regulować; porządkować

reg·u·la·tion ['regjə`leɪʃn] *s* regulacja; przepis, zarządzenie

re·ha·bil·i·ta·tion ['riə'bɪlɪ`teɪʃn] *s* rehabilitacja; przywrócenie do normalnego stanu; uzdrowienie

re·hears·al [rɪ`hɜsl] *s* próba (przedstawienia, występu); powtórka; **dress ~** próba generalna

re·in·force ['riɪn`fɔs] *vt* wzmocnić, zasilić; poprzeć, podeprzeć

re·ject [rɪ`dʒekt] *vt* odrzucać

re·jec·tion [rɪ`dʒekʃn] *s* odrzucenie, odmowa

re·joice [rɪ`dʒɔɪs] *vt* cieszyć, sprawiać przyjemność (**sb** komuś); *vi* radowa cieszyć się (**in <at, over> sth** czymś)

re·late [rɪ`leɪt] *vt* opowiadać, relacjonować; nawiązywać; *vt* odnosić się (**to sb, sth** do kogoś, czegoś), wiązać się (**to sb, sth** z kimś, z czymś)

re·lat·ed [rɪ`leɪtɪd] *pp i adj* wiążący się <związany> (**to sth** z czymś); spokrewniony (**to sb** z kimś)

re·la·tion [rɪ`leɪʃn] *s* opowiadanie, relacja; związek, stosunek; pokrewieństwo, krewny

re·la·tion·ship [rɪ`leɪʃnʃɪp] *s* związek, pokrewieństwo

rel·a·tive [`relətɪv] *adj* względny, stosunkowy; dotyczący (**to sth** czegoś); *s* krewny; *adv* odnośnie (**to sth** do czegoś)

re·lax [rɪ`læks] *vr vt* odprężyć się, rozluźnić (się); osłabiać

re·lax·a·tion ['rilæk`seɪʃən] *s* relaks, odprężenie; odpoczynek

re·lay [rɪ`leɪ] *vt* luzować; zmieniać; retransmitować; przekazywać; *s* luzowanie; zmiana; retransmisja; *sport* sztafeta; **~ race** bieg sztafetowy

re·lease [rɪ`lis] *vt* zwolnić, wyzwolić; wypuścić (z rąk, z druku, na wolność itd.); *s* zwolnienie, wyzwolenie; wypuszczenie (na wolność, na rynek itd.)

rel·e·vant [`reləvənt] *adj* stosowny, trafny; dotyczący (**to sth** czegoś), związany (**to sth** z czymś)

re·li·a·ble [rɪ`laɪəbl] *adj* godny zaufania; pewny, niezawodny

re·li·ance [rɪ`laɪəns] *s* zaufanie; **to have <place, feel> ~ in, upon sb, sth** mieć zaufanie do kogoś, czegoś; polegać na kimś, na czymś

rel·ic [`relɪk] *s* relikwia; pozostałość; pamiątka

re·lief 1. [rɪ`lif] *s* ulga; odciążenie; zapomoga

re·lief 2. [rɪ`lif] *s* płaskorzeźba; uwypuklenie; **to bring into ~** uwypuklić, uwydatnić

re·li·gion [rɪ`lɪdʒən] *s* religia

re·li·gious [rɪ`lɪdʒəs] *adj* religijny; kościelny, zakonny

re·luc·tant [rɪ`lʌktənt] *adj* niechętny, oporny

re·ly [rɪ`laɪ] *vi* polegać (**on sb, sth** na kimś, na czymś)

re·main [rɪ`meɪn] *vi* pozostawać; *s pl.* **~s** pozostałość; resztki; zwłoki

re·maidn·er [rɪ`meɪndə(r)] *s* pozostałość, reszta

re·mark [rɪ`mɑk] *vt* zauważyć; zanotować; *vi* zrobić uwagę (**on sb, sth** o kimś, o czymś); *s* uwaga, spostrzeżenie; notatka

re·mark·a·ble [rɪ`mɑkəbl] *adj* godny uwagi, niepospolity, wybitny

rem·e·dy [`remədɪ] *s* lekarstwo, środek; naprawa; *vt* naprawić, zaradzić

re·mem·ber [rɪ`membə(r)] *vt* pamiętać; przypominać (sobie); wspominać; **~ me to your sister** przekaż siostrze ukłony ode mnie

re·mind [rɪ`maɪnd] *vt* przypominać (**sb of sth** komuś o czymś)

re·mind·er [rɪ`maɪndə(r)] *s* pamiątka; przypomnienie; upomnienie

re·mit·tance [rɪ`mɪtns] *s* przesyłka pieniężna, należność, wpłata, przekaz

rem·nant [`remnənt] *s* reszta, pozostałość

re·mote [rɪ`məʊt] *adj* odległy, daleki; obcy

re·mov·al [rɪ`muvl] *s* usunięcie; zdjęcie; zniesienie; przeprowadzka

re·move [rɪ`muv] *vt vi* usunąć (się); zdjąć; sprzątnąć; zwolnić (np. ze służby); pozbyć się; przenieść <przeprowadzić> (się); *s* oddalenie, odstęp

Re·nais·sance [rɪ`neɪsns] *s* Odrodzenie, Renesans

ren·der [`rendə(r)] *vt* zrobić, wyświadczyć; oddać, odpłacić; przedstawić; przetłumaczyć (**into English** na angielski); okazać (pomoc itd.); przedkładać

re·new [rɪ`nju] *vt* odnowić; wznowić; prolongować

re·nown [rɪ`nɑʊn] *s* sława, rozgłos

rent [rent] *s* renta (dzierżawna), czynsz, dzierżawa; *vt* wynajmować, dzierżawić; *vi* być do wynajęcia (**at the price** za cenę)

rent·al [ˋrentl] *s* czynsz, komorne

re·pair [rɪˋpeə(r)] *vt* naprawiać, reperować; wynagrodzić; *s* naprawa, reperacja, remont; **in good <bad> ~** w dobrym <złym> stanie; **out of ~** w złym stanie; **under ~** w reperacji

re·peat [rɪˋpit] *vt vi* powtarzać (się)

re·pel [rɪˋpel] *vt* odpychać, odrzucać, odpierać

re·pel·ent [rɪˋpelənt] *adj* odpychający, wstrętny; *s* płyn <środek> przeciwko komarom

re·pent [rɪˋpent] *vt* żałować (**sth** czegoś); *vi* odczuwać żal (**of sth** z powodu czegoś), okazywać skruchę

rep·er·toire [ˋrepətwɑ(r)] *s* repertuar

rep·er·to·ry [ˋrepətrɪ] *s* zbiór (dokumentów, materiałów itp.) *teatr.* repertuar; **~ theatre** teatr stały

rep·e·ti·tion [ˈrepəˋtɪʃn] *s* powtórzenie, kopia (obrazu); repetycja

re·place [rɪˋpleɪs] *vt* postawić <położyć> na tym samym miejscu; zastąpić (**sb, sth with <by> sb, sth** kogoś, coś kimś, czymś)

re·ply [rɪˋplɑɪ] *vi* odpowiadać (**to a question** na pytanie); *s* odpowiedź

re·port [rɪˋpɔt] *vt vi* zdawać sprawę; donosić; meldować (się); *s* raport, sprawozdanie; doniesienie; protokół; świadectwo szkolne

rep·re·sent [ˈreprɪˋzent] *vt* oznaczać; reprezentować; występować w (czyimś) imieniu; przedstawiać, wyobrażać

rep·re·sen·ta·tive [ˈreprɪˋzentətɪv] *adj* reprezentatywny; charakterystyczny; *s* reprezentant, przedstawiciel

re·pres·sion [rɪˋpreʃn] *s* tłumienie; ucisk, represja

rep·ri·mand [ˈreprɪˋmɑnd] *vt* ganić, karcić; *s* [ˋreprɪmɑnd] nagana, besztanie, bura

re·pris·al [rɪˋprɑɪzl] *s* represja, odwet

re·proach [rɪˋprəʊtʃ] *vt* wyrzucać wymawiać, zarzucać (**sb with sth** komuś coś); *s* zarzut, wyrzut; hańba

re·proach·ful [rɪˋprəʊtʃfl] *adj* pełen wyrzutu

re·pro·duce [ˈrɪprəˋdjus] *vt* reprodukować, odtwarzać; rozmnażać

re·prove [rı`pruv] *vt* ganić, czynić wyrzuty

re·pub·lic [rı`pʌblık] *s* republika, rzeczpospolita

re·pul·sion [rı`pʌlʃn] *s* wstręt

re·pul·sive [rı`pʌlsıv] *adj* wstrętny

rep·u·ta·tion ['repjʊ`teıʃn] *s* reputacja

re·quest [rı`kwest] *s* prośba; życzenie **~ stop** przystanek na żądanie; **on ~** na życzenie; *vt* prosić (**sth** o coś); **as ~ed** według życzenia

re·quire [rı`kwaıə(r)] *vt* żądać, wymagać, potrzebować (**sth of sb** czegoś od kogoś)

re·quire·ment [rı`kwaıəmənt] *s* wymaganie, żądanie

res·cue [`reskju] *s* ratunek, ocalenie; *vt* ratować, ocalić

re·sem·blance [rı`zembləns] *s* podobieństwo

re·sem·ble [rı`zembl] *vt* być podobnym (**sb, sth** do kogoś, czegoś)

re·sent [rı`zent] *vt* czuć się urażonym (**sth** z powodu czegoś), mieć za złe

re·sent·ful [rı`zentfl] *adj* urażony, rozżalony, dotknięty (**of sth** czymś)

res·er·va·tion ['rezə`veıʃn] *s* zastrzeżenie; ograniczenie; *am.* rezerwacja (miejsca itd.); rezerwat (np. przyrody)

re·serve [rı`zɜv] *vt* mieć w zapasie, w rezerwie; rezerwować (pokój, bilet itp.); zastrzegać (sobie); *s* rezerwa; zastrzeżenie, ograniczenie; *am.* rezerwat; zarezerwowane miejsce; **without ~** bez zastrzeżeń

re·served [rı`zɜvd] *adj* zastrzeżony, zarezerwowany; (*o człowieku*) zachowujący się z rezerwą

res·i·dence [`rezıdəns] *s* rezydencja; miejsce stałego pobytu; mieszkanie

res·i·dent [`rezıdənt] *adj* mieszkający, zamieszkały; *s* rezydent; stały mieszkaniec

re·sign [rı`zaın] *vt* rezygnować (**sth** z czegoś); zrzekać się; ustąpić (**sth to sb** coś komuś); *vr* **~ oneself** poddać się z rezygnacją, pogodzić się (**to sth** z czymś)

res·i·gna·tion ['rezı`gneıʃn] *s* rezygnacja, dymisja; zrzeczenie się; pogodzenie się z losem

re·sin [`rezın] *s* żywica

re·sist [rı`zıst] *vt* opierać się (**sth** czemuś), przeciwstawiać się

re·sist·ance [rı`zıstəns] *s* opór, przeciwstawienie się; *elektr.*

oporność; **~ movement** ruch oporu

res·o·lu·tion ['rezə`luʃn] *s* rezolucja; postanowienie; rozwiązanie (np. zadania); rozkład; *fiz.* rozdzielczość

re·solve [rɪ`zolv] *vt vi* rozwiązać; rozpuścić (się); rozłożyć (się); postanowić (**on, upon sth** coś)

re·sort [rɪ`zɔt] *vi* uciekać się; często odwiedzać (np.**to the seaside** wybrzeże); *s* resort; kurort; ucieczka; ratunek; **health ~** uzdrowisko

re·source [rɪ`sɔs] *s* środek zaradczy; źródło, zapas; pomysłowość; **natural ~s** bogactwa naturalne

re·source·ful [rɪ`sɔsfl] *adj* pomysłowy; wynalazczy

re·spect [rɪ`spekt] *s* szacunek; wzgląd; odniesienie; *pl.* **~s** pozdrowienia, ukłony; **with ~** w odniesieniu (**to sth** do czegoś); **in ~** pod względem (**of sth** czegoś);*vt* szanować; mieć wzgląd (**sth** na coś); dotyczyć

re·spect·a·ble [rɪ`spektəbl] *adj* godny szacunku, szanowny; poważny

respective [rɪ`spektiv] *adj* odnośny; poszczególny

re·spond [rɪ`spond] *vi* odpowiadać; reagować (**to sth** na coś)

re·sponse [rɪ`spons] *s* odpowiedź; reakcja; *przen.* echo

re·spon·si·bil·i·ty [rɪ'sponsə`bɪlətɪ] *s* odpowiedzialność

re·spon·si·ble [rɪ`sponsəbl] *adj* odpowiedzialny

rest 1. [rest] *s* odpoczynek, spokój; podpora; *muz.* pauza; **to be at ~** spoczywać; **to have <make> a ~** wypocząć; *vi* wypoczywać; leżeć; polegać; opierać się; wspierać się

rest 2. [rest] *s* reszta; **for the ~** co do reszty, poza tym; *vi* pozostawać, zależeć; **this ~s with you** to od ciebie zależy

res·tau·rant [`restrõ] *s* restauracja

rest·less [`restləs] *adj* niespokojny

re·store [rɪ`stɔ(r)] *vt* odrestaurowywać, odbudować; przywrócić (do zdrowia, życia itp.); odnowić, wznowić

re·strain [rɪ`streɪn] *vt* powstrzymywać, hamować

re·strict [rɪ`strɪkt] *vt* ograniczać; zastrzegać

re·stric·tion [rɪ`strɪkʃn] *s* ograniczenie; zastrzeżenie

rest·room [`restrum] *s am.* toaleta (w restauracji, itp.)

re·sult [rɪ`zʌlt] *vt* wynikać (**from sth** z czegoś); kończyć się (**in sth** czymś); *s* wynik, skutek; **as**

a ~ w następstwie, na skutek; **in the ~** ostatecznie

re·sume [rɪˋzjum] *vt* odzyskać; podjąć na nowo; streścić

re·sume [ˋrezjumeɪ] *s* streszczenie

res·ur·rec·tion ['rezəˋrekʃn] *s* wskrzeszenie; *rel.* zmartwychwstanie

re·tail [ˋriteɪl] *s* sprzedaż detaliczna; *adj attr* detaliczny; *vt* [riˋteɪl] sprzedawać detalicznie

re·tain [rɪˋteɪn] *vt* zatrzymywać; zatrudniać; zachowywać w pamięci

ret·i·na [ˋretɪnə] *s anat.* (*pl.* **retinae** [ˋretɪni]) siatkówka oka

re·tire [rɪˋtɑɪə(r)] *vt vi* odchodzić, cofać (się), usuwać się; iść na emeryturę

re·tired [rɪˋtɑɪəd] *adj* osamotniony; emerytowany; **~ pay** emerytura

re·treat [rɪˋtrɪt] *vi* cofać się; *s* odwrót; usunięcie się; *rel.* rekolekcje

re·trieve [rɪˋtrɪv] *vt* odzyskać; naprawić; przywrócić; wynagrodzić

re·turn [rɪˋtɜn] *vt vi* wracać; zwracać, oddawać; odpowiadać; przynosić (dochody); odpłacić (się); *s* powrót; zwrot; dochód; *pl.* **~s** wpływy (kasowe); **by ~ of post** odwrotną pocztą; **in ~** w zamian (**for sth** za coś); *adj attr* powrotny; **~ ticket** bilet powrotny

re·veal [rɪˋvil] *vt* odsłonić, odkryć, objawić, ujawnić

re·venge [rɪˋvendʒ] *vt* mścić; *vr* **to ~ oneself** mścić się (**on sb** na kimś); *s* zemsta; **to take one's ~** zemścić się

rev·er·end [ˋrevərənd] *adj* czcigodny; (*o duchownym*) **the Reverend** Wielebny

re·verse [rɪˋvɜs] *vt* odwrócić (przedmiot, kierunek itd.), przewrócić na drugą stronę; cofać; *s* odwrotna strona; przeciwieństwo; *adj* odwrotny, przeciwny

re·view [rɪˋvju] *s* inspekcja, rewia; czasopismo, przegląd wydarzeń; recenzja; *vt* przeglądać; odbywać rewię; recenzować

re·view·er [rɪˋvjuə(r)] *s* recenzent, krytyk

re·vise [rɪˋvɑɪz] *vt* rewidować, przeglądać, poprawiać

re·vi·sion [rɪˋvɪʒn] *s* rewizja, przegląd

re·vive [rɪˋvɑɪv] *vt* ożywiać, przywracać do życia; *vi* odrodzić się, ożywić się

re·voke [rɪˋvəʊk] *vt* odwołać; skasować; unieważnić

rev·o·lu·tion [ˈrevəˋluʃn] *s* rewolucja; obracanie się, pełny obrót (ziemi, koła itd.)

re·volve [rɪˋvolv] *vt vi* obracać (się), krążyć

re·volv·er [rɪˋvolvə(r)] *s* rewolwer

re·vue [rɪˋvju] *s teatr.* teatr, rewia

re·ward [rɪˋwɔd] *s* nagroda; *vt* nagradzać

rheu·ma·tism [ˋrumətɪzm] *s* reumatyzm

rhi·no·ce·ros [rɑɪˋnosərəs] *s zool.* nosorożec

rhyme [rɑɪm] *s* rym; wiersz; **neither <without > ~ nor <or> reason** bez sensu; *vt vi* rymować

rhythm [ˋrɪðm] *s* rytm

rib [rɪb] *s* żebro

rib·bon [ˋrɪbən] *s* wstążka, tasiemka; taśma

rice [rɑɪs] *s* ryż

rich [rɪtʃ] *adj* bogaty; obfity

***rid, rid, rid** [rɪd] *vt* uwolnić, oczyścić (**of sth** z czegoś); **to get ~** uwolnić się, pozbyć się (**of sth** czegoś)

rid·den *zob.* **ride**

rid·dle [ˋrɪdl] *s* zagadka

***ride** [rɑɪd] , **rode** [rəʊd] , **ridden** [ˋrɪdn] *vt vi* jeździć (na koniu, rowerem, itp.); przejeżdżać (np. **the street** ulicą); *s* jazda, przejażdżka

rid·er [ˋrɑɪdə(r)] *s* jeździec; (*w pojeździe*) pasażer

rid·i·cule [ˋrɪdɪkjul] *s* śmieszność; pośmiewisko; szyderstwo, kpiny; *vt* wyśmiewać, ośmieszać

ri·dic·u·lous [rɪˋdɪkjələs] *adj* śmieszny; absurdalny

right [rɑɪt] *adj* (*o stronie*) prawy; prawidłowy, słuszny; **~ angle** kąt prosty; **to be ~** mieć rację; **to get ~** doprowadzić do normalnego stanu; **to set ~** uporządkować, uregulować; **all ~** wszystko w porządku <dobrze>; *int.* dobrze!, zgoda!; **on the ~ side** po prawej stronie; *adv* słusznie, prawidłowo, prosto; *am.* **~ away** w tej chwili, natychmiast; *s* prawo, słuszność; **to be in the ~** mieć rację; *vt* nadać prawidłowe położenie; naprawić; wymierzyć sprawiedliwość

right·eous [ˋrɑɪtʃəs] *adj* sprawiedliwy, prawy

rig·id [ˋrɪdʒɪd] *adj* sztywny;(*o człowieku*) nieugięty; bezwzględny

rig·or·ous [ˋrɪgərəs] *adj* rygorystyczny, surowy

rim [rɪm] *s* obwódka; obręcz; oprawa (np. okularów); *vt* otoczyć obręczą; oprawić

ring 1. [rɪŋ] *s* pierścień; krąg, koło; arena; *sport.* ring; szajka; *vt* tworzyć koło

***ring 2.** [rɪŋ], **rang** [ræŋ], **rung** [rʌŋ] *vt vi* dzwonić, dźwięczeć; **~ up** telefonować (**sb** do kogoś); *s* dźwięk, dzwonek (telefonu)

rink [rɪŋk] *s* ślizgawka, lodowisko

rinse [rɪns] *vt* (*także* **~ out**) płukać, przemywać; **~ down** popijać (przy jedzeniu)

ri·ot [`raɪət] *s* bunt; **to run ~** *vi przen.* szaleć; wszczynać rozruchy;

rip [rɪp] *vt vi* rwać, rozrywać, trzaskać, pękać; **to ~ open** rozpruć, rozerwać (np. kopertę); **~ off** odpruć, oderwać; okraść; **~ up** spruć, rozgrzebać

ripe [raɪp] *adj* dojrzały; **to grow ~** dojrzeć

***rise** [raɪz], **rose** [rəʊz], **risen** [`rɪzn] *vi* wstawać, podnosić się; wzrastać; *s* wzrost; podniesienie się; wzniesienie; wschód (słońca); **to give ~** dać początek

risk [rɪsk] s ryzyko; **to run <to take> the ~ (~s)** ryzykować; *vt* ryzykować

risk·y [`rɪskɪ] *adj* ryzykowny

rit·u·al [`rɪtʃʊəl] *adj* rytualny; *s* rytuał, obrządek

ri·val [`raɪvl] *s* rywal; *adj attr* rywalizujący, konkurencyjny; *vt* rywalizować, iść w zawody; równać się (**sb** z kimś)

riv·er [`rɪvə(r)] *s* rzeka

road [rəʊd] *s* droga, jezdnia; podróż; *pl mors.* **~s** reda; **by ~** drogą lądową; **on the ~** w drodze, w podróży

road·side [`rəʊdsaɪd] *s* pobocze (drogi); *attr* przydrożny (np. zajazd)

road·way [`rəʊdweɪ] *s* szosa, jezdnia

roam [rəʊm] *vt vi* wędrować, wałęsać się; *s* wędrówka

roar [rɔ(r)] *vi* huczeć, ryczeć, grzmieć; huk, ryk, grzmot

roast [rəʊst] *vt vi* piec, smażyć (się); *s* pieczeń; *adj* pieczony, smażony; **~ beef** rostbef

rob [rob] *vt* okradać, obrabować (**sb of sth** kogoś z czegoś)

rob·ber·y [`robərɪ] *s* rozbój, grabież

ro·bot [`rəʊbot] *s* robot

rock 1. [rok] *s* skała; kamień

rock 2. [rok] *vt vi* kołysać się

rock·et [`rokɪt] *s* rakieta (pocisk, ogień sztuczny)

rock·ing-chair [`rokɪŋ tʃeə(r)] s krzesło na biegunach, bujak

rode *zob.* **ride**

rogue [rəʊg] *s* łajdak, szelma

role [rəʊl] *s* rola

roll 1. [rəʊl] *s* zwój; walec; rolka; bułka (okrągła); lista

roll 2. [rəʊl] *vt vi* obracać (się); toczyć (się); falować, kołysać (się); zwijać **~ over** przewalić (się); **~ up** zwinąć; zakasać (rękawy)

roll·er [ˋrəʊlə(r)] *s* walec; wałek; duża fala, bałwan (morski)

roll·er-skate [ˋrəʊlə skeɪt] *vi* jeździć na wrotkach; *s pl.*~**s** wrotki

ro·mance [rəˋmæns] *s* romans; romantyka; **Romance languages** języki romańskie; *adj attr* romański, romanistyczny

ro·man·tic [rəˋmæntɪk] *adj* romantyczny

ro·man·ti·cism [rəˋmæntɪsɪzm] *s* romantyzm

roof [ruf] *s* dach; *lotn.* pułap

room [rʊm, rum] *s* pokój, izba; miejsce, przestrzeń; **to make ~** ustąpić miejsca, zrobić miejsce

roommate [ˋrummeɪt] *s* współlokator

roost·er [ˋrustə(r)] *s* kogut

root [rut] *s* korzeń, podstawa; sedno; *mat.* pierwiastek

rope [rəʊp] *s* lina, sznur; *vt* przywiązywać, ciągnąć po linie

ro·sa·ry [ˋrəʊzərɪ] *s* różaniec; rozarium

rose 1. [rəʊz] *zob.***rise**

rose 2. [rəʊz] *s bot.* róża; kolor róży; rozeta

ros·y [ˋrəʊzɪ] *adj* różowy, różany

rot [rɔt] *vi* gnić; *vt* powodować gnicie; *s* gnicie, zgnilizna

ro·tate [rəʊˋteɪt] *vt vi* obracać (się), wirować; zmieniać (się) kolejno

ro·ta·tion [rəʊˋteɪʃn] *s* obrót, obieg; kolejność; rotacja

rot·ten [ˋrɔtn] *adj* zgniły, cuchnący, zepsuty

rough [rʌf] *adj* szorstki, nierówny; (*o morzu*) wzburzony; zrobiony z grubsza; brutalny; gruboskórny; *vt* z grubsza opracowywać; szorstko traktować

round [raʊnd] *adj* okrągły, zaokrąglony; (*o podróży*) okrężny; otwarty, szczery, uczciwy; *s* krąg; obieg; (*przy częstowaniu*) kolejka; kolejność; bieg (życia itp.); przechadzka; objazd; obchód służbowy; *sport runda; adv* naokoło, kołem; **~ about** dookoła, naokoło; **~** ogółem, w całości; *praep* wokół, dokoła; **~ the corner** za rogiem; *vt vi* zaokrąglić (się); okrążać; **~ off** zaokrąglić, wykończyć; **round·the·clock** *adj* całodobowy

round·a·bout [ˋraondəbaot] *adj attr* okólny, okrężny; *s* okrężna droga; karuzela; (*w ruchu ulicznym*) rondo

round-up [ˋraondʌp] *s* obława, łapanka; *am.* przegląd (wiadomości itp.)

rouse [raoz] *vi* wstrząsnąć, pobudzić, podniecić; podburzyć

route [rut] *s* droga, trasa

rou·tine [ruˋtɪn] *s* rutyna; **the ~ procedure** normalna zwykła procedura, normalne zwykłe postępowanie

row 1. [rəʊ] *s* rząd, szereg

row 2. [rəʊ] *vt vi* wiosłować; *s* wiosłowanie, przejażdżka łodzią

row 3. [raʊ] *s pot.*hałas, burda, zamieszanie; *vi pot.* hałasować, kłócić się

row·dy [ˋraodɪ] *adj.* hałaśliwy; awanturniczy; *s* awanturnik

roy·al [ˋrɔɪəl] *adj* królewski; wspaniały

rub [rʌb] *vt vi* trzeć, ocierać się; czyścić; **~ down** wycierać, zeskrobywać; **~ out** wykreślać, ścierać; *s* tarcie, nacieranie, masaż

rub·ber [ˋrʌbə(r)] *s* guma; rober (w brydżu); *pl.* **~s** kalosze

rub·bish [ˋrʌbɪʃ] *s* śmieci, graty; tandeta; **to talk ~** pleść bzdury

ruck·sack [ˋrʌksæk] *s* plecak

rude [rud] *adj* gruboskórny, ordynarny; prymitywny; szorstki; **to be ~** być niegrzecznym (**to sb** dla kogoś)

rug [rʌg] *s* dywanik, kilim; kocyk

rug·by [ˋrʌgbɪ] *s sport.* (*także* **~ football**) rugby

rug·ged [ˋrʌgɪd] *adj* chropowaty, nierówny; (*o charakterze*) szorstki, surowy

ruin [ˋruɪn] *s* ruina; *vt* rujnować

rule [rul] *s* reguła, zasada; rząd(y); przepis; linia, linijka; **as a ~** zasadniczo; **by ~** według zasady, przepisowo; **to make it a ~** przyjąć za zasadę; **~s and regulations** regulamin; *vt vi* rządzić, panować; **~ out** wykluczyć, wykreślić

rul·er [ˋrulə(r)] *s* rządca, władca; linijka

rum [rʌm] *s* rum

ru·mour [ˋrumə(r)] *s* pogłoska; *vt* puszczać pogłoskę (**sth** o czymś)

***run** [rʌn] , **ran** [ræn], **run** [rʌn] *vi* biec; (*o pojazdach*) jechać, kursować; (*o płynie*) ciec; (*o zdaniu*) brzmieć; funkcjonować; być w ruchu; upływać; trwać; (*o rozmowie*) toczyć się; *vt* prowadzić (np. interes); kierować (np.

maszyną); przebiegać (np. pole, ulicę); uruchomić; pędzić, wpędzać; przesuwać; wbijać; **~ up against sb** natknąć się na kogoś; **to ~ errands** biegać na posyłki; **to ~ for sth** ubiegać się o coś; **to ~ short** kończyć się, wyczerpywać się; **~ down** upływać; przemóc; wyczerpać; **~ in** dotrzeć (samochód); **~ out** wybiec, upływać, kończyć się; niszczeć; wyczerpać się; **~ over** przebiec na drugą stronę; przejechać; powierzchownie przeglądnąć; *s* bieg; przejazd; trasa; zjazd (dla narciarzy); ciąg; (*o urzędowaniu itp.*) okres; typ; norma; *handl.* run; **in the long ~** ostatecznie, w końcu; **had a long ~** (*o sztuce*) długo szła; **at a ~** biegiem

run·a·way [ˋrʌnəweɪ] *adj attr* zbiegły; *s* zbieg, uciekinier

rung 1. *zob.* **ring**

rung 2. [rʌŋ] *s* szczebel

run·ner [ˋrʌnə(r)] *s* biegacz; goniec; koń wyścigowy

run·ning [ˋrʌnɪŋ] *adj* kolejny; bieżący; ciągły; płynny; **~ in** (*o samochodzie*) niedotarty; **six months ~** sześć miesięcy z rzędu

run·way [ˋrʌŋweɪ] *s* bieżnia; *lotn.* pas startowy

rup·ture [ˋrʌptʃə(r)] *s* zerwanie; *med.* przepuklina; pęknięcie; *vt vi* zrywać, przerywać się

ru·ral [ˋrʊərl] *adj* wiejski; rolny

rush [rʌʃ] *vi* pędzić; mknąć; rzucić się; *vt* popędzać; *s* pęd, napływ, tłok; **gold ~** gorączka złota; **~ hours** godziny szczytu (w tramwajach itp.); **to be in a ~** bardzo się spieszyć

Rus·sian [ˋrʌʃn] *adj* rosyjski; *s* Rosjanin; język rosyjski

rus·tic [ˋrʌstɪk] *adj* wiejski; nieokrzesany, prosty

rus·ty [ˋrʌstɪ] *adj* zardzewiały; rdzawy; znoszony, zniszczony; (*o człowieku*) zaniedbany

rye [raɪ] *s* żyto

S

sa·bre [ˋseɪbə(r)] *s* szabla

sack [sæk] *s* worek; *pot.* zwolnienie z pracy; *pot.* **give the ~** wyrzucić z pracy; *vt* włożyć do worka; *pot.* wyrzucić z pracy

sac·ra·ment [ˋsækrəmənt] *s* sakrament

sa·cred [ˋseɪkrəd] *adj* święty, poświęcony

sac·ri·fice [ˋsækrɪfɑɪs] *s* poświęcenie; ofiara; *vt* poświęcać; ofiarować

sad [sæd] *adj* smutny; przygnębiony; żałosny

sad·den [ˋsædn] *vt vi* smucić (się)

sad·dle [ˋsædl] *s* siodło; siodełko; *vt* siodłać; obciążać

safe [seɪf] *adj* pewny, bezpieczny; **~ and sound** zdrowo, bez szwanku; *s* kasa ogniotrwała, sejf

safe·ty [ˋseɪftɪ] *s* bezpieczeństwo

safe·ty-belt [ˋseɪftɪ belt] *s* pas bezpieczeństwa

safe·ty-pin [ˋseɪftɪ pɪn] *s* agrafka

safe·ty razor [ˋseɪftɪ reɪzə(r)] *s* maszynka do golenia

sag [sæg] *vi* opadać, zwisać; *s* opadanie; wygięcie

said *zob.* **say**

sail [seɪl] *s* żagiel; przejażdżka żaglówką, podróż morska; *vt vi* żeglować, podróżować morzem

sail·board [ˋseɪlbɔd] *s* deska z żaglem

sail·ing-boat [ˋseɪlɪŋ bəʊt] *s* żaglówka

sail·or [ˋseɪlə(r)] *s* żeglarz, marynarz

saint [seɪnt] *adj* święty; *skr.* **St.** [snt]; *s* święty

sake [seɪk] *s w wyrażeniach:* **for the ~ of sb** dla <na rzecz> kogoś; **for my ~** dla mnie, ze względu na mnie; **for Heaven's ~!** na miłość Boską!

sal·ad [ˋsæləd] *s* sałata, sałatka (np. jarzynowa, owocowa)

sal·a·ry [ˋsælərɪ] *s* uposażenie, pensja

sale [seɪl] *s* sprzedaż, zbyt; **on <for> ~** na sprzedaż, do sprzedania

sales·man [ˋseɪlzmən] *s* sprzedawca, ekspedient

salm·on [ˋsæmən] *s zool.* łosoś

sa·loon [səˋlun] *s bryt.* bar 1. klasy, *am.* knajpa; salonka

salt [sɔlt] *s* sól; *adj* słony; *vt* solić

sal·va·tion [sælˋveɪʃn] *s* zbawienie

salve [sælv] *vt* ratować

same [seɪm] *adj, pron i adv* sam; równy; wyżej wspomniany; jednolity; **all the ~** wszystko jedno; **much the ~** prawie jedno i to samo, prawie taki sam; **the very ~** zupełnie ten sam

sam·ple [ˋsɑmpl] *s* wzór, próbka

san·a·to·ri·um ['sænəˋtɔrɪəm] *s* (*pl* sanatoria ['sænəˋtɔrɪə]) sanatorium

sand [sænd] *s* piasek; *vt* posypać piaskiem

san·dal [`sændl] *s* sandał
sand·wich [`sænwɪdʒ] *s* kanapka, sandwicz
sane [seɪn] *adj* zdrowy na umyśle, rozumny; rozsądny
sang *zob.* **sing**
san·i·tar·y [`sænɪtrɪ] *adj* sanitarny, higieniczny
sank *zob.* **sink**
sar·cas·tic [sɑ`kæstɪk] *adj* sarkastyczny
sar·dine [sɑ`din] *s zool.* sardynka
sat *zob.* **sit**
satch·el [`sætʃl] *s* tornister (szkolny)
sat·el·lite [`sætəlaɪt] *s* satelita
sat·ire [`sætaɪə(r)] *s* satyra
sat·is·fac·tion ['sætɪs`fækʃn] *s* satysfakcja; zaspokojenie; zadość uczynienie
sat·is·fac·to·ry ['sætɪs`fæktrɪ] *adj* zadowalający, dostateczny
sta·is·fy [`sætɪsfaɪ] *vt* zadowolić, dać satysfakcję; zaspokoić; przekonać
Sat·ur·day [`sætədɪ] *s* sobota
sauce [sɔs] *s* sos; *pot.* bezczelność, tupet; *vt* przyprawić sosem
sau·cer [`sɔsə(r)] *s* spodek
sau·er·kraut [`sɑʊəkrɑʊt] *s* kiszona kapusta
sau·sage [`sosɪdʒ] *s* kiełbasa
sav·age [`sævɪdʒ] *adj* dziki; *s* dzikus
save [seɪv] *vt* ratować, chronić; zbawiać; oszczędzać; zachować; *vi* robić oszczędności (*także* **~ up**)
sav·iour [`seɪvɪə(r)] *s* zbawca, zbawiciel
***saw 1.** [sɔ] ,**sawed** [sɔd] , **sawn** [sɔn]) *vt vi* piłować, przecinać; *s* piła
saw 2. *zob.* **see**
sawn *zob.* **saw 1.**
saxophone [`sæksəfəʊn] *s* saksofon
*** say** [seɪ] , **said** [sed], **said** [sed] *vt vi* mówić, powiedzieć (**to sb** komuś); przypuszczać; wygłaszać; **I ~!** słuchaj! halo!; (*ze zdziwieniem)* no wiesz!; **I should ~** rzekłbym, myślę, przypuszczam; **~** dajmy na to, przypuśćmy; **so to ~** że tak powiem; **that is to ~** to znaczy; *s* powiedzenie, zdanie, głos; **it is my ~ now** teraz ja mam głos
scaf·fold·ing [`skæfldɪŋ] *s* rusztowanie
scald [skɔld] *vt* sparzyć; wyparzyć; *s* oparzenie
scale [skeɪl] *s* łuska, łupina; *vt vi* łuszczyć (się); oczyszczać z łusek
scale [skeɪl] *s* szala (wagi); *pl* **~s** (*także* **pair of ~s**) waga; *vt* ważyć
scale 3. [skeɪl] *s* skala; gama

scan·dal [ˈskændl] *s* skandal; oszustwo, obmowa; zgorszenie

scape·goat [ˈskeɪpgəʊt] *s przen.* kozioł ofiarny

scar [skɑ(r)] *s* blizna; *vt* kiereszować, kaleczyć

scarce [skeəs] *adj* skąpy, niedostateczny; rzadki

scarce·ly [ˈskeəslɪ] *adv* ledwo, zaledwie

scar·ci·ty [ˈskeəsətɪ] *s* niedobór, brak

scare [skeə(r)] *vt* straszyć; ~ **away** <**off**> odstraszyć, wypłoszyć; *s* strach; panika

scarf [skɑf] *s* (*pl* **scarves** [skɑvz]) szarfa, szal

scar·let [ˈskɑlət] *s* szkarłat; *adj attr* szkarłatny; *med* ~ **fever** szkarlatyna

scat·ter [ˈskætə(r)] *vt vi* rozsypać (się), rozproszyć (się)

scene [sin] *s* scena; widok; *pl* ~**s** kulisy; **behind the ~s** *dosł. i przen.* za kulisami

sched·ule [ˈʃedjul] *s* spis, tabela, plan; rozkład jazdy; **on ~** na czas, punktualnie

scheme [skim] *s* schemat, zarys, plan

schol·ar [ˈskolə(r)] *s* uczeń; uczony; stypendysta

schol·ar·ship [ˈskoləʃɪp] *s* wiedza, erudycja; stypendium

school [skul] *s* szkoła, nauka (w szkole); *vt* szkolić

school·boy [ˈskulbɔɪ] *s* uczeń

school·girl [ˈskulgɜl] *s* uczennica

sci·ence [ˈsɑɪəns] *s* wiedza, nauka; **natural ~** nauki przyrodnicze; **~ fiction** literatura fantastyczno-naukowa

scis·sors [ˈsɪzəz] *s pl* nożyce

scoot·er [ˈskutə(r)] (*także* **motor-~**) skuter; hulajnoga; ślizgacz (np. na wodzie)

scope [skəʊp] *s* cel; zakres; pole działania; **to be within the ~** wchodzić w zakres

score [skɔ(r)] *s* nacięcie; rysa; *sport* ilość zdobytych punktów; *muz.* partytura; **to keep the ~** notować punkty w grze; *vt* nacinać; liczyć; *sport* liczyć punkty (w grze); zdobywać (punkty)

scorn [skɔn] *s* pogarda, lekceważenie; *vt* pogardzać, lekceważyć

Scot [skot] *s* Szkot

Scotch [skotʃ] *adj* szkocki; *n* **the ~** Szkoci; szkocka whisky

Scots [skots] *adj* szkocki

Scots·man [ˈskotsmən] *s* Szkot

scoun·drel [ˈskɑʊndrəl] *s* łajdak

scratch [skrætʃ] *vt* drapać, skrobać; *s* skrobanie, draśnięcie; *sport* linia startu

scream [skrim] *vi* piszczeć, wrzeszczeć; *s* pisk, wrzask

screen [skrin] *s* osłona; ekran; *fot.* przesłona; *vt* osłaniać, chronić; **~ off** odgrodzić (np. parawanem)

screw [skru] *s* śruba; zwitek papieru; *vt* śrubować; skręcać;

screw·driv·er [`skru draivə(r)] *s* śrubokręt

script [skrıpt] *s* pismo odręczne; skrypt; scenariusz filmowy; tekst audycji radiowej

scrip·ture [`skrıptʃə(r)] *s* (*także* **the Holy Scripture**) Pismo Święte, Biblia

scru·ple [`skrupl] *s* skrupuł; drobnostka; *vi* mieć skrupuły, wahać się

scru·ti·ny [`skrutını] *s* badanie, dokładne sprawdzenie

sculp·ture [`skʌlptʃə(r)] *s* rzeźba; rzeźbiarstwo; *vt* rzeźbić

scur·vy [`skɜvı] *s med.* szkorbut; *adj* nikczemny, podły

sea [si] *s* morze; ocean; **at ~** na morzu; **by ~** morzem;

sea-gull [`si gʌl] *s zool.* mewa

seal 1. [sil] *s zool.* foka

seal 2. [sil] *s* pieczęć, stempel; opieczętowanie; *vt* pieczętować, stemplować

sea·man [`simən] *s* żeglarz, marynarz

search [sɜtʃ] *vt vi* szukać, przeszukiwać; badać; poszukiwać (**after, for sth** czegoś); rewidować; dociekać (**into sth** czegoś); *s* szukanie; badanie; rewizja

sea·sick [`sisık] *adj* cierpiący na chorobę morską

sea·side [`sisaıd] *s* wybrzeże morskie; **at the ~** nad morzem

sea·son [`sizn] *s* pora (roku), sezon

seat [sit] *s* siedzenie, miejsce siedzące; krzesło; siedziba; **to keep one's ~** siedzieć na miejscu; **to take a ~** usiąść; *vt* posadzić, usadowić; **to be ~ed** usiąść, siedzieć

sec·ond [`sekənd] *adj* drugi, następny; uboczny, drugorzędny; **every ~ day** co drugi dzień; **~ best** drugiej jakości; **~ floor** drugie piętro, *am.* pierwsze piętro (nad parterem); **on ~ thoughts** po rozważeniu sprawy; *s* sekunda; drugi zwycięzca; druga nagroda

sec·on·dar·y [`sekəndrı] *adj* drugorzędny, pochodny; (*o szkole*) średni

sec·ond-hand ['sekənd `hænd] *adj attr* pochodzący z drugiej ręki, używany

sec·ond·ly [`sekəndlı] *adv* po drugie

sec·ond-rate ['sekənd `reɪt] *adj attr* drugorzędny

se·cret [`sikrət] *s* sekret; *adj* tajny

sec·re·tar·y [`sekrətrɪ] *s* sekretarz, sekretarka; sekretarz (np. stanu)

sec·tion [`sekʃn] *s* sekcja; przekrój; cięcie; odcinek; część; **cross ~** przekrój poprzeczny

sec·u·lar [`sekjolə(r)] *adj* świecki

se·cure [sɪ`kjʊə(r)] *adj* bezpieczny; pewny; solidny; *vt* zabezpieczyć, zapewnić; upewnić się

se·cu·ri·ty [sɪ`kjʊərətɪ] *s* bezpieczeństwo; pewność; gwarancja

se·duce [sɪ`djus] *vt* uwodzić

***see** [si] , **saw** [sɔ] , **seen** [sin] *vt vi* widzieć, zobaczyć; pojmować; odwiedzać; odprowadzać; **I ~** rozumiem; **to ~ a thing done** dopilnować, żeby coś zostało zrobione; **to ~ about sth** postarać się o coś; **to ~ after sth** doglądać czegoś; **to ~ to sth** pilnować czegoś; **~ off** odprowadzić

seed [sid] *s* nasienie; *vt vi* siać, rozsiewać się; obsiewać

***seek** [sik] , **sought, sought** [sɔt] *vt* szukać; potrzebować; *vi* ubiegać się, dążyć (**after, for sth** do czegoś)

seem [sim] *vi* wydawać się; wyglądać; mieć <robić> wrażenie; **it ~s to me** wydaje mi się; **he ~s to be ill** wygląda na chorego

seen *zob.* **see**

see·saw [`sisɔ] *s* huśtawka (na desce); *vt vi* huśtać (się)

seize [siz] *vt* chwycić, złapać; opanować, pojąć; **to ~ the opportunity** wykorzystać okazję <sposobność>

sel·dom [`seldəm] *adv* rzadko

se·lect [sɪ`lekt] *vt* wybierać, dobierać

se·lec·tion [sɪ`lekʃn] *s* wybór, dobór

self [self] *s* (*pl* **selves** [selvz]) jaźń, osobowość, własna osoba; *pron* sam

self-com·mand ['self kə`mɑnd] *s* panowanie nad sobą

self-com·pla·cency ['selfkəm-`pleɪsnsɪ] *s* zadowolenie z samego siebie

self-con·ceit ['self kən`sit] *s* zarozumiałość

self-con·trol ['self kən`trəʊl] *s* panowanie nad sobą, opanowanie

self-de·fence ['self dɪ`fens] *s* samoobrona

self-gov·ern·ment ['self `gʌvnmənt] *s* samorząd

self·ish [`selfɪʃ] *adj* egoistyczny

self-ser·vice['self`s3vɪs] *s* samoobsługa

self-suf·fi·cient ['self sə`fɪʃnt] *adj* samowystarczalny

* **sell** [sel] , **sold** [səʊld], **sold** [səʊld] *vt* sprzedawać; *vi* iść, mieć zbyt; **~ out** <**off**> wyprzedawać

sell·er [`selə(r)] *s* sprzedawca

selves *zob.* **self**

sem·i·cir·cle [`semɪs3kl] *s* półkole

semi-fi·nal ['semɪ `faɪnl] *s sport* półfinał

Sem·ite [`simaɪt] *s* Semita

Se·mit·ic [sɪ`mɪtɪk] *adj* semicki

sen·ate [`senət] *s* senat

sen·a·tor [`senətə(r)] *s* senator

* **send** [send] , **sent, sent** [sent] *vt* posyłać; sprawiać; **to ~ mad** doprowadzić do szaleństwa; **to ~ word** posłać wiadomość; **~ off** odsyłać; **~ on** posłać dalej; **~ out** wysyłać; wyrzucać; *vi* posyłać (**for sb** po kogoś)

sen·ior [`sinɪə(r)] *adj* starszy (rangą, studiami); *s* senior, człowiek starszy

sen·sa·tion [sen`seɪʃn] *s* uczucie, wrażenie; sensacja

sense [sens] *s* uczucie; zmysł; świadomość; rozsądek; sens; **common ~** zdrowy rozsądek; **a man in his ~s** człowiek przy zdrowych zmysłach; **to come to one's ~s** odzyskać przytomność; opamiętać się; **to make ~** mieć sens; *vt* odczuwać, wyczuwać, rozeznać; *am.* rozumieć

sen·si·ble ['sensəbl] *adj* dający się uchwycić zmysłami; świadomy; uczuciowy; rozsądny

sen·si·tive [`sensətɪv] *adj* zmysłowy; uczuciowy, czuły, wrażliwy

se·su·al [`senʃʊəl] *adj* zmysłowy

sent *zob.* **send**

sen·tence [`sentəns] *s* powiedzenie; wyrok; *gram.* zdanie; **to pass a ~** wydać wyrok; **to serve a ~** odbywać karę sądową; *vt* osądzić, skazać

sep·a·rate [`sepəreɪt] *vt vi* oddzielić (się), rozłączyć (się); *adj* [`seprət] oddzielny

sep·a·ra·tion ['sepə`reɪʃn] *s* separacja, rozłączenie; **~ allowance** dodatek (do pensji) za rozłąkę

Sep·tem·ber [sep`tembə(r)] *s* wrzesień

se·quence [`sikwəns] *s* następstwo, kolejność; **in ~** kolejno

ser·geant [`sadʒənt] *s wojsk.* sierżant

se·ri·al [`sɪərɪəl] *adj* seryjny, kolejny; *s* serial

se·ries [`sɪəriz] *s* (*pl* ~) seria, szereg; **in ~** seryjnie

se·ri·ous [`sɪərɪəs] *adj* poważny

ser·mon [`s3mən] *s* kazanie

ser·pent [`s3pənt] *s zool.* wąż

serv·ant [`s3vənt] *s* służący, sługa; **civil <public> ~** urzędnik państwowy

serve [s3v] *vt vi* służyć, obsługiwać; podawać (przy stole); wyrządzić; odpowiadać (celowi); odbywać (karę, praktykę itp.); *sport* serwować; **it ~s you right** dobrze ci tak, masz za to; *s sport* serwis, serw

serv·ice [`s3vɪs] *s* służba, obsługa; pomoc; przysługa; nabożeństwo; *sport* serwis; **civil ~** służba państwowa <urzędnicza>; **public ~s** instytucje użyteczności publicznej; **social ~s** świadczenia społeczne; **~ station** autoserwis

ses·sion [`seʃn] *s* posiedzenie; sesja

* **set** [set] *vt vi* (**set, set** [set]) stawiać, kłaść, ustawiać, zastawiać (stół); montować; wzmacniać; kierować; nastawiać; nakłaniać; (*o słońcu*) zachodzić; zanikać, kończyć się; regulować (np. zegarek); zabierać się (**about, to sth** do czegoś); skłaniać się (**towards, to** ku czemuś); **to ~ an example** dać przykład; **to ~ fire** podłożyć ogień, podpalić (**to sth** coś); **to ~ on fire** podpalić (**sth** coś); **to ~ free** uwolnić; **to ~ in motion** uruchomić; **to ~ at rest** uspokoić; **to ~ sail** odpłynąć; *z adv:* **~ about** rozpowszechnić; **~ apart** oddzielić, odsunąć; **~ aside** odłożyć na bok; zignorować; **~ back** cofnąć; **~ off** wyruszyć w drogę; oddzielić, usunąć; uwydatnić; wyodrębnić; wyrównać; **~ on** podjudzać; rozpoczynać; napadać; **~ out** rozpoczynać, przedsiębrać; wykładać, wystawiać; wyruszać; **~ up** ustawiać, nastawiać, montować; podnieść; ustanowić; **~ up for sth** podawać się za coś; **~ to** zabrać się do czegoś; zacząć (walczyć, kłócić się); *s* seria, komplet, kolekcja, wybór; serwis (stołowy); zaprząg; gatunek; grupa; zachód (słońca); postawa; *sport* set; (**radio**) **~** aparat radiowy

set·tle [`setl] *vt vi* osadzić, ułożyć; (*także* **~ down**) osiedlić się; ustalić (się); rozstrzygnąć; uporządkować, uspokoić; *vr* **~ oneself** osiąść, dostosować się; zabrać się, zasiąść (**to sth** do czegoś)

sev·en [`sevn] *num* siedem

sev·en·teen ['sevn`tin] *num* siedemnaście

sev·en·teenth ['sevn`tinθ] *adj* siedemnasty

sev·enth [`sevnθ] *adj* siódmy

sev·en·ti·eth [`sevntɪəθ] *adj* siedemdziesiąty

sev·en·ty [`sevntɪ] *num* siedemdziesiąt

sev·er·al [`sevrl] *pron* kilka, kilkanaście

se·vere [sə`vɪə(r)] *adj* surowy, bezwzględny, srogi

* **sew** [səʊ] , **sewed** [səʊd] **sewn** [səʊn] *vt vi* szyć; **~ on** naszywać, przyszywać; **~ up** zszywać, łatać

sew·er [`sjuə(r)] *s* ściek, rynsztok

sew·ing-ma·chine [`səʊɪŋməʃin] *s* maszyna do szycia

sewn *zob.* **sew**

sex [seks] *s* płeć

sex-ap·peal *zob.* **appeal**

sex·u·al [`sekʃʊəl] *adj* płciowy

sex·y [`seksɪ] *adj* zmysłowy, pociągający

shab·by [`ʃæbɪ] *adj* lichy, zniszczony, nędznie ubrany; nędzny

shade [ʃeɪd] *s* cień; odcień; abażur; parasolka; *am.* roleta, stora; *vt vi* zaciemnić; cieniować

shad·ow [`ʃædəʊ] *s* cień (odbicie kształtu); mrok; ułuda

shad·y [`ʃeɪdɪ] *adj* cienisty; mętny, dwuznaczny; podejrzany

shag·gy [`ʃægɪ] *adj* włochaty, kudłaty

* **shake** [ʃeɪk] *vt vi* (**shook** [ʃʊk], **shaken** [`ʃeɪkn]) trząść (się), potrząsnąć; drżeć, chwiać się; **to ~ hands** podawać sobie ręce; **~ up** potrząsnąć, rozruszać; *s* potrząsanie, drżenie; *pl* **~s** dreszcze

shall [ʃæl, ʃl] *v aux służy do tworzenia fut*: **I ~ be there** będę tam; **you ~ not see him** nie zobaczysz go; powinien; **~ he wait?** czy ma czekać?

shal·low [`ʃæləʊ] *adj* płytki; *przen.* powierzchowny; *s* płycizna, mielizna

sham [ʃæm] *vt vi* udawać, pozorować; *s* udawanie, fikcja

shame [ʃeɪm] *s* wstyd; *vt* zawstydzić; **~ on you!** wstydź się! jak ci nie wstyd!

shame·ful [`ʃeɪmfl] *adj* haniebny, sromotny

shame·less [`ʃeɪmləs] *adj* bezwstydny

sham·poo [ʃæm`pu] *s* szampon; *vt* myć szamponem

shan't [ʃɑnt] = **shall not**

shape [ʃeɪp] *s* kształt, wygląd; obraz; **in (the) ~ of** w postaci; **out of ~** zniekształcony; **in good <poor> ~** w dobrej <złej> formie; *vt vi* kształtować (się); tworzyć

shape·ly [`ʃeɪplɪ] *adj* ładnie zbudowany, kształtny, zgrabny

share [ʃeə(r)] *vt vi* dzielić, podzielać; uczestniczyć; **~ out** rozdzielać; *s* część; udział; działka; przyczynek; *handl.* akcja; **to go ~s** podzielić się (**in sth** czymś)

shark [ʃɑk] *s* rekin; *przen.* oszust; *vt* oszukiwać

sharp [ʃɑp] *adj* ostry, spiczasty; przenikliwy, bystry

sharp·en [`ʃɑpn] *vt vi* ostrzyć (się)

shat·ter [`ʃætə(r)] *vt* roztrzaskać, rozbić; *vi* rozlecieć się; *s zw. pl* **~s** odłamki, strzępy

shave [ʃeɪv] *vt vi* golić (się); strugać; *s* golenie; **to have a ~** ogolić się; **close <near> ~** sytuacja o włos od niebezpieczeństwa

shawl [ʃɔl] *s* szal

she [ʃɪ] *pron* ona

she'd [ʃid] *skr.* = **she had, she would**

sheep [ʃip] *s* (*pl* ~) *zool.* owca, baran

sheep·skin [`ʃipskɪn] *s* owcza skóra; **~ coat** kożuch;

sheer [ʃɪə(r)] *adj* zwyczajny; czysty; istny; prosty; **~ nonsense** istny nonsens

sheet [ʃit] *s* prześcieradło; arkusz; kartka (papieru); powierzchnia

shelf [ʃelf] *s* (*pl* **shelves** [ʃelvz]) półka; wystająca skała

shell [ʃel] *s* skorupa, łupina, muszla; nabój armatni

she'll [ʃil] *skr.* = **she will**

shel·ter [`ʃeltə(r)] *s* schronienie, schron, przytułek; *vt vi* chronić (się)

shelves *zob.* **shelf**

she's [ʃiz] = **she is, she has**

shift [ʃɪft] *vt vi* przesuwać (się), przestawiać (się); przenosić się; *s* zmiana; przesunięcie

* **shine** [ʃɑɪn] , **shone, shone** [ʃon] *vi* świecić, jaśnieć; *vt* nadawać blask

ship [ʃɪp] *s* statek; okręt; *vt* przewozić okrętem; ładować na okręt

ship·ping [`ʃɪpɪŋ] *s* żegluga; transport okrętem; załadowanie na okręt; przewóz

ship·wreck [`ʃɪprek] *s* rozbicie okrętu; *przen.* katastrofa.

klęska; *vt* spowodować rozbicie okrętu

shirt [ʃɜt] *s* koszula męska; bluzka damska

shirt-sleeves [`ʃɜt slivz] *s pl* rękawy koszuli; **in one's ~** bez marynarki, w samej koszuli

shiv·er [`ʃɪvə(r)] *vi* trząść się, drżeć; *s* drżenie, dreszcz

shock [ʃok] *s* cios; wstrząs, szok; *vt* gwałtownie uderzyć, zadać cios

shock-ab·sorb·er [`ʃokəbsɔbə(r)] *s* amortyzator

shoe [ʃu] *s* but; podkowa; okucie

shoe·lace [`ʃuleɪs] *s* sznurowadło

shoe·mak·er [`ʃumeɪkə(r)] *s* szewc

shone *zob.* **shine**

shook *zob.* **shake**

* **shoot** [ʃut] *vt vi* (**shot, shot** [ʃot]) strzelać (**at sb** do kogoś); zastrzelić; fotografować, (*o filmie*) nakręcać; (*o bólu*) rwać; mknąć; **~ up** strzelać w górę; szybko rosnąć; podnosić się, podskoczyć; *s* strzelanie; kiełek, pęd; ostry ból

shop [ʃop] *s* sklep; warsztat; interes; zakład; *przen.* zawód, sprawy zawodowe; *vi* robić zakupy; **to go ~ping** chodzić po zakupy

shop-as·sis·tant [`ʃop əsɪstənt] *s* ekspedient (sklepowy)

shop·ping-centre, *am.* **shopping-mall** [`ʃopɪŋ sentə] [mɔl] *s* centrum handlowe

shop-win·dow ['ʃop `wɪndəʊ] *s* okno wystawowe

shore [ʃɔ(r)] *s* brzeg (morza, jeziora), wybrzeże

short [ʃɔt] *adj* krótki; niski, mały; niedostateczny, będący na wyczerpaniu; **~ circuit** krótkie spięcie; **~ cut** skrót, droga na przełaj; **~ story** nowela; **~ of breath** zadyszany; **to run ~** wyczerpywać się, kończyć się (np. *o zapasach*); mieć już niewiele (**of sth** czegoś); **to stop ~** nagle zatrzymać (się), nagle przerwać; *s* skrócenie, skrót; *pl* **~s** krótkie spodnie; **in ~** pokrótce, krótko mówiąc

short·age [`ʃɔtɪdʒ] *s* niedostateczna ilość, niedobór, brak

short·com·ing [`ʃɔtkʌmɪŋ] *s* brak, wada, uchybienie

short-sight·ed ['ʃɔt `saɪtɪd] *adj* krótkowzroczny

shot 1. *zob.* **shoot**

shot 2. [ʃot] *s* strzał; pocisk; *fot. kino* zdjęcie migawkowe; *pot.* zastrzyk, dawka

should [ʃod] *p od* **shall**; *oznacza warunek:* **I ~ go** poszedłbym; *powinność:* **you ~ work** powinieneś pracować; *przy-*

puszczenie: **I should say so** chyba tak

shoul·der [`ʃəʊldə(r)] *s* ramię, bark; **~ to ~** ramię w ramię

shouldn't [`ʃʊdnt] *skr.* = **should not**

shout [ʃɑʊt] *vi* krzyczeć (**at sb** na kogoś); *s* krzyk, wołanie; okrzyk

*** show** [ʃəʊ] *vt vi* (**showed** [ʃəʊd], **shown** [ʃəʊn]) pokazywać (się), okazywać; zjawić się; oprowadzać (**round the town** po mieście); **~ in** wprowadzić; **~ off** wystawić na pokaz; popisywać się (**sth** czymś), **~ up** zdemaskować; uwydatniać (się); zjawiać się; *vr* **~ oneself** pokazywać się publicznie; *s* widok; wystawa; pokaz; parada; *teatr* przedstawienie

show·er [`ʃɑʊə(r)] *s* przelotny deszcz; prysznic; *przen.* powódź (np. listów); *vi* (*o deszczu*) padać, lać; *vt* zalewać strumieniem

show·girl [`ʃəʊ gɜl] *s* piosenkarka <tancerka> w rewii, klubie nocnym itd.

shown *zob.* **show**

show-room [`ʃəʊ rʊm] *s* lokal wystawowy

shrank *zob.* **shrink**

shrewd [ʃrud] *adj* bystry, przenikliwy; chytry

shriek [ʃrik] *vt vi* krzyczeć, piszczeć, wykrzykiwać; *s* krzyk, pisk

shrimp [ʃrɪmp] *s* krewetka

shrine [ʃrɑɪn] *s* sanktuarium; relikwiarz

***shrink** [ʃrɪŋk] *vt vi* (**shrank** [ʃræŋk] , **shrunk** [ʃrʌŋk]) ściągać (się), kurczyć (się); zanikać; wzdragać się (**from sth** przed czymś); *s* ściągnięcie; zmarszczka; skurcz

shud·der [`ʃʌdə(r)] *vi* drżeć, wzdrygać się

shun [ʃʌŋ] *vt* unikać

*** shut, shut, shut** [ʃʌt] *vt vi* zamykać (się); **~ in** zamknąć (w środku), otoczyć; **~ off** odgrodzić; wyłączyć (np. prąd); **~ out** wykluczyć; zostawić na zewnątrz; przesłonić (widok); **~ up** zamykać (dokładnie); więzić; *pot.* zamykać usta; *pot.* **~ up!** cicho bądź! zamknij się!

shut·ter [`ʃʌtə(r)] *s* pokrywa; okiennica; *fot.* migawka

shy [ʃɑɪ] *adj* bojaźliwy, nieśmiały; **to be ~ of sth** unikać czegoś

sick [sɪk] *adj* czujący się niedobrze, mający mdłości; *attr* chory (**of sth** na coś); **to be ~**

uprzykrzyć sobie, mieć powyżej uszu (**of sth** czegoś)

sick-leave [`sɪk liv] *s* urlop chorobowy

sick·ness [`sɪknəs] *s* choroba; złe samopoczucie; mdłości

side [saɪd] *s* strona, bok; brzeg; **~ by ~** jeden przy drugim, w jednym rzędzie; **by the ~** po stronie (**of sth** czegoś); *sport.* **off ~** na pozycji spalonej; **on my ~** po mojej stronie, z mojej strony

side·board [`saɪdbɔd] *s* kredens

sidewalk [`saɪdwɔk] *s am.* chodnik

sigh [saɪ] *vi* wzdychać; tęsknić (**after, for sth** do czegoś); *s* westchnienie

sight [saɪt] *s* widok; wzrok; *pot.* masa; **at first ~** na pierwszy rzut oka; **at ~** natychmiast, bez przygotowania; *handl.* za okazaniem; **by ~** z widzenia; **in <within> ~** w polu widzenia; **out of ~** poza zasięgiem wzroku; **to see ~s** oglądać osobliwości (miasta); *vt* zobaczyć

sigh·see·ing [`saɪtsiŋ] *s* zwiedzanie (np. miasta)

sight·seer [`saɪtsɪə(r)] *s* turysta, zwiedzający

sign [saɪn] *s* znak, objaw, symbol; szyld; skinienie; **by ~s** na migi; *vt vi* znakować, dawać znak; podpisywać; **~ up** zapisać się (**for sth** na coś)

sig·nal [`sɪgnl] *s* sygnał; *vt vi* dawać sygnały, sygnalizować

sig·na·ture [`sɪgnətʃə(r)] *s* sygnatura, podpis

sig·nif·i·cant [sɪg`nɪfɪkənt] *adj* mający znaczenie, doniosły, ważny

sign·post [`saɪnpəost] *s* drogowskaz

si·lence [`saɪləns] *s* milczenie, cisza; **in ~** milcząco; **to keep ~** zachować ciszę; *vt* uspokoić, uciszyć; **~!** proszę o spokój!; cisza!

si·lenc·er [`saɪlənsə(r)] *s* tłumik

si·lent [`saɪlənt] *adj* milczący

silk [sɪlk] *s* jedwab

sil·ly [`sɪlɪ] *adj* głupi, niedorzeczny

sil·ver [`sɪlvə(r)] *s* srebro; *adj attr* srebrny, srebrzysty

sim·i·lar [`sɪmɪlə(r)] *adj* podobny

sim·mer [`sɪmə(r)] *vi* gotować się; *przen.* być podnieconym; *vt* gotować na wolnym ogniu

sim·ple [`sɪmpl] *adj* prosty; naturalny; naiwny

sim·ply [`sɪmplɪ] *adv* prosto; po prostu

sim·u·late [`sɪmjoleɪt] *vt* symulować; naśladować

si·mul·ta·ne·ous ['sıml`teımıəs] *adj* równoczesny

sin [sın] *s* grzech; *vi* grzeszyć

since [sıns] *adv* (także **ever ~**) od owego <tego> czasu; ... temu; **long ~** dawno temu; *praep* od (określonego czasu); **~ Sunday** od niedzieli; **~ when?** od kiedy?; *conj* odkąd; ponieważ, skoro

sin·cere [sın`sıə(r)] *adj* szczery

*** sing** [sıŋ], **sang** [sæŋ], **sung** [sʌŋ] *vt vi* śpiewać

sing·er [`sıŋə(r)] *s* śpiewak

sin·gle [`sıŋgl] *adj* pojedynczy; sam jeden; oddzielny; nieżonaty; niezamężna; *s* bilet w jedną stronę; *sport* gra pojedyncza; *vt* **~ out** wyróżnić, wydzielić

sin·gu·lar [`sıŋgjʊlə(r)] *adj* pojedynczy; szczególny, niezwykły; *s gram.* liczba pojedyncza

*** sink** [sıŋk], **sank** [sæŋk], **sunk** [sʌŋk] *vt vi* zanurzyć (się); topić (się), tonąć; pogrążać (się); zanikać; *s* zlew

sir [sɜ(r) *s* (*bez imienia i nazwiska)* pan(ie), proszę pana!; (przed imieniem lub imieniem z nazwiskiem) tytuł szlachecki; np. **Sir Winston Churchill; Yes, Sir** tak, proszę Pana!; (*w listach*) **(Dear) Sir!** Szanowny Panie

sis·ter [`sıstə(r)] *s* siostra

sis·ter-in-law [`sıstər ın lɔ] *s* szwagierka, bratowa

***sit** [sıt], **sat, sat** [sæt] *vi* siedzieć; zasiadać; obradować; pozować **(to a painter for one's portrait** malarzowi do portretu); **~ down** siadać, usiąść; **~ up** ponieść się (w łóżku); nie spać, czuwać, przesiadywać do późna

site [saıt] *s* położenie; miejscowość; miejsce

sit·ting [`sıtıŋ] *s* siedzenie; posiedzenie

sit·ting-room [`sıtıŋ rʊm] *s* duży pokój, salonik

sit·u·ate [`sıtʃʊeıt] *vt* umieszczać

sit·u·a·tion ['sıtʃʊ`eıʃn] *s* sytuacja, położenie; stanowisko

six [sıks] *num* sześć

six·teen ['sık`stin] *num* szesnaście

six·teenth ['sık`stinθ) *adj* szesnasty

sixth [`sıksθ] *adj* szósty

six·ti·eth [`sıkstıəθ] *adj* sześćdziesiąty

six·ty [`sıkstı] *num* sześćdziesiąt

size [saız] *s* rozmiar, wielkość; format; *vt* szacować według rozmiaru

skate [skeɪt] *vi* ślizgać się (na łyżwach); *s* łyżwa; (*także* **roller-~**) wrotka

skel·e·ton ['skelɪtən] *s dosł.* i *przen.* szkielet, kościotrup; zarys; **~ key** wytrych

sketch [sketʃ] *s* rysunek, szkic; skecz; *vt* kreślić, szkicować

ski [ski] *s* narta; *vi* jeździć na nartach

skid [skɪd] *s* podpórka; klocek hamulcowy; pochylnia; poślizg; *vi* pośliznąć się; (*o samochodzie*) zarzucić, wpaść w poślizg

ski·er [`skiə(r)] *s* narciarz

ski·ing [`skiɪŋ] *s* narciarstwo

skil·ful [`skɪlfl] *adj* zręczny; **to be ~ at sth** dobrze coś umieć

skill [skɪl] *s* zręczność, umiejętność

skilled [skɪld] *adj* wprawny; (*o pracy*) fachowy; (*o robotniku*) wykwalifikowany

skin [skɪn] *s* skóra (na ciele), skórka (rośliny); *vt* zdjąć skórę

skin·ny [`skɪnɪ] *adj* chudy

skip [skɪp] *vt vi* skakać, przeskakiwać; opuszczać, pomijać; *s* skok

skirt [skɜt] *s* spódnica; poła

skull [skʌl] *s* czaszka

sky [skɑɪ] *s* niebo; **under the open ~** pod gołym niebem

sky·line [`skɑɪ lɑɪn] *s* linia horyzontu; sylweta (np. miasta) na tle nieba

sky·scrap·er [`skɑɪ skreɪpə(r)] *s* drapacz chmur, wieżowiec

slack [slæk] *adj* wiotki, słaby; ospały, leniwy; *s* zastój, bezczynność; *pl* **~s** spodnie

slan·der [`slɑndə(r)] *s* potwarz; *vt* rzucać oszczerstwa

slang [slæŋ] *s* slang, żargon

slant [slɑnt] *vi* skośnie padać; *vt* nadawać skośny kierunek; *adj* skośny, nachylony; *s* skośny kierunek, skos

Slav [slɑv] *s* Słowianin; *adj* słowiański

slave [sleɪv] *s* niewolnik; *vi* pracować niewolniczo

Slav·ic [`slɑvɪk] *adj* słowiański

Sla·von·ic [slə`vonɪk] *adj* słowiański; *s* język słowiański

sled [sled] *s* sanie, sanki; *vi* jechać saniami; *vt* przewozić saniami

sledge [sledʒ] = **sled**

sleek [slik] *adj* gładki; *vt* gładzić; łagodzić

*** sleep** [slip], **slept, slept** [slept], *vi* spać; *s* sen

sleep·er [`slipə(r)] *s* człowiek śpiący; wagon sypialny; miejsce sypialne

sleep·ing-car [`slipɪŋ kɑ(r)] *s* wagon sypialny

sleep·y [ˈslipɪ] *adj* senny, śpiący; ospały

sleep·y·head [ˈslipɪ hed] *s* śpioch

sleet [slit] *s* deszcz ze śniegiem; *v imp* **it ~s** pada deszcz ze śniegiem

sleeve [sliv] *s* rękaw; *przen.* **to laugh up one's ~** śmiać się w kułak

sleigh [sleɪ] *s* sanie, sanki; *vi* jechać saniami

slen·der [ˈslendə(r)] *adj* wysmukły, szczupły; cienki

slept *zob.* **sleep**

slice [slaɪs] *s* kromka, płat, płatek (np. szynki); *vt* cienko krajać

* **slide** [slaɪd], **slid, slid** [slɪd] *vi* ślizgać się; *vt* zsuwać; *s* śliski zjazd; tor saneczkowy; suwak; przeźrocze

slight [slaɪt] *adj* nieznaczny, drobny

slim [slɪm] *adj* cienki; smukły; nieistotny

slip 1. [slɪp] *vi* poślizgnąć się; wślizgnąć się, niepostrzeżenie wpaść; przemówić się, zrobić przypadkowy błąd; *vt* ukradkiem włożyć; **to let ~** spuścić, wypuścić (z rąk); *s* poślizgnięcie się; wykolejenie; omyłka, lapsus, kartka; pasek

slip·per [ˈslɪpə(r)] *s* pantofel (domowy)

slip·per·y [ˈslɪpərɪ] *adj* śliski; chwiejny, niestały; nierzetelny

* **slit, slit, slit** [slɪt] *vt* rozszczepić (podłużnie), rozłupać, rozpłatać, rozpruć; *vi* rozedrzeć się, pęknąć; *s* szczelina, szpara

slope [sləʊp] *s* pochyłość, nachylenie; zbocze; *vt vi* nachylać (się), być pochylonym

slop·py [ˈslopɪ] *adj* błotnisty; niechlujny, zaniedbany

slot [slot] *s* szczelina, szpara

sloth [sləʊθ] *s* lenistwo, ospałość

slot-ma·chine [ˈslot məʃin] *s* automat (sprzedający bilety, papierosy itp.)

slov·en [ˈslʌvn] *s* brudas

slov·en·ly [ˈslʌvnlɪ] *adj* niechlujny, niedbały

slow [sləʊ] *adj* wolny; spóźniający się; **to be ~** ociągać się, zwlekać; (*o zegarku*) późnić się; *vt vi* (*zw.* **~ down <up, off>**) zwalniać, zmniejszać szybkość; *adv* wolno, powoli

slush [slʌʃ] *s* śnieg z błotem, chlapa

slut [slʌt] *s uj.* dziwka

sly [slaɪ] *adj* chytry

smack [smæk] *s* przedsmak; posmak; *vi* mieć posmak, trącić (**of sth** czymś)

small [smɔl] *adj* mały, drobny; nieważny; małostkowy; **~**

change drobne (pieniądze); ~ **hours** wczesne godziny ranne

small-pox [`smɔlpoks] *s med.* ospa

smart [smɑt] *vi* boleć; cierpieć, czuć ból; *s* ostry ból; *adj* bolesny; ostry, bystry; elegancki

smear [smɪə(r)] *vt* smarować, mazać; *s* plama

* **smell** [smel] , **smelt, smelt** [smelt] *vi* pachnieć (**of sth** czymś); *vt* wąchać, węszyć; czuć zapach (**sth** czegoś); *s* zapach; węch

smell·y [`smelɪ] *adj pot.* śmierdzący

smelt *zob.* **smell**

smile [smɑɪl] *s* uśmiech; *vi* uśmiechać się (**on, upon sb** do kogoś, **at sth** do czegoś)

smith [smɪθ] *s* kowal; *vt* kuć

smog [smog] *s* mgła zmieszana z dymem, smog

smoke [sməʊk] *s* dym; palenie (papierosa); **to have a ~** zapalić papierosa <cygaro>; *vt vi* dymić; palić (tytoń); wędzić

smok·er [`sməʊkə(r)] *s* palacz; *kolej.* przedział dla palących

smooth [smuð] *adj* gładki, równy; *vt* (*także* **smoothe**) gładzić, wyrównywać

smug·gle [`smʌgl] *vt* przemycać; *vi* uprawiać przemyt

snack [snæk] *s* zakąska, przekąska; **~ bar** bufet; **to have a ~** przekąsić

snail [sneɪl] *s zool.* ślimak

snake [sneɪk] *s zool.* wąż

snap-fas·ten·er[`snæp fɑsnə(r)] *s* zatrzask (do ubrania)

snap·shot [`snæpʃot] *s fot.* zdjęcie migawkowe

snarl [snɑl] *vi* warczeć; *s* warczenie

snatch [snætʃ] *vt* porwać, urwać; *vi* chwytać się (**at sth** czegoś)

sneeze [sniz] *vi* kichać; *s* kichnięcie

sniff [snɪf] *vt* wąchać, węszyć; *vi* pociągać nosem

snob [[snob] *s* snob

snore [snɔ(r)] *vi* chrapać; *s* chrapanie

snow [snəʊ] *s* śnieg; *vi* (*o śniegu*) padać; *vt* przysypać śniegiem

snow·ball [`snəʊbɔl] *s* kula śniegowa; **to play at ~s** bawić się w śnieżki

snow-man [`snəʊmæn] *s* bałwan śniegowy

snow-slide [`snəʊslaɪd] *s* lawina śnieżna

snow-storm [`snəʊstɔm] *s* burza śnieżna; zadymka

snug [snʌg] *adj* miły, wygodny; przytulny; (*o ubraniu*) przylegający; *vt vi* tulić (się), wygodnie ułożyć (się)

so [səʊ] *adv* tak, w ten sposób; **so as to** ażeby, żeby; **so far** dotąd, na razie; **so far as** o ile; **so long as** jak długo; o ile; **so much more** tym więcej; **so much the better** o tyle lepiej; **not so much** nie tak wiele; ani nawet; **or so** mniej więcej; **5 pounds or so** mniej więcej 5 funtów; **so so** tak sobie; **so and** so taki a taki, ten a ten; **so to say** że tak powiem; **so long!** tymczasem!; do widzenia!; **just <quite> so!** tak właśnie!, racja!; *conj* więc, a więc

soak [səʊk] *vt* zmoczyć, przemoczyć, namoczyć; *vi* zamoknąć

soap [səʊp] *s* mydło; *vt vi* namydlić, mydlić (się)

soar [sɔ(r)] *vi* unosić się, wzbijać się, latać

sob [sob] *vi* łkać, szlochać; *s* szloch

so·ber [`səʊbə(r)] *adj* trzeźwy; trzeźwo myślący; *vt* otrzeźwić; *vi* wytrzeźwieć

soc·cer [`sokə(r)] *s sport* piłka nożna

so·cia·ble [`səʊʃəbl] *adj* towarzyski; przyjacielski, miły

so·cial [`səʊʃl] *adj* socjalny, społeczny, towarzyski; **~ security** ubezpieczenia społeczne

so·cial·ism [`səʊʃəlɪzm] *s* socjalizm

so·ci·e·ty [sə`saɪətɪ] *s* społeczeństwo, towarzystwo

so·ci·ol·o·gy ['səʊsɪ`olədʒɪ] *s* socjologia

sock [sok] *s* skarpetka

sock·et [`sokɪt] *s* wgłębienie, jama; *techn.* gniazdko; oprawka

so·da ['səʊdə] *s* soda; **~ water** woda sodowa

soft [soft] *adj* miękki, łagodny, delikatny; cichy; **~ drink** napój bezalkoholowy

soft·ware [`softweə] *s komp.* oprogramowanie, program

soil 1. [sɔɪl] *s* gleba, ziemia

soil 2. [sɔɪl] *vt vi* plamić (się), brudzić (się)l *s* plama, brud

sold *zob.* **sell**

sol·dier [`səʊldʒə(r)] *s* żołnierz; *vi* służyć w wojsku, być żołnierzem

sole 1. [səʊl] *s* podeszwa, zelówka; *vt* zelować

sole 2. [səʊl] *adj* jedyny, wyłączny

sole 3. [səʊl] *s zool.* sola (ryba)

sol·emn [`soləm] *adj* uroczysty

sol·id [`solɪd] *adj* solidny; masywny; pewny; *s* ciało stałe

sol·i·dar·i·ty ['solɪ`dærətɪ] *s* solidarność

sol·i·tude [`solɪtjud] *s* samotność

so·lu·tion [sə`luʃn] *s* rozwiązanie (np. problemu); rozłącznie; przerwanie; rozpuszczenie; *chem.* roztwór

solve [solv] *vt* rozwiązać

some [sʌm] *adj pron* pewien, jakiś, niejaki; trochę, nieco, kilka; część; *adv* około, mniej więcej

some·bod·y [`sʌmbədɪ] *pron* ktoś

some·way [`sʌmweɪ] *adv* jakoś

some·one [`sʌmwʌn] *pron* ktoś

some·thing [`sʌmθɪŋ] *pron* coś; *adv* trochę, nieco; (*także* **~ like**) mniej więcej

some·time [`sʌmtaɪm] *adv* niegdyś, kiedyś; *adj attr* były

some·times [`sʌmtaɪmz] *adv* czasem, niekiedy

some·way [`sʌmweɪ] *adv* jakoś

some·what [`sʌmwot] *adv* nieco, poniekąd

some·where [`sʌmweə(r)] *adv* gdzieś; **~ else** gdzieś indziej

son [sʌn] *s* syn

song [soŋ] *s* śpiew; pieśń

son-in-law [`sʌn ɪn lɔ] *s* zięć

soon [sun] *adv* wkrótce; wcześnie; szybko; **as ~ as** skoro tylko; **as ~ as possible** możliwie najwcześniej; **as ~** chętnie; **no ~er than** natychmiast potem jak, ledwo

soothe [suð] *vt* łagodzić, koić; pochlebiać

so·phis·ti·cat·ed [sə`fɪstɪkeɪtɪd] *adj* wyszukany, wymyślny, przemądrzały, wyrafinowany

sore [sɔ(r)] *adj* bolesny, wrażliwy; rozdrażniony; **he has a ~ throat <head>** boli go gardło <głowa>; *s* bolesne miejsce, otarcie, rana

sor·row [`sorəʊ] *s* smutek; *vi* smucić się (**at <for, over> sth** czymś)

sor·ry [`sorɪ] *adj* smutny; zmartwiony; **to be ~** żałować (**for sb, sth** kogoś, czegoś); **to be ~** martwić się (**about sth** czymś); (**I am**) **~** przykro mi, przepraszam; **I am ~ for you** żal mi ciebie; **I am ~ to tell you that ...** z przykrością muszę ci powiedzieć że ...

sort [sɔt] *s* rodzaj, jakość, gatunek; **in a ~** w pewnej mierze, w pewnym sensie; **nothing of the ~** nic podobnego; **out of ~s** w złym nastroju; *pot.* **~ of** coś w tym rodzaju, jakiś tam; **what ~ of ..?** jaki to ...?; *vt* sortować

sought *zob.* **seek**

soul [səʊl] *s* dusza; **poor ~** biedaczysko; **All Souls' Day** Zaduszki

sound 1. [saʊnd] *adj* zdrowy; cały; tęgi; rozsądny; *adv* zdrowo; mocno

sound 2. [saʊnd] *s* dźwięk; *vt vi* dźwięczeć, brzmieć, dzwonić; głośno ogłaszać; dawać sygnał (**sth** do czegoś)

sound 3. [saʊnd] *s med. mors.* sonda; *vt* sondować

soup [sup] *s* zupa

sour [`saʊə(r)] *adj* kwaśny; cierpki; **~ milk** zsiadłe mleko; *vt* kwasić; psuć humor

source [sɔs] *s dosł. i przen.* źródło; pochodzenie

south [saʊθ] *s geogr.* południe; *adj* południowy; *adv* na południe

south·ern [`sʌðən] *adj* południowy

sou·ve·nir ['suvə`nɪə(r)] *s* pamiątka

* **sow** [sæʊ], **sowed** [səʊd], **sown** [səʊn] *vt* siać, zasiewać

space [speɪs] *s* przestrzeń, obszar; okres czasu; *druk.* spacja; **outer ~** przestrzeń kosmiczna; *vt* rozstawiać; *druk.* (*także* **~ out**) spacjować

space-ship [`speɪsʃɪp], **space-craft** [`speɪs kraft] *s* statek kosmiczny

spa·cious [`speɪʃəs] *adj* obszerny

spade [speɪd] *s* łopata; *vt* kopać łopatą; (*w kartach*) pik

Span·iard [`spænɪæd] *s* Hiszpan

Span·ish [`spænɪʃ] *adj* hiszpański; *s* język hiszpański

spank [spæŋk] *s* uderzenie dłonią, klaps; *vt* dać klapsa, popędzać

spare [speə(r)] *vt* oszczędzić, skąpić; mieć na zbyciu; użyczyć; **I have no time to ~** nie mam ani chwili wolnego czasu; *vi* oszczędnie żyć, robić oszczędności; *adj* szczupły, skąpy; zbywający; zapasowy; **~ parts** części zapasowe <zamienne>; **~ time** wolny czas; *s* część zapasowa <zamienna>

spark [spak] *s* iskra; odrobina; *vi* iskrzyć (się)

spark·ing-plug [`spakɪŋ plʌg] *s techn.* świeca (zapłonowa)

spar·row [`spærəʊ] *s* wróbel

spat *zob.* **spit**

spa·tial [`speɪʃl] *adj* przestrzenny

* **speak** [spik], **spoke** [spəʊk], **spoken** [`spəʊkn] *vt vi* mówić (**about <of> sb, sth** o kimś, o czymś); rozmawiać; przemawiać; **~ for sb** wstawić się <przemawiać> za kimś; **~ out** głośno powiedzieć; otwarcie wypowiedzieć się; **~ up** głośno powiedzieć; **~ one's mind** powiedzieć, co się ma na myśli

speak·er [`spikə(r)] *s* mówiący, mówca; głośnik

speak·ing [`spikɪŋ] *p praes adj* mówiący; wiele mówiący, pełen znaczenia; **to be on ~ terms with sb** znać się na tyle, aby z kimś rozmawiać

spe·cial [`speʃl] *adj* specjalny; szczególny, osobliwy

spe·cial·ist [`speʃəlɪst] *s* specjalista

spe·ci·al·i·ty ['speʃɪ`ælətɪ] *s* specjalność; szczególny wypadek

spe·cif·ic [spə`sɪfɪk] *adj* swoisty; ściśle określony; charakterystyczny

spec·i·fy [`spesɪfaɪ] *vt* specyfikować, wyszczególniać; precyzować

spec·ta·cle [`spektəkl] *s dosł. i przen.* widowisko; niezwykły widok

spec·ta·tor [spek`teɪtə(r)] *s* widz

spec·u·late [`spekjʊleɪt] *vi* spekulować (**in sth** czymś); rozważać (**on, upon sth** coś)

sped *zob.* **speed**

speech [spitʃ] *s* mowa; przemówienie; **to deliver <to make> a ~** wygłosić mowę

speech·less [`spitʃləs] *adj* milczący

* **speed** [spid] , **sped, sped** [sped] *vi* spieszyć się, pospieszać; **~ up** przyspieszać; *s* pośpiech, szybkość; **~ breaker <ramp>** próg zwalniający (dla samochodów)

speed·y [`spidɪ] *adj* pospieszny, szybki

* **spell** [spel] , **spelt, spelt** [spelt] *vt* sylabizować, literować, podawać (pisownię) litera po literze

spell·ing [`spelɪŋ] *s* pisownia; ortografia

spelt *zob.* **spell 3.**

* **spend** [spend] , **spent, spent** [spent] *vt* wydawać (pieniądze), trwonić; wyczerpywać; spędzać (czas)

spend·thrift [`spendθrɪft] *s* rozrzutnik, marnotrawca

spent *zob.* **spend**

sphere [`sfɪə(r)] *s* (*także astr.*) kula; sfera, zakres

spice [spaɪs] *s zbior.* korzenie; przyprawa; pikanteria; *vt* przyprawiać (korzeniami)

spic·y [`spaɪsɪ] *adj* pieprzny; pikantny

spi·der [`spaɪdə(r)] *s zool.* pająk

* **spill** [spɪl] , **spilt, spilt** [spɪlt] *vt vi* rozlewać (się), rozsypywać (się), wysypywać (się)

spin·ach [`spɪnɪdʒ] *s bot.* szpinak

spine [spaɪn] *s anat* kręgosłup; grzbiet (np. książki)

spir·it [`spɪrɪt] *s* duch; charakter; męstwo; zapał; spirytus; *pl* **~s** nastrój; napoje alkoholowe; **in**

high <in low> ~s w doskonałym <w złym> nastroju

spir·i·tu·al [`spɪrɪtʃʊəl] *adj* duchowy; duchowny; *s* (*także* **Negro ~**) religijna pieśń murzyńska

* **spit** [spɪt] , **spat, spat** [spæt] *vt vi* pluć; *pot.* **~ it out!** mów!, gadaj!; *s* plucie, plwocina

spite [spaɪt] *s* złość, gniew; **in ~ of sth** pomimo czegoś; na złość <na przekór> czemuś; *vt* gniewać, drażnić, robić na złość

spit·fire [`spɪtfaɪə(r)] *s* człowiek porywczy, raptus; *lotn.* typ myśliwca

splash [splæʃ] *vt vi* bryzgać, pluskać (się), chlapać (się); *s* bryzganie, plusk; sensacja; **to make a ~** wzbudzić sensację

spleen [splin] *s anat.* śledziona; *przen.* zły humor, chandra;

splen·did [`splendɪd] *adj* wspaniały, doskonały

splin·ter [`splɪntə(r)] *s* drzazga, odłamek; *vt vi* rozszczepić (się), rozłupać (się)

* **spoil** [spɔɪl] , **spilt, spoilt** [spɔɪlt] *vt* psuć, niszczyć; psuć <rozpieszczać> (dziecko itp.); *vi* psuć się, niszczeć

spoilt *zob.* **spoil**

spoke 1. *zob.* **speak**

spoke 2. [spəʊk] *s* szprycha; szczebel

spo·ken *zob.* **speak**

spokes·man [`spəʊksmən] *s* rzecznik

sponge [spʌndʒ] *s* gąbka; pasożyt, darmozjad; *vt* myć gąbką; wchłaniać; *vi* pasożytować (**on sb** na kimś)

spon·sor [`sponsə(r)] *s* fundator, poręczyciel

spon·ta·ne·ous [spon`teɪnɪəs] *adj* spontaniczny, samorzutny

spoon [spun] *s* łyżka; *vt* czerpać łyżką

spoon·ful [`spunfl] *s* zawartość łyżki, pełna łyżka (czegoś)

sport [spɔt] *s* sport; żart; *pot.* porządny chłop; *pl* **athletic ~s** lekkoatletyka; **in <for> ~** dla żartu

sports·man [`spɔtsmən] *s* sportowiec

spot [spot] *s* miejsce; plama; kropka; krosta; **on the ~** na miejscu; od razu; *vt* nakrapiać; plamić; rozpoznać

sprain [spreɪn] *vt* zwichnąć; *s* zwichnięcie

sprang *zob.* **spring**

sprat [spræt] *s zool.* szprot, szprotka

spray [spreɪ] *s* pył wodny; rozpylacz; *vt vi* rozpylać (się), opryskiwać

* **spread** [spred] , **spread, spread** [spred] *vt vi*

rozpościerać (się), rozprzestrzeniać (się); rozkładać (się); *s* rozprzestrzenienie, przestrzeń; rozłożenie

* **spring** [sprɪŋ], **sprang** [spræŋ] **sprung** [sprʌŋ] *vi* skakać; tryskać, buchać; pękać; *vt* rozbić; **~ up** podskakiwać; wyrastać; *s* skok; wiosna; źródło; sprężyna; elastyczność; pęknięcie; *pl* **~s** resory, resorowanie

sprin·kle [`sprɪŋkl] *vt vi* pryskać, spryskiwać; *s* kropienie, spryskiwanie; szczypta; drobny deszcz

spruce [sprus] *s bot.* świerk

sprung *zob.* **spring**

spurt [spɜt] *vt vi* tryskać; *s* wytrysk; zryw

spy [spɑɪ] *s* szpieg; *vi* szpiegować (**on, upon sb** kogoś); dokładnie badać (**into sth** coś); *vt* dostrzegać

squad [skwod] *s wojsk.* oddział; grupa; **firing ~** pluton egzekucyjny

square [skweə(r)] *s* kwadrat; (kwadratowy) plac, skwer; *adj* kwadratowy; czworokątny; szczery, uczciwy; **~ deal** uczciwe postępowanie; *mat.* **~ root** pierwiastek

squash [skwoʃ] *vt vi* gnieść (się), wyciskać; *s* zgnieciona masa; **lemon ~** napój (wyciśniętej) cytryny; gra sportowa

squek [skwik] *vi* piszczeć; *s* pisk

squeal [skwil] *vi* skomleć, kwiczeć; *s* skomlenie, kwiczenie

squeeze [skwiz] *vt vi* cisnąć (się), ściskać, pchać się; *s* ścisk; uścisk

squint [skwɪnt] *s* zez; *adj* zezowaty; *vi* patrzeć zezem

squir·rel [`skwɪrəl] *s zool.* wiewiórka

sta·bil·i·ty [stə`bɪlətɪ] *s* stałość, trwałość

sta·ble [`steɪbl] *adj* stały, trwały

sta·di·um [`steɪdɪəm] *s* (*pl* **stadia** [`steɪdɪə]) *sport* stadion; stadium

staff [stɑf] *s* (*pl* **staves** [steɪvz] *lub* **~s** [stɑfs]) kij, drąg; *muz.* pięciolinia; (*pl* **staffs**) sztab, personel

stage [steɪdʒ] *s* scena; stadium, etap,okres; **~ manager** reżyser; *vt* wystawiać na scenie

stain [steɪn] *s* plama; zabarwienie; *vt* plamić; zabarwiać; **~ remover** wywabiacz plam

stair [steə(r)] *s* stopień (schodów); *pl* **~s** schody

stair·case [`steəkeɪs] *s* klatka schodowa

stake [steɪk] *s* pal, słup, stos; stawka, ryzyko; **to be at ~** wchodzić w grę

stale [steɪl] *adj* suchy; (*o chlebie*) czerstwy, nieświeży; stary; *vi* zestarzeć się

stam·i·na [ˋstæmɪnə] *s zbior.* siły życiowe, energia, wytrzymałość

stamp [stæmp] *vt vi* stemplować; nalepić znaczek pocztowy; *przen.* wbić (w pamięć); deptać, tupać; *s* pieczęć; znaczek pocztowy; tupanie, deptanie

* **stand** [stænd] **stood, stood** [stʊd] *vi* stać; stawiać się; znajdować się (w pewnej sytuacji); *vt* stawiać; znosić; podtrzymywać; **to ~ to sth** trzymać się czegoś; trwać przy czymś; **it ~s to reason** to się rozumie samo przez się; **to ~ for sth** popierać coś; zastępować coś; **to ~ for Parliament** kandydować do parlamentu; **~ on sth** nalegać na coś, polegać na czymś; **to ~ out** wystawać, występować; opierać się (**against sth** czemuś); kontrastować (**against sth** z czymś); odznaczać się, wyróżniać się; **~ up** powstać, podnieść się; opierać się, stawiać czoło (**to sb, sth** komuś, czemuś); *s* miejsce; stoisko; stojak; opór; **to bring to a ~** zatrzymać, unieruchomić; **to come to a ~** zatrzymać się; **to take a ~** zająć stanowisko

stand·ard [ˋstændəd] *s* sztandar; norma; poziom; wzór; standard; stopa (życiowa)

stand·ing [ˋstændɪŋ] *s* stanie; miejsce; stanowisko; trwanie; *adj* stojący; trwający; obowiązujący

stand·point [ˋstænd pɔɪnt] *s* punkt widzenia, stanowisko

stand·still [ˋstænd stɪl] *s* zastój; martwy punkt

stank *zob.* **stink**

stan·za [ˋstænzə] *s* zwrotka

star [stɑ(r)] *s* gwiazda; **shooting ~** gwiazda spadająca; **the Stars and Stripes** flaga St. Zjednoczonych; *vt* zdobić gwiazdami; *vi teatr film* występować w głównej roli

start [stɑt] *vi* wystartować; wybierać się (**on a journey** w drogę); zrywać się; zacząć; podjąć się (**on sth** czegoś); *vt* poruszyć; rozpocząć; spowodować; **~ off** wyruszyć, odjechać; zacząć się (**with sth** od czegoś); **~ out** wystąpić; odjechać; **~ up** podskoczyć, zerwać się; wszcząć; **to ~ with** na początek; po pierwsze; *s* start;

podskok; odjazd; wstrząs; początek; pierwszeństwo; zryw; **at the ~** na początku; **to make a new <fresh> ~** rozpocząć na nowo

starve [stav] *vi* głodować, umierać z głodu; *vt* głodzić; tęsknić, przepadać (**for sth** za czymś)

state [steɪt] *s* stan; stanowisko; położenie; państwo; uroczystość; **in ~** uroczyście, ceremonialnie; z całym ceremoniałem; **the United States** Stany Zjednoczone; *vt* stwierdzać; oświadczać;

state·ment [`steɪtmənt] *s* stwierdzenie; oświadczenie; zeznanie

states·man [`steɪtsmən] *s* mąż stanu

sta·tion [`steɪʃn] *s* stacja; miejsce, położenie; posterunek; *vt* umieścić, osadzić; rozlokować

sta·tion·er·y [`steɪʃnrɪ] *s zbior.* artykuły piśmienne; papier listowy

sta·tis·tics [stə`tɪstɪks] *s* statystyka

stat·ue [`stætʃu] *s* statua

staves *zob.* **staff**

stay [steɪ] *vi* przebywać, pozostawać, mieszkać; *vt* **to ~ with sb** gościć u kogoś; **~ away** trzymać się z dala; **~ in** pozostawać w domu; **~ out** pozostawać poza domem; *s* przebywanie, pobyt; postój

stay-at-home [`steɪ ət həʊm] *s* domator

stead·y [`stedɪ] *adj* mocny; stały; spokojny; *vt* wzmocnić; uspokoić; *vi* okrzepnąć; ustalić się; *adv* spokojnie; *pot.* (*o chłopcu, dziewczynie*) **to go ~** chodzić ze sobą

steak [steɪk] *s* kawałek mięsa; stek

* **steal** [stil] , **stole** [stəʊl] , **stolen** [`stəʊln] *vt* kraść; *vi* skradać się; **~ away** wymknąć się

steam [stim] *s* para (wodna); *vt* parować, gotować na parze; *vi* wytwarzać parę

steel [stil] *s* stal; *vt* hartować

steep [stip] *adj* stromy; *pot.* (*o wymaganiach*) wygórowany

steer [`stɪə(r)] *vt vi* sterować; dążyć (**for sth** w stronę czegoś); **to ~ clear** unikać (**of sth** czegoś)

steer·ing-wheel [`stɪərɪŋ wil] *s* koło sterowe; kierownica

stench [stentʃ] *s* smród

step [step] *s* krok; stopień; próg; **flight of ~s** kondygnacja schodów; **~ by ~** krok za krokiem; stopniowo; **to keep ~** dotrzymywać kroku (**with sb**

komuś); to **take ~s** przedsięwziąć kroki; *vi* kroczyć; deptać

ster·e·o·phon·ic ['stɪərɪə`fonɪk] **stereo** [`sterɪəʊ] *adj* stereofoniczny; **~ set** zestaw stereo

stew [stju] *vt* dusić (potrawę); *vi* dusić się; *s* duszona potrawa mięsna, gulasz

stew·ard·ess ['stjuə`des] *s* stewardesa

* **stick** [stɪk] , **stuck, stuck** [stʌk] *vt* wepchnąć; przebić; przymocować; przykleić; *vi* tkwić; przyczepić się (**to sth** czegoś); trzymać się; trwać (**to sth** przy czymś); *s* laska, pałka, kij; baton; *pot.* nudziarz, człowiek nadęty <napuszony>

stick·er [stɪkə(r)] *s* naklejka, nalepka

stick·y [`stɪkɪ] *adj* lepki, kleisty

stiff [stɪf] *adj* sztywny; uparty; (*o egzaminie*) trudny; silny, mocny (wiatr, trunek itd.)

sti·fle [`staɪfl] *vt vi* dusić (się); dławić (się), tłumić

still [stɪl] *adj* cichy, spokojny; **~ life** martwa natura; *s* cisza, spokój; *adv* ciągle, jeszcze, stale; mimo wszystko, przecież

stim·u·late [`stɪmjʊleɪt] *vt* podniecać; zachęcać, pobudzać

* **sting** [stɪŋ] , **stung, stung** [stʌŋ] *vt* użądlić, kłuć; sparzyć (pokrzywą); podniecać; przypiekać; *vi* piec, boleć

stin·gy [`stɪndʒɪ] *adj* skąpy

* **stink** [stɪŋk] , **stunk, stunk** [stʌŋk] *vi* śmierdzieć (**of sth** czymś); *s* smród

stir [stɜ(r)] *vt vi* ruszać (się); wzruszać (się); podniecać; krzątać się; *s* poruszenie; podniecenie; krzątanina

stock [stok] *s* trzon; zapas, zasób; inwentarz; (*także* **live ~**) żywy inwentarz; *handl.* kapitał zakładowy, akcja; **to take ~** robić inwentarz <remanent> (**of sth** czegoś); **in ~** w zapasie; **out of ~** wyprzedany; *vt* robić zapas, zaopatrzyć; trzymać na składzie

stock-bro·ker [`stokbrəʊkə(r)] *s* makler giełdowy

stock-ex·change [`stok ɪkstʃeɪndʒ] *s* giełda

stock·ing [`stokɪŋ] *s* pończocha

stole *zob.* **steal**

sto·len *zob.* **steal**

stom·ach [`stʌmək] *s anat.* żołądek, *pot.* brzuch; chętka; *vt* jeść z apetytem; znosić

stom·ach-ache [`stʌmək eɪk] *s* ból brzucha

stone [stəʊn] *s* kamień; ziarnko (owocu), pestka

stood *zob.* **stand**

stool [stul] *s* stołek; *med.* stolec

stop [stop] *vt* zatkać, zatrzymać; zaprzestać, skończyć; *vi* zatrzymać się, stanąć; przestać, skończyć (się); **~ short** urwać, nagle przerwać; *s* zatrzymanie (się); przystanek; przerwa; koniec; zatyczka; *gram.* **full ~** kropka; **to come to a ~** stanąć; ustać

stop-light [`stop lɑɪt] *s* światło stopu; sygnał zatrzymania

stop-press ['stop `pres] *attr* **~ news** wiadomości (z ostatniej chwili)

store [stɔ(r)] *s* zapas; skład; magazyn; *am.* sklep; *pl* **~s** dom towarowy; **to set ~** przykładać wagę, przywiązywać znaczenie (**by sth** do czegoś); *vt* zaopatrywać, ekwipować; (*także* **~ up**) magazynować

store-house [`stɔ hɑʊs] *s* magazyn

sto·rey, sto·ry [`stɔrɪ] *s* piętro

stork [stɔk] *s* bocian

storm [stɔm] *s* burza; *mors.* sztorm; szturm; *vi* krzyczeć, złościć się; **it ~s** burza szaleje; *vt* szturmować

sto·ry 1. [`stɔrɪ] *s* historia; opowiadanie; fabuła; **short ~** nowela; **the ~ goes that ...** mówią, że ...; podobno ...

sto·ry 2. *zob.* **storey**

stout [stɑʊt] *adj* mocny, mocno zbudowany; solidny

stove [stəʊv] *s* piec

straight [streɪt] *adj* prosty; prostolinijny; rzetelny; **to put ~** uporządkować, poprawić, wyrównać; *adv* prosto; **~ away** natychmiast; z miejsca; **~ out** wprost, bez wahania

strain [streɪn] *vt* napinać, wytężać, forsować; *vi* wysilać się, wytężać się; usilnie dążyć (**after sth** do czegoś); *s* napięcie, natężenie; wysiłek

strand [strænd] *s* brzeg, nabrzeże

strange [streɪndʒ] *adj* dziwny, niezwykły; obcy; **to feel ~** czuć się nieswojo <obco>

strang·er [`streɪndʒə(r)] *s* obcy człowiek; nieznajomy, przybysz; człowiek nie obeznany (**to sth** z czymś)

stran·gle [`stræŋl] *vt* dusić, dławić

strap [stræp] *s* rzemień; uchwyt (np. w tramwaju); *vt* opasać rzemieniem

stra·ta *zob.* **stratum**

strat·e·gy [`strætɪdʒɪ] *s* strategia

stra·tum [`strɑtəm] *s* (*pl* **strata** [`strɑtə]) *geol.* warstwa; *przen.* grupa <warstwa> społeczna

straw [strɔ] *s* słoma; *przen.* **I don't care a ~** nic mnie to nie obchodzi, nie dbam o to

straw·ber·ry [`strɔbrɪ] *s* truskawka; (*także* **wild ~**) poziomka

stream [strim] *s* strumień; prąd; **a ~ of people** masa ludzi; tłum; **to go with the ~** iść z prądem <duchem> czasu

street [strit] *s* ulica; **the man in the ~** szary <przeciętny> człowiek

street-car [`strit kɑ(r)] *s am.* tramwaj

strength [`streŋθ] *s* siła, moc

stress [stres] *s* nacisk, przycisk; presja, ciśnienie; *gram.* akcent; *vt* naciskać; podkreślać; *gram.* akcentować

stretch [stretʃ] *vt vi* wyciągać (się), rozciągać (się); *s* rozpostarcie; rozpiętość; elastyczność; przeciąg czasu; **at a ~** jednym ciągiem

strict [strɪkt] *adj* ścisły, dokładny

strife [strɑɪf] *s* walka, spór

* **strike** [strɑɪk] , **struck, struck** [strʌk] *vt vi* uderzyć, ugodzić; strajkować; (*o zegarze*) bić; **~ down** powalić; zbić; **~ off** odciąć; odejść; potrącić (np. procent); skreślić; **~ up** zawrzeć (znajomość); *s* strajk; trafienie; **to be on ~** strajkować

strik·er [`strɑɪkə(r)] *s* strajkujący

* **string** [strɪŋ] , **strung, strung** [strʌŋ] *vt* naciągać, napinać; nawlekać; zaopatrzyć w struny; wiązać sznurem; *s* sznur; struna; cięciwa; *muz.* **~ instruments** instrumenty smyczkowe

strip [strɪp] *vt* zdejmować, zrywać; obdzierać (**sb of sth** kogoś z czegoś); obnażać; *vi* rozebrać się, obnażyć się

striped [strɑɪpt] *adj* pasiasty, w pasy, prążkowany

strip-tease ['strɪp `tiz] *s* strip-tease, striptiz

strong [strɔŋ] *adj* silny, mocny, energiczny; **~ drink** napój alkoholowy; **~ language** przekleństwa

struck *zob.* **strike**

struc·ture [`strʌktʃə(r)] *s* struktura; budowa

strug·gle [`strʌgl] *s* walka; *vi* walczyć; zmagać się; usiłować

strung *zob.* **string**; *adj* **~ up** znajdujący się w napięciu nerwowym

stub·born [`stʌbən] *adj* uparty

stuck *zob.* **stick**

stu·dent [`stjudnt] *s* student; człowiek studiujący; uczony

stu·dio [`stjudɪəʊ] *s* atelier, studio

stud·y [`stʌdɪ] *s* studium; badanie; pracownia, gabinet; *vt* studiować, badać; *vi* odbywać studia; przygotowywać się (**for an exam** do egzaminu)

stuff [stʌf] *s* materiał, tworzywo, tkanina; istota, rzecz; *pl* **food ~s** artykuły żywnościowe; **green ~** warzywa; *vt* napychać, wypychać; faszerować

stuff·y [`stʌfɪ] *adj* duszny; nudny

stum·ble [`stʌmbl] *vi* potykać się; *przen.* robić błędy; jąkać się; natknąć się; *s* potknięcie; błąd

stung *zob.* **sting**

stunt [stʌnt] *s pot.* pokaz, popis; wyczyn; *vi* dokonać czegoś sensacyjnego

stu·pid [`stjupɪd] *adj* głupi

stu·pid·i·ty [stju`pɪdətɪ] *s* głupota; głupstwo; nonsens

stu·por [`stjupə(r)] *s* osłupienie; odrętwienie

style [stɑɪl] *s* styl; moda; szyk; wzór

suave [swɑv] *adj* przyjemny, uprzejmy

sub·con·scious ['sʌb`konʃəs] *adj* podświadomy

sub·due [səb`dju] *vt* pokonać, ujarzmić, przytłumić

sub·ject [`sʌbdʒɪkt] *s* podmiot; temat; poddany; przedmiot (np. nauki); *adj* podległy; narażony (**to sth** na coś); skłonny (**to sth** do czegoś); *adv* z zastrzeżeniem, pod warunkiem (**to sth** czegoś); *vt* [səb`dʒekt] podporządkować; ujarzmić; narazić (**to sth** na coś)

sub·jec·tive [səb`dʒektɪv] *adj* subiektywny

sub·lime [sə`blɑɪm] *adj* wzniosły; wspaniały; najwyższy

sub·ma·rine ['sʌbmʌ`rin] *adj* podwodny; *s* łódź podwodna

sub·merge [səb`mɜdʒ] *vt vi* zatopić, zanurzyć (się)

sub·mit [səb`mɪt] *vt* poddawać pod rozwagę; pozostawiać do decyzji; przedkładać, proponować; *vi* podporządkować się, ulegać

sub·or·di·nate [sə`bɔdɪnət] *adj* podporządkowany; *s* podwładny; *vt* [sə`bɔdɪneɪt] podporządkować, uzależnić

sub·or·di·na·tion [sə'bɔdɪ`neɪʃn] *s* podporządkowanie; posłuszeństwo, subordynacja

sub·scribe [səb`skrɑɪb] *vt* podpisać; zaofiarować (np. sumę pieniężną); *vi* podpisać się (**to sth** pod czymś); popierać (**to sth** coś); prenumerować (**for <to> sth** coś)

sub·scrip·tion [səb`skrɪpʃn] *s* podpis; abonament; subskrypcja; składka członkowska

sub·se·quent [`sʌbsɪkwənt] *adj* następny, późniejszy; **~ to sth** wynikający z czegoś

sub·si·dy [`sʌbsɪdɪ] *s* subwencja

sub·sist·ence [səb`sɪstəns] *s* istnienie; życie; utrzymywanie się; utrzymanie

sub·stance [`sʌbstəns] *s* substancja; istota, znaczenie; majątek

sub·sti·tute [`sʌbstɪtjut] *s* zastępca; substytut, namiastka; *vt* podstawić, użyć zastępczo (**sth for sth** czegoś zamiast czegoś), zastąpić

sub·tle [`sʌtl] *adj* subtelny; misterny

sub·tract [səb`trækt] *vt mat.* odejmować

sub·trac·tion [səb`trækʃn] *s mat.* odejmowanie

sub·urb ['sʌbɜb] *s* przedmieście; *pl* **~s** peryferie

sub·ur·ban [sə`bɜbən] *adj* podmiejski

sub·way [`sʌbweɪ] *s* przejście podziemne; *am.* kolej podziemna, metro

suc·ceed [sək`sid] *vi* mieć powodzenie, z powodzeniem coś robić; **I ~ed in finishing my work** udało mi się skończyć pracę; *vt* nastąpić (**sb, sth** po kimś, po czymś)

suc·cess [sək`ses] *s* powodzenie; pomyślność; sukces; człowiek, który ma powodzenie (w życiu)

suc·cess·ful [sək`sesfl] *adj* mający powodzenie, udany, pomyślny; **I was ~ in doing that** udało mi się to zrobić

suc·ces·sion [sək`seʃn] *s* następstwo; seria; dziedziczenie; **in ~** kolejno

suc·ces·sive [sək`sesɪv] *adj* kolejny

suc·ces·sor [sək`sesə(r)] *s* następca (**to sb** czyjś); sukcesor, dziedzic

such [sʌtʃ] *adj pron* taki; **~ a nice day** taki piękny dzień; **~ as taki, jak...**; **~ that** ... taki <tego rodzaju>, że ...

such·like [`sʌtʃlɑɪk] *adj* podobny (do tego), tego rodzaju

suck [sʌk] *vt* ssać, wysysać; *przen.* czerpać (np. korzyść); *s* ssanie

sud·den [`sʌdn] *adj* nagły; *s tylko w zwrocie;* **all of a ~** nagle

sue [su] *vt* ścigać sądownie, procesować się (**sb** z kimś, **for sth** o coś); *vi* błagać (**for sth** o coś); prosić (kobietę o rękę); wnosić skargę (**to a court** do sądu)

suede [sweɪd] *s* zamsz

suf·fer [`sʌfə(r)] *vi* cierpieć (**from sth** na coś, **for sth** za coś); chorować; cierpieć (**sth** z powodu czegoś); **~ hunger** cierpieć głód; *vt* znosić, tolerować

suf·fer·ing [`sʌfərɪŋ] *s* cierpienie

suf·fice [sə`faɪs] *vt vi* wystarczać; zadowalać; **~ it to say** wystarczy powiedzieć

suf·fi·cient [sə`fɪʃnt] *adj* wystarczający, dostateczny

suf·fo·cate [`sʌfəkeɪt] *vt vi* dusić (się)

sug·ar [`ʃʊgə(r)] *s* cukier; *vt* słodzić

sug·gest [sə`dʒest] *vt* sugerować, podsuwać myśl, dawać do zrozumienia; proponować

sug·ges·tion [sə`dʒestʃən] *s* sugestia; propozycja

su·i·cide [`suɪsaɪd] *s* samobójca; samobójstwo

suit [sut] *s* podanie; proces; seria; garnitur; kostium (damski); komplet; *vt vi* odpowiadać, nadawać się, pasować <**sth** do czegoś); być do twarzy; zadowolić, dogodzić; **~ yourself** rób, jak uważasz

suit·a·ble [`sutəbl] *adj* odpowiedni, stosowny; należyty

suit-case [`sutkeɪs] *s* walizka

sul·phur [`sʌlfə(r)] *s chem.* siarka

sul·try [`sʌltrɪ] *adj* duszny, parny

sum [sʌm] *s* suma, wynik; sedno; *pl* **~s** rachunki (w szkole); **in ~** krótko mówiąc; *vt* sumować; **~ up** dodawać; streszczać

sum·ma·ry [`sʌmərɪ] *adj* krótki; pobieżny; *s* streszczenie

sum·mer [`sʌmə(r)] *s* lato; **Indian ~** babie lato; **~ school** kurs wakacyjny

sum·mit [`sʌmɪt] *s* (*także przen.*) szczyt

sum·mon [`sʌmən] *vt* wezwać; zwołać; zebrać; **~ up** powołać; zebrać się, zdobyć się (**sth** na coś)

sum·mons [`sʌmənz] *s* wezwanie, nakaz; *vt* wezwać (do sądu)

sun [sʌn] *s* słońce; **in the ~** na słońcu; *vt* wystawiać na słońce; **~ signs** znaki zodiaku

sun·burn [`sʌnbɜn] *s* opalenizna

sun·burnt [`sʌnbɜnt] *adj* opalony, ogorzały

sun·dae [`sʌndeɪ] *s* lody z owocami i śmietaną

Sun·day [`sʌndɪ] *s* niedziela; *attr* niedzielny

sun·flow·er [`sʌnflaʊə(r)] *s bot.* słonecznik

sung *zob.* **sing**

sunk *zob.* **sink**

sun·ny [`sʌnɪ] *adj* słoneczny; (*o usposobieniu*) pogodny, wesoły

sun·rise [`sʌnraɪz] *s* wschód słońca; **at ~** o świcie

sun·set [`sʌnset] *s* zachód słońca; **at ~** o zachodzie słońca

sun·shade [`sʌnʃeɪd] *s* parasolka (od słońca); markiza

sun·shine [`sʌnʃaɪn] *s* światło słoneczne; słoneczna pogoda

sun·stroke [`sʌnstrəʊk] *s* udar słoneczny

su·per [`supə(r)] *adj pot.* wspaniały, pierwszorzędny

su·perb [su`pɜb] *adj* wspaniały

su·per·fi·cial ['supə`fɪʃl] *adj* dotyczący powierzchni; (*o uczuciach, wiedzy*) powierzchowny

su·per·flu·ous [su`pɜflʊəs] *adj* zbędny; nadmierny

su·pe·ri·or [sə`pɪərɪə(r)] *adj* wyższy; przeważający; starszy rangą; zwierzchni; **to be ~** przewyższać; wznosić się (**to sb, sth** ponad kogoś, coś); *s* zwierzchnik, przełożony

su·per·la·tive [su`pɜlətɪv] *adj* nieprześcigniony, najlepszy; *przen.* wyraz najwyższego uznania, superlatyw

su·per·man [`supəmæn] *s* nadczłowiek

su·per·nat·u·ral ['supə`nætʃərl] *adj* nadprzyrodzony

su·per·sti·tious ['supə`stɪʃəs] *adj* przesądny, zabobonny

su·per·vise [`supəvaɪz] *vi* dozorować, kontrolować

sup·per [`sʌpə(r)] *s* kolacja

sup·ple·ment [`sʌplɪmənt] *s* uzupełnienie, dodatek; *vt* uzupełnić, zaopatrzyć w suplement

sup·ply [sə`plaɪ] *vt* dostarczyć (**sb with sth** komuś, czegoś), dostawić; zaopatrzyć (**sb with sth** kogoś w coś); uzupełnić; zastąpić; **~ the demand** zaspokoić popyt; *s* dostawca; podaż; zaopatrzenie

sup·port [sə`pɔt] *vt* podpierać; popierać, utrzymywać; *s* podpora; poparcie; utrzymanie; **in ~** na poparcie (**of sth** czegoś)

sup·pose [sə`pəʊz] *vt vi* przypuszczać, zakładać; **he is ~ed to be...** przypuszcza się, że on jest <powinien być> ...; przypuśćmy, dajmy na to; **I ~ so <not>** myślę, że tak <że nie>, chyba tak <nie>

sup·pos·ing [sə`pəʊzɪŋ] *conj* o ile, jeśli

sup·press [sə`pres] *vt* stłumić; znieść; zakazać; ukryć, zataić

sure [ʃʊə(r)] *adj* pewny, niezawodny; **be ~ to come** przyjdź koniecznie <na pewno>; **he is ~ to do it** on na pewno to zrobi; **for ~** na pewno tak, oczywiście; **to make ~** upewnić się; *adv* na pewno

sure·ly [`ʃʊəlɪ] *adv* pewnie, niezawodnie

surf [sɜf] *s* spieniona fala (przy brzegu); *vi* pływać na desce

sur·face [`sɜfɪs] *s* powierzchnia; wygląd zewnętrzny

sur·feit [`sɜfɪt] *s* przesyt; nadmiar; *vt* przesycić

surf·ing [`sɜfɪŋ] *s* serfing, jazda na narcie wodnej

sur·geon [`sɜdʒən] *s* chirurg

sur·ger·y [`sɜdʒərɪ] *s* chirurgia; zabieg chirurgiczny; sala operacyjna; pokój przyjęć pacjentów

sur·name [`sɜneɪm] *s* nazwisko; przydomek

sur·pass [sə`pɑs] *vt* przewyższać, przekraczać (oczekiwania itd.)

sur·plus [`sɜpləs] *s* nadwyżka, dodatek; *adj attr* dodatkowy

sur·prise [sə`prɑɪz] *s* zaskoczenie; niespodzianka; zdziwienie; **by ~** niespodziewanie; *vt* zaskoczyć; zdziwić

sur·ren·der [sə`rendə(r)] *vt* poddać, wydawać; przekazać; zrzec się, zrezygnować (**sth** z czegoś); *vi* poddać się, oddać się; *s* poddanie się; oddanie (się); rezygnacja

sur·round [sə`rɑʊnd] *vt* otaczać

sur·round·ings [sə`rɑʊndɪŋz] *s pl* otoczenie; okolica

sur·vey [`sɜveɪ] *s* przegląd, inspekcja; *vt* [sɜ`veɪ] przeglądać, dokładnie badać

sur·vive [sə`vɑɪv] *vt vi* przeżyć, przetrwać, utrzymać się przy życiu

sus·cep·ti·ble [sə`septəbl] *adj* wrażliwy, podatny (**to sth** na coś); dopuszczający możliwość (**of sth** czegoś)

sus·pect [sə`spekt] *vt vi* podejrzewać (**sb of sth** kogoś o coś); obawiać się; *s* [`sʌspekt] człowiek podejrzany; *adj* podejrzany

sus·pend [sə`spend] *vt* zawiesić, wstrzymać

sus·pense [sə`spens] *s* stan zawieszenia; niepewność

sus·pen·sion [sə`spenʃn] *s* zawieszenie; wstrzymanie; zwłoka; **~ bridge** most wiszący

sus·pi·cious [sə`spɪʃəs] *adj* podejrzliwy; podejrzany

swal·low 1. [`swoləʊ] *s zool.* jaskółka

swal·low 2. [`swoləʊ] *vt* połykać; pochłaniać; *s* łyk

swam *zob.* **swim**

swamp [swomp] *s* bagno, trzęsawisko; *vt* zanurzyć, pogrążyć

swan [swon] *s zool.* łabędź

sway [sweɪ] *vt vi* kołysać (się); przechylać (się); wahać się

* **swear** [sweə(r)], **swore** [swɔ(r)], **sworn** [swɔn] *vi* przysięgać (**by sth** na coś); kląć (**at sb, sth** na kogoś, na coś)

sweat [swet] *s pot*, pocenie się; trud; *vi* pocić się; trudzić się *vt* wywoływać poty

sweat·er [`swetə(r)] *s* sweter

Swede [swid] *s* Szwed

Swed·ish [`swidɪʃ] *adj* szwedzki; *s* język szwedzki

* **sweep** [swip] **swept, swept** [swept] *vt* zamiatać; przesuwać; *vi* wędrować, przebiegać; *s* zamiatanie; rozmach

sweet [swit] *adj* słodki; delikatny; miły; melodyjny; **it's <how> ~ of you** to miło z twojej strony; *s* cukierek; deser; kochana osoba; *pl* **~s** słodycze; rozkosze

sweet·en·er [`switənə(r)] *s* słodzik

sweet·heart [`swithɑt] *s* kochana osoba, kochanie

* **swell** [swel], **swelled** [sweld], **swollen** [`swəʊlən] *vi* puchnąć, nabrzmiewać; wzbierać; wzmagać się; *vt* powiększać; wzmagać; *s* nabrzmienie, obrzęk; wzmaganie się

swell·ing [`swelɪŋ] *s* nabrzmienie, obrzęk, opuchlina; wypukłość

swept *zob.* **sweep**

swift [swɪft] *adj* szybki, prędki; *adv* szybko, prędko

* **swim** [swɪm], **swam** [swæm], **swum** [swʌm] *vi* pływać, płynąć; kręcić się (w głowie); *vt* przepłynąć; *s* pływanie

swim·ming-pool [`swɪmɪŋ pul] *s* basen pływacki, pływalnia

swine [swɑɪn] *s* świnia

* **swing** [swɪŋ], **swung, swung** [swʌŋ] *vt vi* kołysać (się), huśtać (się); zakręcać; wymachiwać; *s* kołysanie; rozmach; huśtawka

Swiss [swɪs] *adj* szwajcarski; *s* Szwajcar

switch [swɪtʃ] *s* wyłącznik; *vt elektr.* połączyć; porwać; **~ off** wyłączyć (światło, prąd itp.); **~ on** włączyć (światło); połączyć (telefonicznie); **~ over** przełączyć

switch-board [`swɪtʃbɔd] *s* tablica rozdzielcza

swol·len *zob.* **swell**

swoon [swun] *s* omdlenie; *vi* (*także* **~ away**) zemdleć

sword [sɔd] *s* miecz, szabla, szpada

swore *zob.* **swear**

sworn *zob.* **swear**

swum *zob.* **swim**

swung *zob.* **swing**

syl·la·ble [`sɪləbl] *s* zgłoska, sylaba

syl·la·bus [`sɪləbəs] *s* (*pl* **syllabi** [`sɪləbaɪ] *lub* **~es**) kompendium, konspekt; program studiów, spis wykładów

sym·me·try [`sɪmɪtrɪ] *s* symetria

sym·pa·thize [`sɪmpəθaɪz] *vi* współczuć, sympatyzować; wzajemnie się rozumieć

sym·pa·thy [`sɪmpəθɪ] *s* współczucie, sympatia; wzajemne zrozumienie; **letter of ~** list kondolencyjny; **in ~** na znak współczucia

sym·pho·ny [`sɪmfənɪ] *s* symfonia

symp·tom [`sɪmptəm] *s* symptom, objaw

syn·a·gogue [`sɪnəgog] *s* synagoga

syr·inge [sɪ`rɪndʒ] *s* strzykawka; *vt* wstrzykiwać, przepłukać strzykawką

syr·up [`sɪrəp] *s* syrop

sys·tem [`sɪstəm] *s* system; metoda; organizm (człowieka); ustrój

sys·tem·at·ic ['sɪstə`mætɪk] *adj* systematyczny

T

table [`teɪbl] *s* stół; tablica, tabela; płyta; **at ~** przy stole; *mat.* **multiplication ~** tabliczka mnożenia; **~ of contents** spis rzeczy

table·cloth [`teɪbl kloθ] *s* obrus

tab·let [`tæblət] *s* tabliczka; tabletka, pastylka

tack [tæk] *s* sztyft, pinezka

tack·le [`tækl] *vt* borykać się (**sb, sth** z kimś, czymś); uporać się; przystąpić (**sth** do czegoś); *s* sprzęt (*zw. rybacki*)

tact·ful [`tæktfl] *adj* taktowny

tac·ti·cal [`tæktɪkl] *adj* taktyczny; zręczny

tac·tics [`tæktɪks] *s* taktyka

tact·less [`tæktləs] *adj* nietaktowny

tag [tæg] *s* uchwyt; ucho (buta); pętelka; przyczepiona kartka, nalepka

tail [teɪl] *s* ogon; warkocz (długi); tył

tail-coat [`teɪl kəʊt] *s* frak

tai·lor [`teɪlə(r)] *s* krawiec

* **take** (teɪk] , **took** [tʊk], **taken** [`teɪkən] *vt* brać, przyjmować; spożywać (pokarm), zażywać (lekarstwo); uważać; wsiadać (do pociągu, tramwaju); zdejmować, robić zdjęcie (foto-

grafìczne); pochwycić, zająć; zarazić się, dostać (kataru, gorączki itd.); obrać (kurs, drogę); **to ~ account** wziąć pod uwagę, uwzględnić (**of sth** coś); **to ~ advantage** wykorzystać (**of sth** coś); **to ~ sb's advice** zasięgnąć czyjejś rady; **to ~ the air** zaczerpnąć powietrza, odetchnąć; **to ~ care** troszczyć się (**of sth** o coś) **to ~ a fancy** znaleźć upodobanie, polubić (**to sth** coś); **to ~ hold** pochwycić (**of sth** coś); **to be ~n ill** zachorować; **to ~ interest** interesować się (**in sth** czymś); **~ it easy** nie przejmuj się, nie wysilaj się; **to ~ liberties** pozwalać sobie, nie krępować się (**with sb, sth** kimś, czymś); **to ~ part** brać udział; **to ~ a picture <a photograph>** zrobić zdjęcie; **to ~ place** odbywać się; **to ~ pleasure** znajdować przyjemność; **it ~s time** na to trzeba trochę czasu; **to ~ trouble** zadawać sobie trud, robić sobie kłopot; *z przysłówkami i przyimkami:* **~ aback** zaskoczyć, przerazić; **~ after** kształtować się według, upodabniać się do; **~ away** zabrać, uprowadzić; **~ down** zdjąć, zerwać; poniżyć; zapisać; zdemontować; **~ for** uważać za; **to ~ for granted** uważać ze rzecz oczywistą, przesądzać; **~ off** zdjąć; zabrać; odjąć; usunąć; naśladować; odbić się (od ziemi, wody); *lotn.* startować; **~ on** przybrać; przyjąć; wziąć na siebie; podjąć się; **~ out** wyjąć; wyprowadzić

taken *zob.* **take**

take-off [ˋteɪk ɔf] *s* naśladownictwo; parodia; *lotn.* start

tale [teɪl] *s* opowiadanie; bajka; **fairy ~s** bajki

tal·ent [ˋtælənt] *s* talent, uzdolnienie

talk [tɔk] *vt vi* mówić, rozmawiać, gadać; **to ~ big** chwalić się; **~ into sth** namówić do czegoś; **~ over** omówić; **~ round** omówić wyczerpująco; przekonać; **to ~ sense** mówić do rzeczy; **to ~ shop** mówić o sprawach zawodowych; *s* rozmowa, gadanie, pogadanka; **small ~** rozmowa o niczym

talk·a·tive [ˋtɔkətɪv] *adj* gadatliwy

tall [tɔl] *adj* wysoki, wysokiego wzrostu; *pot.* nieprawdopodobny; przesadny

tam·per [ˋtæmpə(r)] *vi* wtrącać się (**with sth** do czegoś); dobierać się; manipulować

tan [tæn] *s* opalenizna; *vt* opalać (się)

tank [tæŋk] *s* basen, cysterna; *wojsk.* czołg; *vt* tankować

tap 1. [tæp] *s* kran; kurek; *vt* puszczać płyn (kurkiem), czerpać (ze źródła); podsłuchiwać rozmowę telefoniczną

tap 2. [tæp] *vt vi* pukać, lekko stukać (**at the door** do drzwi); *s* pukanie, lekkie uderzenie

tape [teɪp] *s* wstążka, taśma; *przen.* **red ~** biurokracja; *vt* związać taśmą; **~deck** magnetofon bez wzmacniacza

tape-re·cord·er [`teɪp rɪkɔdə(r)] *s* magnetofon

tap·es·try [`tæpɪstrɪ] *s* dekoracyj-ne obicie, gobelin

tar [tɑ(r)] *s* smoła

tar·get [`tɑgɪt] *s* tarcza, cel

tar·iff [`tærɪf] *s* taryfa, system ceł

tart [tɑt] *s* ciastko <placek> z owocami

task [tɑsk] *s* zadanie, praca, zajęcie; **to set a ~** dać zadanie (**sb** komuś); **to take to ~** zrobić wymówkę (**sb** komuś)

taste [teɪst] *s* smak; zamiłowanie; *vt vi* próbować (smaku); smakować; mieć smak (**of sth** czegoś); zaznawać, czuć smak

taste·ful [`teɪstfl] *adj* gustowny

taste·less [teɪstləs] *adj* niesmaczny; niegustowny

tast·y [`teɪstɪ] *adj* smaczny

taught *zob.* **teach**

tav·ern [`tævn] *s* tawerna, karczma

tax [tæks] *s* podatek (państwowy); cło; ciężar; *vt* szacować; obciążać (podatkiem, cłem itp.); obarczać ciężarem, przemęczać

tax·i [`tæksɪ] *s* taksówka; *vi* jechać taksówką

tax·i-cab [`tæksɪ kæb] *s* taksówka

tea [ti] *s* herbata; herbatka (przyjęcie); podwieczorek

* **teach** [titʃ], **taught, taught** [tɔt] *vt* uczyć (**sb sth** kogoś czegoś)

teach·er [`titʃə(r)] *s* nauczyciel

tea·cup [`ti kʌp] *s* filiżanka do herbaty

team [tim] *s* zaprzęg; zespół, drużyna; *vt* zaprzęgać; *vi* **~ up** zespolić się (do wspólnej pracy), pracować zespołowo

tea-pot [`tipot] *s* imbryk, czajniczek

tear 1. [tɪə(r)] *s* łza

* **tear 2.** [teə(r)], **tore** [tɔ(r)], **torn** [tɔn] *vt vi* rwać (się), szarpać, drzeć (się); **~ open** rozerwać; **~ out** wyrwać; **~ up** porwać, wyrwać; rozkopać; *s* rozdarcie, pęknięcie

tease [tiz] *vt* drażnić, docinać (**sb** komuś)

tea-spoon [`tispun] *s* łyżeczka do herbaty

tech·nique [tek`nik] *s* technika, sprawność, sposób wykonywania

tech·nol·o·gy [tek`nolədʒɪ] *s* technologia; technika

ted·dy-bear [`tedɪ beə(r)] *s* miś (zabawka)

te·di·ous [`tidɪəs] *adj* nudny, męczący

teen-ag·er [`tineɪdʒə(r)] *s* nastolatek

teens [tinz] *s pl* wiek od 13 do 19 lat; **to be in one's ~** mieć naście lat

teeth *zob.* **tooth**

tee·to·tal·ler [ti`təotlə(r)] *s* abstynent

tel·e·disk [`telɪdɪsk] teledysk

tel·e·gram [`telɪgræm] *s* telegram

tel·e·graph [`telɪgraf] *s* telegraf; *vt vi* telegrafować

tel·e·news [`telɪ'nuz] *s* telegazeta

tel·e·phone [`teləfəon] *s* telefon; **by ~** telefonicznie; *vt vi* telefonować

tel·e·view·er [`telɪvjuə(r)] *s* telewidz

tel·e·vise [`telɪvaɪz] *vt* nadawać w telewizji <drogą telewizyjną>

tel·e·vi·sion [`telɪvɪʒn] *s* telewizja; **~ set** telewizor; **cable TV** telewizja kablowa

tel·ex [`teləks] *s* dalekopis, teleks

* **tell** [tel] , **told, told** [təold] *vt vi* mówić, opowiadać; poznawać, odróżniać; kazać (**sb to do sth** komuś coś zrobić); mieć znaczenie; **~ over** opowiedzieć na nowo; przeliczyć

tell·er [`telə(r)] *s* narrator; kasjer (bankowy)

tell·y [`telɪ] *s pot.* telewizja

tem·per [`tempə(r)] *s* usposobienie, nastrój; irytacja; opanowanie; **to get into a ~** wpaść w złość; **to lose one's ~** stracić panowanie nad sobą, rozgniewać się

tem·per·a·ment [`temprəmənt] *s* temperament, usposobienie

tem·per·ate [`temprət] *adj* umiarkowany, trzeźwy

tem·per·a·ture [`temprətʃə(r)] *s* temperatura; **to take one's ~** zmierzyć komuś gorączkę

tem·ple 1. [`templ] *s* świątynia

tem·ple 2. [`templ] *s anat.* skroń

tem·po [`tempəo] *s* tempo

tem·po·rar·y [`temprərɪ] *adj* tymczasowy, przejściowy

tempt [tempt] *vt* kusić, wabić; **to be ~ed** być skłonnym, mieć ochotę (**to do sth** coś zrobić)

temp·ta·tion [temp`teɪʃn] *s* pokusa, kuszenie

ten [ten] *num* dziesięć

te·nac·i·ty [tə`næsətɪ] *s* trwałość, wytrzymałość, uporczywość

tend 1. [tend] *vi* zmierzać, dążyć; skłaniać się

tend 2. [tend] *vt* pilnować, strzec; pielęgnować (chorego)

tend·en·cy [`tendənsɪ] *s* tendencja, kierunek, skłonność

ten·der [`tendə(r)] *adj* łagodny, czuły; młodociany

ten·nis [`tenɪs] *s sport* tenis

tense 1. [tens] *s gram.* czas

tense 2. [tens] *adj* napięty

ten·sion [`tenʃn] *s* napięcie, naprężenie

tent [tent] *s* namiot; *vt* nakryć namiotem; *vi* obozować pod namiotem

ten·ta·tive [`tentətɪv] *adj* próbny; *s* próba; propozycja

tenth [tenθ] *adj* dziesiąty; *s* dziesiąta (część)

tep·id [`tepɪd] *adj* letni, ciepławy

term [tɜm] *s* termin; semestr (akademicki); kadencja (sądowa, urzędowa itp.); termin, wyraz fachowy; (*zw. pl* **~s**) stosunek; warunek; **to be on good ~s** być w dobrych stosunkach; **to be on speaking ~s with sb** znać się z kimś powierzchownie; *vt* określać, nazywać

ter·mi·nal [`tɜmɪnl] *adj* końcowy; *s* kres, koniec; stacja końcowa; terminal; dworzec lotniczy

ter·race [`terəs] *s* taras

ter·ri·ble [`terəbl] *adj* straszny, okropny

ter·rif·ic [tə`rɪfɪk] *adj* straszliwy, budzący strach; *pot.* cudowny, wspaniały

ter·ri·fy [`terɪfaɪ] *vt* napędzić strachu, przerazić

ter·ri·to·ry [`terɪtrɪ] *s* terytorium

ter·ror [`terə(r)] *s* terror, groza, przerażenie

test [test] *s* próba, test, egzamin; *vt* próbować, badać (**for sth** na coś)

tes·ti·fy [`testɪfaɪ] *vt vi* świadczyć (**to sth** o czymś); deklarować (się); stwierdzać

text [tekst] *s* tekst; **~ marker** flamaster

text-book [`tekstbʊk] *s* podręcznik

tex·tile [`tekstaɪl] *adj* tekstylny; *s* wyrób tekstylny

tex·ture [`tekstʃə(r)] *s* tkanina; struktura

than [ðæn; ðən] *conj* niż, aniżeli

thank [θæŋk] *vt* dziękować; *s* (*zw. pl* **~s**) dzięki, podziękowanie; *praep* **~s to** ... dzięki ..., zawdzięczając ... **~ you** dziękuję Panu <Pani, Państwu>

thank·ful [`θæŋkfl] *adj* wdzięczny

that [ðæt] *pron* (*pl* **those** [ðəʊz]) ów, tamten; który, którzy; *conj* że; ażeby

thaw [θɔ] *vi* tajać, topnieć; *vt* topić, roztapiać; *s* odwilż

the [ðə *przed samogłoską, w pozycji akcentowanej*: ðɪ] rodzajnik *<przedimek> określony*: **what was ~ result?** jaki był wynik?; **~ best way** najlepszy sposób; *w funkcji zaimka wskazującego:* **call ~ man** zawołaj tego człowieka; *adv przed przymiotnikiem lub przysłówkiem w comp*: **all ~ better** tym lepiej: **~ shorter ~ days ~ longer ~ nights** im krótsze dni, tym dłuższe noce

the·a·tre [`θɪətə(r)] *s* teatr

theft [θeft] *s* kradzież

their [ðeə(r)] *adj* ich

theirs [ðeəz] *pron* ich

them *zob.* **they**

them·selves [ðm`selvz] *pron* oni sami, ich samych, się, sobie, siebie

then [ðen] *adv* wtedy; następnie; zresztą; *conj* a więc, zatem; **but ~** ale przecież; **by ~** już przedtem; **now ~** otóż; *adj attr* ówczesny

the·olo·gy [θɪ`olədʒɪ] *s* teologia

the·o·ret·i·cal [θɪə`retɪkl] *adj* teoretyczny

the·o·ry [`θɪərɪ] *s* teoria; przypuszczenie

ther·a·pist [`θerəpɪst] *s* terapeuta

there [ðeə(r), ðə(r)] *adv* tam; **~ is, ~ are** jest, są; istnieje, istnieją; **from ~** stamtąd; **over ~** tam, po drugiej stronie; *int* no!, otóż to!; **~ now!** otóż to!; *s* to miejsce; ta miejscowość

there·fore [`ðeəfɔ(r)] *adv* dlatego (też)

ther·mom·e·ter [θə`momɪtə(r)] *s* termometr

ther·mos [`θɜmos] *s* termos

these *zob.* **this**

they [ðeɪ] *pron* oni, one; (*przypadek zależny*) **them** [ðem, ðəm, əm]) im, ich, je

they'd [ðeɪd] = **they had; they should; they would**

they'll [ðeɪl] = **they shall; they will**

they're [ðeə(r)] = **they are**

they've [ðeɪv] = **they have**

thick [θɪk] *adj* gruby, tłusty; gęsty; tępy

thief [θif] *s* (*pl* **thieves** [θivz]) złodziej

thieves *zob.* **thief**

thigh [θɑɪ] *s anat.* udo

thin [θɪn] *adj* cienki; szczupły; rzadki; *vt* rozcieńczyć; pomniejszyć; zwęzić; *vi* (*także* ~ **away,** ~ **down**) zeszczupleć, zrzednąć

thing [θɪŋ] *s* rzecz, sprawa, przedmiot; istota; *pl* **~s poor (little) ~!** biedactwo!; **all ~s English** wszystko to, co angielskie; **how are ~s (going)?** co słychać; **I don't feel quite the ~** nie czuję się dobrze, marnie się czuję; **that's the ~** o to chodzi, w tym rzecz; **for one ~** po pierwsze

* **think** [θɪŋk], **thought, thought** [θɔt] *vi* myśleć (**about, of sth** o czymś), sądzić; *vt* mieć na myśli; uważać; **to ~ no harm** nie mieć na myśli nic złego; **to ~ sb silly** uważać kogoś za głupca; **~ out** wymyślić; przemyśleć do końca; **~ over** obmyślić; rozważyć ponownie; **~ through** przemyśleć

think·ing [ˋθɪŋkɪŋ] *s* myślenie; zdanie, opinia

third [θɜd] *adj* trzeci

third·ly [ˋθɜdlɪ] *adv* po trzecie

thirst·y [ˋθɜstɪ] *adj* spragniony, pragnący

thir·teen ['θɜˋtin] *num* trzynaście

thir·teenth ['θɜˋtinθ] *adj* trzynasty

thir·ti·eth [ˋθɜtɪəθ] *adj* trzydziesty

thir·ty [ˋθɜtɪ] *num* trzydzieści; **the thirties** lata trzydzieste

this [ðɪs] *pron* (*pl* **these** [ðiz]) ten, ta, to; **~ morning <evening>** dziś rano <wieczór>; **~ way** tędy

thor·ough [ˋθʌrə] *adj* całkowity, gruntowny

thor·ough·ly [ˋθʌrəlɪ] *adv* gruntownie

those *zob.* **that**

though [ðəʊ] *conj* chociaż; **as ~** jak gdyby; *adv* jednak, przecież

thought 1. *zob.* **think**

thought 2. [ðɔt] *s* myśl; namysł; pomysł; zamiar; **on second ~s** po rozważeniu, po namyśle; **he had no ~ of ...** nie miał wcale zamiaru ...

thou·sand [ˋθaʊznd] *num* tysiąc

thou·sandth [ˋθaʊznθ] *adj* tysięczny; *s* tysięczna część

thread [θred] *s* nić; wątek (opowiadania, rozmowy itp.); *vt* nawlekać

threat [θret] *s* groźba

threat·en [ˋθretn] *vt* grozić; *vi* zagrażać

three [θri] *num* trzy; *s* trójka

threw *zob.* **throw**

thrift·y [ˋθrɪftɪ] *adj* oszczędny, gospodarny

thrill [θrıl] *s* dreszcz, drżenie; *vt* przejmować dreszczem, mocno wzruszać; *vi* drżeć, dygotać

thrill·er [`θrılə(r)] *s* sensacyjny film; przejmująca sztuka <powieść>, dreszczowiec

throat [θrəʊt] *s* gardło; gardziel; **sore ~** ból gardła; **to clear one's ~** odchrząknąć

through [θru] *praep* przez, poprzez; z powodu, dzięki; *adv* na wskroś, dokładnie; **~ and ~** całkowicie, najzupełniej; **to be ~** skończyć (**with sb, sth** z kimś, czymś); **to get ~** przebyć; doprowadzić do końca, skończyć; połączyć się telefonicznie; *adj* bezpośredni, tranzytowy; **a ~ train to ...** pociąg bezpośredni do ...

through·out [θru`aʊt] *praep* przez, poprzez; **~ his life** przez całe jego życie; *adv* wszędzie; od początku do końca; pod każdym względem

* **throw** [θrəʊ] , **threw** [θru], **thrown** [θrəʊn] *vt* rzucać, narzucać; **to ~ a glance** rzucić okiem (**at sb** na kogoś); **~ away** odrzucać, wyrzucać; **~ down** porzucić, zrzucić, obalić; **~ in** wrzucić, wtrącić; **~ off** zrzucić; pozbyć się (**sth** czegoś); **~ on** narzucić, nałożyć; **~ open** rozewrzeć, szeroko otworzyć; **~ out** wyrzucić, wypędzić; **~ over** porzucić; przewrócić; **~ up** podrzucić; porzucić, zrezygnować; zwymiotować; *s* rzut; obalenie

thru [θru] *am.* = **through**

thumb [θʌm] *s* kciuk; **rule of ~** praktyczna zasada; **~s up!** brawo!; *vt* wertować; brzdąkać

thun·der [`θʌndə(r)] *s* grzmot; *vi* grzmieć; *vt* ciskać np. groźbę)

thun·der·bolt [`θʌndə bəʊlt] *s* piorun, grom

thun·der·storm [`θʌndə stɔm] *s* burza z piorunami

Thurs·day [`θɜzdı] *s* czwartek

thus [ðʌs] *adv* tak, w ten sposób; **~ far** dotąd; do tego stopnia

tick [tık] *vt vi* (*o zegarze*) tykać; robić znak kontrolny; odfajkować; *s* tykanie; znak kontrolny; chwilka

tick·et [`tıkıt] *s* bilet, karta wstępu; mandat drogowy, znaczek

tick·le [`tıkl] *vt* łaskotać; zabawiać; *vi* swędzić; *s* łaskotanie

tide [taıd] *s* przypływ i odpływ morza; prąd, bieg; *przen.* fala; pora, czas

ti·dy [`taıdı] *adj* czysty, schludny, porządny; *vt* (*także* **~ up**) doprowadzić do porządku, oczyścić

tie [taɪ] *s* więź, węzeł; krawat; sznurowadło; *sport* remis; *vt* (*ppraes* **tying**) wiązać, łączyć

ti·ger [ˋtaɪgə(r)] *s zool.* tygrys

tight [taɪt] *adj* napięty; obcisły, ciasny; szczelny; *s pl* **~s** trykoty; rajstopy; *adv* ciasno, szczelnie

till [tɪl] *praep* do, aż do; *conj* aż, dopóki nie

time [taɪm] *s* czas, pora; termin; tempo; takt; **a long ~ ago** dawno temu; **at a ~** naraz; **at ~s** czasami; **at one ~** swego czasu, niegdyś; **at the same ~** równocześnie; pomimo tego; **for the ~ being** na razie, chwilowo; **in due ~** we właściwym czasie, w porę; **in ~** na czas; w takt, do taktu; **in no ~** wkrótce, zaraz, natychmiast; **many a ~** niejednokrotnie; **many ~s** wielokrotnie, często; **most of the ~** przeważnie; najczęściej; **once upon a ~** pewnego razu; dawno temu; **some ~ or other** kiedyś tam (w przyszłości), przy sposobności; **~ after ~** raz za razem; **~ and again** od czasu do czasu; **~ is up** czas upłynął; **to have a good ~** dobrze się bawić; używać sobie; **to take one's ~** nie spieszyć się; **what ~ is it?, what is the ~?** która godzina?; *vt* wyznaczać według czasu, dostosować do czasu; określać czas, regulować; zrobić w odpowiedniej chwili; *vi* dostosowywać się, dotrzymywać kroku (**with sb, sth** komuś, czemuś); *adj praed* czasowy; terminowy

time·serv·er [ˋtaɪm sɜvə(r)] *s* oportunista

time-ta·ble [ˋtaɪm teɪbl] *s* rozkład zajęć; rozkład jazdy

time-work [ˋtaɪm wɜk] *s* praca dniówkowa

tim·id [ˋtɪmɪd] *adj* bojaźliwy, nieśmiały

tin [tɪn] *s* cyna, blacha; puszka konserwowa

tin·ned [tɪnd] *pp zob.* **tin**; *adj* konserwowy; **~ food** artykuły żywnościowe w konserwach

tin-opener [ˋtɪn əʊpnə(r)] *s* klucz do konserw

ti·ny [ˋtaɪnɪ] *adj* drobny, bardzo mały

tip 1. [tɪp] *s* koniuszek; szpic (np. buta); skuwka; **on the ~ of one's tongue** na końcu języka; *vt* obić, okuć

tip 2. [tɪp] *vt vi* dotknąć; przechylić (się); skinąć; dać napiwek; *s* przechylenie; aluzja, wskazówka; napiwek

tip·top ['tɪp `top] *s pot.* szczyt doskonałości; *adj* doskonały, pierwszorzędny

tire 1. [`taɪə(r)] *vt vi* męczyć (się); **to be ~d of sth** mieć czegoś dosyć; **to be <get> ~d** zmęczyć się (**of sth** czymś)

tire 2. [`taɪə(r)] *s* obręcz (koła); opona; guma (rowerowa); *vt* nałożyć obręcz; nałożyć oponę <gumę>

tire·some [`taɪəsm] *adj* męczący; nudny

'tis [tɪz] = **it is**

ti·tle [`taɪtl] *s* tytuł

to [tu, tə] *praep* (*kierunek*) do, ku; (*granica przestrzeni lub czasu*) aż, do, po; (*zgodność*) ku, według; **to a man** do ostatniego człowieka; **to my mind** według mnie; **to perfection** doskonale; **to this day** po dzień dzisiejszy; **to the right** (w kierunku) na prawo; (*porównanie*) od, niż: **inferior to me** niższy (np. służbowo) ode mnie; (*stosunek*) dla, na, wobec: **he has been very good to me** był dla mnie bardzo dobry; ku: **to my surprise** ku memu zdziwieniu; *cel:* **man eats to live** człowiek je, ażeby żyć; kwalifikator bezokolicznika: **to see** widzieć

toast [təʊst] *s* grzanka, tost; toast; *vt* przypiekać; wznosić toast (**sb** na czyjąś cześć); **~er** opiekacz

to·bac·co [tə`bækəʊ] *s* tytoń

to·day [tə`deɪ] *adv* dziś; *s* dzień dzisiejszy

toe [təʊ] *s* palec u nogi; **from top to ~** od stóp do głów

to·geth·er [tə`geðə(r)] *adv* razem; na raz; **for weeks ~** całymi tygodniami; **to get ~** zbierać (się)

toil·et [`tɔɪlət] *s* toaleta

to·ken [`təʊkən] *s* znak; pamiątka; bon; żeton

told *zob.* **tell**

tol·er·ate [`toləreɪt] *vt* tolerować, znosić

toll [təʊl] *s* myto, opłata

to·ma·to [tə`mɑtəʊ] *s* pomidor

tomb [tum] *s* grobowiec; grób

to·mor·row [tə`morəʊ] *adv* jutro; *s* dzień jutrzejszy; **the day after ~** pojutrze

tongs [toŋz] *s pl* szczypce, obcęgi

tongue [tʌŋ] *s* język, mowa; **mother ~** język ojczysty; **to hold one's ~** trzymać język za zębami

ton·ic [`tonɪk] *adj* wzmacniający; *s* tonik, środek wzmacniający

to·night [tə`nait] *adv* dziś w nocy <wieczorem>; *s* dzisiejsza noc, dzisiejszy wieczór

ton·sil [`tonsɪl] *s anat.* migdał

too [tu] *adv* także, w dodatku; doprawdy; wielce, bardzo, aż nadto; **all ~** aż nadto; **none ~ good** niezbyt dobry, nieszczególny; **I'm only ~ glad** jestem bardzo rad

took *zob.* **take**

tool [tul] *s* narzędzie

toot [tut] *s* dźwięk (rogu, klaksonu itp.), sygnał; *vt vi* dąć w róg, buczeć

tooth [tuθ] *s* (*pl* **teeth** [tiθ]) ząb; **~ and nail** energicznie, zawzięcie

tooth·ache [`tuθeɪk] *s* ból zębów

tooth-brush [`tuθbrʌʃ] *s* szczoteczka do zębów

tooth-paste [`tuθpeɪst] *s* pasta do zębów

top [top] *s* szczyt, najwyższy punkt; wierzch, powierzchnia; *adj attr* górny, szczytowy; *vt vi* pokrywać od góry; wznosić się; przewyższać

top·ic [`topɪk] *s* przedmiot, temat

top·most [`topməʊst] *adj* najwyższy

top·ple [`topl] *vt* (*także* **~ down** <**over**> powalić; *vi* zwalić się

top·sy-tur·vy ['topsɪ `tɜvi] *adv* do góry nogami; *adj* przewrócony do góry nogami

torch [tɔtʃ] *s* pochodnia; latarka elektryczna

tore *zob.* **tear 2.**

torn *zob* **tear 2.**

tor·na·do [tɔ`neɪdəʊ] *s* tornado

tor·rent [`torənt] *s* potok (rwący); ulewa

tor·toise [`tɔtəs] *s zool.* żółw

tor·ture [`tɔtʃə(r)] *adj* tortury, męczarnia; *vt* torturować, dręczyć; przekręcać (np. słowa)

toss [tos] *vt* rzucać w górę, potrząsać; niepokoić; *s* rzucanie, rzut; potrząsanie

to·tal [`təʊtl] *adj* całkowity, totalny; *s* suma globalna; *vt vi* sumować; wynosić w całości

touch [tʌtʃ] *vt vi* dotknąć; poruszyć, wspominać (**on, upon sth** coś); wzruszyć; (*także* **~ off**) zarysować; *s* dotyk; kontakt; pociągnięcie (np. pędzlem); posmak; **to get in ~** skontaktować się; **to keep in ~** utrzymywać kontakt

touch·ing [`tʌtʃɪŋ] *adj* wzruszający; *praep* odnośnie do, co się tyczy

touch·y [`tʌtʃɪ] *adj* drażliwy

tough [tʌf] *adj* twardy, oporny, trudny

tour [tʊə(r)] *s* podróż (*zw.* okrężna), objazd; wycieczka; **on ~** w podróży

tour·ism [ˋtʊərɪzm] *s* turystyka

tour·ist [ˋtʊərɪst] *s* turysta

tow [təʊ] *vt* holować, ciągnąć na linie; *s* lina do holowania; **to take in ~** wziąć na hol

to·ward(s) [tʊˋwɔdz] *praep* ku, w kierunku; w stosunku do; (*o czasie*) pod, około; na; **~ expenses** na wydatki

tow·el [ˋtaʊəl] *s* ręcznik (z materiału, papieru itd.); **sanitary ~** *bryt.* podpaska higieniczna

tow·er [ˋtaʊə(r)] *s* wieża; baszta; *vi* wznosić się; piętrzyć się

town [taʊn] *s* miasto; **out of ~** na prowincji, (wyjechać itd.) z miasta, za miasto, na wieś

toy [tɔɪ] *s* zabawka; *vi* bawić się; igrać

trace [treɪs] *s* ślad; *vt* śledzić; iść śladem; szkicować, kreślić; **~ back** wywodzić (**sth to sth** coś od czegoś)

track [træk] *s* ślad; ścieżka, szlak; tor (kolejowy, wyścigowy); **the beaten ~** utarty szlak; **to leave <to come off> the ~** wykoleić się; **to lose ~** zgubić się (**of sth** w czymś); stracić kontakt (**of sb, sth** z kimś, czymś); *vt* śledzić; znaczyć śladami; **~ down <out>** wyśledzić

trade [treɪd] *s* rzemiosło; handel; przemysł (budowlany, hotelowy itd.); branża, zawód; **home <foreign> ~** handel wewnętrzny <zagraniczny>; **~ mark** ochronny znak fabryczny; **~ union** związek zawodowy; *vi* handlować (**in sth** czymś; **with sb** z kimś)

tra·di·tion [trəˋdɪʃn] *s* tradycja

traf·fic [ˋtræfɪk] *s* komunikacja; ruch uliczny; transport; **~ (control) lights** światła regulujące ruch uliczny; **~ regulations** przepisy drogowe

trag·e·dy [ˋtrædʒədɪ] *s* tragedia

train [treɪn] *s* pociąg; sznur (ludzi, wozów); orszak; *vt vi* trenować, uczyć (się); kształcić, zaprawiać (**for sth** do czegoś)

train·er [ˋtreɪnə(r)] *s* trener, instruktor

train·ing [ˋtreɪnɪŋ] *s* trening, ćwiczenia, tresura

trai·tor [ˋtreɪtə(r)] *s* zdrajca

tram [træm] *s* tramwaj

tramp[træmp]*vt vi* włóczyć się; deptać; *s* włóczęga, łazik; wędrówka

trans·ac·tion [trænˋzækʃn] *s* transakcja

trans·fer [træns`fɜ(r)] *vt vi* przenosić (się); przekazywać; przewozić; przesiadać się; *s* [`trænsfɜ(r)] przeniesienie; przewóz; przekazanie; przelew

trans·form [træns`fɔm] *vt* przekształcać

trans·fu·sion [træns`fjuʒn] *s* transfuzja

tran·sit [`trænsɪt] *s* tranzyt; przejazd

tran·si·tion [træn`zɪʃn] *s* przejście; okres przejściowy

trans·late [træns`leɪt] *vt* tłumaczyć (**into English** na angielski)

trans·la·tion [træns`leɪʃn] *s* tłumaczenie

trans·la·tor [træns`leɪtə(r)] *s* tłumacz

trans·mis·sion [trænz`mɪʃn] *vt* transmisja

trans·mit [trænz`mɪt] *vt* przekazywać, doręczać; przenosić; transmitować

trans·par·ent [træn`spærnt] *adj* przeźroczysty

trans·plant [træns`plɑnt] *vt* przesadzać, przenosić, przeszczepiać

trans·port [træn`spɔt] *vt* transportować, przewozić; porwać, zachwycić, unieść; *s* [`trænspɔt] transport, przewóz, przeniesienie; zachwyt, poryw, uniesienie

trans·por·ta·tion ['trænspɔ`teɪʃn] *s* transport, przewóz, przeniesienie

trap [træp] *s* pułapka, zasadzka; *przen.* podstęp; *vt* zastawiać pułapkę

trap·per [`træpə(r)] *s* traper

trash [træʃ] *s* tandeta; szmira; bzdury; *am.* śmieci; *am.* hołota

trav·el [`trævl] *vi* podróżować, jeździć, jechać; *s* podróż; **~agency <bureau>** biuro podróży

trav·el·ler, *am.* **trav·el·er** [`trævlə(r)] *s* podróżny; podróżnik; **~'s cheque <check>** czek podróżny

tray [treɪ] *s* taca

treach·er·y [`tretʃərɪ] *s* zdrada

trea·son [`trizn] *s* zdrada; **high ~** zdrada stanu

treas·ure [`treʒə(r)] *s* skarb; *vt* wysoko szacować

treat [trit] *vt* traktować, uważać (**as sth** za coś); rozpatrywać; leczyć (**sb for sth** kogoś na coś); poddawać działaniu; fundować, częstować (**sb to sth** kogoś czymś); gościć, przyjmować; *s* przyjemność, rozkosz; poczęstunek

treat·ment [ˋtritmənt] *s* traktowanie, obchodzenie się; leczenie; **under ~** w leczeniu

trea·ty [ˋtritɪ] *s* traktat, umowa

tree [tri] *s* drzewo

tre·men·dous [trɪˋmendəs] *adj* ogromny, kolosalny; *pot.* wspaniały

trend [trend] *s* skłonność, kierunek, tendencja; *vi* skłaniać się; dążyć (**towards** <**to**> **sth** ku czemuś)

tres·pass [ˋtrespəs] *vi* popełnić przekroczenie, naruszyć (**on** <**upon**> **the law** prawo); zgrzeszyć (**against sth** przeciwko czemuś); wkroczyć (na zakazany teren); nadużyć (**on** <**upon**> **sth** czegoś); *s* przekroczenie; grzech; wina

tres·pass·er [ˋtrespəsə(r)] *s* winny przekroczenia; winowajca

tri·al [ˋtraɪl] *s* próba, doświadczenie; przesłuchanie; rozprawa sądowa; **on ~** na próbę; **to put to ~** poddać próbie

tri·an·gle [ˋtraɪæŋgl] *s* trójkąt

trick [trɪk] *s* figiel, sztuczka, chwyt; lewa (w kartach); **to play a ~** spłatać figla (**on sb** komuś); **to play ~s** pokazywać sztuczki; *vt* podejść, oszukać

tri·fle [ˋtraɪfl] *s* drobnostka, bagatela; *vi* żartować sobie; postępować niepoważnie; *vt* (*zw.* **~ away**) marnować, trwonić

trim [trɪm] *adj* schludny, prawidłowy; *vt* czyścić, porządkować; wyrównywać; przycinać

trip [trɪp] *s* lekki chód; (*krótka*) wycieczka, przejażdżka; *vi* iść drobnym, szybkim krokiem; odbyć krótką podróż

tri·umph [ˋtraɪʌmf] *s* triumf; *vi* triumfować

triv·i·al [ˋtrɪvɪəl] *adj* nieważny, błahy; pospolity, banalny

trol·ley-bus [ˋtrolɪ bʌs] *s* trolejbus

trom·bone [tromˋbəʊn] *s muz.* puzon

troop [trup] *s* grupa, gromadka; oddział wojskowy; *teatr* trupa; *pl* **~s** wojsko

trop·ic [ˋtropɪk] *s* zwrotnik; *adj* tropikalny

trou·ble [ˋtrʌbl] *s* kłopot, trud; zakłócenie; **to ask for ~** szukać kłopotu, narażać się na kłopoty; **to get into ~** popaść w tarapaty; *vt vi* niepokoić (się); przeszkadzać; martwić (się)

trou·ble·some [ˋtrʌblsəm] *adj* niepokojący, kłopotliwy, uciążliwy

trou·sers [ˋtraʊzəz] *s pl* spodnie

trout [traʊt] *s zool.* pstrąg

truck [trʌk] *s* wózek; samochód ciężarowy; *vt* przewozić wózkiem; ładować na wózek

true [tru] *adj* prawdziwy; wierny; zgodny (np. z rzeczywistością); **to come ~** sprawdzić się; **(it's) ~!; quite ~!** słusznie!, racja!

tru·ly [`trulı] *adv* prawdziwie, wiernie; szczerze; rzeczywiście

trump [trʌmp] *s* atut; *vt* przebić atutem; **~up** zmyślić, sfingować

trum·pet [`trʌmpıt] *s* trąbka; trąba; dźwięk trąby; **to blow the ~** grać na trąbce; *vt vi* trąbić

trunk [trʌŋk] *s* pień; tułów; kadłub; trąba słonia; kufer

trunk-call [`trʌŋk kɔl] *s* (telefoniczna) rozmowa międzymiastowa

trunk-road [`trʌŋk rəʊd] *s* główna droga

trust [trʌst] *s* zaufanie, wiara; trust; *vi* ufać, wierzyć (**sb** komuś); pokładać ufność (**in sb** w kimś)

trust·wor·thy [`trʌstwɜðı] *adj* godny zaufania, pewny

truth [truθ] *s* prawda, prawdziwość; wierność

truth·ful [`truθfl] *adj* prawdziwy; prawdomówny

try [traı] *vt* próbować; doświadczać; sądzić (**sb** kogoś, **for sth** za coś); badać; *vi* starać się (**for sth** o coś); usiłować; **~ on** przymierzać; **~ out** wypróbować; *s* próba; usiłowanie

tub [tʌb] *s* wanna

tube [tjub] *s* rura; dętka (roweru, opony); tubka; przewód; *pot.* (*w Londynie*) kolej podziemna, metro

tu·ber·cu·lo·sis [tjuˈbɜkjʊ`ləʊsıs] *s med.* gruźlica

Tues·day [`tjuzdı] *s* wtorek

tug [tʌg] *vt vi* ciągnąć; holować; szarpać

tug·boat [`tʌg bəʊt] *s* holownik

tu·i·tion [tju`ıʃn] *s* szkolenie, nauka; opłata za naukę

tu·lip [`tjulıp] *s bot.* tulipan

tu·mour [`tjumə(r)] *s med.* guz, tumor, nowotwór

tu·na [`tjunə] *s zool.* tuńczyk

tune [tjun] *s* ton; melodia, pieśń; harmonia; *vt vi* harmonizować; stroić; **~ in** nastawić radio (**to a wave** na daną falę); **~ up** nastroić się; zacząć grać, zaintonować; **out of ~** (*o instrumencie*) rozstrojony; (*o dźwięku*) fałszywy

tun·nel [`tʌnl] *s* tunel; przewód, rura

tun·ny [`tʌnı] *s zool.* tuńczyk

Turk [tɜk] *s* Turek

tur·key [`tɜkɪ] *s zool.* indyk

Turk·ish [`tɜkɪʃ] *adj* turecki; *s* język turecki

tur·moil [`tɜmɔɪl] *s* zamieszanie, wrzawa

turn [tɜn] *vt vi* obracać (się), przewracać (się), zwracać (się); zmieniać (się); stawać się; **to ~ the corner** skręcić na rogu (ulicy); **to ~ pale** zblednąć; **to ~ soldier** zostać żołnierzem; *przen. z przysłówkami*: **~ back** odwrócić (się); powrócić; **~ down** zagiąć; odrzucić; obalić; **~ in** wejść; pójść spać; **~ off** odwrócić (się); odkręcić (się); usunąć (się); poniechać; **to ~ off the light** zgasić światło; **~ on** nakręcić; nastawić; **to ~ on the light** zapalić światło, zaświecić; **~ out** wywrócić; wyrzucić; wytrącić; okazać się; **~ over** przewracać; przekazywać; **~ up** wywracać ku górze; podnosić (się); stawać się; zdarzać się; zjawić się; *s* obrót, zwrot; skłonność; kierunek; uzdolnienie; właściwość; kolejność; wyczyn; **it is my ~** teraz na mnie kolej; **at every ~** przy każdej sposobności; **in ~, by ~s** po kolei

turn·ing [`tɜnɪŋ] *s* zakręt, zwrot; **to take a ~** skręcić

turn·ing-point [`tɜnɪŋ pɔɪnt] *s* punkt zwrotny, przesilenie

turn-out [`tɜn ɑʊt] *s* zgromadzenie, publiczność; ekwipunek; produkcja, wydajność

turn·o·ver [`tɜnəʊvə(r)] *s handl.* obrót; zwrot (w stanowisku, poglądach); kapotaż

turn·pike [`tɜnpɑɪk] *s* rogatka, szlaban

tur·tle [`tɜtl] *s zool.* żółw (morski)

tu·tor [`tjutə(r)] *s* korepetytor; wychowawca; kierujący pracą studentów

tux·e·do [tʌk`sidəʊ] *s am.* smoking

'twas [twəz] = **it was**

tweed [twid] *s* tweed

twelfth [twelfθ] *adj* dwunasty

twelve [twelv] *num* dwanaście

twen·ti·eth [`twentɪəθ] *adj* dwudziesty

twen·ty [`twentɪ] *num* dwadzieścia

twice [twɑɪs] *adv* dwa razy

twi·light [`twɑɪlɑɪt] *s* brzask, zmierzch, półmrok

'twill [twɪl] = **it will**

twin [twɪn] *s* bliźniak; *attr* bliźniaczy

twin·kle [`twɪŋkl] *vi* migotać; *s* migotanie

twist [twɪst] *s* skręt, skręcenie; skłonność, nastawienie; (*taniec*) twist; *vt vi* kręcić (się), wić (się); wykręcać; przekręcać; **~ off** odkręcić; **~ up** skręcić, zwinąć

two [tu] *num* dwa; *s* dwójka; **~ and ~, by ~s, in ~s** dwójkami, parami

two·fold [`tufəʊld] *adj* podwójny

type [taɪp] *s* typ; wzór; czcionka, *zbior.* czcionki; druk; **bold ~** tłuste czcionki, tłusty druk; *vt* pisać na maszynie

type·script [`taɪpskrɪpt] *s* maszynopis

type·writ·er [`taɪpraɪtə(r)] *s* maszyna do pisania

type·writ·ten [`taɪp'rɪtn] *adj* napisany na maszynie

ty·phoon [taɪ`fun] *s* tajfun

ty·phus [`taɪfəs] *s med.* tyfus plamisty

typ·i·cal [`tɪpɪkl] *adj* typowy (**of sth** dla czegoś)

typ·ist [`taɪpɪst] *s* maszynistka, osoba pisząca na maszynie

U

ug·ly [`ʌglɪ] *adj* brzydki

U·krain·i·an [jʊ`kreɪnɪən] *adj* ukraiński; *s* język ukraiński

ul·cer [`ʌlsə(r)] *s med.* wrzód

ul·ti·mate [`ʌltɪmət] *adj* ostateczny; podstawowy

um·brel·la [ʌm`brelə] *s* parasol, parasolka

um·pire [`ʌmpaɪə(r)] *s* arbiter; *sport* sędzia; *vt vi* sędziować, rozstrzygać

un·a·ble [ʌn`eɪbl] *adj* niezdolny; **to be ~** nie móc

un·ac·cept·a·ble ['ʌnək`septəbl] *adj* nie do przyjęcia

u·nan·i·mous [ju`nænɪməs] *adj* jednomyślny

un·as·sum·ing ['ʌnə`sjumɪŋ] *adj* bezpretensjonalny, skromny

un·a·void·a·ble ['ʌnə`vɔɪdəbl] *adj* nieunikniony

un·a·ware ['ʌnə`weə(r)] *adj* nieświadomy, nie wiedzący (**of sth** o czymś)

un·a·wares ['ʌnə`weəz] *adv* nieświadomie; niespodziewanie

un·bear·a·ble [ʌn`beərəbl] *adj* nieznośny, nie do wytrzymania

un·be·com·ing ['ʌnbɪ`kʌmɪŋ] *adj* nie na miejscu, nielicujący, niestosowny; **it is ~ of you to ...** nie wypada ci ...

un·be·liev·a·ble ['ʌnbɪ`livəbl] *adj* niewiarygodny, nie do wiary

un·bend ['ʌn`bend] *vt vi* (*formy zob.* **bend**) odgiąć (się), odprężyć (się); wyprostować (się)

un·bent *zob.* **unbend**

un·bound·ed [ʌn`baʊndɪd] *adj* nieograniczony, bezgraniczny

un·bro·ken [ʌn`brəʊkən] *adj* nie złamany, niezłomny; nieprzerwany

un·bur·den [ʌn`bɜdn] *vt* zdjąć ciężar (**sb, sth** z kogoś, czegoś); odciążyć

un·but·ton [ʌn`bʌtn] *vt* rozpiąć

un·can·ny [ʌn`kænɪ] *adj* niesamowity

un·cer·tain [ʌn`sɜtn] *adj* niepewny, wątpliwy

un·civ·il [ʌn`sɪvl] *adj* nieuprzejmy; niekulturalny

un·cle [`ʌŋkl] *s* wuj; stryj

un·com·fort·a·ble [ʌn`kʌmftəbl] *adj* niewygodny, nieprzytulny; nieprzyjemny; czujący się niedobrze <nieswojo>

un·com·mon [ʌn`komən] *adj* niezwykły

un·com·pro·mis·ing [ʌn`komprəmaɪzɪŋ] *adj* bezkompromisowy

un·con·cerned ['ʌnkən`sɜnd] *adj* obojętny, beztroski, nie zainteresowany

un·con·di·tion·al ['ʌnkən`dɪʃnl] *adj* bezwarunkowy

un·con·scious [ʌn`konʃəs] *adj* nieświadomy; nieprzytomny

un·count·a·ble [ʌn`kaʊntəbl] *adj* niezliczony, nie dający się policzyć; *gram.* niepoliczalny

un·de·cid·ed [`ʌndɪ`saɪdɪd] *adj* niezdecydowany

un·de·ni·a·ble ['ʌndɪ`naɪəbl] *adj* niezaprzeczalny

un·der [`ʌndə(r)] *praep* pod, poniżej; według (np. umowy); w trakcie (np. naprawy); *adv* poniżej, u dołu; *adj* poniższy, dolny

un·der·car·riage [`ʌndəkærɪdʒ] *s* podwozie (np. samochodu)

un·der·clothes [`ʌndəkləʊðz] *s pl* **un·der·cloth·ing** [`ʌndəkləʊðɪŋ] *s* bielizna

un·der·de·vel·oped ['ʌndədɪ`veləpt] *adj* niedostatecznie rozwinięty; gospodarczo zacofany

un·der·done ['ʌndə`dʌn] *adj* (*o mięsie*) nie dosmażony

un·der·es·ti·mate ['ʌndər`estɪmeɪt] *vt* nie doceniać

un·der·foot ['ʌndə`fʊt] *adv* pod nogami, u dołu

un·der·go ['ʌndə`gəʊ] *vt* (*formy zob.* **go**) poddać się, doświadczyć, doznać; być poddanym próbie; przechodzić
un·der·grad·u·ate ['ʌndə`grædʒʊət] *s* student
un·der·ground ['ʌndə`graʊnd] *adv* pod ziemią; **the ~ movement** podziemny ruch oporu; *s* [`ʌndəgraʊnd] podziemie; kolej podziemna; metro; *adj* podziemny
un·der·hand ['ʌndə`hænd] *adj* potajemny, skryty, zakulisowy, podstępny; *adv* potajemnie, skrycie
un·der·line ['ʌndə`laɪn] *vt* podkreślać; *s* [`ʌndəlaɪn] podkreślenie; podpis
un·der·mine ['ʌndə`maɪn] *vt* podkopać (fundament, zaufanie itd.)
un·der·most [`ʌndəməʊst] *adj* najniższy, znajdujący się u samego dołu
un·der·neath ['ʌndə`niθ] *praep* pod; *adv* poniżej, u dołu
un·der·paid *zob.* **underpay**
un·der·pay ['ʌndə`peɪ] *vt* (*formy zob.* **pay**) niedostatecznie opłacać, źle wynagradzać
un·der·rate ['ʌndə`reɪt] *vt* nie doceniać
un·der·sign ['ʌndə`saɪn] *vt* podpisać
un·der·stand ['ʌndə`stænd] *vt vi* (*formy zob.* **stand**) rozumieć; słyszeć, dowiadywać się; znać się (**sth** na czymś); **to make oneself understood** porozumieć się; **it is understood** zakłada się; rozumie się samo przez się
un·der·stand·ing ['ʌndə`stændɪŋ] *s* rozum; rozumienie; porozumienie; założenie; *adj* rozumny; wyrozumiały
un·der·state·ment ['ʌndə`steɪtmənt] *s* niedomówienie
un·der·stood *zob.* **understand**
un·der·take ['ʌndə`teɪk] *vt vi* (*formy zob.* **take**) brać na siebie, zobowiązywać się, podejmować się
un·der·tak·er [`ʌndəteɪkə(r)] *s* właściciel zakładu pogrzebowego
un·der·tak·ing ['ʌndə`teɪkɪŋ] *s* przedsięwzięcie; przedsiębiorstwo; zobowiązanie
un·der·took *zob.* **undertake**
un·der·wear [`ʌndəweə(r)] *s* bielizna
un·der·went *zob.* **undergo**
un·der·world [`ʌndəwɜld] *s* świat zmarłych, zaświaty; podziemie (przestępcze)
un·de·sir·a·ble ['ʌndɪ`zaɪərəbl] *adj* niepożądany; *s* człowiek niepożądany

un·did *zob.* **undo**

un·do ['ʌnd`du] *vt* (*formy zob.* **do**) rozewrzeć, otworzyć; rozpuścić; rozpiąć; zniweczyć; skasować

un·doubt·ed [ʌn`dɑʊtɪd] *adj* niewątpliwy

un·dress [ʌn`dres] *vt vi* rozbierać (się); zdejmować opatrunek; *s* strój domowy; negliż

un·eas·y [ʌn`izɪ] *adj* niewygodny; przykry; niespokojny; nieswój

un·em·ployed ['ʌnɪm`plɔɪd] *adj* bezrobotny; nie wykorzystany

un·em·ploy·ment ['ʌnɪm-`plɔɪmənt] *s* bezrobocie

un·end·ing [ʌn`endɪŋ] *adj* nie kończący się, wieczny

un·err·ing [ʌn`ɜrɪŋ] *adj* nieomylny

un·e·ven [ʌn`ivən] *adj* nierówny; nieparzysty

un·fair [ʌn`feə(r)] *adj* nieuczciwy; niesprawiedliwy; (*o grze*) nieprzepisowy

un·faith·ful [ʌn`feɪθfl] *adj* niewierny (**to sb** komuś)

un·fa·mil·iar ['ʌnfə`mɪlɪə(r)] *adj* nie zaznajomiony, nie przyzwyczajony; obcy, nieznany

un·fashion·able [ʌn`fæʃnəbl] *adj* niemodny

un·fa·vour·a·ble [ʌn`feɪvrəbl] *adj* nieprzychylny, niepomyślny

un·feas·i·ble [ʌn`fizəbl] *adj* niewykonalny

un·fit [ʌn`fɪt] *adj* nieodpowiedni, nie nadający się; niezdolny (**for sth** do czegoś)

un·for·get·ta·ble ['ʌnfə`getəbl] *adj* niezapomniany

un·for·giv·able ['ʌnfə`gɪvəbl] *adj* niewybaczalny

un·for·tu·nate [ʌn`fɔtʃʊnət] *adj* niefortunny, nieszczęśliwy

un·found·ed [ʌn`fɑʊndɪd] *adj* bezpodstawny

un·grate·ful [ʌn`greɪtfl] *adj* niewdzięczny

un·hap·py [ʌn`hæpɪ] *adj* nieszczęśliwy; niepomyślny, nieudany

un·harmed [ʌn`hɑmd] *adj* nie uszkodzony, nietknięty, bez szwanku

un·health·y [ʌn`helθɪ] *adj* niezdrowy

un·heard [ʌn`hɜd] *adj* nie słyszany; ~ **of** niesłychany, niebywały

u·ni·form [`junɪfɔm] *adj* jednolity; *s* mundur

u·ni·form·i·ty ['junɪ`fɔmətɪ] *s* jednolitość

u·ni·fy [`junɪfɑɪ] *vt* jednoczyć, ujednolicać

un·im·por·tant ['ʌnɪm`pɔtənt] *adj* mało ważny

un·ion [`junɪən] *s* unia, związek, zjednoczenie; **the Union Jack** narodowa flaga brytyjska

u·nique [ju`nik] *adj* jedyny (w swoim rodzaju); *s* unikat

u·nit [`junɪt] *s* jednostka; *techn* zespół

u·nite [ju`naɪt] *vt vi* jednoczyć (się), łączyć (się)

u·ni·ty [`junətɪ] *s* jedność

u·ni·ver·sal ['junɪ`vɜsl] *adj* uniwersalny, powszechny

u·ni·verse [`junɪvɜs] *s* wszechświat

u·ni·ver·si·ty ['junɪ`vɜsətɪ] *s* uniwersytet

un·just [ʌn`dʒʌst] *adj* niesprawiedliwy, niesłuszny

un·kempt [ʌn`kempt] *adj* nieuczesany; zaniedbany, niechlujny

un·kind [ʌn`kaɪnd] *adj* nieuprzejmy; nieżyczliwy

un·lace [ʌn`leɪs] *vt* rozsznurować

un·leash [ʌn`liʃ] *vt* spuścić (psa) ze smyczy; *przen.* rozpętać

un·less [ən`les] *conj* jeśli nie, chyba, że

un·like [ʌn`laɪk] *adj* niepodobny; *praep* niepodobnie, nie tak, jak

un·like·ly [ʌn`laɪklɪ] *adj* nieprawdopodobny; **he is ~ to come** on prawdopodobnie nie przyjdzie

un·luck·y [ʌn`lʌkɪ] *adj* nieszczęśliwy, niefortunny

un·matched [ʌn`mætʃt] *adj* niezrównany

un·mis·tak·a·ble ['ʌnmɪ`steɪkəbl] *adj* niewątpliwy, oczywisty

un·nat·u·ral [ʌn`nætʃərl] *adj* nienaturalny

un·nec·es·sary [ʌn`nesəsrɪ] *adj* niepotrzebny, zbyteczny

un·no·ticed [ʌn`nəʊtɪst] *adj* nie zauważony; zlekceważony

un·par·don·a·ble [ʌn`pɑdnəbl] *adj* niewybaczalny

un·pleas·ant [ʌn`pleznt] *adj* nieprzyjemny

un·prec·e·dent·ed [ʌn`presɪdəntɪd] *adj* bez precedensu

un·pre·ten·tious ['ʌnprɪ`tenʃəs] *adj* bezpretensjonalny

un·ques·tion·a·ble [ʌn`kwestʃənəbl] *adj* nie ulegający wątpliwości, bezsporny

un·rea·son·a·ble [ʌn`riznəbl] *adj* nierozsądny; niedorzeczny; (*o cenie*) wygórowany, nadmierny

un·rest [ʌn`rest] *s* niepokój; wzburzenie

un·say [ʌn`seɪ] *vt* (*formy zob.* say) cofnąć słowo, odwołać

un·seem·ly [ʌn`simlɪ] *adj* niestosowny, nieprzyzwoity

un·skilled [ʌn`skɪld] *adj* nie mający wprawy; niewykwalifikowany (robotnik)

un·speak·a·ble [ʌn`spikəbl] *adj* niewypowiedziany

un·suc·cess·ful ['ʌnsək`sesfl] *adj* nie mający powodzenia; nieudany, niepomyślny

un·suit·a·ble [ʌn`sjutəbl] *adj* nieodpowiedni, nie nadający się

un·sur·passed ['ʌnsə`pɑst] *adj* nieprześcigniony

un·ten·a·ble [ʌn`tenəbl] *adj* (*o teorii, pozycji itp.*) nie do utrzymania

un·think·a·ble [ʌn`θɪŋkəbl] *adj* nie do pomyślenia

un·ti·dy [ʌn`tɑɪdɪ] *adj* nieporządny; niechlujny

un·tie [ʌn`tɑɪ] *vt vi* rozwiązać (się), odwiązać (się)

un·til [ʌn`tɪl] = **till**

un·time·ly [ʌn`tɑɪmlɪ] *adj* nie na czasie, nie w porę, niewczesny; przedwczesny

un·to [`ʌntu] *praep* = **to**

un·told [ʌn`təʊld] *adj* niewypowiedziany, niesłychany; niepoliczony

un·true [ʌn`tru] *adj* niezgodny z prawdą

un·u·su·al [ʌn`juʒʊəl] *adj* niezwykły

un·wel·come [ʌn`welkəm] *adj* niepożądany, niemile widziany

un·well [ʌn`wel] *adj praed* niezdrowy

un·will·ing [ʌn`wɪlɪŋ] *adj* niechętny

un·wise [ʌn`wɑɪz] *adj* niemądry

un·wom·an·ly [ʌn`wʊmənlɪ] *adj* niekobiecy

un·wor·thy [ʌn`wɜðɪ] *adj* niegodny, niewart

up [ʌp] *adv* w górze, w górę; do góry; w pozycji stojącej <podniesionej>; **up and down** w górę i w dół; ze zmiennym szczęściem; **up there** tam, w górze; **up to** aż do, do samego (szczytu itp.), po (np. kolana); do (czasów, okresu itp.); **up to date** na czasie, w modzie; **to be up** być na nogach; **there is sth up** coś się dzieje; **what's up?** co się dzieje?; **the road is up** droga jest rozkopana; **up (with you)!** wstawaj!; **up with...!** niech żyje ...!; *po niektórych czasownikach oznacza zakończenie czynności, np.:* **to burn up** spalić doszczętnie; **our time is up** nasz czas upłynął; *praep* w górę (po czymś) **up the stairs** w górę po schodach;

up the river w górę rzeki; *adj* idący <prowadzący> w górę; **up train** pociąg w kierunku stolicy; *s pl* **ups and downs** wzniesienia i spadki, góry i doliny; *przen.* wzloty i upadki, powodzenia i klęski

up·bring·ing [`ʌpbrɪŋɪŋ] *s* wychowanie

up·heav·al [ʌp`hivl] *s* wstrząs; *polit.* przewrót

up·hill ['ʌp`hɪl] *adv* w górę; *adj* [`ʌphɪl] prowadzący w górę, stromy; *przen.* żmudny

up·hol·ster·y [ʌp`həʊlstərɪ] *s* tapicerstwo

up·keep [`ʌpkip] *s* utrzymanie, koszty utrzymania

up·on [ə`pon] = **on**

up·per [`ʌpə(r)] *adj* górny, wyższy; **~ hand** przewaga (**of sb** nad kimś)

up·per·most [`ʌpəməʊst] *adj* najwyższy, górujący; *adv* na (samej) górze, na górę

up·right [`ʌprɑɪt] *adj praed* prosty, wyprostowany, pionowy; *przen.* prostolinijny, rzetelny; *s* pion; *adv* prosto, pionowo

up·ris·ing ['ʌp`rɑɪzɪŋ] *s* podniesienie się; *polit.* powstanie

up·roar [`ʌprɔ(r)] *s* hałas, zamieszanie, rozruchy

up·set ['ʌp`set] *vt vi* (*formy zob.* **set**) przewrócić (się); zdenerwować; udaremnić; *s* [ʌp`set] przewrócenie; nieporządek; niepokój; rozstrój (żołądka); *adj* ['ʌp`set] przewrócony; zaniepokojony; zdenerwowany; **to become <to get> ~** zdenerwować się

up·side [`ʌpsɑɪd] *s* górna strona; **~ down** do góry nogami

up·stairs ['ʌp`steəz] *adv* w górę (po schodach); na górze; na piętrze

up-to-date ['ʌp tə `deɪt] *adj* nowoczesny, modny, aktualny

up·ward [`ʌpwəd] *adj* zwrócony ku górze; *adv* = **upwards**

up·wards [`ʌpwədz] *adv* w górę, ku górze; **~ of** ponad, powyżej

ur·ban [`ɜbən] *adj* miejski

urge [ɜdʒ] *vt* nalegać, przynaglać, popędzać; *s* popęd, bodziec

ur·gen·cy [`ɜdʒənsɪ] *s* naleganie; nagła potrzeba, nagląca konieczność, nagłość

ur·gent [`ɜdʒənt] *adj* nagły, naglący; natarczywy

u·rine [`jʊərɪn] *s* mocz

use *zob.* **we**

us·age [`juzɪdʒ] *s* zwyczaj; sposób używania; stosowanie (np. wyrazu); traktowanie

use [juz] *vt* używać, stosować; traktować; **~ up** zużyć, wyczerpać; zniszczyć; **~d** [ˋjust] *bezokolicznik oznacza powtarzanie się czynności, np.*: **I ~d** to miałem zwyczaj; **he ~d to** say miał zwyczaj mówić, mawiał; *s* [jus] użytek, zastosowanie, używalność, użyteczność; zwyczaj; **to be of ~** być pożytecznym, przydać się; **to have no ~ for a thing** nie potrzebować czegoś; **it's no ~ (of) going there** nie ma sensu tam chodzić; **what's the ~ (of) doing it?** na co się to przyda?; **in ~** w użyciu; **out of ~** nie używany, wycofany z użycia, przestarzały

used [ˋjuzd] *adj* używany; **~ up** zużyty, wyczerpany, skończony; [ˋjust] przyzwyczajony (**to sth** do czegoś); to **get <become> ~** przyzwyczaić się

use·ful [ˋjusfl] *adj* pożyteczny

use·less [ˋjusləs] *adj* bezużyteczny

ush·er [ˋʌʃə(r)] *s* odźwierny, woźny sądowy; bileter

u·su·al [ˋjuʒʊəl] *adj* zwyczajny, zwykły

u·ten·sil [juˋtensl] *s* naczynie; narzędzie; *pl* **~s** naczynia, przybory, utensylia

u·til·i·ty [juˋtɪlətɪ] *s* użyteczność; (*także* **public ~**) zakład użyteczności publicznej

ut·most [ˋʌtməʊst] *adj* krańcowy, najdalszy; najwyższego stopnia; *s* kraniec; ostateczna możliwość; **I'll do my ~** uczynię, co w mej mocy

ut·ter 1. [ˋʌtə(r)] *adj* krańcowy; całkowity

ut·ter 2. [ˋʌtə(r)] *vt* wydawać (np. okrzyk), wyrażać, wypowiadać; puszczać w obieg

ut·ter·ance [ˋʌtərəns] *s* wypowiedzenie, wypowiedź; wyrażenie (np. uczuć), wyraz

ut·ter·most [ˋʌtəməʊst] = **utmost**

V

va·can·cy [ˋveɪkənsɪ] *s* próżnia, pustka, bezmyślność; wolny etat

va·ca·tion [vəˋkeɪʃn] *s* opróżnienie, zwolnienie, wakacje

vac·ci·na·tion [væksɪˋneɪʃn] *s med.* szczepienie

vac·cine [`væksin] *s med.* szczepionka

vac·u·um [`vækjoəm] *s* próżnia; **~ cleaner** odkurzacz

vague [veɪg] *adj* nieokreślony, niejasny, mglisty

vain [veɪn] *adj* próżny; daremny; **in ~** na próżno

val·id [`vælɪd] *adj* ważny; mający prawne <naukowe> podstawy

va·lid·i·ty [və`lɪdətɪ] s ważność; moc prawna <naukowa>

val·ley [`vælɪ] *s* dolina

val·u·a·ble [`væljoəbl] *adj* cenny, wartościowy; *s pl* **~ s** kosztowności

val·ue [`vælju] *s* wartość, cena; **of little ~** małowartościowy; **of no ~** bezwartościowy;*vt* cenić, szacować

van [væn] *s* wóz ciężarowy (kryty)

va·nil·la [və`nɪlə] *s* wanilia

van·ish [`vænɪʃ] *vi* znikać

vap·id [`væpɪd] *adj* zwietrzały; mdły; jałowy: bezduszny

va·pour [`veɪpə(r)] *s* para; mgła; *vi* parować; *przen.* przechwalać się

var·i·ance [`veərɪəns] *s* niezgodność, sprzeczność; zmienność; **to be at ~** nie zgadzać się, być w sprzeczności

var·i·ant [`veərɪənt] *s* odmiana, wariant

var·i·ces *zob.* **varix**

va·ried [`veərɪd] *adj* różnorodny

va·ri·e·ty [və`raɪətɪ] *s* rozmaitość; wybór; bogactwo (np. towarów)

var·i·ous [`veərɪəs] *adj* różny, rozmaity; **at ~ times** kilkakrotnie

var·ix [`værɪks] (*pl* **varices** [`værɪsiz] *med.* żylak

var·nish [`vanɪʃ] *s* lakier, politura; werniks; *vt* lakierować, politurować

var·si·ty [`vasətɪ] *s pot.* uniwerek, uniwersytet

var·y [`veərɪ] *vt vi* zmieniać (się), urozmaicać, różnić się

vase [vaz] *s* wazon

vas·e·line [`væslin] *s* wazelina

vast [vast] *adj* obszerny, rozległy

vault [vɔlt] *s* sklepienie, po dziemie, piwnica; krypta

've [v] = **have**

veal [vil] *s* cielęcina

veg·e·ta·ble [`vedʒtəbl] *adj* roślinny; *s* roślina; jarzyna

veg·e·tar·i·an ['vedʒɪ`teərɪən] *adj* wegetariański; *s* wegetarianin

veg·e·ta·tion ['vedʒɪ`teɪʃn] *s* wegetacja; roślinność; *med.* narośl

ve·hi·cle [`viɪkl] *s* wóz, pojazd, środek lokomocji; *przen.* narzędzie, środek; *med.* nosiciel (choroby)

veil [veɪl] *s* welon; zasłona; *przen.* maska; *vt* zasłaniać; *przen.* ukrywać, maskować

vein [veɪn] *s* żyła; warstwa; *przen.* wena, nastrój

vel·vet [`velvɪt] *s* welwet, aksamit

vend·ing ma·chine [`vendɪŋm məʃɪn] *s* automat do sprzedaży (np. papierosów)

ve·ne·re·al [vɪ`nɪərɪəl] *adj med.* weneryczny

vange·ance [`vendʒəns] *s* zemsta

ven·i·son [`venɪzn] *s* dziczyzna

ve·nom [`venəm] *s* jad

ven·ti·late [`ventɪleɪt] *vt* wentylować; *przen.* roztrząsać

ven·ture [`ventʃə(r)] *s* ryzykowny krok, ryzyko; impreza (handlowa), przedsięwzięcie; **at a ~** na chybił trafił, na los szczęścia; *vt vi* ryzykować, odważyć się **(sth, on sth** na coś)

ve·ran·da(h) [və`rændə] *s* weranda

verb [vɜb] *s gram.* czasownik

ver·dict [`vɜdɪkt] *s prawn.* werdykt

verge 1. [vɜdʒ] *s* kraniec, krawędź; pręt; berło

verge 2. [vɜdʒ] *vi* chylić się, zbliżać się(**to, towards sth** ku czemuś); graniczyć **(on , upon sth** z czymś)

ver·i·fy [`verɪfaɪ] *vt* sprawdzić, potwierdzić

ver·nac·u·lar [və`nækjʊlə(r)] *adj* rodzimy, miejscowy, tubylczy; *s* język rodzimy, mowa ojczysta

ver·sa·tile [`vɜsətaɪl] *adj (o umyśle)* bystry, wszechstronny

versed [vɜst] *adj* obeznany (**in sth** z czymś), biegły

ver·sion [`vɜʃn] *s* wersja; przekład

ver·sus [`vɜsəs] *praep łac.* przeciw

ver·ti·cal [`vɜtɪkl] *adj* pionowy; szczytowy; *mat.* wierzchołkowy

ver·y [`verɪ] *adv* bardzo; prawdziwie; bezpośrednio, zaraz; **on the ~ next day** zaraz następnego dnia; *adj* istotny, prawdziwy, tenże sam; **to the ~ end** do samego końca

ves·sel [`vesl] *s* naczynie; statek

vest [vest] *s* kamizelka; kaftanik

vet 1. [vet] *s bryt. pot.* weterynarz; *vt* badać (zwierzę)

vet 2. [vet] *s am. pot.* weteran

vet·er·an [`vetərən] *s* weteran; *adj* wysłużony; zahartowany w boju

vex [veks] *vt* dręczyć

via [`vaıə] *praep łac.* przez (daną miejscowość)

vi·a·dukt [`vaıədʌkt] *s* wiadukt

vi·brate [vaı`breıt] *vi* wibrować, drgać

vi·bra·tion [vaı`breıʃn] *s* wibracja, drganie

vice [vaıs] *s* wada; nałóg; występek

vi·ce ver·sa ['vaısı `vзsə] *adv łac.* na odwrót, vice versa

vi·cin·i·ty [vı`sınətı] *s* sąsiedztwo, najbliższa okolica

vi·cious [`vıʃəs] *adj* występny; wadliwy, błędny

vic·tim [`vıktım] *s* ofiara

vic·tor [`vıktə(r)] *s* zwycięzca

vic·to·ry [`vıktrı] *s* zwycięztwo

vic·tuals [`vıtlz] *s pl* wiktuały

vid·e·o [`vıdiəʊ] *s* wideofilm; **~tape recorder** magnetowid

vid·e·o·cam·e·ra [`vıdiəʊ 'kæmərə] *s* kamera wideo

vid·e·o·disc [`vıdiəʊ'dısk] *s* wideopłyta

vie [vaı] *vi* współzawodniczyć **(for sth** o coś)

view [vju] *s* widok; pole widzenia; pogląd; **to be in ~** być widocznym; **to have in ~** mieć na oku; **point of ~** punkt widzenia; **on ~** wystawiony; **in my ~** moim zdaniem; **in ~ of sth** biorąc coś pod uwagę, wobec czegoś; *vt* oglądać, rozpatrywać

view·er [`vjuə(r)] *s* widz

view·point [`vju pɔınt] *s* punkt widzenia; zapatrywanie **(of sth** na coś)

vig·il [`vıdʒıl] *s* czuwanie, wigilia

vig·our [`vıgə(r)] *s* wigor, siła, energia

vile [vaıl] *adj* podły; *pot.* wstrętny

vil·la [`vılə] *s* willa

vil·lage [vılıdʒ] *s* wieś

vil·lag·er [vılıdʒə(r)] *s* wieśniak; prostak

vil·lain [`vılən] *s* łajdak, nikczemnik

vine [vaın] *s* winna latorośl

vin·e·gar [`vınıgə(r)] *s* ocet

vi·o·late [`vaıəleıt] *vt* naruszyć; pogwałcić

vi·o·lence [`vaıələns] *s* gwałt; gwałtowność; naruszenie; **by ~** gwałtem

vi·o·let [`vaıələt] *s bot.* fiołek; *adj* fioletowy

vi·o·lin ['vaıə`lın] *s muz.* skrzypce

vi·per [`vaıpə(r)] *s zool.* żmija

vir·gin [`vɜdʒɪn] *s* dziewica; *attr* dziewiczy

vir·tue [`vɜtʃu] *s* cnota; zaleta; wartość; skuteczność; **by ~ of** na mocy

vi·rus [`vɑɪərəs] *s* jad; *med.* wirus

vi·sa [`vizə] *s* wiza; *vt* wizować

vis·i·ble [`vɪzəbl] *adj* widzialny; widoczny

vi·sion [`vɪʒn] *s* widzenie, wzrok; wizja

vis·it [`vɪzɪt] *s* wizyta; pobyt; wizytacja; **to be on a ~** być z wizytą; **to pay a ~** złożyć wizytę; *vt* odwiedzać, zwiedzać; nawiedzać, doświadczać

vis·i·tor [`vɪzɪtə(r)] *s* gość

vis·ta [`vɪstə] *s* widok, perspektywa; aleja

vis·u·al [`vɪʒʊəl] *adj* wzrokowy

vi·tal [`vɑɪtl] *adj* życiowy, żywotny; istotny, niezbędny

vit·a·min [`vɪtəmɪn] *s* witamina

viv·id [`vɪvɪd] *adj* żywy

vo·cab·u·lar·y [və`kæbjʊlərɪ] *s* słowniczek; słownictwo, zasób słów

vo·ca·tion [vəʊ`keɪʃn] *s* powołanie; zawód

vodka [`vodka] *s* wódka

vogue [vəʊg] *s* popularność; moda; **to be the ~** być w modzie

voice [vɔɪs] *s* głos; *gram.* strona; *vt* głosić, wypowiadać

void [vɔɪd] *adj* pusty; *prawn.* nieważny; pozbawiony **(of sth** czegoś); *s* próżnia, pustka; *vt* opróżniać; *prawn.* unieważnić

vol·a·tile [`volətɑɪl] *adj chem.* lotny; przelotny, zmienny

vol·ca·no [vol`keɪnəʊ] *s* wulkan

vol·ley·ball [`volɪ bɔl] *s sport.* siatkówka

vol·tage [`vəʊltɪdʒ] *s elektr.* woltaż, napięcie

vol·u·me [`voljum] *s* tom; objętość; zwój; siła (głosu, dźwięku itd.)

vol·un·tar·y [`voləntrɪ] *adj* dobrowolny

vol·un·teer [`volən`tɪə(r)] *s* ochotnik; *attr* ochotniczy; *vt* ochotniczo podjąć się **(sth** czegoś); *vi* zgłosić się na ochotnika

vom·it [`vomɪt] *vt vi* wymiotować; zwracać; *s* wymioty

vote [vəʊt] *s* głosowanie; głos; wotum; *vt* uchwalać; *vi* głosować **(for sb, sth** za kimś, czymś; **against sb, sth** przeciwko komuś, czemuś)

vot·er [`vəʊtə(r)] *s* głosujący, wyborca

vouch·er [`vɑʊtʃə(r)] *s* poręczyciel; poświadczenie, kwit, bon

vow [vaʊ] *s* ślub, ślubowanie; to **take <make >a ~** ślubować; **to take ~s** złożyć śluby zakonne; *vt* ślubować; *vi* składać śluby

vow·el [ˋvaʊəl] *s gram.* samogłoska

voy·age [ˋvoɪɪdʒ] *s* podróż *(zw.* morska); **to go on a ~** wyruszyć w podróż

vul·gar [ˋvʌlgə(r)] *adj* wulgarny; pospolity

vul·ner·a·ble [ˋvʌlnrəbl] *adj* podatny na zranienie, narażony na ciosy; wrażliwy

W

wade [weɪd] *vt vi* brnąć, brodzić

wa·fer [ˋweɪfə(r)] *s* wafel; opłatek

wag [wæg] *vt vi* kiwać (się), ruszać (się), machać; *s* poruszenie, kiwnięcie

wage [weɪdʒ] *s (zw. pl* **~s**) zarobek, płaca (*zw.* tygodniowa); **living ~** minimum środków utrzymania; *vt* prowadzić (wojnę)

wag·on, wag·gon [ˋwægən] *s* wóz, platforma

waist [weɪst] *s* kibić, talia, pas

waist·coat [ˋweɪstkəʊt] *s* kamizelka

wait [weɪt] *vi* czekać (**for sb** na kogoś); usługiwać (**on, upon sb** komuś); czyhać (**for sb** na kogoś); *s* czekanie; zasadzka

wait·er [ˋweɪtə(r)] *s* kelner;

wait·ing-room [ˋweɪtɪŋ rʊm] *s* poczekalnia

wait·ress [ˋweɪtrəs] *s* kelnerka

* **wake** [weɪk], **woke** [wəʊk], lub **waked** [weɪkt], **woken** [ˋwəʊkən] lub **waked** [weɪkt] *vt vi* budzić (się); nie spać; *także* **~ up**

walk [wɔk] *vi* chodzić, kroczyć, przechadzać się; *vt* przechodzić, chodzić (po czymś); **~ away** odchodzić; **~ out** wychodzić; *am.* strajkować; *sport* **~ over** wygrać walkowerem; *s* spacer; chód

wall [wɔl] *s* ściana, mur; *vt* otoczyć murem

wal·let [ˋwolɪt] *s* portfel

wall·pa·per [ˋwɔlpeɪpə(r)] *s* tapeta

wal·nut [ˋwɔlnʌt] *s bot.* orzech włoski

waltz [wɔls] *s* walc; *vi* tańczyć walca

wan·der [ˋwondə(r)] *vi* wędrować; *s* wędrówka

wan·der·ing [`wondərɪŋ] *s* wędrówka; *pl* **~s** majaki; *adj* wędrowny; wędrujący; tułaczy

wane [weɪn] *vi* zanikać, ubywać; marnieć

want [wont] *vt vi* chcieć; potrzebować; odczuwać brak; brakować; *s* potrzeba; brak

want-ad [`wont æd] *s pot.* drobne ogłoszenie (w gazecie)

want·ing [`wontɪŋ] *adj* brakujący; pozbawiony (**in sth** czegoś); **to be ~** brakować

war [wɔ(r)] *s* wojna; **at ~** w stanie wojny; **to make ~** wojować; **~ criminal** przestępca wojenny; *vi* wojować

ward·robe [`wɔdrəʊb] *s* szafa (na ubranie)

ware [weə(r)] *s* towar, wyrób

ware·house [`weəhaʊs] *s* magazyn; dom towarowy; *vt* magazynować

warm [wɔm] *adj* ciepły; gorliwy; ożywiony; *vt vi* grzać, nagrzewać (się); **~ up** rozgrzać, podgrzać (się); ożywić (się)

warn [wɔn] *vt* ostrzegać, przypominać; uprzedzać (**sb of sth** kogoś o czymś)

warn·ing [`wɔnɪŋ] *s* ostrzeżenie; uprzedzenie; wypowiedzenie (posady)

warp [wɔp] *vt vi* paczyć (się), wykrzywiać (się)

war·rant [`worənt] *s* pełnomocnictwo; rękojmia; zabezpieczenie; *vt* uprawnić; gwarantować

war·ship [`wɔʃɪp] *s* okręt wojenny

wart [wɔt] *s med.* brodawka

was [woz, wəz] *p sing od* **to be**

wash [woʃ] *vt vi* myć (się); prać; płukać, oblewać; **~ away** zmyć; **~ down** spłukać; **~ out** wymyć, wypłukać; zejść (w praniu); **~ up** wymyć, zmywać (naczynia); *s* mycie (się), pranie; płyn do płukania; pomyje

wash-basin [`woʃ beɪsn] *s* miednica; umywalka

wash·er [`woʃə(r)] *s* pralka; pomywacz; płuczka; *techn.* uszczelka

wash·ing [`woʃɪŋ] *s* mycie, pranie; bielizna do prania; **~ machine** pralka

wasn't [`woznt] = **was not**

wasp [wosp] *s zool.* osa

waste [weɪst] *adj* pusty, pustynny; jałowy; **~ land** teren nieuprawny; nieużytki; **~ paper** makulatura; **~ products** odpadki; **to go ~** marnować się, niszczeć; *s* marnowanie, marnotrawstwo; nieużytek; strata; ubytek; pustynia, pustkowie; *zbior.* odpadki; *vt* pustoszyć; marnować; *vi* psuć się; ubywać

watch [wotʃ] *s* czuwanie; straż; zegarek; **to be on the ~** wypatrywać, oczekiwać (**for sth** czegoś); **to keep ~** być na straży, pilnować (**on, over sth** czegoś); *vi* czuwć; wyglądać (**for sth** czegoś); *vt* uważać; obserwować

watch·mak·er [ˋwotʃ meɪkə(r)] *s* zegarmistrz

wa·ter [ˋwɔtə(r)] *s* woda; ślina; *pl* **~s** fale; wody lecznicze; **by ~** drogą wodną; *vt* polać, nawodnić; poić (zwierzę itp.); *vi* ciec, ślinić się; łzawić; **~ skiing** narciarstwo wodne

wa·ter-clos·et [ˋwɔtə klozɪt] *s* klozet

wa·ter-col·our [ˋwɔtə kʌlə(r)] *s* akwarela

wa·ter·fall [ˋwɔtəfɔl] *s* wodospad

wa·ter·mel·on [ˋwɔtə melən] *s* *bot.* arbuz

wa·ter·proof [ˋwɔtəpruf] *adj* wodoszczelny, nieprzemakalny; *s* płaszcz nieprzemakalny; *vt* uszczelnić

wa·ter·way [ˋwɔtəweɪ] *s* droga wodna

wave [weɪv] *s* fala; falistość; machnięcie ręką, skinienie; *vi* falować; machać, skinąć (**to sb** na kogoś); *vt* witać, żegnać (**one's hand** machnięciem ręki), powiewać (**one's handkerchief** chusteczką)

wave-band [ˋweɪv bænd] *s* (*w radiu*) zakres fal

wax [wæks] *s* wosk; *vt* woskować

way [weɪ] *s* droga; kierunek; sposób; zwyczaj, sposób postępowania; **~ in** wejście; **~ out** wyjście; **by ~ of London** przez Londyn; **by ~ of** za pomocą; zamiast; w charakterze; w celu; w formie; **by the ~** à propos, mówiąc nawiasem; **any ~** w jakikolwiek sposób; w każdym razie; **this ~** tędy; w ten sposób; **to have one's ~** postawić na swoim; **to keep out of the ~** trzymać się na uboczu; **to make <give> ~** ustąpić; **to stand <be> in the ~** przeszkadzać, zawadzać; **some ~ or other** tym czy innym sposobem; **under ~** w trakcie, w przygotowaniu

we [wi] *pron pl* my; *przypadek zależny*: **us** [ʌs, əs] nam, nas

weak [wik] *adj* słaby, wątły

weak·ness [ˋwiknəs] *s* słabość

wealth [welθ] *s* bogactwo

wealth·y [ˋwelθɪ] *adj* bogaty

weap·on [ˋwepən] *s* broń; **nuclear ~** broń nuklearna

* **wear** [weə(r)] , **wore** [wɔ(r)] , **worn** [wɔn] *vt vi* nosić (na

sobie, np. odzież, ozdobę), nosić się; znosić (się); zużyć (się); wyczerpać, zmęczyć; *(o czasie)* upływać; **~ away** , out zużyć (się), znosić (się), zniszczyć (się), wyczerpać (się); **~ down** zedrzeć, zniszczyć; *s* noszenie; odzież, strój

wea·ry [`wɪərɪ] *adj* zmęczony; męczący, nużący; *vt vi* męczyć (się), nużyć (się)

weath·er [`weðə(r)] *s* pogoda; *vt* wystawiać na działanie atmosferyczne; przetrwać, wytrzymać (burzę); *przen.* stawić czoło; *vi* wietrzeć

weath·er-fore·cast [`weðə fɔkɑst] *s* prognoza pogody

we'd [wid] = **we had, we should, we would**

wed·ding [`wedɪŋ] *s* ślub, wesele

Wednes·day [`wenzdɪ] *s* środa

week [wik] *s* tydzień; **by the ~** tygodniowo

week·day [`wik deɪ] *s* dzień powszedni

week-end [wik `end] *s* koniec tygodnia, weekend

week·ly [`wiklɪ] *adj* tygodniowy; *adv* tygodniowo; *s* tygodnik

* **weep** [wip] **, wept, wept** [wept] *vi* płakać; *vt* opłakiwać

weigh [weɪ] *vt vi* ważyć ; **~ down** przeważać, przygniatać; **~ out** rozważać

weight [weɪt] *s* (*także przen.*) waga; doniosłość; ciężar; odważnik; **to put on ~** tyć; *vt* obciążać

weird [wɪəd] *adj* fatalny; niesamowity, tajemniczy

wel·come [`welkəm] *adj* mile widziany; **to make ~** gościnnie przywitać <przejąć>; **to be ~ to do sth** mieć swobodę w zrobieniu czegoś; **you are ~** bardzo proszę; nie ma za co (dziękować); *s* przywitanie, gościnne przyjęcie; *vt* powitać, gościnnie przyjąć; *int* witaj!, witajcie!

wel·fare [`welfeə(r)] *s* dobrobyt, powodzenie; **~ work** dobroczynność; praca społeczna; **social ~** opieka społeczna

well 1. [wel] *adv* (*comp* **better**, *sup* **best**) dobrze; odpowiednio; chętnie; **as ~** równie dobrze, również; **as ~ as** zarówno jak; **~ read** oczytany; **~ done!** brawo!, doskonale!; *adj praed* zdrowy; pomyślny; w porządku; **to be ~** być zdrowym; mieć się dobrze; **to be ~ off** żyć dostatnio, być zamożnym; **to get ~** wyzdrowieć; *int* no, no!; nareszcie!; a więc, otóż; **~ then?** a więc?

well 2. [wel] *s* studnia, źródło
we'll [wil] = **we shall, we will**
well-be·haved ['wel bɪ`heɪvd] *adj* dobrze wychowany, układny
well-be·ing ['wel `biɪŋ] *s* powodzenie, pomyślność; dobre samopoczucie
well-off ['wel `ɔf] *adj* dobrze sytuowany, zamożny
Welsh [welʃ] *adj* walijski; *s* język walijski
Welsh·man [`welʃmən] *s* Walijczyk
went [went] *zob.* **go**
wept [wept] *zob.* **weep**
were [wɜ(r)] *zob.* **be**
we're [wɪə(r)] = **we are**
weren't [wɜnt] = **were not**
west [west] *s* zachód; *adj* zachodni; *adv* na zachód
west·ern [`westən] *adj* zachodni; *s* człowiek z zachodu; film z życia Dzikiego Zachodu, western
wet [wet] *adj* mokry; dżdżysty; *s* wilgoć; dżdżysta pogoda; *vt* moczyć, zwilżać
we've [wiv] = **we have**
whale [weɪl] *s zool.* wieloryb; *vi* polować na wieloryby
what [wot] *adj* co; jaki; ile; to co, ten, który; co za; **~ for?** po co?; **~ are these apples?** ile kosztują te jabłka?; **~ is he like?** jak on wygląda?, jaki on jest?; **~ if ...** cóż, że ..., co z tego, że ...; **~'s up?** co się dzieje?; **~ use is it?** na co się to przyda?
what·ev·er [wot`evə(r)] *adj* cokolwiek, jakikolwiek
what's [wots] = **what is**
what·so·ev·er ['wotsəʊ`evə(r)] = **whatever**
wheat [wit] *s bot.* pszenica
wheel [wil] *s* koło; kierownica; *mors.* ster; *vt vi* toczyć (się)
when [wen] *adv* kiedy; *pron* gdy, kiedy; **since ~** odkąd; **till ~** dokąd, do czasu, gdy
where [weə(r)] *adv conj pron* gdzie, dokąd; **from ~** skąd
where·as [weər`æz] *conj* podczas gdy
wher·ev·er [weər`evə(r)] *adv* gdziekolwiek, dokądkolwiek
wheth·er [`weðə(r)] *conj* czy
which [wɪtʃ] *pron* który; co
which·ev·er [wɪtʃ`evə(r)], **which·so·ev·er** [wɪtʃsəʊ`evə(r)] *pron* którykolwiek
while [waɪl] *s* chwila; **for a ~** na chwilę; chwilowo; **for the ~** tymczasem; na razie; **it's worth ~** warto, opłaci się; *conj* podczas gdy, gdy; *vt* **~ away** spędzać beztrosko (**the time** czas)
whilst [waɪlst] *conj* (podczas) gdy

whim [wɪm] *s* grymas, zachcianka

whim·si·cal [`wɪmzɪkl] *adj* kapryśny; dziwaczny

whip [wɪp] *s* bicz; woźnica; *vt* bić batem; ubijać; *vi* szybko umknąć

whir [wɜ(r)] *vi* warkotać; *s* warkot

whirl [wɜl] *s* wir; *vt vi* wirować, krążyć, kręcić się

whirl·pool [`wɜlpul] *s* wir (wodny)

whirl·wind [`wɜlwɪnd] *s* trąba powietrzna

whirr [wɜ(r)] = **whir**

whisk·ers [`wɪskəz] *s pl* bokobrody, baczki; wąsy (u zwierząt)

whis·ky, whis·key [`wɪskɪ] *s* whisky, wódka (angielska)

whis·per [`wɪspə(r)] *vt vi* szeptać; *s* szept

whis·tle [`wisl] *s* gwizd, świst; gwizdek; *vt vi* gwizdać, świstać

white [waɪt] *adj* biały; *s* biel, biały kolor; biały człowiek; białko; *vt* bielić

who [hu] *pron przypadek dzierżawczy*: **whose** [huz]; *przypadek zależny*; **whom** [hum] kto, który, którzy

who·ev·er [hu`evə(r)] *pron* ktokolwiek

whole [həʊl] *adj* cały; *mat.* całkowity; *s* całość; **as a ~** w całości

whole·sale [`həʊlseɪl] *s* hurt, sprzedaż hurtowa; *adj* hurtowy; *adv* hurtem

whole·some [`həʊlsəm] *adj* (*o klimacie itp.*) zdrowy

who'll [hul] = **who will**

whol·ly [`həʊlɪ] *adv* całkowicie

whom *zob.* **who**

whoop·ing-cough *zob.* = **hooping cough**

whose *zob.* **who**

why [waɪ] *adv* dlaczego; *int* przecież!, jak to!, oczywiście!

wick·ed [`wɪkɪd] *adj* zły, niegodziwy

wide [waɪd] *adj* szeroki, obszerny; daleki (**of sth** od czegoś); *adv* szeroko; daleko

widespread [`waɪd'spred] *adj* rozpowszechniony

wid·ow [`wɪdəʊ] *s* wdowa

wid·ow·er [`wɪdəʊə(r)] *s* wdowiec

wife [waɪf] *s* (*pl* **wives** [waɪvz]) żona

wild [waɪld] *adj* dziki; szalony; pustynny; *pot.* zły, rozgniewany; *s* dzika okolica; pustynia

wil·der·ness [`wɪldənəs] *s* dzika przestrzeń; puszcza

will [wɪl] *s* wola; testament; zapał; *v aux służy do tworzenia czasu przyszłego, np.*: **he ~ do it** on to zrobi; *vt* chcieć

will·ing [`wɪlɪŋ] *adj* chętny

wil·low [`wɪləʊ] *s bot.* wierzba

wil·ly-nil·ly ['wɪlɪ`nɪlɪ] *adv* chcąc nie chcąc

* **win** [wɪn] , **won, won** [wʌn] *vt vi* zyskać; wygrać; zwyciężyć; zdobyć; **~ over** pozyskać sobie (kogoś)

wind 1. [wɪnd] *s* wiatr; dech; **to get ~** zwęszyć (**of sth** coś); *vt* węszyć

* **wind 2.** [waɪnd], **wound, wound** [waʊnd] *vt vi* wić (się), kręcić (się), nawijać, nakręcać; **~ off** odwijać (się); **~ up** nawinąć, nakręcić; zlikwidować; skończyć (gdzieś, jako)

wind·cheat·er [`wɪnd'tʃitə] *s bryt.* wiatrówka; **windbreaker** *am.*

wind·mill [`wɪndmɪl] *s* wiatrak

win·dow [`wɪndəʊ] *s* okno

win·dow-dres·sing [`wɪndəʊ dresɪŋ] *s* urządzenie wystawy sklepowej; *przen.* gra pozorów, poza, obłuda

win·dow-shop·ping [`wɪndəʊ ʃɔpɪŋ] *s* oglądanie wystaw sklepowych

wind·screen [`wɪndskrin] *s mot.* szyba ochronna (przed kierownicą)

wind·surf·ing [`wɪnd'sɜfɪŋ] *s* żeglowanie na desce

wind·y [`wɪndɪ] *adj* wietrzny

wine [waɪn] *s* wino

wing [wɪŋ] *s* skrzydło; *vt* uskrzydlić; *vi* lecieć

wink [wɪŋk] *vt vi* mrugać; patrzeć przez palce (**at sth** na coś); *s* mrugnięcie

win·ner [`wɪnə(r)] *s* wygrywający, zwycięzca

win·ter [`wɪntə(r)] *s* zima; *vi* zimować; *vt* żywić przez zimę

wipe [waɪp] *vt* (*także* **~ off**) ścierać, wycierać

wire [`waɪə(r)] *s* drut; *pot.* depesza; **to pull the ~s** poruszyć wszystkie sprężyny; *vt* zaopatrzyć w drut; *am.* depeszować

wis·dom [`wɪzdəm] *s* mądrość

wise [waɪz] *adj* mądry; **to be <get> ~** dowiedzieć się (**to sth** o czymś); zmądrzeć, mądrze postąpić

wise·crack [`waɪzkræk] *s* dowcip

wish [wɪʃ] *vt vi* życzyć (sobie), pragnąć, czekać z utęsknieniem (**for sth** na coś); *s* życzenie; ochota

wish·ful [`wɪʃfl] *adj* pragnący; **~ thinking** pobożne życzenia

wit [wɪt] *s* rozum; dowcip; dowcipniś; człowiek inteligentny; *pl* **~s** zdrowy rozum, zdolności; **to be at one's ~'s end** nie wiedzieć co robić

witch [wɪtʃ] *s* czarownica, wiedźma

with [wɪð] *praep* z, przy, u, za pomocą

* **with·draw** [wɪð`drɔ] *vt vi* (*formy zob.* **draw**) cofać (się); odchodzić; odwoływać; odsuwać; zabierać

with·in [wɪð`ɪn] *praep* wew-nątrz; w obrębie; w zasięgu; *adv* wewnątrz, w środku; w domu

with·out [wɪð`aʊt] *praep* bez; na zewnątrz; *adv* na zewnątrz; na dworze

* **with·stand** [wɪð`stænd] *vt vt* (*formy zob.* **stand**) opierać się, oponować; wytrzymywać

wit·ness [`wɪtnəs] *s* świadectwo; świadek; zeznanie; **to bear ~** świadczyć (**to sth** o czymś); *vt* poświadczać; być świadkiem (**sth** czegoś); potwierdzać

wit·ty [`wɪtɪ] *adj* dowcipny

wives zob. **wife**

woke, woken zob. **wake**

wolf [wolf] *s* (*pl* **wolves** [wolvz]) wilk; **to cry ~** podnieść fałszywy alarm

wolves *zob.* **wolf**

wom·an [`womən] *s* (*pl* **women** [`wɪmɪn]) kobieta

wom·an·hood [`womənhod] *s* kobiecość; *zbior.* kobiety

wom·an·kind ['womən`kaɪnd] *s* *zbior.* kobiety, ród kobiecy

womb [wum] *s* *anat.* macica; (*także przen.*) łono

wom·en *zob.* **woman**

won *zob.* **win**

won·der [wʌndə(r)] *s* cud; dziwo; zdziwienie; **no all ~** nic dziwnego; *vt* dziwić się (**at sth** czemuś); być ciekawym, chcieć wiedzieć; **I ~ where he is** ciekaw jestem, gdzie on jest

won·der·ful [`wʌndəfl] *adj* cudowny; zadziwiający

won't [wəont] = **will not**

wood [wod] *s* drzewo, drewno; (*także* **~s**) las

wood·cut [`wodkʌt] *s* drzeworyt

wood·en [`wodn] *adj* drewniany; *przen.* głupi, tępy

wood·man [`wodmən] *s* gajowy; drwal

wood·peck·er [`wodpekə(r)] *s* *zool.* dzięcioł

wool [wol] *s* wełna

wool·len [`wolən] *adj* wełniany

word [wɜd] *s* wyraz, słowo; wiadomość; **a play upon ~s** gra słów; **to keep <break> one's~** dotrzymywać dotrzymywać słowa; **by ~ of mouth** ustnie; **to have a ~ with sb** zamienić z kimś parę słów; *vt* ująć w słowa, wyrazić

wore *zob.* **wear**

work [wɜk] *s* praca; dzieło, utwór; uczynek; **at ~** czynny; przy pracy; **out of ~** nieczynny; bezrobotny; **to make short ~** szybko uporać się (**of sth** z czymś); **to set to ~** zabrać się do roboty; *pl* **~s** fabryka, warsztat; zakłady (przemysłowe); mechanizm; *vt vi* pracować; odrabiać; działać; wprawiać w ruch; zmuszać do pracy, **~ off** oderwać się; pozbyć się; **~ out** wypracować; okazać się; rozwiązać (*np.* zadanie); zrealizować; **~ over** przerobić; **~ up** wypracować; podnosić (się); podniecić

work·day [`wɜkdeɪ] *s* dzień powszedni

work·er [`wɜkə(r)] *s* pracownik, robotnik

work·ing [`wɜkɪŋ] *adj* pracujący; czynny; **in ~ order** w stanie używalności; **~ knowledge of English** praktyczna znajomość angielskiego; *s* działanie; obróbka

work·shop [`wɜkʃop] *s* warsztat

world [wɜld] *s* świat; ziemia, kula ziemska; sfery (naukowe itp.); mnóstwo; **the next ~, the ~ to come** tamten świat; **a ~ of trouble** cała masa kłopotu; **not for all the ~** za nic w świecie

world·ly [`wɜldlɪ] *adj* światowy; świecki; ziemski

worm [wɜm] *s* robak; *vt* **to ~ one's way** przekradać się; *vr* **~ oneself** wkręcić się

worn *zob.* **wear**

wor·ry [`wʌrɪ] *vt vi* martwić (się), niepokoić (się), dręczyć (się); *s* zmartwienie, troska, niepokój

worse [wɜs] *adj* (*comp od* **bad, ill**) gorszy; bardziej chory; **to be ~** czuć się gorzej; *adv* gorzej; *s* gorsza rzecz, coś gorszego

wor·ship [`wɜʃɪp] *s* kult, oddawanie czci, nabożeństwo; *vt* czcić, wielbić; *vi* być na nabożeństwie

worst [wɜst] *adj* (*sup od* **bad, ill**) najgorszy; *adv* najgorsze; **at the ~** w najgorszym razie

worth [wɜθ] *adj* wart, zasługujący; **it is ~ reading** warto to przeczytać ; **it isn't ~ while** nie warto; to niewarte zachodu; *s* wartość

would [wʊd] *p i conditional od* **will**

would-be [`wʊd bi] *attr* rzekomy; niedoszły

wound 1. *zob* **wind 2.**

wound 2. [wund] *s* rana; *vt* ranić

wrap [ræp] *vt* (*także* **~ up**) owijać, pakować

wreath [riθ] *s* (*pl* **~s** [riðz]) wieniec, girlanda; kłąb (np. dymu)

wreck [rek] *s* rozbicie (statku); szczątki, wrak; rozbitek; *vt vi* rozbić (się), zniszczyć

wres·tle [`resl] *vt* wyrwać, wydzierać; *vi* borykać się, zmagać się (w zapasach); *s* zapasy; zmaganie

wretch·ed [`retʃid] *adj* nieszczęśliwy, godny pożałowania; nędzny; lichy

wrin·kle [`rɪŋkl] *s* zmarszczka, fałd; *vt vi* marszczyć (się)

wrist [rɪst] *s* przegub

wrist·watch [`rɪst wotʃ] *s* zegarek na rękę

* **write** [rɑɪt] , **wrote** [rəʊt], **written** [`rɪtn] *vt vi* pisać, wypisywać; **~ back** odpisać; **~ down** zapisać; **~ out** napisać w całości, przepisać, wypisać; **~ over** przepisać

writ·er [`rɑɪtə(r)] *s* pisarz

writ·ing [`rɑɪtɪŋ] *s* pismo; utwór; dokument

writ·ten *zob.* **write**

wrong [roŋ] *adj* niesłuszny; niewłaściwy; fałszywy; niesprawiedliwy, niedobry; **~ side** lewa strona (materiału); **to be ~** nie mieć racji; **to go ~** chybić; popsuć się; **sth is ~** coś nie w porządku; *adv* niesłusznie, źle; *s* krzywda, niesprawiedliwość; zło; wina; **to be in the ~** nie mieć racji; być winnym; **to do sb ~** wyrządzić komuś krzywdę; **to do ~** źle postępować; *vt* krzywdzić

wrote *zob.* **write**

X

xerox [`zɪəroks] *vt i s* kserować; kserograf

Xmas [`krɪsməs] = **Christmas**

X-ray [`eks-reɪ] *vt* prześwietlać (promieniami Roentgena); *adj* [`eksreɪ] rentgenowski; *s pl* **~s** ['eks`reɪz] promienie rentgenowskie

Y

yacht [jot] *s* jacht; *vi* pływać jachtem

yard 1. [jɑd] *s* jard, *mors.* reja

yard 2. [jɑd] *s* dziedziniec

yawn [jɔn] *vi* ziewać; zionąć; *s* ziewanie

yea [jeɪ] = **yes**; *s* głos za wnioskiem (w głosowaniu); twierdzenie

year [jɜ(r)] *s* rok; **~ by ~** rok za rokiem; **~ in ~ out** jak rok długi, rokrocznie; **to grow in ~** *s* starzeć się

year·book [ˋjɜbʊk] *s* rocznik (*np.* statystyczny)

year·ly [ˋjɜlɪ] *adj* roczny, coroczny; *adj* corocznie; raz na rok

yearn [jɜn] *vi* tęsknić (**for after sb, sth** za kimś, za czymś)

yeast [jist] *s* drożdże

yell [jel] *vt vi* wyć (**with pain** z bólu); wykrzykiwać; *s* wycie

yellow [ˋjeləʊ] *adj* żółty; *przen* żółtawy; *s* żółtko

yel·low·ish [ˋjeləʊɪʃ] *adj* żółtawy

yelp [jelp] *vi* skomleć; *s* skomlenie

yes [jes] *adv* tak

yes·ter·day [ˋjestədɪ] *adv* wczoraj; *s* dzień wczorajszy; **the day before ~** przedwczoraj

yet [jet] *adv* jeszcze; (*w pytaniach*) już; przecież, jednak; **as ~** jak dotąd, na razie; **nor ~** ani nawet, także nie

yield [jild] *vt* wytwarzać, wydawać; dostarczać; dać (wynik, itd.); przyznawać; *vi* ulegać, poddawać się, ustępować; *s* produkcja; wynik; wydajność

yolk [jəʊk] *s* żółtko

you [ju] *pron* ty, wy, pan, pani, państwo; *tłumaczy się bezosobowo, np.*: **~ can never tell** nigdy nie wiadomo

you'd [jud] = **you had, you would**

yuo'll [jul] = **you will**

young [jʌŋ] *adj* młody, młodzieńczy; niedoświadczony; *s zbior. (o zwierzętach)* młode, potomstwo

young·ster [ˋjʌŋstə(r)] *s* chłopak, młodzik

your [jɔ(r), jʊə(r)] *pron* twój, wasz, pański itd.

you're [jɔ(r), jʊə(r)] = **you are**

yours [jɔz, jʊəz] *pron* twój, wasz, pański itd.

your·self [jɔˋself] *pron* ty sam, pan sam itd.; siebie, sobie, się; *pl* **yourselves** [jɔˋselvz] wy sami, państwo sami itd.; siebie, sobie, się

youth [juθ] *s* młodość; młodzież; (*pl* **~s** [juðz]) młodzi

youth·ful [ˋjuθfl] *adj* młodzieńczy

you've [juv] = **you have**

Z

zeal [zil] *s* gorliwość
zeal·ous [`zeləs] *adj* gorliwy
ze·bra [`zibrə] *s zool.* zebra
ze·ro [`zɪərəʊ] *s* zero; *fiz.* **absolute ~** zero bezwzględne <absolutne>
zest [zest] *s* przyprawa, aromat; pikanteria; chęć, zapał
zig·zag [`zɪgzæg] *s* zygzak
zinc [zɪŋk] *s* cynk
zip [zɪp] *s* suwak, zamek błyskawiczny
zip-fas·ten·er [`zɪp `fɑsnə(r)] , **zipper** [`zɪpə(r)], **zip** [zɪp] *s* zamek błyskawiczny
zlo·ty [`zlotɪ] *s* (*pl* **~ s**) złoty (polski)
zo·di·ac [`zəʊdɪæk] *s astr.* zodiak; *także* **~ signs** znaki zodiaku
zone [zəʊn] *s* pas, strefa
zoo [zu] *s* ogród zoologiczny
zo·ol·o·gy [zəʊ`olədʒɪ] *s* zoologia

CZASOWNIKI NIEREGULARNE *

LIST OF IRREGULAR VERBS

* Czasowników modalnych (modal verbs) o jednej tylko formie, jak np. ought, lub dwóch formach, jak np. can, could, należy szukać w odpowiednich miejscach słownika.

Bezokolicznik Infinitive	Czas przeszły Past	Imiesłów czasu przeszłego Past Participle
abide [ə`baɪd]	abode [ə`bəud]	abode [ə`bəud]
arise [ə`raɪz]	arose [ə`rəʊz]	arisen [ə`rɪzn]
awake [ə`weɪk]	awoke [ə`wəʊk]	awoke [ə`wəʊk]
be [bi]	was [woz, wəz] *pl* were [wɜ(r),]	been [bin]
bear [beə(r)]	bore [bɔ(r)]	borne [bɔn] born [bɔn]
beat [bit]	beat [bit]	beaten [`bitn]
become [bɪ`kʌm]	became [bɪ`keɪm]	become [bɪ`kʌm]
beget [bɪ`get]	begot [bɪ`got]	begotten [bɪ`gotn]
begin [bɪ`gɪn]	began [bɪ`gæn]	begun [bɪ`gʌn]
bend [bend]	bent [bent]	bent [bent]
bet [bet]	bet [bet]	bet [bet]
bid [bid]	bade [beɪd, bæd] bid [bɪd]	bidden [`bɪdn] bid [bɪd]
bind [baɪnd]	bound [baʊnd]	bound [baʊnd]
bite [baɪt]	bit [bɪt]	bitten [`bɪtn]
bleed [blid]	bled [bled]	bled [bled]
blend [blend]	blended [`blendɪd] blent [blent]	blended [`blendɪd] blent [blent]
blow [bləʊ]	blew [blu]	blown [bləʊn]

Bezokolicznik Infinitive	Czas przeszły Past	Imiesłów czasu przeszłego Past Participle
break [breɪk]	broke [brəʊk]	broken [`brəʊkən]
breed [brid]	bred [bred]	bred [bred]
bring [brɪŋ]	brought [brɔt]	brought [brɔt]
build [bɪld]	built [bɪlt]	built [bɪlt]
burn [bɜn]	burnt [bɜnt]	burnt [bɜnt]
	burned [bɜnd]	burned [bɜnd]
burst [bɜst]	burst [bɜst]	burst [bɜst]
buy [bɑɪ]	bought [bɔt]	bought [bɔt]
cast [kɑst]	cast [kɑst]	cast [kɑst]
catch [kætʃ]	caught [kɔt]	caught [kɔt]
choose [tʃuz]	chose [tʃəʊz]	chosen [`tʃəʊzn]
cling [klɪŋ]	clung [klʌŋ]	clung [klʌŋ]
come [kʌm]	came [keɪm]	come [kʌm]
cost [kost]	cost [kost]	cost [kost]
creep [krip]	crept [krept]	crept [krept]
cut [kʌt]	cut [kʌt]	cut [kʌt]
dare [deə(r)]	dared [deəd]	dared [deəd]
	durst [dɜst]	
deal [dil]	dealt [delt]	dealt [delt]
dig [dɪg]	dug [dʌg]	dug [dʌg]
do [du]	did [dɪd]	done [dʌn]
draw [drɔ]	drew [dru]	drawn [drɔn]
dream [drim]	dreamt [dremt]	dreamt [dremt]
	dreamed [drimd]	dreamed [drimd]
drink [drɪŋk]	drank [dræŋk]	drunk [drʌŋk]
		drunken [`drʌŋkən]
drive [drɑɪv]	drove [drəʊv]	driven [`drɪvn]
dwell [dwel]	dwelt [dwelt]	dwelt [dwelt]
	dwelled [dweld]	dwelled [dweld]
eat [it]	ate [et, *am.* eɪt]	eaten [`itn]
fall [fɔl]	fell [fel]	fallen [`fɔlən]
feed [fid]	fed [fed]	fed [fed]

Bezokolicznik Infinitive	Czas przeszły Past	Imiesłów czasu przeszłego Past Participle
feel [fil]	felt [felt]	felt [felt]
fight [faɪt]	fought [fɔt]	fought [fɔt]
find [faɪnd]	found [faʊnd]	found [faʊnd]
flee [fli]	fled [fled]	fled [fled]
fly [flaɪ]	flew [flu]	flown [fləʊn]
forbid [fə`bɪd]	forbade [fə`beɪd] forbad [fə`bæd]	forbidden [fə`bɪdn]
forecast [`fɔkast]	forecast [`fɔkast]	forecast [`fɔkast]
foresee [fɔ`si]	foresaw [fɔ`sɔ]	foreseen [fɔ`sin]
foretell [fɔ`tel]	foretold [fɔ`təʊld]	foretold [fɔ`təʊld]
forget [fə`get]	forgot [fə`got]	forgotten [fə`gotn]
forgive [fə`gɪv]	forgave [fə`geɪv]	forgiven [fə`gɪvn]
forsake [fə`seɪk]	forsook [fə`sʊk]	forsaken [fə`seɪkən]
freeze [friz]	froze [frəʊz]	frozen [`frəʊzn]
get [get]	got [got]	got [got] *am.*gotten [`gotn]
gird [gɜd]	girded [`gɜdɪd] girt [gɜt]	girded [`gɜdɪd] girt [gɜt]
give [gɪv]	gave [geɪv]	given [`gɪvn]
go [gəʊ]	went [went]	gone [gon]
grind [graɪnd]	ground [graʊnd]	ground [graʊnd]
grow [grəʊ]	grew [gru]	grown [grəʊn]
hang [hæŋ]	hung [hʌŋ] hanged [hæŋd]	hung [hʌŋ] hanged [hæŋd]
have [hæv]	had [hɑd]	had [hɑd]
hear [hɪə(r)]	heard [hɜd]	heard [hɜd]
hide [haɪd]	hid [hɪd]	hidden [`hɪdn] hid [hɪd]
hit [hɪt]	hit [hɪt]	hit [hɪt]
hold [həʊld]	held [held]	held [held]
hurt [hɜt]	hurt [hɜt]	hurt [hɜt]
keep [kip]	kept [kept]	kept [kept]

Bezokolicznik Infinitive	Czas przeszły Past	Imiesłów czasu przeszłego Past Participle
kneel [nil]	knelt [nelt]	knelt [nelt]
knit [nɪt]	knit [nɪt]	knit [nɪt]
	knitted [`nɪtɪd]	knitted [`nɪtɪd]
know [nəʊ]	knew [nju]	known [nəʊn]
lay [leɪ]	laid [leɪd]	laid [leɪd]
lead [lid]	led [led]	led [led]
lean [lin]	leant [lent]	leant [lent]
	leaned [lind]	leaned [lind]
leap [lip]	leapt [lept]	leapt [lept]
	leaped [lipt, lept]	leaped [lipt, lept]
learn [lɜn]	learnt [lɜnt]	learnt [lɜnt]
	learned [lɜnd]	learned [lɜnd]
leave [liv]	left [left]	left [left]
lend [lend]	lent [lent]	lent [lent]
let [let]	let [let]	let [let]
lie [lɑɪ]	lay [leɪ]	lain [leɪn]
light [lɑɪt]	lighted [`lɑɪtɪd]	lighted [`lɑɪtɪd]
	lit [lɪt]	lit [lɪt]
lose [luz]	lost [lost]	lost [lost]
make [meɪk]	made [meɪd]	made [meɪd]
mean [min]	meant [ment]	meant [ment]
meet [mit]	met [met]	met [met]
mislead [mɪs`lid]	misled [mis`led]	misled [mis`led]
mistake [mɪ`steɪk]	mistook [mɪ`stuk]	mistaken [mɪ`steɪkn]
misunderstand ['mɪs'ʌndə`stænd]	misunderstood ['mɪs'ʌndə'stʊd]	misunderstood ['mɪs'ʌndə'stʊd]
mow [məʊ]	mowed [məʊd]	mown [məʊn], *am.* mowed [məʊd]
outdo [ɑʊt`du]	outdid [ɑʊt`dɪd]	outdone [ɑʊt`dʌn]
overcome ['əʊvə`kʌm]	overcame ['əʊvə`keɪm]	overcome ['əʊvə`kʌm]
overdo ['əʊvə`du]	overdid ['əʊvə`dɪd]	overdone ['əʊvə`dʌn]

Bezokolicznik Infinitive	Czas przeszły Past	Imiesłów czasu przeszłego Past Participle
overhear ['əʊvə`hɪə]	overheard ['əʊvə`hɜd]	overheard ['əʊvə`hɜd]
overtake ['əʊvə`teɪk]	overtook ['əʊvə`tʊk]	overtaken ['əʊvə`teɪkən]
overthrow ['əʊvə`θrəʊ]	overthrew ['əʊvə`θru]	overthrown ['əʊvə`θrəʊn]
pay [peɪ]	paid [peɪd]	paid [peɪd]
put [pʊt]	put [pʊt]	put [pʊt]
read [rid]	read [red]	read [red]
rid [rɪd]	rid [rɪd] ridded [`rɪdɪd]	rid [rɪd] ridded [`rɪdɪd]
ride [rɑɪd]	rode [rəʊd]	ridden [`rɪdn]
ring [rɪŋ]	rang [ræŋ]	rung [rʌŋ]
rise [rɑɪz]	rose [rəʊz]	risen [`rɪzn]
run [rʌn]	ran [ræn]	run [rʌn]
saw [sɔ]	sawed [sɔd]	sawn [sɔn] sawed [sɔd]
say [seɪ]	said [sed]	said [sed]
see [si]	saw [sɔ]	seen [sin]
seek [sik]	sought [sɔt]	sought [sɔt]
sell [sel]	sold [səʊld]	sold [səʊld]
send [send]	sent [sent]	sent [sent]
set [set]	set [set]	set [set]
sew [səʊ]	sewed [səʊd]	sewed [səʊd] sewn [səʊn]
shake [ʃeɪk]	shook [ʃʊk]	shaken [`ʃeɪkən]
shed [ʃed]	shed [ʃed]	shed [ʃed]
shine [ʃɑɪn]	shone [ʃon]	shone [ʃon]
shoot [ʃut]	shot [ʃot]	shot [ʃot]
show [ʃəʊ]	showed [ʃəʊd]	shown [ʃəʊn] showed [ʃəʊd]
shrink [ʃrɪŋk]	shrank [ʃræŋk]	shrunk [ʃrʌŋk]
shut [ʃʌt]	shut [ʃʌt]	shut [ʃʌt]
sing [sɪŋ]	sang [sæŋ]	sung [sʌŋ]

Bezokolicznik Infinitive	Czas przeszły Past	Imiesłów czasu przeszłego Past Participle
sink [sɪŋk]	sank [sæŋk]	sunk [sʌŋk]
sit [sit]	sat [sæt]	sat [sæt]
slay [sleɪ]	slew [slu]	slain [sleɪn]
sleep [slip]	slept [slept]	slept [slept]
slide [slɑɪd]	slid [slɪd]	slid [slɪd]
		slidden [`slɪdn]
sling [slɪŋ]	slung [slʌŋ]	slung [slʌŋ]
slink [slɪŋk]	slunk [slʌŋk]	slunk [slʌŋk]
slit [slɪt]	slit [slɪt]	slit [slɪt]
smell [smel]	smelt [smelt]	smelt [smelt]
	smelled [smeld]	smelled [smeld]
sow [səʊ]	sowed [səʊd]	sown [səʊn]
	sowed [səʊd]	
speak [spik]	spoke [spəʊk]	spoken [`spəʊkən]
speed [spid]	sped [sped]	sped [sped]
	speeded [`spidɪd]	speeded [`spidɪd]
spell [spel]	spelt [spelt]	spelt [spelt]
	spelled [speld]	spelled [speld]
spend [spend]	spent [spent]	spent [spent]
spill [spɪl]	spilt [spɪlt]	spilt [spɪlt]
	spilled [spɪld]	spilled [spɪld]
spin [spɪn]	spun [spʌn]	spun [spʌn]
	span [spæn]	
spit [spɪt]	spit [spɪt]	spit [spɪt]
	spat [spæt]	spat [spæt]
split [splɪt]	split [splɪt]	split [splɪt]
spoil [spɔɪl]	spoilt [spɔɪlt]	spoilt [spɔɪlt]
	spoiled [spɔɪld]	spoiled [spɔɪld]
spread [spred]	spread [spred]	spread [spred]
spring [spriŋ]	sprang [spræŋ]	sprung [sprʌŋ]
stand [stænd]	stood [stʊd]	stood [stʊd]
steal [stil]	stole [stəʊl]	stolen [`stəʊlən]

Bezokolicznik Infinitive	Czas przeszły Past	Imiesłów czasu przeszłego Past Participle
stick [stɪk]	stuck [stʌk]	stuck [stʌk]
sting [stɪŋ]	stung [stʌŋ]	stung [stʌŋ]
stink [stɪŋk]	stunk [stʌŋk] stank [stæŋk]	stunk [stʌŋk]
strike [straɪk]	struck [strʌk]	struck [strʌk]
string [strɪŋ]	strung [strʌŋ]	strung [strʌŋ]
strive [straɪv]	strove [strəʊv]	striven [`strɪvn]
swear [sweə(r)]	swore [swɔ(r)]	sworn [swɔn]
sweep [swip]	swept [swept]	swept [swept]
swell [swel]	swelled [sweld]	swelled [sweld] swollen [`swəʊlən]
swim [swɪm]	swam [swæm]	swum [swʌm]
swing [swɪŋ]	swung [swʌŋ]	swung [swʌŋ]
take [teɪk]	took [tʊk]	taken [`teɪkən]
teach [titʃ]	taught [tɔt]	taught [tɔt]
tear [teə(r)]	tore [tɔ(r)]	torn [tɔn]
tell [tel]	told [təʊld]	told [təʊld]
think [θɪŋk]	thought [θɔt]	thought [θɔt]
thrive [θraɪv]	throve [θrəʊv] thrived [θraɪvd]	thriven [`θrɪvən] thrived [θraɪvd]
throw [θrəʊ]	threw [θru]	thrown [θrəʊn]
thrust [θrʌst]	thrust [θrʌst]	thrust [θrʌst]
tread [tred]	trod [trod]	trodden [`trodn] trod [trod]
understand ['ʌndə`stænd]	understood ['ʌndə`stʊd]	understood ['ʌndə`stʊd]
wake [weɪk]	woke [wəʊk] waked [weɪkt]	woken [`wəʊkən] waked [weɪkt]
wear [weə(r)]	wore [wɔ(r)]	worn [wɔn]
weave [wiv]	wove [wəʊv]	woven [`wəʊvn] wove [wəʊv]
weep [wip]	wept [wept]	wept [wept]

Bezokolicznik Infinitive	Czas przeszły Past	Imiesłów czasu przeszłego Past Participle
win [wɪn]	won [wʌn]	won [wʌn]
wind [waɪnd]	wound [waʊnd]	wound [waʊnd]
withdraw [wɪð`drɔ]	withdrew [wɪð`dru]	withdrawn [wɪð`drɔn]
withhold [wɪð`həʊld]	withheld [wɪð`held]	withheld [wɪð`held]
withstand [wɪð`stænd]	withstood [wɪð`stʊd]	withstood [wɪð`stʊd]
wring [rɪŋ]	wrung [rʌŋ]	wrung [rʌŋ]
write [raɪt]	wrote [rəʊt]	written [`rɪtn]

NAZWY GEOGRAFICZNE
GEOGRAPHICAL NAMES *

* *Uwaga: skróty* "Ils" *i* "Mts" *odpowiadają wyrazom* "Islands" *i* "Mountains".

Adriatic ['eɪdrɪ`ætɪk] Adriatyk; **Adriatic Sea** ['eɪdrɪ`ætɪk `si] Morze Adriatyckie

Afghanistan [æf'gænɪ`stæn] Afganistan

Africa [`æfrɪkə] Afryka

Alaska [ə`læskə] Alaska

Albania [æl`beɪnɪə] Albania

Alberta [æl`bɜtə] Alberta

Algeria [æl`dʒɪərɪə] Algieria (kraj)

Alps [ælps] Alpy

Amazon [`æməzn] Amazonka

America [ə`merɪkə] Ameryka

Andes [`ændiz] Andy

Ankara [`æŋkərə] Ankara

Antarctic [æn`tɑktɪk] , **Antarctic Continent** [`kontɪnənt] Antarktyda

Antilles [æn`tɪliz] Antyle

Antipodes [æn`tɪpədiz] Antypody

Appenines [`æpɪnɑɪnz] Apeniny

Arabian Sea [ə`reɪbɪən si] Morze Arabskie

Arctic [`ɑktɪk] Arktyka

Arctic Ocean [`ɑktɪk əoʃn] Ocean Lodowaty Północny, Morze Arktyczne

Argentina [`ɑdʒən`tinə] Argentyna

Arizona ['ærɪ`zəonə] Arizona

Arkansas [`ɑkənsɔ] Arkansas

Armenia [ɑ`minɪə] Armenia

Asia [eɪʃə] Azja

Athens [`æθnz] Ateny

Atlantic, Atlantic Ocean [ət`læntɪk əoʃn] Atlantyk, Ocean Atlantycki

Atlas Mts [`ætləs mɑontɪnz] góry Atlas

Auckland [`ɔklənd] Auckland

Australia [o`streɪlɪə] Australia

Austria [`ostrɪə] Austria

Azerbaijan [ɑ'zɜbɑɪ`dʒɑn] Azerbejdżan

Azores [ə`zɔz] Azory

Balkans [`bɔlkənz] Bałkany; **Balkan Peninsula** [`bɔlkən pənɪnsjolə] Półwysep Bałkański

Baltic [`bɔltɪk] Bałtyk; **Baltic Sea** [`bɔltɪk si] Morze Bałtyckie

Bangladesh ['bænglə`deʃ] Bangladesz

Bath [bɑθ] Bath
Beijing [`beɪdʒɪŋ] Pekin
Belfast [`belfɑst] Belfast
Belgium [`beldʒəm] Belgia
Belgrade ['bel`greɪd] Belgrad
Bering Sea [`berɪŋ si] Morze Beringa
Berlin [bɜ`lɪn] Berlin
Bern, Berne [bɜn] Berno
Birmingham [`bɜmɪŋəm] Birmingham
Black Sea [`blæk si] Morze Czarne
Bolivia [bə`lɪvɪə] Boliwia
Bombay [bom`beɪ] Bombaj
Borneo [`bɔnɪəʊ] Borneo
Bosnia [`boznɪə] Bośnia
Bosphorus [`bosfərəs] Bosfor
Boston [`bostən] Boston
Brasilia [brə`sɪlɪə] Brasilia (stolica)
Brazil [brə`zɪl] Brazylia (państwo)
Brighton [`brɑɪtn] Brighton
Britain = Great Britain
British Columbia ['brɪtɪʃ kə`lʌmbɪə] Kolumbia Brytyjska
British Commonwealth (of Nations) ['brɪtɪʃ `komənwelθ (əv neɪʃənz)] Brytyjska Wspólnota Narodów
Brooklyn [`bruklɪn] Brooklyn
Brussels [`brʌslz] Bruksela
Bucharest ['bjukə`rest] Bukareszt
Buckingham [`bʌkɪŋəm] Buckingham
Budapest ['bjudə`pest] Budapeszt
Buenos Aires ['bweɪnəs `eəriz] Buenos Aires
Bulgaria [bʌl`geərɪə] Bułgaria;
Burma [`bɜmə] Birma
Byelorussia [bɪələʊ`rʌʃə] Białoruś
Cairo [`kɑɪərəʊ] Kair
Calcutta [kæl`kʌtə] Kalkuta
California ['kælɪ`fɔnɪə] Kalifornia
Cambodia [kæm`bəʊdɪə] Kambodża
Cambridge [`keɪmbrɪdʒ] Cambridge
Canada [`kænədə] Kanada
Canary Ils [kə`neərɪ ɑɪləndz] Wyspy Kanaryjskie
Canberra [`kænbərə] Canberra
Cardiff [`kɑdɪf] Cardiff
Caribbean Sea ['kærɪ`bɪən si] Morze Karaibskie
Carpathians [kɑ`peɪθɪənz], **Carpathian Mts** [kɑ`peɪθɪən mɑʊntɪnz] Karpaty
Caspian Sea [`kæspɪən si] Morze Kaspijskie
Caucasus, the [`kɔkəsəs] Kaukaz
Celebes [sə`libiz] Celebes

Ceylon [sɪ`lon] Cejlon
Channel Ils [`tʃænl aɪləndz] Wyspy Normandzkie
Chelsea [`tʃelsi] Chelsea (w Londynie)
Chicago [ʃɪ`kɑgəʊ] Chicago
Chile [`ʃɪlɪ] Chile
China [`ʃɑɪnə] Chiny;
Chinese People's Republic [ʃɑɪ'niz 'piplz rɪ`pʌblɪk] Chińska Republika Ludowa
Cleveland [`klivlənd] Cleveland
Colorado ['kolə`rɑdəʊ] Kolorado
Columbia [kə`lʌmbɪə] Kolumbia
Congo [`koŋgəʊ] Kongo
Connecticut [kə`netɪkət] Connecticut
Constantinople ['konstəntɪ`nəopl] *hist.* Konstantynopol, Stambuł
Copenhagen [`kəopnheɪgən] Kopenhaga
Cordilleras ['kɔdɪl`jeərəz] Kordyliery
Cornwall [`kɔnwl] Kornwalia
Corsica [`kɔsɪkə] Korsyka
Cracow [`krɑkəʊ] Kraków
Crete [krit] Kreta
Crimea [krɑɪ`mɪə] Krym
Croatia [krəʊ`eɪʃə] Chorwacja
Cuba [`kjubə] Kuba
Cyprus [`sɑɪprəs] Cypr
Czech Republic [`tʃek rɪ`pʌblɪk] Republika Czeska
Damascus [də`mæskəs] Damaszek
Danube [`dænjub] Dunaj
Dardanelles ['dɑdə`nelz] Dardanele
Delaware [`deləweə(r)] Delaware
Delhi [`delɪ] Delhi
Denmark [`denmɑk] Dania
Djakarta [dʒə`kɑtə] Djakarta
Dover [`dəovə(r)] Dover;
Strait of Dover ['streɪt əv `dəovə(r)] Cieśnina Kaletańska
Dublin [`dʌblɪn] Dublin
Edinburgh [`ednbrə] Edynburg
Egypt [`idʒɪpt] Egipt
Eire [`eərə] Irlandia (Republika Irlandzka)
England [`ɪŋglənd] Anglia
English Channel [`ɪŋglɪʃ `ʃænl] kanał La Manche
Erie [`ɪəri] Erie
Estonia [e`stəʊnɪə] Estonia
Ethiopia ['iθɪ`əʊpɪə] Etiopia
Europe [`jʊərəp] Europa
Everest [`evərɪst] Everest
Finland [`fɪnlənd] Finlandia
Florida [`florɪdə] Floryda
France [frɑns] Francja
Geneva [dʒɪ`nivə] Genewa
Georgia [`dʒɔdʒjə] Georgia, USA; Gruzja
Germany [`dʒɜmənɪ] Niemcy

Gibraltar [dʒɪˋbrɔltə(r)] Gibraltar
Glasgow [ˋglɑzgəʊ] Glasgow
Great Britain ['greɪt ˋbrɪtn] Wielka Brytania
Greece [gris] Grecja
Greenland [grinlənd] Grenlandia
Greenwich [ˋgrɪnɪdʒ] Greenwich
Guinea [ˋgɪnɪ] Gwinea
Hague, the [heɪg] Haga
Haiti [ˋheɪtɪ] Haiti
Hanoi [hæˋnɔɪ] Hanoi
Havana [həˋvænə] Hawana
Hawaii [həˋwɑɪi] , Hawaiian Ils [həˋwɑɪən ɑɪləndz] Hawaje, Wyspy Hawajskie
Hebrides [ˋhebrədiz] Hebrydy
Helsinki [ˋhelsɪŋkɪ] Helsinki
Himalayas ['hɪməˋleɪəz] Himalaje
Holland [ˋholənd] Holandia
Houston [ˋhjustən] Houston
Hudson Bay [ˋhʌdsn beɪ] Zatoka Hudsona
Hull [hʌl] Hull
Hungary [ˋhʌŋgərɪ] Węgry
Iceland [ˋɑɪslənd] Islandia
Idaho [ˋɑɪdəhəʊ] Idaho
Illinois ['ɪlɪˋnɔɪ] Illinois
India [ˋɪndɪə] Indie (państwo); Półwysep Indyjski
Indiana ['ɪndɪˋænə] Indiana
Indian Ocean [ˋɪndɪən əʊʃn] Ocean Indyjski
Indonesia ['ɪndəˋnizɪə] Indonezja
Iowa [ˋɑɪəwə] Iowa
Iran [ɪˋrɑn] Iran
Iraq [ɪˋrɑk] Irak
Ireland [ˋɑɪələnd] Irlandia
Israel [ˋɪzreɪl] Izrael
Italy [ˋItəlɪ] Włochy
Jamaica [dʒəˋmeɪkə] Jamajka
Japan [dʒəˋpæn] Japonia
Java [ˋdʒɑvə] Jawa
Jerusalem [dʒəˋrusələm] Jerozolima
Jordan [ˋdʒɔdn] Jordan; Jordania
Kansas [ˋkænzəs] Kansas
Kentucky [kenˋtʌkɪ] Kentucky
Kiev [kiˋev] Kijów
Kishinev [ˋkɪʃɪnəv] Kiszyniów
Korea [kəˋrɪə] Korea;
Demokratic People's Republic of Korea [deməˈkrætɪk 'piplz rɪ'pʌblɪk əv kəˋrɪə] Koreańska Republika Ludowo-Demokratyczna;
South Korea ['sɑʊθ kəˋrɪə] Korea Południowa
Labrador [ˋlæbrədo(r)] Labrador
Laos [ˋlɑʊz] Laos
Latvia [lætˋvɪæ] Łotwa
Lebanon [ˋlebənən] Liban
Leeds [lidz] Leeds

Leicester [`lestə(r)] Leicester
Libya [`lıbıə] Libia
Lisbon [`lızbən] Lizbona
Lithuania ['lıθu`eınıə] Litwa
Liverpool [`lıvəpul] Liverpool
London [`lʌndən] Londyn
Londonderry ['lʌndən`derı] Londonderry
Los Angeles [`los ændʒəliz] Los Angeles
Luisiana [lu'izı`ænə] Luisiana
Luxemburg [`lʌksmbɜg] Luksemburg
Macedonia ['mæsə`dəonıə] Mecedonia
Madagascar ['mædə`gæskə(r)] Madagaskar
Madrid [mə`drıd] Madryt
Magellan [mə`gelən] , **Strait of Magellan** ['streıt əv mə`gelən] Cieśnina Magelana
Maine [meın] Maine
Malay Archipelago [mə'leı ɑkı`peləgəo] Archipelag Malajski
Malay Peninsula [mə'leı pı`nınsjolə] Półwysep Malajski
Malaysia [mə`leızıə] Malezja
Manchester [`mæntʃıstə(r)] Manchester
Manitoba ['mænı`təobə] Manitoba
Maryland [`meərılænd] Maryland
Massachusetts ['mæsə`tʃusıts] Massachussets
Mediterranean Sea ['medıtə`reınıən si] Morze Śródziemne
Melanesia ['melə`nizıə] Melanezja
Melbourne [`melbən] Melbourne
Mexico [`meksıkəo] Meksyk
Miami [mɑı`æmı] Miami
Michigan [`mıʃıgən] Michigan
Minnesota ['mını`səotə] Minnesota
Minsk [`mınsk] Mińsk
Mississippi ['mısı`sıpı] Missisipi
Missouri [mı`zoərı] Missouri
Moldavia [mol`deıvıə] Mołdawia
Mongolia [moŋ`gəolıə] Mongolia
Montana [mon`tænə] Montana
Mont Blanc ['mõ`blõ] Mont Blanc
Montevideo ['montıvı`deıəo] Montevideo
Montreal [montrı`ɔl] Montreal
Morocco [mə`rokəo] Maroko
Moscow [`moskəo] Moskwa
Nebraska [nı`bræskə] Nebraska
Netherlands, [`neðələndz] Niderlandy, Holandia
Nevada [nı`vɑdə] Nevada

New Brunswick ['nju`brʌnzwɪk] Nowy Brunszwik
New Delhi ['nju`delɪ] Nowe Delhi
Newfoundland ['njufənd`lænd] Nowa Funlandia
New Guinea ['nju `gɪnɪ] Nowa Gwinea
New Hampshire [nju `hæmpʃə(r)] New Hampshire
New Jersey [`nju `dʒɜzɪ] New Jersey
New Mexico [nju `meksɪkəʊ] Nowy Meksyk
New Orleans ['nju ɔ`lɪənz] Nowy Orlean
New South Wales ['nju saʊθ`weɪlz] Nowa Połuniowa Walia
New Zealand ['nju `zilənd] Nowa Zelandia
Niagara Falls [naɪ`ægərə fɔlz] Wodospad Niagara
Niger [`naɪdʒə(r)] Niger
Nigeria [naɪ`dʒɪərɪə] Nigeria
Nile [naɪl] Nil
North America ['nɔθ ə`merɪkə] Ameryka Północna
North Carolina ['nɔθ 'kærə`laɪnə] Karolina Północna
North Dakota ['nɔθ də`kəʊtə] Dakota Północna
Northern Ireland ['nɔðən `aɪələnd] Irlàndia Północna
Northern Territory ['nɔðən `terɪtərɪ] Terytorium Północne
North Sea [`nɔθ si] Morze Północne
Norway [`nɔweɪ] Norwegia
Nova Scotia ['nəʊvə `skəʊʃə] Nowa Szkocja
Oder [əʊdə(r)] Odra
Ohio [əʊ`haɪəʊ] Ohio
Oklahoma ['əʊklə`həʊmə] Oklahoma
Ontario [on`teərɪəʊ] Ontario
Oregon [`orɪgən] Oregon
Oslo [`ozləʊ] Oslo
Ottawa [`otəwə] Ottawa
Oxford [`oksfəd] Oksford, Oxford
Pacific Ocean [pə`sɪfɪk əʊʃn] Pacyfik, Ocean Spokojny
Pakistan ['pɑkɪ`stɑn] Pakistan
Panama ['pænə`mɑ] Panama;
Panama Canal ['pænə`mɑ kə`næl] Kanał Panamski
Paris [`pærɪs] Paryż
Peking ['pi`kɪŋ] Pekin
Pennsylvania ['pensl`veɪnɪə] Pensylwania
Persia [`pɜʃə] Persja;
Persian Gulf [`pɜʃən gʌlf] Zatoka Perska
Peru [pə`ru] Peru
Philadelphia ['fɪlə`delfɪə] Filadelfia
Philippines [`fɪlɪpinz] Filipiny
Plymouth [`plɪməθ] Plymouth

Poland [`pəʊlənd] Polska
Polynesia ['polɪ`niziə] Polinezja
Portugal [`pɒtʃʊgl] Portugalia
Prague [prɑg] Praga
Pyrenees ['pɪrə`niz] Pireneje
Quebec [kwɪ`bek] Quebec
Queensland [`kwinzlənd] Queensland
Reading [`redɪŋ] Reading
Red Sea [`red si] Morze Czerwone
Republic of South Africa [rɪ`pʌblɪk əv 'sɑʊθ `æfrɪkə] Republika Południowej Afryki
Reykjavik [`reɪkɪəvik] Reykjawik
Rhine [rɑɪn] Ren
Rhode Island [`rəʊd ɑɪlənd] Rhode Island
Riga [`rigə] Ryga
Rockies [`rokɪz] , **Rocky Mts** [`rokɪ mɑʊntɪnz] Góry Skaliste
Rome [rəʊm] Rzym
Rumania [ru`meɪnɪə] Rumunia
Russia [`rʌʃə] Rosja
Sahara [sə`hɑrə] Sahara
Saigon [sɑɪ`gon] Sajgon
San Francisco ['sæn frən `sɪskəʊ] San Francisco
Santiago ['sæntɪ`ɑgəʊ] Santiago
Sardinia [sɑ`dɪnɪə] Sardynia
Saskatchewan [səs`kætʃəwən] Saskatchewan
Saudi Arabia ['sɑʊdɪ ə`reɪbɪə] Arabia Saudyjska
Scandinavia ['skændɪ`neɪvɪə] Skandynawia
Scotland [`skotlənd] Szkocja
Seine [seɪn] Sekwana
Serbia [`sɜbiə] Serbia
Seoul [səʊl] Seul
Siam [sɑɪ`æm] = Thailand
Sicily [`sɪslɪ] Sycylia
Singapore ['sɪŋgə`pɔ(r)] Singapur
Slovakia [sləʊ`vɑkɪə] Słowacja
Slovenia [sləʊ`viniə] Słowenia
Sofia [`səʊfɪə] Sofia
South America ['sɑʊθ ə`merɪkə] Ameryka Południowa
Southampton [sɑʊ`θæmptən] Southampton
South Australia ['sɑʊθ ɔs`treɪlɪə] Australia Południowa
South Carolina ['sɑʊθ 'kærə`lɑɪnə] Karolina Południowa
South Dakota ['sɑʊθ də`kəʊtə] Dakota Południowa
Southern Yemen ['sʌðən `jemən] Jemen Południowy
Spain [speɪn] Hiszpania
Stamboul [stæm`bul] Stambuł
Stockholm [`stokhəʊm] Sztokholm
Sudan [su`dæn] Sudan

Suez [`suɪz] Suez;
Suez Canal, [`suɪz kə`næl] Kanał Sueski
Sumatra [sʊ`mɑtrə] Sumatra
Sweden [`swidn] Szwecja
Switzerland [`swɪtsələnd] Szwajcaria
Sydney [`sɪdnɪ] Sydney
Syria [`sɪrɪə] Syria
Taiwan [`taɪ`wæn] Taiwan
Tallinn [`tɑlɪn] Talin
Tatra Mts [`tætrə maʊntɪnz] Tatry
Teheran [tɪə`rɑn] Teheran
Tennessee ['tenə`si] Tennessee
Texas [`teksəs] Teksas
Thailand [`taɪlænd] Tajlandia; *hist.* Syjam
Thames [temz] Tamiza
Tiber [`taɪbə(r)] Tyber
Tibet [tɪ`bet] Tybet
Tirana [tɪ`rɑnə] Tirana
Tokyo [`təʊkɪəʊ] Tokio
Toronto [tə`rontəʊ] Toronto
Tunis [`tjunɪs] Tunis (*miasto*)
Tunisia [tju`nɪzɪə] Tunezja (kraj)
Turkey [`tɜkɪ] Turcja
Ukraine [ju`kreɪn] Ukraina
Ulan-Bator ['ulɑn bɑtɔ(r)] Ułan Bator
Ulster [`ʌlstə(r)] Ulster
United Kingdom of Great Britain and Northern Ireland [ju'naɪtɪd 'kɪŋdəm əv 'greɪt `brɪtən ənd 'nɔðən `aɪələnd] Zjednoczone Królestwo Wielkiej Brytanii i Północnej Irlandii
United States of America [ju'naɪtɪd 'steɪts əv ə`merɪkə] Stany Zjednoczone Ameryki
Ural [`jʊərəl] Ural
Uruguay [`jʊərəgwaɪ] Urugwaj
Utah [`jutɑ] Utah
Venezuela ['venɪ`zweɪlə] Wenezuela
Vermont [vɜ`mont] Vermont
Victoria [vɪk`tɔrɪə] Wiktoria
Vilnius [`vɪlnɪəs] Wilno
Vienna [vɪ`enə] Wiedeń
Vietnam [vɪət`næm] Wietnam;
Socialist Republic of Vietnam [`səʊʃəlɪst rɪ'pʌblɪk əv vɪət`næm] Socjalistyczna Republika Wietnamu
Virginia [və`dʒɪnɪə] Wirginia
Vistula [`vɪstjʊlə] Wisła
Volga [`volgə] Wołga
Wales [weɪlz] Walia
Warsaw [`wɔsɔ] Warszawa
Washington [`woʃɪŋtən] Waszyngton
Wellington [`welɪŋtən] Wellington
Wembley [`wemblɪ] Wembley
West Virginia ['west və`dʒɪnɪə] Wirginia Zachodnia
Wisconsin [wɪs`konsɪn] Wisconsin

POLSKO-ANGIELSKI
POLISH-ENGLISH

WSKAZÓWKI DLA UŻYTKOWNIKA
GUIDE TO THE USE OF THE DICTIONARY

1. Headwords

The headwords are printed in boldfaced type in strictly alphabetical order. They are labelled by pertinent abbreviations indicating their grammatical categories to which they belong. Other symbols denote the particular branches of learning or the special walks of life.

Homonyms are grouped under separate entries and marked with successive numerals, e.g.:

1. Hasła

Wyrazy hasłowe podano pismem półgrubym w ścisłym porządku alfabetycznym. Opatrzono je, zależnie od przynależności do poszczególnych części mowy oraz do specjalnych dziedzin życia, odpowiednimi skrótami umownymi.

Homonimy podano jako osobne hasła oznaczone kolejnymi cyframi, np.:

muł 1. *m* slime, ooze
muł 2. *m zool.* mule

If a Polish headword contains various English meanings or denotes different grammatical categories, the particular lexical units on the Polish side are separated by means of a semicolon and, besides, they are provided with a pertinent grammatical label, e.g.:

Jeżeli poszczególne wyrazy hasłowe zawierają odpowiedniki o różnych znaczeniach, albo pełnią różne funkcje gramatyczne – oddzielono je średnikiem oraz odpowiednim kwalifikatorem gramatycznym, np.:

palący *ppraes i adj* burning; *(tytoń)* smoking; *s m* smoker;...

Nouns

Some Polish nouns of feminine gender have been omitted since their masculine and feminine equivalents are identical in English, e.g.: **nauczyciel** teacher, **nauczycielka** teacher, **Niemiec** German, **Niemka** German.

Verbs

The reader is sometimes faced with serious difficulties whenever he may occasionally have to deal with verbal aspects, which we find in English as compared with those in Polish, e.g.: **siadać** and **siedzieć** and **usiąść** – to sit and to be sitting and to sit down, **padać** and **upaść** – to be falling and to fall (down). The above and similar verbs may be rendered by means of a variety of forms.

Most English verbs, with regard to their aspects, are neutral: **pisać** – to write, **napisać** – to write.

Hasła rzeczownikowe

Ze względu na rozmiary słownika pominięto pewną ilość rzeczowników żeńskich, które w języku angielskim mają formę identyczną z odpowiednimi rzeczownikami męskimi, np.: **nauczyciel** teacher, **nauczycielka** teacher, **Niemiec** German, **Niemka** German.

Hasła czasownikowe

Brak analogii w tworzeniu postaci dokonanej i niedokonanej czasownika w języku polskim i angielskim nastręcza wiele trudności. Tak np. dokonana postać czasownika **padać, upaść** – to fall zmienia się w niedokonaną przez zastosowanie *Continuous Form* – to be falling. W innych wypadkach czasownik o postaci niedokonanej **siadać** – to sit, zmienia postać przez dodanie przysłówka down: **siąść** to sit down. Polską formę dokonaną można też czasami wyrazić przez angielską formę gramatyczną.

W większości wypadków angielskie postacie czasownikowe są z natury neutralne: **pisać** – to write, **napisać** – to write.

As a rule, in the present dictionary the verbs ought to be looked up in their imperfective form.

Czasowników należy szukać pod ich formą podstawową w jej postaci zasadniczo niedokonanej.

2. Equivalents

The English equivalents of the Polish headwords and their expressions are given in light type. Their synonyms printed along with them, if any, are separated by commas, those more distant in meaning are marked off by semicolons. In case of need the given synonyms have been provided with explanations, placed in round brackets, concerning their meaning and usage. E.g.:

2. Odpowiedniki

Angielskie odpowiedniki wyrazów, wyrażeń i zwrotów podano pismem jasnym. Odpowiedniki bliskoznaczne oddzielono przecinkami; odpowiedniki dalsze - średnikami. W wypadkach koniecznych – przed angielskimi odpowiednikami – umieszczono w nawiasach okrągłych objaśnienia, drukowane kursywą, dotyczące zakresu znaczenia i zastosowania wyrazu, np.:

chować *vt* (*ukrywać*) hide, conceal; (*przechowywać*) keep; (*wkładać, np. do szuflady*) put (up); (*grzebać zwłoki*) bury; (*hodować*) breed, rear; (*wychowywać*) bring up, educate; ...

SKRÓTY
ABBREVIATIONS

adj	- adjective	przymiotnik
adv	- adverb	przysłówek
am.	- American	amerykański
anat.	- anatomy	anatomia
arch.	- architecture	architektura
astr.	- astronomy	astronomia
attr	- attribute, attributive	przydawka, przydawkowy
bank.	- banking	bankowość
biol.	- biology	biologia
bot.	- botany	botanika
bryt.	- British	brytyjski
chem.	- chemistry	chemia
comp	- comparative (degree)	stopień wyższy
conj	- conjunction	spójnik
dent.	- dentistry	dentystyka
dial.	- dialect	dialekt
dod.	- positive (meaning)	znaczenie dodatnie
dosł.	- literal, literally	dosłowny, dosłownie
druk.	- printing	drukarstwo
elektr.	- electricity	elektryczność
f	- feminine (gender)	(rodzaj) żeński
filat.	- philately	filatelistyka
filoz.	- philosophy	filozofia
fin.	- finances	finansowość
fiz.	- physics	fizyka
fot.	- photography	fotografia
fut	- future tense	czas przyszły
genit	- genitive	dopełniacz
geogr.	- geography	geografia
geol.	- geology	geologia
górn.	- mining	górnictwo

gram.	- grammar	gramatyka
handl.	- commerce	handlowość
hist.	- history	historia
imp	- impersonal form	forma nieosobowa
inf	- infinitive	bezokolicznik
int	- interjection	wykrzyknik
inter	- interrogation, interrogative	pytajnik, pytający
itp.	- and so on	i tym podobne
kin.	- cinematography	kinematografia
kolej.	- railway system	kolejnictwo
komp.	- computer	komputery
lit.	- literature	literatura
lotn.	- aviation	lotnictwo
łac.	- Latin word	wyraz łaciński
m	- masculine (gender)	(rodzaj) męski
mal.	- painting	malarstwo
mat.	- mathematics	matematyka
med.	- medicine	medycyna
miner.	- mineralogy	mineralogia
mors.	- marine	morski
mot.	- motoring	motoryzacja
muz.	- music	muzyka
n	- neuter (gender)	(rodzaj) nijaki
neg	- negative form	forma przecząca
nieodm.	- indeclinable word	wyraz nieodmienny
np.	- for example	na przykład
num	- numeral	liczebnik
p	- past tense, preterite	czas przeszły
part	- particle	partykuła
pl	- plural	liczba mnoga
poet.	- poetic use	wyraz poetycki
polit.	- politics, policy	polityka
pot.	- colloquialism	wyraz potoczny

pp	- past participle	imiesłów przeszły
p praes	- present participle	imiesłów czasu teraźniejszego
praed	- predicative	orzecznik, orzecznikowy
praef	- prefix	przedrostek
praep	- preposition	przyimek
praes	- present tense	czas teraźniejszy
prawn.	- law term	termin prawniczy
pron	- pronoun	zaimek
przen.	- metaphorically	przenośnie
przysł.	- proverb	przysłowie
reg.	- regular	regularny
rel.	- religion	religia
rów.	- also	również
s	- substantive	rzeczownik
sb, sb's	- somebody, somebody's	ktoś, kogoś, komuś
sing	- singular	liczba pojedyncza
skr.	- abbreviation	skrót
s pl	- plural noun	rzeczownik w liczbie mnogiej
sport	- sport, sports	sport, sportowy
sth	- something	coś
suf	- suffix	przyrostek
sup	- superlative	stopień najwyższy
szk.	- school word	szkolny
teatr	- theatre	teatr
techn.	- technics, technology	technika
uj.	- pejorative	ujemny
uż.	- used	używany
v	- verb	czasownik
v aux	- auxiliary verb	czasownik posiłkowy
vi	- intransitive verb	czasownik nieprzechodni
v imp	- impersonal verb	czasownik nieosobowy
vr	- reflexive verb	czasownik zwrotny
vt	- transitive verb	czasownik przechodni

wojsk.	- military term	termin wojskowy
wulg.	- vulgar, obscene	wulgarny
wyj.	- exception	wyjątek
zam.	- instead of	zamiast
zbior.	- collective word	wyraz zbiorowy
zdrob.	- diminutive	wyraz zdrobniały
znacz.	- meaning	znaczenie
zob.	- see	zobacz
zool.	- zoology	zoologia
zw.	- usually	zwykle
żart.	- jocular	żartobliwy

ZNAKI OBJAŚNIAJĄEC
EXPLANATORY SIGNS

[ ]	Square brackets enclose the pronunciation of some Polish words (e.g. **marznąć** [r-z]) or that of loanwords.	W nawiasach kwadratowych zaznaczono wymowę niektórych wyrazów polskich, np. **marznąć** [r-z] oraz wymowę wyrazów pochodzenia obcego.
( )	Round brackets enclose the explanatory information, irregular forms of the headwords, words and letters which can be omitted.	W nawiasach okrągłych umieszczono objaśnienia, nieregularne formy wyrazu hasłowego, wyrazy i litery, które mogą być opuszczone.
<>	Angular brackets enclose words and parts of the expressions which are interchangeable.	W nawiasach trójkątnych umieszczono wymienne wyrazy lub człony związków frazeologicznych.
~	The tilde replaces the headword, or as much of it as has been cut off by a vertical line.	Tylda zastępuje w zwrotach hasło lub tę jego część, która jest odcięta pionową kreską.
|	The vertical line separates that part of the headword which has been replaced in phrases by the tilde.	Kreska pionowa oddziela część hasła zastąpioną w zwrotach tyldą.
1., **2.** ...	Numerals denote the sequence of the headwords having the same spelling, but differing in etymology and meaning.	Cyfry po hasłach wskazują na odrębność znaczenia i pochodzenia wyrazów o tej samej pisowni, podanych jako osobne hasła.

; The semicolon is used to denote distinct meanings of two or more equivalents of the headword and to separate phrases as well sa particular items of grammatical information.

Średnik oddziela odpowiedniki o całkowicie różnym znaczeniu, związki frazeologiczne oraz objaśnienia gramatyczne.

, The comma is used to separate equivalents close in meaning.

Przecinek oddziela odpowiedniki bliskie pod względem znaczeniowym.

ALFABET POLSKI
THE POLISH ALPHABET

The order of the letters in the Polish alphabet is as follows:

a
ą
b
c
ć
d
e
ę
f
g
h
i
j
k
l
ł
m
n
ń
o
ó
p
r
s
ś
t
u
w
y
z
ź
ż

A

a: od „a" do „z" from beginning to end
abecadło *n* A.B.C., ABC, alphabet
abonament *m* subscription (**czegoś, na coś** to sth); *(w teatrze, tramwaju, na kolei)* season-ticket
abonować *vt* subscribe (**coś** to sth); *(w teatrze)* buy a season--ticket
aborcja *f* abortion
absolutny *adj* absolute, complete
absolwent *m* graduate, school--leaving student <pupil>, alumnus
abstrakcja *f* abstraction
abstynent *m* abstainer, teetotaller
absurd *m* absurdity; **sprowadzić do ~u** reduce to absurdity
aby *conj* that, in order that; *(przed bezokolicznikiem)* to, in order to; **~wrócić wcześniej** (in order) to come back soon
aczkolwiek *conj* though, although
adaptacja *f* adaptation
administracja *f* administration, management
adres *m* address; **pod ~em** to <at> the address
adresat *m* addressee
adwokat *m* lawyer, barrister, *(niższy)* solicitor; *przen.* advocate
aerobik *m* aerobics
afektowany *adj* affected
Afgańczyk *m* Afghan
afgański *adj* Afghan
afisz *m* poster, bill
afiszować się *vr* make a show (**z czymś** of sth), show off
Afrykanin *m* African
afrykański *adj* African
agencja *f* agency; **~ prasowa** news agency
agenda *f* branch of business; *(terminarz)* agenda
agent *m* agent; *(giełdowy)* broker
agonia *f* agony of death; death--agony
agrafka *f* safety-pin, clasp
agresja *f* aggression
agrest *m* gooseberry
ajencja, ajent *zob.* **agencja, agent**
akademia *f* academy, session of celebration, commemorative meeting
akademicki *adj* academic(al); **dom ~** students' hostel
akcelerator *m* accelerator
akcent *m* accent, stress

akcentować *vt* accent, accentuate, stress
akceptować *vt* accept
akcj|a *f* action; *handl.* share ; *am.* stock; **~a ratunkowa** rescue action; **~a powieści, sztuki** plot, action; **~a wyborcza** election campaign
akcjonariusz *m* *handl.* shareholder; *am.* stockholder
aklimatyzować *vt* acclimatize; **~ się** *vr* become acclimatized
akord *m muz.* chord, harmony; **praca na ~** piece-work, job-work
akordeon *m muz.* accordion
akt *m* act, deed; (*w malarstwie, rzeźbie*) nude
aktor *m* actor
aktorka *f* actress
aktualnoś|ć *f* reality, present-day interest; **~ci dnia** current events
aktualny *adj* current, topical
aktywny *adj* active
akumulator *m elektr.* accumulator, (storage) battery
akurat *adv* just, exactly
akuszerka *f* midwife
akwarela *f* water colour
alarm *m* alarm; (*zw. lotn.*) alert; **uderzyć na ~** sound the alarm
Albańczyk *m* Albanian
albański *adj* Albanian
albo *conj* or; **~, ... ~ ...** either ... or ...; **~ ten, ~ tamten** either of them <of the two>
albowiem *conj* for, because
album *m* album; **~ do znaczków pocztowych** stamp-album
ale *conj* but; however, yet; *int* **~!** there now!
aleja *f* avenue, alley
alergia *f med.* allergy
alfabet *m* alphabet
alibi *n nieodm.* alibi
alimenty *s pl* alimony
alkohol *m* alcohol
alpinista *m* alpinist
alt *m muz.* alto
alternatywa *f* alternative
aluzj|a *f* allusion, hint; **robić ~ę** allude (**do czegoś** to sth), hint (**do czegoś** at sth)
amator *m* amateur, lover, fan
amatorski *adj* amateurish, amateur
ambasada *f* embassy
ambasador *m* ambassador (**w Polsce** to Poland)
ambicja *f* ambition
ambulatorium *n* out-patients' clinic, dispensary (for out-patients), infirmary
Amerykanin *m* American
amerykanizm *m* Americanism
amerykański *adj* American

amortyzator *m techn.* shock-absorber
analfabeta *m* illiterate
analiza *f* analysis
ananas *m* pineapple
anarchia *f* anarchy
anegdota *f* anecdote
aneks *m* annex
anemia *f* anaemia
angażować *vt* engage; ~ **się** *vr* engage (**do czegoś** for sth, **w coś** in sth), be engaged (**w czymś** in sth)
Angielka *f* Englishwoman
angielsk|i *adj* English; **mówić po ~u** speak English; **ulotnić się po ~u** take French leave
angina *f* angina
Anglik *m* Englishman
anglikański *adj* Anglican; **kościół ~** Church of England
ani *conj* not even, not a, neither; ~ **nawet** not even; ~ **razu** not even once; ~ **to,** ~ **tamto** neither this nor that
anioł *m* angel
ankieta *f* questionnaire; public opinion poll
anormalny *adj* abnormal
antena *f (zewnętrzna)* aerial; ~ **pokojowa** indoor antenna
antybiotyk *m* antibiotic
antyczny *adj* antique
antyk *m* antique, old curiosity, antiquity
antykwariat *m* old curiosity shop; *(książkowy)* second-hand bookshop
antypatia *f* antipathy
anulować *vt* annul,cancel
aparat *m* apparatus; appliance; ~ **fotograficzny** camera; ~ **radiowy** radio set
apartament *m* apartment, suite of rooms
apatia *f* apathy
apelować *vi* appeal (**do kogoś** to sb, **w sprawie czegoś** for sth)
apetyt *m* appetite
aprobować *vt* approve (**coś** sth, of sth)
aprowizacja *f* provisioning, food supply
apteczka *f* medicine chest
apteka *f* chemist's (shop), *am.* druggist's (shop), pharmacy
Arab *m* Arab
arabski *adj* Arabian, Arabic; **język ~** Arabic
arbuz *m bot.* watermelon
archeologia *f* archeology
architekt *m* architect
architektura *f* architecture; ~ **wnętrz** interior decoration
arcydzieło *n* masterpiece
aresztować *vt* arrest, imprison
Argentyńczyk *m* Argentine
argentyński *adj* Argentine

argument *m* argument; **wysuwać, przytaczać ~y** put forward arguments (**na coś** for sth)
argumentować *vi* argue
aria *f muz.* aria, air
arkusz *m* sheet
armata *f* gun, cannon
Armeńczyk *m* Armenian
armeński *adj* Armenian
armia *f* army
arogancja *f* arrogance
aromat *m* aroma, flavour
arteria *f* artery
artretyzm *m med.* arthritis
artykuł *m* article; commodity; **~ wstępny** (*do gazety*) leader, editorial; **~y spożywcze** food articles
artysta *m* artist
artystyczn|y *adj* artistic; **rzemiosło ~e** artistic handicraft
arytmetyka *f* arithmetic
as *m także przen.* ace
asekurować *vt* insure; **~ się** *vt* insure (oneself)
asortyment *m* assortment
aspekt *m* aspect
aspiryna *f* aspirin
astma *f med.* asthma
astrologia *f* astrology
astronomia *f* astronomy
asymilować *vt* assimilate; **~ się** *vr* assimilate, become assimilated
asystent *m* assistant
atak *m* attack; (*choroby*) fit; *sport* (*w piłce nożnej*) the forwards; *med.* **~ serca** heart attack
atakować *vt* attack
atlantycki *adj* Atlantic
atlas *m* atlas; (*samochodowy*) road atlas
atleta *m* athlete; (*w zapasach*) wrestler; (*w cyrku*) strong man
atletyka *f sport zw.* **lekka ~** athletics
atomow|y *adj* atomic; **bomba ~a** atomic bomb, A-bomb; **broń ~a** nuclear weapon
atrakcyjny *adj* attractive
atut *m* trump
audiencj|a *f* audience; **przyjąć na ~i** receive in audience
audycja *f* broadcast (service), programme
Australijczyk *m* Australian
australijski *adj* Australian
austriacki *adj* Austrian
Austriak *m* Austrian
autentyczny *adj* authentic
autobus *m* bus; coach; **jechać ~em** go by bus
autokar *m* (motor-) coach
automat *m* automatic device <machine>; (*do sprzedaży biletów itp.*) slot-machine
autoportret *m* self-portrait
autor *m* author
autorka *f* authoress
autoryzować *vt* authorize

autoserwis *m* car service, service station
autostop *m* hitch-hike, hitch-hiking; **podróżować ~em** hitch-hike
autostopowicz *m* hitch-hiker
autostrada *f* motorway; *am.* highway
awans *m* promotion, advancement
awantur|a *f* brawl, row; **zrobić ~ę** make a scene, *pot.* kick up a row
awaria *f* damage
awaryjn|y *adj* damage (report etc.); **wyjście ~e** emergency exit
awizo *n* advice (note)
Azjata *m* Asiatic
azjatycki *adj* Asiatic
azyl *m* asylum, refuge, sanctuary; **prawo ~u** right of sanctuary; **szukać ~u** seek refuge; **udzielić komuś ~u** grant asylum
aż *conj* till, until; *part z praep* a) (*o czasie*) **aż do** till, until; as late as; **aż do 1965r.** till 1965; **aż dotąd <do tej chwili>** till now, up to now; b) (*o przestrzeni*) **aż do** as far as; **aż do Warszawy** as far as Warsaw

B

babka *f* grandmother; *pot.* old woman; *(ciasto)* brioche
bacznoś|ć *f* attention; *(ostrożność)* caution; **mieć się na ~ci** stand on one's guard, look out
bać się *vr* be afraid **(kogoś, czegoś** of sb, of sth), fear **(kogoś, czegoś** sb, sth, **o kogoś, o coś** for sb, for sth); *(bardzo się bać)* dread; **nie bój się!** never fear!
badać *vt* investigate, explore, study; *(chorego, świadka itp.)* examine
badanie *n* investigation, exploration, research, study; *(chorego, świadka itp.)* examination
badminton *m* *(gra sportowa)* badminton
bagaż *m* luggage, *am.* baggage; **oddać na ~** register one's luggage; **przechowalnia ~u** left-luggage office
bagażnik *m* (luggage-) container; *(w samochodzie)* boot
bagażowy *adj*, **wagon <wóz> ~** luggage-van; *s m* porter
bagno *n* marsh, swamp, bog
bajka *f* fable, fairy-tale
bak *m* tank

bal *m (zabawa)* ball; ~ **kostiumowy** fancy-dress party; ~ **maskowy** masked ball
balet *m* ballet
balkon *m* balkony
balon *m* balloon; *(sterowy)* dirigible (balloon)
bałagan *m pot.* mess, muddle; **narobić ~u** make a mess (**w czymś** of sth)
bałwan *m (fala)* billow; *(bożyszcze)* idol; *(głupiec)* blockhead; *(ze śniegu)* snowman
banalny *adj* hackneyed, banal, commonplace, trite
banan *m* banana
banda *f (grupa)* gang, band; *sport (krawędź)* border
bandaż *m* bandage
bandażować *vt* bandage, dress
bandyta *m* bandit, robber
bank *m* bank; ~ **emisyjny** bank of issue; ~ **handlowy** commercial bank
banknot *m* (bank-) note; *am.* bill
bankowość *f* banking
bankrutować *vi* go bankrupt, fail
bańk|a *f (naczynie)* can; *(powietrzna, mydlana itp.)* bubble
bar *m* bar; ~ **kawowy** coffee bar; ~ **samoobsługowy** snack-bar
barak *m* barrack
baran *m* ram; *przen.* **wziąć na ~a** take pick-a-back
baranina *f* mutton, lamb
barbarzyński *adj* barbarian, barbarous
bardz|o *adv* very; *(z czasownikiem)* much, greatly; **~iej** more, better; **coraz ~iej** more and more; **tym ~iej** all the more; **najbardziej** most, best; **nie ~o** not quite, hardly
bark *m anat.* shoulder
barman *m* barman, bartender
barmanka *f* barmaid
barok *m* baroque
barometr *m* barometer
barometryczny *adj* barometric(al); **niż** ~ depression; low pressure; **wyż** ~ high pressure
barwa *f* colour, hue; *(farba)* dye; ~ **ochronna** protective colouring
basen *m* basin; tank; ~ **pływacki** swimming pool
baśń *f* fable, fairy-tale
bateria *f* battery
bawełn|a *f* cotton; *przen.* **owijać w ~ę** beat about the bush
bawić *vt* amuse, entertain; ~ **się** *vr* amuse oneself, enjoy

oneself; play **(w coś** at sth); **dobrze się ~** have a good time

baza *f* basis, base

bazar *m* bazaar; market place

bazylika *f* basilica

bażant *m zool.* pheasant

bąbel *m* bubble; *med.* blister

bąk *m (owad)* bumble-bee; *(zabawka)* (humming) top; *pot. (dziecko)* brat

beczkla *f* cask, barrel; **piwo z ~i** beer on draft

befsztyk *m* beefsteak

bekon *m* bacon

beletrystyka *f* belles-lettres; fiction

Belg *m* Belgian

belgijski *adj* Belgian

belka *f* beam; *pot. wojsk. (naszywka)* bar

benzyna *f (czysta)* benzine; *(paliwo)* petrol, *am.* gasolene, gas

benzynowly *adj* benzine, petrol; *am.* gasolene; **stacja ~a** filling-station, *am.* gas station

beret *m* beret

beton *m* concrete

bez 1. *m bot.* lilac

bez 2. *praep* without; **~ butów <kapelusza>** with no shoes <hat> on; **~ deszczu, słońca** rainless, sunless; **~ grosza** penniless; **~ ogródek** without mincing words; **~ wątpienia** doubtless; **~ względu na coś** regardless of sth

bezalkoholowy *adj* non-alcoholic; *(o napoju)* soft

bezbarwny *adj* colourless

bezbłędny *adj* faultless

bezbolesny *adj* painless

bezcelowy *adj* aimless, useless, to no purpose

bezcen, za ~ *adv* dirt-cheap, *pot.* for a mere song

bezcenny *adj* priceless, invaluable

bezczelny *adj* insolent, impertinent, *pot.* cheeky, outrageous

bezczynny *adj* inactive, idle

bezdomny *adj* homeless

bezdzietny *adj* childless

bezinteresowny *adj* disinterested

bezkarnie *adv* with impunity; **ujść ~** go unpunished, *pot.* get off scot-free, get away with it

bezkrytyczny *adj* uncritical, indiscriminate

bezkształtny *adj* shapeless

bezlitosny *adj* merciless, ruthless

bezludny *adj* desolate, uninhabited

bezładny *adj* confused, disorderly; *(np. o mowie)* disconnected, incoherent

bezmyślny *adj* thoughtless, careless
beznadziejny *adj* hopeless, desperate
bezokolicznik *m gram.* infinitive
bezosobowy *adj* impersonal
bezowocny *adj* fruitless, unproductive, ineffectual
bezpieczeństw|o *n* safety, security
bezpiecznik *m elektr.* fuse
bezpieczny *adj* safe, secure
bezpłatny *adj* gratuitous, free (ticket, instruction etc.)
bezpodstawny *adj* groundless, baseless
bezpośredni *adj* direct, immediate; *(o człowieku)* straightforward
bezprawny *adj* lawless, unlawful, illegal
bezpretensjonalny *adj* unpretentious, unpretending, unassuming
bezradny *adj* helpless, perplexed
bezrobotn|y *adj* unemployed, out of work; *pl* **~i** the unemployed
bezsenny *adj* sleepless
bezsens *m* nonsens, absurdity
bezskuteczny *adj* ineffective, unavailing
bezstronny *adj* impartial, dispassionate
beztroski *adj* unconcerned, careless
bezustanny *adj* incessant
bezużyteczny *adj* useless, (of) no use
bezwartościowy *adj* worthless
bezwarunkowy *adj* unconditional; absolute
bezwiednie *adv* unknowingly; involuntarily
bezwładny *adj* inert; *(np. o inwalidzie)* disabled
bezwstydny *adj* impudent, shameless
bezwzględny *adj* absolute; peremptory; positive
bezzwłocznie *adv* immediately, instantly, without delay
beżowy *adj* beige
bęben *m* drum
białaczka *f med.* leukaemia
białko *n (oka, jajka)* white; *chem.* albumen
Białorusin *m* Byelorussian
białoruski *adj* Byelorussian
biał|y *adj* white; **~a broń** cold steel; **~y dzień** broad daylight
Biblia *f* Bible
biblijny *adj* biblical
biblioteka *f* library
bić *vt vi* beat, strike; **~ brawo** applaud (**komuś** sb); **~ kogoś po**

twarzy slap sb's face; ~ **rekordy** break records; ~ **się** *vr* fight
biec *zob.* **biegać**
biedla *f* poverty, misery; *(zły los)* adversity, distress; *(kłopot)* embarrassment
biedny *adj* poor, miserable; *s m* poor man
bieg *m* run, race; *(życia, czasu, rzeki)* course; *techn.* gear; **pierwszy** ~ first gear; **najwyższy** ~ top gear; **skrzynka ~ów** gearbox; *sport* **krótki** ~ sprint; ~ **sztafetowy** relay-race
biegacz *m* runner, racer
biegać *vi* run (**za czymś** after sth); ~ **na posyłki** run errands
biegły *adj* skilful, skilled, expert (**w czymś** in sth); *s m* expert
biegnąć *zob.* **biegać**
biegun *m fiz. geogr.* pole; *(np. kołyski)* rocker; **koń na ~ach** rocking-horse
biegunka *f med.* diarrhoea
bielizna *f* linen, underwear; ~ **pościelowa** bed-linen
biernik *m gram.* accusative (case)
bierny *adj* passive
bieżący *adj* running, current; *(o bieżącym miesiącu - w liście)* instant; **rachunek** ~ current account
bieżnia *f* running track; *(na torze wyścigowym)* race-course
bilard *m* billiards
bilet *m* ticket; *(wizytowy)* visiting card ; ~ **ulgowy** reduced ticket; ~ **w jedną stronę** single <one way> ticket; ~ **powrotny** return ticket
bileter *m* ticket-collector
bilion *m* billion
bilon *m* coins; small change
biodro *n* hip, haunch
biologia *f* biology
bis *int i s m* encore
biskup *m* bishop
bitwla *f* battle; **pole ~y** battle-field
biuletyn *m* bulletin
biurko *n* writing-table, desk
biuro *n* office; ~ **informacyjne** information office;~ **podróży** travel agency
biurokracja *f* bureaucracy, *przen.* red tape
biust *m* breast; bust
biustonosz *m* brassière, *pot.* bra
biżuteria *f* jewellery
blacha *f* sheet iron
blady *adj* pale, pallid
blankiet *m* (blank) form
blask *m* brilliance, brightness, splendour; *(np. słońca)* glare
bliski *adj* near, close; *(zbliżający się np.*

o nieszczęściu) imminent; **~ śmierci** on the point <on the verge> of death; **~ znajomy** close <intimate> acquaintance

blizna *f* scar

bliźni *m* fellow creature, neighbour

bliźniak *m* twin

blok *m* block; *techn.* pulley; **~ kasowy** cash-block; **~ mieszkalny** block of flats

blond *adj nieodm.* fair(-haired), blond

blondynka *f* blonde

bluza *f* blouse; *wojsk.* tunic

bluzka *f* blouse

błagać *vt* implore, supplicate

błąd *m* mistake, error, fault; **~ drukarski** misprint

błądzić *vi* err, blunder; *(wędrować)* wander, roam

błędn|y *adj* faulty, incorrect, erroneous; **~e koło** vicious circle

błękit *m* sky-blue, azure

błękitnooki *adj* blue-eyed

błogosławić *vt* bless

błona *f* membrane, *fot.* film

błotnik *m* mudguard, wing, *am.* fender

błoto *n* mud, muck, dirt

błyskawica *f* (flash of) lightning

błyskawicznie *adv* like lightning, in no time at all; *pot.* like a streak

błyskawiczn|y *adj* swift, rapid; **wojna ~a** blitz; **zamek ~y** zip fastener, zipper

błyszczeć *vi* shine, glitter

bo *conj* because, for

bochen(ek) *m* loaf

bocian *m zool.* stork

boczek *m* bacon

boczn|y *adj* lateral, side *attr;* **~a ulica** by-street, off street

bodziec *m* stimulus, incentive

bogactwo *n* wealth, riches

bogaty *adj* rich, wealthy

bohater *m* hero

bohaterka *f* heroine

boisko *n sport* sports field, playground; *(piłkarskie)* football field <pitch>

bojaźliwy *adj* shy, timid

bok *m* side, flank; **~iem** sidelong; **przy czyimś ~u** at sb's side; **na ~** aside, apart; **z ~u** from the side; **widok z ~u** side-view

boks *m (pięściarstwo)* boxing

bokser *m* boxer

bol|eć *vi* ache, hurt, pain; *(żałować)* regret, grieve; **~i mnie głowa <ząb>** I have a headache <a toothache>; **~i mnie palec** my finger hurts; **~i mnie gardło** I have a sore throat; **co cię ~i?** what ails <hurts> you?

bolesny *adj* painful, sore; *(moralnie)* grievous

bomba *f* bomb; *(czekoladowa)* ball; *(kufel)* pint; *(sensacja)* startling piece of news, sensation
bordo *n i adj nieodm.* *(kolor)* crimson-dark red; *(wino)* Bordeaux
boso *adv* barefoot
boży *adj* divine; **Boże Ciało** Corpus Christi; **Boże Narodzenie** Chrismas
Bóg *m* God; **mój Boże!** good God!, dear me!; **chwała Bogu!** thank God!
ból *m* pain, ache; ~ **głowy** headache;~ **gardła** sore throat; ~ **zębów** toothache
brać *vt* take; ~ **do wojska** enlist;~ **górę** get the upper hand **(nad kimś, czymś** of sb, sth); ~ **na serio** take seriously; ~ **na siebie obowiązek** take on duty; ~ **pod uwagę** take into consideration; ~ **ślub** get married **(z kimś** to sb); ~ **udział** take part; ~ **w rachubę** take into account
brak *m* lack, deficiency, absence, want; *(wada)* fault, shortcoming; *(o towarze)* defective article; ~ **mi pieniędzy** I lack money
brak|ować *vi* lack, be lacking in, be short of, be deficient, want, miss; **~uje mi pieniędzy** I lack money; **~uje mi słów** words fail me
brama *f* gate; ~ **wjazdowa** gateway
bramk|a *f sport* goal; **zdobyć ~ę** score a goal
bramkarz *m sport* goalkeeper
bransoletka *f* bracelet
brat *m* brother; *(zakonny)* brother (*pl* brethren); ~ **cioteczny** first cousin; ~ **przyrodni** stepbrother
bratanek *m* nephew
bratanica *f* niece
bratek *m bot.* pansy
braterski *adj* brotherly, fraternal
bratowa *f* sister-in-law
brawo *int* bravo; applause;**bić** ~ applaud (komuś sb)
Brazylijczyk *m* Brazilian
brazylijski *adj* Brazilian
brąz *m* bronze; *(kolor)* brown
brązowy *adj* bronze; *(o kolorze)* brown
brew *f* brow
brod|a *f* chin; *(zarost)* beard; **zapuścić ~ę** grow a beard
bronchit *m med.* bronchitis
bronić *vt* defend **(przed kimś, czymś** against <from> sb, sth); *(pokoju, kraju)* guard, protect; ~ **się** *vr* defend oneself

broń *f* weapon, arms; **~ palna** fire-arms; **pod bronią** in arms; **chwycić za ~** take up arms
broszka *f* brooch
brud *m* dirt; filth; *pl* **~y** *(brudna bielizna)* dirty linen, laundry
brudn|y *adj* dirty, filthy
brudzić *vt* soil, make dirty; **~ sobie twarz, ręce** soil one's face, hands; **~ się** *vr* get soiled, become dirty
brunet *m* dark-haired man
brunetka *f* brunette
brutaln|y *adj* brutal; *(o grze)* rough
brydż *m* bridge
brylant *m* diamond
Brytyjczyk *m* British subject, *am.* Britisher
brytyjski *adj* British
brzeg *m* bank, riverside; *(morza, jeziora)* shore, coast; seaside, seashore
brzęk *m* ring, clink, jingle; buzz
brzmi|eć *vi* (re)sound, ring; *(o tekście, ustawie itp.)* purport; **tekst ~ jak następuje** the text runs as follows
brzoskwinia *f* peach
brzoza *f* birch
brzuch *m anat.* abdomen, *pot.* belly, stomach
brzydki *adj* ugly
brzydzić się *vr* abhor, loathe **(czymś** sth), have an aversion **(czymś** to sth)
bubel *m pot.* shoddy article
budka *f* shelter, cabin; **~ telefoniczna** telephone box; telephone booth
budowa *f* construction, structure; building; **~ ciała** structure of the body, build
budować *vi* build, construct
budownictwo *n* architecture
budynek *m* building
budyń *m* pudding
budzić *vt* wake (up), awake, rouse, call; *(uczucie)* prompt; *(sympatię, podejrzenia)* arouse; *(zaufanie)* inspire; **~ się** vr wake (up), awake,start up
budzik *m* alarm-clock
budżet *m* budget
bufet *m (dania dla gości)* buffet; *(mebel)* sideboard, cupboard; *(w restauracji)* bar; *(w teatrze, szkole itp.)* refreshment room
bujać *vi (unosić się)* float, hover, soar; *(wałęsać się) roam; vt (huśtać)* rock, shoot; *pot. (nabierać)* spoof, hoax
bukiet *m* bouquet; bunch (of flowers)
Bułgar *m* Bulgarian
bułgarski *adj* Bulgarian

bułka *f* roll; **słodka ~** bun

buntować *vt* stir (up), rouse to revolt; **~ się** *vr* revolt, rebel

burak *m* beet (root)

burmistrz *m* mayor

bursztyn *m* amber

burza *f* storm, tempest; *przen.* **~ w szklance wody** a storm in a teacup

burzyć *vt* destroy, demolish; *(rozebrać, np. dom, maszynę)* pull down

but *m* boot, shoe

butelka *f* bottle

by *zob.* **aby;** *part warunkowa:* **on by to zrobił** he would do it

być *vi, v aux* be; **~ dobrej myśli** be of good cheer; **~ może** perhaps, maybe; **niech będzie, co chce** come what may; **niech i tak będzie** let it be so; **co z nim będzie?** what will become of him?

bydło *n* cattle

byk *m* bull; *(gafa)* bloomer, howler; **walka ~ów** bullfight

byle *adv* **~ co** anything; **~ kto** anybody; **~ gdzie** anywhere; **~ jaki** any, any... whatever; **byle jaka odzież** any dress whatever

były *adj* former, past, old, ex-; **~ prezydent** ex-president

bynajmniej *adv* not at all, by no means, not in the least; *(z oburzeniem)* I should say <think> not

bystry *adj (szybki)* rapid, quick; *(umysłowo)* bright, keen, keenwitted, acute; *(o wzroku)* sharp, keen

byt *m* existence; (*w filozofii*) entity

bywalć *vi* frequent (**w pewnym miejscu** some place); to be <to go> often...; frequently call (**u kogoś** on sb); *(zdarzyć się)* happen; **~j zdrów!** farewell!

bzdurla *f* nonsense, absurdity, rubbish; **pleść ~y** talk nonsense

C

całkiem *adv* quite, entirely, completely

całkowity *adj* entire, total, complete

całodobowy *adj* round-the-clock

całoroczny *adj* full year's

całośćl *f* totality, entirety, whole, bulk, (complete) body; **w ~ci** on the whole

całować *vt* kiss; **~ się** *vr* kiss

całus *m* kiss

cał|y *adj* whole, all, entire; *(zdrów)* safe; **~y rok** all the year (round); **~a Europa** all <the whole of> Europe; **przez ~y dzień** all day long
cebula *f* onion
cecha *f* feature, character, quality; stamp, mark
cechować *vt* characterize, brand; *(znaczyć)* mark, stamp
cedzić *vt* filter; *przen.* **~ słówka** drawl one's words
cegła *f* brick
cel *m* aim, purpose, end, object, goal; *(tarcza strzelnicza i przen.)* target; **mieć na ~u** have in view; **osiągnąć swój ~** gain one's end; **trafić do ~u** hit the mark; **chybić ~u** miss the mark
celnik *m* customs officer
celny 1. *adj (trafny)* accurate, accurately-aimed
celn|y 2. *adj* customs; **opłata ~a** (customs) duty; **urząd ~y** custom-house; **odprawa ~a** customs clearance
celować *vi* aim, take aim (**do czegoś** at sth)
celowo *adv* on purpose, intentionally
celowy *adj* suitable, purposeful, expedient
Celsjusz, *x* **stopni ~a** *x* degrees centigrade
cement *m* cement
cementować *vt* cement
cen|a *f* price, value; **~a stała** fixed price; **~a zniżona** reduced price; **po tej ~ie** at that price; **za wszelką ~ę** at any price
cenić *vt (wyceniać)* price; *(wysoko sobie cenić)* prize
cennik *m* price-list
cenny *adj* valuable, precious
cent *m* cent
centrala *f* head-office, headquarters; *(techniczna)* central station; *(telefoniczna)* exchange
centralny *adj* central
centrum *n sing nieodm.* centre, *am.* center; **~ handlowe miasta** city <town> centre, downtown
centymetr *m* centimetre
cera *f (twarzy)* complexion
cerata *f* oilcloth
cerkiew *f* Orthodox church
cesarstwo *n* empire
cham *m* cad, boor
chaotyczny *adj* chaotic
charakter *m* character; *(rola, funkcja)* capacity; **~ pisma** handwriting
charakterystyczny *adj* characteristic (**dla kogoś, czegoś** of sb, sth)
charytatywny *adj* charitable, charity *attr*
chata *f* hut, cabin

chcieć *vt vi* want, be willing, intend, desire, wish; **chce mi się** I want, I have (half) a mind (**czegoś** to do sth); **chce mi się pić** I am thirsty; **chciałbym** I would <should> like

chciwy *adj* greedy, covetous

chemia *f* chemistry

chęć *f (wola)* will, willingness; (*życzenie*) desire, inclination; (*zamiar*) intention

chętny *adj* willing, ready; **~ do nauki** eager to learn

Chilijczyk *m* Chilean

chilijski *adj* Chilean

Chińczyk *m* Chinese

chiński *adj* Chinese

chirurg *m* surgeon

chlapać *vi* splash

chleb *m* bread; **~ z masłem** bread and butter; **~ powszedni** daily bread

chlebak *m* haversack

chlub|a *f* glory, pride; **to mu przynosi ~ę** this does him credit

chlubić się *vr* boast (**czymś** of sth), glory (**czymś** in sth)

chłodnia *f* refrigerator

chłodnica *f* radiator

chłodno *adv* coolly; **jest ~** it is cool; **jest mi ~** I am <I feel> cool

chłodny *adj* cool (ly) ; (*oschły*) reserved

chłodzić *vt* chill, cool; (*zamrażać*) refrigerate; **~ się** *vr* cool (down), become cool

chłop *m* peasant; *pot.* fellow, chap

chłopak, chłopiec *m* boy, lad

chmura *f* cloud

chmurny *adj* cloudy; *przen.* gloomy

cho|ciaż, cho|ć *conj* though, although, as; *adv* even so; at least; **~ć trochę** even so little; **~ć 5 pensów** fivepence at least

choćby *conj* even if; *adv* at the very last; **~ jeden fakt** a single fact

chodnik *m* pavement, footpath, *am.* sidewalk; *(dywan)* carpet, rug

chodzić *vi* walk, go; *(w kartach)* lead; *(o pociągach)* run; **~ do szkoły** go to school; **~ na wykłady** attend lectures; **~ za kimś** follow sb; **o co chodzi?** what is the matter?

choinka *f* Christmas tree

choler|a *f* cholera; *pot.* **idź do ~y**! go to hell!

cholerny *adj* *pot.* bloody, damned

cholesterol *m* cholesterol

chorągiew *f* banner, flag

choroba *f* illness, ailment, *(trwała)* disease; **~ morska**

seasickness; ~ **umysłowa** mental deficiency; insanity
chorować *vt* be ill (**na coś** with sth), suffer (**na coś** from sth), be afflicted (**na coś** with sth)
chory *adj* ill (**na coś** with sth), sick, unwell
chować *vt (ukrywać)* hide, conceal; *(przechowywać)* keep; *(wkładać, np. do szuflady)* put (up); *(grzebać zwłoki)* bury; *(hodować)* breed, rear; *(wychowywać)* bring up, educate; ~ **do kieszeni** pocket; ~ **się** *vr* hide (**przed kimś** from sb)
chód *m* gait, walk; *(o koniu)* pace; *(o maszynie)* action, going, working order
chór *m* chorus; *(zespół śpiewaczy i chór kościelny)* choir; **~em** in chorus
chrapać *vi* snore
chromy *adj* lame
chroniczny *adj* chronic
chronić *vt* protect, preserve, shelter (**przed czymś** from sth), guard (**przed czymś** against sth); ~ **się** *vr* protect oneself, guard (oneself)
chrupki *adj* crisp
chrypka *f* hoarseness, hoarse voice
chrzan *m* horse-radish
chrząszcz *m* beetle, chafer
chrzcić *vt* baptize, christen; ~ **się** *vr* be <become> christened
chrzest *m* baptism, christening
chrześcijanin *m* Christian
chrześcijański *adj* Christian
chrześcijaństwo *n* *(religia)* Christianity, Christianism; *(ogół chrześcijan)* Christendom
chudy *adj* lean, meagre
chuligan *m* hooligan, rowdy
chusta *f* wrap, shawl
chustka *f* kerchief; ~ **do nosa** handkerchief
chwalić *vt* praise, extol; ~ **się** *vr* boast (**czymś** of sth)
chwil|a *f* moment, instant, while; **co ~a** every moment, every now and again; **do tej ~i** up to this moment, until now; **lada ~a, każdej ~i** any moment <minute>; **na ~ę** for a moment; **do tej ~i** from this time onward, from now on; **przed ~ą** a while ago; **przez ~ę** for a while; **w danej ~i** at the given moment; **w jednej ~i** at once; **w ostatniej ~i** at the last moment; **w wolnych ~ach** at one's leisure, in leisure hours; **nie mieć wolnej ~i** not to have a moment to spare; **za ~ę** in a moment
chwytać *vt* catch, seize; *(mocno)* grasp, grip; catch <get> hold

(**coś** of sth); **~ za broń** take up arms; **~ za serce** go to sb's heart; **~ się** *vr* catch (**czegoś** at sth)

chyba *part i adv* probably, maybe; **~ tak** I think so; **~ tego nie zrobił** he can scarcely have done it; *conj* **~ że** unless

chybi|ć *vi* miss, fail, miscarry; **na ~ł trafił** at random, at a venture

chyłkiem *adv* furtively, sneakingly

chytry *adj* cunning, sly, crafty

ciało *n (korpus)* body; *(żywe mięso)* flesh; *przen. (grono)* staff

ciasny *adj* narrow, tight; *(o mieszkaniu)* cramped; *(o butach)* tight; *(o umyśle)* narrow

ciastko *n* cake, *(owocowe, z kremem)* tart, tartlet

ciast|o *n* dough, paste; *pl* **~a** pastry

ciąć *vt* cut (**na kawałki** into pieces), *(posiekać, porozcinać)* cut up

ciąg *m* draught, *(pociągnięcie)* draw; **~ dalszy** continuation; **~ dalszy** *(poprzedniego tekstu)* continued; **~ dalszy nastąpi** to be continued; **jednym ~iem** at a stretch; **w ~u roku** in (the) course of the year; **w dalszym ~u coś robić** continue to do sth

ciągle *adv* continually

ciągły *adj* continuous, continued

ciągnąć *vt* draw; pull; *(wlec)* drag, haul; *(pociągać, nęcić)* attract; *(korzyści)* derive; **~ dalej** continue, carry <go> on; **~ się** *vr (rozciągać się)* extend, stretch; *(w czasie)* continue, last, drag on

ciągnienie *n (loterii)* drawing

ciągnik *m* tractor

ciąż|a *f* pregnancy; **być w ~y** be pregnant

cicho *adv* in a low voice, softly; **bądź ~!** silence!; *pot.* hush!; **~ mówić** speak in a low voice; **~ siedzieć <stać>** sit <stand> still

cich|y *adj* still, silent, quiet; **~a zgoda** tacit consent

ciec *vi* flow, stream; *(kapać)* drip; *(przeciekać)* leak

ciecz *f* liquid, fluid

ciekawy *adj* curious, inquisitive; *(interesujący)* interesting, curious; **jestem ~** I wonder

cieknąć *zob.* **ciec**

cielę *n* calf; *pot. (głuptas)* fool, simpleton

cielęcina *f* veal

cielęc|y *adj* calf, calf's; **pieczeń ~a** roast veal; **skóra ~a** calf skin
ciemno *adv* darkly; **jest ~** it is dark; **robi się ~** it's getting dark
ciemny *adj* dark; obscure; *(o chlebie)* brown; *przen.* **~ typ** shady person
cienki *adj* thin, slender, *(o tkaninie)* fine
cie|ń *m* shade; *(odbicie człowieka, drzewa itp.)* shadow; **chodzić za kimś jak ~ń** shadow sb; **pozostawać w ~niu** keep in the background
ciepło *n* warmth, heat; **trzymać w cieple** keep warm; **jest mi ~** I am warm
ciepły *adj* warm
cierpi|eć *vt vi* suffer (**coś** sth, **na coś, z powodu czegoś** from sth); *(znosić)* bear; **~eć głód** starve; **nie ~ę tego** I cannot bear it
cierpliwy *adj* patient
cieszyć *vt* gladden, delight, give pleasure; **~ się** *vr* be glad (**czymś** of sth), rejoice (**czymś** at sth); **~ się dobrym zdrowiem** enjoy good health
cieśnina *f* strait (*zw. pl* straits)
ciężar *m* burden, load, weight; **być ~em** encumber (**dla kogoś** sb), be a burden (**dla kogoś** to sb)
ciężarowy *adj*, **wóz ~** goods van; **samochód ~** lorry, *am.* truck
ciężki *adj* heavy, weighty; *(o pracy, sytuacji)* hard; *(o chorobie)* serious; *(o ranie)* dangerous; *(trudny)* difficult
cios *m* blow, stroke; **zadać ~** strike <deal> a blow
ciotka *f* aunt
cisz|a *f* stillness, calm, peace; **głęboka ~a** dead silence; **proszę o ~ę!** silence, please!
ciśnienie *n* pressure; **~ krwi** blood pressure
clić *vt* lay duty (**coś** on, upon sth)
cło *n* duty,customs, customs-duty; **opłacanie cła** clearance; **wolny od cła** duty-free; **podlegający cłu** dutiable
cmentarz *m* cemetery, graveyard; *(przy kościele)* churchyard
co *pron* what; **co do** as regards; **co do mnie** as for me; **co miesiąc** every month; **dopiero co** just now; **co za pożytek z tego?** what's the use of it?
codziennie *adv* every day, daily
codzienny *adj* everyday, daily; *(powszedni)* commonplace
cofać *vt* retire, withdraw; *(odwoływać)* repeal, recall,

retract; *(zegarek)* put back; ~ **słowo** go back on one's word; ~ **się** *vr* draw back, withdraw, retreat, retire
cokolwiek *pron* anything; whatever; *(nieco)* some, something; ~ **bądź** no matter what
coraz *adv,* ~ **lepiej** better and better; ~ **więcej** more and more
coroczny *adj* yearly, annual
coś *pron* something, anything; ~ **w tym rodzaju** something like that; ~ **niecoś** a little, something, somewhat
córka *f* daughter
cud *m* miracle, wonder, prodigy; **dokazywać ~ów** work wonders; **~em** by a miracle, miraculously
cudzoziemiec *m* foreigner, alien
cudzy *adj* somebody else's; other's, another's, others'; alien; strange
cudzysłów *m* inverted commas *pl,* quotation marks *pl*
cukier *m* sugar; ~ **kryształowy** crystal sugar; ~ **w kostkach** lump sugar
cukierek *m* sweet, sweetmeat, *am.* candy
cukiernia *f* confectioner's (shop), confectionery
cukrzyca *f med.* diabetes
cyfra *f* cipher, digit
Cygan *m* gipsy
cygarniczka *f* cigarette holder
cygaro *n* cigar
cykl *m* cycle
cyklon *m* cyclone
cykoria *f* chicory
cyniczny *adj* cynical
cypel *m* jut, point; *(przylądek)* promontory; *(wierzchołek)* peak
cyprys *m bot.* cypress
cyrk *m* circus
cytat *m* quotation
cytryna *f* lemon
cywilizacja *f* civilization
cywilnly *adj* civil; civilian; **stan ~y** status; **urząd stanu ~ego** registry office
czajnik *m* tea-kettle; *(do zaparzania herbaty)* teapot
czapka *f* cap
czarnly *adj* black; *przen.* **~y rynek** black market; **na ~ą godzinę** for a rainy day
czarujący *adj* charming, fascinating
czas *m* time; *gram.* tense; ~ **przeszły** preterite, past; ~ **przyszły** future; ~ **teraźniejszy** present; ~ **miejscowy <lokalny>** local time; **wolny** ~ leisure <spare> time; **do ~u aż** till, until; **na** ~ in (good) time; **od ~u do ~u** from time to time; **od ~u jak...**

since...; **od jakiegoś ~u** for some time now; **po pewnym ~ie** after a while; **przez cały ten ~** all the time
czasem *adv* sometimes
czasopismo *n* periodical
czasownik *m gram.* verb
czaszka *f* skull
czcić *vt* adore, worship; *(np. rocznicę)* celebrate; *(pamięć)* commemorate
czcionk|a *f* letter, type; *pl* **~i** letters, *zbior.* type
czczo, na czczo *adv* on <with> an empty stomach; **jestem na ~** I have not had my breakfast
Czech *m* Czech
czek *m* cheque, *am.* check; **~iem** by cheque
czekać *vi* wait (**na kogoś** for sb), expect (**na kogoś** sb)
czekolada, czekoladka *f* chocolate
czekow|y *adj*, **książka ~a** chequebook; **rachunek ~y** cheque account, *am.* checking account
czepiać się *vr* cling, hang on (**czegoś** to sth), catch (**czegoś** at sth); *(szykanować, zaczepiać)* pick (**kogoś** at sb)
czereśnia *f* cherry; *(drzewo)* cherry-tree
czerstwy *adj (o chlebie)* stale; *(krzepki)* hale, ruddy; **mieć ~ wygląd** look hale
czerwiec *m* June
czerwony *adj* red
czesać *vt* comb; **~ się** *vr* comb one's hair
czeski *adj* Czech
cześć *f* honour, reverence; **oddawać ~** do honour, pay reverence; **ku czci, na ~** in honour (**kogoś** of sb)
często *adv* often, frequently
częstotliwość *f* frequency
częstować *vt* treat (**kogoś czymś** sb to sth); **~ się** *vr* treat oneself (**czymś** to sth); help oneself (**czymś** to sth)
częsty *adj* frequent
częściowo *adv* partly, in part
częś|ć *f* part, portion; *(udział)* share; **~ć składowa** component (part); **~ć zamienna** spare (part); **lwia ~ć** lion's share; *gram.* **~ci mowy** parts of speech
czkawka *f* hiccup
członek *m* member; *(kończyna)* limb
człowiek *m* (*pl* **ludzie**) man (*pl* people), human being
czoło *n* forehead, brow; *(pochodu, oddziału wojskowego)* head

czołowy *adj* frontal; *(przodujący)* leading, chief
czosnek *m* garlic
czterdziesty *num* fortieth
czterdzieści *num* forty
czternasty *num* fourteenth
czternaście *num* fourteen
cztery *num* four
czterysta *num* four hundred
czuć *vt* feel; smell; ~ **do kogoś urazę** bear sb a grudge; ~ **czosnkiem** it smells of garlic; ~ **się** *vr* feel; ~ **się dobrze** feel well <all right>
czuły *adj* tender, affectionate; sensitive (**na coś** to sth)
czuwać *vi* watch (**nad kimś, czymś** over sb, sth); keep vigilance; *(nie spać)* wake, sit up (**przy chorym** by a sick person)
czuwanie *n* watch, wake
czwartek *m* Thursday; **Wielki Czwartek** Maundy Thursday
czwart|y *num* fourth; **jedna ~a** one fourth; **wpół do ~ej** half past three; **o ~ej** at four
czworokąt *m* quadrangle
czy *conj w zdaniach pytających podrzędnych:* if, whether; *w zdaniach pytających głównych nie tłumaczy się:* ~ **wierzysz w to?** do you believe that?; ~ **...** ~ whether ... or; ~ **tu,** ~ **tam** whether here or there; ~ **chcesz tego,** ~ **nie?** do you want it or not?
czyj *pron* whose
czyjś *pron* somebody's, anybody's
czyli *conj* or, that is...
czyn *m* deed, act, action, feat; **wprowadzić w** ~ carry into effect; **człowiek ~u** man of action
czynić *vt* do, act
czynność *f* activity, function, action; operaction
czynn|y *adj* active; *(pełniący obowiązki)* acting; *(o maszynie, automacie)* in operation; **sklep jest ~y** the shop is open; *gram.* **strona ~a** active voice
czynsz *m* rent
czyrak *m* furuncle
czyst|y *adj* clean, pure, neat; (*schludny*) tidy; (*moralnie*) chaste; *handl.* net; **~a angielszczyzna** good English; **~a prawda** plain truth; **~e sumienie** clear conscience
czyścić *vt* clean; purify; *przen. i med.* purge
czytać *vt vi* read (**coś** sth, **o czymś** of, about sth); ~ **po angielsku** read English
czytelnia *f* reading-room
czytelnik *m* reader
czytelny *adj* legible

czyż *conj* = **czy**

Ć

ćma *f zool.* moth
ćwiczenie *n* exercise, drill; *(na fortepianie, skrzypcach itp.)* practising; *(trening)* training
ćwiczyć *vt vi* exercise, drill, instruct; *(na fortepianie, skrzypcach itp.)* practise
ćwierć *f* quarter, one fourth (part)
ćwierkać *vi* twitter, chirp
ćwikła *f* beetroot salad

D

dach *m* roof
dać *vt* give; ~ **do zrozumienia** give to understand; ~ **komuś spokój** let <leave> sb alone; ~ **komuś w twarz** slap sb's face; ~ **możność** enable (**komuś** sb); ~ **wiarę** give credit; ~ **za wygraną** give up; ~ **znać** let know, inform
daktyl *m bot.* date
dalej *adv* farther, further; **i tak** ~ and so on
daleki *adj* far, far-off, distant, remote
dalekobieżny *adj* long-distance *attr*
dalekowidz *m* far-sighted person
dalszy *adj comp* farther, further; (*następny*) next, following
dama *f* lady; dame; (*w kartach*) queen
damski *adj* ladies'
dane *s pl* data *pl,* evidence; ~ **osobiste** personal details; **mieć wszelkie** ~ have every chance
danie *n* dish, course
dansing *m* dance
dar *m* gift, present; **w darze** as a gift
darować *vt* give; present (**komuś coś** sb with sth); (*przebaczyć*) pardon, forgive; ~ **komuś dług** remit sb's debt; ~ **komuś życie** spare sb's life
data *f* date
dawać *zob.* **dać**
dawka *f* dose
dawniej *adv* formerly, in former times
dawno *adv* long ago, in times past; **jak ~ tu jesteś?** how long have you been here?

dawny *adj* old, old-time *attr*; (*poprzedni*) former; **od dawna** for a long time
dąb *m* oak
dążyć *vi* aspire (**do czegoś** to sth, after sth), strive (**do czegoś** after sth), aim (**do czegoś** at sth); (*podążać*) make one's way, proceed
dbać *vi* care (**o coś** for sth), take care (**o coś** of sth), be concerned (**o coś** for, about sth), look (**o coś** after sth)
decydować *vi* determine, decide (**o czymś** sth); ~ **na korzyść kogoś, czegoś** decide in favour of sb, sth; ~ **się** *vr* determine; decide (**na coś** on sth)
decyzj|a *f* decision; **powziąć ~ę** come to <arrive at> a decision
defekt *m* defect
definicja *f* definition
deklaracja *f* declaration
deklarować *vt* declare
deklinacja *f gram.* declension
dekoracja *f* decoration; *teatr.* scenery; (*wystawy sklepowej*) window dressing
dekorować *vt* decorate
delegacja *f* delegation ; (*z pełnomocnictwem*) commission; *pot.* (*wyjazd służbowy*) business trip
delfin *m zool.* dolphin
delikatesy *s pl* dainties; (*sklep*) delicatessen
delikatny *adj* delicate, subtle
demokracja *f* democracy
demokratyczny *adj* democratic
demonstracja *f* demonstration
demonstrować *vt* demonstrate
demontować *vt* dismantle
denerwować *vt* get on sb's nerves, irritate, excite; ~ **się** *vr* get anxious <excited>, become flustered (**czymś** about sth)
dentysta *m* dentist
departament *m* department
depresja *f* depression
dermatolog *m* dermatologist
deseń *m* design, pattern; (*szablon*) stencil
deser *m* dessert
deska *f* board, plank; **~a z żaglem** sailboard; *pot.* **od ~i do ~i** from cover to cover
deszcz *m* rain; **pada** ~ it rains; *przen.* **z ~u pod rynnę** out of the frying pan into the fire
detal *m* detail
detaliczny *adj* retail *attr;* **handel** ~ retail trade; **kupiec** ~ retailer
detektyw *m* detective
dezynfekować *vt* disinfect
dętka *f* tire, tyre
diabeł *m* devil

diagnoz|a *f* diagnosis; **postawić ~ę** to diagnose, to make a diagnosis
diagram *m* diagram
diament *m* diamond
diet|a *f* diet; (*pieniężna*) *zw. pl* **~y** expense <travelling> allowance
dla *praep* for, in favour of, for the sake of; **uprzejmy <dobry> ~ kogoś** kind <good> to sb
dlaczego *adv* why, what for
dlatego *adv* therefore, for that reason, that's why; **~ że** *conj* because, for
dłoń *f* palm
dług *m* debt; **wpaść w ~i** incur debts; **zaciągnąć ~** contract a debt; **spłacić ~** pay off a debt
długi *adj* long
długo *adv* long, for a long time; **jak ~** as long as; **jak ~?** how long?
długopis *m* ball-(point) pen
długoś|ć *f* length; *geogr.* longitude; **mieć** *x* **metrów ~ci** be *x* meters long
długotrwały *adj* lasting, durable
dłużnik *m* debtor
dmuchać *vi* blow, puff
dno *n* bottom
do *praep* to, into; (*o czasie*) till, until; **aż do granicy** as far as the frontier; **co do mnie** as for me; **do piątku** till <until> Friday; **raz do roku** once a year; **idę do apteki** I go to the chemist's; **iść do domu** go home
dob|a *f* day (and night), twenty four hours; **całą ~ę** the clock round
dobranoc *int* good night!
dobr|o *n* good; **dla mojego ~a** for my good; *pl* **~a** fortune, riches
dobrobyt *m* well-being, prosperity
dobroć *f* goodness
dobrowolny *adj* voluntary; free-will *attr*
dobry *adj* good, kind
dobrze *adv* well, all right; **czuję się ~** I'm (feeling) well
dochodzi|ć *vi* approach, get near, reach; come about; (*badać*) investigate (**czegoś** sth), inquire (**czegoś** into sth), claim; (*ścigać sądownie*) prosecute; **~ trzecia godzina** it is getting on to three o'clock
dochód *m* income, profit, proceeds *pl;* **~ państwowy** revenue
doczeka|ć się *vr* live to see; **nie ~sz się go** no use waiting for him; **~ć się późnej starości** live to an old age; **nie mogę się ~ć ...** I can hardly wait to ...
dodać *zob.* **dodawać**

dodatek *m* addition; appendix, supplement; *pl* **dodatki** accessories; **~ do pensji, wynagrodzenia** extra pay; **~ rodzinny** family bonus; **na ~** in addition, besides
dodawać *vt* add; (*sumować*) add up, sum up; **~ ducha** cheer up; **~ odwagi** encourage
doglądać *vi* look (**kogoś, czegoś** after sb, sth), watch (**kogoś, czegoś** over sb, sth); (*pielęgnować chorego*) tend, nurse
dogodny *adj* convenient; **na ~ch warunkach** on easy terms
dogonić *vt* catch up (**kogoś** sb, with sb)
dojazd *m* approach, access; (*przed domem*) drive; (*dojeżdżanie*) regular travel; (*do pracy*) commuting
dojechać *vi* arrive (**dokądś** at <in> a place), reach (**dokądś** a place), (*konno, na motorze*) come riding (**dokądś** to a place)
dojeżdżać *vi* travel regularly *zob.* **dojechać**
dojrzały *adj* ripe, mature
dojść *vi* arrive (**dokądś** at <in> a place), reach (**dokądś** a place); **~ do skutku** come off <about> *zob.* **dochodzić**
dokąd *adv* where (to); **~ bądź** anywhere, wherever
dokładać *vt* add, throw in; **~ wszelkich starań** do one's best
dokładn|y *adj* exact, precise; **~e badanie** close examination
dokoła *adv praep* round (about), around
dokonać *vt* achieve, accomplish, bring about; **~ się** *vr* take place <effect>, come off <about>
dokonanie *n* achievement
doktor *m* doctor
dokuczać *vi* vex, harass, annoy
dokument *m* document; record
dolina *f* valley; *lit.* dale
dolny *adj* lower
dołączyć *vt* annex, attach, enclose; **~ się** *vr* join (**do kogoś** sb)
dołożyć *zob.* **dokładać**
dom *m* house; home; **do ~u** home; **poza ~em** away from home, out of doors; **w ~u** at home
domagać się *vr* demand, claim
dominować *vi* prevail, predominate (**nad kimś, czymś** over sb, sth)
domow|y *adj* domestic, home <house, indoor> *attr*; **wojna ~a** civil war
domyślać się *vr* conjecture, surmise; guess

domyślny *adj* quick to understand, quick-witted
doniczka *f* flower-pot
dookoła = dokoła
dopasować *vt* fit, adapt, adjust; **~ się** *vr* adapt oneself, conform oneself
dopędzić *vt* catch up (**kogoś** sb,with sb)
dopiero *adv* only; **~ co** only just, just now; **~ wtedy** not till then; **a co ~** let alone
dopilnlować *vi* see (**czegoś** to sth); **~uj, żeby to było zrobione** see that it is done
dopłata *f* additional payment, extra charge; *(do biletu)* excess fare
dopływ *m (rzeki)* tributary, affluent; *(towarów, prądu)* supply
dopóki *conj* as long as
doprowadzać *vt* conduct, conduce, lead, bring; **~ do końca** bring to an end; **~ do rozpaczy** drive into despair; **~ do skutku** carry into effect; **~ do porządku** put in order; **~ do szału** drive (sb) mad
doradca *m* adviser
doradzać *vi* advise (**komuś** sb)
doręczać *vt* hand, deliver
doroblek *m* acquisition, property; (*np. naukowy*) attainments *pl*, production
doroczny *adj* annual, yearly
dorosły *adj i m* adult, grown-up
dorożka *f* horse-driven cab
dorównywać *vi* equal (**komuś** to sb)
dorsz *m zool.* cod
dorywczly *adj* occasional, improvised; **~a praca** odd job
dosięgać *vi* reach
doskonałość *f* perfection
doskonały *adj* perfect, excellent
dostać *vt* get, receive, obtain, attain, reach; **~ się** *vr* get; **~ się do domu** get home; **~ się do środka** get in
dostarczać *vt* supply, provide (**komuś czegoś** sb with sth)
dostateczny *adj* sufficient; satisfactory; (*o stopniu)* passable; fair; **stopień ~** passing grade
dostawa *f* supply, delivery
dostęp *m* access, approach
dostępny *adj* accessible, easy of approach; (*o książce, wykładzie)* popular
dostosować *vt* adapt, adjust, fit; **~ się** *vr* adapt oneself, conform
dostrzec *vt* catch sight (**coś** of sth), perceive
dosyć *adv* enough, sufficiently; **~ tego** enough of it, that's enough, that will do
dość *zob.* **dosyć**

doświadczać *vt (doznawać)* experience (**czegoś** sth); (*próbować, robić doświadczenie*) test, put to the test, try
doświadczalny *adj* experimental
doświadczenie *n (życiowe)* experience; *(naukowe)* experiment; **robić ~** experiment, make an experiment
doświadczony *adj* experienced, expert
doświadczyć *zob.* **doświadczać**
dotąd *adv (o miejscu)* up to here; thus far; (*o czasie*) up to now, so far
dotknąć *vt* touch, feel; affect; (*urazić*) hit, hurt
dotrzymywać *vt* keep (**obietnicy, słowa, tajemnicy** a promise, one's word, a secret); **~ komuś kroku** keep pace with sb, keep up with sb
dotychczas *adv* up to now, so far
dotyczyć *vi* concern (**kogoś, czegoś** sb, sth), relate (**kogoś, czegoś** to sb, sth); **co ~y** with regard to, in respect of, relative to; as far as sth is concerned
dotyk *m* feeling, touch
dotykać *zob.* **dotknąć**
dowcip *m* joke, witticism; (*humor, bystrość*) wit
dowcipny *adj* witty
dowiadywać się *vr* inquire (**o kogoś, coś** after sb, sth, **od kogoś** of sb)
do widzenia *int* good-bye!
dowiedzieć się *vr* get to know, learn
dowodzić *vi* prove, demonstrate (**czegoś** sth), be demonstrative (**czegoś** of sth); (*argumentować*) argue; (*komenderować*) command
dowód *m* proof, evidence; (*pamięci, wdzięczności*) token, sign; (*dokument*) certificate; **na ~** in proof <token>; **~ osobisty** identity card; **~ odbioru** receipt
dowódca *m* commander
dozorca *m* guard; (*domowy*) housekeeper, doorkeeper, porter; (*więzienny*) gaoler, jailer
dożywotni *adj* lifelong; **kara ~ego więzienia** imprisonment for life, life sentence
dół *m* pit, hole; bottom; **na dole** below, down; **z dołu** from below; **na ~, w ~** downstairs; down hill
drabina *f* ladder; **~ sznurowa** rope-ladder
dramat *m* drama
drażnić *vt* irritate, gall, tease
dreszcz *m* shudder; *pl* **~e** fit of shivers, cold fits

dreszczyk *m* thrill
drewniak *m* *(but)* clog; (*budynek*) wooden house
drewniany *adj* wooden
drewno *n* log, piece of wood; timber
dręczyć *vt* torment, harass, vex; **~ się** *vr* worry, be vexed
drobiazg *m* trifle, detail
drobnostka *f* trifle
drobn|y *adj* tiny, minute; **~e** *s pl* small change
dro|ga *f* way, road, track, route; **~ga dla pieszych** footpath; **~ga powietrzna** airway; **~ga wodna** waterway; **krótsza ~ga** *(na przełaj)* short cut; **być na dobrej ~dze** be on the right path; **iść tą samą ~gą** go the same way; wejść komuś w ~gę get in sb's way; **wybrać się w ~gę** set out on one's way; **zejść z ~gi** *(ustąpić)* give way; **~gą lądową** by land; **~gą na <przez> Warszawę** by way of Warsaw; **~gą wodną** by water, by sea
drogeria *f* druggist's (shop), *am.* drugstore
drogi 1. *adj (kosztowny)* dear, costly
drogi 2. *adj (kochany)* dear
drogo *adv* dear(ly), at a high price
drogowskaz *m* signpost, guidepost
drogow|y *adj* road *attr;* **przepisy ~e** traffic regulations; **znaki ~e** road signs
drożdże *s pl* leaven, yeast
drożyzna *f* dearness, high prices, high cost of living
drób *m* poultry
drugi *num* second, other; **książka z ~ej ręki** second-hand book; **kupować z ~ej ręki** buy second-hand; **co ~** every other <second>; **~e tyle** twice as much; **jeden po ~m** one after another; **po ~e** in the second place; **z ~ej strony ...** on the other hand ...
drugorzędny *adj* second-class, second-rate, secondary
druk *m* print(ing); (*przesyłka pocztowa*) printed matter; **w ~u** in press
drukarka *f* printer
drukarnia *f* printing-office
drukować *vt* print
drut *m* wire; *elektr. (sznur)* cord; **robić na ~ach** knit
drużyna *f* team, crew, troop
drzazga *f* splinter
drzeć *vt (rwać)* tear; (*ubranie, buty*) wear out, use; **~ się** *vr (o ubraniu, butach)* wear out; (*krzyczeć*) scream
drzemać *vi* doze, nap

drzewo *n* tree; (*ścięte*) wood, timber
drzwi *s pl* door; (*podnoszone*) trap; ~ **wejściowe** front door
drżeć *vi* tremble, shiver; ~ **o kogoś** tremble for sb; ~ **z zimna** shiver with cold
duch *m* ghost, spirit; **dodać ~a** cheer up, encourage; **podnosić na ~u** encourage, brisk up; **upadać na ~u** lose heart
duchowny *adj* spiritual; ecclesiastical; **stan** ~ clerical state; *s m* clergyman
duchowy *adj* spiritual, mental, psychical
dumny *adj* proud (**z czegoś** of sth)
Duńczyk *m* Dane
duński *adj* Danish
dur 1. *m med.* typhus; ~ **brzuszny** typhoid fever
dur 2. *m nieodm. muz.* major (*tonacja*)
dureń *m* fool
dusić *vt* strangle, stifle; ~ **się** *vr* stifle, suffocate; (*o potrawie*) stew
duszla *f* soul; **z całej ~y** with all my soul
duszny *adj* sultry, close
dużo *adv* much, many
duży *adj* great, big, large
dwa *num* two
dwadzieścia *num* twenty
dwieście *num* two hundred
dwanaście *num* twelve
dworzec *m* railway station
dwór *m* court; (*wiejski, szlachecki*) manor-house, country-house; (*dziedziniec*) yard; **na dworze** out, outside, out of doors; **na** ~ out
dwudziesty *num* twentieth
dwugłoska *f gram.* diphthong
dwujęzyczny *adj* bilingual
dwukropek *m* colon
dwukrotnie *adv* twice
dwunasty *num* twelfth
dwuznaczny *adj* equivocal, ambiguous
dykta *f* plywood
dyktafon *m* dictaphone
dym *s* smoke; **puścić z ~em** send up in smoke; **pójść z ~em** go up in smoke <flames>
dyplom *m* diploma
dyrekcja *f* management
dyrektor *m* director, manager
dyrygent *m* conductor
dysk *m* disc; *komp.* disk; *sport* discus
dyskoteka *f* discotheque, disco
dyskusja *f* discussion
dyskutować *vi* discuss (**o czymś** sth)
dywan *m* carpet, rug
dyżulr *m* duty; **mieć ~r** be on duty; **nie być na ~rze** be off duty

dyżurny *adj* on duty; *s m* officer <clerk etc.> on duty
dzban *m* jug, pitcher
dziać się *vr* go on, happen, take place, occur; **co się tu dzieje?** what's up here?
dziadek *m* grandpapa; (*żebrak*) beggar; **~ do orzechów** nutcracker(s)
dział *m* section, division, part. sphere
działać *vi* act, be active, operate; (*o leku*) be effective; (*o wrażeniu*) affect
działanie *n* activity; effect; operation; *mat.* rule
działka *f* lot, allotment, parcel
dziąsło *n* gum
dziczyzna *f* venison
dziecinny *adj* childish
dzieciństwo *n* childhood
dziecko *n* child; (*do 7 lat*) infant; (*niemowlę*) baby
dziedziczyć *vt* inherit
dziedzina *f* domain, sphere
dzielenie *n* division
dzieli|ć *vt* divide; distribute; separate; (*podzielić*) share; *mat.* **~ć przez** divide by; **~ć się** *vr* be divided; share (**czymś z kimś** sth with sb)
dzielnica *f* quarter; district
dzielny *adj* brave
dzieło *n* work, act, deed
dziennie *adv* daily, a day; **2 razy ~** twice a day
dziennik *m* (*gazeta*) daily; (*pamiętnik*) diary; (*telewizyjny*) TV news
dziennikarz *m* journalist
dzienn|y *adj* daily, day's; **praca ~a** (*całodzienna*) day's work, (*wykonywana w dzień*) day--work; **światło ~e** daylight
dzień *m* day; **~ po dniu** day by day; **~ powszedni** workday, weekday; **cały ~ all** day long; **co drugi ~** every other day; **na drugi ~** on the next day; **raz na ~** once a day; **z dnia na ~** from day to day; **za dnia** by day, in the day-time; **pewnego dnia** one day; **któregoś dnia** some day, the other day
dziesiąty *num* tenth
dziesięć *num* ten
dziewczyna *f* girl
dziewiąty *num* ninth
dziewięć *num* nine
dziewięćdziesiąt *num* ninety
dziewięćdziesiąty *num* ninetieth
dziewięćset *num* nine hundred
dziewiętnasty *num* nineteenth
dziewiętnaście *num* nineteen
dzięki *s pl* thanks; *praep* thanks to, owing to
dziękować *vi* thank
dziki *adj* wild, savage; *s m* savage
dziób *m* beak, bill; (*okrętu*) prow

dzisiaj, dziś *adv* today; ~ **rano** this morning; ~ **wieczór** this evening; **od ~ za tydzień** this day week
dziura *f* hole, opening, cavity
dziwaczny *adj* eccentric, odd
dziwić *vt* astonish; ~ **się** *vr* wonder, be astonished (**komuś, czemuś** at sb, sth)
dziwnly *adj* strange, queer; **nic ~ego, że ...** no wonder that ...
dzwon *m* bell; **bić w ~y** ring the bells
dzwonić *vi* ring; (*telefonować*) ring up (**do kogoś** sb); ~ **do** drzwi ring at the door
dźwięk *m* sound
dźwig *m* *(winda)* lift, *am.* elevator; (*żuraw*) crane
dźwigać *vt* *(nosić)* carry; (*podnosić*) lift, heave
dżem *m* jam
dżentelmen *m* gentleman
dżinsy *s pl* jeans, denims
dżungla *f* jungle

E

echo *n* echo; *przen.* response
efekt *m* effect
Egipcjanin *m* Egyptian
egipski *adj* Egyptian
egoistyczny *adj* egoistic, selfish
egzamin *m* examination, *pot.* exam; **zdawać** ~ take an examination; **zdać** ~ pass an examination; **nie zdać ~u** fail (in) an examination
egzemplarz *m* copy
ekipa *f* crew, team
ekologia *f* ecology
ekonomia *f* economy; (*nauka*) economics
ekonomiczny *adj* economic
ekran *m* screen
ekspedient *m* *(w sklepie)* shop--assistant, salesman
ekspert *m* expert (**w czymś** at, in sth)
eksperyment *m* experiment
eksplozja *f* explosion
eksponat *m* exhibit
eksponować *vt* expose, exhibit
eksport *m* export, exportation
eksportować *vt* export
ekspres *m* express (train); (*list*) express letter
ekwipować *vt* equip, fit out
ekwipunek *m* equipment, outfit
ekwiwalent *m* equivalent
elastyczny *adj* elastic; flexible
elegancki *adj* elegant, smart
elektron *m fiz.* electron
elektrokardiogram *m* electrocardiogram
elektronika *f* electronics

elektrownia *f* power-station, power-plant
elektryczność *f* electricity
elektryczny *adj* electric
elektryk *m* electrician
element element
eliminować *vt* eliminate
emalia *f* enamel
emeryt *m* pensioner, retired (oficer, teacher etc.)
emerytur|a *f* retiring pension, retired pay; **przejść na ~ę** retire
emigracja *f* emigration, exile
emigrant *m* emigrant; (*polityczny*) émigré
emigrować *vi* emigrate
emitować *vt* emit, issue; *radio* broadcast
encyklopedia *f* encyclopaedia
energia *f* energy; (*elektryczna*) power
energiczny *adj* energetic, active, vigorous
entuzjazm *m* enthusiasm
epidemia *f* epidemic
epoka *f* epoch
erotyczny *adj* erotic
esencja *f* essence
estetyczny *adj* aesthetic
estetyka *f* aesthetics
Estończyk *m* Estonian
estoński *adj* Estonian
estrada *f* platform, stage
etat *m* permanency, permanent post; **być na ~cie** hold a regular post
etyczny *adj* ethical
etykieta *f* etiquette; (*napis, kartka*) label, tag
Europejczyk *m* European
europejski *adj* European
ewakuować *vt* evacuate
ewangelia *f* gospel
ewangelicki *adj* Protestant
ewangelik *m* Protestant
ewentualnie *adv* possibly, in case
ewentualny *adj* contingent, possible, likely
ewidencj|a *f* register, registry; record; file; **biuro ~i** registry office

F

fabryka *f* factory, works, (*tekstylna, papieru*) mill, plant
fachowiec *m* expert, specialist
fachowy *adj* professional, expert
fajka *f* pipe
fakt *m* fact
faktycznie *adv* in fact, actually
faktyczny *adj* actual, real

fal|a *f* wave; *(bałwan)* billow; *(duża i długa)* roller; **~a zimna <gorąca>** cold <heat> wave; *(radio)* **zakres ~** wave-band
fałszować *vt* falsify, forge, counterfeit
fałszywy *adj* false, *(podrobiony)* spurious, forged
fantastyczny *adj* fantastic
fantazja *f* fantasy, phantasy; fancy
farba *f* dye, paint, colour; **~ olejna** oil-colour; **~ wodna** water-colour
farbować *vt* dye, paint, colour; **~ na czarno** dye black
farmacja *f* pharmacy
fartuch *m* apron
fasola *f* bean (*zw. pl* beans); **~ szparagowa** French beans
fason *m* pattern, fashion; *(szyk)* style, chic
fatalny *adj* fatal, disastrous
fatyg|a *f* fatigue, trouble; **zadać sobie ~ę** take (the) trouble
faworyzować *vt* favour
faza *f* phase
feralny *adj* disastrous, ominous
ferie *s pl* holiday, vacation
ferma *f* farm
festiwal *m* festival
fiask|o *n* fiasco; **skończyć się ~iem** fizzle out
figa *f* fig
fig|iel *m* joke, trick; **spłatać ~la** play a trick (**komuś** on sb)
figura *f* figure; statue; shape
filatelista *m* stamp-collector, philatelist
filharmonia *f* Philharmonic Hall
filiżanka *f* cup
film *m* film, moving picture; movie; **~ dokumentalny** documentary; **~ fabularny** feature film; **~ rysunkowy** cartoon film; **nakręcać ~** shoot a film
filmow|y *adj* film *attr;* **gwiazda ~a** film star; **kronika ~a** news-reel
filtr *m* filter
Fin *m* Finn
finał *m* final; *muz.* finale
finanse *s pl* finances
finansowy *adj* financial
fiński *adj* Finnish
fiolet *m* violet
fiołek *m bot.* violet
firanka *f* curtain
firma *f* firm
fizyczn|y *adj* physical; **pracownik ~y** manual worker; **wychowanie ~e** physical training
fizyka *f* physics
flaga *f* flag, banner
flak *m* (*zw. pl* **~i**) intestines, guts; (*potrawa*) tripe

flamaster *m* text marker
flanela *f* flannel
flądra *f zool.* flounder, plaice
flek *m* heel-tap
flet *m muz.* flute
flirtować *vi* flirt
flota *f* fleet; ~ **wojenna** navy; ~ **handlowa** merchant marine
foka *f zool.* seal
folgować *vi* indulge (**komuś w jego kaprysach** sb in his whims); slacken, relax
folklor *m* folklore
fontanna *f* fountain
forma *f* shape; (*w odlewnictwie*) mould
formalnly *adj* formal; **kwestia ~a** point of order
format *m* size
formować *vt* form, shape, mould; ~ **się** *vr* form
formularz *m* form
forsa *f pot. (pieniądze)* dough
fortepian *m* (grand) piano
fotel *m* arm-chair
fotograf *m* photographer
fotografia *f* (*technika*) photography; (*zdjęcie*) photograph, picture
fotografować *vt* photograph
fotokopia *f* photocopy
fotoreporter *m* camera-man
fragment *m* fragment
francuski *adj* French
Francuz *m* Frenchman
Francuzka *f* Frenchwoman
fresk *m* fresco
front *m* front; *wojsk.* front, fighting line
fruwać *vi* fly, flit
frywolny *adj* frivolous
fryzjer *m (damski)* hairdresser; barber
fundacja *f* foundation
fundusz *m* fund
funkcja *f* function
funkcjonować *vi* function, act
funt *m* pound; ~ **szterling** pound sterling
futbol *m* (association) football, soccer
futerał *m* case, cover
futro *n* fur

G

gadatliwy *adj* talkative
gafa *f* bloomer; *am.* goof
galaret(k)a *f* jelly
galeria *f* gallery; ~ **obrazów** picture-gallery, gallery of pictures
galowy *adj* gala; **strój** ~ gala-suit, gala-dress
gałąź *f* branch
ganić *vt* blame
gapić się *vr* gape (**na coś** at sth)

garaż *m* garage
gardło *n* throat; *przen.* **wąskie ~ło** bottle-neck; **mieć ból ~ła** have a sore throat
gardzić *vi* despire, scorn (**czymś** sth)
garnek *m* pot
garnitur *m (ubranie)* suit (of clothes), clothes; *zbior.* set, fittings, mountings
garść *f* handful; *przen.* **trzymać w ~ci** hold under one's thumb; **wziąć się w ~ć** pull oneself together
gasić *vt* extinguish, put out; *(pragnienie)* quench
gasnąć *vi* go out
gaśnica *f* (fire-) extinguisher
gatunek *m* kind, sort; *biol.* species
gawędzić *vt* chat
gaz *m* gas; **~ trujący** poison-gas; **~ ziemny** natural gas
gazeta *f* newspaper
gazowly *adj* gaseous, gas *attr*; **kuchenka ~a** gas-range
gaźnik *m* carburettor
gąbka *f* sponge
gąsienica *f zool.* caterpillar
gdy *conj* when, as
gdyby *conj* if; **jak ~** as if; **~ nie to** but for that
gdyż *conj* for, because
gdzie conj *adv* where; **~ indziej** elsewhere
gdziekolwiek *adv* anywhere
gdzieniegdzie *adv* here and there
gdzieś *adv* somewhere, someplace
generalizować *vt vi* generalize
generał *m* general
genialnly *adj* full of genius; **człowiek ~y** man of genius; **myśl ~a** stroke of genius
geografia *f* geography
gest *m* gesture
gębla *f pot.* mug; *wulg.* **stulić ~ę** shut up
gęsty *adj* thick, dense; *(np. o tkaninie)* close
gęś *f zool.* goose
giąć *vt* bend, bow; **~ się** *vr* bend, bow (down)
giełda *f* stock exchange
gimnastyka *f* gymnastics
ginąć *vi* perish; go lost
ginekolog *m* gynaecologist
gips *m* plaster
gitara *f muz.* guitar
gleba *f* soil
gliceryna *f* glycerine
glina *f* clay
gładki *adj* smooth; plain; *(o włosach, futrze)* sleek
głaskać *vt* stroke
głębokli *adj* deep; *przen.* profound
głodny *adj* hungry

głos *m* voice; *(w głosowaniu)* vote; *(dzwonka)* sound; **prawo ~u** right of vote
głosować *vi* vote, *(tajnie)* ballot; **~ nad czymś** put sth to the vote; **~ na kogoś** vote for sb
głośnik *m* loud-speaker, megaphone
głośny *adj* loud; *(sławny)* famous
głow|a *f* head; *przen.* **łamać sobie ~ę** rack one's brains (**nad czymś** about sth); **mieć coś na ~ie** have sth on one's hands
głód *m* hunger (**czegoś** for sth); *(powszechny)* famine; **poczuć ~** become hungry
główn|y *adj* main, chief, principal, cardinal; *(o stacji, zarządzie)* central; *(o poczcie)* general; **~a wygrana** first prize
głuch|y *adj* deaf (**na lewe ucho** in the left ear); *(o dźwięku)* hollow, dull; **~a cisza** dead silence
głupi *adj* silly, stupid, foolish
głupota *f* stupidity
głupstw|o *n* silly stuff, nonsense; *(drobnostka)* trifle; **pleść ~a** talk nonsense
gmina *f* community; *(wiejska)* parish; *(miejska)* municipality, municipal corporation
gnębić *vt* oppress; *(dręczyć)* worry; *(dokuczać)* harass
gniazdko *n* (little) nest; *elektr.* socket
gniazdo *n* nest; *przen.* **~ rodzinne** hearth, home
gnić *vt* rot, decay, putrefy
gnieść *vt* press, squeeze; *(ciasto)* knead; **~ się** *vr* press, crush
gniew *m* anger; **wpaść w ~** get angry; burst out in anger
gniewać *vt* anger; **~ się** *vr* be angry (**na kogoś** with sb, **na coś** at sth)
gobelin *m* gobelin
godło *n* device; **~ Polski** Polish ensign
godność *f* dignity
godzić *vt* *(jednać)* conciliate; *vi* hit (**w coś** sth), aim (**w coś** at sth); **~ się** *vr* agree, consent (**na coś** to sth); reconcile oneself (*np.* **z losem** to one's lot)
godzin|a *f* hour; **~y nadliczbowe** overtime; **~y przyjęć** reception, office-hours, consulting-hours; **pół ~y** half an hour; **która ~a?** what time is it?; **jest ~a trzecia** it is three o'clock; **co dwie ~y** every second hour; *przen.* **na czarną ~ę** for a rainy day
goić *vt* heal, cure; **~ się** *vr* heal (up), be cured

golić *vt* shave; ~ **się** *vr* shave, have a shave
gołąb *m* pigeon; **siwy jak ~** snow-white
gołoledź *f* glazed frost
goły *adj* naked; (*ogołocony*) bare; (*obnażony*) nude; **~ym okiem** with the naked eye
gonić *vt* chase, drive, pursue; *vi* run, chase, be after
goniec *m* messenger; *(w hotelu)* bell-boy
gorąco *adv* hot(ly); **jest mi ~** I am <feel> hot; ~ **dziękować** thank warmly
gorący *adj* hot; (*o strefie*) torrid; *przen. (płomienny)* ardent, *(żarliwy)* fervent
gorączka *f* fever; *przen.* excitement, passion; ~ **złota** gold fever <rush>
gorszy *adj comp* worse
gorycz *f* bitterness
gorzej *adv comp* worse; **tym ~** so much the worse; ~ **się czuję** I am worse
gorzki *adj* bitter
gospoda *f* inn, pub, tavern
gospodarczy *adj* economic
gospodarka *f* economy
gospodarstwo *n* (*rolne*) farm, farming; (*domowe*) household
gospodarz *m* (*rolnik*) farmer; landlord; (*pan domu*) host; (*zarządca*) manager
gospodyni *f* (*pani domu*) hostess; manageress; landlady
gościć *vt* receive, entertain; (*przyjąć na nocleg*) put up; *vi* stay (**u kogoś** with sb)
gościnny *adj* hospitable; **pokój ~** guest-room
gość *m* guest, visitor; (*klient*) customer
gotować *vt* cook, boil; (*przygotowywać*) prepare; ~ **się** *vr (o wodzie, mleku)* boil, (*o potrawach*) be cooking; (*przygotowywać się*) prepare (**do czegoś, na coś** for sth)
gotowy *adj* ready, prepared (**na coś, do czegoś** for sth); finished; **~e ubranie** ready-made clothes
gotówka *f* cash, ready money; **płacić ~ą** pay (in) cash
gotyk *m* Gothic (style)
goździk *m bot.* carnation, pink
góra *f* mountain; (*szczyt, górna część*) top; **~a lodowa** iceberg; **do ~y nogami** upside down; **na górze** up, above, at the top, (*na piętrze*) upstairs; **płacić z ~y** pay in advance; **ręce do ~y!** hands up!
góral *m* highlander
górnictwo *n* mining (industry)
górnik *m* miner; **inżynier ~** mining-engineer

górn|y *adj* upper, superior; **~a granica** upper <top> limit
górzysty *adj* mountainous
gra *f* play; game; *teatr* acting; *(hazard)* gamble; **~ słów** play upon words, pun; **wchodzić w grę** come into play
gracz *m* player; *(hazardowy)* gambler
grać *vi* play; **~ na skrzypcach** play the violin
grad *m* hail; **~ pada** it hails
grafika *f* graphic art
gram *m* gram, gramme
gramatyczny *adj* grammatical
gramatyka *f* grammar
gramofon *m* gramophone; **~ kompaktowy** compact disc player
granatowy *adj* navy-blue
granic|a *f* *(kres, zakres)* limit; *(geograficzna, polityczna)* border, frontier; *(demarkacyjna)* boundary; **za ~ą, za ~ę** abroad
gratis *adv* gratis, free of charge
gratulacja *f* congratulation
gratulować *vi* congratulate **(komuś czegoś** sb on sth)
grecki *adj* Greek
Grek *m* Greek
groch *m* pea; *(potrawa)* peas *pl; pot.* **~ z kapustą** hotch-potch
gromada *f* crowd, throng; group
gromadzić *vt* accumulate, amass, heap up; **~ się** *vr* assemble, gather
grozi|ć *vi* threaten **(komuś czymś** sb with sth), menace; **~ nam burza** we are threatened with a storm; **~ epidemia** an epidemic is imminent
groźba *f* threat, menace
groźny *adj* threatening, imminent
grób *m* grave; *(grobowiec)* tomb; *lit. i rel.* sepulchre
gruby *adj* thick, stout, big, bulky; *(o suknie, rysach twarzy)* coarse; *(o błędzie)* gross; *(o głosie)* low, deep
gruczoł *m anat.* gland
grudzień *m* December
grun|t *m* ground; *(rolny)* soil; *(dno)* bottom; *(istota rzeczy)* essence; **w ~cie rzeczy** as a matter of fact
gruntownie *adv* thoroughly
grupa *f* group
gruszk|a *f* pear; *przen.* **~i na wierzbie** castles in the air
gruz *m* rubbish, rubble; *pl* **~y** debris *zbior.*, ruin; **rozpadać się w ~y** fall to ruin; **leżeć w ~ach** lie in ruin
Gruzin *m* Georgian
gruziński *adj* Georgian
gruźlica *f* *med.* tuberculosis, consumption

grymasić *vi* be fastidious; *(przy jedzeniu)* be particular
grypa *f med.* influenza, *pot.* flu(e)
gryźć *vt* bite, gnaw, nibble; *(np. o pieprzu)* burn; *(o sumieniu, troskach)* prick, sting
grzać *vt* warm, heat; ~ **się** *vr* warm (oneself); (*na słońcu*) bask
grzałka *f* heater
grzanka *f* toast
grzbiet *m* back; (*góry, fali*) crest
grzebień *m* comb; (*górski*) crest
grzech *m* sin
grzechotnik *m zool.* rattlesnake
grzeczny *adj* polite, kind; (*o dziecku*) good
grzejnik *m* heater, radiator
grzmileć *vi* thunder; ~ it thunders
grzyb *m* mushroom, fungus
grzywnla *f* fine; **ukarać ~ą** fine
gubernator *m* governor
gubić *vt* lose; (*niszczyć*) destroy; ~ **się** *vr* lose oneself, lose one's way, get lost
guma *f* gum;*(na koła itp.)* rubber; ~ **do żucia** chewing gum
gust *m* taste; **w moim guście** to my taste
guz *m* bump, bruise; *med.* tumour
guzik *m* button; **zapiąć na ~** button (up)
gwałcić *vt* violate; (*kobietę*) rape
gwałtowny *adj* violent
gwara *f* dialect; slang
gwarancja *f* guarantee, security, *prawn.* guaranty
gwiazda *f* star
gwiazdka *f* starlet; (*w druku*) asterisk; (*wigilia*) Christmas Eve; (*podarunek świąteczny*) Christmas gift
gwizdać *vi* whistle
gwóźdź *m* nail; **przybić gwoździami** nail up <down>

H

haftka *f* clasp
haftować *vt vi* embroider
hak *m* hook
hala *f* hall; ~ **targowa** market-hall
halka *f* petticoat
hałas *m* noise, fuss
hałasować *vi* make a noise
hamak *m* hammock
hamować *vt* brake; (*wstrzymywać*) check, slacken; (*tłumić*) repress; ~ **się** *vr* restrain oneself

hamulec *m* brake; *przen.* restraint
handel *m* trade; commerce; ~ **wymienny** barter; ~ **zagraniczny** foreign trade
handlować *vi* trade, deal (**czymś** in sth)
handlowiec *m* tradesman, merchant, dealer
hańba *f* shame, disgrace, dishonour
haracz *m* tribute
harcerka *f* Girl Guide, *am.* girl scout
harcerstwo *n* scouting, boy scouts movement
harcerz *m* boy scout
harfa *f muz.* harp
harmonia *f* harmony; (*instrument*) concertina
harmonogram *m* plan of work, timetable
harować *vi pot.* sweat, drudge
hartować *vt* harden; inure; *techn.* temper; *zob.* **zahartowany; ~ się** *vr* harden, inure oneself
hasło *n* watchword; *wojsk.* password; (*w słowniku*) entry, headword
hazard *m* hazard; (*w grze*) gamble
hebrajski *adj* Hebrew
hej *int* heigh!, ho!
hektar *m* hectare
helikopter *m* helicopter
hełm *m* helmet
hemoroidy *s pl med.* haemorrhoids
herbaciarnia *f* tea-shop
herbata *f* tea
herbatnik *m* biscuit
hermetyczny *adj* hermetic, air--tight, water-tight
hiena *f zool.* hyena
hierarchia *f* hierarchy
higiena *f* hygiene
Hindus *m* Hindu
hipnoza *f* hypnosis
hipokryzja *f* hypocrisy
hipopotam *m zool.* hippopotamus
hipoteka *f* mortgage
hipoteza *f* hypothesis
histeria *f* hysterics
historia *f* history; story
historyczny *adj* (*dotyczący historii*) historical; (*doniosły, epokowy*) historic
Hiszpan *m* Spaniard
hiszpański *adj* Spanish
hodować *vt* rear, breed, raise; (*uprawiać*) cultivate; (*o jarzynach*) grow
hojny *adj* liberal, generous, open-handed
hokej *m* hockey
Holender *m* Dutchman
holenderski *adj* Dutch
holować *vt* haul, tow, tug

hołd *m* homage; **składać ~** pay <do> homage

homar *m zool.* lobster

homoseksualista *m* homosexual

honor *m* honour, *am.* honor

honorarium *n sing nieodm.* fee; (*autorskie*) royalty

hormon *m biol.* hormone

horoskop *m* horoscope

horyzont *m* horizon

horror *m* horror film <movie>

hossa *f* boom

hotel *m* hotel

huk *m* roar, bang; (*trzask*) crash

hulajnoga *f* scooter

humanitarny *adj* humanitarian, humane

humanizm *m* humanism

humor *m* humour, mood; (*kaprys*) whim, fancy

hura *int* hurrah !

huragan *m* hurricane

hurt *m* wholesale; **~em** wholesale, in (the) gross

hurtownia *f* wholesale firm; (wholesale) warehouse

huśtać *vt*, **~ się** *vr* rock, swing

huśtawka *f* swing; (*podparta w środku*) seesaw

huta *f* foundry, steel-works; **~ szkła** glass-works

hydraulik *m* plumber

hydrant *m* hydrant; hose

hymn *m* hymn; **~ narodowy** national anthem

I

i *conj* and; also, too; **i tak dalej** and so on

idea *f* idea

idealny *adj* ideal

ideał *m* ideal

identyczny *adj* identical

ideologia *f* ideology

idiom *m* idiom

idiota *m* idiot

igła *f* needle; **nawlec ~ę** thread a needle

ignorancja *f* ignorance

ignorować *vt* ignore, disregard

igrzysko *n* play, spectacle; *pl* **~a olimpijskie** Olympic games

ile *adv* how much, how many; **tyle ... ~** as much <many> ... as; **~ masz lat?** how old are you?; **o ~** how far, so far as

ilość *f* quantity

ilustracja *f* illustration, picture

iluzja *f* illusion

im *adv* the; **im... tym ...** the ... the ...; **im więcej tym lepiej** the more the better

imbir *m* ginger

imieniny *s pl* name-day

imiesłów *m gram.* participle
imi|ę *n* name, first <Christian> name; denomination; **z ~enia, na ~ę** by name; **w ~eniu** in the name (**kogoś** of sb); **jak ci na ~ę?** what's your name?
imigrować *vi* immigrate
imitować *vt* imitate
impas *m* deadlock, blind alley; (*w kartach*) finesse
impertynencja *f* impertinence
implikować *vt* imply
imponować *vt* impress (**komuś** sb)
import *m* import, importation
impresjonizm *m* impressionism
impreza *f* enterprise; (*widowisko*) spectacle, show
impuls *m* impulse
inaczej *adv* otherwise, differently; **tak czy ~** one way or another; **bo ~** or else
inauguracja *f* inauguration
in blanko *adv* in blank
indeks *m* index
Indianin *m* Indian
Indonezyjczyk *m* Indonesian
indonezyjski *adj* Indonesian
indyjski *adj* Indian, Hindu
indyk *m* turkey
indywidualny *adj* individual
infekcja *f* infection
inflacja *f* inflation
informacj|a *f* information (**o czymś** on <about> sth); **biuro ~i** inquiry office; *(w napisie)* "inquiries"
informacyjn|y *adj* informative; **biuro ~e** inquiry-office, intelligence-office
informator *m* informant; (*publikacja*) guide-book
informować *vt* inform; **~ się** *vr* inquire (**u kogoś** of sb, **w sprawie czegoś** for <after> sth), get information (**u kogoś** from sb, **w sprawie czegoś** about sth)
ingerować *vi* interfere (**w coś** with sth)
inicjatyw|a *f* initiative; **wystąpić z ~ą** take the initiative; **z ~y** on the initiative
inkasent *m* collector
inny *adj* other, different; **kto ~** somebody else; **~m razem** another time
inspekty *s pl* hothouse, hotbed
inspirować *vt* inspire
instalacja *f* installation; (*gazowa, hydrauliczna*) plumbery
instalować *vt* instal; put in; (*wodę, gaz, elektryczność*) lay on
instrukcj|a *f* instruction; *pl* **~e** (*dyrektywy, wskazówki*) directions
instrument *m* instrument; appliance

instynkt *m* instinct
instytucja *f* institution
instytut *m* institute
integracja *f* integration
integrować *vt* integrate
intelekt *m* intellect
intelektualny *adj* intellectual
inteligencja *f* intelligence; (*warstwa społeczna*) the intellectuals *pl* the intelligentsia
inteligentny *adj* intelligent
intencja *f* intention
intensywny *adj* intensive
interes *m* interest, business, affair; **człowiek ~u** business man; **dobry ~** good bargain; **robić wielkie ~y** do a great business; **to nie twój ~** it is no business of yours
interesant *m* (interested) party, client
interesować *vt* interest, concern; **to mnie wcale nie ~uje** it is not of any interest to me; **~ować się** *vr* be interested (**czymś** in sth)
interesujący *adj* interesting
interpretacja *f* interpretation
interpretować *vt* interpret
interwencja *f* intervention
interweniować *vi* intervene
intonacja *f* intonation
intruz *m* intruder
intryga *f* intrigue, scheme
intuicja *f* intuition, insight
intymny *adj* intimate
inwalida *m* invalid; (*żołnierz*) disabled soldier <sailor>
inwestować *vt* invest
inżynier *m* engineer
Irlandczyk *m* Irishman
irlandzki *adj* Irish
ironia *f* irony
irracjonalny *adj* irrational
irys *m bot.* iris
irytować *vt* irritate; **~ się** *vr* become irritated (**czymś** at sth)
iskra *f* spark
Islandczyk *m* Icelander
islandzki *adj* Icelandic
istnieć *vi* exist
istnienie *n* existence
istota *f* being, creature; (*to, co zasadnicze*) essence, substance; **~ rzeczy** heart of the matter
istotny *adj* real, essential (**dla kogoś, czegoś** to sb, sth), substantial
iść *vi* go, walk; **~ dalej** go on; **~ po coś** go and fetch <get> sth; **~ za kimś, czymś** follow sb, sth
izolacja *f* isolation; (*elektryczna, cieplna*) insulation
izolować *vt* isolate; *fiz.* insulate
Izraelczyk *m* Israeli
izraelski *adj* Israeli
iż *conj* that

J

ja *pron* I; **to ja** it's me
jabłko *n* apple
jabłoń *f* apple-tree
jacht *m* yacht
jadalnia *f* dining-room
jadalny *adj* eatable, edible
jadłospis *m* bill of fare
jagoda *f* berry; **czarna ~** bilberry
jajecznica *f* scrambled eggs
jajk|o *n* egg; **~o na miękko <na twardo>** soft <hard> boiled egg; **~a sadzone** fried eggs
jak *adv conj part* how, as; **~ najprędzej** as soon as possible; **~ najwięcej** as much <many> as possible; **~ tylko** as soon as; **~ bądź** anyhow; **tak ... ~ ...** as ... as ...; **~ gdyby** as if; **~ również** as well as
jakby *adv conj* as if
jak|i *pron* what; **~a to książka?** what book is this?
jakikolwiek *pron* any, whatever
jakiś *pron* some
jakkolwiek *conj* (al)though; *adv* anyhow, somehow, in any <some> way
jako *adv conj* as; **~ też** also, as well as; **~ tako** in a fashion, tolerably
jakoś *adv* somehow
jakość *f* quality
jamnik *m* badgerdog
Japończyk *m* Japanese
japoński *adj* Japanese
jarmark *m* fair
jarski *adj* vegetarian
jarzyn|a *f* vegetable, *zw. pl* **~y** greens, vegetables
jaskinia *f* cave, cavern
jaskółka *f zool.* swallow
jasno *adv* clearly, brightly; **~ mówić** speak plain
jasny *adj* bright, clear, light; (*o cerze, włosach*) fair
jastrząb *m zool.* hawk
jaszczurka *f zool.* lizard
jaśmin *m bot.* jasmine
jawny *adj* evident, open, public
jazd|a *f* ride, drive; **~a konna** horsemanship; **prawo ~y** driver's <driving> license
jądro *n* kernel; *biol. fiz.* nucleus
jądrowy *adj* nuclear
jąkać się *vr* stammer
jechać *vi* go (**pociągiem** by train); ride (**konno** on horseback, **autobusem** in a bus, **samochodem** by car, **rowerem** a bicycle, on a bicycle); drive; travel
jed|en *num* one, a; **ani ~en** not a single; **wszystko ~no** all the same
jedenasty *num* eleventh
jedenaście *num* eleven

jednak *conj adv* but, yet, still; however, nevertheless

jednakowy *adj* the same, equal, identical

jednoczesny *adj* simultaneous

jednokierunkowy *adj*, **ruch ~** one-way traffic

jednolity *adj* uniform

jednomyślnie *adv* unanimously, with one consent

jednorodny *adj* homogeneous

jednostka *f* unit, individual

jednostronny *adj* unilateral, one-sided

jedność *f* unity

jedwab *m* silk

jedynka *f* one

jedyny *adj* only, sole, single; (*wyjątkowy*) unique

jedzeni|e *n* eating; meal, food; **po ~u** after meal(s)

jeleń *m* deer

jelito *n* intestine

jemioła *f bot.* mistletoe

jeniec *m* captive; **~ wojenny** prisoner of war

jesień *f* autumn, *am.* fall

jesionka *f* overcoat

jeszcze *adv* still, yet; beside; else; more; **~ raz** once more

jeść *vt vi* eat; **chce mi się ~** I'm hungry; **~ śniadanie** have breakfast

jeśli *conj* if; **~ nie** unless

jezdnia *f* road, roadway

jezioro *n* lake

jeździć *vi* travel, go; **~ po Polsce** travel about Poland; *zob.* **jechać**

jeździec *m* horseman, rider

jeż *m zool.* hedgehog

jeżeli *zob.* **jeśli**

jeżyna *f bot.* blackberry

jęczeć *vi* groan, moan; (*utyskiwać*) grumble (**na coś** at, about sth)

jęczmień *m bot.* barley; (*na oku*) stye

język *m* tongue; language; **~ ojczysty** mother tongue; vernacular; **~ obcy** foreign language

jodła *f bot.* fir(-tree)

jodyna *f* tincture of iodine, *pot.* iodine

jubiler *m* jeweller

jubileusz *m* jubilee

jutr|o *adv* tomorrow; *n* next day; **do ~a** till <see you> tomorrow

już *adv* already; **~ nie** no more; **~ nigdy** nevermore

K

kabaret *m* cabaret

kabel *m* cable

kabina *f* cabin; (*telefoniczna*) telephone booth <box>; (*w samolocie*) cockpit
kaczka *f zool.* duck; *przen.* (*fałszywa pogłoska*) canard, hoax
kajak *m* canoe, kayak; **płynąć ~iem** canoe
kajuta *f* cabin
kakao *n nieodm.* cocoa
kalafior *m* cauliflower
kaleczyć *vt* maim, mutilate; *przen.* **~ angielski** murder one's English
kaleka *m f* cripple
kalendarz *m* calendar; **~ kartkowy** block calendar
kalesony *s pl* drawers, *pot.* pants
kalkulator *m* calculator
kaloria *f* calorie
kaloryfer *m* radiator, heater
kalosz *m* (rubber) overshoe, galosh
kałuża *f* puddle
kamera *f* video camera
kameralnly *adj,* **muzyka ~a** chamber music
kamień *m* stone; **drogi ~** precious stone; **~ graniczny** landmark; **~ do zapalniczek** flint
kamizelka *f* waistcoat
kampania *f* campaign; **~ wyborcza** election campaign
Kanadyjczyk *m* Canadian
kanadyjski *adj* Canadian
kanał *m* canal; (*morski, TV*) channel; (*miejski*) sewer; *anat.* duct
kanapa *f* sofa, settee
kanapka *f* couch; (*przekąska*) snack, sandwich
kanarek *m* canary
kandydat *m* candidate
kangur *m zool.* kangaroo
kanon *m* standard; (*także muz.*) canon
kant *m* edge; angle; (*u spodni*) crease; *pot.* (*oszustwo*) swindle, take-in, fraud
kantor *m* money exchange office; (*kontuar, lada*) counter; (*biuro*) counting-house
kapeć *m* slipper
kapelusz *m* hat; **bez ~a** with no hat on
kapitalizm *m* capitalism
kapitał *m* capital; **~ zakładowy <akcyjny>** capital stock
kapitan *m* captain
kaplica *f* chapel
kapłan *m* priest
kaprys *m* caprice, whim, fad, fancy
kaptur *m* hood; (*mnisi, u komina*) cowl
kapusta *f* cabbage; **~ kiszona** sauerkraut

karla *f* punishment; (*sądowa*) penalty; (*pieniężna*) fine; **skazać na ~ę pieniężną** fine
karabin *m* rifle, gun; **~ maszynowy** machine-gun
karać *vt* punish; (*sądownie, w sporcie*) penalize; **~ grzywną** fine
karaluch *m zool.* cockroach
karambol *m* collision, clash
karczma *f* tavern, inn
karate *n* karate
karetka *f*, **~ pogotowia** ambulance
kariera *f* career
kark *m* neck; **chwycić za ~** collar, seize by the neck; **mieć na ~u** have on one's hands; **pędzić na złamanie ~u** drive at a breakneck speed; **skręcić ~** break one's neck
karmić *vt* feed, nourish; (*piersią*) suckle; **~ się** *vr* feed, live (**czymś** on sth)
karnawał *m* carnival
karny *adj* disciplined, docile; (*o prawie*) penal; (*o sądzie*) criminal
karlo *n* (*w kartach*) *zw. pl* **~a** diamonds
karoseria *f* body
karp *m* carp
kartla *f* card; (*książki*) leaf, page; (*dokument*) charter; (*do gry*) playing-card; **~a tożsamości** identity card; **~a tytułowa** title-page; **~a kredytowa** credit card; **(roz)dawać ~y** deal cards
kartka *f* leaf, slip (of paper); (*na bagażu, towarze*) label; **~ pocztowa** postcard
kartofel *m* potato
karuzela *f* merry-go-round
kasa *f* cash-desk, cashier's window; (*podręczna*) cash-box, cash-drawer; (*kolejowa*) booking-office, *am.* ticket-office; (*teatralna*) box-office; **~ oszczędności** savings-bank
kaseta *f* cassette
kasjer *m* cashier, (*bankowy*) teller
kask *m* helmet
kasłać *zob.* **kaszleć**
kasować *vt* cancel, annul
kasownik *m* (*w pojazdach*) punch
kasza *f* groats; (*gotowana*) gruel
kaszel *m* cough
kaszleć *vi* cough
kasztan *m* chestnut(-tree)
katalog *m* catalogue
katar *m* cold; catarrh; **nabawić się ~u** catch a cold
katastrofa *f* catastrophe, calamity; (*np. kolejowa*) crash
katedra *f* cathedral; (*na uniwersytecie*) chair
katolicyzm *m* Catholicism

katolik *m* Catholic
kawla *f* coffee; **młynek do ~y** coffee-mill, coffee - grinder
kawaler *m* (*nieżonaty*) bachelor
kawał *m* piece, lump; (*dowcip*) joke; **brzydki ~** foul trick; (*psota*) practical joke
kawałlek *m* bit, morsel, piece; **~ek cukru** lump of sugar; **po ~ku** piece by piece
kawiarnia *f* coffee-house, café
kawior *m* caviar
kazać *vi* bid, order, let
każdy *pron* every, each, everybody, everyone
kąpać *vt* bathe; **~ się** *vr* bathe, (*w łazience*) have a bath, (*w rzece, morzu*) have a bathe
kąpiel *f* (*w łazience*) bath, (*w rzece, morzu*) bathe; **~ słoneczna** sun-bath
kąpielowy *adj*, **strój ~** bathing costume <suit>
kąt *m* corner; *mat.* angle
kciuk *m* thumb
kelner *m* waiter
kelnerka *f* waitress
kęs *m* bit, morsel
kibic *m* looker-on; *am. pot.* kibitzer
kichać *vi* sneeze
kiedy *conj* when, as; *adv* ever; **rzadko ~** hardly ever; **~ indziej** some other time
kiedykolwiek *conj* whenever
kiedyś *adv* once, at one time, (*w przyszłości*) some day
kieliszek *m* glass
kiełbasa *f* sausage
kiepski *adj* mean, good for nothing; poor, shoddy
kier *m* (*w kartach*) *zw. pl* **~y** hearts
kierować *vi vt* lead, direct, govern (**czymś** sth); drive (**samochodem** a car); (*zarządzać*) manage
kierowca *m* driver
kierownica *f* steering-wheel; (*u roweru*) handle bar
kierownictwo *n* management, administration, direction
kierownik *m* manager, director, head
kierunek *m* direction, course; *przen.* trend, tendency
kieszeń *f* pocket
kieszonkowe *n* pocket money
kieszonkowiec *m* pickpocket
kij *m* stick, cane
kilka, kilku *num* some, a few
kilkakrotnie *adv* several times, repeatedly
kilogram *m* kilogram(me)
kilometr *m* kilometre
kino *n* cinema, pictures *pl*, *am. pot.* movies *pl*
kiosk *m* booth, stall, kiosk; (*z gazetami*) news stall <stand>
kisiel *m* jelly, fruit cream

klakson *m* hooter
klamka *f* (door-)handle, latch
klamra *f* clasp, buckle; (*nawias*) bracket
klasa *f* class; (*sala szkolna*) classroom; (*rocznik szkolny*) form
klaskać *vi* clap (**w ręce** one's hands), (*bić brawo*) applaud
klasyczny *adj* classic(al)
klasztor *m* cloister, monastery
klatka *f* cage; *anat.* **~ piersiowa** chest; **~ schodowa** staircase
klawiatura *f* keyboard
kląć *vi* swear (**na kogoś** at sb); (*przeklinać, złorzeczyć*) curse (**na kogoś** sb)
kleić *vt* stick, glue (together), paste; **~ się** *vr* stick
klej *m* glue, gum, paste
klejnot *m* jewel, gem
kler *m* clergy
klękać *vi* kneel down (**przed kimś** to sb)
klęskla *f* defeat, calamity, disaster; **ponieść ~ę** be defeated; **zadać ~ę** defeat
klient *m* client; *handl.* customer, patron
klimat *m* climate
klimatyzacja *f* air conditioning
klisza *f* cliché; *fot.* plate
klomb *m* flowerbed
klops *m* meat-ball
klosz *m* glass-cover, glass-bell; (*abażur*) globe; lampshade
klozet *m* water-closet, W.C.; *am.* restroom
klub *m* club
klucz *m* key; *muz.* clef; **~ do nakrętek** spanner; **~ francuski** wrench; **zamknąć na ~** lock
kluska *f* noodle
kłamać *vi* lie (**przed kimś** to sb)
kłaniać się *vr* greet (**komuś** sb), bow (**komuś** to sb)
kłaść *vt* lay, set, put; **~ się** *vr* lie down
kłopolt *m* embarassment, trouble, bother; **być w ~cie** be at a loss; **narobić sobie ~tu** get into trouble
kłócić się *vr* quarrel (**o coś** about sth); (*np. o kolorach, poglądach*) clash
kłódkla *f* padlock; **zamknąć na ~ę** padlock
kłótnia *f* quarrel
kłuć *vt vi* sting, prick; **~ w oczy** be an eyesore (**kogoś** to sb)
koalicja *f* coalition
kobiecly *adj* womanly, womanlike; (*o płci*) female; **prawa ~e** women's rights
kobieta *f* woman
kobra *f zool.* cobra
koc *m* blanket, rug

kochać *vt* love; ~ **się** *vr* be in love (**w kimś** with sb); ~ **się** make love (**z kimś** with sb)

kod *m* code; *am. (pocztowy)* zip code

kogut *m* cock

kojarzyć *vt* match; (*pojęcia*) associate; ~ **się** *vr* associate, be associated; pair

kokos *m* coconut

kolacj|a *f* supper; **jeść ~ę** have supper, sup

kolano *n* knee; (*rury*) joint; (*rzeki*) bend, turn

kolarstwo *n* cycling

kolarz *m* cyclist

kolczyk *m* ear-ring

kolega *m* mate, companion; (*z pracy*) colleague; (*szkolny*) schoolmate, classmate

kole|j *f* railway, *am.* railroad; (*następstwo*) turn, succession; **po ~i** in turn, by turns; **~j na mnie** it is my turn

kolejarz *m* railwayman

kolej|ka *f* narrow-gauge railway; (*ludzi*) queue, line; (*dań, kieliszków*) round; turn; **stać w ~ce** queue up, line up

kolejnoś|ć *f* succession, rotation; **w ~ci** by rotation

kolejny *adj* successive, next

koleżanka *f* friend; (*z pracy)* colleague

kolęda *f* Christmas carol

kolidować *vi* collide, clash

kolonia *f* colony, settlement; (*wakacyjna*) summer camp

kolor *m* colour; (*w kartach*) suit; **dać do ~u** follow suit

kolorowy *adj* coloured, colourful

kolumna *f* column, pillar

kołdra *f* counterpane, coverlet

kołnierz *m* collar

koło 1. *praep* by, near; about

koło 2. *n* wheel; (*obwód; stowarzyszenie*) circle; ~ **zębate** cog-wheel

kołować *vi* move round, circle

kołysać *vt* rock, lull; ~ **się** *vr* rock, sway

komar *m zool.* mosquito, gnat

kombinacja *f* combination

kombinezon *m* overalls

komedia *f* comedy

komentować *vt* comment (**coś** on <upon> sth), annotate

komfort *m* comfort

komfortowy *adj* luxurious

komiczny *adj* comic, funny

komin *m* chimney; (*na dachu*) chimney-pot; (*lokomotywy, statku*) funnel

kominek *m* fire-place

komisariat *m,* ~ **policji** police-station

komisja *f* commission, committee, board

komitet *m* committee

komora *f* chamber; cabin; ~ **celna** customs-house
komorne *n* rent
kompakt *m* compact disk
kompania *f* company
kompas *m* compass
kompetentny *adj* competent
kompleks *m* complex
komplement *m* compliment; **prawić ~y** pay compliments
komplet *m* full number <assembly>; set; ~ **stołowy** dinner-set; ~ **do herbaty** tea-set
kompletny *adj* complete, thorough
komplikować *vt* complicate
komponować *vt* compose
kompot *m* stewed fruit
kompozycja *f* composition
kompozytor *m* composer
kompres *m* compress
kompromis *m* compromise; **iść na** ~ compromise (**w czymś** on sth)
kompromitować *vt* discredit, compromise; ~ **się** *vr* discredit oneself
komputer *m* computer
komputerowy *adj*, **sprzęt** ~ hardware
komunia *f* communion
komunikacja *f* communication; traffic; transport(ation)
komunikat *m* announcement, news report; communique
koncentracyjny *adj* concentrative; **obóz** ~ concentration camp
koncentrować *vt* concentrate
koncepcja *f* conception
koncept *m* concept, idea; (*zarys*) draft
koncern *m* concern
koncert *m* concert; (*utwór*) concerto
koncesja *f* concession, licence
kondolencj|a *f* condolence; **składać ~e** condole (**komuś z powodu czegoś** with sb on <upon> sth)
kondom *m* condom; contraceptive
konduktor *m* (*kolejowy*) guard, (*tramwajowy*) conductor
koneksja *f* connexion
konfekcja *f* ready-made clothes
konferencja *f* conference; (*prasowa*) press conference
konfitura *f* jam
konflikt *m* conflict
kongres *m* congress
koniak *m* cognac, brandy
koniec *m* end, conclusion, close; **dobiegać końca** draw near the end; **położyć** ~ put an end; **wiązać ~ z końcem** make both ends meet; **w końcu** in the end
konieczny *adj* necessary, indispensable
konik *m* pony; (*mania*) hobby

konkretny *adj* concrete, real
konkurencja *f* competition
konkurs *m* competition
konsekwentny *adj* consistent, consequent
konserwa *f* preserve, tinned <*am.* canned> meat <milk, fruit etc.>
konstrukcja *f* construction
konstruować *vt* construct
konstytucja *f* constitution
konsul *m* consul
konsulat *m* consulate
konsultant *m* consultant; (*o lekarzu*) consulting physician
konsument *m* consumer
konsumpcyjn|y *adj* consumptive; **towary ~e** consumer goods
kontakt *m* contact; **nawiązać ~** contact (**z kimś** sb), come into contact (**z kimś** with sb)
konto *n* account; **~ bieżące <czekowe>** current <checking> account
kontrakt *m* contract (**w sprawie czegoś** for <of> sth); **~ o pracę** contract for work
kontrast *m* contrast
kontrola *f* control
kontynent *m* continent
kontynuować *vt* continue
konwalia *f bot.* lily of the valley
konwersacja *f* conversation
koń *m* horse; (*w szachach*) knight; **~ gimnastyczny** vaulting-horse; **~ wierzchowy** saddle-horse; **~ na biegunach** rocking-horse
końcow|y *adj* final, ultimate; **stacja ~a** terminus
kończyć *vt* end, finish, conclude, close; **~ się** *vr* end, come to a close
kończyna *f* limb
kooperacja *f* co-operation
kopać *vt* dig; (*nogą*) kick
kopalnia *f* mine; **~ węgla** coal-mine
koperta *f* envelope
kopia *f* (*odbitka*) copy, transcript
kopiować *vt* copy
kor|a *f* bark; **odzierać drzewo z ~y** bark the tree; *anat.* **~a mózgowa** cortex
koral *m* coral
koralik *m* bead
Koreańczyk *m* Korean
koreański *adj* Korean
korek *m* cork; *elektr.* fuse; (*w bucie*) lift; (*uliczny*) jam
korekt|a *f druk.* proof; **robienie ~y** proof-reading
korespondencja *f* correspondence
korespondować *vi* correspond
korkociąg *m* corkscrew
korona *f* crown

koronka *f* lace
korpus *m* trunk, body; *wojsk.* corps; **~ dyplomatyczny** diplomatic corps
kort *m sport.* court
korygować *vt* correct
korytarz *m* corridor
korzeń *m* root; **zapuszczać ~nie** take <strike> root
korzystać *vi* profit (**z czegoś** by <from> sth), avail oneself (**z czegoś** of sth), use (**z czegoś** sth), have the use (**z czegoś** of sth)
korzystny *adj* profitable
korzyść *f* profit, advantage; **na ~** to the advantage (**czyjąś** of sb)
kosmetyczka *f* (*torebka*) vanity-bag; (*kobieta*) cosmetologist; *am.* beautician
kosmetyczny *adj* cosmetic; **gabinet ~** beauty parlour
kosmetyk *m* cosmetic
kosmos *m* (outer) space
kostium *m* costume
kostka *f* small bone; (*w grze*) die; (*u ręki*) knuckle; (*u nogi*) ankle; (*sześcian*) cube; (*cukru*) lump
kosz *m* basket; **~ do śmieci** waste-paper basket, dustbin; (*na ulicy*) litter-bin
koszary *s pl* barracks
koszt *m* cost, expense; **~em czegoś** at the cost of sth; **~y podróży** travelling expenses
kosztować *vt* cost; (*próbować*) taste; **ile to ~uje?** how much does it cost <is it>?
kosztowny *adj* expensive
koszula *f* shirt; (*damska*) chemise
koszyk *m* basket
koszykówka *f sport.* basketball
kościół *m* church
kość *f* bone; (*do gry*) die; **~ słoniowa** ivory; *przen.* **~ niezgody** bone of contention
kot *m zool.* cat
kotlet *m* cutlet, chop
kotwica *f* anchor
kowal *m* smith
koza *f zool.* goat
kożuch *m* sheepskin (fur)
kółko *n* little wheel; circle; (*obręcz do zabawy*) hoop; (*towarzyskie*) circle
kpić *vi* scoff, mock (**z kogoś, czegoś** at sb, sth)
kra *f* floe, floating ice
krab *m zool.* crab
krach *m* crash, slump
kradzież *f* theft
kraj *m* country, land; home
krajać *vt* cut; (*o mięsie*) carve
krajobraz *m* landscape
krajowiec *m* native

krajowy *adj* native; home-made; home
krakers *m* cracker
kran *m* tap, cock; (*żuraw*) crane; **otworzyć <zamknąć>** ~ turn on <turn off> the tap
krańcowy *adj* extreme
kraść *vt* steal
krata *f* grate, grating, bars *pl*; (*deseń*) chequer
krawat *m* (neck)tie
krawcowa *f* dressmaker
krawędź *f* edge, verge, border; (*górska*) ridge
krawężnik *m* kerb (-stone), *am.* curb
krawiec *m* tailor
krążyć *vi* circulate, go round; (*o słońcu, planetach*) revolve; (*po morzu*) cruise; (*wędrować*) ramble
kreda *f* chalk
kredens *m* cupboard
kredka *f* crayon; (*szminka*) lipstick
kredyt *m* credit; **na** ~ on credit
krem *m* whipped cream
kreska *f* stroke; (*myślnik*) dash
kreślić *vt* draw, sketch
krew *f* blood; **rozlew krwi** bloodshed
krewny *m* relative, relation
kręci|ć *vt vi* turn, twist; (*włosy*) curl; *pot.* (*wykręcać się*) use crooked ways, quibble; **~ć się** *vr* turn; (*wiercić się*) fidget
kręgosłup *m* spine, spinal column, backbone
kroić *vt* cut
krok *m* step, pace; **dotrzymywać ~u** keep up (**komuś** with sb); **przedsięwziąć ~i** take steps; ~ **za ~iem** step by step
krokodyl *m zool.* crocodile
kropka *f* point, dot; (*znak przestankowy*) full stop
kropla *f* drop
krowa *f zool.* cow
krój *m* cut
król *m* king
królewski *adj* kingly, royal
królik *m zool.* rabbit
królowa *f* queen; ~ **piękności** beauty queen
krótki *adj* short; (*zwięzły, krótkotrwały*) brief
krótko *adv* shortly; (*zwięźle*) in brief, in short
krótkotrwały *adj* brief, short--lived *attr*
krótkowzroczność *f* myopia, short-sightedness
krtań *f* larynx
kruch|y *adj* fragile, frail, brittle; (*chrupiący*) crisp; (*o mięsie*) tender; **~e ciasto** shortcake, shortbread
krucyfiks *m* crucifix

kruk *m zool.* raven
kruszyć *vt* crush, crumb; ~ **się** *vr* crumble
krwawić *vi,* ~ **się** *vr* bleed
krwiodawca *m* blood-donor
krwotok *m* haemorrhage
krylć *vt* (*pokrywać*) cover; (*ukrywać*) hide, conceal; **~ć się** *vr* hide
kryjówka *f* hiding-place
kryminał *m (lektura)* detective story
kryształ *m* crystal
kryterium *n* criterion
krytyka *f* criticism, critique; (*recenzja*) review
krytykować *vt* criticise; (*recenzować*) review
kryzys *m* crisis
krzak *m* bush, shrub
krzesło *n* chair
krztusić się *vr* choke, stifle
krzyczeć *vi* shout (**na kogoś** at sb); cry, shriek; ~ **z bólu** shout with pain; ~ **z radości** shout for joy
krzywdla *f* wrong, harm, prejudice; **wyrządzić ~ę** wrong, do wrong (**komuś** sb)
krzywly *adj* crooked; (*o minie, uśmiechu itp.*) wry; *mat.* **~a (linia)** curve
krzyż *m* cross; *pl* **~e** *anat.* loins
krzyżówka *f* crossword puzzle
kserograf *m* xeroxing machine, copier
kserować *vt* xerox
książeczka *f* booklet; ~ **oszczędnościowa** savings (-bank) book
książę *m* prince, duke
książka *f* book
księgarnia *f* bookshop, *am.* bookstore
księgowość *f* book-keeping
księżyc *f* moon; **przy świetle ~a** by moonlight
kształcić *vt* educate, instruct
kształt *m* form, shape
kto *pron* who; ~ **inny** who else; somebody else; ~ **bądź** anybody, anyone
ktokolwiek *pron* = **kto bądź** *zob.* **kto**
ktoś *pron* somebody, someone; ~ **inny** somebody else
którędy *pron* which way
który *pron* who, which, that; ~ **bądź** (*z dwojga*) either
któryś *pron* some
ku *praep* towards, to
Kubańczyk *m* Cuban
kubański *adj* Cuban
kubek *m* cup
kubeł *m* pail, bucket
kucharz *m* cook
kuchenka *f* (*urządzenie*) cooker, range; ~ **mikrofalowa** microwave (oven)

kuchnia *f* (*pomieszczenie*) kitchen; (*urządzenie do gotowania*) cooker, stove, range; (*jakość potraw*) cuisine; **dobra** ~ good cooking
kufel *m* (beer-)mug, tankard
kukiełka *f* puppet
kukiełkowy *adj*, **teatr** ~ puppet-show
kukurydza *f* maize; corn
kula *f* ball; (*rewolwerowa itp.*) bullet; (*geometryczna*) sphere; (*proteza*) crutch; (*do gry*) bowl; ~ **śnieżna** snowball; ~ **ziemska** globe
kulawy *adj* lame
kuleć *vi* limp, hobble
kulig *m* sleighing party
kultura *f* culture, civilization; (*uprawa*) cultivation
kulturalny *adj* cultural, civilized; (*o umyśle, manierach*) cultured
kupić *vt* buy, purchase
kupiec *m* merchant, tradesman, dealer
kupować *vt* = **kupić**
kura *f* hen
kuracja *f* cure, treatment
kurcz *m* cramp, spasm
kurczę *n* chicken
kurczyć *vt*, ~ **się** *vr* shrink; *fiz.* contract
kuriozum *n* curiosity
kuropatwa *f zool.* partridge
kurs *m* course; ~ **walutowy** rate of exchange
kursować *vi* run, circulate
kurtka *f* jacket
kurtuazja *f* courtesy
kurtyna *f* curtain
kurz *m* dust
kusić *vt* tempt, seduce
kuzyn *m* cousin
kwadrans *m* quarter
kwadrat *m* square
kwalifikowany *adj* (*o pracowniku*) skilled
kwartał *m* quarter
kwartet *m* quartet
kwas *m* acid
kwaśnly *adj* sour, acid; **~a mina** wry face
kwestila *f* question; **~a gustu** matter of taste
kwestionariusz *m* inquiry-sheet, questionnaire
kwiaciarnia *f* florist shop
kwiat *m* flower; (*drzewa owocowego*) blossom; *przen.* **w kwiecie wieku** in the prime of life
kwiecień *m* April
kwit *m* receipt; ~ **bagażowy** check
kwitnąć *vi* bloom, blossom, flower; *przen.* flourish
kwota *f* (sum) total, amount

L

lać *vt vi* (*nalewać*) pour; (*wylewać*) shed; **deszcz leje** it pours
lada *part* any, whatever; **~ chwila** any minute
lakier *m* varnish
lalka *f* doll
lamentować *vi* lament (**nad kimś, czymś** for, over sb, sth)
lampa *f* lamp
lampart *m* leopard
landrynka *f* fruit drop
las *m* wood, forest; **dziewiczy ~** virgin forest
laska *f* stick, cane
latać *vi* fly; (*biegać*) run about
latarka *f* lantern; **~ elektryczna** (electric) torch, flashlight
latarnia *f* lantern, lamp; **~ morska** lighthouse
latawliec *m* kite; **puszczać ~ca** fly a kite
lato *n* summer; **babie ~** (*okres*) Indian summer; (*pajęczyna*) gossamer
lawa *f* lava
lawenda *f bot.* lavender
lawina *f* avalanche
ląd *m* land; **~ stały** continent; **~em** by land
lądować *vi* land
lecieć *vi* fly; (*pędzić*) run, hurry; (*o czasie*) pass, slip away
lecz *conj* but
leczenie *n* treatment
leczyć *vt* treat (**kogoś na coś** sb for sth); (*kurować*) cure (**kogoś z czegoś** sb of sth); (*goić*) heal; **~ się** *vr* undergo a treatment
ledwie, ledwo *adv* hardly, scarcely; **~ dyszy** he can hardly breathe; *conj* no sooner... than...; **~ wyszliśmy, zaczęło padać** no sooner had we left than it started to rain
legalny *adj* legal, rightful
legenda *f* legend
legitymacja *f* identity card, certificate
legitymować *vt* identify, establish sb's identity; **~ się** *vr* prove one's identity
lek *m* medicine, cure
lekarstwo *n* medicine, remedy; **zażyć ~** take a medicine
lekarz *m* physician, doctor
lekceważyć *vt* disregard, disdain, slight
lekcj|a *f* lesson; **udzielać ~i angielskiego** give English lessons
lekk|i *adj* light; *sport.* **~a atletyka** (light-weight) athletics
lekkomyślny *adj* light-minded, reckless

lektor *m* lector, reader; (*prowadzący lektorat*) teacher
lektura *f* (*czytanie*) reading; (*materiał do czytania*) reading-matter
len *m* flax
leniwy *adj* idle, lazy
leń *m* lazy-bones, idler
lepiej *adv comp* better; **tym ~** all the better, so much the better; **~ byś poszedł sobie** you had better go
lepki *adj* sticky; (*przylepny*) adhesive
lepszy *adj comp* better; **kto pierwszy, ten ~** first come, first served
lesbijka *f* lesbian
letni *adj* (*niegorący*) tepid, lukewarm; *attr* (*dotyczący lata*) summer
lew *m zool.* lion
lew|a *f* (*w kartach*) trick; **wziąć ~ę** take <win> a trick
lewar *m* lever; (*hydrauliczny*) siphon
lewatywa *f med.* enema
lew|y *adj* left; **~a strona** wrong side; (*monety*) reverse; **na ~o** on the left, to the left
leżak *m* folding-chair, deck-chair
leżeć *vi* lie; (*znajdować się*) be placed, be situated; (*o ubraniu*) **dobrze ~** sit <fit> well; **źle ~** sit badly
lęk *m* fear; (*groza*) awe
lękliwy *adj* timid
liberalny *adj* liberal
licencja *f* licence
licytacj|a *f* auction; (*w brydżu*) bid; **oddać na ~ę** put up to auction
liczba *f* number; figure; *gram.* **~ pojedyncza <mnoga>** singular <plural> (number)
liczebnik *m gram.* numeral, number
liczeni|e *n* calculation, counting, computation
licznik *m mat.* numerator; (*automat*) counter, meter; **~ gazowy** gas-meter; **~ w taksówce** taxi-meter
liczny *adj* numerous
liczy|ć *vt* (*obliczać*) count, reckon, compute; (*wynosić*) number, count; (*podawać cenę*) charge; **~ć na kogoś** depend <rely> on <upon> sb
liga *f* league
likier *m* liqueur
likwidować *vt* liquidate
lila *adj nieodm.* lilac, pale violet
limit *m* limit
lina *f* rope, line, cord
lini|a *f* line; (*liniał*) rule, ruler
linow|y *adj*, **kolejka ~a** funicular railway

lipa *f bot.* lime, linden; *pot.* humbug
lipiec *m* July
lis *m zool.* fox
list *m* letter; **~ polecony** registered letter
lista *f* list, register; **~ obecności** attendance record; **~ płacy** pay-sheet
listonosz *m* postman
listopad *m* November
liść *m* leaf
litera *f* letter
literatura *f* literature
litewski *adj* Lithuanian
litość *f* mercy, pity
litować się *vr* take pity (**nad kimś** on sb)
litr *m* litre
Litwin *m* Lithuanian
lizać *vt* lick; *pot.* **liznął trochę angielskiego** he has a smattering of English
lodowisko *n* ice field; (*tor łyżwiarski*) skating-rink
lodówka *f* refrigerator, ice-box, *pot.* fri(d)ge
lody *s pl* ice-cream
logika *f* logic
lojalny *adj* loyal
lokal *m* premises *pl*, place, room(s), apartment(s)
lokator *m* lodger
lokomotywa *f* (railway-)engine, *am.* locomotive
lombard *m* pawnshop
londyńczyk *m* Londoner
lornetka *f* (*polowa*) field-glasses *pl*; (*teatralna*) opera-glasses *pl*
los *m* lot, fate; (*na loterii*) lottery-ticket; (*wygrana na loterii*) prize; **ciągnąć <rzucać> ~y** draw <cast> lots; **na ~ szczęścia** at venture, at hazard
lot *m* flight; **widok z ~u ptaka** bird's eye view
loteri|a *f* lottery; **wygrana na ~i** prize
lotnictwo *n* aviation, aircraft; **~ wojskowe** Air Force
lotnicz|y *adj,* **baza ~a** air-base; **linia ~a** air-line, airway; **poczta ~a** air-mail
lotnik *m* airman, flyer, flier
lotnisko *n* (*cywilne*) airport
lód *m* ice
lub *conj* or
lubić *vt* like, (*bardzo*) love; **nie ~** dislike
lud *m* people, folk
ludność *f* population
ludobójstwo *n* genocide
ludzie *s pl* people, persons, men
ludzki *adj* human
ludzkość *f* mankind; (*człowieczeństwo*) humanity; human nature
luka *f* gap, breach

luksusow|y *adj* luxury *attr*, luxurious; **artykuły ~e** fancy articles, articles of luxury
lusterko *m* pocket-glass, hand-glass; **~ wsteczne** rear-view mirror
lustro *n* mirror
luty *m* February
luz *m* margin; play; leeway; **~em** loosely; separately
luźny *adj* loose
lżyć *vi* insult (**kogoś** sb)

Ł

łabędź *m* swan
łacina *f* Latin
ład *m* order
ładny *adj* pretty, nice; neat
ładować *vt* load, charge
ładunek *m* load; (*okrętowy*) cargo; (*kolejowy*) freight; (*nabój*) cartridge; (*elektryczny*) charge
łagodny *adj* mild, soft, gentle
łagodzący *adj* soothing; alleviating
łajdak *m* villain
łakomy *adj* greedy (**na coś** of sth)
łamać *vt* break; **~ głowę** rack one's brains (**nad czymś** about sth); **~ się** *vr* break
łańcuch *m* chain; **~ gór** mountain range
łapa *f* paw
łapać *vt* catch, seize
łapówk|a *f* bribe; **dać ~ę** bribe
łas|ka *f* grace, favour; **akt ~ki** act of grace
łaskaw|y *adj* kind (**dla kogoś** to sb); gracious; **bądź ~ to zrobić** be so kind to do it
łaskotać *vt* tickle
łatać *vt* patch, piece together
łatwopalny *adj* inflammable; *am.* flammable
łatwowierny *adj* credulous
łatwy *adj* easy
ławka *f* bench; (*kościelna*) pew; (*szkolna*) desk
łazić *vi* crawl, tramp, loaf; **~ po drzewach** climb trees
łazienka *f* bathroom
łącznie *adv* together
łączność *f* communication; connection; union
łączyć *vt* join, unite, connect; **~ się** *vr* unite, combine
łąka *f* meadow
łeb *m* *pot.* pate; **na ~, na szyję** headlong, head over heels
łkać *vi* sob
łobuz *m* urchin; rogue, villain

łokieć *m* elbow; **trącać ~ciem** elbow
łopata *f* spade, shovel
łosoś *m zool.* salmon
łowić *vt* catch; **~ ryby** fish, (*na wędkę*) angle
łódź *f* boat
łóżko *n* bed; **leżeć w ~u** (*chorować*) keep to one's bed; **położyć się do ~a** go to bed; **słać ~o** make the bed
łudzić *vt* delude; **~ się** *vr* be deluded, deceive oneself
łuk *m* bow; *arch.* (*sklepienie*) arch; *mat. fiz. elektr.* arc
łup *m* booty, spoil; **paść ~em** fall a prey (**kogoś, czegoś** to sb, sth)
łupież *m* dandruff
łupina *f* peel, hull, husk, shell
łydka *f* calf
łyk *m* draught, gulp; **jednym ~iem** at one gulp
łykać *vt* swallow, gulp
łysy *adj* bald
łyżka *f* spoon; (*zawartość*) spoonful
łyżwa *f* skate
łyżwiarstwo *n* skating
łza *f* tear; **lać gorzkie łzy** shed bitter tears

M

machać *vi* wave (**ręką** one's hand); wag (**ogonem** the tail)
machnąć *zob.* **machać**
mafia *f* mafia
magazyn *m* store, storehouse
magnetofon *m* tape-recorder; **~ kasetowy** cassette recorder <deck>
magnetowid *m* video tape-recorder
maj *m* May
majątek *m* property, fortune, estate
majonez *m* mayonnaise
major *m* major
majstrować *vi pot.* tamper, fiddle (**koło czegoś** with sth)
majtki *s pl* drawers; *pot.* panties
mak *m* poppy; (*ziarno*) poppy-seed
makaron *m* macaroni
makrela *f* mackerel
maksimum *n nieodm. sing* maximum
malaria *f med.* malaria
malarstwo *n* painting
malarz *m* painter
malina *f* raspberry
malować *vt* paint; (*na szkle*) stain; (*na porcelanie*) enamel; **~ się** *vr* make up
malowniczy *adj* picturesque

mało *adv* little, few; **o ~** nearly
małoletni *adj* under age, minor
małpa *f* (*człekokształtna*) ape; (*niższego rzędu*) monkey
mały *adj* small, little; (*drobny*) tiny
małżeńsk|i *adj* matrimonial, marital, conjugal; **para ~a** married couple
małżeństwo *n* marriage; married couple
małżonek *m* husband, spouse
małżonka *f* wife, spouse
mama *f pot.* mummy, mum; *am.* mommy, mama
mandat *m polit.* mandate; *(drogowy)* ticket
manewr *m* manoeuvre
maniak *m* maniac
manicure [-kiur] *m* manicure; **robić ~** manicure
manifestacja *f* demonstration
mankiet *m* cuff, wristband
mapa *f* map; (*morska*) chart; (*samochodowa*) road map
marchew *f* carrot(s)
margaryna *f* margarine
marka *f* mark; **~ fabryczna** trademark
marmolada *f* jam, (*zw. z pomarańcz*) marmalade
marnować *vt* waste, trifle away; **~ się** *vr* be wasted, go to waste
marszczyć *vt* wrinkle; **~ brwi** knit one's brows; **~ się** *vr* wrinkle, become wrinkled
martwić *vt* vex, grieve, worry; **~ się** *vr* worry (**o kogoś, o coś** about, over sb, sth), grieve, be grieved (**o kogoś, o coś** at, for sb, sth)
martw|y *adj* lifeless, dead; **~a natura** still life; **~y sezon** slack season; **~y punkt** deadlock
marynarka *f* marine; (*wojenna*) navy; (*część ubrania*) coat, jacket
marynarz *m* sailor, mariner
marzec *m* March
marzenie *n* dream, reverie
marznąć [-r-z-] *vi* freeze, feel <be> cold
marzyć *vi* dream (**o kimś, o czymś** of sb, sth)
masa *f* mass; (*wielka ilość*) a lot, a great deal
masaż *m* massage
maska *f* mask; (*samochodu*) bonnet, *am.* hood
masło *n* butter
maszerować *vi* march
maszt *m* mast
maszyn|a *f* machine, engine; **~a do pisania** typewriter; **pisać na ~ie** type; **~a do szycia** sewing-machine

maszynista *m* (*kolejowy*) engine-driver
maszynistka *f* typist
maszynka *f*, ~ **do golenia** safety-razor, electric razor
maść *f* ointment; (*konia*) colour
matematyka *f* mathematics
materac *m* mattress
materia *f* matter; stuff
materializm *m* materialism
materiał *m* material, stuff; *przen.* makings
matka *f* mother; ~ **chrzestna** godmother
matura *f* secondary-school leaving examination; matriculation
mądrość *f* wisdom
mądry *adj* wise, sage
mąka *f* flour
mąż *m* husband; man; ~ **stanu** statesman; **wychodzić za** ~ marry, get married
mdleć *vi* faint, swoon away
mdlić *v impers* ~ **mnie** I feel sick
mdłości *s pl* sickness, qualm, nausea
mdły *adj* insipid, dull
mebel *m* piece of furniture; *pl* ~**le** (*umeblowanie*) *zbior.* furniture
mech *m* moss
mechanik *m* mechanic
mechanizm *m* mechanism
mecz *m sport.* match
medal *m* medal
medycyna *f* medicine
megafon *m* loud-speaker
Meksykanin *m* Mexican
meksykański *adj* Mexican
meldować *vt* report, announce; (*zgłaszać urzędowo przyjazd*) register
melodia *f* melody
melon *m* melon
menstruacja *f* menstruation, menses
mentol *m* menthol
menu [meniu] *n nieodm.* menu, bill of fare
meta *f* goal, terminus; **na dalszą** ~**ę** in the long run
metal *m* metal
metoda *f* method
metr *m* metre
metro *n* underground (railway), *pot.* tube; *am.* subway (railroad)
metryka *f* birth <marriage> certificate
mewa *f* sea-gull
męczyć *vt* torment, torture; (*dokuczać*) vex; (*nużyć*) tire; ~ **się** *vr* get tired; take pains, exert oneself
męski *adj* male; masculine; (*pełen męskości, mężny*) manful; *gram.* **rodzaj** ~ masculine gender

mężatka *f* married woman
mężczyzna *m* man, male
mglisty *adj* hazy, misty, foggy
mgła *f* fog, mist
mianowicie *adv* namely; (*w piśmie*) viz.
miar|a *f* measure; (*skala*) gauge; **ubranie na ~ę** suit to measure; **w jakiej mierze?** to what extent?; **w pewnej mierze** in some measure, to a certain extent
miasteczko *n* little town; **wesołe ~** amusement park, fun fair
miasto *n* town, city
mieć *vt* have; **~ kogoś za coś** take sb for sth; **~ się dobrze** be <feel> well; **~ zamiar** intend, have the intention; **miałem wyjechać** I was going to leave; **co miałem robić?** what was I to do?; **czy mam to zrobić?** shall I do it?; **ile masz lat?** how old are you?; **mam 30 lat** I am 30 years old; **jak się masz?** how do you do?, how are you?
miednica *f* (wash-)basin, *am.* washbowl; *anat.* pelvis
miedź *f* copper
miejsc|e *n* place; spot; (*przestrzeń*) room; **~e pobytu** residence; **~e przeznaczenia** destination; **~e siedzące <stojące>** sitting <standing> room; **~e urodzenia** birthplace; **płatne na ~u** payable on the spot
miejscowy *adj* local
miejscówka *f* seat reservation
miejski *adj* municipal, town-*attr*, city-*attr*
mierzyć *vt* measure; *vi* (*celować*) aim (**do kogoś, czegoś** at sb, sth); (*ubranie*) try on
miesiąc *m* month; **od dziś za ~** this day month; **~ miodowy** honeymoon
miesięczny *adj* monthly
mieszać *vt* mix; (*np. zupę*) stir; (*karty*) shuffle; (*peszyć, wprowadzać w zakłopotanie*) confuse; **~ się** *vr* mix, become mixed; (*wtrącać się*) interfere, meddle (**do czegoś** with sth)
mieszanka *f* blend, mixture
mieszkać *vi* live, stay, reside
mieszkanie *n* flat, lodgings *pl*
mieszkaniec *m* inhabitant, resident
między *praep* (*o dwóch osobach, rzeczach*) between; (*o większej liczbie*) among(st), amid(st)
międzymiastow|y *adj*, **rozmowa ~a** trunk call
międzynarodowy *adj* international

miękki *adj* soft; (*o mięsie*) tender
miękko *adv* softly; **jajka na ~** soft boiled eggs
mięsień *m* muscle
mięso *n* flesh; (*jadalne*) meat
mięta *f* mint
migdał *m* almond; *anat.* tonsil
migrena *f* migraine
mijać *vt* pass, go past; *vi* (*przemijać*) pass away; **~ się** *vr* pass <cross> each other
mikrofon *m* microphone, mike
mikser *m* mixer, blender
mila *f* mile
milczeć *vi* be <keep> silent
miliard *m* miliard; *am.* billion
milimetr *m* millimetre
milion *m* million
miło *adv* agreeably; **~ mi pana spotkać** I'm glad to see you; **~ to usłyszeć** it's a pleasure to hear
miłosny *adj* love *attr*, amatory, amorous
miłość *f* love; **~ własna** self-love; self-respect
miły *adj* pleasant, agreeable, nice, dear
mimo *praep* in spite of; (*obok*) by; *adv* past, by; **~ to** nevertheless; **~ woli** involuntarily; **~ wszystko** after all
minla *f* (*wyraz twarzy*) air, countenance; **kwaśna ~a** wry face; **robić ~y** pull <make> faces
minąć *vi* pass, be past, be over; **dawno minęła 5 godzina** it is long past 5 o'clock; **burza minęła** the storm is over; **~ się** *vr* pass <cross> each other; *zob.* **mijać**
minimum *n nieodm.* minimum
minister *m* minister
ministerstwo *n* ministry
minuta *f* minute
miodowy *adj* honey *attr*, honeyed
miód *m* honey; (*pitny*) mead
misja *f* mission
misjonarz *m* missionary
miska *f* pan, bowl
mistrz *m* master; *sport* champion
miś *m* bear; (*z bajki*) Bruin; (*zabawka*) Teddy bear
mit *m* myth
mizeria *f* cucumber salad
mleczarnia *f* dairy
mleczny *adj* milk *attr*, milky; *astr.* **Droga Mleczna** Milky Way; **bar ~** milk-bar
mleko *n* milk; **~ zbierane** skimmed milk
młodociany *adj* youthful; (*nieletni*) juvenile; **sąd dla ~ch** juvenile court
młodość *f* youth

młod|y *adj* young; **pan ~y** bridegroom; **panna ~a** bride
młodzieniec *m* young man, youth
młodzież *f* youth
młotek *m* hammer; (*drewniany*) mallet
młyn *m* mill
mniej *adv* less, fewer; **~ więcej** more or less; **~sza o to** never mind
mniejszy *adj* smaller, less, minor
mnog|i *adj* numerous; *gram.* **liczba ~a** plural (number)
mnożyć *vt* multiply; **~ się** *vr* multiply, increase in number
mnóstwo *n* multitude, a lot, lots
moc *f* might, power; *pot.* a lot; **~ prawna** legal force; **na ~y** in virtue of, on the strength of
mocarstwo *n* (great) power
mocny *adj* strong, vigorous, firm
mocz *m* urine
moczyć *vt* wet, drench
mod|a *f* fashion; **wchodzić w ~ę** come into fashion; **wychodzić z ~y** go out of fashion
model *m* model, pattern
modlić się *vr* pray, say one's prayers
modlitwa *f* prayer
moknąć *vi* grow wet, become moist
mokry *adj* wet, moist
mol|o *n* pier, jetty
moment *m* moment
monet|a *f* coin; **przyjmować za dobrą ~ę** accept at face value
mongolski *adj* Mongolian
Mongoł *m* Mongolian
monitor *m* monitor
monstrum *n* monster
moralnoś|ć *f* (*etyka*) morality; (*moralne postępowanie, obyczaje*) morals *pl*
morderstwo *n* murder
mordować *vt* murder; (*dręczyć*) torment; **~ się** *vr* toil, drudge
morela *f* apricot; (*drzewo*) apricot-tree
morsk|i *adj* maritime; sea- *attr*; **bitwa ~a** sea-fight; **brzeg ~i** sea-coast; **choroba ~a** seasickness; **podróż ~a** voyage
morz|e *n* sea; **na ~u** at sea; **nad ~em** at the seaside; **za ~em** overseas
mosiądz *m* brass
moskit *m* *zool.* mosquito
most *m* bridge
motel *m* motel
motocykl *m* motorcycle
motor *m* motor
motorówka *f* motorboat
motyl *m* *zool.* butterfly
motyw *m* motif; (*bodziec*) motive

mowa *f* speech; *gram.* **~a zależna <niezależna>** indirect <direct> speech; **wygłosić ~ę** make a speech
mozaika *f* mosaic
może *adv* maybe, perhaps
możliwość *f* possibility, chance
możliwy *adj* possible
można *impers* it is possible, it is allowed, one can; **jak ~ najlepiej** as well as possible; **czy ~ usiąść?** may I sit down?; **jeśli ~** if possible
móc *vi aux* can, be able; **mogę** I can; I may
mój *pron* my, mine
mówić *vt* speak, say, tell, talk; **nie ma o czym ~** nothing to speak of
mózg *m* brain
mrozić *vt* freeze, congeal, refrigerate
mrówka *f* ant
mróz *m* frost
mruczeć *vi* murmur, mumble, mutter
mrugać *vi* wink (**na kogoś** at sb), twinkle
msza *f* mass; **odprawiać ~ę** say mass
mścić *vt* avenge; **~ się** *vr* revenge oneself, take revenge (**na kimś** on sb)
mucha *f* fly
mumia *f* mummy
mundur *m* uniform
mur *m* wall; *przen.* **przyprzeć do ~u** drive into a corner
Murzyn *m* black man
musieć *v aux* be obliged; have to; **muszę** I must, I am obliged
muszla *f* shell, conch; **~ klozetowa** lavatory pan
musztarda *f* mustard
muzeum *n* museum
muzułmanin *m* Moslem
muzyk *m* musician
muzyka *f* music
my *pron* we
myć *vt* wash; **~ się** *vr* wash; (*dokładnie*) wash oneself
mydło *n* soap
myjnia *f* car wash
mylić *vt* mislead, misguide; **~ się** *vr* be mistaken (**co do czegoś** about sth), make a mistake, be wrong
mysz *f* mouse
myśl *f* thought, idea; **być dobrej ~i** be of good cheer; **mieć na ~i** mean, have in mind; **przychodzi mi na ~** it occurs to me
myśleć *vt vi* think; (*mniemać, zamierzać*) mean; **co o tym ~isz?** what do you think of it?; **~ę, że tak** I think so; **o czym ~isz?** what are you thinking about?
myśliwiec *m lotn.* fighter

myśliwy *m* hunter, huntsman
myślnik *m gram.* dash
mżawka *f* drizzle

N

na *praep* on, upon; at; by; for; in; **na dole** down; **na dworze** out of doors; **na górze** up; **na końcu** at the end; **na moją prośbę** at my request ; **na pamięć** by heart; **na piśmie** in writing; **na sprzedaż** for sale; **na stare lata** in <for> one's old age; **na wiosnę** in spring; **na zawsze** for ever
nabiał *m* dairy-goods, dairy--products
nabożeństwo *n* divine service
nabój *m (jednostka amunicji)* cartridge; *elektr.* charge
nabywać *vt* acquire, purchase, obtain
nachylać *vt* bend, bow, incline; ~ **się** *vr* bow, incline, stoop, lean
nachylenie *n* inclination, slope
naciągać *vt* stretch, strain; *(o łuku)* bend; *pot. (nabierać)* tease, take in; *vi (o herbacie)* draw
nacierać *vt (trzeć)* rub; *vi (atakować)* attack (**na kogoś** sb)
nacisk *m* pressure, stress; **kłaść ~** stress, lay stress
naciskać *vt vi* press (**na coś** sth, on sth)
na czele *adv* at the head
naczelnly *adj* head-, chief, paramount; **~y dowódca** commander-in-chief
naczynile *n* vessel; **~a gliniane** *zbior.* pottery; **~a kuchenne** kitchen utensils
nad *praep* over, above, on, upon, beyond; ~ **chmurami** above the clouds
nadal *adv* still; ~ **coś robić** continue to do sth <doing sth>
nadaremnie *adv* in vain
nadawać *vt* bestow, confer (**coś komuś** sth on, upon sb); grant; *(na poczcie)* dispatch, post, send off; ~ **się** *vr* be fit <fitted>, be suited (**do czegoś** for sth)
nadawca *m* sender, consigner
nadchodzilć *vi* approach, come round, arrive; ~ **zima** winter is drawing on
nadciśnienie *n* high blood-pressure
nadejście *n* arrival
nadjechać *vi* arrive, come driving

nadlecieć *vi* come flying
nadliczbow|y *adj* supernumerary, overtime; **godziny ~e** overtime hours; **praca ~a** overtime work
nadmiar *m* excess, surplus
nadmierny *adj* excessive
nadobowiązkowy *adj* optional, facultative
nadpłacić *vt* overpay, surcharge
nadprzyrodzony *adj* supernatural
nadrabiać *vt* make up (**coś** for sth); *vi* work additionally; **~ czas** make up for lost time
nadużycie *vt* abuse, misuse; malversation
nadwerężyć *vt* impair
nadwozie *n* body (of a car)
nadwyżka *f* surplus
nadziej|a *f* hope; **mieć ~ę** hope (**na coś** for sth), have good hope (**na coś** of sth)
nadzwyczajn|y *adj* extraordinary; **wydanie ~e** extra edition
nafta *f* oil; (*ropa*) petroleum
nagana *f* blame, reprimand
nagi *adj* naked, bare
naglący *adj* urgent
nagle *adv* suddenly, all of a sudden
naglić *vt* urge, press
nagły *adj* urgent, sudden; **w ~m wypadku** in case of emergency
nagrać *vt* record
nagranie *n* recording
nagradzać *vt* reward, recompense (**komuś stratę** sb for the loss)
nagroda *f* reward; (*w sporcie, na konkursie itp.*) prize
nagrodzić *zob.* **nagradzać**
naiwny *adj* naive, simple-minded
najbardziej *adv* most (of all)
najeść się *vr* eat one's fill; **~dzony** full
najgorszy *adj* worst
najlepszy *adj* best
najmniej *adv* least; **co ~** at least
najmniejszy *adj* least, smallest
najmować *vt* hire, let
najpierw *adv* first, first of all
najwięcej *adv* most
najwyżej *adv* highest; (*w najlepszym razie*) at most, at best
najwyższy *adj* highest; (*o sądzie, mądrości*) supreme; (*o władzy*) sovereign; **~ czas** high time; *gram.* **stopień ~** superlative (degree)
naklejka *f* label; sticker
nakład *m* (*koszt*) expenditure; (*książki*) edition, issue, impression
nakręcać *vt* wind up, turn; (*film*) shoot; **~ numer telefonu** dial
nakrywać *vt* cover; lay (**do stołu** the table)

nalega|ć *vi* insist (**na coś** on sth);press, urge (**na kogoś** sb); **~ł na mnie, żebym to zrobił** he urged me to do this
nalepka *f* label
naleśnik *m* pancake
nalewać *vt* pour (out)
należ|eć *vi* belong; **~y** *(wypada)* it becomes; *(trzeba)* it is necessary; **~eć się** *vr* be due
nałóg *m* addiction, (bad) habit
namawiać *vt* induce, persuade
namiastka *f* substitute, ersatz
namiętność *f* passion
namiot *m* tent
namoczyć *vt* steep, soak
namyślać się *vr* reflect (**nad czymś** on sth)
na nowo *adv* anew
naokoło *adv* round, all round, round about; *praep* round
napad *m* attack, assault; *(o chorobie, gniewie)* fit; **~ rabunkowy** robbery by assault
napadać *vt* attack, assail
napełniać *vt* fill (up); **~ ponownie** refill; **~ się** *vr* fill, become filled
na pewno *adv* certainly, to be sure
napić się *vr* have a drink; **~ kawy** have a cup of coffee
napięcie *n* tension, strain; *elektr.* voltage
napis *m* inscription, caption
napiwek *m* tip
napotykać *vt* meet (**coś** with sth), come (**coś** across sth)
napój *m* drink; **~ bezalkoholowy** soft drink; **~ alkoholowy** strong drink; **~ chłodzący** refreshing drink
napraw|a *f* repair, reparation; **muszę oddać zegarek do ~y** I must have my watch repaired
naprawdę *adv* indeed, really
naprawiać *vt* mend, repair, put right; make good
naprężony *adj* = **napięty**
naprzeciw *adv* opposite; *praep* opposite, against
na przekór *adv praep* in spite (**komuś, czemuś** of sb, sth)
na przemian *adv* alternately
naprzód *adv* forward, on
na przykład *adv* for instance, for example
narad|a *f* consultation, conference; **odbywać ~ę** hold a conference
naradzać się *vr* confer; *(radzić się)* take counsel (**z kimś** with sb)
naraz *adv* at once, suddenly
na razie *adv* for the present, for the time being

narażać *vt* expose (**na coś** to sth); ~ **na niebezpieczeństwo** endanger; ~ **na niewygody** put to inconvenience; ~ **się** *vr* risk (**na coś** sth)
narciarstwo *n* skiing; ~ **wodne** water skiing
narciarz *m* skier
nareszcie *adv* at last
narkoza *f* narcosis
narodowość *f* nationality
narodowy *adj* national
narodzenie *n* birth; **Boże Narodzenie** Christmas
naród *m* nation
nart|a *f* ski; *pl* ~**y** skis; a pair of skis; **jeździć na ~ach** ski
narząd *m* organ
narzeczona *f* fiancée
narzeczony *m* fiancé
narzekać *vi* complain (**na coś** of sth)
narzekanie *n* complaint
narzędzie *n* instrument, tool
nasenny *adj* soporific
nastawiać *vt* set (right), put, put on <right>; *(umysłowo, moralnie)* dispose; *(radio)* tune in (**na dany program** to a programme)
następnie *adv* next, subsequently, then
następny *adj* following, next, subsequent
następować *vi* follow (**po kimś, czymś** sb, sth); take place, set in
następujący *adj* following; *(kolejny)* consecutive, subsequent
nastraszyć *vt* frighten; ~ **się** be frightened, take fright (**czymś** at sth)
nastr|ój *m* mood, disposition, spirits; **w dobrym ~oju** in high spirits; **mieć ~ój do czegoś** be in the mood for sth; **nie mieć ~oju** be in no mood
naszyjnik *m* necklace
naśladować *vt* imitate
natchnienie *n* inspiration
natężać *vt* strain
natężenie *n* intensity
natomiast *adv* but, on the contrary, yet
natrafić *vt* meet (**na kogoś, coś** with sb, sth); encounter (**na kogoś, coś** sb, sth)
natrysk *m* shower-bath
natu|ra *f* nature; **z ~ry** by nature; *(malować)* **z ~ry** from nature; **płacić w ~rze** pay in kind
naturalnie *adv* naturally; *(oczywiście)* of course
naturaln|y *adj* natural; **rzecz ~a** matter of course
natychmiast *adv* at once, instantly; immediately, straight off

natychmiastowy *adj* instantaneous, instant
nauczyciel *m* teacher
nauka *f (szkolna)* instruction, lessons; *(wyższa)* study; *(wiedza)* learning, science
naukowiec *m* scholar, researcher
naukowly *adj* scholarly, scientific; **stopień ~y** academic degree; **praca ~a** research work
naumyślnie *zob.* **umyślnie**
nauszniki *s pl* ear-flaps, earmuffs
nawet *adv* even
nawias *m* parenthesis, brackets *pl;* **~em mówiąc** by the way
nawiązać *vt* tie (up); **~ do czegoś** refer to sth; **~ korespondencję** enter into correspondence; **~ rozmowę** engage in conversation; **~ stosunki** enter into relations; **~ znajomość** strike up an acquaintance
nawrót *m* relapse, return
nawyk *m* habit
nawzajem *adv* mutually, one another, each other
nazajutrz *adv* on the next day
nazbyt *adv* too, excessively
nazwa *f* name, designation
nazwisklo *n* name, surname, family name; **~iem Smith** Smith by name
nazywalć *vt* call, name; **~ć się** *vr* be called; **~m się X.Y.** my name is X.Y.; **jak się nazywasz ?** what is your name ?
negatyw *m fot.* negative
negować *vt* deny, disavow
nerlka *f* kidney; *med.* **zapalenie ~ek** nephritis
nerw *m* nerve
nerwica *f* neurosis
nerwowy *adj* nervous
neseser *m* dressing-case
neutralny *adj* neutral
nędza *f* misery
nędzny *adj* miserable, wretched
nic *pron* nothing, whatever; **~ podobnego** nothing of the sort; **~ z tego** this amounts to nothing; **mnie ~ do tego** it's no business of mine
niczyj *adj* nobody's, no man's
nić *f* thread
nie *part* not; *(zaprzeczenie całej wypowiedzi)* no; **jeszcze ~** not yet; **już ~** no more, no longer; **także ~** neither, not... either; **ja tego także ~ wiem** I do not know it either; **wcale ~** not at all
niebezpieczeństwo *n* danger; **narazić na ~** endanger
niebezpieczny *adj* dangerous
niebieski *adj* blue

niebo *n (firmament)* sky; *rel.* Heaven; **na ~ie** in the sky; *rel.* in Heaven
niech *part* let; **~ sobie idzie** let him go
niechęć *f* unwillingness, reluctance (**do czegoś** to do sth); **czuć ~ do kogoś** bear sb a grudge
niechętny *adj* unwilling, reluctant; ill-disposed (**komuś** towards sb)
niecierpliwy *adj* impatient
nieco *adv* a little, somewhat
nieczynny *adj* inactive, inoperative, closed; out of order
niedaleko *adv* not far (away)
niedawno *adv* recently; *(onegdaj)* the other day; of late; **~ temu** not long ago
niedbały *adj* negligent, careless
niedelikatny *adj* indelicate
niedługi *adj* not long
niedługo *adv* soon, before long; not long
niedobór *m* deficit
niedobry *adj* not good, bad; wicked
niedobrze *adv* not well, badly, ill; **czuć się ~** feel sick
niedojrzały *adj* immature; *(o owocach)* unripe
niedokładny *adj* inaccurate
niedokrwistość *f med.* anaemia
niedopałek *m* cigarette-end; *(świecy)* candle-end
niedopatrzenie *n* oversight; **przez ~** through oversight
niedostateczny *adj* insufficient, inadequate; **stopień ~** bad mark, *am.* failure
niedostatek *m* indigence, penury; *(brak)* deficiency, shortness; **~ artykułów spożywczych** dearth of provisions
niedostępny *adj* inaccesible
niedoświadczony *adj* inexperienced
niedozwolony *adj* prohibited, illicit
niedyskretny *adj* indiscreet
niedyspozycja *f* indisposition
niedziela *f* Sunday
niedźwiedź *m* bear
niegrzeczny *adj (nieuprzejmy)* unkind, impolite; *(o dzieciach)* naughty
nieistotny *adj* inessential
niejaki *adj* certain, a, some; **~ p. Smith** a certain Mr. Smith; **od ~ego czasu** for some time past
niejasny *adj* dim, vague, obscure
niejeden *adj* many a; **~na dobra książka** many a good book
niektóry *adj* some
nielegalny *adj* illegal
nieletni *adj* under age, minor

nieliczn|y *adj* not numerous; **~e wyjątki** a few exceptions
nielogiczny *adj* illogical
nieludzki *adj* inhuman
niemało *adv* not a little, not a few, pretty much <many>
Niemiec *m* German
niemiecki *adj* German
niemniej *adv*, **~ jednak** nevertheless, none the less
niemodny *adj* out of fashion, unfashionable, outmoded
niemoralny *adj* immoral
niemowa *m, f* mute
niemowlę *n* infant, baby, babe
niemożliwy *adj* impossible
niemy *adj* dumb; *(o filmie)* silent
nienawidzić *vt* hate, detest
nienawiść *f* hatred
nienormalny *adj* abnormal, anomalous
nieobecny *adj* absent
nieobowiązkowy *adj* optional
nie opodal *adv* nearby
nieostrożny *adj* careless, incautious
niepalący *adj* not smoking; *s m* non-smoker
nieparzysty *adj* odd
niepełnoletni *adj* under age, minor
niepełny *adj* incomplete
niepewny *adj* uncertain; unreliable
niepodległość *f* independence
niepodległy *adj* independent
niepodobn|y *adj* unlike **(do kogoś, czegoś** sb, sth); **oni są do siebie ~i** they are dissimilar; they are unlike each other
niepogoda *f* bad weather
niepokoić *vt* disturb, disquiet; **~ się** *vr* be alarmed, feel uneasy (**czymś** about sth)
niepokój *m* anxiety, uneasiness (**o kogoś, coś** about sb, sth); trouble, disorder
nieporozumienie *n* misunderstanding
nieporządny *adj* disorderly, untidy
nieposłuszny *adj* disobedient
niepotrzebny *adj* unnecessary
niepowodzenie *n* adversity, failure
nieprawda *f* untruth, falsehood; **to ~** this is not true
nieprawdopodobny *adj* improbable
nieprzemakalny *adj* impermeable, waterproof, rainproof; **płaszcz ~** raincoat
nieprzerwany *adj* uninterrupted, continuous; *(o locie, jeździe)* non-stop *attr*
nieprzydatny *adj* useless
nieprzyjaciel *m* enemy, *lit.* foe
nieprzyjazny *adj* unfavourable, unfriendly

nieprzyjemny *adj* disagreeable, unpleasant

nieprzytomny *adj* unconscious; *(roztargniony)* absent-minded

nieprzyzwoity *adj* indecent

niepunktualny *adj* unpunctual

nieraz *adv* many a time

nierealny *adj* unreal

nieregularny *adj* irregular

nierozsądny *adj* unreasonable, imprudent

nierozważny *adj* inconsiderate, imprudent

nierówny *adj* unequal, uneven

nieruchomoś|ć *f* immobility; *(o majątku)* real estate; *pl* **~ci** *prawn.* immovables

nieruchomy *adj* immovable, motionless; **majątek ~** real estate

niesłowny *adj* false to one's word, unreliable

niesłuszny *adj* unjust, unfair

niesmaczny *adj* tasteless

niesmak *m* distaste (**do czegoś** for sth), disgust (**do czegoś** at, for sth)

niespodzianka *f* surprise

niespodziewany *adj* unexpected

niesprawiedliwy *adj* unjust

niestety *adv* unfortunately, *lit.* alas; **~ on nie wróci** I'm afraid he will not come back; **~ nie mogę tego zrobić** I'm sorry I can't do it

niestrawność *f* indigestion

nieszczęście *n* misfortune; disaster; bad luck; **na ~** unfortunately; **na moje ~** to my misfortune

nieszczęśliwy *adj* unfortunate, unhappy, unlucky

nieszkodliwy *adj* harmless

nieszpory *s pl* vespers

nieść *vt* carry, bear, bring; *(o kurze)* lay

nieśmiały *adj* timid, shy

nieświadomy *adj* unconscious, ignorant

nietakt *m* tactlessness

nietaktowny *adj* tactless

nietrzeźwy *adj* inebriate; *pot.* tipsy, tight; **w stanie ~m** under the influence of drink

nieuczciwy *adj* unfair, dishonest

nieuczynny *adj* disobliging

nieudany *adj* unsuccessful, abortive

nieumyślny *adj* unintentional

nieunikniony *adj* unavoidable

nieusprawiedliwiony *adj* unjustified; inexcuseable

nieuwag|a *f* inattention, inadvertence; **przez ~ę** through <by> inadvertence, by oversight <mistake>

nieużyteczny *adj* useless

nieważny *adj* unimportant, trivial; *(np. dokument)* invalid
niewątpliwie *adv* undoubtedly, no doubt
niewdzięczny *adj* ungrateful
niewiarygodny *adj* incredible
niewidomy *adj* blind; *s m* blind man
niewiele *adv* little, few
niewinny *adj* innocent
niewolla *f* slavery, captivity; **wziąć kogoś do ~i** take sb prisoner
niewygoda *f* inconvenience, discomfort
niewygodny *adj* inconvenient, uncomfortable
niezadowalający *adj* unsatisfactory
niezadowolony *adj* discontented, dissatisfied (**z czegoś** with sth)
niezależny *adj* independent (**od kogoś, czegoś** of sb, sth)
niezamężna *adj* unmarried, single
niezawodny *adj* unfailing, infallible
niezbędny *adj* indispensable
niezbyt *adv* not all too
niezdecydowany *adj* undecided
niezdolny *adj* incapable, unable; **~ do pracy** incapable for work
niezdrowy *adj* unhealthy, unwell; *(szkodliwy dla zdrowia)* unwholesome
niezgoda *f* disagreement, discord, dissent
niezgrabny *adj* clumsy, awkward
nieznajomy *adj* unknown; *s m* unknown person, stranger
nieznany *adj* unknown, unfamiliar
nieznośny *adj* unsupportable, unbearable, intolerable
niezrozumiały *adj* unintelligible, incomprehensible
niezwykły *adj* uncommon, unusual
nieżywy *adj* lifeless, dead
nigdy *adv* never, not...ever
nigdzie *adv* nowhere, not...anywhere
nijaki *adj* indeterminate; no...whatever
nikczemnik *m* villain
nikt *pron* none, no one, nobody, not anybody
niski *adj* low; *(o wzroście)* short
niszczyć *vt* destroy, spoil, ruin; *(ubranie, obuwie)* wear; **~ się** *vr* spoil, deteriorate; *(o ubraniu, obuwiu)* wear
nitka *f* thread
nizina *f* lowland
niż 1. *conj* than

niż 2. *m* lowland; *(barometryczny)* depression
niżej *adv* lower; down, below; **~ podpisany** the undersigned
niższy *adj* lower; *(gatunkowo, służbowo)* inferior
noc *f* night; **~ą** by night, at night; **przez ~** overnight; **dziś w ~y** tonight; **całą ~** all night long
nocleg *m* night's rest; *(miejsce)* place to sleep in
nocn|y *adj* night(ly); **koszula ~a** night-shirt; **służba ~a** night-duty
nocować *vi* stay overnight, stay for the night
nog|a *f* leg; *(stopa)* foot; **być na ~ach** be up; **do góry ~ami** upside down
nominacja *f* appointment, nomination
nonsens *m* nonsense
norma *f* standard, norm
normalny *adj* normal
Norweg *m* Norwegian
norweski *adj* Norwegian
nos *m* nose; **wycierać ~** blow one's nose
nosiciel *m* bearer; carrier
nosić *vt (dźwigać)* carry, bear; *(mieć na sobie)* wear; *(brodę, wąsy)* grow
nostalgia *f* nostalgia, homesickness
notatka *f* note
notatnik *m*, **notes** *m* notebook
notować *vt* take notes (**coś** of sth), put down; *(rejestrować na giełdzie)* quote
nowela *f* short-story
nowina *f* news
nowoczesny *adj* modern, up-to-date
noworoczny *adj* New Year's
nowość *f* novelty
nowotwór *m med.* tumour; *gram.* neologism
nowy *adj* new
nożyczki *s pl* scissors
nożyk *m* knife, pocket-knife; *(do golenia)* blade
nóż *m* knife
nuda *f* boredom
nudności *s pl* nausea, qualm
nudny *adj* tedious, wearisome, dull, boring; nauseating
nudzi|ć *vt* bore; *imp* **mnie to ~** I'm tired of this; **~ć się** *vr* feel bored
numer *m* number
numerować *vt* number
numerek *m (np. w szatni)* check
nurkować *vi* dive
nurt *m* current
nut|a *f* note; melody, tune; *pl* **~y** music *zbior.*
nylon *m* nylon

O

o *praep* of, for, at, by, about, with; **boję się o twoje bezpieczeństwo** I fear for your safety; **powiększyć o połowę** increase by one half; **prosić o coś** ask for sth; **o czym mówisz?** what are you speaking of <about>?; **o 5 godzinie** at 5 o'clock

oba, obaj, obie, oboje *num* both

obaw|a *f* fear, anxiety; **z ~y** for fear (**przed czymś** of sth, **o coś** of sth)

obcas *m* heel

obcęgi *s pl* tongs

obchodzi|ć *vt* walk <go> round; (*prawo*) evade; *(święto, urodziny)* celebrate, observe; *(interesować*) care **to ciebie nic nie ~** it is no concern of yours; I don't care; **~ć się** *vr* do (**bez czegoś** without sth), dispense (**bez czegoś** with sth); deal (**z kimś** with sb), treat (**z kimś** sb)

obciąża|ć *vt* burden, charge; (*rachunek*) debit; **okoliczności ~jące** aggravating circumstances

obcinać *vt* cut; (*pensję, wydatki*) cut down; (*gałęzie*) lop; (*nożyczkami*) clip; (*paznokcie*) pare

obcisły *adj* tight, close-fitting

obcokrajowiec *m* foreigner, alien

obcy *adj* strange, foreign; *s m* stranger

obecnie *adv* at present

obecny *adj* present; **być ~m na zebraniu** attend a meeting

obejmować *vt* embrace; (*zawierać*) comprise, contain; (*przejmować, brać na siebie*) take over; **~ obowiązki** enter on <upon> one's duties

obejrzeć *vt* have a glance (**coś** at sth), inspect

obfity *adj* abundant, plentiful, profuse

obiad *m* dinner; **jeść ~** dine, have dinner

obiecywać *vt* promise

obieg *m* circulation; **puścić w ~** circulate; **wycofać z ~u** withdraw from circulation

obiektywny *adj* objective

obietnic|a *f* promise; **dotrzymać ~y** keep the promise

objaw *m* symptom

objazd *m* detour, circuit, round

objazdow|y *adj*, **droga ~a** by--pass

objeżdżać *vt* go <ride> round; tour; (*omijać*) by-pass

objętość *f* volume, circumference, bulk
obliczać *vt* count, calculate
obłąkan|y *adj* insane, mad, *pot.* loony; *s f* **~a kobieta** madwoman
obłęd *m* insanity, madness
obłok *m* cloud
obłuda *f* hypocrisy
obmawiać *vt* gossip (**kogoś** about sb), backbite, slander
obmyślać *vt* reflect (**coś** on, upon sth), turn over in one's mind; (*planować, knuć*) contrive, devise
obniżać *vt* lower, abate; (*cenę*) reduce; (*zarobki*) cut down; (*wartość*) depreciate; **~ się** *vr* sink, go down, decrease
obojczyk *m anat.* collar-bone
obojętn|y *adj* indifferent, impassive; (*nieważny*) unimportant; **to mi jest ~e** I don't care for it
obok *adv praep* near, by, nearby
obowiązek *m* duty, (*zobowiązanie*) obligation; **spełnić swój ~** do one's duty
obowiązywać *vt vi* oblige, bind in duty; be in force
obozować *vi* encamp, be encamped; (*nocować w namiotach*) camp out
obozowisko *n* encampment
obóz *m* camp; **stanąć obozem** encamp; **rozbić ~** pitch a camp; **zwinąć ~** decamp; break up a camp
obracać *vt* turn (over); **~ się** *vr* turn; (*na osi*) revolve
obradować *vi* deliberate (**nad czymś** upon sth), confer; be in session
obraz *m* picture, painting; (*wizerunek, podobizna*) image
obraza *f* offence
obrazić *vt* offend, give offence; **nie chciałem ~** I meant no offence; **~ się** *vr* take offence (**o coś** at sth)
obrączka *f* ring; **~ ślubna** wedding ring
obrona *f* defence; *sport zbior.* backs *pl*
obrońca *m* defender; (*sądowy*) lawyer, counsel for the defence; *sport* back
obroża *f* (dog-)collar
obrócić *zob.* **obracać**
obrót *m* rotation, turn; *handl.* turnover, return; **przybrać pomyślny ~** take a favourable turn
obrus *m* table-cloth
obrzęd *m* ceremony; rite
obrzęk *m* swell(ing), tumour
obrzydliwy *adj* abominable, disgusting

obsada *f* stock, fitting; (*uchwyt*) handle; (*oprawka*) holder; (*załoga*) crew; (*personel*) staff; *teatr* cast
obserwator *m* observer
obserwować *vt* watch, observe
obsługa *f* service, attendance
obsługiwać *vt* wait (**kogoś** on, upon sb), serve (**kogoś** sb), attend (**kogoś** to sb)
obstrukcja *f* obstruction; *med.* constipation
obszar *m* space, area
obszerny *adj* extensive, ample, spacious
obudzić *zob.* **budzić**
oburzać *vt* fill with indignation; revolt; ~ **się** *vr* become indignant (**na kogoś** with sb, **na coś** at sth)
oburzenie *n* indignation
obuwie *n* footwear, shoes *pl*
obwieszczenie *n* proclamation, announcement
obwód *m* circumference; *mat.* perimeter; (*okręg*) district
oby *part*, ~ **on wyzdrowiał** may he recover; ~ **tak było** may it be so
obyczaj *m* custom, manner, way
obydwaj *num* both
obywać się *zob.* **obchodzić się** ; **bez tego nie mogło by się obyć** this could not be spared
obywatel *m* citizen; (*członek danego państwa*) national
obywatelski *adj* civic, civil; **komitet** ~ civic comittee; **prawa ~e** civil rights
obywatelstwo *n* citizenship; nationality; **nadać** ~ nationalize, naturalize; **przyjąć** ~ naturalize
ocaleć *vi* remain safe, survive, be rescued
ocalić *vt* save, rescue
ocean *m* ocean
ocena *f* estimate, estimation; opinion; (*recenzja*) review
oceniać *vt* estimate, appreciate, value (**na pewną sumę** at a certain sum)
ocet *m* vinegar
ochot|a *f* desire, willingness; **mam ~ę** I would like
ochotnik *m* volunteer
ochraniać *vt* protect, shelter, preserve (**przed czymś** from sth)
ochrona *f* protection, shelter; ~ **przyrody** protection of natural environment
ociemniały *adj* blind; *s m* blind man; **~li** the blind
oclenie|e *n* clearance; **podlegający ~u** dutiable; **dać do ~a** declare; **mieć coś do ~a** have sth to declare

oclić *vt* impose duty (**coś** on sth); **~ony** duty-paid
oczarować *vt* charm, enchant
oczekiwać *vi* wait (**kogoś, czegoś** for sb, sth), look forward (**czegoś** to sth), await, expect (**kogoś, czegoś** sb, sth)
oczekiwanile *n* expectation; **wbrew ~om** contrary to expectations
oczyszczać *vt* clean, cleanse, clear; (*np.wodę, powietrze*) purify
oczywisty *adj* evident, obvious
oczywiście *adv* evidently, obviously, of course; **~!** absolutely!, most certainly!
od *praep* from; off, of, for; (*począwszy od*) since; **na wschód od Warszawy** to the east of Warsaw; **od czasu do czasu** from time to time; **już od dawna go nie widziałem** I have not seen him for a long time now; **od niedzieli** since Sunday
odbić *zob.* **odbijać**
odbierać *zob.* **odebrać**
odbijać *vt* beat away <back>; (*o druku*) print; (*o świetle*) reflect; (*o statku*) put off; (*uwolnić*) relieve, rescue; **~ się** *vr* rebound; (*o głosie*) resound
odbiorca *m* receiver; (*nabywca*) buyer, purchaser
odbiornik *m* receiver; (radio) receiver
odbiór *m* receipt; **potwierdzić ~** acknowledge the receipt
odbitka *f* copy, reprint; *fot.* print
odbudować *vt* rebuild, reconstruct
odbywać *vt* execute, perform, do, make; **~ zebranie** hold a meeting; **~ się** *vr* take place, go on, come off, proceed, be held
odchodzić *vi* go away, leave, withdraw; **~ od zmysłów** be out of one's senses
odcinać *vt* cut off; *med.* amputate; (*oddzielać*) detach; **~ się** *vr* (*ostro odpowiadać*) retort
odcinek *m* sector; (*kupon*) coupon; (*koła*) segment
odczuć *zob.* **odczuwać**
odczuwać *vt* feel; notice; (*boleśnie*) suffer
odczyt *m* lecture; **mieć ~** lecture, give a lecture
oddać *vt* give back, render; (*dług*) pay back; (*np. list*) deliver; **~ przysługę** do <render> service; **~ sprawiedliwość** do justice; **~ życie** give life; **~ się** *vr* (*poświęcić się*) devote oneself
oddawać *zob.* **oddać**
oddech *m* breath, respiration

oddychać *vi* breathe, respire

oddział *m* section; (*dział instytucji*) department; (*filia*) branch (office)

oddziaływać *vi* affect (**na kogoś, coś** sb, sth), influence (**na kogoś, coś** sb, sth)

oddzielny *adj* separate

odejmować *vt* take away; deduct; *mat.* subtract

odejść *zob.* **odchodzić**

oderwać *zob.* **odrywać**

odesłać *zob.* **odsyłać**

odetchnąć *vi* take breath; *przen.* **~ z ulgą** heave a sigh of relief

odezwać się *zob.* **odzywać się**

odgadywać *vt* guess, unriddle, make out

odjazd *m* departure

odjeżdżać *vi* leave (**do Warszawy** for Warsaw), depart

odkąd *conj* since; *adv* since when, since what time

odkładać *vt* set aside, put away; (*pieniądze*) lay by <up>; (*odraczać*) delay, put off, defer, postpone

odkrywać *vt* discover, find out, detect; (*odsłonić*) uncover; (*karty*) show down

odkurzacz *m* vacuum-cleaner

odległoś|ć *f* distance; **na ~, w pewnej ~ci** at a distance

odległy *adj* distant, remote

odlot *m* flight, departure

odłączyć *vt* separate, set apart, disconnect; **~ się** *vr* separate, sever oneself

odłożyć *zob.* **odkładać**

odmawiać *vt* refuse, deny; (*modlitwę*) say

odmiana *f* change; variety; *gram.* declension, (*czasowników*) conjugation

odmieniać *vt* change, alter; *gram.* decline, (*czasowniki*) conjugate

odmowa *f* refusal

odmówić *zob.* **odmawiać**

odmrożenie *n* frost-bite; (*np. mięsa zamrożonego*) defrosting

odnawiać *vt* renew, renovate

odnieść *vt* bring back, carry; **~ korzyść** derive profit (**z czegoś** from sth); **~ wrażenie** get the impression; *zob.* **odnosić**

odnosić *vt zob.* **odnieść** ; **~ się** *vr* (*traktować*) treat (**do kogoś** sb), behave (**dobrze do kogoś** well towards sb, **źle do kogoś** badly, shamefully towards sb); *tylko 3 pers (dotyczyć)* refer, apply (**do kogoś, czegoś** to sb, sth)

odnośnie *adv praep* respecting, with reference (**do czegoś** to sth)

odnośnik *m* mark of reference; (*przypisek*) footnote
odór *m* smell
odpiąć *vt* unbutton, undo
odpis *m* copy, duplicate
odpływ *m* outflow; (*morza*) ebb
odpoczynek *m* rest, repose
odpoczywać *vi* rest, take a rest
odpowiadać *vi* answer (**na coś** sth), reply (**na coś** to sth); (*być odpowiednim*) suit; **~ celowi** to answer the purpose
odpowiedni *adj* adequate; suitable (**do kogoś, czegoś** to <for> sb, sth); **w ~m czasie** in due course <time>
odpowiedzialny *adj* responsible (**przed kimś** to sb, **za coś** for sth)
odpowiedź *f* answer, reply (**na coś** to sth)
odprawa *f* dispatch; (*np. pracownika*) discharge, dismissal; (*udzielenie instrukcji*) briefing; (*ostra odpowiedź*) retort, rebuff
odprężenie *n* relaxation
odprowadzać *vt* (*towarzystwo*) accompany, escort, see off
odpychający *adj* repulsive, repellent
odra *f med.* measles *pl*
odrabiać *vt* do, perform; (*np. zaległości*) work off; **~ stracony czas** make up for lost time; **~ lekcje** do one's lessons <homework>
odradzać *vt* dissuade (**komuś coś** sb from sth)
od razu *adv* on the spot, at once
odrętwienie *n* torpor
odrobin|a *f* bit; **ani ~y** not a bit
odrodzenie *n* revival, regeneration; (*okres*) Renaissance
odróżniać *vt* distinguish; **~ się** *vr* differ
odróżnieni|e *n* distinction; **w ~u** in contradistinction (**od czegoś** to sth)
odrzucać *vt* reject; throw away; drive back; (*nie przyjmować*) decline
odrzutowiec *m* jet-plane, *pot.* jet
odsetki *s pl* interest; **~ składane** compound interest
odsłona *f teatr* scene
odstraszyć *vt* deter (**od czegoś** from sth), frighten away
odsyłacz *m* mark of reference
odsyłać *vt* send (back), convey
odszkodowani|e *n* indemnity, compensation, damages *pl*; **~a wojenne** reparations
odtąd *adv* from now on, from then on, ever since
odwag|a *f* courage; **dodać ~i** encourage (**komuś** sb); **nabrać ~i** pluck up heart
odważny *adj* courageous, brave

odważyć *vt* (*odmierzyć*) weigh out; ~ **się** *vr* (*ośmielić się*) dare, venture

odwiedzać *vt* call (**kogoś** on sb), visit, come to see; (*uczęszczać*) frequent (**jakieś miejsce** a place)

odwilż *f* thaw; **jest** ~ it thaws

odwlekać *vt* put off, delay

odwołać *vt* recall, repeal; (*cofnąć*) withdraw, retract; (*zamówienie*) countermand; ~ **się** *vr* appeal

odwracać *vt* turn back, reverse; (*niebezpieczeństwo*) avert; (*uwagę*) divert; ~ **się** *vr* turn round

odwrót *m* retreat; (*odwrotna strona*) back, reverse; **na** ~ on the contrary, inversely

odwzajemniać się *vr* requite, repay (**komuś za usługę** sb's service), reciprocate (**komuś przyjaźnią** sb's friendship)

odziedziczyć *vt* inherit

odzież *f* clothes *pl*, dress, garments *pl*

odznaczyć *vt* distinguish; (*orderem*) decorate; ~ **się** *vr* distinguish oneself

odznaka *f* badge

odzyskać *vt* regain, recover, retrieve; ~ **przytomność** recover one's senses

odzywać się *vr* make oneself heard, reply; (*przemówić*) address (**do kogoś** sb)

odżywianie *n* nutrition

ofensyw|a *f* offensive; **w ~ie** on the offensive

oferować *vt* offer

oferta *f* offer, tender

ofiar|a *f* offering; (*datek*) contribution, charity; (*osoba ulegająca przemocy*) victim; (*poświęcenie*) sacrifice; **paść ~ą** fall a victim (**czegoś** to sth)

ofiarodawca *m* donor

ofiarować *vt* offer; proffer; sacrifice, give

oficer *m* officer

oficjalny *adj* official

ogień *m* fire; (*płomień*) flame; (*światło, płonący przedmiot*) light; **sztuczne ognie** fireworks; **dać ognia** (*do papierosa*) give a light

oglądać *vt* look; (**kogoś, coś** at sb, sth), see, inspect; ~ **się** *vr* look back <round>

ogłaszać *vt* publish, make known; announce; (*w gazecie*) advertise

ogłoszenie *n* announcement; (*w gazecie*) advertisement; ad

ognisko *n* fire, hearth; (*impreza pod gołym niebem*) bonfire; (*punkt centralny*) centre, focus; ~ **domowe** hearth, home

ogolić *vt* shave; ~ **się** *vr* shave, have a shave

ogon *m* tail; (*u sukni*) train

ogólny *adj* general, universal

ogół *m* generality, totality, the whole; **~em, na** ~ on the whole, in general; **w ogóle** generally, in general

ogórek *m* cucumber

ograniczenie *n* restraint, limitation, restriction

ograniczyć *vt* limit, confine, restrain, restrict

ogrodnik *m* gardener

ogromny *adj* immense, huge

ogród *m* garden; ~ **warzywny** kitchen-garden

ogrzewanie *n* heating; **centralne** ~ central heating

o ile *conj* as far as

ojciec *m* father; ~ **chrzestny** godfather

ojczyzna *f* motherland, fatherland, homeland

okaziciel *m* holder; *handl.* (*czeku*) bearer

okazj|a *f* occasion; (*sposobność*) opportunity; (*okazyjne kupno*) bargain; **z ~i czegoś** on the occasion of sth

okazywać *vt* show; ~ **się** *vr* appear; turn out, prove; **on okazał się oszustem** he turned out <proved> to be an impostor

okiennica *f* shutter

oklaski *s pl* applause

okład *m* cover, coating; (*leczniczy*) compress

okładka *f* cover

okno *n* window; ~ **wystawowe** show-window

oko *n* eye; (*w sieci*) mesh; (*gra w karty*) pontoon, twenty-one; **mieć na oku** have in view; **stracić z oczu** lose sight (**kogoś, coś** of sb, sth)

okolica *f* environs *pl*, neighbourhood

okolicznoś|ć *f* circumstance; **zbieg ~ci** coincidence; **w tych ~ciach** under such circumstances

około *praep* about, near

okradać *vt* steal (**kogoś z czegoś** sth from sb), rob (**kogoś z czegoś** sb of sth)

okrągły *adj* round

okrążać *vt* surround, encircle

okres *m* period; (*szkolny, kadencja*) term

określać *vt* define, determine

okręt *m* ship, vessel, boat; ~ **handlowy** merchantman; ~ **wojenny** warship, man-of-war; **wsiąść na** ~ go on board, embark; **~em** by ship; *zob.* **statek**

okrężn|y *adj* circular; roundabout *attr*; **iść drogą ~ą** go a roundabout way
okropny *adj* horrible, terrible, awful
okrutny *adj* cruel
okrzyk *m* outcry, shout; **~i uznania** applause
okulary *pl* (eye)glasses
okulista *m* oculist, eye-doctor
okupacja *f* occupation
olbrzym *m* giant
olej *m* oil; **~ lniany** linseed oil
olimpijski *adj* Olympic, Olympian; **igrzyska ~e** Olympic Games, the Olympics
oliwa *f* olive-oil
oliwić *vt* oil
ołów *m* lead
ołówek *m* pencil
ołtarz *m* altar
omal *adv* nearly
omdlenie *n* faint, swoon
omen *m* omen; **zły ~** ill omen
omijać *vt* pass (**coś** by sth), evade, omit
omlet *m* omelette
omylić *vt* mislead; **~ się** *vr* make a mistake, be mistaken (**co do czegoś** about sth)
omyłk|a *f* error, mistake; **~a drukarska** misprint; **przez ~ę** by mistake
on, ona, ono *pron* he, she, it; *pl* **oni, one** they
ondulacja *f* (*włosów*) wave; **trwała ~** permanent wave
one *zob.* **on**
oni *zob.* **on**
onkologia *f* oncology
ono *zob.* **on**
opad *m* fall; **~y deszczowe** rainfall; **~y śniegowe** snowfall
opadać *vi* fall, sink, drop; (*o wodzie*) subside; **~ z sił** break down
opakowanie *n* packing; container
opalać *vt* scorch; **~ się** *vr* (*na słońcu*) sunburn, become sunburnt
opalenizna *f* sunburn
opał *m* fuel
opanować *vt* master, subdue, control
oparzyć *vt* burn, scorch
opaska *f* band
opatrunek *m* dressing
opera *f* opera
operacj|a *f* operation; **poddać się ~i** undergo an operation
operować *vt* operate (**kogoś** on, upon sb)
opieka *f* protection, custody; **~ społeczna** social welfare
opiekacz *m* toaster
opiekować się *vr* protect, guard (**kimś** sb); have the custody (**kimś** of sb); take care (**kimś**,

czymś of sb, sth); ~ **się chorym** nurse a patient
opiekun *m* guardian, protector
opierać *vt* lean, rest; (*uzasadniać*) found, base; ~ **się** *vr* lean (**o coś** on <upon, against> sth); (*polegać*) rely, depend (**na kimś, czymś** on <upon> sb, sth); (*przeciwstawiać się*) resist (**komuś** sb)
opinia *f* opinion
opis *m* description
opisać *vt* describe
opłacać *vt* pay (**coś** for sth); ~ **z góry** prepay; ~ **się** *vr* pay
opłata *f* charge; (*urzędowa*) duty; (*składka członkowska itp.*) fee; (*za przejazd*) fare
opon|a *f* (*u koła*) tyre; *anat.* **~y mózgowe** meninges
opowiadać *vt vi* tell, relate; ~ **się** *vr* declare (**za kimś, czymś** for sb, sth)
opowiadanie *n* narrative, tale, story
opozycja *f* opposition
opór *m* resistance; **ruch oporu** resistance movement; **iść po linii najmniejszego oporu** take the line of least resistance; **stawiać** ~ offer resistance, resist
opóźnienie *n* delay, retardation
opracować *vt* work out, elaborate
oprawa *f* frame; (*okładka książki*) binding
oprocentowanie *n bank. fin.* interest
oprogramowanie *n komp.* software
oprowadzać *vt* guide <show> round
oprócz *praep* except, save; ~ **tego** besides
oprzeć *zob.* **opierać**
optyk *m* optician
optymista *m* optimist
opuchnąć *vi* swell
opuszczać *vt* (*pozostawiać*) leave; abandon; (*np. wyraz w zdaniu*) omit, leave out; (*lekcję, wykład*) miss; (*kurtynę, głowę itp.*) lower, drop
orać *vt* plough, till
oraz *conj* and, as well as
orbita *f* orbit
order *m* order; decoration
ordynarny *adj* vulgar
organizacja *f* organization
organizm *m* organism
organizować *vt* organize
organki *pl* mouth organ, harmonica
organy *s pl muz.* organ
orientować *vt* orient, orientate; ~ **się** *vr* orient oneself; find one's way
orkiestra *f* orchestra, band

ortografia *f* orthography
oryginalny *adj* original, genuine authentic; (*dziwaczny*) eccentric
orzech *m* nut; ~ **kokosowy** coconut; ~ **laskowy** hazel nut
orzeczenie *n* pronouncement, statement; *gram.* predicate; *sąd.* sentence
orzeł *m zool.* eagle
orzeźwiać *vt* refresh
osa *f zool.* wasp
oset *m* thistle
osiadać *zob.* **osiąść**
osiągnąć *vt* reach, attain, obtain, acquire, achieve
osiąść *vi* settle; (*opaść*) sink, subside; (*o ptakach*) alight
osiedlać *vt* settle; ~ **się** *vr* settle, establish oneself
osiedle *n* settlement; ~ **mieszkaniowe** housing estate; residential district
osiem *num* eight
osiemdziesiąt *num* eighty
osiemnasty *num* eighteenth
osiemnaście *num* eighteen
osiemset *num* eight hundred
osioł *m* ass, donkey
oskarżać *vt* accuse (**o coś** of sth), charge (**o coś** with sth)
oskarżenie *n* accusation, charge; **wystąpić z ~m** bring an accusation (**przeciw komuś** against sb)
osłabiać *vt* weaken, enfeeble
osłabienie *n* weakness
osoba *f* person
osobistość *f* personage
osobisty *adj* personal; **dowód ~** identity card
osobiście *adv* personally, in person
osobny *adj* separate, isolated
osobowość *f* personality, individuality
osobowy *adj* personal; **pociąg ~** passenger-train
ospa *f med.* smallpox; ~ **wietrzna** chicken pox
ostateczny *adj* final, ultimate
ostatni *adj* last; (*najświeższy, niedawno miniony*) latest, recent; **~a moda** latest fashion; **~e wiadomości** latest news
ostatnio *adv* lately, recently
ostrożny *adj* cautious, careful
ostr|y *adj* sharp; (*o bólu, kącie itp.*) acute; (*spiczasty*) pointed; (*o zimnie itp. - przenikliwy*) keen
ostryga *f* oyster
ostrzegać *vt* warn (**kogoś przed kimś, czymś** sb against <of> sb, sth)
ostrzeżenie *n* warning (**przed kimś, czymś** of sb, sth)

ostrzyc *vt zob.* **strzyc; muszę sobie ~ włosy** I must have a haircut

oswobodzić *vt* liberate, free (**od kogoś, czegoś** from sb, sth)

oszczep *m* spear; *sport.* javelin

oszczerstw|o *n* calumny, slander; **rzucać ~a** slander (**na kogoś** sb)

oszczędnoś|ć *f* thrift, parsimony, economy; *pl* **~ci** savings; **kasa ~ci** savings bank; **robić ~ci** economize

oszczędny *adj* frugal, economical (**w czymś, pod względem czegoś** of sth), thrifty

oszczędz|ać, oszczędz|ić *vt* save, spare, economize; **~ić pieniędzy <wydatków, czasu, trudu>** save money <expenses, time, trouble>

oszukać *vt* cheat, deceive, swindle

oszust *m* swindler, impostor

oszustwo *n* swindle, fraud, deceit

ość *f* (fish-)bone

ośmielać *vt* embolden, encourage; **~ się** *vr* venture, dare, make bold

ośrodek *m* centre

oświadczać *vt vi* declare; propose (**kobiecie** to a woman)

oświadczenie *n* declaration

oświata *f* education

oświecenie *n* enlightment; **Oświecenie** (*epoka*) Enlightment

oświetlenie *n* lighting, illumination

otaczać *vt* surround; *wojsk.* (*okrążać*) envelop

oto *part i int* here, there, behold!; **~ on** here he is; **~ jestem** here I am

otoczenie *n* surroundings *pl*, environment

otoczyć *zob.* **otaczać**

otóż *adv i part* now; **~ słuchaj!** now listen!

otręby *s pl* bran *zbior.*

otruć *vt* poison

otrzeźwieć *vi* sober down, become sober

otrzymać *vt* get, receive, obtain

otuch|a *f* courage; **dodać ~y** encourage, hearten up (**komuś** sb); **nabrać ~y** take heart

otwarcie *adv* frankly, openly, outright

otwarty *adj* open; (*szczery*) frank, plain

otwierać *vt*, **~ się** *vr* open

otw|ór *m* opening, aperture; (*wylot*) orifice; (*podłużny*) slot; **stać ~orem** lie open

owad *m* insect

owca *f* sheep

owies *m* oat(s)

owoc *m* fruit; **~e konserwowe** tinned <*am.* canned> fruit
owszem *adv* quite (so), certainly
ozdabiać *vt* adorn, decorate
oznaczać *vt* mark; (*znaczyć, wyrażać*) signify, mean
oznajmiać *vt* announce, make known
oznajmienie *n* announcement
oznaka *f* sign, token, mark, (*numer np. bagażowego*) badge
ozór *m* tongue
ożenić się *vr* marry (**z kimś** sb), get married (**z kimś** to sb)
ożywienie *n* animation

Ó

ósmy *num* eighth
ówczesny *adj* then; *attr* **~ prezydent** the then president
ówcześnie *adv* of the time

P

pach|a *f* arm-pit; **pod ~ą** under one's arm
pachnący *adj* fragrant
pachnieć *vi* smell, smell sweet (**czymś** of sth)
pachwina *f anat.* groin
pacierz *m* prayer; **odmawiać ~** say one's prayer(s)
pacjent *m* patient
paczka *f* packet, parcel
padaczka *f med.* epilepsy
padalć *vi* fall; **deszcz ~** it rains; **śnieg ~** it snows; **~ć ofiarą czegoś** fall a victim < prey> to sth; *zob.* **paść**
pagórek *m* hill
pająk *m* spider
pakować *vt*, **~ się** *vr* pack (up)
pakunek *m* package, parcel, bundle
palacz *m* stoker; (*palący tytoń*) smoker
palarnia *f* smoking-room
palec *m* finger; (*u nogi*) toe
palić *vt vi* burn; (*w piecu domowym*) make fire; (*w piecu fabrycznym, lokomotywie itp.*) stoke; (*papierosy itp.*) smoke; **~ się** *vr* burn, be on fire
paliwo *n* fuel
palma *f* palm(-tree)
palto *n* overcoat
pałac *m* palace
pamiątk|a *f* keepsake, souvenir; **na ~ę** in token of remembrance

pamiątkowy *adj* memorial, commemorative

pamię|ć *f* memory; **na ~ć** by heart

pamiętać *vt* remember, keep in mind

pamiętnik *m* diary

pan *m* gentleman; (*np. domu*) master; (*feudalny*) lord; (*forma grzecznościowa*) you; (*przed nazwiskiem*) mister (*skr.* Mr), **~ Kowalski** Mr Kowalski; **~ młody** bridegroom

pani *f* lady; (*np. domu*) mistress; (*forma grzecznościowa*) madam; you; **~ Kowalska** Mrs Kowalska

panienka *f* miss, maiden

panika *f* panic, scare

panna *f* miss, maid; **~ młoda** bride; **stara ~** old maid, spinster

panować *vi* rule, reign (**nad czymś** over sth); command (**nad czymś** sth); **~ nad sobą** be self-possessed

pantera *f zool.* panther

pantof|el *m* shoe; **ranne <nocne> ~le** slippers

państw|o *n* (*kraj*) state; (*małżeństwo*) Mr and Mrs; **proszę ~a!** ladies and gentlemen!

papier *m* paper; **arkusz ~u** sheet of paper; **~ listowy** note-paper

papieros *m* cigarette

papież *m* pope

papryka *f* paprika, red pepper

papuga *f zool.* parrot

para 1. *f* pair, couple; **~ małżeńska** married couple

para 2. *f* (*wodna*) steam, vapour

paraliż *m med.* paralysis, palsy

parapet *m* parapet; (*okienny*) window-sill

parasol *m* umbrella, sunshade

park *m* park

parkan *m* fence, hoarding

parking *m* (car-)park, parking-place

parkować *vt* park

parkowanie *n* parking; **~ wzbronione** no parking

parlament *m* parliament

parny *adj* sultry, close

parowóz *m* (steam-)engine, locomotive

parówka *f* (*kąpiel*) sweating bath; (*kiełbaska*) frankfurter; (*w bułce*) hot dog

parter *m* ground-floor; *am.* first floor; *teatr* pit

partia *f* party; (*część*) part; (*towaru*) lot; (*rola*) role, part

partner *m* partner

parzyć *vt* scald; (*np. herbatę*) draw, infuse

parzysty *adj* even
pas *m* belt, girdle; **popuszczać <zaciskać> ~a** loosen <tighten> one's belt; **~ startowy** runway; **~ bezpieczeństwa** safety belt; *(w brydżu)* no bid; *am* pass
pasażer *m* passenger
pas|ek *m* belt, girdle; (*kreska, wzór*) stripe; **materiał w ~ki** striped cloth
pasj|a *f* passion; fury; **wpaść w ~ę** fly into a fury
pasować *vt vi* fit, suit; (*być do pary*) match
pasta *f* paste; **~ do butów** boot-polish; **~ do podłogi** floor-polish; **~ do zębów** tooth-paste
pastor *m* pastor, minister
pastylka *f* tablet
paszport *m* passport
pasztet *m* pie, pâté
paść *vi* fall down, come down; *zob.* **padać**
patelnia *f* frying-pan
patriota *m* patriot
patronat *m* patronage, auspices *pl*
patrzeć *vi* look (**na kogoś, coś** at sb, sth); **~ na kogoś z góry** look down upon sb; **~ przez okno** look out of the window
paw *m* peacock
paznokieć *m* nail
październik *m* October
pączek *m* bud; (*ciastko*) dough-nut
pąk *m* bud
pchać *vt* push, thrust; **~ się** *vr* push one another, crush
pchła *f* flea
pech *m* bad <ill> luck
pedantyczny *adj* pedantic
pejzaż *m* landscape
pełnić *vt* perform, fulfil, acomplish; **~ obowiązek** do one's duty
pełno *adv* plenty (**czegoś** of sth); **mieć ~ czegoś** be full of sth
pełnoletni *adj* adult, of age
pełny *adj* full; **na ~m morzu** on the high seas
penicylina *f* penicillin
penis *m anat.* penis
pensja *f* (*pobory*) salary
pensjonat *m* boarding-house
perfumy *s pl* perfume, scent
perkusja *f* percussion
perła *f* pearl
peron *m* platform
Pers *m* Persian, Iranian
perski *adj* Persian, Iranian
personel *m* staff, personnel
perspektywa *f* perspective, prospect, view
perswadować *vt* persuade, try to persuade (**komuś, żeby coś zrobił** sb into doing sth,

komuś, żeby czegoś nie zrobił sb out of doing sth)
peryferie *s pl* periphery; **na ~ach** on the outskirts
pestka *f* stone, kernel, (*w jabłku, pomarańczy*) pip
pesymistyczny *adj* pessimistic
pewien *adj* (*niejaki*) a, one, a certain; **po pewnym czasie** after some time; **przez ~ czas** for some time; *zob.* **pewny**
pewno, na ~ *adv* certainly, for sure, assuredly; **on na ~ przyjdzie** he is sure to come
pewny *adj* sure, certain; (*bezpieczny*) safe, secure; **~ siebie** self-assured, self-confident; **czuć się ~m** *(bezpiecznym)* feel sure <safe>
pęcherz *m anat.* bladder
pędzel *m* brush
pędzić *vt* drive; *vi* run (**za kimś** after sb), race, hurry, scurry
pękać *vi* burst; (*rozłupać się*) crack
pętelka, pętla *f* loop, noose
piana *f* froth, foam; **~ mydlana** lather
pianino *n* cottage <upright> piano
pianista *m* pianist
piasek *m* sand
piątek *m* Friday; **Wielki Piątek** Good Friday
piąty *num* fifth
picie *n* drinking; **woda do ~a** drinking water
pić *vt vi* drink; **~ mi się chce** I'm thirsty
piec 1. *m* stove, fire-place; (*piekarski*) oven
piec 2. *vt* bake; (*zw. o mięsie*) roast; (*palić*) burn, scorch; **~ się** *vr* bake, roast
piechotą *adv* on foot
pieczarka *f bot.* champignon
pieczeń *f* roast-meat; **~ cielęca** roast veal; **~ wołowa** roast beef
pieczęć *f* seal, stamp
pieczywo *n* baker's goods; (*słodkie*) pastry
piegowaty *adj* freckled
piekarnia *f* bakery, baker's (shop)
piekło *n* hell
pielęgniarka *f* nurse
pielęgnować *vt* (*chorych*) nurse; (*umiejętność*) foster, cultivate
pielgrzymka *f* pilgrimage
pielucha *f* swaddling-cloth, napkin; *am.* diaper
pieniądz *m* coin, piece of money; *pl* **~e** money; **drobne ~e** (small) change
pieprz *m* pepper
piernik *m* ginger-bread
pierś *f* breast; (*klatka piersiowa*) chest
pierścionek *m* ring

pierwowzór *m* prototype
pierwszeństwo *n* priority
pierwszorzędny *adj* first-rate
pierwszy *num* first; **na ~ego stycznia** on the first of January; **~a pomoc** first aid; **~y lepszy** just any, at random; **~a godzina** one o'clock; **po ~e** firstly, in the first place
pies *m* dog
pieszczota *f* caress
pieszo *adv* on foot
pieścić *vt* caress, pet, fondle
pieśń *f* song
pietruszka *f bot.* parsley
pięć *num* five
pięćdziesiąt *num* fifty
pięćdziesiąty *adj* fiftieth
pięćset *num* five hundred
piękno *n* beauty, the beautiful
piękn|y *adj* beautiful, handsome, lovely, fair; **literatura ~a** belles lettres; **~a pogoda** fine weather; **sztuki ~e** fine arts
pięść *f* fist
pięta *f* heel
piętnasty *num* fifteenth
piętnaście *num* fifteen
piętro *n* stor(e)y, floor
pigułka *f* pill
pijak *m* drunk, drunkard
pijany *adj praed* drunk; drunken *attr*
pik *m* spade
pilnik *m* file
pilnować *vt* look after, watch; **~ swego interesu** mind one's business; **~ się** *vr* be on one's guard
pilny *adj* diligent, assidous; (*naglący*) urgent
pilot *m* pilot; (*przewodnik*) guide; (*telewizyjny*) remote control
piła *f* saw
piłka 1. *f* (*narzędzie*) hand-saw
piłka 2. *f* (*do gry*) ball; *sport* **~ nożna** football, association football, soccer
piłkarz *m* football player, footballer
pionek *m* pawn
pionier *m* pioneer
pionowy *adj* vertical
piorun *m* lightning; **trzask ~u** thunderclap; **rażony ~em** thunderstruck
pióro *m* feather; (*do pisania*) pen; **wieczne ~** fountain pen
piramida *f* pyramid
pirat *m* pirate
pisać *vt vi* write (**ołówkiem, atramentem** in pencil, in ink); **~ na maszynie** type; **jak się ten wyraz pisze?** how do you spell this word?
pisarz *m* (*autor*) writer

pisemny *adj* written, in writing; **egzamin ~** written examination
pisk *m* squeal, squeak
pismo *n* writing, letter; (*czasopismo*) newspaper; periodical; (*charakter pisma*) handwriting; **Pismo Święte** Holy Scripture
pisownia *f* spelling
pistolet *m* pistol
piszczeć *vi* squeak, squeal
piwiarnia *f* beer-house
piwnica *f* cellar
piwny *adj* beer *attr*; (*kolor*) brown
piwo *n* beer
piżama *f* pyjamas *pl*
plac *m* ground; (*parcela*) lot, parcel; (*okrągły, u zbiegu ulic*) circus, (*kwadratowy*) square
plakat *m* poster, bill
plama *f* spot, stain
plan *m* plan, scheme; **pierwszy ~** foreground; **dalszy ~** background
planeta *f* planet
planować *vt* plan
plaster *m* sticking plaster; **~ miodu** honeycomb
plastik *m zob.* **plastyk 2.**
plastyk 1. *m* (*artysta*) artist
plastyk 2. *m* (*masa plastyczna*) plastic
platyna *f chem.* platinum
plaża *f* beach
plecak *m* knapsack, rucksack
plecy *s pl* back; **za ~ami** behind one's back; **obrócić się ~ami** turn one's back (**do kogoś** on sb)
pleśń *f* mould
plik *m* bundle; (*także komp.*) file
plomba *f* lead, leaden seal; (*w zębie*) filling, stopping
plon *m* crop, yield
plotka *f* gossip
pluć *vi* spit
plus *m* (*znak*) plus sign; (*zaleta*) plus, advantage
płac|a *f* pay, salary, wages *pl*; **lista ~** pay-sheet, pay-roll
płacić *vt* pay; **~ gotówką** pay in cash; **~ z góry** pay in advance, prepay
płacz *m* cry; crying, weeping; **wybuchnąć ~em** burst into tears
płakać *vi* cry, weep
płaski *adj* flat
płaszcz *m* overcoat, cloak; **~ nieprzemakalny <deszczowy>** raincoat
płatnoś|ć *f* maturity; **~ć natychmiastowa** money down; **dzień ~ci** pay-day
płeć *f* sex; (*cera*) complexion; **~ piękna** fair sex
płomień *m* flame

płonąć *vi* burn, be on fire; *przen.* **~ ze wstydu** burn with shame
płonica *f med.* scarlet-fever
płot *m* fence, ledge
płód *m* fruit, product; *anat.* phoetus
płótno *n* linen; (*malarskie, żaglowe*) canvas
płuclo *n* lung; **zapalenie ~** pneumonia
płukać *vt* rinse, wash; **~ gardło** gargle
płyn *m* liquid; (*do włosów, apteczny itp.*) lotion
płynąć *vi* flow; (*pływać*) swim; (*o statkach*) sail; (*o podróży morskiej*) go by water, sail; **~ łódką** boat
płyta *f* plate, slab; **~ gramofonowa** record; **~ kompaktowa** compact disk
płytki *adj* shallow; (*np. o talerzu*) flat
pływać *vi* swim; (*np. o korku*) float
pływak *m* swimmer; (*w zbiorniku, u wędki itp.*) float
pływalnia *f* swimming-pool
po *praep* after; to, up to; for; past; **zaraz po** on, upon; **po wykładach** after the lectures; **posłać po taksówkę** send for a taxi; **kwadrans po piątej** a quarter past five; **zaraz po jego powrocie** on his return; **po co?** what for?; **po kolei** by turns; **po raz pierwszy** for the first time; **po pierwsze** firstly, in the first place; **mówić po angielsku** speak English; **po ile** ? how much ?
pobić *vt* beat, defeat; **~ rekord** break <beat> the record; **~ się** *vr* come to blows
pobliski *adj* near
pobyt *m* sojourn, stay; **miejsce stałego ~u** residence; **wiza ~owa** visitor's visa
pocałunek *m* kiss
pochlebiać *vi* flatter (**komuś** sb)
pochlebstwo *n* flattery
pochmurny *adj* cloudy; *przen.* (*ponury*) gloomy
pochodzenie *n* origin, descent, extraction
pochować *vt* (*pogrzebać*) bury; *zob.* **chować**
pochwa *f* sheath; (*anat.*) vagina
pochwała *f* praise
pochylić *vt* bend, bow; **~ się** *vr* bow down
pochyły *adj* sloping, inclined
pociąg *m* train; (*skłonność*) attraction, inclination; (*upodobanie*) liking, fondness; **~ osobowy <towarowy>** passenger <goods> train; **~ pospieszny** fast <express> train

pociągać *vt vi* pull (**coś** sth, **za coś** at sth), draw; (*nęcić*) attract

pocić się *vr* perspire, sweat

pociecha *f* consolation, comfort

po ciemku *adv* in the dark

pocieszać *vt* console, comfort, cheer up; **~ się** *vr* console oneself

pocisk *m* missile, projectile; **~ armatni** shell

począt|ek *m* beginning; origin; **na ~ek** to start with; **na ~ku** at the beginning, at the outset

początkujący *m* beginner

poczekalnia *f* waiting-room

poczęstunek *m* treat

poczt|a *f* post, mail; (*budynek*) post-office; **~a lotnicza** air mail; **~ą** by post; **odwrotną ~ą** by return of post

pocztow|y *adj* postal, post *attr*; **opłata ~a** postage; **urząd ~y** post-office; **znaczek ~y** (postage-)stamp

pocztówka *f* post-card

poczwórny *adj* fourfold

pod *praep* under, beneath, below; **~ drzwiami** at the door; **~ nazwiskiem X.Y.** by the name X.Y.; **~ ręką** at hand; **~** *tym względem* in this respect; **~ Warszawą** near Warsaw; **~ warunkiem** on condition; **~ wieczór** towards the evening

podać *zob.* **podawać**

podanie *n* (*prośba*) petition, application; (*legenda*) legend; *sport.* service, pass; **wnieść ~** file an application

podatek *m* (*państwowy*) tax; (*samorządowy*) rate

podawać *vi* give, hand, pass; **~ rękę** shake hands (**komuś** with sb); **~ do wiadomości** make known

podaż *f* supply, offer

podbródek *m* chin

podczas *praep* during; **~ gdy** *conj* while; whereas

poddać *vt* subject; (*np. twierdzę*) surrender; (*podsunąć myśl*) suggest; **~ próbie** put to trial; **~ się** *vr* surrender

podejmować *vt* take up, undertake; (*np. gości*) entertain, receive; **~ kroki** take steps; **~ pieniądze** raise money; **~ się** *vr* undertake (**czegoś** sth)

podejrzenie *n* suspicion

podejrzewać *vt* suspect (**kogoś o coś** sb of sth)

podeszwa *f* sole

podjąć *vt* pick up; *zob.* **podejmować**

podkreślać *vt* underline; (*uwydatniać*) stress, lay stress

podlegać *vi* be subject (**komuś, czemuś** to sb, sth); (*karze, podatkowi itp.*) be liable
podłoga *f* floor
podmiejski *adj* suburban
podmiot *m* subject
podniebienie *n* palate
podniecać *vt* excite, arouse, incite, stir up (**do czegoś** to sth)
podnieść *zob.* **podnosić**
podnosić *vt* raise, lift, take up; (*z ziemi*) pick up; (*ręce*) hold up; (*pieniądze, ceny, podatki itp.*) raise; **~ się** *vr* rise, get up
podoba|ć się *vr* please; **~ mi się tutaj** I like this place; **on mi się ~** I like him; **jak ci się to ~?** how do you like this?
podobnie *adv* likewise, alike; **~ jak** like
podobno *adv* I suppose that, I understand that
podobny *adj* similar (**do kogoś** to sb), like (**do kogoś** sb); **być ~m** resemble (**do kogoś** sb)
podpaska *f* (*higieniczna*) sanitary towel <napkin>
podpis *m* signature; **złożyć ~** put one's signature (**na czymś** to sth)
podpisa|ć *vt* sign; subscribe (**pożyczkę** to a loan); **niżej ~ny** the undersigned
podrabiać *vt* forge
podręcznik *m* handbook
podręczn|y *adj* (*znajdujący się pod ręką*) handy, at hand; **książka ~a** reference book
podróż *f* travel, journey; (*krótka*) trip; (*morska*) voyage; **odbywać ~** make a journey
podróżny *m* traveller, passenger; *adj* travelling
podróżować *vi* travel
podrzeć *vt* tear up
podstaw|a *f* base, basis; grounds; **na tej ~ie** on the grounds; **na ~ie czegoś** on the grounds of sth
podstawow|y *adj* fundamental, essential; **szkoła ~a** elementary <grade, primary> school
podstęp *m* trick
podszewka *f* lining
podtrzymywać *vt* support; (*stosunki, poglądy itp.*) maintain; (*życie, nastrój*) sustain
poduszka *f* (*pościelowa*) pillow; (*ozdobna*) cushion
poduszkowiec *m* hovercraft
podwieczorek *m* afternoon tea
podwodn|y *adj* underwater *attr*, submarine; *mors.* **łódź ~a** submarine
podwozie *n* chassis
podwójn|y *adj* double, twofold; **~a gra** double-dealing
podwórze *n* (court-)yard

podwyższać *vt* raise, heighten; lift; (*powiększać*) increase
podział *m* division, partition; **~ godzin** timetable
podziękować *zob.* **dziękować**
podziękowanie *n* thanks *pl*
podziw *m* admiration
podziwiać *vt* admire
podzwrotnikowy [-d-z-] *adj* tropical
poeta *m* poet
poezja *f* poetry
pogadanka *f* chat; (*popularny wykład*) talk
pogardla *f* contempt, scorn, disdain; **godny ~y** contemptible
pogarszać *zob.* **pogorszyć**
pogląd *m* view, opinion
pogoda *f* weather; *przen.* (*ducha*) serenity
pogodzić *vt* reconcile; **~ się** *vr* reconcile oneself (**z kimś** with sb, **z czymś** to sth), become reconciled
pogoń *f* chase (**za kimś** after sb), pursuit (**za kimś** of sb)
pogorszyć *vt* make worse, worsen; **~ się** *vr* become <get> worse
pogotowile *n* readiness; (*instytucja*) emergency service; **karetka ~a** ambulance; **być w ~u** be on the alert
pogrzeb *m* funeral, interment, burial
pogrzebać *zob.* **grzebać**
pojawić się *vr* appear, turn up, make one's appearance
pojazd *m* vehicle, conveyance
pojedynczy *adj* single; *gram.* singular
pojemnik *m* container
pojemność *f* capacity
pojęcie *n* idea, notion; **to przechodzi moje ~** it passes my comprehension
pojutrze *adv* the day after tomorrow
pokarm *m* food, nourishment
pokaz *m* show; display; **na ~** for show
pokazywać *vt* show, display, demonstrate; (*wskazywać*) point (**na kogoś** at sb); **~ się** *vr* appear, come into sight
poker *m* (*gra*) poker
pokład *m* layer; *mors.* deck; **na ~d, na ~dzie** on board, aboard
pokłócić *vt* set at variance; **~ się** *vr* fall out (**z kimś** with sb)
pokolenie *n* generation
pokonać *vt* (*pobić*) defeat; (*przemóc*) overcome, (*trudności*) surmount; **~ odległość** cover a distance
pokorny *adj* humble
pokój *f* peace; (*pomieszczenie*) room; **~ stołowy** dining-room; **~ sypialny** bedroom; **pokoje**

do wynajęcia rooms to let; **zawierać ~** make peace
pokrewieństwo *n* relationship, affinity
pokryć *vt* cover; (*koszty*) defray
po kryjomu *adv* stealthily, secretly
pokwitowanie *n* receipt
Polak *m* Pole
polaroid *m* Polaroid camera
pole *n* field; **~ widzenia** field of vision
poleclać *vt* recommend; (*powierzać*) commend; *handl.* (*zlecać*) command; **list ~ający** letter of introduction; **list ~ony** registered letter
polegać *vi* consist (**na czymś** in sth); rely; depend (**na kimś, czymś** on sb, sth); **na nim można ~ć** he can be relied upon; **rzecz polega na czymś innym** the matter consists in sth else
polepszlać *vi* improve, make better; **~ać się** *vr* improve, grow better; (*o zdrowiu*) **~yło mu się** he is better
polędwica *f* loin
policja *f* police
policjant(ka) *m* policeman, *f* policewoman
policzek *m* cheek, face; (*uderzenie w twarz*) slap; **wymierzyć komuś ~** slap sb's face
polisa *f* insurance policy
politechnika *f* polytechnic, engineering college, school of engineering
polityk *m* politician
polityka *f* (*taktyka*) politics; (*kierunek postępowania, dyplomacja*) policy
polka *f* (*taniec*) polka; **Polka** Pole, Polish woman
polowanie *n* chase, hunting; **iść na ~** go hunting
polski *adj* Polish
polszczyzna *f* Polish (language)
polubić *vt* take a liking (**kogoś, coś** for <to> sb, sth)
połączenie *n* connexion (*także kolejowe*); union; fusion; **w ~u z czymś** in connexion with sth
połączyć *vt* connect; unite; (*telefonicznie*) put through (**z kimś** to sb); **~ się** *vr* unite; become connected; (*telefonicznie*) get through (**z kimś** to sb)
połowla *f* half; (*środek*) middle; **~a roku** half a year; **na ~ę** by half; **za ~ę ceny** at half price
położenile *n* situation; (*zw. trudne*) plight; **w ciężkim ~u** in sad <sorry> plight
położna *f* midwife

położyć *vt* lay (down), place, put; *przen.* **~ koniec** put an end (**czemuś** to sth); **~ się** *vr* lie down, go to bed; *zob.* **kłaść**
południe *n* midday, noon; **w ~** at noon; (*strona świata*) south; **na ~ od ...** to the south of ...
południk *m* meridian
południowo-wschodni *adj* south-eastern
południowo-zachodni *adj* south-western
południowy *adj* southern, south
połykać *vt* swallow
pomagać *vi* help, aid, assist; be good, be of use (**na coś** for sth); **co to pomoże?** what's the use of it?
pomału *adv* slowly, little by little
pomarańcza *f* orange
pomidor *m* tomato
pomiędzy *zob.* **między**
pomijać *vt* pass over, omit, overlook; **~ć milczeniem** pass over in silence; **~jąc ...** apart from ...
pomimo *praep* in spite of
pomnik *m* monument
pomoc *f* help, aid, assistance; **~ domowa** maid-servant; **udzielenie pierwszej ~y** first-aid treatment; **przyjść komuś z ~ą** come to sb's help; **wzywać kogoś na ~** call on sb for help; **przy ~y <za ~ą> czegoś** with the aid <by means, through the medium> of sth; **na pomoc**! help!
pomocnik *m* assistant
pomost *m* platform; (*ze statku*) gangway
pomóc *zob.* **pomagać**
pompa *f techn.* pump; **~ ssąca** suction pump
pomylić się *vr* make a mistake, commit an error, be mistaken (**co do kogoś, czegoś** about sb, sth)
pomyłka *f* mistake, error; **przez ~ę** by mistake
pomysł *m* idea
pomyślność *f* prosperity, success
ponad *praep* above; **~ moje siły** beyond my power
ponadto *adv* moreover; besides; in addition
poniedziałek *m* Monday
poniekąd *adv* to some degree <extent>; in a way, sort of, as if
ponieść *zob.* **ponosić**
ponieważ *conj* because, as, since
poniżej *praep* under, below; *adv* underneath, below
ponosić *vt* carry (away); (*o uczuciach, namiętnościach*) transport; **~ koszty <od-**

powiedzialność> bear the expenses <the responsibility>; ~ **klęskę** sustain <suffer> a defeat

ponownie *adv* anew, again

ponury *adj* gloomy

pończocha *f* stocking

po omacku *adv* gropingly; **iść ~** grope one's way; **szukać ~** grope (**czegoś** for sth)

poparcie *n* support; **na ~** in support (**czegoś** of sth)

popełnić *vt* commit

popielaty *adj* ashen, grey

Popielec *m* Ash-Wednesday

popielniczka *f* ash-tray

popierać *vt* support, back

popiół *m* ashes *pl*, cinders *pl*

popisywać się *vr* display (**czymś** sth), show off (**czymś** sth)

popłoch *m* panic

popołudni|e *n* afternoon; **po ~u** in the afternoon

poprawa *f* improvement

poprawiać *vt* correct, improve; (*ustawę, tekst*) amend; **~ się** *vr* improve; (*moralnie*) mend one's ways; (*na zdrowiu*) get better, improve

poprawny *adj* correct

po prostu *adv* simply; plainly; **mówiąc ~** to be plain

poprzedni *adj* previous, preceding; **~ego dnia** the day before

poprzedzać *vt* precede, go before

poprzez *praep* across, through

popularny *adj* popular

popyt *m* demand (**na coś** for sth); **~ i podaż** demand and supply

por|a *f* season, time; **~a obiadowa** dinner time; **4 ~y roku** 4 seasons of the year; **do tej ~y** till now, up to this time; **o każdej porze** at any time; **w ~ę** in good time

porad|a *f* advice, counsel; **udzielić ~y** give advice; **zasięgnąć czyjejś ~y** take sb's advice; **za czyjąś ~ą** on sb's advice

poradnia *f* (*lekarska*) clinic for outpatients, dispensary

poradnik *m* guide-book

poranek *m* morning; (*filmowy itp*) matinee

porażenie *n* stroke, paralysis; **~ słoneczne** sunstroke

porażka *f* defeat

porcelana *f* china

porcja *f* portion, share

poręcz *f* banister, handrail; (*u krzesła*) arm

poronienie *n* *med.* abortion, miscarriage

porozumiewać się *vr* (*kontaktować się*) communicate (**z kimś** with sb); (*dochodzić do*

porozumienia) come to an understanding
porozumieni|e *n* understanding, agreement; **dojść do ~a** come to an agreement
poród *m* childbirth, delivery
porównać, porównywać *vt* compare
port *m* port, harbour; **~ lotniczy** airport
portfel *m* wallet
portier *m* porter, doorkeeper
portmonetka *f* purse
portret *m* portrait
Portugalczyk *m* Portuguese
portugalski *adj* Portuguese
porucznik *m* lieutenant
poruszać *vt* move; stir; touch (*kwestię* upon a question); **~ się** *vr* move, stir
porywać *vt* seize; snatch; carry off; (*kobietę*) ravish, rape; (*zw. dziecko*) kidnap; (*zachwycać*) enrapture; **~ się** *vr* (*z miejsca*) start up
porząd|ek *m* order; **w ~ku** in (good) order; **nie w ~ku** out of order
porządkować *vt* order, put in order
porządny *adj* well-ordered; neat; (*uczciwy*) honest, decent
porzeczka *f* currant
porzucać *vt* abandon, give up, leave
posada *f* job, post, position
posąg *m* statue
poseł *m* (*pełnomocny*) envoy; (*członek deputacji*) deputy; (*posłaniec*) messenger
posiadać *vt* possess, own
posiłek *m* meal, refreshment
posłać 1. *vt* send for; convey, dispatch
posłać 2. *vt,* **~ łóżko** make the bed
posłuchać *vi* (*usłuchać*) obey; (*przysłuchiwać się*) listen (**czegoś** to sth); (*o audycji*) listen in (**czegoś** to sth)
posłuszny *adj* obedient; **być ~m** obey
pospolity *adj* vulgar, common
post *m* fast; **Wielki Post** Lent
posta|ć *f* form, shape; figure; (*osoba*) person; (*kreacja*) character; **w ~ci** in the shape (**czegoś** of sth)
postanawiać *vt vi* resolve, determine (**coś** on sth), make up one's mind
postęp *m* progress, advance
postępować *vi* proceed, go on; (*zachowywać się*) behave (**w stosunku do kogoś** towards sb); deal (**z kimś** with sb)
postój *m* stay, stop, halting-place; **~ taksówek** taxi-stand
posyłać *zob.* **posłać**

poszczególny *adj* individual; respective; separate; particular
poszewka *f* pillow-case
poszukiwać *vt* search (**czegoś** for sth); seek (**czegoś** after sth), be in search (**czegoś** of sth); (*badać*) inquire (**czegoś** into sth)
pościel *f* bed-clothes
pościg *m* chase, pursuit
pośladek *m* buttock
poślizg *m* slip, skid; **wpaść w ~** skid
poślubić *vt* marry
pośpiech *m* haste, hurry, speed
pośpieszny *adj* hasty; **pociąg ~** fast <express> train
pośrednictw|o *n* mediation; **za ~em** throught the medium
pośrodku *adv* in the middle
pośród *praep* among(st), amid(st)
poświadczać *vt* attest, testify, certify
poświęcać *vt* devote; dedicate; (*czynić ofiary*) sacrifice; (*święcić, wyświęcać*) consecrate; **~ się** *vr* sacrifice oneself; devote oneself
potem *adv* afterwards
potępiać *vt* condemn; (*skazać na potępienie*) damn
potężny *adj* powerful, mighty
potknąć się *vr* stumble; *przen.* (*postąpić niewłaściwie*) make a slip
potoczny *adj* current, common, familiar; **język ~** colloquial speech
potrafić *vi* know how to (do), manage
potraw|a *f* dish, fare; **spis ~** bill of fare
potrącać *vt* push, jostle; (*pieniądze*) knock off, deduct
po trochu *adv* little by little
potrzeb|a 1. *f* need, want; (*konieczność*) necessity; **nagła ~a** emergency; **~y życiowe** necessaries of life; **nie ma ~y** there is no need; **w razie ~y** in case of need
potrzeba 2. *v imper* it is needed, it is necessary; **tego mi ~** I need it; **nie ~ mówić** (it is) needless to say
potrzebować *vt* need, want, be in need of
potwierdzać *vt* confirm, corroborate; (*odbiór czegoś*) acknowledge
poufny *adj* confidential
powaga *f* gravity, seriousness; (*autorytet*) authority
poważny *adj* grave, serious, earnest; (*znaczny*) considerable

powiadamiać *vt* inform, let know
powiat *m* district
powidła *s pl* (plum) jam
powiedzenie *n* saying
powie|dzieć *vt* say; **że tak ~m, ~dzmy** so to say, say
powieka *f* eye-lid
powielać *vt* mimeograph, duplicate, copy, xerox
powierzać *vt* confide, entrust
powierzchnia *f* surface; (*teren*) area
powiesić *vt* hang (up); **~ się** *vr* hang oneself
powieściopisarz *m* novelist
powieść *f* novel
powietrz|e *n* air; **na wolnym ~u** in the open air
powinien *praed* **on ~** he should, he ought to; **ja ~em** I should, I ought to
powitanie *n* welcome, salutation
powodować *vt* cause, bring about, effect; (*wywoływać*) provoke
powodzenie *n* success, prosperity
powoływać *vt* call; (*na stanowisko*) appoint; (*do wojska*) call up; **~ się** *vr* refer (**na kogoś, coś** to sb, sth)
powonienie *n* (sense of) smell
powód *m* cause, reason (**czegoś** of sth, **do czegoś** for sth); (*w sądzie*) plaintiff; **z powodu** by reason of, on account of, because of; **bez żadnego powodu** for no reason whatever
powódź *f* flood
powrotny *adj* recurrent; **bilet ~** return ticket
powr|ót *m* return; **~ót do zdrowia** recovery; **na ~ót, z ~otem** back, again; **tam i z ~otem** to and fro
powstanie *n* coming into existence, formation, origin; (*zbrojne*) rising, insurrection
powstawać *vi* stand up, rise; (*zacząć istnieć*) come into existence, arise; **~ zbrojnie** rise up in arms
powszechny *adj* universal, general; (*o szkole*) primary
powszedni *adj* ever day, daily, common; **chleb ~** daily bread, **dzień ~** workday
powtarzać *vt* repeat
powtórny *adj* repeated, second
powyżej *adv* above
poza *praed* beyond, behind; (*oprócz*) except, apart from; **~ tym** *adv* besides; **nikt ~ tym** nobody else
pozdr|awiać *vt* greet, hail, salute; **~ów go ode mnie** give

him my kind regards <my love>; say 'hello' to him
pozdrowieni|e *n* greeting, salutation; **serdeczne ~a** love
poziom *m* level
poziomka *f* (wild) strawberry
poziomy *adj* horizontal
poznać *vt* become acquainted (**kogoś, coś** with sb, sth); (*rozpoznać*) recognize; **~ się** *vr* (**z kimś**) make sb's acquaintance, become acquainted with sb
poznawać *zob.* **poznać**
pozorny *adj* apparent, seeming
pozostać *zob.* **pozostawać**
pozostawać *vi* remain; stay behind; be left
pozostawiać *vt* leave; **~ za sobą** leave behind
pozwalać *vt* allow, permit, let; **~ sobie** allow oneself; (*folgować sobie*) indulge (**na coś** in sth); **~ sobie na poufałość** take liberties (**z kimś** with sb); **mogę sobie na to pozwolić** I can afford it
pozwolenie *n* permission, permit
pozycja *f* position; (*zapis*) item, entry
pozytyw *m fot.* positive
pozytywny *adj* positive
pożar *m* fire
pożegnać *vt* take leave (**kogoś** of sb); **~ się** *vr* say goodbye (**z kimś** to sb)
pożegnanie *n* leave-taking, leave, farewell
pożyczać *vt* (**komuś**) lend; lend to (**od kogoś**) borrow from
pożyczk|a *f* loan, credit; **udzielać ~i** grant a loan
pożyteczny *adj* useful
pożytek *m* use, utility, profit; **odnosić ~** derive an advantage (**z czegoś** from sth); **jaki z tego ~?** what's the use of it?
pójść *zob.* **iść**
póki *zob.* **dopóki**
pół *num* half; demi-, semi-; **~ceny** half-price; **~ do drugiej** half past one; **~ na ~** half-and- half; **~ roku** half a year; **~żywy** half-alive; **dzielić się na ~** go halves
półka *f* shelf; (*na bagaż, narzędzia*) rack; **~ na książki** bookshelf
półkula *f* hemisphere
północ *f geogr.* north; (*pora doby*) midnight; **na ~** to the north (**od Warszawy** of Warsaw); **na ~y** in the north; **o ~y** at midnight
północno-wschodni *adj* northeastern
północno-zachodni *adj* northwestern

północny *adj* north, northern; midnight
półwysep *m* peninsula
później *adv* later (on), afterwards; **prędzej czy ~** sooner or later
późny *adj* late
pracla *f* work; (*zatrudnienie*) job; (*trud*) labour; **~a akordowa** piece-work; **warunki ~y** working conditions; **bez ~y** out of work
pracodawca *m* employer
pracować *vi* work
pracownia *f* workshop; laboratory
pracownik *m* worker
prać *vt* wash
pragnąć *vt vi* desire; be desirous (**czegoś** of sth)
pragnienie *n* desire; thirst; **mieć ~** be thirsty
praktyczny *adj* practical
praktyka *f* practice; training
pralka *f* washing-machine
pralnia *f* wash-house; (*pomieszczenie*) laundry; **~ chemiczna** dry-cleaning shop, dry-cleaner's
pranie *n* washing, laundry
prasa *f* press; (*o gazetach*) newspapers; (*dziennikarze, reporterzy*) the press; (*drukarnia*) printing-machine
prasować *vt* press; (*bieliznę, ubranie*) iron, press
prawda *f* truth; **to ~** that's true
prawdopodobny *adj* probable, likely
prawdziwy *adj* true, genuine, real, authentic
prawie *adv* almost, nearly; **praca jest ~ skończona** the work is as well as done; **~ nigdy** hardly ever
prawnik *m* lawyer
prawny *adj* legal, lawful; (*prawnie należny*) rightful
prawo 1. na ~ *adv* on the right, to the right
prawo 2. *n* right; (*przedmiotowe, ustawa*) law; **~ autorskie** copyright; **~ głosowania** voting right; **~ jazdy** driving-licence
prawosławny *adj* orthodox
prawly *adj* right; (*uczciwy*) honest, righteous; **po ~ej stronie** on the right hand <side>
prąd *m* current; (*strumień*) stream; (*kierunek, dążność*) tendency, trend; *elektr.* **~ stały <zmienny>** direct <alternating> current
precz *adv* away; *int* begone!, get away!, out of my sight!; **~ z wojną!** down with war!

premia *f* premium; (*nagroda*) prize; (*dodatek do płacy*) bonus
premier *m* prime minister, premier
premiera *f* first night, première
prenumerata *f* subscription
prenumerować *vt* subscribe (**coś** to sth)
pretekst *m* pretext; **pod ~em** on the pretext
prezent *m* present, gift
prezerwatywa *f* condom; *pot.* rubber (sheath)
prezydent *m* president
prędko *adv* quickly, fast
prędzej *adv* quicker, more quickly; (*wcześniej*) sooner, rather; **czym ~** as soon as possible; **~ czy później** sooner or later
problem *m* problem
procent *m* percentage; (*odsetki*) interest; **na 5 ~** 5 per cent; **na wysoki ~** at high rate of interest; **przynosić ~** bear interest
proces *m* process; (*sądowy*) lawsuit, action; **wytoczyć ~** bring an action (**komuś** against sb)
procesja *f* procession
producent *m* producer
produkcja *f* production, output
produkować *vt* produce
produkt *m* product; *pl* **~y products,** *zbior.* produce; **~ uboczny** by-product; **~y spożywcze** provisions, victuals
profesor *m* professor
prognoza *f* prognosis; **~ pogody** weather-forecast
program *m* programme, program; **~ studiów** curriculum
projekt *m* project; plan; design; (*zarys, szkic*) draft; (*ustawy*) bill
prom *m* ferry, ferry-boat
promieniotwórczość *f* radioactivity
promień *m* beam, ray; *mat.* radius; **~ń słoneczny** sunbeam; **~nie Roentgena** x-rays *pl*
proponować *vt* offer, propose
propozycja *f* proposal, suggestion
prosić *vt vi* ask, beg (**kogoś o coś** sb for sth); request (**o łaskę, odpowiedź** a favour, a reply); **~ kogoś, ażeby coś zrobił** ask sb to do sth; **~ na obiad** invite for dinner; **~ o pozwolenie zrobienia czegoś** request permission to do sth; **proszę przyjść!** come please!; **proszę wejść!** please come in!
prospekt *n* (*publikacja*) prospectus

prostlo *adv* directly, straight; **po ~u** simply
prostokąt *m mat.* rectangle
prostly *adj* direct, straight, right; simple, plain; **linia ~a** straight <right> line
prostytutka *f* prostitute
proszek *m* powder; **~ do prania** washing-powder
prośbla *f* request, demand; (*pisemna*) petition; **wnosić ~ę** apply (**o coś** for sth)
protestancki *adj* Protestant
protestant *m* Protestant
protokół *m* record, report; (*dyplomatyczny*) protocol; (*z posiedzenia*) minutes
prowadzić *vt* lead, guide, conduct; (*przedsiębiorstwo, gospodarstwo itp.*) manage, keep, run; (*rozmowę itp.*) carry on, hold; **~ wojnę** wage war; **~ wóz** drive a car
próba *f* trial, test, proof; *teatr* rehearsal; (*usiłowanie*) attempt; **ciężka ~** ordeal
próbować *vt* try, test; (*usiłować*) attempt; (*kosztować*) taste; **~ szczęścia** try one's luck
prócz *praep* save, except
próżno *adj* vainly; **na ~** in vain
próżny *adj* empty, void; (*zarozumiały, daremny*) vain
prymas *m* primate
prysznic *m* shower-bath
prywatny *adj* private
przebaczać *vt* pardon, forgive
przebieg *m* course, run
przebierać *vt vi* (*starannie wybierać*) pick and choose, sort; (*zmieniać komuś ubranie*) change sb's clothes; **~ się** change one's clothes; disguise oneself
przebój *m* (*muzyczny*) hit; (*sukces wydawniczy*) bestseller; **iść przebojem** fight one's way through
przebrać *zob.* **przebierać**
przebywać *vi* stay, live
przechadzkla *f* walk; **pójść na ~ę** go for a walk
przechodzień *m* passer-by
przechowalnia *f* (*bagażu*) left-luggage office, baggage room
przechylić *vt* incline; *przen.* **~ szalę** turn the balance; **~ się** *vr* incline
przeciąg *m* draught, current of air; (*okres trwania*) space of time
przecież *adv* yet, still, after all; **~ to mówiłeś** you did say it
przeciętnie *adv* on (an) average
przeciętny *adj* average; (*średni*) mediocre
przecinek *m* comma
przeciw *praep* against; **nie mam nic ~ temu** I have no objec-

tions to it; I don't mind it; *praef* anti-, counter-
przeciwieństw|o *n* opposition, contrast, contradistinction; **być ~em** be opposed **(do czegoś** to sth); **w ~ie do czegoś** in contradistinction to sth
przeciwko *zob.* **przeciw**
przeciwnie *adv* on the contrary, just the opposite
przeciwnik *m* adversary, opponent
przeciwny *adj* contrary, opposite; (*przeciwstawny*) adverse; opposed; **jestem temu ~** I am against it, I object to it; **w ~m razie** otherwise, or else
przeciwstawiać *vt* oppose, set against; **~ się** *vr* set one's face (**czemuś** against sth), oppose (**czemuś** sth)
przeczenie *n* negation
przecznica *f* cross-street
przeczucie *n* foreboding, presentiment, misgiving
przeczuwać *vt* forebode, have a presentiment
przeczyć *vi* deny (**czemuś** sth)
przeczyszczający *adj med.* purgative
przed *praep* before, in front of; **~ tygodniem** a week ago
przeddzień *m* eve
przede wszystkim *adv* first of all, above all
przedimek *m gram.* article
przedłużać *vt* lengthen, extend, prolong
przedmieście *n* suburb
przedmiot *m* object; (*temat, zagadnienie*) subject, subject-matter
przedmowa *f* preface
przedni *adj* frontal, *attr* front, fore; (*lepszy gatunkowo*) fine, choice
przedostatni *adj* last but one; **~ej nocy** the night before last
przedpokój *m* hall, waiting-room
przedramię *n* forearm
przedsiębiorstwo *n* undertaking, business
przedsięwzięcie *n* undertaking, enterprise
przedstawiać *vt* present, represent; (*wystawiać na scenie*) stage; (*przedkładać*) submit; (*np. sprawę*) describe; (*osobę*) introduce; **~ sobie imagine; ~ się** *vr* present oneself, (*nieznanej osobie*) introduce oneself
przedstawiciel *m* representative
przedszkole *n* infant school, kindergarten
przedtem *adv* before, formerly
przedwczoraj *adv* the day before yesterday

przedział *m* partition, division; (*we włosach*) parting; (*w pociągu*) compartment; ~ **dla palących, dla niepalących** smoker, non-smoker
przegląd *m* review; (*sprawdzenie*) revision; inspection, survey
przeglądać *vt* review; (*sprawdzać*) revise; (*np. gazetę*) skim through; ~ **się** *vr* see oneself
przegrać *vt* lose (at play), gamble away; (*bitwę, sprawę sądową*) lose; *muz.* play over
przejazd *m* passage, throroughfare; (*kolejowy*) crossing; **w przejeździe**, **~em** on one's way
przejechać *vi vt* pass, ride, travel (np. **przez Warszawę** through Warsaw); (*rozjechać*) run over; ~ **cały kraj** travel all over the country
przejmować *vt* take over; (*przechwycić*) intercept; ~ **podziwem** fill with admiration; ~ **strachem** seize with fear; ~ **się** *vr* be impressed, be moved (**czymś** by sth)
przejście *n* passage; (*przez jezdnię*) crossing; (*stadium przejściowe*) transition; (*doświadczenie*) experience, trial
przejść *vt vi zob.* **przechodzić**; ~ **się** *vr* take a walk
przekaz *m* transfer; (*historyczny*) record; (*bankowy*) draft; (*pocztowy*) order
przekąska *f* snack, refreshment
przekład *m* translation
przekładać *vt* displace, transpose; (*przesuwać*) shift; (*tłumaczyć*) translate
przekładnia *f techn.* gear
przekonlywać *vt* convince, persuade (*kogoś o czymś* sb of sth); **jestem ~any** I am convinced
przekreślać *vt* cross (out); (*skasować*) cancel, annul
przekształcać *vt* transform
przelew *m* transfusion; *bank.* transfer; ~ **krwi** bloodshed
przełęcz *f* pass
przełomowy *adj* critical, crucial
przełożony *m* principal, superior
przełożyć *zob.* **przekładać**
przemawiać *vi vt* address; (*publicznie*) harangue (**do kogoś** sb); speak; advocate (**za czymś** sth)
przemęczenie *n* overwork, overstrain
przemienić *vt* transform, turn (**coś w coś** into sth)
przemijać *vi* pass away, be over

przemoc *f* violence, superior force
przemoczyć *vt* soak, drench
przemoknąć *vi* be soaked, get wet
przemówić *zob.* **przemawiać**
przemówienie *n* speech, address, (*publiczne*) harangue
przemysł *m* industry; **drobny ~** small industry; **~ lekki <ciężki>** light <heavy> industry
przemyt *m* smuggling, contraband
przenieść *vt* transfer; transport; remove; (*w księgowości*) carry over <forward>; **~ się** *vr* move (**do innego mieszkania** to another flat)
przenikać *vt vr* penetrate; pervade; pierce
przenocować *vt* put up for the night; *vi* stay overnight
przenosić *vt* (*światło, ciepło, dźwięk*) transmit; (*udzielać*) convey; (*woleć*) prefer (**coś nad coś** sth to sth); **~ się** *vr* shift (**z miejsca na miejsce** from place to place); *zob.* **przenieść**
przenośny *adj* portable
przeoczyć *vt* overlook, omit
przepaść *f* precipice, abyss
przepełniać *vt* overfill, cram; (*ludźmi*) overcrowd
przepis *m* prescription, regulation; (*kucharski*) recipe; **~y drogowe** traffic regulations
przepisać *vt* (*lekarstwo*) prescribe; (*tekst*) rewrite, copy
przepona *f anat.* diaphragm
przepraszać *vt* beg (sb's) pardon, apologize (**kogoś za coś** to sb for sth); **~m!** excuse me!, I beg your pardon!, (I'm) sorry!
przeprowadzać *vt* carry over, convey, lead across; (*wykonywać*) carry out, carry into effect; **~ się** *vr* move, remove
przepuklina *f med.* hernia
przepustka *f* pass, permit
przerażać *vt* appal, horrify; **~ się** *vr* be appalled (**czymś** at sth)
przerażenie *n* terror
przerw|a *f* break, pause, interruption, intermission; **bez ~y** without intermission
przerywać *vt* interrupt, break off; rend, tear asunder
przesada *f* exaggeration
przesadzać *vt* exaggerate; (*roślinę*) transplant
przesąd *m* prejudice, superstition
przesądny *adj* superstitious
przesiadać się *vr* (*z pociągu na pociąg*) change (trains); **gdzie**

się ~my? where do we change?
przesłona *f* screen; *fot.* shutter
przestać *vi* cease, stop, discontinue
przestarzały *adj* out of date, out of fashion, obsolete
przestępca *m* criminal, offender
przestępstwo *n* offence
przestraszyć *vt* frighten, scare; **~ się** *vr* be frightened <scared>, take fright (**czegoś** at sth)
przestrzegać *vt* (*ostrzegać*) warn (**przed czymś** of sth), caution (**przed czymś** against sth); (*zachowywać np. prawa, tradycję*) observe; (*stosować np. zasady, przepisy*) keep
przestrzeń *f* space, room; **~ kosmiczna** outer <cosmic> space
przesuwać *vt* shift, shove, move; **~ się** *vr* move, shift
przesyłka *f* parcel; (*wysyłanie*) dispatch; (*towarowa*) consignment; (*pieniężna*) remittance
przeszczep *m med.* transplantation
przeszkadzać *vi* hinder, disturb, trouble (**komuś** sb); (*zawadzać*) obstruct (**komuś, czemuś** sb, sth)
przeszkolda *f* hindrance, obstacle, impediment; *sport* **wyścigi z ~dami** steeplechase; **stać na ~dzie** stand in the way
przeszły *adj* past; *gram.* **czas ~** past tense, preterite
prześcieradło *n* sheet
prześwietlenie *n med.* x-ray examination
przetrwać *vt* outlast, survive
przewagla *f* superiority, preponderance; (*górowanie*) advantage; **mieć ~ę** have an advantage (**nad kimś** over sb)
przeważnie *adv* for the most part, mostly
przewidywać *vt* foresee, anticipate
przewodniczący *m* chairman
przewodniczyć *vi* preside (**zebraniu** over the meeting)
przewodnik *m* guide, leader; (*książka*) guide-book
przewóz *m* transport, conveyance, carriage
przewracać *vt* overturn, turn over, upset; **~ się** fall down
przewyższać *vt* surpass, exceed
przez *praep* through, by, across, over; (*o czasie*) during, for, within, in; **~ cały dzień** all the day long; **~ cały rok** all the year round; **~ telefon** by phone; **~ Szekspira** by Shakespeare
przeziębić się *vr* catch (a) cold
przeziębienie *n* cold

przeziębiony *adj*, **jestem ~** I have a cold

przeznaczać *vt* destine (**na coś, do czegoś** for <to> sth); devote (**coś na coś** sth to sth); intend (**coś na coś** sth for sth, **kogoś na coś** sb to be sth, **coś dla kogoś** sth for sb)

przeznaczenie *n* destination; (*los*) destiny, fate

przeźrocze *n fot.* slide

przeźroczysty *adj* transparent

przeżegnać *vt* cross; **~ się** *vr* cross oneself, make the sign of the cross

przeżyć *vt* (*przetrwać*) survive, outlive; (*doświadczyć*) experience; (*spędzić okres czasu*) live through

przód *m* forepart, front; **na przedzie** at the head, in the front; **z przodu** in front

przy *praep* (near) by, at; with; on; about; **~ filiżance kawy** over a cup of coffee; **~ pracy** at work; **~ świetle księżyca** by moonlight; **~ tej sposobności** on that occasion; **~ twej pomocy** with your help; **~ tym** besides, too; **nie mam ~ sobie pieniędzy** I have no money about <on> me; **usiądź ~ mnie** sit by me

przybliżeni|e *n* approximation, approach; **w ~u** approximately

przybywać *vi* arrive (**do Warszawy** in Warsaw), come (**do Warszawy** to Warsaw); (*powiększać się, narastać*) be added, increase; (*o wodzie w rzece*) rise

przychodnia *f* clinic for outpatients, dispensary

przychodzi|ć *vi* come (**dokądś** to a place), arrive (**dokądś** at <in> a place); **~ć do kogoś** (*w odwiedziny*) come to see sb; **~ć do siebie** come to, recover; **~ mi do głowy <na myśl>** it occurs to me

przychód *m* income

przyciągać *vt* draw; (*pociągać*) attract; *vi* draw <come> near

przycisk *m* button

przyciskać *vt* press

przyczepić *vt* affix, attach; **~ się** *vr* cling, stick (**do kogoś, czegoś** to sb, sth)

przyczyn|a *f* cause, reason; **z tej ~y** for that reason

przydział *m* allotment; assignment, (*np. chleba*) allowance

przydzielić *vt* allot, assign

przyglądać się *vr* look (**komuś, czemuś** at sb, sth), observe; (*przypatrywać się*) look on watch

przygnębienie *n* depression, low spirits *pl,* dejection

przygoda *f* adventure, accident

przygotowywać *vt* prepare, make <get> ready; ~ **do egzaminu** coach for the examination; ~ **się** *vr* make ready, prepare (oneself); ~ **się do egzaminu** prepare <read> for the examination
przyimek *m gram.* preposition
przyjaciel *m* friend
przyjacielski *adj* friendly
przyjaciółka *f* friend, girlfriend,
przyjazd *m* arrival
przyjazny *adj* friendly
przyjaźnić się *vr* be on friendly terms
przyjaźń *f* friendship
przyjemność *f* pleasure; **znajdować** ~ take pleasure (**w czymś** in sth); **zrób mi** ~ do me the pleasure
przyjemny *adj* pleasant, agreeable
przyjeżdżać *vi* come (**do pewnego miejsca** to some place), arrive (**do pewnego miejsca**) at <in> some place
przyjęcie *n* reception; (*zebranie towarzyskie*) party; (*np. do szkoły*) admission; (*do pracy*) engagement; (*daru, weksla*) acceptation
przyjść *vi zob.* **przychodzić**; ~ **na umówione spotkanie** keep an appointment
przykład *m* example, instance; **na** ~ for instance <example>
przykro *adv,* ~ **mi** I'm sorry, it pains me; ~ **mi to mówić** I regret to say this
przykrość *f* annoyance, pain, trouble
przylądek *m* cape, promontory
przylepiec *m* (*plaster*) adhesive tape
przylot *m* arrival
przyłączyć *vt* annex, attach; ~ **się** *vr* join (**do kogoś, do towarzystwa** sb, a company)
przymierzać *vt* (*ubranie*) try on
przymiotnik *m gram.* adjective
przymrozek *m* light frost
przymus *m* compulsion, contraint
przynaglać *vt* urge, press
przynajmniej *adv* at least
przynęta *f* bait; *przen.* lure, enticement
przynosić *vt* bring; (*dochód*) bring in; (*plon*) yield; (*stratę, szkodę*) cause
przypadek *m* event, accident, case; *gram.* case
przypadkiem *adv* by chance, accidentally; **spotkałem go** ~ I happened to meet him
przypływ *m* flow; ~ **i odpływ** flow and ebb, tide

przypominać *vt* remind (**komuś coś** sb of sth); ~ **sobie** recall, recollect
przypomnienie *n* (*zwrócenie uwagi*) admonition; (*monit*) reminder; ~ **sobie** recollection
przyprawa *f* spice, condiment
przypuszczać *vt* suppose, admit
przypuszczalnie *adv* supposedly, presumably
przyroda *f* nature
przyrząd *m* apparatus, instrument
przyrządzać *vt* prepare, make ready; (*potrawę*) season, dress
przyrzeczenie *n* promise
przyrzekać *vt* promise
przysięg|a *f* oath; **złożyć ~ę** take an oath; **pod ~ą** upon oath
przysłowie *n* proverb
przysłówek *m gram.* adverb
przysług|a *f* service; **wyświadczyć ~ę** do <render> a service
przysmak *m* dainty, delicacy
przystanek *m* stop, halt
przystań *f* harbour
przystawka *f* (*potrawa*) hors d'oeuvre
przystojny *f* good-looking, handsome, well-shaped
przysłać *vt* send (in); *vi* send (**po kogoś, coś** for sb, sth)
przyszłoś|ć *f* the future; **na ~ć** (ostrzegając) in future; **w ~ci** in the future; **oszczędzać na ~ć** (*na dalsze lata*) save for the ~ future
przyszły *adj* future; ~ **tydzień itp.** next week etc.
przyszywać *vt* sew on
przytomność *f* consciousness; ~ **umysłu** presence of mind; **stracić** ~ lose consciousness; **odzyskać** ~ recover, come to
przytomny *adj* conscious
przywiązywać *vt* bind, tie (up), fasten; ~ **się** *vr* attach oneself, become attached (**do kogoś, czegoś** to sb, sth)
przywitać *vt* welcome, greet
przywóz *m* import, importation; (*dostawa*) delivery
przyznać *vt* (*np. nagrodę*) award; (*uznać rację*) admit; ~ **się** *vr* confess, avow (**do czegoś** sth)
przyzwoity *adj* decent
przyzwyczajać *vt* accustom (**do czegoś** to sth); ~ **się** *vr* become accustomed, get used (**do czegoś** to sth)
pstrąg *m zool.* trout
psuć *vt* spoil; (*pogarszać*) make worse, worsen; (*uszkadzać*) damage; ~ **się** *vr* spoil, get spoilt
pszczoła *f zool.* bee
pszenica *f* wheat
ptak *m* bird

publicznie *adv* in public
publiczność *f* public; (*na sali*) audience
puchnąć *vi* swell
pudełko *m* box
puder *m* powder
puderniczka *f* compact, powder-box
pukać *vi* knock, rap (**do drzwi** at the door)
pulower *m* pull-over
puls *m* pulse; **mierzyć ~** feel the pulse
pułkownik *m* colonel
punkt *m* point; (*inwentarza, programu itp.*) entry, item; **~ widzenia** point of view; **~ wyjścia** starting point
punktualny *adj* punctual
pusty *adj* empty
pustynia *f* desert
puszcza *f* wilderness; primeval forest
puszczać *vt* let fall, let go; (*o pogłosce*) set afloat; *vi* (*o farbie*) come off; **~ w ruch** set going, set in motion; **~ wolno** set free
puszka *f* box; (*blaszana*) tin, *am.* can; **~ na pieniądze** money-box
puścić *zob.* **puszczać**
puzon *m* *muz.* trombone
pycha *f* pride, haughtiness
pył *m* dust
pysk *m* muzzle, snout
pyszny *adj* proud; (*wyborny*) excellent; (*smaczny*) delicious
pytać *vt* ask (**o drogę** one's way; **o kogoś, coś** about sb, sth; inquire (**o kogoś, coś** after sb, sth); *(wypytywać)* interrogate; *(egzaminować)* examine
pytanie *n* question; inquiry (**o kogoś** after sb); (*stawianie pytań, badanie*) interrogation; **trudne <podchwytliwe> ~** poser; **zadać komuś ~** ask sb a question, put a question to sb

R

rabować *vt* rob (**komuś coś** sb of sth), plunder
rabunek *m* robbery, plunder
rachunek *m* reckoning; account; *(w pralni, restauracji)* bill; **~ bieżący** current account
racj|a *f* reason; *(żywnościowa)* ration; **mieć ~ę** be right; **nie mieć ~i** be wrong
racjonalny *adj* rational, reasonable

raczej *adv* rather, sooner

rad|a *f (porada)* advice, counsel; *(zespół)* council, board; **~a miejska** city council; **dać sobie ~ę** manage (**z czymś** sth); **pójść za czyjąś ~ą** follow <take> sb's advice; **jaka na to ~a?** what can be done about it?

radio *n* radio; *(aparat)* radio(-set); **przez ~** on the air; **nadawać przez ~** broadcast

radiosłuchacz *m* listener

radiostacja *f* broadcating station

radny *m* city <town> councillor

radosny *adj* joyous, joyful, cheerful

radoś|ć *f* joy; **nie posiadać się z ~ci** be transported with joy; **sprawić komuś ~ć** make sb glad

radzić *vt vi* advise (**komuś** sb); *(obradować)* deliberate (**nad czymś** on sth); **~ się** *vr* consult (**kogoś** sb)

rajd *m* raid, rally

rak *m zool.* crab, crayfish; *med. astr. geogr.* cancer

rakieta 1. *f* rocket

rakieta 2. *f sport* racket

ram|a *f* frame; **oprawiać w ~ę** frame; *przen.* **w ~ach czegoś** within the framework <limits> of sth

ramię *n* arm; *(bark)* shoulder; **wzruszać ~onami** shrug one's shoulders

rana *f* wound, cut

randka f *pot.* date; rendezvous

ranga *f* rank

ranić *vt* wound, hurt

ranny *adj* wounded

rano *adv* in the morning; **dziś ~** this morning; **wczoraj <jutro> ~** yesterday <tomorrow> morning

raport *m* report; account

rat|a *f* instalment, part payment; **na ~y** by instalments; **sprzedaż <kupno> na ~y** hire-purchase

ratować *vt* save, rescue; **~ się** *vr* save oneself; **~ się ucieczką** take to flight

ratownik *m* rescuer, *am.* lifeguard

ratun|ek *m* rescue, salvation; **wołać o ~ek** cry for help; **~ku!** help!

ratusz *m* town hall

raz *s (cios)* blow; **jeden ~** once; **dwa ~y** twice; **trzy ~y** three times; **innym ~em** some other time; **jeszcze ~** once more; **na ~ie** for the time being; **od ~u** at once; **pewnego ~u** once upon a time; **po ~ pierwszy** for the first time; **~ na zawsze** once for all; **~ po ~** repeatedly, again and again; **tym ~em** this time; **w każdym ~ie** at any rate, in any case; **w najgorszym ~ie** if the worst comes to the worst, at worst; **w najlepszym ~ie** at best; **w przeciwnym ~ie** or else, otherwise

razem *adv* together

rączka *f* little hand; *(uchwyt)* handle

rdza *f* rust

reakcja *f* reaction

realistyczny *adj* realistic

realizować *vt* realize, make real; *(czek, rachunek)* cash

realny *adj* real

recepcja *f* reception; *(np. w hotelu)* reception desk <office>

recepta *f* prescription

redakcja *f* *(czynność)* editing, composition; *(szkic)* draft; *(biuro)* editor's office

redaktor *m* *(gazety, czasopisma)* editor; ~ **naczelny** editor in chief

reflektor *m* reflector; *mot.* headlight; searchlight

reflektować *vi* have in view (**na coś** sth); intend; ~ **się** *vr* come to one's senses, sober down

reforma *f* reform

reformować *vt* reform

refren *m* refrain

regał *m* bookshelf

regulamin *m* regulations *pl*

regularny *adj* regular

regulować *vt* regulate; *(zegarek)* put right; *(ruch uliczny)* control; *(rachunek)* settle

reguła *f* rule; **z ~y** as a rule

rejestrować *vt* register, record; *wojsk.* enroll; ~ **się** register

rejon *n* region

rejs *m* cruise

rekin *m zool.* shark

reklama *f* publicity, advertising

reklamacja *f* claim;

reklamować *vt* claim, *(ogłaszać)* advertise

rekolekcje *s pl* retreat

rekomendacja *f* recommendation

rekomendować *vt* recommend

rekonwalescencja *f* recovery, convalescence

rekord *m* record; **pobić <ustanowić>** ~ break a record

rekreacja *f* recreation

relacja *f* report; *stosunek* relation

relaks *m* relax

religia *f* religion

religijny *adj* religious

remis *m sport* tie; draw

remont *m* renovation, repair

renesans *m* Renaissance

renifer *m zool.* reindeer

renta *f* income, annuity; *(starcza)* old-age pension; *(inwalidzka)* disability payment
rentgen *m* x-ray
reperować *vi* repair, mend
repertuar *m* repertoire, repertory
reporter *m* reporter
reprezentować *vt* represent
resor *m* spring, *mot.* shock absorber
resort *m* department; ministry
restauracja *f* restaurant; *(odnowienie, przywrócenie)* restoration
reszta *f* rest, remainder; *(pieniędzy)* change; *(osad)* residue
reszt|ka *f* remnant; *pl* **~ki** relics, remains
reumatyzm *m* rheumatism
rewanż *m (odwet)* revenge; *(odwzajemnienie)* reciprocation, requital; *sport* return match
rewelacja *f* revelation, sensation
rewizja *f* revision; *(obszukiwanie)* search
rewolucja *f* revolution
rezerwa *f* reserve
rezerwować *vt* reserve; *(miejsce w pociągu, teatrze)* book
rezultat *m* result
rezygnować *vi* resign (**z czegoś** sth, **na rzecz kogoś** to sb), give up
reżyser *m* stage-manager; *(filmowy)* director
ręcznie *adv* by hand; **~ robiony** handmade
ręcznik *m* towel
ręczny *adj* hand *attr*, manual; **robota ~a** handiwork
ręk|a *f* hand; **iść komuś na ~ę** play into sb's hands; **to jest mi na ~ę** this suits me; **trzymać za ~ę** hold by the hand; **od ~i** on the spot, offhand; **pod ~ą** at hand; **pod ~ę** arm in arm; **~a w ~ę** hand in hand
rękaw *m* sleeve
rękawiczka *f* glove; *(z jednym palcem)* mitten
rękodzieło *n* handicraft
robak *m* worm
rober *m (w kartach)* rubber
robi|ć *vt* make, do; **~ć swoje** do one's duty; **~ć na drutach** knit; **mało sobie z tego ~ę** I make little of it; **to mi dobrze ~** it does me good; **~ć się** *vr tylko impers*; **~ się ciepło <zimno, późno itd.>** it is getting warm <cold, late etc.>
robot *m* robot
robot|a *f* work, labour, job; **nie mieć nic do ~y** have nothing to do

robotnik *m* *(pracownik)* worker, labourer; *(pracownik fizyczny)* workman
rocznica *f* anniversary
roczny *adj* yearly, annual
rodak *m* (fellow-)countryman
rodowity *adj* native; ~ **Anglik** Englishman by birth
rodzaj *m* kind, species, sort; *biol.* genus; *gram.* gender; ~ **ludzki** mankind; **coś w tym ~u** something of the kind
rodzeństwo *n* brothers and sisters
rodzice *s pl* parents
rodzić *vt* bear, give birth to...; produce, generate
rodzina *f* family
rodzynek *m* raisin
rok *s (pl* **rok***)* year; ~ **szkolny** school-year; **co drugi** ~ every second year; **w przyszłym <w zeszłym> ~u** next <last> year
rolla *f (teatr i przen.)* part, role; **odgrywać ~ę** play a part
rolnictwo *n* agriculture
rolnik *m* farmer
romans *m (powieść)* romance, novel; *(miłostka)* love-affair
romantyzm *m* romanticism
rondo *m (plac)* circus
ronić *vt (np. łzy)* shed; *med.* miscarry
ropa *f med.* pus; ~ **naftowa** rock-oil, petroleum
ropień *m med.* abscess
Rosjanin *m* Russian
rosnąć *vi* grow
rostbef *m* roast beef
rosyjski *adj* Russian
roślina *f* plant; ~ **pnąca** creeper
rower *m* (bi)cycle
rozbić *vt* crush, smash, disrupt; *(wroga)* defeat; ~ **się** *vr* be crushed <smashed>; *(o statku)* be shipwrecked; *(o planie)* be thwarted
rozbierać *vt* undress; *(rozkładać)* decompose; *(dom)* pull down; *(np. maszynę)* dismantle, dismount; *(np. zegarek)* take apart; ~ **się** *vr* undress, strip; *(zdejmować wierzchnie odzienie)* take off (one's overcoat, hat etc.)
rozbijać *zob.* **rozbić**
rozchodzić się *vr (o towarzystwie)* break up, part; *(o zgromadzeniu, grupie uczniów itp.)* disperse; *wojsk.* break ranks; *(rozłączyć się)* separate, get divorced; come apart; *(o wiadomościach itp.)* spread abroad; *(o towarze)* sell well
rozciągać *vt* ~ **się** *vr* extend, stretch, expand
rozcieńczyć *vt* dilute

rozczarować *vt* disillusion, disappoint; ~ **się** *vr* become disappointed

rozczarowanie *n* disillusionment, disappointment

rozdawać *vt* distribute, give out; *(karty)* deal

rozdrażnienie *n* irritation

rozdział *m (oddzielenie)* separation; *(podział)* division, *(rozdzielenie)* distribution; *(w książce)* chapter

rozdzielać *vt (oddzielać)* separate, sever; *(podzielić)* divide; *(rozdawać)* distribute

rozdzielczly *adj* distributive; **tablica ~a** *elektr.* switchboard, *(w samochodzie)* dashboard

rozdzierać *vt* rend, tear up, split; *(otwierać np. list)* tear open

rozebrać *zob.* **rozbierać**

rozejść się *zob.* **rozchodzić się**

rozerwać się *vr (zabawić się)* have a good time; divert oneself; *(pęknąć)* become <get> torn up; *wybuchnąć* burst

rozgłośnia *f* broadcasting station

rozgnieść *vt* crush

rozgniewać *vt* anger, make angry; ~ **się** *vr* become angry (**na kogoś** with sb, **na coś** at <about sth>)

rozgrzewać *vt* warm up; ~ **się** *vr* warm oneself, get warm, warm up

rozjaśnić *vt,* ~ **się** *vr* clear up, brighten

rozkaz *m* order, command; **an ~** by order

rozkazywać *vi* order, command

rozkład *m* disposition; *(psucie się)* decay, disintegration; *(jazdy, godzin)* time-table

rozkładać *vt (rozstawiać)* dispose, place apart; *(np.mapę)* spread open <out>; *(rozwijać)* unfold; *(np. na wystawie)* display, lay out; *(rozbierać na części)* decompose, take to pieces; ~ **się** *vr (wyciągać się)* stretch out, spread; *(psuć się)* decay, decompose; *(rozpadać się)* disintegrate

rozkosz *f* delight

rozległy *adj* extensive, vast

rozlewać *vt (np. mleko na podłogę)* spill; *(wlewać do naczyń)* pour out; *(krew, łzy)* shed; ~ **się** *vr (o rzece)* overflow; *(o płynie)* spill

rozliczać się *vr* settle accounts

rozluźnić *vt* loosen, relax; ~ **się** *vr* loosen, come loose

rozłączać *vt* disjoin, disconnect; *(także techn.)* separate; *(np. telefon)* switch <cut> off; ~ **się** *vr* become disconnected;

separate; *(telefonicznie)* hang up; switch off
rozmaity *adj* various, diverse
rozmawiać *vi* talk, chat, converse
rozmiar *m (wymiar)* size; *(zakres)* dimension, extent
rozmienić *vt (pieniądze)* change
rozmieszczać *vt* dispose, arrange; locate; *(rozlokować)* quarter, accommodate
rozmnażać *vt*, ~ **się** *vr* multiply, breed
rozmow|a *f* conversation; **prowadzić ~ę** carry on a conversation
rozmówca *m* interlocutor
rozmyślać *vi* meditate, reflect (**nad czymś** on <upon> sth)
rozmyślić się *vr* change one's mind
rozmyślny *adj* deliberate, premeditated
rozpacz *f* despair; **doprowadzić do ~y** drive to despair
rozpaczać *vi* despair
rozpaczliwy *adj* desperate
rozpadać się *vr* fall to pieces, collapse, break down
rozpalać *vt (ogień)* make a fire
rozpatrywać *vt* consider, examine
rozpęd *m* impetus, start
rozpędzić *vt* disperse; *(tłum)* break up; *(rozruszać)* start, set in motion; ~ **się** *vr* break into a run
rozpiąć *zob.* **rozpinać**
rozpinać *vt (ubranie)* unbutton, undo; *(rozciągać)* stretch out; *(żagiel)* spread
rozplątać *vt* disentangle
rozpłakać się *vr* burst into tears
rozpływać się *vr* melt away, vanish; *(o pieniądzach)* melt
rozpoczynać *zob.* **zaczynać**
rozpogodzić się *vr* clear up
rozporządzeni|e *n* disposal (**czymś** of sth); *(dekret)* order, decree; **do twego ~a** at your disposal
rozpowszechniać *vt* spread, diffuse, propagate; ~ **się** *vr* spread
rozpoznanie *n* discernment; *med.* diagnosis
rozpoznawać *vt* recognize; discern; *med.* diagnose
rozprawa *f* dissension, debate; *(np. naukowa)* treatise, dissertation; *prawn. (sądowa)* case; *(załatwienie sporu)* settlement
rozprawiać *vi* debate, discuss (**o czymś** sth); ~ **się** vr settle matters; **szybko ~ się** make short work (z czymś of sth)
rozpuszczać *vt (płyn)* dissolve; *(odprawiać, zwalniać)* dismiss; *(wojsko)* disband, dismiss; *(puszczać wolno)* let go,

dismiss; *(pogłoski)* spread; ~ **się** *vr* dissolve, *(topnieć)* melt
rozrachunek *zob.* **rozliczenie;** *handl.* cleare ance
rozróżniać *vt* distinguish; *(wyodrębniać)* discern
rozruch *m* start, setting in motion; *pl* ~**y** *(zamieszki)* uproar, riot
rozruszać *vt* set in motion; start; ~ **się** *vr* be roused, begin to stir
rozrywka *f* amusement, pastime
rozrzucać *vt* scatter; *(pieniądze)* squander
rozrzutny *adj* extravagant
rozsądek *m* sense; **zdrowy** ~ common sense
rozsądny *adj* sensible, reasonable
rozstanie *n* parting, separation
rozstawać się *vr* part company (**z kimś** with sb, **z czymś** with sth)
rozstrój *m* disharmony, discord; disorganization; *(umysłowy)* mental derangement; *med.* ~ **nerwowy** nervous breakdown; ~ **żołądka** dyspepsia, upset stomach
rozstrzygać *vt* decide (**coś** sth), determine (**o czymś sth);** ~ **kwestię** decide the quesion; ~ **o wyniku** determine the result
rozszerzać *vt* widen, broaden; enlarge; *(szerzyć)* diffuse, spread; ~ **się** *vr* widen, broaden; extend
rozśmieszać *vt* make laugh
roztargniony *adj* distracted, absent-minded
roztwór *m* solution
rozum *m (zdolność pojmowania)* understanding; *(władze umysłowe)* reason; *(umysł)* intellect; *(rozsądek, spryt)* wit; **chłopski** ~ common sense
rozumieć *vt* understand; *(pojmować)* comprehend; ~ **się** *vr* understand (**nawzajem** each other); *(znać się)* understand thoroughly (**na czymś** sth)
rozumny *adj* reasonable; sensible
rozważać *vt (rozpatrywać)* consider; *(zastanawiać się)* reflect (**coś** on <upon> sth)
rozwiązanie *n (zagadki)* solution; *(zebrania, małżeństwa, umowy itp.)* dissolution
rozwiązywać *vt* untie, undo; *(zagadki, problemy)* solve; *(stowarzyszenie, małżeństwo, umowę)* disolve; *(zgromadzenie)* dismiss, dissolve
rozwiedziony *adj* divorced
rozwijać *vt (np. paczkę)* unwrap; *(np. gazetę)* unfold; *(np.*

zwój sukna, papieru) unroll; *(skrzydła, żagiel)* spread; **~ się** *vr* develop; unroll
rozwodzić *vt* divorce; **~ się** *vr* divorce **(z kimś** sb)
rozwód *m* divorce; **wziąć ~** divorce **(z kimś** sb)
rozwój *m* development, evolution
ród *m (pochodzenie)* origin, stock; *(w Szkocji)* clan; **~ ludzki** mankind; **rodem z Warszawy** a native of Warsaw
róg *m* horn; *(myśliwski)* bugle; *(zbieg ulic, kąt)* corner; **na rogu** at the corner; **za rogiem** round the corner
również *adv* also, too, as well; **jak ~** as well as
równik *m geogr.* equator
równina *f* plain
równo *adv* even
równoczesny *adj* simultaneous; *(współczesny)* contemporary
równoległy *adj* parallel
równoleżnik *m geogr.* parallel
równorzędny *adj* of equal rank, equivalent
równość *f* equality; *(gładkość)* evenness
równowag|a *f* equilibrium, balance; **odzysakać ~ę** recover one's balance, **stracić ~ę** lose one's balance
równy *adj (gładki, płaski, prosty)* even, flat, level; *(taki sam, jednakowy)* equal
róża *f* rose
różaniec *m* rosary
różnica *f* difference; **~ zdań** diversity of opinions
różnić się *vr* differ **(od kogoś, czegoś** from sb, sth; **pod względem czegoś** in sth)
różnorodny *adj* heterogeneous; various
różny *adj (odmienny)* different **(od czegoś** from sth); *(różniący się, przeciwstawny)* distinct **(od czegoś** from sth); *(rozmaity)* various; sundry
różowy *adj* pink, rosy
ruch *m* movement; *(posunięcie, np. w szachach)* move; *(chód, np. maszyny)* motion; **~ jednokierunkowy** one-way road; **~ oporu** resistance movement; **~ pasażerski** passengertraffic
ruchliw|y *adj* mobile, active; **~a ulica** busy street
ruda *f* ore
rudy *adj* brownish-red, rusty; *(rudowłosy)* red-haired
ruina *f* ruin
Rumun *m* Rumanian
rumuński *adj* Rumanian
runąć *vi* collapse, tumble down
rura *f* pipe, tube; <*wydechowa*> exhaust pipe

ruszać *vt vi* move, stir; *(dotykać)* touch; *(w drogę)* start (**dokądś** for a place); **~ się** *vr* move, stir; *(być czynnym)* be busy, *pot.* be up and doing
ruszt *m* (fire-)grate
rwać *vt* tear; *(owoce, kwiaty)* pluck, pick; *(zęby)* draw; *vi (o bólu)* shoot; **~ się** *vr (np. o ubraniu)* tear; *(mocno chcieć)* be eager (**do czegoś** for <after> sth, to do sth), *pot.* be keen (**do czegoś** on sth)
ryb|a *f* fish; **łowić ~y** fish; catch fish, *(na wędkę)* angle; **iść na ~y** go fishing
rybak *m* fisher, fisherman, *(wędkarz)* angler
ryczałt *m* lump sum; **~em** in the lump
ryj *m* snout
rynek *m* market, market-place
rynna *f* gutter-pipe, rain-pipe
rynsztok *m* sewer, gutter
rys *m (twarzy)* feature; *(charakteru)* trait
rysopis *m* description
rysować *vt* draw; *(szkicować)* sketch; *(planować)* design; **~ się** *vr (na tle)* be outlined, appear
rysunek *m* drawing, *(szkic)* sketch; *(plan)* design
rysunkowy *adj*, **film ~** cartoon-film
rytm *m* rhythm
rywal *m* rival
rywalizować *vt* rival (**z kimś** sb), compete (**z kimś** with sb)
ryzyko *n* risk; **narażać się na ~** run a <the> risk
ryż *m* rice
rzadki *adj* rare; *(nieliczny)* scarce; *(o włosach)* thin; *(o zupie)* clear; *(o tkaninie)* loose
rzadko *adv* seldom, rarely
rząd 1. *m* row, rank, file; *biol.* order; **drugi z rzędu** next, successive; **8 godzin z rzędu** 8 hours at a stretch; **rzędem** in a row <line>; **ustawić się rzędem** line up
rząd 2. *m* government, *am.* administration, management
rządzić *vi* govern; manage (**czymś** sth); rule (**czymś** over sth)
rzecz *f* thing; *(sprawa)* matter; **do ~y** to the point; **to nie twoja ~** it is no business of yours; **w samej ~y** in point of fact; **mówić od ~y** talk nonsense
rzecznik *m* representative; *(orędownik)* advocate, spokesman
rzeczownik *m gram.* noun, substantive
rzeczpospolita *f* republic
rzeczywistość *f* reality
rzeczywisty *adj* real, actual

rzeka *f* river
rzekomo *adv* allegedly
rzekomy *adj* supposed, pretended, sham; *(niedoszły)* would-be; ~ **bohater** would-be hero
rzemiosło *n* craft, trade
rzetelny *adj* honest, fair
rzeźba *f* *(sztuka)* sculpture; *(dzieło)* piece of sculpture
rzeźbiarz *m* sculptor
rzeźbić *vt* carve, sculpture
rzeźnik *m* butcher
rzęsa *f* eye-lash
rzodkiewka *f bot.* radish
rzucać *vt* throw, cast; *(opuszczać)* leave; *(poniechać)* give up; ~ **okiem** have a glance (**na coś** at sth); ~ **myśl** make a suggestion; ~ **się** *vr* rush (**na kogoś, coś** at sb, sth); fling oneself
rzut *m* throw, cast; *(plan)* projection; **na pierwszy ~ oka** at first glance
rzutować *vt vi* project

S

sad *m* orchard
sadzić *vt* plant, set
sakrament *m* sacrament
saksofon *m* saxophone
sala *f* hall, room; (*w szpitalu*) ward
sałata *f* (*roślina*) lettuce; (*surówka*) salad
sam *adj* alone; -self (myself, yourself itd.); same; very; ~ **jeden** all alone; **na ~ym końcu** at the very end; **tak ~o** likewise, as well; **ten ~** the same
samica *f* female
samiec *m* male
samobójstwo *n* suicide; **popełnić ~** commit suicide
samochód *m* car; ~ **ciężarowy** truck
samodzielny *adj* independent, self-reliant
samogłoska *f* vowel
samolot *m* (aero)plane, *am.* airplane
samoobsługowy *adj* (*o barze, o sklepie, o stacji benzynowej*) *attr* self-service
samoprzylepny *adj* (self-) adhesive
samorząd *m* autonomy, self-government; ~ **gminny <miejski itp.>** local government
samotny *adj* solitary, lone, lonely; *praed* alone
sanatorium *n* sanatorium

sandał *m* sandal
sanki *s pl* sledge, sled, toboggan
sardynka *f* sardine
sarna *f* roe, deer;(**samiec**) buck; (**samica**) doe
satelita *m* satellite
satysfakcja *f* satisfaction
sąd *m* judgement; (*ocena*) opinion; (*instytucja*) court; ~ **przysięgłych** jury
sądzić *vt* judge; ~ **sprawę** try a case; *vi* (*mniemać*) think
sąsiad *m* neighbour
scena *f* scene; *teatr* stage
schab *m* joint of pork
schludny *adj* clean, neat, tidy
schnąć *vi* dry, become dry
schody *s pl* stairs; **ruchome** ~ escalator
schodzić *vi* go <come> down; (*z chodnika, ze sceny itp.*) get off; (*o czasie*) pass; ~ **się** *vr* come together, meet
schować *zob* **chować**
schron *m* shelter
schronić się *vt* shelter (oneself); take shelter
schronisko *n* shelter; (*w górach*) refuge; (*azyl*) asylum
schwytać *vt* seize, catch
schylać *vt,* ~ **się** bend, bow, incline
scyzoryk *m* penknife
sedno *n* core, gist; **trafić w** ~ hit the mark
sejf *m* safe; safe-deposit box
sejm *m* parliament, Diet; (*w Polsce*) Sejm, Seym
sekcja *f* section; ~ **pośmiertna** post-mortem examination
sekre|t *m* secret; **zachować coś w ~cie** keep sth secret
sekretarz *m* secretary; ~ **stanu** secretary of state
seksualny *adj* sexual
sekunda *m* second
seler *m bot.* celery
semestr *m* semestr, term
sen *m* sleep; (*marzenie senne*) dream
senat *m* senate
senator *m* senator
senny *adj* sleepy
sens *m* sense, meaning; **mieć** ~ make sense
sensacyj|ny *adj* sensational; **film ~y, powieść ~a** thriller
separacja *f* separation
ser *m* cheese
ser|ce *n* heart; **przyjaciel od ~a** bosom friend
sercow|y *adj med.* cardiac; **choroba ~a** heart disease; **sprawa ~a** love affair
serdeczny *adj* cordial, hearty, heart-felt
serdelek *m* sausage

serio, na ~ *adv* in (good) earnest, seriously
serwetka *f* napkin
serwis 1. *m* (*naprawa, usługa*) service
serwis 2. *m* (w tenisie) service
serwować *vt vi sport* serve
setny *num* hundredth
sezon *m* season
sędzia *m* judge; (*polubowny*) arbiter; *sport* umpire, referee
siać *vt* sow
siadać *vi* sit down, take a seat; **~ na konia** mount a horse
siarka *f* brimostone, *chem.* sulphur
siatka *f* net; (*radio*) screen; *elektr.* grid
siatkówka *f anat.* retina; *sport* volley-ball
siąść *zob.* **siadać**
siebie, sobie *pron* myself, yourself itd. ; **blisko siebie** close to each other
sieć *f* net, network; (*pajęczyna*) web; *elektr.* grid
siedem *num* seven
siedemdziesiąt *num* seventy
siedemdziesiąty *num* seventieth
siedemnasty *num* seventeenth
siedemnaście *num* seventeen
siedemset *num* seven hundred
siedzenie *n* seat
siedziba *f* seat
siedzieć *vi* sit; **~ cicho** keep quiet; **~ w domu** stay at home
sierota *m* orphan
sierpień *m* August
sierść *f* hair, bristle
się *pron* oneself; *nieosobowo*: one, people, you, they; **musi ~ przestrzegać reguł** one must observe the rules; **mówi ~, że...** people <you, they> say that...
sięgalć *vi* reach (**po coś** for sth); **łąka ~ aż do rzeki** the meadow reaches as the river
silnik *m* motor
silny *adj* strong
siła *f* strength; *także elektr.* power; force; **~ robocza** manpower; **~ woli** will power
siniak *m* bruise
siostra *f* sister
siostrzenica *f* niece
siostrzeniec *m* nephew
siódemka *f* seven
siódmy *num* seventh
skakać *vi* jump, leap, (*podskakiwać*) skip
skaleczyć *vt* wound, injure, hurt
skała *f* rock
skandal *m* scandal
skarb *m* treasure
skarg|a *f* complaint (**na kogoś** against sb, **z powodu czegoś** about sth); (*sądowa*) charge;

wnieść ~ę bring a charge (**na kogoś** against sb)

skarpetka *f* sock

skarżyć *vt* accuse (**kogoś o coś** sb of sth); (*do sądu*) sue (**kogoś o coś** sb for sth), bring a suit (**kogoś** against sb, **o coś** for sth); **~ się** *vr* complain (**na coś** of sth)

skazać *vt* condemn, sentence (**na coś** to sth); **~ na karę pieniężną** fine

skąd *adv* from where, where ... from

skąpy *adj* miserly, stingy; (*o posiłku*) meagre; (*nie wystarczający*) scanty

sklep *m* shop, *am.* store

skład *m* compostion; (*magazyn*) store, warehouse

składać *vt* put together; (*np. list, gazetę*) fold; (*przedstawiać dokumenty, dowody*) present, submit; (*pieniądze*) lay by, save; (*pieniądze do banku*) deposit; (*wizytę*) pay; (*egzamin*) take, undergo

składka *f* contribution; (*zbiórka*) collection

składnia *f gram.* syntax

składnik *m* component; (*potrawy, lekarstwa*) ingredient

skoczyć *vi* make a dash; *zob.* **skakać**

skok *m* leap, jump; **~ do wody** dive; *sport* **~ w dal** long jump; **~ o tyczce** pole-jump; **~ wzwyż** high jump

skomplikowany *adj* complicated, intricate

skończyć *vt* finish; get through (np. **pracę** with work); **~ć się** *vr* be finished, come to an end; be over

skorupa *f* crust; (*np. jajka, żółwia, orzecha*) shell

skóra *f* (*żywa na ciele*) skin; (*zwierzęca surowa*) hide; (*garbowana*) leather

skórka *f* skin; (*szynki, sera, owocu, kiełbasy*) rind; (*owocu, ziemniaka*) peel; (*chleba*) crust

skracać *vt* shorten, cut short; (*mowę, tekst*) abbreviate; (*książkę*) abridge

skreślić *vt* (*skasować*) cancel, cross out, erase; **~ z listy** strike off the list

skręcać *vt* twist, turn; (*kark*) break; *vi* turn (*na prawo* to the right)

skrępowany *adj* restricted; (*zażenowany*) embarrassed

skromny *adj* modest

skroń *f* temple

skrócić *zob.* **skracać**

skrót *m* abbreviation; shortening; *(streszczenie)* summary

skrytka *f* hiding-place; **~ pocztowa** post-office box
skrzep *m* clot; *med.* blood clot
skrzydło *n* wing
skrzynia *f* chest, coffer
skrzynka *f* box, case
skrzypce *s pl* violin, fiddle
skrzypieć *vi* creak
skrzyżowanie *m* (*dróg*) crossroads *pl*
skurcz *m med.* cramp, convulsion
skurczyć *vt*, **~ się** *vr* shrink
skuteczny adj efficacious
skut|ek *m* result, effect; **bez ~ku** to no purpose, of no effect; **na ~ek tego** as a result of it
slajd *m fot.* slide
słaby *adj* weak, feeble
słać *vt* (wysyłać) send; (*rozpościerać*) spread; **~ łóżko** make a bed
sława *f* glory, fame, repute; **dobra <zła> ~** good <bad> name
sławny *adj* famous, renowned
słodk|i *adj* sweet; **~a woda** fresh water
słodycz *f* sweetness; *pl* **~e** sweets *pl*, confectionery *zbior.*; *am* candies *pl*
słodzik *m* sweetener
słoma *f* straw
słonecznik *m* sunflower
słoneczny *adj* sunny, sun *attr*; **zegar ~** sun-dial; **promień ~** sunbeam
słonina *f* lard, fat
słony *adj* salt(y)
słoń *m* elephant
słońc|e *n* sun; **leżeć na ~u** lie in the sun
słowacki *adj* Slovakian
Słowak *m* Slovak
Słoweniec *m* Slovene
słoweński *adj* Slovenian
Słowianin *m* Slav
słowiański *adj* Slav, Slavonic
słowik *m* nightingale
słownictwo *n* vocabulary
słownie *adv fin.* say
słownik *m* dictionary
słowny *adj* verbal; (*dotrzymujący słowa*) reliable; dependable
słow|o *n* word; **cierpkie <gorzkie> ~a** bitter words; **gra słów** pun, play upon words; **~em** in short, in a word; **~o w ~o** word for word; **daję ~o!** upon my word! **dotrzyma ~a** keep one's word
słój *m* jar
słuch *m* hearing
słuchacz *m* hearer, listener (*także radiowy*); (*student*) student
słuchać *vt* listen (**kogoś, czegoś** to sb, sth); (*być posłusznym*) obey (**kogoś** sb); **~ czyjejś rady** take <follow> sb's advice

słuchawka *f* headphone; earphone; (*telefoniczna*) receiver
słup *m* pillar, column, post, pole
słuszny *adj* right, fair, reasonable, rightful
służb|a *f* service; *zbior.* (*personel*) servants *pl.* **na ~ie** on duty
służyć *vi* serve (**komuś** sb), be in the service (**komuś, u kogoś** of sb); (*być pożytecznym*) be of use <service> (**komuś** to sb); agree
słynny *adj* renowned, famous
słyszeć *vt* hear
smaczny *adj* savoury, tasty
smak *m* taste, flavour; **bez ~u** tastless, inspid
smak|ować *vi* taste; **jak ci to ~uje?** how do you like it?
smar *m* grease, lubricant
smarować *vt* smear; (*masłem*) butter
smażyć *vt,* **~ się** *vr* fry
smoking *m* dinner-jacket, *am.* tuxedo
smród *m* stench
smukły *adj* slim, slender
smutek *m* sorrow, sadness
smutny *adj* sad, sorrowful
sobie *zob.* **siebie**
sobota *f* Saturday
socjalizm *m* socialism
soczysty *adj* juicy
sodow|y *adj*, **woda ~a** soda-water
sofa *f* sofa, couch
soja *f* soy-bean
sojusz *m* alliance
sok *m* juice
solić *vt* salt
solidarność *f* solidarity
solidny *adj* solid, reliable
sondaż *m* (opinion) poll
sos *m* sauce; (*od pieczeni*) gravy
sosna *f bot.* pine
spacer *m* walk
spacerować *vi* take a walk
spać *vi* sleep; **chce mi się ~** I am sleepy; **iść ~** go to bed
spadać *vi* fall (down), drop
spadek *m* fall, drop (**cen, temperatury** in prices, in temperature); (*pochyłość*) slope; (*scheda*) inheritance, legacy
spadochron *m* parachute
spalać *vt* burn (out, up)
sparzyć *vt* scalad, burn; (*pokrzywą*) sting; **~ sobie palce** burn one's fingers; **~ się** *vr* burn oneself
specjalizować się *vr* specialize
specjalność *f* speciality; *am.* specialty
specjalny *adj* special
spektrum *n* spectrum
spełniać *vt* (*obowiązek*) fulfil, do; (*wymagania, życzenia, prośby*) satisfy
spędzać *vt* drive (up, down); (*czas*) spend

spieszylć się *vr* hurry, be in a hurry; *pot.* bustle up; **zegarek ~ się** the watch is fast

spinka *f* (*do mankietów*) stud; (*do włosów*) clasp

spirala *f* spiral; *techn.* coil

spirytus *m* spirt

spis *m* list, catalogue, register; **~ inwentarza** inventory; (*w książce*) **~ rzeczy** (table of) contents; **~ potraw** bill of fare

spleśniały *adj* mouldy, musty

spłacać *vt* pay off, repay

spod *praep* from under

spodek *m* saucer

spodnie *s pl* trousers; (*krótkie sportowe*) plus-fours; (*pumpy*) knickerbockers

spodziewać się *vr* hope (**czegoś** for sth), expect (**czegoś** sth)

spojówka *f anat.* cojunctiva

spojrzenie *n* glance; **jednym ~m** at a glance

spokojny *adj* quiet, calm, peaceful

spokój *m* peace, calm; **~ umysłu** peace of mind, composure; **daj mi ~!** let <leave> me alone!

społeczeństwo *n* society

społeczność *f* community

społecznly *adj* social; **opieka ~a** social welfare

spomiędzy *praep* from among

sponad *praep* from above

spontaniczny *adj* spontaneous

sporo *adv* pretty much <many>

sport *m* sport(s); **~ wodny** aquatic sport, aquatics; **~y zimowe** winter sports

sposlób *m* means, way; **~ób myślenia** way of thinking; **tym ~obem** by this means, in this way

spostrzegać *vt* perceive, notice; catch sight (**coś** of sth)

spośród *praep* from among(st)

spotkanie *n* meeting; **umówione ~** apointment; **przyjść na ~** keep an appointment

spotykać *vt* meet (**kogoś** sb); **~ się** *vr* meet (**z kimś** sb); (*napotykać*) meet (**z czymś** with sth)

spoza *praep* from behind

spożycie *n* consumption

spożywczly *adj* consumable; **artykuły ~e** foodstuffs

spód *m* bottom; **u spodu** at the bottom

spódnica *f* skirt

spójnik *m gram.* conjunction

spółdzielnia *f* co-operative (society)

spółgłoska *f gram.* consonant

spółka *f* partnership, company

spór *m* dispute, contention

spóźniać się *vr* be late; (*o zegarze*) be slow

sprągniony *adj* thirsty; *przen.* eager (**czegoś** for sth, to do sth)
sprawla *f* affair, matter; (*sądowa*) lawsuit, case, action; **załatwić ~ę** settle the matter; **zdawać sobie ~ę** be aware (**z czegoś** of sth); realize (**z czegoś** sth)
sprawdzać *vt* verify, test, check
sprawiedliwość *f* justice; **oddać ~** do justice
sprawiedliwy *adj* just, righteous
sprawozdanie *n* report, account
sprawozdawca *m* reporter; (*radiowy*) commentator
sprężyna *f* spring
sprośny *adj* obscene
sprytny *adj* clever, shrewd
sprzączka *f* buckle, clasp
sprzątać *vt* (*usuwać*) remove, carry off; (*pokój*) do up, tidy up; **~ ze stołu** clear the table
sprzeciwiać się *vr* object (**czemuś** to sth), oppose (**czemuś** sth)
sprzed *preap* from before
sprzedać *vt zob.* **sprzedawać**
sprzedawać *vt sell*
sprzedawca *m* seller, (*ekspedient*) shop-assistant
sprzedaż *f* sale; **na ~** for sale; **w ~y** on sale
sprzęgło *n techn.* coupling, clutch; **włączyć ~** put in the clutch; **wyłączyć ~** declutch
sprzęt *m* piece of furniture; implement, equipment
sprzymierzeniec *m* ally
spuszczać *vt* down, lower, drop; (*wodę*) let off; (*oczy*) cast down; (*głowę*) droop; (*psa ze smyczy*) unleash; **~ się** *vr* go down, descend
srebro *n* silver; **~ stołowe** plate
ssanie *n* suction
stacja *f* station
stalć *vi* stand; **~ć mnie na to** I can afford it; **~ć na czele** be at the head; **~ć na warcie** stand sentry; **~ć się** *vr* happen, occur; become; **co się ~ło?** what happened?, what's up here?
stadion *m* stadium
stadium *n* stage
stal *f* steel
stale *adv* constantly, always
stamtąd *preap* from there
stan *m* state, condition; (*kibić*) waist; (*część państwa*) state; **~ cywilny** marital status; **urząd ~u cywilnego** registry-office; **~ prawny** legal status; **~ wojenny** martial law; **być w ~ie** be able (**coś zrobić** to do sth); **w dobrym ~ie** in good condition
stanąć *vi* (*powstać*) stand up; (*zatrzymać się*) stop, halt
standard *m* standard

stanik *m* bodice; (*biustonosz*) brassiere, *pot* bra
stanowisko *n* post, position; (*społeczne*) standing; (*pogląd*) standpoint, opinion; (*postawa*) attitude
starać się *vr* endeavour, make efforts, take pains
starczy|ć *vi* suffice; **jeśli mi tylko sił** ~ to the best of my power; **to** ~ that will do
starożytn|y *adj* ancient, antique; *s pl* **~i** the ancients
startować *vi* start; *lotn. sport* take off
stary *adj* old, aged
stat|ek *m* vessel, ship; **~ek handlowy** merchantman; **~ek kosmiczny** spacecraft; **~kiem** by ship
statyw *m* tripod, stand
staw *m* pound; *anat.* joint
stawać *zob.* **stanąć**
stawiać *vt* set, put (up); (*np. butelkę, szklankę, drabinę*) stand; (*budować*) build, erect
stawka *f* (*w grze*) stake; (*taryfa*) rate
stąd *preap* (*z tego miejsca*) from here; (*dlatego*) hence
stemplować *vt* stamp, cancel; (*datownikiem pocztowym*) postmark
ster *m* rudder; (*koło sterowe*) helm; **u ~u** at the helm
stereofoniczny *adj* stereo (phonic)
sterling *zob.* **funt**
sterować *vi* steer (**okrętem** the ship)
sterylizować *vt* sterilize
stęchły *adj* fusty, musty
stłuc *vt* smash, break; (*np. kolano*) bruise
sto *num* one < a > hundred
stocznia *f* shipyard
stoisko *n* stand
stolec *m med.* stool; **oddawać ~** move one's bowels; defecate
stolica *f* capital; *rel.* **Stolica Apostolska** Holy See
stołek *m* stool
stołówka *f* canteen
stopa *f* foot; **~a procentowa** rate of interest; **~a życiowa** standard of life
stop|ień *m* degree, grade; (*np. schodów*) step; **uzyskać ~ień (akademicki)** graduate; **w wysokim ~niu** to a high degree
stopniowo *adv* gradually, by degrees
stosować *vt* apply, adapt; **~ć się** *vr* comply (*np. do prośby* with a request), conform (*np. do przepisów* to rules)
stosowny *adj* suitable, appropriate (**do kogoś, czegoś** to sb, sth)

stosunek *m* relation; proportion; (*związek*) connection; (*postawa*) attitude; (*płciowy*) intercourse
stowarzyszenie *n* association
stół *m* table
strach *m* fear, fright
stracić *vt* (*ponieść stratę*) lose; (*pozbawić życia*) execute
strajk *m strike;* ~ **powszechny** general strike
strajkować *vi* strike, go on strike
straszny *adj* terrible, awful
straszyć *vt* frighten
strat|a *f* loss; **ponieść ~ę** suffer a loss; **ze ~ą** at a loss
straż *f* guard, watch; ~ **ogniowa** fire brigade
strażnik *m* guard; (*nocny*) watchman
strefa *f* zone; ~ **podzwrotnikowa** torrid zone; ~ **umiarkowana** temperate zone; ~ **zimna** frigid zone
streszczać *vt* make a summary (**coś** of sth), summarize
streszczenie *n* summary, précis
striptiz *m* strip-tease
stroić *vt* (*ubierać*) attire, deck; (*fortepian*) tune; ~ **żarty** make fun (**z kogoś, czegoś** of sb, sth)
stromy *adj* steep, abrupt
stron|a *f* side; (*stronica*) page; *gram.* voice; (*okolica*) region, part; **~y świata** cardinal points;
stronnictwo *n* party
struktura *f* structure
strumień *m* stream
struna *f* string, chord; ~ **głosowa** vocal cord
strych *m* attic
stryj *m* uncle
strzał *m* shot
strzała *f* arrow
strzec *vt* guard, protect (**przed kimś, czymś** from <against> sb, sth); ~ **się** *vr* be on one's guard (**kogoś, czegoś** against sb, sth)
strzelać *vi* shoot, fire (**do kogoś, czegoś** at sb, sth)
strzelba *f* rifle, gun
strzyc *vt* shear, clip; (*włosy*) cut, crop; ~ **sobie włosy** have a haircut
strzykawka *f* syringe
student *m* student
studiować *vt* study, make a study of...
studnia *f* well
stwarzać *vt* create; make; (*np. sytuację, warunki*) bring about
stwierdzać *vt* state, corroborate
stwierdzenie *n* statement, corroboration

stworzenie *n* (*czyn*) creation; (*istota*) creature
stworzyciel, stwórca *m* creator
stworzyć *zob.* **stwarzać, tworzyć**
styczeń *m* January
stykać się *vr* contact (**z kimś** sb), meet (**z kimś** sb), be in touch (**z kimś** with sb)
styl *m* style; ~ **życia** way of life
stypendium *n* sholarship
substancja *f* substance
subtelny *adj* subtle
suchy *adj* dry
sufit *m* ceiling
sugerować *vt* suggest
sugestia *f* suggestion
sukces *m* success
sukienka *f* dress, frock
suma *f* sum, total; (*msza*) High Mass
sumienie *n* conscience
sumować *vt* sum up
surowiec *m* raw material
surowy *adj* raw; *przen.* severe, stern
surówka *f* (*potrawa*) salad
susza *f* drought
suszarka *f* hair-dryer
suszyć *vt* dry
suterena *f* basement
sweter *m* sweater, jersey; (*zapinany*) cardigan
swędzić *vi* itch
swoboda *f* liberty, freedom; (*wygoda*) ease; (*lekkość ruchów, obejścia*) easiness
swój *pron* his, my, our, your, their; **postawić na swoim** have one's will; **po swojemu** in one's own way
sygnalizacja *f* signaling
sylaba *f* syllable
symbol *m* symbol
symfonia *f* symphony
sympatila *f* sympathy; *pot.* (*o dziewczynie, chłopcu*) girlfriend, boyfriend; **czuć ~ę** have a liking (**do kogoś** for sb)
sympatyczny *adj* lovable, likable; (*ujmujący*) winning; (*swojski*) congenial
syn *m* son
synagoga *f* synagogue
synowa *f* daughter-in-law
sypać *vt* strew, pour, scatter; ~ **się** *vr* pour
sypialnia *f* bedroom
sypialny *adj attr* **wagon ~** sleeping-car, sleeper
syrop *m* syrup
Syryjczyk *m* Syrian
syryjski *adj* Syrian
system *m* system
sytuacja *f* situation
szachy *s pl* chess

szacować *vt* estimate, rate (**na 5 funtów** at Ł 5), appraise, assess

szacunek *m* (*ocena*) estimate, appraisal; (*uszanowanie*) esteem, respect

szafa *f* (*na ubranie*) wardrobe; (*na książki*) bookcase

szal *m* shawl

szaleć *vi* rage; be crazy (**za kimś, czymś** about sb, sth)

szaleństwo *n* madness, folly

szalet *m* W.C.; *am.* restroom

szalik *m* scarf, (*wełniany*) comforter

szalony *adj* mad

szampan *m* champagne

szanować *vt* esteem, respect; (*zdrowie, książki itp*) be careful (**coś** of sth)

szanowny *adj* respectable, honourable

szansa *f* chance

szary *adj* grey; *przen.* ~ **człowiek** the man in the street

szatan *m* satan

szatnia *f* cloak-room

szczaw *m* sorrel

szczególność *f* peculiarity; **w ~ci** in particular

szczególny *adj* peculiar, particular

szczegół *m* detail

szczelny *adj* close, tight

szczepić *vt med.* vaccinate; *med. i przen.* inoculate

szczery *adj* sincere, plain; (*np. o złocie*) genuine

szczęka *f anat.* jaw; **sztuczna ~** denture

szczęście *n* (*zdarzenie*) good-luck; (*stan*) happiness; **na ~** fortunately; **mieć ~** be lucky, have good luck

szczęśliwy *adj* happy; fortunate, lucky

szczoteczka *f* (*do zębów*) tooth-brush

szczotka *f* brush

szczupak *m zool.* pike

szczupły *adj* slim; (*niedostateczny*) scare, scanty

szczur *m* rat

szczypać *vt* pinch

szczyt *m* top, summit, peak; (*np. ambicji, sławy*) height; **godziny ~u** rush hours

szef *m* principal, chief, *pot.* boss

szelki *s pl* braces, *am.* suspenders

szept *m* whisper

szereg *m* row, file, series; (*np. nieszczęść*) succession; (*ilość*) number; **w ~u wypadków** in a number of cases

szermierka *f* fencing

szeroki *adj* wide, broad

szerokość *f* width, breadth; *geogr.* latitude

szesnastka *f* sixteen
szesnasty *num* sixteenth
szesnaście *num* sixteen
sześcienny *adj* cubic
sześć *num* six
sześćdziesiąt *num* sixty
sześćdziesiąty *num* sixtieth
sześćset *num* six hundred
szewc *m* shoemaker
szkic *m* sketch, outline
szkielet *m* *anat.* skeleton; (*zarys*) frame, framework
szklanka *f* glass
szklarz *m* glazier
szkło *n* glass
szkocki *adj* Scotch, Scots, Scottish
szkod|a *f* damage, detriment, harm; **~a, że...** it's a pity that ...; **~a o tym mówić** it's no use talking about it; **wyrządzć ~ę** do harm (**komuś** sb, to sb); **jaka ~a!** what a pity!
szkodzi|ć *vi* do harm, injure; **nie ~i !** never mind !; it doesn't matter
szkolić *vt* school, train
szkoł|a *f* school; **~ła podstawowa <powszechna>** primary <elementary> school; **~ła średnia** secondary school, *am.* high school; **chodzić do ~y** go to school; **w ~le** at school
Szkot *m* Scotchman, Scotsman
Szkotka *f* Scotchwoman, Scotswoman
szlachetny *adj* noble, gentle
szlafrok *m* dressing-gown
szlak *m* border; (*droga*) track, trail
szmata *f* clout, rag
szminka *f* paint, (*kredka*) lipstick
sznur *m* rope, cord; string; **~ pereł <korali itp>** string of pearls <beads etc.>
sznurowadło *n* shoe-lace
szofer *m* chauffeur, driver
szorty *s pl* shorts
szosa *f* highroad, highway
szóstka *f* six
szósty *num* sixth
szpada *f* sword
szpalta *f* column
szpara *f* slit, (*w automacie*) slot; (*szczelina*) chink
szparag *m bot.* asparagus
szpiegować *vt* spy (**kogoś** on sb)
szpilka *f* pin
szpinak *m* spinach
szpital *m* hospital
szprot *m pot.* **szprotka** *f* sprat
szron *m* hoarfrost
sztandar *m* banner
szterling *m* = **sterling** *zob.* funt

sztuczny *adj* artificial; (*nienaturalny*) affected
sztuk|a *f* art; (*kawałek, jednostka*) piece; (*bydła*) head; (*teatralna*) play
sztywny *adj* stiff; (*np. o zapasach, postępowaniu*) rigid; (*o cenach*) fixed
szuflada *f* drawer
szukać *vt* look for, seek (**kogoś, czegoś** sb sth); (*w słowniku*, itp) look up (**czegoś** sth)
szwagier *m* brother-in-law
szwagierka *f* sister-in-law
Szwajcar *m*, **~ka** *f* Swiss
szwajcarski *adj* Swiss
Szwed *m*, **~ka** *f* Swede
szwedzki *adj* Swedish
szyba *f* pane; (*w samochodzie*) windscreen
szybki *adj* quick, swift, speedy, fast
szybkoś|ć *f* speed, velocity; **z ~cią 60 mil na godzinę** at the rate of 60 miles per hour
szyć *vt* sew
szyj|a *f* neck; **pędzić na łeb na ~ę** rush headlong
szyld *m* signboard
szyna *f* rail; *med.* splint
szynka *f* ham

Ś

ściana *f* wall
ściągać *vt* draw down; pulldown; (*zaciskać*) draw together, tighten; (*brwi, mięśnie*) contract
ścierka *f* clout, duster
ścieżka *f* path, footpath
ścięgło *n anat.* sinew, tendon
ścigać *vt* pursue, chase; **~ się** *vr* race, run a race
ścinać *vt* cut off <down>; (*drzewo*) fell; (*głowę*) behead; *sport* smash; *pot.* (*przy egzaminie*) plough
ściskać *vt* compress, press, squeeze, tighten; (*obejmować*) embrace; **~ komuś rękę** clasp sb's hand; **~ się** *vr* embrace
ślad *m* trace, track, vestige; **~ stopy** footmark, footprint; **iść ~em czegoś** trace sth; **iść w czyjeś ~y** walk <follow> in sb's steps
śląski *adj* Silesian
Ślązak *m*, **Ślązaczka** *f* Silesian
śledzić *vt* (*obserwować*) watch; (*tropić*) trace; investigate
śledziona *f anat.* milt, spleen
śledztwo *n* inquiry, investigation
śledź *m zool.* herring
ślepy *adj* blind; **~ y zaułek** blind alley

śliczny *adj* lovely, most beautiful
ślimak *m zool.* snail
ślina *f* spittle, saliva
śliski *adj* slippery
śliwka *f* plum; (*drzewo*) plum-tree
ślizgać się *vr* silde, glide; (*na łyżwach*) skate
ślizgawka *f* (*tor*) skating-rink
ślub *m* wedding, marriage-ceremony; (*ślubowanie*) vow; **brać ~** get married
ślusarz *m* locksmith
śmiać się *vr* laugh (**z czegoś** at sth), make fun (**z czegoś** of sth); **chce mi się z tego ~** that makes me laugh
śmiały *adj* bold
śmiech *m* laughter; **wybuchnąć ~em** burst out laughing
śmiecie *s pl* litter, sweepings *pl*
śmieć *vi* dare, venture
śmier|ć *f* death; **wyrok ~ci** death sentence
śmierdzieć *vi* stink, smell (**czymś** of sth)
śmieszny *adj* ridiculous, funny
śmietana *f* sour-cream
śmietanka *f* cream
śmietnik *m* dump, dust-heap
śmigłowiec *m* helicopter
śniadanie *n* breakfast; **jeść ~** have breakfast
śnić *vi* dream
śnieg *m* snow; **pada ~** it snows
śnieżyca *f* snow-storm
śpieszyć *zob.* **spieszyć**
śpiew *m* song, singing
śpiewać *vt vi* sing; (*intonować*) chant
śpiewak *f* singer
śpioch *m* sleepyhead
śpiwór *m* sleeping-bag
średni *adj* middle, average, middling, medium; **~a szkoła** secondary school; **~ wzrost** medium height, middle size
średniowiecze *n* Middle Ages *pl*
środa *f* Wednesday
środe|k *m* middle, centre; (*sposób*) means; **~ki do życia** means; **~ki ostrożności** measures of precaution; **złoty ~ek** golden mean(s)
środkowy *adj* central, middle
środowisko *n* environment
śródmieście *n* centre (of a town), downtown
śródziemny *adj* mediterranean
śruba *f* screw
śrubokręt *m* screwdriver
świadczeni|e *n* service; **~a społeczne** social services; **~a lekarskie** medical benefits
świadectwo *n* testimonial, certificate; testimony; (*szkolne*) report; **~ dojrzałości** secondary-school certificate

świad|ek *m* witness; **~ek naoczny** eye-witness (**czegoś** sth)

świadomość *f* consciousness

świat *m* world; **tamten <drugi> ~** next world; **przyjść na ~** come into the world; **na świecie** in the world; **po całym świecie** all over the world

światło *n* light; **~ drogowe** traffic light; **~ dzienne** daylight; **~ księżyca** moonlight; **~ słoneczne** sunlight

Świątki *s pl,* **Zielone ~** Whitsuntide

świątynia *f* temple

świder *m* drill

świeca *f* candle; *techn.* **~ zapłonowa** sparking-plug

świecić *vi* shine; *vt* (*zapalać*) light; **~ się** *vr* shine, glitter

świecki *adj* lay, secular

świeczka *f* candle

świerk *m zool.* cricket

świetny *adj* excellent, splendid, glorious

świeży *adj* fresh; recent, new

święcić *vt* consecrate; (*obchodzić*) celebrate

święto *n* holiday, festivity

świętość *f* sanctity, holiness

święt|y *adj* holy, sacred; (*przed imieniem*) saint; **~y** *s m,* **~a** *s f* saint

świnia *f* pig, swine

świnka *f* pig; *med.* mu

~ morska guinea-pig

świństwo *n* dirty trick

świ|t *m* daybreak, dawn; **o ~cie** at daybreak

T

tabela *f* schedule, table, list

tabletka *f* tablet

tablica *f* board; (*szkolna*) blackboard

tabliczka *f* tablet; (*np. czekolady*) bar; **~ mnożenia** multiplication table

taboret *m* stool

taca *f* tray, salver

tajemnic|a *f* secret, mystery; **w ~y** in secret, secretly

tak *part* yes; *adv* thus, so, as; **~ ..., jak** as ... as, **nie ~ ..., jak** not so ... as

taki *adj* such; **co ~ego?** what's the matter?; **nic ~ego** nothing of the sort

taksówk|a *f* taxi; cab; **jechać ~ą** travel <go> by taxi

taktowny *adj* tactful

taktyka *f* tactics

także *adv* also, too, as well; **~ nie** neither, not ... either

toast *m* toast; **wznosić czyjś ~** propose sb's health
tok *m* course, progress; **w ~u** in course
tolerancja *f* tolerance
tona *f* ton
tonacja *f muz.* key, mode
tonąć *vi* drown, be drowned; (*o okręcie*) sink
tonik *m* tonic
topić *vt* drown, sink; (*roztapiać*) melt, fuse; **~ się** *vr* drown, be drowned, sink; (*roztapiać się*) melt (away)
tor *m* track; **~ boczny** side-track; **~ wyścigowy** race-track
torba *f* bag
torebka *f* (hand-)bag
tornister *m* knapsack; (*szkolny*) satchel
tort *m* fancy-cake; (*przekładany*) layer-cake
torturować *vt* torture
totalny *adj* total
towar *m* article, commodity; **~y** *pl* goods; **~y codziennego użytku** consumer goods
towarzystwo *n* society, company
towarzyszyć *vi* accompany (**komuś** sb)
tożsamość *f* identity; **dowód ~ci** identity card
tracić *vt* lose; (*zadawać śmierć*) execute
tradycja *f* tradition
trafiać *vi* hit (**w coś** sth; **na coś, kogoś** on <upon> sth, sb); **nie ~** miss, fail
tragarz *m* porter
tragedia *f* tragedy
traktat *m* (*układ*) treaty; (*rozprawa*) treatise, tract; **~ pokojowy** peace treaty
traktować *vt* handle, treat (**kogoś, coś** sb, sth)
tramwaj *m* tram, tramway, *am.* street car; **jechać ~em** go by tram
transakcja *f* transaction
transatlantycki *adj* transatlantic
transformator *m* transformer
transfuzja *f* transfusion
transmitować *vt* transmit
transportować *vt* transport, convey
tranzyt *m* transit
trasa *f* route, track; **~ podróży** itinerary
trawa *f* grass
trawić *vt* digest; (*spędzać czas*) waste, expend
trąba *f* trumpet; (*słonia*) trunk; (*powietrzna*) whirlwind
trefl *m* (*karty*) club(s)
trema *f* fear, stage fright; *pot..* jitters *pl*
trener *m* trainer, coach

trenować *vt* train, coach; *vi* train, practise
treść *f* content; (*zawartość książki*) contents *pl*
trochę *adv* a little, a few; **ani ~** not a little, not a bit
trolejbus *m* trolley-bus
troska *f* care, anxiety
troszczyć się *vr* trouble, be anxious (**o kogoś, coś** about sb, sth)
trójka *f* three
trójkąt *m* triangle
trucizna *f* poison
trudno *adv* with difficulty, hard **~ to zrozumieć** it is hard to understand
trudność *f* difficulty
trudny *adj* difficult, hard
trumna *f* coffin
trup *m* corpse, dead body; **paść ~em** drop dead
truskawka *f* strawberry
trwać *vi* last, persist
trwały *adj* durable, lasting, permanent, fast
trybuna *f* platform; (*np. na wyścigach*) stand
trzask *m* crack, crash
trząść *vt vi* shake; **~ się** *vr* shake; tremble; (*z zimna*) shiver
trzeba *v imp* it is necessary; **~ to było zrobić** I ought to have done it; **~ na to dużo pieniędzy** this requires much money
trzeci *num* third
trzeć *vt* rub
trzeźwy *adj* sober
trzęsienie *n* trembling, shaking; **~ ziemi** earthquake
trzustka *f anat.* pancreas
trzy *num* three
trzydziesty *num* thirtieth
trzydzieści *num* thirty
trzymać *vt* hold, keep; **~ za rękę** keep by the hand; **~ się** vr keep (oneself); hold out; **~ się czegoś** keep to sth, hold to sth, *przen.* abide by sth
trzynasty *num* thirteenth
trzynaście *num* thirteen
trzysta *num* three hundred
tu *adv* here
tulipan *m bot.* tulip
tułów *m* trunk (of the body)
tunel *m* tunnel
tupać *vi* stamp (**nogami** one's feet)
tupet *m* self-assurace
turecki *adj* Turkish
Turek *m* Turk
turysta *m* tourist
tutaj *adv* here
tuż *adv* near by
twardo *adv* hard; **jajko na ~** hard-boiled egg
twardy *adj* hard; (*np. o mięsie*) tough

twaróg *m* (cheese-)curds *pl*
twarz *f* face; **rysy ~y** features; **jej jest z tym do ~y** this suits her
twierdzić *vi vt* affirm, assert, maintain
tworzyć *vt* create; form; **~ się** *vr* form, be formed, arise, rise
tworzywo *n* material; (*sztuczne*) plastic
twój *pron* your, yours
twórca *m* creator, author, maker
twórczość *f* creation, creative power, production
ty *pron* you
tyć *m* grow fat, put on weight
tydzień *m* week; **dwa tygodnie** fortnight; **za ~** in a week's time; **od dziś za ~** this day week
tyfus *m med.* typhus
tygodnik *m* weekly
tygrys *m zool.* tiger
tyle as much <many>, so much <many>
tylko *adv* only, solely; **~ co** just now; **skoro ~** as soon as
tyln|y *adj* back, hind, posterior; **~e światło** rear-light
tył *m* back, rear; **obrócić ~em** turn one's back (**do kogoś** on sb); **do ~u** back, backward(s); **z ~u** (form) behind
tym *w zwrotach:* **~ więcej** all the more; **im... tym...** the... the...; **im więcej, ~ lepiej** the more the better
tymczasem *adv* meanwhile, in the meantime
tymczasowy *adj* temporary, provisional
typ *m* type; character
typowy *adj* typical
tysiąc *num* thousand
tysięczny *num* thousandth
tytoń *m* tobacco
tytuł *m* title; **z jakiego ~u?** on what grounds ?

U

u *preap* at, by, beside, with; **u jego boku** by his side; **u krawca** at the tailor's; **u nas w kraju** in this <our> country; **mieszkam u niego** I stay with him
ubezpieczać *vt* insure (**od ognia** against fire), secure; **~ się** *vr* insure oneself; **~ się na życie** insure one's life
ubezpieczenie *n* insurance; **~ od ognia** fire insurance
ubiegły *adj* last, past
ubierać *vt* dress, clothe; **~ się** *vr* get dressed, dress, be clothed

ubikacja *f* water-closet, W.C., lavatory, *am.* restroom
ubogi *adj* poor
ubóstwo *n* poverty
ubrać *zob.* **ubierać**
ubranie *n* clothes *pl,* dress;
ucho *n* ear; (*uchwyt*) handle; (*igły*) eye; *przen.* **nadstawiać ~a** prick up one's ears; **puszczać mimo uszu** turn a deaf ear; **zakochać się po uszy** fall in love head over heels
uchodźca *m* refugee, emigre
uchwała *f* resolution, decision
uchwyt *m* handle
ucieczka *f* flight, escape; **ratować się ~ą** flee for life; **zmusić do ~i** put to flight
uciekać *vi* flee, fly, escape; **~ się** *vr* resort, have recourse
ucieszyć *vt* delight, gladden, make glad; **~ się** *vr* be <become> glad (**czymś** of <at> sth), find pleasure (**czymś** in sth)
uciszyć *vt* appease, calm; silence; **~ się** *vr* calm down; become silent
uczciwość *f* honesty
uczelnia *f* university, college
uczennica *f* schoolgirl, pupil
uczeń *m* schoolboy, pupil
uczesanie *n* hairdo, hairdressing
uczestniczyć *vi* participate, take part
uczęszczać *vi* frequent; attend (np. **na wykłady** lectures); **~ do szkoły** go to school
uczony *adj* erudite, learned; *s m* scholar, erudite
uczucie *n* feeling, sentiment; (*doznanie*) sensation; (*przywiązanie*) affection
uczyć *vt vi* teach (**kogoś** sb, **czegoś** sth), instruct (**kogoś** sb, **czegoś** in sth); **~ się** *vr* learn (np. **angielskiego** English)
udać *zob.* **udawać**
udawać *vt* feign, pretend, assume, sham; **~ chorobę** sham <pretend> sickness; **~ się** *vr* (*iść*) go, proceed, resort, make one's way; (*zwrócić się*) apply (**do kogoś** to sb, **w sprawie czegoś** for sth); (*poszczęścić się*) be successful, succeed, be a success
uderzać *vt* strike, hit; attack
uderzenie *n* blow, strike; (*np. wiosłem, rakietą*) stroke; attack; **za jednym ~m** at one stroke
udo *m* thigh
udogodnienie *n* convenience, facilities *pl*
udowodnić *vt* prove; (*wykazać*) show

udusić *vt* strangle, suffocate; (*potrawę*) stew; **~ się** *vr* be choked, become suffocated
udział *m* share; part; (*w przestępstwie*) complicity; (*los, dola*) lot; **brać ~** take part
udzielać *vt* give, impart, communicate; (*użyczać*) grant; **~ nagany** reprimand
ufać *vi* trust (**komuś** sb, in <to> sb), confide (**komuś** in sb)
ufność *f* confidence
ufny *adj* confident, (*pewny siebie*) self-confident
ugoda *f* agreement
ugodzić *vt* hit; *zob.* **godzić**
ująć *vt* (*objąć*) seize, grasp; (*myślą*) conceive; (*sformułować*) formulate; (*zjednać*) win, captivate; (*odjąć*) deduct, take away
ujemny *adj* negative, unfavourable
ujmować *vt* *zob.* **ująć;** *przen.* (*przynosić ujmę*) disparage
układ *m* disposition; (*ułożenie*) arrangement; (*umowa*) agreement; (*plan*) scheme; (*system*) system; (*rozmieszczenie geogr., terenowe itp.*) configuration, layout; **~y** *pl* (*pertraktacje*) negotiations; **wchodzić w ~y** enter into negotiations (**z kimś w sprawie czegoś** with sb for sth)
układać *vt* arrange, dispose; (*np. posadzkę*) lay; (*drzewo, siano itp.*) stack; (*porządkować*) put in order; (*pertraktować w sprawie warunków*) negotiate the terms; (*np. tekst, opowiadanie*) compose, set down; (*planować, ustalać*) make; **~ się** *vr* come to an agreement
ukłon *m* bow
ukłonić się *vr* bow (**komuś** to sb)
ukochany *adj* beloved, dear, favourite
ukośny *adj* oblique
Ukrainiec *m* Ukrainian
ukraiński *adj* Ukrainian
ukrywać *vt* conceal, hide (**przed kimś, czymś** from sb, sth); cover; disguise; suppress; **~ się** *vr* hide (oneself), conceal oneself
ulegać *vi* give way, yield, succumb (**komuś** to sb)
ulepszać *vt* better, improve
ulewa *f* downpour
ulg|a *f* relief, ease; (*ułatwienie, zniżka*) facility; **doznać ~i** be relieved, feel relief; **sprawić ~ę** relieve, alleviate
ulgowy *adj* reduced

ulic|a *f* street; **iść ~ą** go down <up> the street; **boczna ~a** by-street, off-street, side street
ulotka *f* leaflet, (*uliczna*) handbill
ulubiony *adj* favourite, beloved
ułamek *m* fragment; *mat.* fraction
ułatwić *vt* facilitate, make easier
ułożyć *vt* arrange, put in order; *zob.* **układać**
umawiać się *vr* make an arrangement <an appointment>; agree; (**co do czegoś** on <upon> sth); **~ z kimś** arrange with sb (**co do czegoś** about sth)
umiar *m* moderation
umie|ć *vt vi* know, be able, **~m czytać i pisać** I know how to read and write; **czy ~sz czytać?** can you read?
umierać *vi* die (**z choroby, głodu** of an illness, of starvation)
umieszczać *vt* place, locate, put; (*np. ogłoszenie*) put up, set up; (*w gazecie*) insert
umocować *vt* festen, fix
umowa *f* agreement, contract; convention
umowny *adj* conventional
umożliwiać *vt* enable; make possible
umówić się *zob.* **umawiać się**
umy|sł *m* mind; **przytomność ~słu** presence of mind; **zdrowy na ~śle** of sound mind
umysłowy *adj* mental, intellectual
umyślnie *adv* on purpose, intentionally
umywalka *f*, wash-basin, *am.* wash-bowl
uncja *f* ounce
unieść *vt* lift, carry up <away>; **~ się** *vr* (*w górę*) soar up; **~ się gniewem** fly into a passion
unieważnić *vt* annul, nullify, invalidate
uniewinnić *vt* acquit (**kogoś od czegoś** sb of sth), (*uwolnić*) exonerate (**kogoś od czegoś** sb from sth)
unikać *vi* avoid (**kogoś, czegoś** sb, sth); (*stronić*) steer clear (**kogoś, czegoś** of sb, sth), shun
unikat *m* unique thing
uniwersalny *adj* universal
uniwersytet *m* university
unosić *vt zob.* **unieść; ~ się** *vr* (*o ciężarze*) heave; (*np. na falach*) float; (*wisieć w powietrzu*) hover
uogólnić *vt* generalize
upadać *vi* fall down, drop; **~ na duchu** be disheartened
upadek *m* fall
upalny *adj* torrid

upał *m* heat
uparty *adj* obstinate, stubborn
upaść *zob.* **upadać**
upewnić *vt* assure; ~ **się** *vr* make sure (**o czymś** of sth)
upić się *vr* get drunk
upierać się *vr* persist (**przy czymś** in sth)
upływać *vi* flow away; (*o czasie*) pass, elapse; (*o terminie*) expire, elapse
upokorzyć *vt* humiliate, humble; ~ **się** *vr* humiliate oneself
upominać *vt* admonish, reprimand, scold; ~ **się** *vr* claim (**o coś** sth)
upominek *m* souvenir, keepsake
upomnienie *n* admonition, warning
upoważnić *vt* authorize, empower
upór *m* obstinacy
upraszczać *vt* simplify
uprawiać *vt* cultivate; grow; (*gimnastykę, sporty itp.*) practise, exercise; (*praktykę lekarską itp.*) profess
uprzedzić *vt* (*poprzedzić*) precede, come before; (*np. fakt, pytanie*) anticipate; (*zapobiec*) avert, prevent; (*ostrzec*) warn; (*ujemnie zainspirować*) prejudice; (*życzliwie usposobić*) prepossess; ~ **się** *vr* become predisposed, become prejudiced
uprzejmość *f* kindness; **przez ~** by courtesy; **prosić o ~** ask a favour (**kogoś** of sb)
uprzejmy *adj* kind, obliging
upuścić *vt* drop, let fall
uratować *vt* save, rescue
uraz *m* (*fizyczny*) hurt, injury; (*moralny*) shock; *med.* complex
urlop *m* leave (of absence); **~ macierzyński** maternity leave; **~ zdrowotny** sick leave; **na ~ie** on leave
uroczy *adj* charming
uroczystość *f* celebration, solemnity, festivity
uroda *f* beauty, good looks *pl*
urodzi|ć *vt* beget, bear; **~ć się** *vr* be born; **~łem się w r. 1943** I was born in 1943
urodziny *s pl* birthday
urok *m* charm, fascination
uruchomić *vt* put in motion, set going, start
urwa|ć *vt* tear off, pluck, pull off; (*np. rozmowę*) break (off), *pot.* snap; **~ć się** *vr* tear away, rush off; (*np. rozmowę*) break (away); **~ł się guzik** the button has come off
urząd *m* office, charge, function; **piastować ~** hold office; **objąć ~** come into office

urządzać *vt* arrange; organize; install; set up; ~ **się** *vr* make one's arrangements; set oneself up

urządzenie *n* arrangement; organization, installation; appliance, establishment; (*umeblowanie*) furniture

urzędnik *m* official, (*niższy*) clerk, (*państwowy*) civil servant

usiąść *vi* sit down, take a seat

usług|a *f* service, favour; **oddać ~ę** do a service

usługiwać *vi* serve; wait (**komuś** on sb)

usprawiedliwić *vt* justify; give reasons (**coś** for sth), excuse; ~ **się** *vr* excuse oneself; apologize (**z powodu czegoś** for sth, **przed kimś** to sb)

usprawiedliwienie *n* justification; excuse (**za coś** for sth); apology

usta *s pl* mouth

ustalać *zob.* **ustalić**

ustalić *vt* settle; (*ustanowić*) establish, consolidate; stabilize; (*utwierdzić, naznaczyć np. termin*) fix

ustawa *f* act, law

ustawiać *vt* set, arrange, place, dispose; ~ **się** *vr* range <place> oneself

usterka *f* fault, blemish, defect

ustępować *vi* concede, give in <way>, yield

ustrój *m* structure, constitution; organization; (*system rządzenia*) policy

usuwać *vt* remove; dismiss; ~ **się** *vr* withdraw

uszkodzić *vt* damage, impair

uścisk *m* embrace; grasp; ~ **dłoni** handshake

uśmiech *m* smile; **radosny** ~ beam; **szyderczy** ~ sneer

uśmiechać się *vr* smile (**do kogoś** at <on> sb)

uświadomić *vt* enlighten, instruct, initiate; bring home (**kogoś** to sb); ~ **sobie niebezpieczeństwo** realize the danger

utalentowany *adj* talented, gifted

utonąć *vi* be drowned; (*np. o statku*) sink

utopić *vt* drown, sink; ~ **się** *vr* be drowned

utrzymani|e *n* maintenance, subsistance, living; **mieszkanie i ~e** room and board; **środki ~a** cost of living; **zarabiać na ~e** earn one's living

utrzymywać *vt vi* keep; (*stosunki*) maintain; hold; (*np. korespondencję*) keep up,

entertain; (*twierdzić, podtrzymywać*) maintain
utwór *m* work, composition; *muz.* tune
uwag|a *f* attention; observation; remark; **brać pod ~ę** take into consideration; **zwracać ~ę** pay attention (**na coś** to sth), mind (**na coś** sth); **nie zwracać ~i** take no notice (**na coś** of sth); **z ~i na coś** considering sth; **~a winda!** mind the lift!
uważa|ć *vt vi* pay attention (**na coś** to sth), be attentive; regard, count (**za coś** as sth); mind (**na coś** sth); take care (**na coś** of sth); see; think; reckon; **~m za właściwe** I think it proper
uważny *adj* attentive
uwielbiać *vt* adore, worship
uwolnić *vt* set free (**kogoś** sb, **od czegoś** from <of> sth), set at liberty; deliver (**kogoś** sb, **od czegoś** from sth), release
uwzględnić *vt* take into consideration
uzdrawiać *vt* heal, cure, restore to health
uzdrowisko *n* health-resort; spa
uzupełnić *vt* supplement, complete
użyci|e *n* use; *(np. życia)* enjoyment; **przepis ~a** directions for use; **wyjść z ~a** go out of use, fall into disuse
użyteczny *adj* useful
używać *vt* use; *(np. życia)* enjoy; *(np. siły)* exert
używany *adj* used; *(nie nowy)* second-hand

W

w, we *praep* in, into, at, by, for, on; **w Anglii** in England; **w ogrodzie** in the garden; **w domu** at home; **w dzień** by day; **w środę** on Wednesday; **w karty, szachy** play cards, chess
wada *f* fault
wafel *m* wafer
wag|a *f* weight; *przen.* importance; *(przyrząd)* balance, pair of scales; **na~ę** by weight; *przen.* **przykładać ~ę** set store (**do czegoś** by sth)
wagon *m (kolejowy)* carriage, *am.* car; wagon, coach; *(towarowy)* truck
wahać się *vr* hesitate, waver; *pot.* hang back; *(chwiać się)* shake, totter; *(o cenach, kursach)* fluctuate; *fiz.* oscillate

wakacje *s pl* holiday(s), vacation
walczyć *vi* fight, struggle (**o coś** for sth)
walić *vt (burzyć)* demolish, pull down, break down; *(uderzać)* strike; pound; **~ się** *vr* tumble down
Walijczyk *m* Welshman
walijski *adj* Welsh
walizka *f* case, suitcase
walka *f* struggle, fight
walut|a *f* currency; **przepisy ~owe** currency regulations
wanna *f* bathtub
wapno *n* lime
warga *f* lip
wariat *m* madman, lunatic
wariować *vi* be <go> mad
warkocz *m* braid, tress
warstwa *f* layer, stratum
warszawianin *m* Varsovian
warsztat *m* workshop, *(tkacki)* loom
wart *adj* worth; **nie ~e zachodu** it is not worth the trouble
war|ta *f* guard; **stać na ~cie** stand guard
warto *v impers* it is worth; **nie ~ tego czytać** it's not worth reading
wartościow|y *adj* valuable; **papiery ~e** securities
warun|ek *m* condition, term; **pod ~kiem** on condition
warzywa *s pl* greens, vegetables
wasz *pron* your, yours
wata *f* cotton-wool
wazelina *f* vaseline
wazon *m* vase, bowl
ważyć *vt vi* (odważać) weigh; *(śmieć)* dare; **~ się** *vr* dare
wąchać *vt* smell, sniff
wąs *m (zw. pl~***y***)* moustache
wąski *adj* narrow
wątpić *vi* doubt (<w coś sth, about <of> sth)
wątpliwy *adj* doubtful
wątroba *f anat.* liver
wąż *m* snake; *(gumowy)* hose
wbijać *vt* drive in
wbrew *praep* in spite of
wcale *adv* quite, fairly; **~ nie** not at all
wchodzić *vi* go <come> in, enter; **~ na górę** go up; **~ komuś w drogę** get in sb's way; **~ w czyjeś położenie** realize sb's positon; **~ w grę** come into play
wciąż *adv* continually, still
wczasy *s pl* holiday
wcześnie *adv* early
wczoraj *adv* yesterday; **~ wieczorem** last night
wdowa *f* widow
wdowiec *m* widower
wdzięczność *f* gratitude; *(uznanie)* appreciation

wdzięczny *adj* grateful; *(powabny)* graceful; **być ~m** feel grateful (**za coś** for sth), appreciate (**za coś** sth)

wdzięk *m* grace

według *praep* after, by, according to

wegetarianin *m* vegetarian

wejście *n* entrance

wejść *vi* enter, go <come> in; **~ w modę <w użycie>** come into fashion <into use>; *(o ustawie)* **~ w życie** come into force

wełna *f* wool

wersja *f* version

wesele *n* wedding

wesoły *adj* merry

westchnąć *vi* sigh

wesz *f* louse

weteran *m* veteran

weterynarz *m* veterinary surgeon, *pot.* vet

wewnątrz *praep i adv* in, inside, within

wewnętrzny *adj* inside, internal, inward, inner

wezwać *zob.* **wzywać**

wezwanie *n* call; *(sądowe)* summons

węch *m* smell, smelling

wędk|a *f* fishing-rod; **łowić na ~ę** angle (**na coś** for sth); fish

wędlin|a *f* (**zw.** *pl* **~y**) pork-meat (smoked) article(s)

Węgier *m* Hungarian

węgierski *adj* Hungarian

węgorz *m zool.* eel

węzeł *m* knot, tie; *mors.* knot; *(kolejowy)* junction

wiadomo *v impers* it is known; **nic nie ~** there is no knowing; **o ile mi ~** for all I know

wiadomoś|ć *f* news, a piece of information; *pl* **~ci** information *zbior.*; **dobra ~ć** a piece of good news

wiadro *n* pail, bucket

wiara *f* faith, creed, belief

wiatr *m* wind

wiązać *vt* bind, tie

wiązanka *f* burch, nosegay

widelec *m* fork

wideokamera *f* videocamera

widocznie *adv* apparently

widoczny *adj* visible

widok *m* view, sight, prospect; **mieć na ~u** have in view

widokówka *f* (picture-)postcard

widowisko *n* spectacle

widownia *f* the house; *(publiczność)* audience; *(teren)* scene

widz *m* spectator, onlooker

widzeni|e *n* sight, view; vision; **do ~a** good-bye; **punkt ~a** point of view

widzieć *vt* see; **~ się** *vr* see (**z kimś** sb)

wieczność *f* eternity

wieczlór *m* evening; **~orem** in the evening
wiedza *f* knowledge, learning
wiedzieć *vt vi* know; **chciałbym ~** I should like to know; **o ile wiem** as far I know
wiek *m* age; *(stulecie)* century
wiebłąd *m* camel
wiele *adv* much, many
Wielkanoc *f* Easter
wielki *adj* great, large, big; *(okazały, doniosły)* grand
wielkość *f* largeness, greatness; magnitude
wieloryb *m zool.* whale
wieniec *m* wreath, crown
wieprzowina *f* pork
wierny *adj* faithful
wiersz *m (linijka)* line; *(poemat)* verse, poem
wierzch *m* top, surface; **jechać ~em** ride on horseback
wierzchołek *m* top, summit
wierzyć *vi* believe **(komuś** sb, **czemuś, w coś** sth)
wieszać *vt*, **~ się** *vr* hang
wieszak *m* hanger, rack
wieś *f* village; (*w przeciwień-stwie do miasta*) country; **na wsi** in the country; **mieszkaniec wsi** countryman
wieść *vt (prowadzić)* lead, conduct
wiewiórka *f* squirrel
wieźć *vt* carry, convey
wieża *f* tower
więc *conj adv* now, well, therefore
więcej *adv* more; **mniej lub ~** more or less; **mniej ~** some, about, approximately
większość *f* majority
więzienie *n* prison
więzień *m* prisoner
wilgotny *adj* moist, humid
wilk *m zool.* wolf
willa *f* villa
winla *f* guilt, fault; **poczuwać się do ~y** feel guilty; *prawn.* **przyznać się do ~y** plead guilty
winda *f bryt.* lift, *am.* elevator
winien *adj* guilty; *(dłużny)* owing, indebted; **jestem mu ~ pieniądze** I owe him money
winny *praed (winien)* guilty (**czegoś** of sth); *(o należności, szacunku, płatności itp.)* due (**komuś** to sb)
wino *n* wine
winogrona *n* grapes
wiolonczela *f muz.* cello
wiosłować *vi* row
wiosnla *f* spring; **na ~ę** in (the) spring
wirus *m biol.* virus
wisieć *vi* hang
wiśnia *f* cherry; *(drzewo)* cherry-tree
witać *vt* greet, welcome

witamina *f* vitamin
wiza *f* visa; **~ wjazdowa <wyjazdowa, tranzytowa>** entry <exit, transit> visa
wizyt|a *f* call, visit; **złożyć ~ę** pay a visit
wjazd *m* entrance, gateway, doorway
wjeżdżać *vi* drive in, enter
wklęsły *adj* concave
wkład *m (iwestycja)* investment; *(depozyt)* deposit; *(przyczynek)* contribution; *(np. do notesu)* filler; *techn.* input
wkładać *vt* put <lay> in, inset; *(buty, ubranie itp.)* put on; *(kapitał)* invest; *(deponować)* deposit
wkrótce *adv* soon
wliczyć *vt* include (into an account)
władza *f* power; *(urząd)* authority; *(fizyczna, umysłowa)* faculty
włamanie *n* burglary
własność *f* property
własn|y *adj* own; **miłość ~a** self-love
właściciel *m* proprietor, owner
właściwy *adj* proper, peculiar, right, specific
właśnie *adj* just, exactly
włączać *vt* include; *elektr.* connect, switch on; **~ wtyczkę** plug in
włącznie *adv* inclusively; **~ z...** inclusive of...
Włoch *m* Italian
włos *m* hair; **~y** *pl* hair *zbior.*: **jasne ~y** fair hair; **farba do ~ów** hair-dye; **chcę sobie ostrzyc ~y** I want to have my hair cut
włoski *adj* Italian
włoszczyzna *f* soup-greens *pl*
włożyć *vt* put (in); *(buty, ubranie, kapelusz)* put on
włóczęga *m (wędrówka)* ramble; *(osoba)* tramp, vagabond, bum
wnętrze *n* interior
wniosl|ek *m* conclusion; *(na posiedzeniu)* motion; petition; **dojść do ~ku** come to <drive at> a conclusion; **przyjąć <odrzucić> ~ek** carry <reject> a motion
wnuczka *f* granddaughter
wnuk *m* grandson
wobec *praep* in the face of, in the presence of, before; **~ tego, że...** considering that...
woda *f* water; **~ podskórna** ground water; **~ słodka** fresh water
wodolot *m* hydrofoil

wodorow|y *adj* hydrogen *attr*, hydrogenous; **bomba ~a** hydrogen bomb, H-bomb
wodospad *m* waterfall
wodoszczelny *adj* watertight, waterproof
wodór *m chem.* hydrogen
w ogóle *adv zob.* **ogół**
województwo *n* province, voivodeship
wojn|a *f* war; **~a domowa** civil war; **prowadzić ~ę** wage war; **wypowiedzieć ~ę** declare war
wojsk|o *n* troops *pl*, army; **zaciągnąć się do ~a** enlist
wokoło *adv praep* round about
wol|a *f* will; **siła ~i** will power; **do ~i** at will, freely; **z własnej ~i** of one's own free will
wol|eć *vt* prefer (**kogoś, coś** sb, sth; **niż kogoś, niż coś** to sb, to sth), like better; **~ę tańczyć, niż czytać** I'd rather dance than read
wolno *adv* slowly; freely; *praed* be allowed
wolnoś|ć *f* liberty, freedom; **na ~ci** at liberty;**wypuścić na ~ć** set free <at liberty>
wolny *adj* free; *(o miejscu)* vacant; (od podatku, obowiązku itp.) exempt (**od czegoś** from sth); *(powolny)* slow; **dzień ~ od pracy** day off, day off duty; **~ czas** leisure, extra <spare> time
wołać *vt* call
wołowina *f* beef
worek *m* bag, sack
wozić *vt* carry, convey
wówczas *adv* at the time, then
wóz *m* cart, carriage; *(samochód)* car; *(ciężarowy)* truck; *(ciężarowy kryty)* van
wpisać *vt* register, write down; **~ się** *vr* register, enter one's name
wpłata *f* payment
wpływ *m* influence; (*pieniędzy*) income, accruement
w poprzek *adv* across; crosswise
wprost *adv* straight, directly
wprowadzać *vt* introduce, lead in, bring in; **~ się** *vr (do mieszkania)* move in
wracać *vi* return, come back; **~ do zdrowia** recover
wrażenie *n* impression; **robić ~** impress (**na kimś** sb)
wrażliwy *adj* sensitive (**na coś** to sth); vulnerable
wreszcie *adv* at last
wręczać *vt* hand in, deliver
wrona *f* crow
wrotki *s pl* roller skates
wróbel *m* sparrow
wrócić *zob.* **wracać**
wróg *m* foe, enemy

wydatek *m* expense
wydawać *vt* (*pieniądze*) spend; (*płody*) bring forth, produce, yield; (*książki*) publish, issue; (*lekarstwo*) dispense; (*światło, ciepło itp.*) emit; (*np. obiad, przyjęcie*) give; deliver; **~ się** *vr* seem, appear
wydawca *f* publisher
wydział *m* department; section; *(uniwersytecki)* faculty
wygasać *vi* go out; *(o terminie)* expire; be extinct
wygasić *vt* put out, extinguish
wygląd *m* appearance
wyglądalć *vi* look out; *(mieć wygląd)* look, appear; **~ć na coś** look like sth; **~ na deszcz** it looks like rain; **jak on ~** what does he look like?
wygoda *f* comfort
wygodny *adj* comfortable, convenient
wygrać *vt* win
wyjaśniać *vt* explain; **~ się** *vr* clear up
wyjaśnienie *n* explanation
wyjazd *m* departure
wyjątlek *m* exception; **z ~kiem** except, save, but for (**kogoś, czegoś** sb, sth)
wyjechać *vi* go out, go away, drive out; leave (np. **do Warszawy** for Warsaw); **~ w podróż** go on a journey
wyjmować *vt* take out
wyjście *n (czynność)* going out, exodus; *(miejsce)* way out, exit
wyjść *zob.* **wychodzić**
wykluczać *vt* exclude
wykład *m* lecture; **chodzić na ~y** attend lectures; **prowadzić ~y** give lectures
wykonać *zob.* **wykonywać**
wykonalny *adj* practicable, feasible
wykonanie *n* execution
wykonywać *vt* execute, perform, accomplish
wykorzystać *vt* make the most (**coś** of sth); utilize; take advantage of
wykręcić *vt* turn round; (*np. śrubę*) unscrew; (*skręcać*) twist; distort; **~ się** *vr* turn round; *pot. (wyłgiwać się)* extricate oneself
wykrzyknik *m gram.* (mark of) exclamation
wykształcenie *n* education
wyleczyć *vt* cure, heal (**z czegoś** of sth); **~ się** *vr* be cured, recover
wylewać *vt* pour out <forth>; *vi (o rzece)* overflow (its bank)
wylot *n* (*odlot*) flight, departure; (*otwór*) orifice, nozzle; (*np. komina*) vent; outlet; **na ~**

throughout, through and through

wyłączać *vt* exclude; *elektr.* switch off, disconnect

wyłącznik *m elektr* switch

wyłączny *adj* exclusive

wyłożyć *zob.* **wykładać**

wymawiać *vt* pronounce; (*zarzucać*) reproach (**komuś coś** sb with sth); (*służbę, mieszkanie itp.*) give notice; ~ **się** *vr* decline (**od czegoś** sth)

wymeldować *vt* announce departure; ~ **się** *vr* announce one's departure; *am.* *(w hotelu)* check out

wymiana *f* exchange

wymiar *m* dimension; measure; (*podatku*) assessment; (*sprawiedliwości*) administration

wymienilać *vt* change (**coś na coś** sth for sth), exchange (**coś z kimś sth with sb**); (*przytaczać*) mention; **wyżej ~ony** above mentioned

wymiotować *vt* vomit

wymowa *f* (*sposób wymawiania*) pronunciation; (*krasomówstwo*) eloquence

wymówka *f* (*zarzut*) reproach; (*pretekst*) pretext, excuse

wymyślać *vt* think out, invent; *vi* *(lżyć)* abuse, revile, (*łajać*) scold (**komuś** sb)

wynagrodzenie *n* reward; (*zapłata*) payment, (*pensja*) salary

wynajmować *vt (coś komuś)* let; (*od kogoś*) hire, rent

wynalazek *m* invention

wynieść *zob.* **wynosić**

wynik *m* result, issue; outcome; *sport* score; **w ~u czegoś** as a result of sth

wynosić *vt* carry out; (*podnosić*) elevate; raise; (*o kosztach*) amount; ~ **się** *vr* (wyjechać) depart, *pot.* clear out

wyobraźnia *f* imagination

wyobrażać *vt* represent, figure; ~ **sobie** imagine, fancy, *pot.* figure out

wyobrażenie *n* idea, notion

wypadlać *vi* fall out; (*nagle wybiegać*) rush out; turn out; *impers* **~a** (*zdarza się*) it happens, it so falls out; (*godzi się*) it becomes

wypadlek *m* case, event; (*nieszczęśliwy*) accident; **w każdym ~ku** in any event; **w żadnym ~ku** in no case

wypaść *zob.* **wypadać**

wypełniać *vt* fill up; (*polecenie, rozkaz*) fill in; (*spełniać*) fulfil

wypłatla *f* payment; (*np. robotnikom*) paying off; **dzień ~y** pay-day

wypoczynek *m* rest

wypoczywać *vi* rest, take a rest
wypogadzać się *vr* clear up
wyposażenie *n* endowment; equipment
wypożyczalnia *f* lending shop; ~ **książek** lending-library
wypożyczalnia samochodów rent-a-car (office)
wypracowanie *n* elaboration; *(szkolne)* composition, paper
wyprawa *f* expedition; outfit, equipment; *(ślubna)* trousseau
wyprowadzać *vt* lead out; ~ **się** *vr* move (into new quarters)
wypróżniać *vt* empty; ~ **się** defecate
wyprzedaż *f* clearance-sale, sale
wyprzedzać *vt* precede, come before; *(np. ubiegać wypadki)* forestall; get ahead (**kogoś** of sb), overtake
wypukły *adj* convex
wypuścić *vt* let out <off>, let go; ~ **na wolność** set free, set at liberty
wyrabiać *vt* manufacture, make; form
wyraz *m* word; expression
wyraźny *adj* distinct, marked, explicit
wyrażać *vt* express; ~ **się** *vr* express oneself
wyrażenie *n* expression, phrase
wyrok *m* sentence, verdict; **wydać** ~ pass a sentence
wyrostek *m* outgrowth; *(starszy chłopak)* stripling; *anat.* ~ **robaczkowy** appendix
wyróżniać *vt* distinguish, mark out
wyruszyć *vi* start, set out <off> (**w drogę** on a journey)
wyrzucać *vt* throw out, expel; *(zarzucać)* reproach (**komuś coś** sb with sth)
wysiadać *vi* get out <off>
wysiłek *m* effort
wysłać *vt* send, dispatch; *zob.* **wysyłać**
wysmażony *adj* fried, well-done
wysoki *adj* high; (*o wzroście*) tall
wysokość *f* highness, height, altitude; (*sumy*) amount
wyspa *f* island
wystarczyć *vi* suffice, be enough
wystawa *f* exhibition; (*pokaz*) display, show; (*sklepowa*) shop-window
wystawiać *vt* put out; (*pokazać*) exhibit; (*w oknie sklepowym*) display; (*narażać*) expose; (*sztukę*) stage
występ *m* (*coś wystającego*) projection; (*publiczne wystąpienie*) appearance; **gościnny** ~ guest performance
wysyłać *vt* forward; *fiz.* emit; *zob.* **wysłać**

wysypka *f med.* rash

wyścig *m* race; *(ubieganie się o pierwszeństwo)* competition, contest; **~i konne** horse races <racing>

wytłumaczyć *vt* explain; **~ się** *vr* excuse oneself

wytrwać *vi* hold out, endure

wytrwały *adj* enduring, persevering

wytrzymać *vt (znieść)* stand, endure; *vi (przetrzymać)* hold out, last (out)

wytrzymałość *f* endurance

wytwarzać *vt* produce, manufacture; *(tworzyć)* form

wytwórnia *f* factory, plant, mill

wywabiacz plam *m* stain remover

wywiad *m* interview; *polit. i wojsk.* intelligence

wywołać *zob.* **wywoływać**

wywoływać *vt* call out <forth>; *(powodować)* evoke, cause, bring about; *fot.* develop

wywracać *vt* overturn, upset; **~ się** *vr* overturn; *(o łodzi)* capsize

wyzdrowieć *vi* recover

wyznaczać *vt (mianować)* appoint; *(zaznaczać)* mark out; *(przydzielać)* allot

wyznanie *n (przyznanie)* avowal; *(religijne)* denomination; *(wiary)* confession; *(miłości)* declaration

wyzwolenie *n* liberation, deliverance

wyzwolić *vt* liberate, free; **~ się** *vr* free oneself

wyżej *adv* higher; above

wyższy *adj* higher; *(rangą itp.)* superior

wyżywienie *n* living, maintenance

wzajemny *adj* mutual, reciprocal

w zamian *adv* in exchange, in return (**za coś** for sth)

wzbudzać *vt* excite, cause, inspire

wzdłuż *praep* along; *adv* alongside, lengthwise

wzglląd *m* regard, respect; consideration; **pod ~ędem** with regard (**czegoś** to sth); **przez ~ąd** in regard(**na coś** of sth); **ze ~ędu** with regard (**na kogoś, na coś** to <for> sb, to <for> sth)

względny *adj* relative

wzgórze *n* hill

wziąć *vt* take; *zob.* **brać; ~ do niewoli** take prisoner; **~ górę** get the upper hand; **~ za złe** take amiss; **~ się** *vr*, **~ się do pracy** set to work

wzmacniać *vt* strengthen, reinforce; intensify; *radio*

amplify; ~ **się** *vr* gather strength
wzmianka *f* mention (**o czymś** of sth)
wznak, na ~ *adv* on the back
wznieść *zob.* **wznosić**
wznosić *vt* raise, lift, elevate, erect; ~ **toast** propose a toast; ~ **się** *vr* rise, ascend; *lotn.* climb
wznowić *vt* revive, renew; resume; *(np. książkę)* reprint
wzór *m* pattern, model; design; *mat.* formula
wzrok *m* sight; *(spojrzenie)* look
wzrost *m* growth, development; *(cen, kosztów)* rise, increase; *(człowieka)* stature, height; **człowiek średniego ~u** man of medium height
wzruszać *vt* move, affect, touch; ~ **się** *vr* be moved, be affected
wzywać *vt* bid, order, call; *(np. lekarza do domu)* call in; *(urzędowo, np. do sądu)* summon; ~ **pomocy** call for help

Z

z,ze *praep* with; from, off, out of; through, by; off; **razem z kimś** together with sb; **jeden z wielu** one out of many; **przychodzę ze szkoły** I am coming from school; **zdjąć obraz ze ściany** take the picture off the wall; **ze strachu** for fear; **z nieświadomości** through ignorance; **to uprzejmie z twojej strony** it is kind of you; *adv* (*około*) about
za *praep* for; behind; after; by; in; on; **biegać za kimś** run after sb; **trzymać za rękę** hold by the hand; **dzień za dniem** day by day; **za dnia** by day; **za godzinę** in an hour; **za gotówkę** for cash; **za ścianą** behind the wall;
zabawa *f* amusement, entertainment, play; fun; ~ **taneczna** dance
zabawiać *vt* amuse; ~ **się** *vr* amuse oneself, have some fun
zabawka *f* toy, plaything
zabezpieczyć *vt* safeguard, secure, place in safety; guarantee; ~ **rodzinę** provide for one's family; ~ **się** *vr* secure oneself
zabić *zob.* **zabijać**
zabierać *vt* take, take off <away>; ~ **dużo czasu** take much time; ~ **się** *vr* get off, clear out; set (**do czegoś** about sth)

zabijać *vt* kill; (*gwoździami*) fix with nails
zabójstwo *n* manslaughter, murder
zabraniaić *vt* forbid, prohibit, interdict; **~ się pod karą ...** it is forbidden on <under> penalty <on pain> of...
zaburzenie *n* disorder, trouble
zabytek *m* monument, relic
zachęcać *vt* encourage
zachodni *adj* western, west
zachodzić *vi* arrive; (*o wypadku*) happen, occur; (*o słońcu*) set; (*o kwestii*) arise
zachorować *vi* fall ill, be taken ill (**na coś** of ,with sth)
zachowanie (się) *n* behaviour, conduct
zachód *m* west; **~ słońca** sunset; **na ~** west of
zachrypnięty *adj* hoarse
zachwycać *vt* charm, enchant, fascinate; **~ się** *vr* be charmed, be enraptured (**czymś** with sth), rave (**czymś** about sth)
zacinać *vt* **~ się** *vr* (*w mowie*) hestitate, falter; (*o zamku,maszynie itp.*) jam, get jammed <stuck>
zacofany *adj* backward, reactionary, rusty; **~ gospodarczo** underdeveloped
zacząć *zob.* **zaczynać**
zaczynać *vt vi* begin, start, commence; **~ się** *vr* begin, start, commence
zadanie *n* task; **dać ~** set a task
zadowolenie *n* satisfaction, contentment; **~ z samego siebie** self-complacency
zadowolić *vt* satisfy, gratify; **~ się** *vr* content oneself
zadowolony *adj* glad, pleased, satisfied, content(ed)
zadymka *f* snow-drift
zagadka *f* riddle, puzzle
zagadnienie *n* question, problem
zagęszczać *vt* condense, compress
zagłada *f* extinction, extermination
zagranica *f* countries abroad, foreign countries
zagraniczny *adj* foreign
zagrożenile *n* menace, threat; **stan ~a** state of emergency
zaimek *m gram.* pronoun
zainteresowanie *n* interest
zajazd *m* inn; (*najazd*) foray
zając *m* hare
zająć *zob.* **zajmować**; **~ się czymś** set about doing sth
zajęcie *n* occupation, business, activities; (*np. mienia*) seizure, arrest
zajmować *vt* occupy, take possesion (**coś** of sth); (*stanowis-*

ko) fill; ~ **się** *vr* occupy oneself (**czymś** with sth), be engaged (**czymś** in sth)
zajść *zob.* **zachodzić; ~ w ciążę** become pregnant
zakaz *m* prohibition
zakazywać *vt* forbid, prohibit (**czegoś** sth)
zakażenie *n* infection
zakąska *f* snack, (*przystawka*) hors d'oeuvres
zakład *m* (*instytucja*) establishment, institute, intitution; (*założenie się*) bet; ~ **przemysłowy** industrial plant; ~ **ubezpieczeń** insurance company; **iść o** ~ make a bet
zakładać *vt* establish, found, institute; (*np. okulary*) put on; (*ręce*) cross; (*fundament*) lay; *vi* (*logicznie*) presume, assume; ~ **się** *vr* bet, make a bet, stake
zakochać się *vr* fall in love (**w kimś** with sb)
zakon *m* order
zakres *m* range, sphere, domain, scope
zakręcić *vt* turn, twist, screw up; ~ **się** *vr* turn round,wheel about
zakręt *m* turning, bend
zakup *m* purchase
zalecać *vt* recommend, commend; ~ **się** *vr* court (**do kogoś** sb), woo (**do kogoś** sb); make love (**do kogoś** to sb)
zalecenie *n* recommendation
zaledwie *adv* scarcely, hardly, merely
zalegać *vi* be behind, be in arrears (**z czymś** with sth); (*o pieniądzach*) remain unpaid
zaleta *f* virtue, advantage
zależleć *vi* depend (**od kogoś** on sb); **~y mi na tym** I am anxious about it; **nie ~y mi na tym** it does not matter to me; I don't care for it
zaliczkla *f* earnest; **tytułem ~i** in earnest
załamać *vt* break down
załatwiać *vt* settle, arrange; (*interesy*) do business; ~ **się** *vr* manage (**z czymś** sth); ~ **się szybko** make short work (**z czymś** of sth)
załoga *f* crew, *wojsk.* garrison
założenie *n* foundation; (*przesłanka*) presumption, premise; assumption, principle
założyć *zob.* **zakładać**
zamarznąć[-r-z-] *vi* freze up, get frozen up
zamek *m* (*budowla*) castle; (*u drzwi*) lock; ~ **błyskawiczny** zip-fastener, zipper
zameldować *vr* report, register; ~ **się** *vr* report oneself, register, *am.* (w hotelu) check in
zamiana *f* exchange, change (**na coś** for sth)

zamiar *m* purpose, aim, design, intention; **mieć** ~ intend, mean
zamiast *praep* instead of
zamieć *f (śnieżna)* blizzard, snow-drift
zamienić *vt* change, exchange (**coś na coś** sth for sth)
zamienny *adj* exchangeable; (*zapasowy*) reserve, spare
zamierzać *vt* intend, mean, be going
zamknąć *vt* close, shut, (*na klucz*) lock
zamożny *adj* well-to-do, wealthy
zamówić *zob.* **zamawiać**
zamówienie *n* order
zamsz *m* suede
zamykać *zob.* **zamknąć**
zanadto *adv* too, too much, too many
zaniedbywać *vt* neglect; (*np. okazję*) miss
zanikać *vi* disappear, decline, dwindle
zanim *conj* before, by the time
zanosilć *zob.* **zanieść; ~ się na deszcz** it is going to rain
zaocznly *adj,* **studia ~e** extramural <non-resident> studies; **wyrok ~y** judgement by default
zaopatrywać *vt* provide, supply (**w coś** with sth), store; protect (*na przyszłość*) provide (**kogoś** for sb)
zaopatrzenie *n* (*wyposażenie*) equipment; (*aprowizacja*) provision, maintenance
zapach *m* smell, odour
zapalenie *n* ignition; (*światła*) lighting; *med.* inflammation; *med.* **~ płuc** pneumonia
zapalić *vt* (*światło*) light; (*podpalić*) set on fire; **~ ogień** make fire
zapalniczka *f* (cigarette-)lighter
zapałka *f* match
zaparzyć *vt* infuse
zapasowy *adj* reserve, spare
zapewnić *vt* assure; (*zabezpieczyć*) secure
zapiąć *zob.* **zapinać**
zapinać *vt* button up, buckle
zapisać *vt* write down, note; (*lekarstwo*) prescribe
zapłon *m* ignition
zapobiegać *vi* guard (**czemuś** against sth), prevent, obviate (**czemuś** sth)
zapominać *vt* forget; **~ się** *vr* forget oneself
zapoznać *vt* acquaint; **~ się** *vr* get acquainted
zapraszać *vt* invite
zaprosić *zob.* **zapraszać**
zaproszenie *n* invitation
zaprzeczać *vt* deny (**czemuś** sth)

zaprzeczenie *n* denial

zaprzyjaźnić się *vr* make friends

zapytlać, zapytlywać *vt* ask; **~ać, ~ywać się** *vr* question

zapytanile *n* question; **znak ~a** question-mark

zarabiać *vt* earn, gain; **~ na życie** earn one's bread <one's living>

zaraz *adv* at once, directly

zarazić *vt* infect; **~ się** *vr* become infected

zaraźliwy *adj* infectious, contagious

zarażać *zob.* **zarazić**

zarozumiały *adj* presumptuous, self-conceited, bumptious

zarówno *adv*, **~ jak** as well as

zarys m outline, sketch, draft

zarząd *m* administration, management; **~ główny** board, council

zarządzać *vt* administer, manage (**czymś** sth)

zarządzenie *n* disposition, order

zarzucać *vt* (*zaniechać*) give up; (*coś na siebie*) put on; reproach (**coś komuś** sb with sth); *vi* (*o aucie*) skid

zarzut *m* reproach, objection; **bez ~u** faultless; **czynić ~y** raise objections (**komuś** to sb)

zasadla *f* principle, maxim; *chem.* alkail, base; **z ~y** as a rule

zaskoczyć *vt* surprise

zasłaniać *zob.* **zasłonić**

zasłona *f* cover, veil, screen, blind, shelter

zasłonić *vt* (*zakryć*) cover, veil, cloak, (*osłonić*) screen, shelter

zasługa *f* merit

zasób *m* store, stock; supply **~ wyrazów** vocabulary; stock of words <vocabulary>

zaspokoić *vt* satisfy; (*głód, ciekawość*) appease; (*pragnienie*) quench

zastanowilć się *vr* reflect (on); *vt* **to mnie ~** it makes me think

zastanowienie *n* reflection

zastąpić *vt* replace; (*drogę*) bar

zastęp *m* host

zastępca *m* substitute, representative, proxy, deputy

zastępczo *adv* in sb's place, temporarily

zastępować *vt* substitute (**coś za coś** sth for sth)

zastosować *vt* apply, adapt; **~ się** *vr* comply (**do czegoś** with sth), conform (**do czegoś** to sth)

zastrzyk *m* injection

zaszczyt *m* honour; **przynosić ~** do credit (**komuś** sb)

zaślepienie *n* blindness, *przen.* infatuation
zaświadczenie *n* certificate, attestation
zatem *conj* then, therefore, and, accordingly
zatoka *f* bay, creek; *med.* sinus
zatrucie *n* poisoning
zatrudniać *vt* employ; (*zajmować pracą*) keep busy
zatrudnienie *n* employment; (*zajęcie*) occupation
zatrzask *m* thumb-lock; (*do drzwi*) safety-lock; (*do ubrania*) (snap)-fastener
zatrzymać *vt* stop; (*nie oddać*) retain, keep; (*przetrzymać, aresztować*) detain; ~ **się** *vr* stop, remain
zatwardzenie *n med.* constipation
zatwierdzić *vt* confirm, sanction; ratify
zaufanie *n* confidence, credence; **godny ~a** trustworthy; **darzyć ~em** put trust (**kogoś** in sb)
zauważyć *vt* notice; (*napomknąć*) remark; **dający się** ~ perceptible
zawał *m med.* heart failure
zawartość *f* capacity, contents *pl*
zawiadamiać *vt* inform, let known; (*urzędowo*) advise
zawiadomienie *n* information, advice, announcement
zawierać, zawrzeć *vt* (*mieścić w sobie*) contain, include; (*znajomość*) make; (*małżeństwo*) contract; (*pokój*) conclude
zawieść *zob.* **zawodzić**
zawieźć *zob.* **zawozić**
zawijać *vt vi* wrap up; ~ **do portu** enter a harbour
zawinić *vi* be guilty (**w czymś** of sth)
zawodnik *m* competitor
zawodowy *adj* professional
zawody *s pl* competition, contest; games *pl*
zawodzić *vt vi (prowadzić)* conduct, lead; (*rozczarować*) disillusion, disappoint, deceive; (*nie udać się*) fail
zawód *m* occupation, profession; (*rozczarowanie*) disappointment, disillusion
zawracać *vi* turn back; *vt* ~ **komuś głowę** bother sb
zawrócić *zob.* **zawracać**
zawrót *m* (*głowy*) dizziness
zawrzeć *zob.* **zawierać**
zawsze *adv* always, ever; **na** ~ for ever; **raz na** ~ once for all
zazdrościć *vi* envy (**komuś czegoś** sb sth)
zazdrość *f* jealousy, envy
zaziębić się *vr* catch (a) cold

zaziębienie *n* cold
zaznaczyć *vt* mark; (*podkreślić, wspomnieć*) remark
zazwyczaj *adv* usually
zażalenie *n* complaint; **wnieść ~** lodge a complaint
ząb *m* tooth, *pl* teeth
zbaczać *vi* deviate
zbędny *adj* superfluous
zbić *vt* beat up <down>; compact; nail together; (**stłuc**) break; (*np. twierdzenie*) refute
zbieg *m* fugitive, escaped prisoner, escape; **~ okoliczności** coincidence
zbieracz *m* collector
zbierać *vt* collect, gather, hoard; (*np. owoce*) pick; (*np. płyn gąbka*) sop; **~ się** *vr* gather, assemble
zbiornik *m* reservoir, receptacle
zbiorowy *adj* collective
zbiór *m* collection; (*zboża*) harvest, crop
zbiórk|a *f* rally assembly; (*pieniężna*) collection; **miejsce ~i** rallying-point
zbliżać *vt* bring near; **~ się** *vr* approach (**do kogoś** sb), come <draw> near, near
zbocze *n* slope
zboże *n* corn, grain
zbrodnia *f* crime
zbrodniarz *m* criminal
zbroić *vt* arm; **~ się** *vr* arm
zbrojeln|ie *n* (*zw. pl* **~nia**) armament; **wyścig ~ń** armaments race
zbyt *adv* too, too much; **~ wiele** too much; *sm* sale
zbytnio *adv* excessively
zdać *vt* (*egzamin*) pass; *zob* **.zdawać**
zdanie *n* opinion, view; *gram.* sentence
zdarzać się *vr* happen, occur
zdarzenie *n* occurrence, event, incident, happening
zdawać *vt* render, dive, over; (*egzamin*) take; **~ się** *vr* (*wydawać się*) appear, seem; surrender (**np. na los** to the fate); rely (**na kogoś** upon sb)
zdążyć *vt* come in time; **~ coś zrobić** succeed in making sth in time
zdechły *adj* dead
zdejmować *vt* take off, remove
zdenerwowany *adj* nervouse, excited, flurried
zderzak *m* buffer; (*u samochodu*) bumper
zderzenie *n* crash, collision
zderzyć się *vr* crash, collide
zdjąć *zob.* **zdejmować**
zdjęcie *n* taking away <off>; *fot.* photograph, (*migawkowe*) snap
zdobywać *vt* conquer
zdolny *adj* able, capable, clever

zdołać *vi* be able
zdrada *f* treason, treachery, infidelity
zdradzać *vt* betray
zdrowie *n* health; **wznieść czyjeś ~** drink sb's health
zdrowy *adj* healty, sound; (*służący zdrowiu*) wholesome; **~ rozum** common sense
zdumiony *adj* amazed, astonished (**czymś** at sth)
zdzierstwo *n pot.* overcharge
zdziwić *vt* astonish; **~ się** astonished (**czymś** at sth)
zebra *f* zebra
zebrać *zob.* **zbierać**
zebranie *n* meeting, assembly
zegar *m* clock; **~ słoneczny** sundial
zegarek *m* watch
zegarmistrz *m* watch-maker
zejście *n* descent; (*ze świata*) decease
zejść *vi* descend, go down; (*ze świata*) decease; **~ się** *vr* meet
zelówka *f* sole
zemdleć *vi* faint
zemstla *f* revenge; **z ~y** out of revenge
zepsuty *adj* spoilt; (*uszkodzony*) damaged; (*zgniły*) rotten; *przen.* depraved, corrupted
zero *n* zero, nought
zerwać *zob.* **zrywać**
zespołowly *adj* team-, collective; **praca ~a** team-work
zespół *m* group, body, team
zeszyt *m* copybook
zetknąć *zob.* **stykać**
zewnątrz *adv praep* outside, outward; **z ~** from outside; **na ~** outside
zewnętrzny *adj* outside, outward, exterior
zezować *vi* squint
zezwalać *vi* allow, permit
zgadywać *vt* guess
zgadzać się *vr* consent, agree (**na coś** to sth); harmonize
zgaga *f* heartburn
zginąć *vi* be killed; (*przepaść*) be lost; perish; (*zapodziać się*) get lost
zgniły *adj* rotten, putrid; (*moralnie*) depraved
zgolda *f* consent (**na coś** to sth); (*zgodność*) harmony, concord; **w ~dzie** in agreement; **za ~dą** with the consent; **~da!** agreed!
zgodnie *adv* according (np. **z planem** to plan), in conformity, in compliance
zgon *m* decease
z góry *adv* beforehand, in advance
zgrabny *adj* dexterous, skillful; (*dorodny*) well-shaped, slim
zgromadzenie *n* gathering, assembly

zgromadzić *vt* gather, assemble; **~ się** *vr* gather, assemble

z grubsza *adv* roughly, in the rough

ziarno *n* grain, corn; (*np. w owocu*) kernel

zielony *adj* green

ziemia *f* (*kula ziemska*) earth; (*gleba*) soil; (*ląd*)land, ground

ziemniak *m* potato

ziewać *vi* yawn

zięć *m* son-in-law

zima *f* winter

zimno *adv* coldly; **jest ~** it is cold; **jest mi ~** I am cold; *s n* cold

zimnly *adj* cold, frigid; **z ~ą krwią** in cold blood

zioło *n* herb

zjawić się *vr* appear

zjawisko *n* phenomenon, vision

zjazd *m* (*zebranie*) congress, meeting, (*zlot, zbiórka*) rally; (*w dół*) descent

zjechać *vi* go down, descend; **~ z drogi** make way; **~ się** *vr* come together, assemble, meet

zjednoczenie *n* unification, union

zjednoczony *adj* unified, joint, amalgamated; **Organizacja Narodów Zjednoczonych** United Nations Organization

zjeżdżać *zob.* **zjechać**

zlecenie *n* commission, order; *handl.* **~ wypłaty** order of payment

zlew *m* sink

złamanie *n* (*kości*) fracture; (*zobowiązania*) breach

złe *n* evil; **brać za ~** take a miss; **nic ~go** no harm

zło *n* evil

złodziej *m* thief, (*kieszonkowy*) pickpocket

złościć *vt* irritate, make angry; **~ się** *vr* be angry (**na kogoś** with sb, **na coś** at sth), be irritated <vexed> (**na kogoś, coś** at <with> sb, sth)

złość *f* spite, anger; **na ~** just to spite (**komuś** sb)

złośliwy *adj* malicious, spitefull; **nowotwór ~** malignant tumour

złoto *n* gold

złoty *adj* gold, *przen.* golden; **~ wiek** golden age; *m* (*jednostka monetarna*) zloty

złożyć *vt* fold; (*np. pieniądze*) deposit; (*przysięgę*) take; (*z urzędu*) dismiss; (*urząd*) resign; (*wizytę*) pay; *zob.* **składać**

złudzenie *n* illusion

zły *adj* evil, bad, ill, wicked; (*zagniewany*) angry (**na kogoś** with sb)

zmarły *adj i s m* deceased

zmarszczka *f* wrinkle, crease
zmartwienie *n* worry, grief, affliction
zmartwychwstanie *n* Resurrection
zmęczenie *n* weariness, fatique
zmęczyć *vt* tire, fatique; ~ **się** *vr* be <get> tired
zmian|a *f* change, alteration; (*kolejność pracy*) shift, turn; **na ~ę** in turn, alternately, for a change
zmieniać *vt* change, alter; ~ **się** *vr* change
zmierzch *m* dusk, twilight
zmieścić *vt* put, accomodate, place; ~ **się** *vr* find enough room
zmniejszyć *vt* diminish, reduce; ~ **się** *vr* diminish, decrease, dwindle
zmuszać *vt* force, compel
zmysł *m* sense; **być przy zdrowych ~ach** be in one's right senses <mind>
zmywać wash up, wash the dishes
zmywarka *f* dish-washing-machine, (dish) washer
znaczek *m* sign, mark; (*pocztowy*) (postage-)stamp
znaczenie *n* significance, meaning, importance
znaczyć *vt vi* mark; mean, signify; be of importance
znać *vt* know; ~ **kogoś z nazwiska <z widzenia>** know sb by name <by sight>; **dać komuś ~** let sb know; ~ **się** *vr* be acquainted (**z kimś** with sb); be familiar (**na czymś** with sth)
znajdować *vt* find; ~ **się** *vr* be (found)
znajomość *f* acquaintance; **zawrzeć ~** make acquaintance
znajomy *m* acquaintance; *adj* known
znak *m* sign, mark, token; signal; ~ **fabryczny** trade mark; **~i drogowe** road signs; ~ **zapytania** interrogation <question> mark, querry; **zły ~** ill omen; **na ~** in token (**czegoś** of sth)
znaleźć *vt* find, (*odkryć*) discover; ~ **się** *vr* be found, find oneself; know how to behave
znany *adj* known; celebrated
znawca *m* expert (**czegoś** in sth)
zniechęcać *vt* discourage; ~ **się** *vr* be discouraged
znieczulający *adj,* ~ **środek** anaesthetic
znieczulić *vt* make insensible, *med.* anaesthetize
znienacka *adv* all of a sudden
znieść *vt zob.* **znosić**
znieważać *vt* insult
znikać *vi* vanish, disappear
zniszczenie *n* destruction, ruin

zniżać *vt* lower, (*cenę*) reduce; **~się** *vr* go down, lower, be lowered

zniżka *f* reduction; (*giełdowa*) slump

znosić *vt* carry down; bring together, (*usuwać*) abolish; (*odzież, buty*) wear; (*unieważniać*) annul, abolish

znowu *adv* again

zobaczyć *vt* catch sight (**coś** of sth), see; ~ **się** *vr* see (**z kimś** sb)

zobowiązanie *n* obligation, pledge **wziąć na siebie ~** undertake an obligation

zobowiązywać *vt* oblige, bind; ~ **się** *vr* bind <pledge> oneself

zodiak *m* **znaki ~u** zodiac <sun> signs

zoologia *f* zoology

zostać *vi* remain; (*stać się*) become

zostawiać *vt* leave

zresztą *adv* besides, moreover, after all

zręczny *adj* dexterous, skilfull

zrobi|ć *vt* make, do, perform; **~ć się** *vr* become, grow, get; **~ło mi się niedobrze** I felt sick; **~ło się zimno** it grew cold

zrywać *vt* tear off; (*np. kwiaty*) pick, pluck; (*stosunki*) break off; *vi* break (**z kimś** with sb); ~ **się** *vr* start up; (*ze snu*) get up with a start; (*o wietrze*) rise

zrzekać się *vr* renounce, resign (**czegoś** sth)

zsiadać *vi* dismount, descend; ~ **się** *vr (o mleku)* curdle

zupa *f* soup

zupełny *adj* complete, entire

zużyć *vt* consume; use (up); ~ **się** *vr* be used up, be worn out

zużyty *adj* used up, worn out, (*o maszynie*) broken-down

zwal|ć *vt* call; **~ć się** *vr* be called; **tak ~ny** so-called

zwalniać *zob.* **zwolnić**

zwariowany *adj* mad, crazy (**na punkcie czegoś** about sth)

zważać *vi* mind (**na coś** sth), (*uwzględniać*) pay attention (**na coś** to sth)

zważyć *vt* weigh; *przen. (rozważyć)* consider

związać *zob.* **zawiązać**

związ|ek *m* union, bond, alliance, conjunction, connection; *chem.* compound; **~ek zawodowy** trade union; **w ~ku z ...** in connection with ...

zwichnąć *vt* sprain, dislocate

zwiedzać *vt* see, visit, frequent

zwierzchnik *m* superior, principal, *pot.* boss

zwierzę *n* animal, (*dzikie*) beast; (*domowe*) domestic animal

zwiększyć *vt* magnify, increase; **~ się** *vr* increase, augment
zwięzły *adj* concise, brief
zwlekać *vt vi* delay, protract; (*odkładać*) put off
zwłaszcza *adv* particularly; **~ że ...** all the more since ..., more particularly as ...
zwłokla *f* delay; (*odroczenie terminu*) respite; **uzyskać ~ę** obtain a respite; **bez ~i** without delay
zwłoki *s pl* corpse, mortal remains *pl*
zwolennik *m* follower, adherent
zwolnić *vt vi* (*uwolnić*) free, set free, give leave; (*tempo*) slacken; (*odprężyć się*) relax; (*pracownika*) dismiss
zwolnienie *n* (*lekarskie*) sick leave
zwracać *vt* give back, return; **~ uwagę** pay attention (**na coś** to sth); call attention (**komuś na coć** sb's to sth); **~ się** *vr* apply (**do kogoś o coś** to sb for sth), address (**do kogoś** sb)
zwrot *m* return; (*obrót*) turn; (*wyrażenie*) (set) phrase
zwrotka *f* stanza
zwrotnik *m* tropic
zwrócić *zob.* **zwracać**
zwycięstwo *n* victory
zwycięzca *m* victor, conqueror; (*w zawodach*) winner, champion
zwyciężać *vt vi* conquer, be victorious, win
zwyczaj *m* custom, habit (**czegoś** of sth); be wont; **wejść w ~** grow into the habit, become a custom, become customary
zwyczajny *adj* usual, common; ordinary
zwykle *adv* usually; **jak ~** as usual
zwykły *adj* common
zysk *m* gain, profit; **czysty ~** net profit
zyskać *vt* profit; (**na czymś** by sth), gain
zza *praep* from behind, from beyond

Ź

źle *adv* badly, ill
źrenicla *f* pupil, *przen.* apple of the eye; **strzec jak ~y oka** cherish like the apple of one's eye
źródło *n* soruce, spring, well; *przen.* source; authority

Ż

żaba *f* frog
żaden *pron* no, none;~ **z dwóch** neither
żagiel *m* sail; **rozwinąć <zwinąć> ~le** unfurl <furl> the sails
żaglówka *f* sailing-boat
żakiet *m* jacket
żal *m* regret, grief, pity;~ **mi** (*przykro mi*) I am sorry; (*żałuję*)I regred;~ **mi go** I pity him; **czuję <mam> do niego** ~ I bear him a grudge
żałoba *f* mourning; (*odzież*) mourning-dress
żałować *vt* regret; grudge (**komuś czegoś** sb sth)
żargon *m* slang, jargon
żarłok *m* glutton
żarówka *f* bulb
żart *n* joke, jest;~**em** in jest
żartować *vi* jest, joke
żądać *vt* demand, require
żądanie *n* demand, request; **na ~** on request; **przystanek na ~** *bryt.* request stop
że *conj* that; *part* then; **przyjdźże!** come then!; do come!
żebrak *m* beggar
żebro *n* rib
żeby *conj* that, in order that <to>
żeglarz *n* seaman, sailor, navigator
żeglować *vi* sail, navigate
żegluga *f* navigation;~ **powietrzna** aviation
żegnać *vt* bid farewell; **~j!** farewell!; **~ć się** *vr* take leave (**z kimś** of sb); *rel.* cross oneself; *zob.* **pożegnać**
żelazko *n* (flat-) iron
żelazny *adj* iron; **kolej ~a** railway, *am.* railroad
żelazo *n* iron
żenić *vt* marry (**z kimś** to sb), give in marriage;~ **się** *vr* marry(**z kimś** sb), take a wife
żeński *adj* female, woman's, women's; feminine
żeton *m* token, counter
żłobek *m* crib;(*dla dzieci*) crèche
żmija *f* adder, viper
żniwa *n* harvest
żołądek *m* stomach, gastric
żołnierz *m* soldier
żona *f* wife
żonaty *adj* married (**z kimś** to sb)
żółtaczka *f med.* jaundice
żółtko *n* yolk
żółty *adj* yellow
żółw *m* tortoise, (*morski*) turtle
żuć *vt* chew
żuk *m* scarab, beetle
żuraw *m* crane; (*studzienny*) draw-well

życie *n* life; (*utrzymanie*) living, subsistence; **zarabiać na** ~ earn one's living

życiorys *m* curriculum vitae <cv>, life (history); biography

życzenie *n* wish, desire; na ~ **on** request; ~ **a** congratulations

życzliwość *f* benevolence, goodwill

życzliwy *adj* well-wishing, favourable, friendly, favourably disposed (**dla kogoś** towards sb)

życzyć *vt* wish; ~ **sobie** wish, desire

żyć *vi* live, be alive

Żyd *m* Jew

żydowski *adj* Jewish

Żydówka *f* Jewess

żylak *m* varix

żyletka *f* safety-razor; (*ostrze*) razor-blade

żyła *f* vein (*minerału*) seam

żyrafa *f* giraffe

żyrandol *m* chandelier

żyrować *vt handl.* endorse

żyto *n* rye

żywić *vt* nourish, feed; (*np. rodzinę*) maintain; (*nadzieję*) entertain; ~ **się** *vr* feed, live (**czymś** on sth)

żywnościowly *adj* alimentary; **artykuły ~e** victuals, provisions, foodstuffs

żywotny *adj* vital

żywy *adj* living, alive; (*ruchliwy*) lively, brisk, quick, *pot.* snappy

NAZWY GEOGRAFICZNE
GEOGRAPHICAL NAMES

* *Skróty:* Ils *i* Mts *odpowiadają wyrazom* Islands *i* Mountains

Adriatyk, Morze Adriatyckie Adriatic, Adriatic Sea
Afganistan Afghanistan
Afryka Africa
Alabama Alabama
Alaska Alaska
Albania Albania
Alberta Alberta
Algier Algiers
Algieria Algeria
Alpy Alps
Amazonka Amazon
Ameryka America; ~ **Północna Południowa** North <South> America
Andora Andorra
Andy Andes
Anglia England
Ankara Ankara
Antarktyda Antarctic; Antarctic Continent
Antyle Antilles
Antypody Antipodes
Apeniny Appenines
Arabia Saudyjska Saudi Arabia
Argentyna Argentina
Arizona Arizona
Arkansas Arkansas
Arktyka Arctic
Armenia Armenia
Ateny Athens
Atlantyk, Ocean Atlantycki Atlantic, Atlantic Ocean
Atlas Atlas Mts
Auckland Auckland
Australia Australia; **Związek Australijski** Commonwealth of Australia
Austria Austria
Azja Asia
Azerbejdżan Azerbaijan
Azory Azores
Bahama the Bahamas
Bałkany Balkans; **Półwysep Bałkański** Balkan Peninsula
Bałtyk, Morze Bałtyckie Baltic, Baltic Sea
Bangladesz Bangladesh
Bejrut Beirut, Beyrouth
Belfast Belfast
Belgia Belgium
Belgrad Belgrade
Berlin Berlin
Bermudy the Bermudas
Berno Bern(e)
Beskidy Beskid Mts
Białoruś Byelorussia
Birma Burma
Birmingham Birmingham
Boliwia Bolivia
Bonn Bonn

Boston Boston
Bośnia Bosnia
Brasilia Brasilia (*stolica*)
Brazylia Brasil (*państwo*)
Bruksela Brussels
Brytania Britain; **Wielka ~** Great Britain
Buckingham Buckingham
Budapeszt Budapest
Buenos Aires Buenos Aires
Bukareszt Bucharest
Bułgaria Bulgaria
Cambridge Cambridge
Canberra Canberra
Cejlon Ceylon, *zob.* **Sri Lanka**
Chicago Chicago
Chile Chile
Chiny China; **Chińska Republika Ludowa** Chinese People's Republic
Chorwacja Croatia
Cieśnina Beringa Bering Strait
Cieśnina Kaletańska Strait of Dover
Cieśnina Magellana Strait of Magellan
Connecticut Connecticut
Cypr Cyprus
Czechy Czech Republic
Dakota Południowa South Dakota
Dakota Północna North Dakota
Damaszek Damascus
Dania Denmark
Dardanele Dardanelles
Delaware Delaware
Delhi Delhi
Detroit Detroit
Djakarta Djakarta
Dover Dover
Dublin Dublin
Dunaj Danube
Edynburg Edinburgh
Egipt Egypt
Ekwador Ecuador
Estonia Estonia
Etiopia Ethiopia
Europa Europe
Filadelfia Philadelphia
Filipiny Philippines, Philippine Ils
Finlandia Finland
Floryda Florida
Francja France
Gdańsk Gdansk
Gdynia Gdynia
Genewa Geneva
Georgia Georgia
Ghana Ghana
Gibraltar Gibraltar
Glasgow Glasgow
Góry Skaliste Rockies, Rocky Mts
Grecja Greece
Greenwich Greenwich
Grenlandia Greenland
Gruzja Georgia
Gwatemala Guatemala
Gwinea Guinea
Haga the Hague

Haiti Haiti
Hawaje, Wyspy Hawajskie Hawaii, Hawaiian Ils
Hawana Havana
Hebrydy Hebrides
Hel Hel Peninsula
Helsinki Helsinki
Himalaje Himalayas
Hiszpania Spain
Holandia Holland, the Netherlands
Idaho Idaho
Illinois Illinois
Indiana Indiana
Indie India
Indonezja Indonesia
Indus Indus
Iowa Iowa
Irak Irak, Iraq
Iran Iran
Irlandia Ireland, (*Republika Irlandzka*) Eire
Islandia Iceland
Izrael Israel
Jamajka Jamaica
Jangcy-Ciang, Jangcy Yangtse-Kiang
Japonia Japan
Jawa Java
Jemen Yemen
Jerozolima Jerusalem
Jordania Jordan
Kair Cairo
Jugosławia Yugoslavia
Kalifornia California
Kambodża Cambodia
Kanada Canada
Kanał La Manche English Channel
Kanał Panamski Panama Canal
Kanał Sueski Suez Canal
Kansas Kansas
Karolina Południowa South Carolina
Karolina Północna North Carolina
Karpaty Carpathians, Carpathian Mts
Katowice Katowice
Kaukaz Caucasus
Kenia Kenya
Kentucky Kentucky
Kijów Kiev
Kiszyniów Kishinev
Kolorado Colorado
Kolumbia Columbia; (*państwo*) Colombia
Kolumbii Dystrykt District of Columbia
Kongo Congo
Kopenhaga Copenhagen
Kordyliery Cordilleras
Korea Korea; **Koreańska Republika Ludowo-Demokratyczna** Democratic People's Republic of Korea; **~ Południowa** South Korea
Kornwalia Cornwall
Korsyka Corsica
Kostaryka Costa Rica

Kraków Cracow
Kreta Crete
Krym Crimea
Kuba Cuba; **Socjalistyczna Republika Kuby** Socialist Republic of Cuba
Kuwejt Kuwait, Kuweit
Labrador Labrador
La Manche = Kanał La Manche
Laos Laos
Liban Lebanon
Liberia Liberia
Libia Lybia, Libia
Lichtenstein Lichtenstein
Litwa Lithuania
Liverpool Liverpool
Lizbona Lisbon
Londyn London
Los Angeles Los Angeles
Luizjana Louisiana
Luksemburg Luxemburg
Łotwa Latvia
Łódź Lodz
Macedonia Macedonia
Madagaskar Madagascar
Madryt Madrid
Maine Maine
Malaje Malaya
Malajski Archipelag Malay Archipelago
Malajski Półwysep Malay Peninsula
Malezja Malaysia
Malta Malta
Manchester Manchester
Manitoba Manitoba
Maroko Morocco
Martynika Martinique
Maryland Maryland
Meksyk Mexico
Melanezja Melanesia
Melbourne Melbourne
Massachusetts Massachusetts
Michigan Michigan
Minnesota Minnesota
Mińsk Minsk
Missisipi Mississippi
Missouri Missouri
Mołdawia Moldavia
Monako Monaco
Mongolia Mongolia
Montana Montana
Montreal Montreal
Morze Arabskie Arabian Sea
Morze Bałtyckie Baltic Sea
Morze Czarne Black Sea
Morze Czerwone Red Sea
Morze Egejskie Aegean Sea
Morze Jońskie Ionian Sea
Morze Karaibskie Caribbean Sea
Morze Kaspijskie Caspian Sea
Morze Marmara Marmara, Sea of Marmara
Morze Martwe Dead Sea
Morze Północne North Sea
Morze Śródziemne Mediterranean Sea

Morze Tyrreńskie Tyrrhenian Sea
Morze Żółte Yellow Sea
Moskwa Moscow
Nebraska Nebraska
Nepal Nepal
Nevada Nevada
New Hampshire New Hampshire
New Jersey New Jersey
Niagara, Wodospad Niagara Niagara Falls
Niemcy Germany
Niger Niger
Nigeria Nigeria
Nil Nile
Norwegia Norway
Nowa Funlandia Newfoundland
Nowa Gwinea New Guinea
Nowa Południowa Walia New South Wales
Nowa Szkocja Nova Scotia
Nowa Zelandia New Zealand
Nowe Delhi New Delhi
Nowy Brunszwik New Brunswick
Nowy Jork New York
Nowy Meksyk New Mexico
Nowy Orlean New Orleans
Nysa Nysa
Ocean Atlantycki = Atlantyk
Ocean Indyjski Indian Ocean
Ocean Lodowaty Północny Arctic Ocean
Ocean Spokojny = Pacyfik
Odra Odra
Ohio Ohio
Oklahoma Oklahoma
Oksford, Oxford Oxford
Ontario Ontario
Oregon Oregon
Oslo Oslo
Ottawa Ottawa
Pacyfik, Ocean Spokojny Pacific Ocean
Pakistan Pakistan
Panama Panama
Paragwaj Paraguay
Paryż Paris
Pekin Beijing, Peking
Pensylwania Pennsylvania
Peru Peru
Phenian Pyongyang
Pireneje Pyrenees
Polinezja Polynesia
Polska Poland
Portugalia Portugal
Poznań Poznan
Praga Prague
Quebec Quebec
Queensland Queensland
Ren Rhine
Republika Południowej Afryki Republic of South Africa
Reykjawik Reykjavik
Rhode Island Rhode Island
Rodezja Rhodesia
Rosja Russia
Rumunia R(o)umania

Ryga Riga
Rzym Rome
Sahara Sahara
San Francisco San Francisco
San Marino San Marino
Sardynia Sardinia
Sekwana Seine
Senegal Senegal
Serbia Serbia
Singapur Singapore
Skandynawia Scandinavia
Słowacja Slovakia
Słowenia Slovenia
Sofia Sofia
Somalia Somalia
Sri Lanka Sri Lanka
Stany Zjednoczone Ameryki United States of America
Sudan Sudan
Suez Suez
Sumatra Sumatra
Sycylia Sicily
Sydney Sydney
Syjam *hist.* Thailand; *zob.* **Tajlandia**
Syria Syria
Szczecin Szczecin
Szkocja Scotland
Sztokholm Stockholm
Szwajcaria Switzerland
Szwecja Sweden
Śląsk Silesia
Taiwan Taiwan
Tajlandia Thailand
Talin Tallinn
Tamiza Thames
Tasmania Tasmania
Tatry Tatra Mts
Teheran Teheran
Tirana Tirana
Teksas Texas
Tennessee Tennessee
Terytoria Północno-Zachodnie North-West Territories
Terytorium Północne Northern Territory
Tokio Tokyo
Toronto Toronto
Tunezja Tunisia
Tunis Tunis
Turcja Turkey
Tybet Tibet
Uganda Uganda
Ukraina Ukraine
Ulster Ulster
Ułan Bator Ulan Bator
Ural Ural
Urugwaj Uruguay
Utah Utah
Vermont Vermont
Walia Wales
Warszawa Warsaw
Waszyngton Washington
Watykan Vatican City
Wellington Wellington
Wenezuela Venezuela
Węgry Hungary
Wiedeń Vienna
Wielka Brytania Great Britain

Wietnam Vietnam; **Socjalistyczna Republika Wietnamu** Socialist Republic of Vietnam
Wiktoria Victoria
Wilno Vilnius
Wirginia Virginia; ~ **Zachodnia** West Virginia
Wisconsin Wisconsin
Wisła Vistula
Włochy Italy
Wołga Volga
Wrocław Wroclaw
Wyoming Wyoming
Wyspy Brytyjskie British Ils
Wyspy Kanaryjskie Canary Ils
Wyspy Normandzkie Channel Ils
Zair Zaire
Zambia Zambia
Zatoka Adeńska Gulf of Aden
Zatoka Baskijska Biscay, Bay of Biscay
Zatoka Botnicka Bothnia, Gulf of Bothnia
Zatoka Gdańska Gulf of Gdansk
Zatoka Gwinejska Gulf of Guinea
Zatoka Meksykańska Gulf of Mexico
Zatoka Perska Persian Gulf
Zatoka Św. Wawrzyńca Gulf of St Lawrence
Zjednoczone Królestwo Wielkiej Brytanii i Północnej Irlandii United Kingdom of Great Britain and Northern Ireland
Związek Australijski Commonwealth of Australia

PRZEWODNIK KULINARNY
FOOD GUIDE

Przystawki	**Starters, Hors d'oeuvres** [statərz, ɔ `dɜvr]
awokado	avocado ['ævə`kadəʊ]
befsztyk tatarski	Tartar beefsteak (of raw meat) [`tatə`bifsteɪk]
carp	karp [kap]
grzyby	mushrooms [`mʌʃrumz]
jajka	eggs [egz]
karczochy	artichokes [`artɪtʃəʊks]
kawior	caviar(e) [`kævɪa]
krewetki	shrimps [ʃrɪmps]
małże	mussels [`mʌslz]
łosoś wędzony	smoked salmon [sməʊkt `sæmən]
ostrygi	oysters [ɔɪstəz]
pasztet z zająca	hare pate [heə pa`te]
polędwica	sirloin [`sɜlɔɪn]
półmisek szwedzki	dish of cold meats [dɪʃ əv kəʊld mits]
sardele	anchovies [`æntʃəvɪz]
salami	salami [sə`lamɪ]
sałatka z drobiu	chicken salad [`tʃɪkən sæləd]
sardynki w oliwie	sardines in oil [sa`dinz in ɔɪl]
szynka	ham [hæm]
śledź w oliwie	herring in oil [`herɪŋ ɪn ɔɪl]
ślimaki	snails [sneɪlz]
tuńczyk	tuna fish [`tunə fɪʃ]
Zupy	**Soups** [sups]
barszcz	borsch, beetroot soup [bɔʃ(t), bitrutsup]
bulion	bouillon [`bujon]
cebulowa	onion soup [ʌnjən sup]
chłodnik	cold borsch [kəʊld bɔʃ(t)]

grzybowa	mushroom soup [mʌʃrum sup]
jarzynowa	vegetable soup [vedʒtəbəl sup]
kapuśniak	cabbage soup [kæbɪdʒ sup]
ogórkowa	cucumber soup [kjukʌmbə(r) sup]
owocowa	fruit soup [frut sup]
krupnik	barley soup [bɑrlɪ sup]
pomidorowa	tomato soup [tə`mɑtəʊ sup]
rosół z kury	chicken soup [tʃɪkən sup]
Ryby	**Fish and Seafood** [`fɪʃ ənd 'sifud]
dorsz	cod(fish) [`kod'fɪʃ]
homar	lobster [`lobstə(r)]
jesiotr	sturgeon [`stɜdʒən]
karp	carp [kɑp]
krab	crab [kræb]
langusta	crayfish [`kreɪ'fɪʃ]
makrela	mackerel [`mækrəl]
okoń	perch [pɜtʃ]
płastuga	plaice [pleɪs]
pstrąg	trout [traʊt]
sola	sole [səʊl]
szczupak	pike [paɪk]
węgorz	eel [il]
Mięso i drób	**Meats and Poultry** [`mits ənd`pəʊltrɪ]
baranina	lamb [læm]
bażant	pheasant [`feznt]
boczek	bacon [`beɪkən]
brizol	veal chop ['vil `tʃop]
cielęcina	veal [vil]
dziczyzna	game, venison [geɪm, `venɪzən]
dzik	wild bore [waɪld bɔ(r)]
gęś pieczona	baked goose [beɪkt gus]

indyk	turkey [`tɜ`(r)kɪ]
kaczka	duck [dʌk]
klopsy	meatballs [`mitbɔlz]
kotlet z baraniny	mutton chop ['mʌtn `tʃop]
kotlet schabowy	pork chop ['pɔk `tʃop]
królik	rabbit [`ræbit]
kurczak	chicken [`tʃɪkən]
kuropatwa	partridge [`pɑtrɪdʒ]
polędwica	loin of veal [`lɔɪn əv `vil]
potrawka z zająca	jugged hare [`dʒʌgd `heə]
stek	steak [steɪk]
wątróbka	liver [`lɪvə(r)]
wieprzowina	pork [pɔk]
wołowina	beef [bif]
zając	hare [heə]

Sposób przygotowania	**Ways of Preparing** [weɪz əv prɪpeərɪŋ]
dobrze wypieczony	well done [`wel`dʌn]
duszony	stewed, braised [stud, breɪzd]
gotowany	boiled [`bɔɪld]
lekko wypieczony	medium [`midɪəm]
mało wypieczony	rare, underdone [reə, ʌndə(r)`dʌn]
marynowany	marinated [`mærɪneɪtɪd]
nadziewany	stuffed [`stʌft]
opiekany	roasted [`rəʊstɪd]
pieczony	baked [beɪkt]
pieczony na ruszcie	grilled [grɪld]
saute	sauteed [`səʊteɪd]
siekany	hashed [`hæʃt]
smażony	fried [fraɪd]
suszony	cured [`kjʊəd]
wędzony	smoked [`sməʊkt]

Jarzyny	**Vegetables** [`vedʒtəbəlz]
brukselka	Brussels sprouts [`brʌsəlz `spraʊts]
burak	beetroot [`bitrut]
cebula	onion [`ʌnjən]
cykoria	chicory [`tʃɪkərɪ]
czosnek	garlic [`gɑ(r)lɪk]
dynia	marrow [`mærəʊ]
fasola	haricot beans [`hærɪkəʊ binz]
fasola szparagowa	string-beans [strɪŋ binz]
groch	peas [piz]
groszek zielony	green peas [grin piz]
grzyby	mushrooms [`mʌʃrumz]
kalafior	cauliflower [`kolɪ'flaʊə(r)]
kapusta	cabbage [`kæbɪdʒ]
karczoch	artichoke [`ɑtɪtʃəʊk]
kukurydza	corn [kɔn]
marchew	carrots [`kærəts]
ogórek	cucumber [`kjukʌmbə(r)]
oliwki	olives [`olɪvz]
papryka	peppers [`pepə(r)z]
pomidor	tomato [tə`mɑtəʊ]
por	leeks [liks]
ryż	rice [rɑɪs]
sałata	lettuce [`letɪs]
seler	celery [`selərɪ]
soczewica	lentils [`lentlz]
szparagi	asparagus tips [ə`spærəgəs `tɪps]
ziemniaki	potatoes [pə`teɪtəʊz]
szpinak	spinach [`spɪnɪdʒ]
trufle	truffles [`trʌfəlz]

Potrawy różne i przyprawy	**Other dishes and condiments** [ʌðə(r) `dɪʃəz ənd `kondɪmənts]
aperitif	aperitif [ə'perɪ`tif]
bigos	(hot sauerkraut with meats and spices)
cytryna	lemon [`lemən]
frytki	chips, French fries [tʃɪps, 'frentʃ `fraɪz]
gołąbki	(minced meat in cabbage leaves)
kakao	cocoa [`kəʊkəʊ]
kanapka	sandwich [`sænwɪdʒ]
kasza gryczana	buckwheat groats [`bʌkwit grəʊts]
kluski	noodles [`nudlz]
knedle ze liwkami	plums in dough [`plʌmz ɪn `dəʊ]
koniak	cognac [`konjæk]
likier	liqueur [lɪ`kjʊə(r)]
makaron	spaghetti, macaroni [spə`getɪ, mækə`rəʊnɪ]
mleko	milk [mɪlk]
musztarda	mustard [`mʌstəd]
naleśniki	pancakes [`pæŋkeɪks]
ocet	vinegar [`vɪnɪgə(r)]
oliwa	olive oil [`olɪv `oɪl]
omlet	omelette [`omlɪt]
pieprz	pepper (black, white) [`pepə(r)(blæk,waɪt)]
pierogi	dumplings [`dʌmplɪŋz]
piwo	beer [bɪə(r)]
płatki zbożowe	cereals [`sɪərɪəlz]
sok	juice [dʒus]
sos z mięsa	gravy [`greɪvɪ]
sos do mięs	sauce [sɔs]
sos do sałaty	dressing [`dresɪŋ]
sól	salt [sɔlt]
szampan	champagne [ʃæm`peɪn]
whisky	whisky [`wɪskɪ]
wino	wine [waɪn]
woda mineralna	mineral water [`mɪnərəl 'wotə(r)]

wódka	vodka [`vodkə]
Desery	**Dessert** [dɪ`zɜ(r)t]
budyń	pudding [`pʊdɪŋ]
ciastko	cake, cookie [keɪk, kʊkɪ]
cukierki	candy, sweets [kændɪ, swits]
czekolada	chocolate bar [`tʃoklɪt bɑ(r)]
galaretka	jelly [`dʒelɪ]
kawa	coffee [`kofɪ]
herbata	tea [ti]
herbatniki	biscuits [`bɪskɪts]
kompot	stewed fruit [stjud frut]
krem	whipped cream [wɪpt krim]
lody	ice-cream ['ɑɪs `krim]
placek	pie [pɑɪ]
Owoce	**Fruit** [frut]
ananas	pineapple [`pɑɪnæpəl]
arbuz	(water)melon [`wɔtə`melən]
banan	banana [bə`nɑnə]
brzoskwinia	peach [pitʃ]
cytryna	lemon [`lemən]
czarna borówka	blueberry [`blubərɪ]
czarna porzeczka	black currants [blæk kʌrənts]
czerwona porzeczka	red currant [red kʌrənts]
daktyl	date [deɪt]
figa	fig [fig]
greipfrut	grapefruit [`greɪpfrut]
gruszka	pear [peə]
jabłko	apple [`æpəl]
jagoda	bilberry [`bilbərɪ]
kasztan	chestnut [`tʃesnʌt]
kokos	coconut [`kəʊkənʌt]

malina	raspberry [`ræspbərı]
mandarynka	tangerine ['tændʒə`rin]
migdały	almonds [`ɑməndz]
morela	apricot [`eıprıkot]
orzech	nut [nʌt]
orzech laskowy	hazelnut [`heızəlnʌt]
orzech włoski	walnut [`wɔlnʌt]
pomarańcza	orange [`orındʒ]
rabarbar	rhubarb [`rubɑb]
rodzynki	raisins [`reızınz]
śliwka	plum [plʌm]
śliwka suszona	prune [prun]
truskawka	strawberry [`strɔbərı]
winogrona	grapes [greıps]
wiśnia	cherry [tʃerı]
żurawina	cranberry [`krænbərı]

NOTATKI

NOTATKI

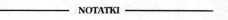

NOTATKI

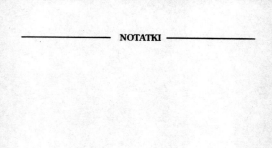

NOTATKI

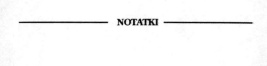

NOTATKI

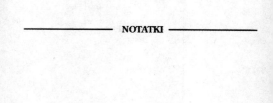

NOTATKI

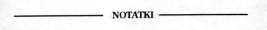